■2025年度中学受験用

早稲田実業学校中等部

9年間(＋3年間HP掲載)　過去問

●収録内容一覧

入試問題と解説・解答の収録内容

年度	収録内容	
2024年度（令和６年度）	算数・社会・理科・国語	実物解答用紙DL
2023年度（令和５年度）	算数・社会・理科・国語	実物解答用紙DL
2022年度（令和４年度）	算数・社会・理科・国語	実物解答用紙DL
2021年度（令和３年度）	算数・社会・理科・国語	
2020年度（令和２年度）	算数・社会・理科・国語	
2019年度（平成31年度）	算数・社会・理科・国語	
2018年度（平成30年度）	算数・社会・理科・国語	
平成29年度	算数・社会・理科・国語	
平成28年度	算数・社会・理科・国語	
平成27～25年度（HP掲載） 「カコ過去問」 （ユーザー名）koe （パスワード）w8ga5a1o	問題・解答用紙・解説解答DL **◇著作権の都合により国語と一部の問題を削除しております。** ◇一部解答のみ（解説なし）となります。 ◇９月下旬までに全校アップロード予定です。 ◇掲載期限以降は予告なく削除される場合があります。	

～本書ご利用上の注意～　以下の点について，あらかじめご了承ください。

★**別冊解答用紙は巻末にございます。実物解答用紙は，弊社サイトの各校商品情報ページより，一部または全部をダウンロードできます。**

★編集の都合上，学校実施のすべての試験を掲載していない場合がございます。

★当問題集のバックナンバーは，弊社には在庫がございません（ネット書店などに一部在庫あり）。

合格を勝ち取るための
『スーパー過去問』の使い方

本書に掲載されている過去問をご覧になって，「難しそう」と感じたかもしれません。でも，多くの受験生が同じように感じているはずです。なぜなら，中学入試で出題される問題は，小学校で習う内容よりも高度なものが多く，たくさんの知識や解き方のコツを身につけることも必要だからです。ですから，初めて本書に取り組むさいには，点数を気にしすぎないようにしましょう。本番でしっかり点数を取れることが大事なのです。

過去問で重要なのは「まちがえること」です。自分の弱点を知るために，過去問に取り組むのです。当然，まちがえた問題をそのままにしておいては意味がありません。

本書には，長年にわたって中学入試にたずさわっているスタッフによるていねいな解説がついています。まちがえた問題はしっかりと解説を読み，できるようになるまで何度も解き直しをしてください。理解できていないと感じた分野については，参考書や資料集などを活用し，改めて整理しておきましょう。

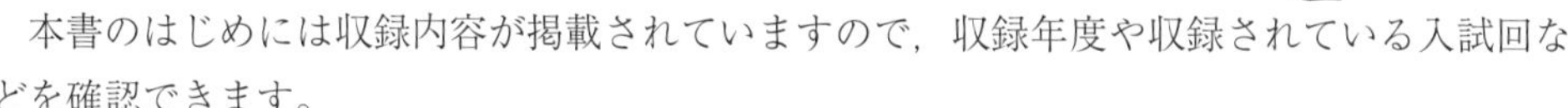

このページも参考にしてみましょう！

◆どの年度から解こうかな　「入試問題と解説・解答の収録内容一覧」

本書のはじめには収録内容が掲載されていますので，収録年度や収録されている入試回などを確認できます。

※著作権上の都合によって掲載できない問題が収録されている場合は，最新年度の問題の前に，ピンク色の紙を差しこんでご案内しています。

◆学校の情報を知ろう!!「学校紹介ページ」

このページのあとに，各学校の基本情報などを掲載しています。問題を解くのに疲れたら息ぬきに読んで，志望校合格への気持ちを新たにし，再び過去問に挑戦してみるのもよいでしょう。なお，最新の情報につきましては，学校のホームページなどでご確認ください。

◆入試に向けてどんな対策をしよう？「出題傾向＆対策」

「学校紹介ページ」に続いて，「出題傾向＆対策」ページがあります。過去にどのような分野の問題が出題され，どのように対策すればよいかをアドバイスしていますので，参考にしてください。

◇別冊「入試問題解答用紙編」

本書の巻末には，ぬき取って使える別冊の解答用紙が収録してあります。解答用紙が非公表の場合などを除き，（注）が記載されたページの指定倍率にしたがって拡大コピーをとれば，実際の入試問題とほぼ同じ解答欄の大きさで，何度でも過去問に取り組むことができます。このように，入試本番に近い条件で練習できるのも，本書の強みです。また，データが公表されている学校は別冊の１ページ目に過去の「入試結果表」を掲載しています。合格に必要な得点の目安として活用してください。

本書がみなさんの志望校合格の助けとなることを，心より願っています。

株式会社　声の教育社　編集部

早稲田実業学校中等部

所在地 〒185-8505 東京都国分寺市本町1-2-1
電　話 042-300-2121
ホームページ https://www.wasedajg.ed.jp/

交通案内 JR中央線・西武国分寺線・西武多摩湖線「国分寺駅」より徒歩7分

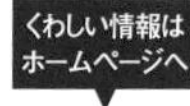

トピックス
★例年，中1生の約40％は併設の初等部からの内進生となっている。
★首都圏にある早稲田大学の附属・系属中学校としては唯一の共学校。

創立年 明治34年 | 男女共学 | 高校募集あり

応募状況

年度		募集数	応募数	受験数	合格数	倍率
2024	男	70名	372名	330名	87名	3.8倍
	女	40名	213名	196名	50名	3.9倍
2023	男	70名	320名	295名	82名	3.6倍
	女	40名	204名	188名	48名	3.9倍
2022	男	70名	337名	308名	86名	3.6倍
	女	40名	210名	192名	49名	3.9倍
2021	男	85名	361名	329名	102名	3.2倍
	女	40名	213名	195名	50名	3.9倍
2020	男	85名	397名	359名	102名	3.5倍
	女	40名	241名	222名	55名	4.0倍

入試情報（参考：昨年度）

出願期間：①Web出願，入学検定料支払い
2023年12月20日～2024年1月10日
②書類の郵送
2024年1月10日～1月12日【期間内必着】
試験日時：2024年2月1日　午前8時5分集合
試験教科：国語，算数（各60分・100点満点）
社会，理科（各30分・50点満点）
合格発表：2024年2月3日　午後1時
〔専用Webサイト〕

進路状況

＜早稲田大学への推薦入学＞
卒業生のほとんどは，生徒本人の志望学部・学科と，在学時におさめた成績，人物評価などを総合的に判断したうえで，早稲田大学各学部に推薦され，入学しています。
＜2023年度主な他大学合格実績＞
東京大，京都大，東京医科歯科大，慶應義塾大

本校の特色

本校の教育は2期・週6日制で，月・火・木・金は6時限まで，水・土は4時限までとなっています。個々の授業内容の充実を図り，「体験的総合教育」を目的とした夏休み・冬休みなど長期休暇中の校外教室の実施，また多数の教科でのICT機器使用による「情報教育」への対応，外国人講師による英会話などの授業で，現代社会に対応するための知的好奇心や創造性を育む授業を展開しています。カリキュラムは，中学校として要請されている課程を踏襲し，基礎学力をしっかり身につけバランス感覚を備えた人物を育成することを目的に編成しています。特に，英語，数学，国語，社会，理科の教科は増時間にしていますが，興味と関心を大切にし，幅広い視野で考え，自発的に研究しようとする意欲を育むことに力を注いでいます。また多様な学校・学年行事を通し，豊かな感性を育み，活発なクラブ活動を通じて，強い身体と精神力を養います。本校初等部からの進学者と中等部からの入学生との混合クラスを編成し，中等部から高等部へは，学内基準に基づいて進学でき，高等部からの入学生との混合クラス編成になります。

編集部注一本書の内容は2024年3月現在のものであり，変更されている場合があります。正確な情報は，学校のホームページ等で必ずご確認ください。

算数 出題傾向＆対策

◆基本データ（2024年度）

試験時間／満点	60分／100点
問　題　構　成	・大問数…５題 計算・応用小問１題（４問）／応用小問１題（２問）／応用問題３題 ・小問数…15問
解　答　形　式	答えのみを記入する形式が中心だが，求め方や理由を書く問題も見られる。
実際の問題用紙	Ａ４サイズ，小冊子形式
実際の解答用紙	Ａ３サイズ

◆過去９年間の出題率トップ５

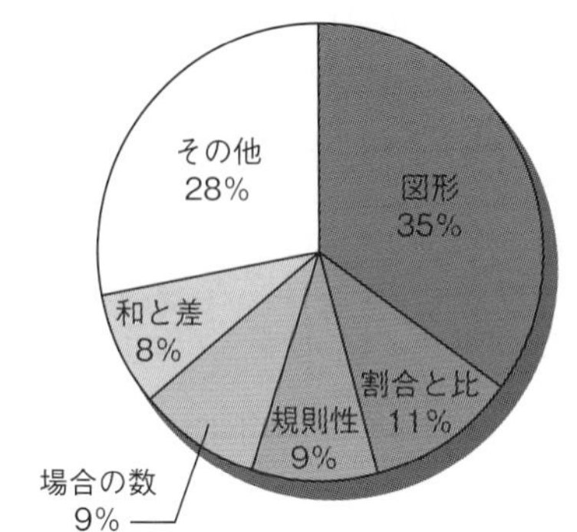

※　配点(推定ふくむ)をもとに算出

◆近年の出題内容

【　2024年度　】			【　2023年度　】		
大問	1	逆算，場合の数，角度，濃度	大問	1	四則計算，過不足算，つるかめ算，表とグラフ，展開図，体積
	2	平均，ニュートン算		2	角度，推理
	3	平面図形－相似，長さの比，角度		3	平面図形－相似，面積
	4	速さと比，旅人算		4	約束記号，条件の整理
	5	平面図形－図形の移動		5	場合の数

◆出題傾向と内容

応用小問の集合題では，特殊算と図形がよく取り上げられています。特殊算は毎年数問ずつ出題されており，最近では相当算，平均算，消去算，つるかめ算，旅人算などが出されています。また，図形では，角度，辺の長さの比，面積，表面積などを問うものが多く見られます。なかには図形の折り曲げ，立体の切断，展開図といったやや難解なものもふくまれます。ほかには場合の数，割合，食塩水の濃度，数の性質や規則性，速さなどが取り上げられています。

応用問題では，それぞれの大問にいくつかの小設問がありますが，**設問順に問題を考えれば段階的に解答できるものがほとんど**です。分野別では，場合の数，図形，速さがよく取り上げられる傾向にあります。特に図形や点の移動をからめたものが重要視されており，対称移動と面積・角度，点や図形の移動と面積変化，点の移動と速さ（旅人算）などには注意が必要です。また，場合の数にからんだ問題，数の規則性に関するもの，条件の整理などが見られます。作図問題が出されることもあるので注意が必要です。

◆対策～合格点を取るには？～

本校の算数は全般的に**計算の正確さと思考力・推理力の有無**がポイントになると思われます。したがって，ふだんからできるかぎり計算練習をしておきましょう。本校の問題に出てくる計算は複雑さに特ちょうがあるので，特に，こみ入った問題を数多くこなすことが効果的です。そのさい，一度にたくさんの問題を解くのではなく，毎日コンスタントにやることが大切です。

本校の応用問題には難問もたびたび見られるので，計算問題に自信をつけたら，次は思考力や推理力の養成に努めなければなりません。**公式や基礎事項を確実に理解したうえで，数多くの問題をこなしてみる**ことです。問題を解いた後は丸付けをして終わりにせずに，解説をよく読んで，答えまでの道筋を意識してください。考え方を十分に理解して数多くの解き方に触れることで，問題に対するセンスをみがきましょう。

出題分野分析表

	分野＼年度	2024	2023	2022	2021	2020	2019	2018	2017	2016
計算	四則計算・逆算	○	○	○	○	○	○	○	○	○
	計算のくふう									
	単位の計算									
和と差	和差算・分配算									
	消去算			○						
	つるかめ算		○	○	○		○	○		
	平均とのべ	○			○				○	
	過不足算・差集め算		○	○						○
	集まり									
	年齢算						○			
割合と比	割合と比						○		○	
	正比例と反比例				○					
	還元算・相当算					○				
	比の性質									
	倍数算					○				
	売買損益						○			
	濃度	○				○				
	仕事算					○		○		
	ニュートン算	○								○
速さ	速さ						○			
	旅人算	○								
	通過算				○					
	流水算				○					
	時計算			○		○				
	速さと比	○			○	○				
図形	角度・面積・長さ	◎	◎	○	◎		○	●	◎	●
	辺の比と面積の比・相似	○	○		○	○	○	○		○
	体積・表面積		○	○	○	○		◎		○
	水の深さと体積								○	
	展開図		○	○			○			
	構成・分割			◎	○	○		◎		
	図形・点の移動	○		○				○		○
表とグラフ			○			○			○	
数の性質	約数と倍数									
	N進数									
	約束記号・文字式		○							
	整数・小数・分数の性質			○			○			◎
規則性	植木算						○			
	周期算									○
	数列				◎	○		○		
	方陣算									
	図形と規則									
場合の数		○	○	○	○	○	○	○	○	◎
調べ・推理・条件の整理			◎		○			●	○	
その他										

※ ○印はその分野の問題が１題，◎印は２題，●印は３題以上出題されたことをしめします。

社会 出題傾向＆対策

◆基本データ（2024年度）

試験時間／満点	30分／50点
問題構成	・大問数…３題 ・小問数…22問
解答形式	記号選択，用語記入と記述問題で構成されている。記号選択は択一式のものがほとんどだが，複数選択のものもある。記述問題には字数制限は設けられていない。
実際の問題用紙	Ａ４サイズ，小冊子形式
実際の解答用紙	Ａ３サイズ

◆過去９年間の分野別出題率

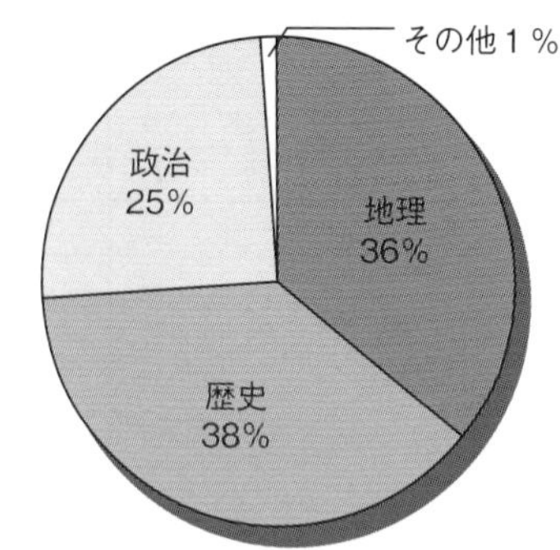

※　配点（推定ふくむ）をもとに算出

◆近年の出題内容

【　2024年度　】			【　2023年度　】		
大問	Ⅰ	〔歴史〕稲作の歴史を題材とした問題	大問	Ⅰ	〔総合〕鎌倉市を題材とした問題
	Ⅱ	〔地理〕日本の食糧政策を題材とした問題		Ⅱ	〔政治〕裁判所についての問題
	Ⅲ	〔総合〕災害と防災を題材とした問題		Ⅲ	〔歴史〕京都を題材とした問題

◆出題傾向と内容

細かい知識を問うような設問はあまりなく，**基礎知識をためす設問が中心**ですが，理由などが記述式で問われることもあります。したがって，試験時間を上手に配分することが必要になります。

本校の特ちょうとして，全体的には，地理・歴史分野の割合が高めです。また，**時事問題やそれにからめた問題が数多く出題されている**点が注目されます。近年行われた選挙，世界的な事件やニュース，オリンピック，世界遺産，サミットなどが取り上げられています。

●**地理**…地形図の読み取り，日本の産業と貿易，環境問題，米作りを中心とした日本の農業（減反政策，農産物の輸入自由化など），日本の人口・気候などが出されています。

●**歴史**…外国との交流や産業をテーマとした問題，農民と土地制度，太平洋戦争と終戦直後のようす，日本列島を取り巻く災害と人々の歴史，文化史などが出されています。

●**政治**…非核三原則，日本国憲法と平和主義，国会・内閣・裁判所のしくみとはたらき，税の制度などが出されています。

◆対策〜合格点を取るには？〜

地理分野では，地図帳を活用して地勢・地名など基本的なことがらを覚えましょう。また，グラフの読み取り問題がよく出るので，資料集などに出てくるグラフをよく確認し，まとめておくようにしてください。

歴史分野では，歴史の流れをつかむため，年表作りをおすすめします。また，歴史資料集に出てくる写真，絵画，史料などはしばしば出されますから，よく見ておきましょう。

政治分野では，日本国憲法の基本的な内容をしっかりおさえること。特に三権のしくみについて理解しておきましょう。

なお，地理・歴史・政治のどの分野も時事問題がからむことがよくあるので，つねに新聞やニュースに関心をもつことが必要です。また，**本校に関係のあることがら**（早稲田大学に関することなど）**がよく出題される**ので，過去の問題を参考にしながら，重要事項をノートにまとめておくとよいでしょう。

社会 出題分野分析表

分野＼年度			2024	2023	2022	2021	2020	2019	2018	2017	2016
日本の地理		地図の見方	○	○	○	○	○			○	
		国土・自然・気候	○	○	○	○	○	○	○	○	○
		資源				○			○		
		農林水産業	○	○	○		○	○	○	○	○
		工業				○	○				○
		交通・通信・貿易					○		○	○	
		人口・生活・文化		○		○				○	
		各地方の特色								○	★
		地理総合	★			★		★	★	★	
世界の地理						○				○	
日本の歴史	時代	原始～古代	○	○	○	○	○	○	○		○
		中世～近世	○	○	○	○	○	○	○	○	○
		近代～現代	○	○	○		○	○	○	○	○
	テーマ	政治・法律史									
		産業・経済史									
		文化・宗教史									
		外交・戦争史									
		歴史総合	★	★	★		★	★	★	★	★
世界の歴史											
政治		憲法			○	○	○		★		
		国会・内閣・裁判所		★	○	○	○				★
		地方自治									
		経済	○					○		○	
		生活と福祉						○			
		国際関係・国際政治			○	○		○		○	○
		政治総合			★			★	★		
環境問題											
時事問題							○	○		★	
世界遺産											
複数分野総合			★	★	★	★	★				

※　原始～古代…平安時代以前，中世～近世…鎌倉時代～江戸時代，近代～現代…明治時代以降

※　★印は大問の中心となる分野をしめします。

理科　出題傾向＆対策

◆基本データ（2024年度）

試験時間／満点	30分／50点
問題構成	・大問数…３題 ・小問数…13問
解答形式	用語や数値を記入するものと記号選択が大半だが，20～30字程度の記述も複数出されている。記号選択は，あてはまるものをすべて選ぶものもある。作図は出ていない。
実際の問題用紙	Ａ４サイズ，小冊子形式
実際の解答用紙	Ａ３サイズ

◆過去９年間の分野別出題率

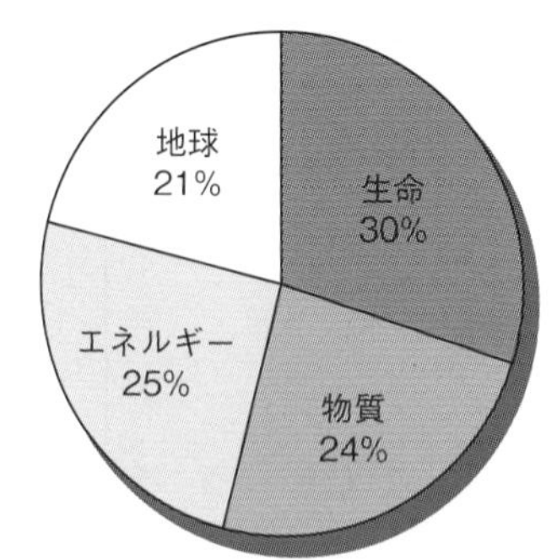

※　配点（推定ふくむ）をもとに算出

◆近年の出題内容

【　2024年度　】			【　2023年度　】		
大問	1	〔エネルギー〕運動に関する実験	大問	1	〔物質〕水溶液の性質
	2	〔環境〕エネルギー		2	〔生命〕生態系の形成
	3	〔生命〕感染症予防の研究		3	〔地球〕富士山

◆出題傾向と内容

細かい知識を問うような設問はあまりなく，**基礎知識をためす設問が中心**となっています。したがって，試験時間はやや短いですが，十分対応できるはずです。

●**生命**…植物と環境，光合成，血液の循環，動物のふえ方，昆虫の生態やからだの特ちょうなどが出されています。

●**物質**…物質の性質をさまざまな角度からとらえさせる総合問題がよく取り上げられています。性質や特ちょうなどをのべた説明文にあてはまるものを考えたうえで，さまざまな問いに答える形式になっており，はば広い知識が必要といえます。

●**エネルギー**…光の進み方，力のつり合い，物体の運動，電気回路，ものの温まり方などが出されています。基本的なことがらが身についていればスムーズに解けますが，公式に頼り過ぎず，筋道立てて考えないと時間がかかります。

●**地球**…太陽，月，惑星の動きと見え方，火山の噴火，地震と津波，地球の温暖化（ヒートアイランド現象）などが出題されています。ニュースなどで取り上げられた時事的なことがらに関連した問題も目立ちます。

◆対策～合格点を取るには？～

第一に，**学校で行われる実験，観察，観測に積極的に参加**し，その結果を表やグラフなどを活用してノートにまとめておくこと。

第二に，**基本的な知識を確実にする**ために，教科書・受験参考書をよく読み，ノートにきちんと整理しておくこと。

第三に，**問題をできるだけ多く解く**こと。特に，「物質」や「エネルギー」では計算問題が多いので，正確な計算力をつけるようにしましょう。

最後に，身近な自然現象にはつねに深い関心を持つように心がけ，**「なぜそうなるのか」という疑問をそのままにしない**ことが大切です。また，科学ニュースにも目を向け，新聞や雑誌の記事，テレビのニュース番組や科学番組などを，できるだけ関心をもって見るようにしましょう。気づいたことをノートにまとめておくと効果的です。

出題分野分析表

分野 ＼ 年度		2024	2023	2022	2021	2020	2019	2018	2017	2016
生命	植物			★	○			★		○
	動物					★	★		★	
	人体									★
	生物と環境		★		○					
	季節と生物									
	生命総合	★			★					
物質	物質のすがた					○				
	気体の性質			★			○	○		
	水溶液の性質		★							
	ものの溶け方				○				★	
	金属の性質									
	ものの燃え方			○						
	物質総合				★	★	★			★
エネルギー	てこ・滑車・輪軸									
	ばねののび方									
	ふりこ・物体の運動	★								
	浮力と密度・圧力				○	○				
	光の進み方					★			★	
	ものの温まり方				○			★		
	音の伝わり方									
	電気回路			★						
	磁石・電磁石			○						
	エネルギー総合									★
地球	地球・月・太陽系							★	★	○
	星と星座									
	風・雲と天候						★			
	気温・地温・湿度									
	流水のはたらき・地層と岩石				○					
	火山・地震		★		★					
	地球総合									
実験器具										
観察										
環境問題		★		★		○		★		
時事問題		○			○					
複数分野総合										★

※　★印は大問の中心となる分野をしめします。

国語 出題傾向＆対策

◆基本データ(2024年度)

試験時間／満点	60分／100点
問題構成	・大問数…３題 文章読解題２題／知識問題１題 ・小問数…13問
解答形式	記号選択や適語の記入，本文中のことばの書きぬき，記述問題などバラエティーに富んでいる。
実際の問題用紙	Ａ４サイズ，小冊子形式
実際の解答用紙	Ａ３サイズ

◆過去９年間の分野別出題率

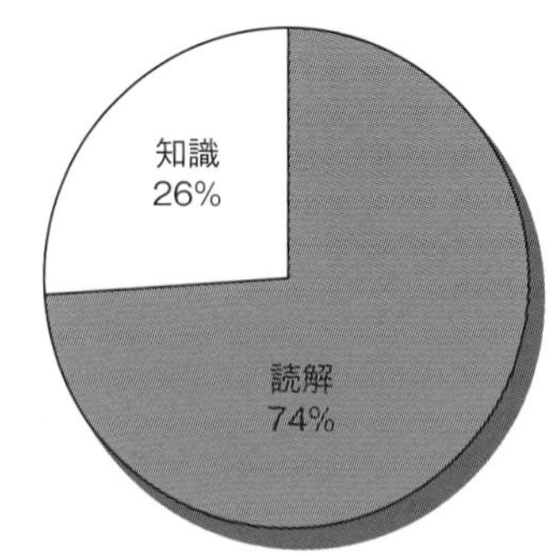

※　配点(推定ふくむ)をもとに算出

◆近年の出題内容

【　2024年度　】			【　2023年度　】		
大問	一	〔随筆〕須賀敦子「インセン」(約2800字)	大問	一	〔随筆〕夏井いつき「季語は時代の証人」(約1700字)
	二	〔説明文〕斎藤幸平『ゼロからの「資本論」』(約2400字)		二	〔説明文〕池田清彦『バカの災厄―頭が悪いとはどういうことか』(約2600字)
	三	〔知識〕漢字の書き取りと読み，慣用句・ことわざの知識		三	〔知識〕慣用句・ことわざの完成，漢字の書き取りと読み

◆出題傾向と内容

本校の国語の**題材は説明文・論説文，小説・物語文など**となっています。各大問とも総合読解形式になっており，小問の内容はバラエティーに富んでいます。

説明文・論説文では，小学生にとっては少し難解と思われる文章が取り上げられることもあり，設問は文脈・内容の読み取りが中心となっているほか，指示語の理解や要旨のはあくなどが出題されています。小説・物語文，随筆などでは，心情の読み取りに重点がおかれているのが特ちょうです。具体的には，登場人物の性格・内容と気持ちの読み取りなどが，数多く出題されています。いずれも，毎年２～３問はかなり考えさせる問題がふくまれています。

ほかに目につくものは，接続語の補充，本文中での語句の意味，段落分け(連分け)，比ゆの理解，漢字の読みと書き取りなどです。また，外来語の知識を問うものや四字熟語を完成させる問題が出題されることもあります。ことばのきまりでは，主語と述語の関係，助詞・助動詞の用法などが取り上げられることがあります。ことわざ・慣用句はしばしば語句の意味と関連して問われます。

◆対策～合格点を取るには？～

本校の国語は**長文の読解問題がメインであり，設問の内容がはば広い**という特ちょうがあります。したがって，この読解問題にいかに対処するかが本校入試のポイントになってきます。読解力を養成するには，まず，多くの文章に接する必要があります。読書は読解力養成の基礎でありキーポイントでもあります。あらゆるジャンルの本を読んでください。

次に，ことばのきまり・知識に関しては，参考書を１冊仕上げておけばよいでしょう。ことわざ・慣用句は，からだの一部を用いたもの，動物の名前を用いたものなどに分類して覚えましょう。ことばのきまりは，ことばのかかりうけ，品詞の識別などを中心に学習を進めます。また，漢字については，読み書きのほか，難しい熟語の意味についても辞書で調べておくようにするとよいでしょう。

出題分野分析表

分野			2024	2023	2022	2021	2020	2019	2018	2017	2016
読解	文章の種類	説明文・論説文	★	★	★	★		★		★	★
		小説・物語・伝記			★	★	★	★	★	★	★
		随筆・紀行・日記	★	★			★		★		
		会話・戯曲									
		詩									
		短歌・俳句		○							
	内容の分類	主題・要旨	○	○	○	○		○	○	○	○
		内容理解	○	○	○	○	○	○	○	○	○
		文脈・段落構成		○						○	○
		指示語・接続語	○					○	○	○	○
		その他	○	○		○	○	○	○	○	
知識	漢字	漢字の読み	○	○				○			○
		漢字の書き取り	○	○	○	○	○	○	○	○	○
		部首・画数・筆順									
	語句	語句の意味	○				○	○	○	○	
		かなづかい									
		熟語							○		
		慣用句・ことわざ	○	○	○	○	○		○	○	
	文法	文の組み立て						○			
		品詞・用法									
		敬語									
	形式・技法										
	文学作品の知識										
	その他							○			
	知識総合		★	★	★	★	★	★	★	★	
表現	作文										
	短文記述										
	その他										
放送問題											

※　★印は大問の中心となる分野をしめします。

2025年度 中学受験用

早稲田実業学校中等部　9年間スーパー過去問

をご購入の皆様へ

お詫び

本書、早稲田実業学校中等部の入試問題につきまして、誠に申し訳ございませんが、以下の問題は著作権上の都合により掲載することができません。設問と解説、解答は掲載してございますので、ご必要とされる方は原典をご参照くださいますよう、お願い申し上げます。

記

2022年度　国語　二　の問題文

以上

株式会社　声の教育社　編集部

2024年度 早稲田大学系属早稲田実業学校中等部

【算　数】(60分)〈満点：100点〉

【注意】1．円周率は，3.14とします。

2．比は，もっとも簡単な整数の比で答えなさい。

1 次の各問いに答えなさい。

(1) $20\frac{24}{25}-\left(0.175\times11\frac{3}{7}+4\frac{1}{18}\div\boxed{}\right)\times0.18=6$ の □ にあてはまる数を求めなさい。

(2) 6人のグループの中から班長1人，副班長2人を選びます。選び方は全部で何通りありますか。

(3) 右の図のあの角度を求めなさい。

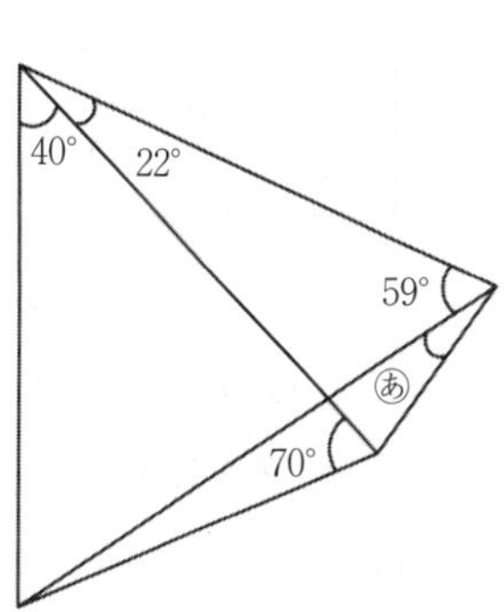

(4) 容器Aには濃度(のうど)6％の食塩水が300ｇ，容器Bには濃度15％の食塩水が500ｇ入っています。この2つの容器から同じ量を同時にくみだして，容器Aからくみだした分を容器Bに，容器Bからくみだした分を容器Aに入れてそれぞれよく混ぜ合わせたところ，容器Aの食塩水の濃度は9％になりました。混ぜ合わせたあとの容器Bの食塩水の濃度を求めなさい。

2 次の各問いに答えなさい。

(1) あるクラスの男子25人，女子15人が上体起こしを行い，その結果について，以下のことが分かっています。

男子

最も回数が多かったのは26回，最も回数が少なかったのは6回

最頻値(ひんち)は22回でその人数は10人

女子

最も回数が多かったのは28回，最も回数が少なかったのは9回

中央値は20回

次の①，②に答えなさい。**求め方も書きなさい。**

① 男子の回数の平均が最も多くなるとき，男子の平均は何回ですか。

② 女子の回数の平均が最も多くなるとき，女子の平均は何回ですか。

(2) あるテーマパークでは開場前に行列ができていて，開場後も一定の割合で人が行列に並び続けます。開場後に窓口を9カ所開くと45分で行列がなくなり，15カ所開くと18分で行列がなくなります。次の①，②に答えなさい。

① 行列をなくすには，開場後に窓口を最低何カ所開く必要がありますか。

② 開場後に窓口を7カ所開き，その10分後に窓口を何カ所か増やしました。すると，窓口を増やしてから6分40秒で行列がなくなりました。窓口を何カ所増やしましたか。

3　**図１**，**図２**，**図３**の四角形ABCDは正方形で，点E，F，G，Hはそれぞれ辺AB，BC，CD，DAの真ん中の点です。次の各問いに答えなさい。

(1)　下の**図１**において，EDとCHの交点をPとします。このとき，EP：PDを求めなさい。

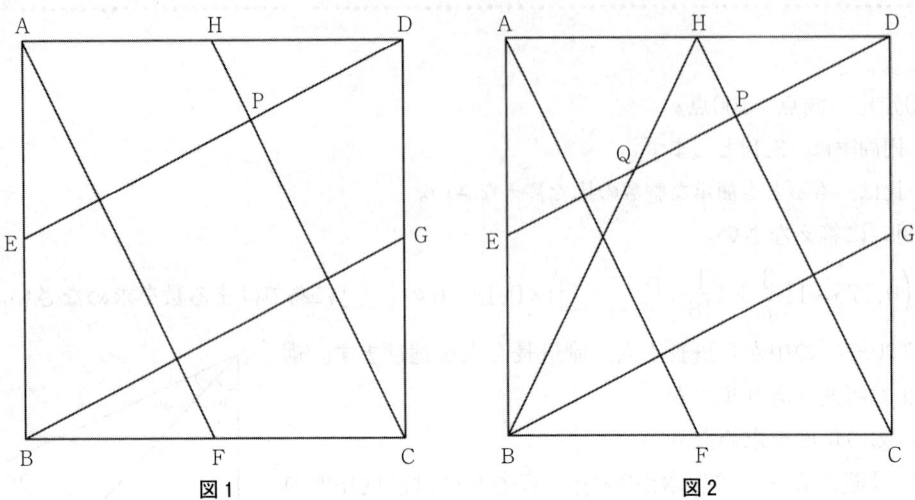

図１　**図２**

(2)　上の**図２**において，BHとEDの交点をQとします。このとき，EQ：QPを求めなさい。

(3)　下の**図３**において，AGとBHの交点をR，AGとEDの交点をSとします。次の①，②に答えなさい。

①　RQ：RSを求めなさい。

②　**図３**の影(かげ)の部分は正八角形ではありません。その理由を①の結果を用いて説明しなさい。

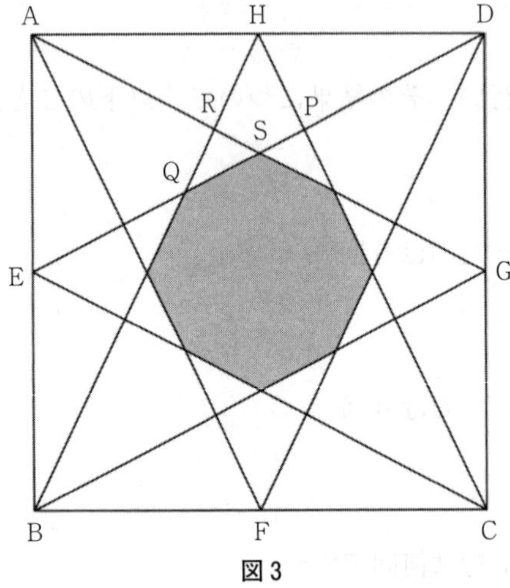

図３

4 右の図のような1辺の長さが150mの正六角形の道を，P君とQ君が頂点Aを同時に出発して，P君はA→B→C→D→E→F→A→…，Q君はA→F→E→D→C→B→A→…とそれぞれ一定の速さで何周も歩いて回ります。P君，Q君ともに各頂点A，B，C，D，E，Fに到着(とう)するごとに1分休み，次の頂点に向かいます。2人は，図の点Gではじめて出会い，点Hで2度目に出会いました。EG＝96m，BH＝6mであるとき，次の各問いに答えなさい。

(1) P君とQ君の歩く速さの比を求めなさい。

(2) P君とQ君の歩く速さはそれぞれ毎分何mですか。

(3) P君とQ君が3度目に出会うのは，2度目に出会ってから何分何秒後ですか。

［必要なら自由に使いなさい。］

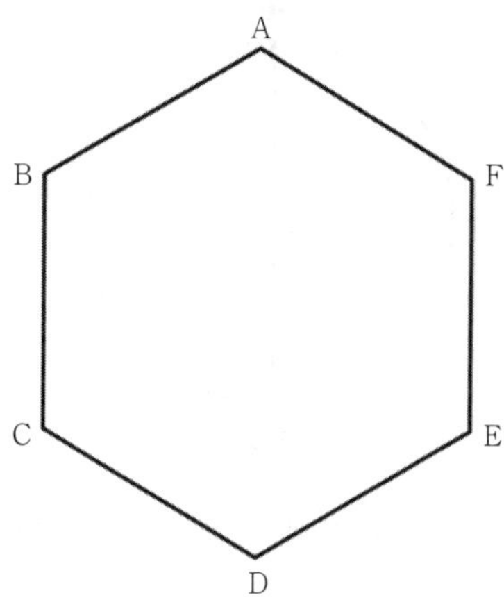

5 現在使われている1円玉硬貨(こうか)の直径は2cmです。この1円玉硬貨を以下のように円盤(ばん)の周りをすべらせずに回転させながら，移動させることを考えます。ただし，円盤は動きません。次の各問いに答えなさい。

(1) 最初に，円盤を別の1円玉硬貨として，**図1**のように1円玉硬貨を真上の位置から，矢印の方向にすべらせずに回転させながら，移動させます。次の①，②に答えなさい。

① **図2**のように，ちょうど真横の位置まで移動させたとき，移動させている1円玉硬貨の表面の文字の向きは，**図3**の㋐～㋓の中のどれになっていますか。記号で答えなさい。

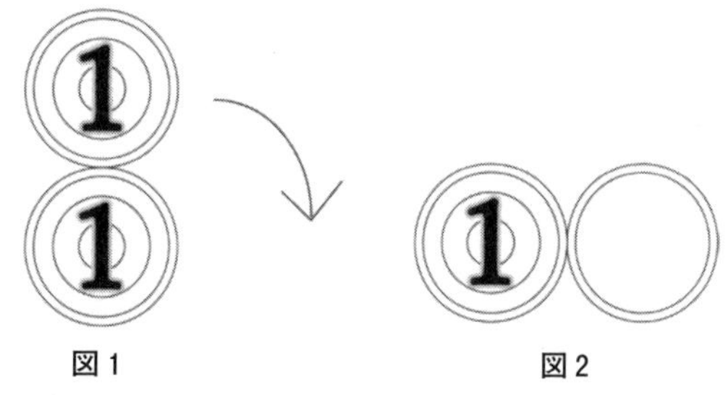

図1　**図2**

㋐  ㋑ 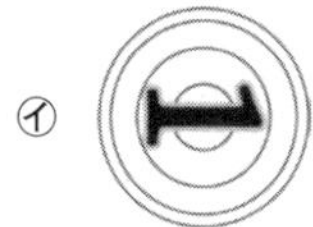 ㋒  ㋓ 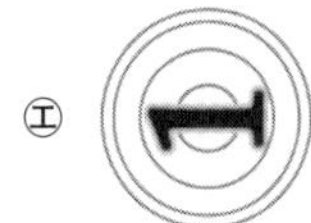

図3

② ちょうど1周して再び**図1**の位置に戻ってきたとき，1円玉硬貨の表面の文字の向きも**図1**と同じになりました。移動させている途中で，1円玉硬貨の表面の文字の向きが**図3**の㋐になったのは，何回ありましたか。ただし，最初と最後の位置については，回数に含めません。

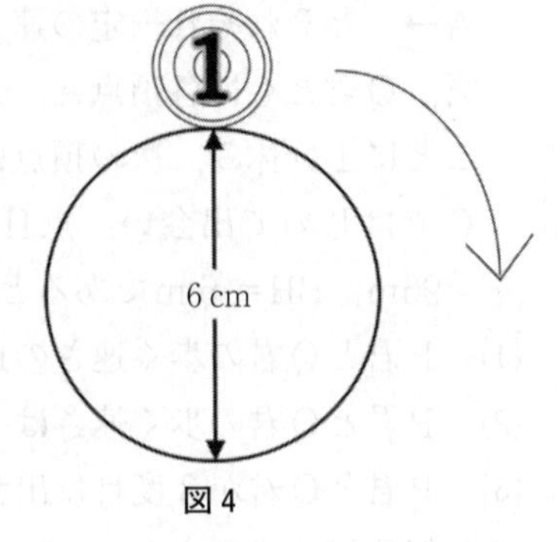

図4

(2) 次に，**図4**のように直径が6cmの円盤の周りを，真上の位置から矢印の方向にすべらせずに1円玉硬貨を回転させながら，移動させます。ちょうど1周して再び**図4**の位置に戻ってきたとき，1円玉硬貨の表面の文字の向きも**図4**と同じになりました。移動させている途中で，1円玉硬貨の表面の文字の向きが**図3**の㋐になったのは，何回ありましたか。ただし，最初と最後の位置については，回数に含めません。

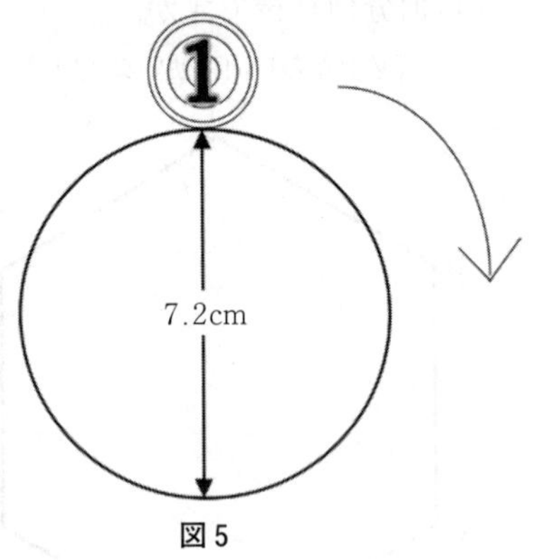

図5

(3) 次に，**図5**のように直径が7.2cmの円盤の周りを，真上の位置から矢印の方向にすべらせずに1円玉硬貨を回転させながら，移動させます。この移動では，1周して再び**図5**の位置に戻ってきたとき，1円玉硬貨の表面の文字の向きは**図5**と同じにはなりませんでした。そこでこの位置にきたときに，1円玉硬貨の表面の文字の向きが**図5**と同じになるまで円盤の周りを移動させました。次の①，②に答えなさい。

① 1円玉硬貨は，円盤の周りを何周しましたか。

② 移動させている途中で，1円玉硬貨の表面の文字の向きが**図3**の㋐になったのは，何回ありましたか。ただし，最初と最後の位置については，回数に含めません。

【社　会】（30分）〈満点：50点〉

【注意】 解答は，とくに指示がない限り，漢字で書くべきところは正しい漢字を使って答えなさい。

Ⅰ 次の文章を読んで，以下の問いに答えなさい。

米は，日本人にとって特別な食べものです。大昔に大陸から稲作が伝わって以来，長い間日本人に親しまれてきました。

1稲作は，縄文時代の終わりから弥生時代の初めにかけて日本に伝わると，またたく間に西日本一帯に広まり，弥生時代の中頃には東北地方北部にまで広がっていました。耕作には木製の農具が用いられ，籾（もみ）を直（じか）に播（ま）く方法と田植えの方法とがありました。収穫には2石包丁が用いられ，籾を搨（す）るのには木製の臼（うす）と竪杵（たてぎね）などが使われました。のちには，農具として鉄鎌や鉄の刃先を付けた鍬（くわ）や鋤（すき）が使われるようになり，生産力が上がりました。このように稲作が普及すると，3人々の社会は大きく変化しました。

奈良時代には，人々は戸籍に登録され，4口分田（くぶんでん）が与えられました。しかし，人口増加などで口分田が不足していくと，朝廷は開墾（かいこん）することを奨励し，開墾した者にその土地の私有を認めました。これにより，5貴族や寺院などの有力者は農民などを雇って開墾させたり，土地を買い集めたりしていきました。

武家の時代に移り，鎌倉幕府・室町幕府が開かれました。その後，戦国時代を経て，天下を統一した6豊臣秀吉は，太閤検地と呼ばれる改革をおこないました。ものさしや枡（ます）を統一して，田畑の面積や質を調査し，予想される収穫量を石高で表しました。また，実際に耕作している者が検地帳に登録され，年貢を納めることが定められました。

江戸時代に入ると，百姓は田畑をもつ本百姓（ほんびゃくしょう）ともたない水呑百姓（みずのみびゃくしょう）に分かれ，有力な本百姓は村役人となって村をまとめました。年貢は主に米で納められ，五人組の制度をもうけて連帯責任を負わせました。農地の面積は大規模な新田開発によって大幅に増え，7農具も改良が加えられたり，新しい農具が開発されたりしました。また，肥料もこれまでの刈敷（かりしき）・草木灰（そうもくかい）と呼ばれる肥料に加えて，8質の良い肥料を購入して使うようになりました。こうして生産力が大きく向上していきましたが，それでも毎年決まった量の米が収穫されるわけではありませんでした。たびたび大凶作に見舞われ，百姓たちが一揆を起こすなど，9各地で騒動が起きました。

明治時代に入ると，資本主義の発達によって人々のくらしは豊かになっていきました。農村でも，田畑などの土地を持つ地主が，さらに土地を買い集めたり，会社をつくったりして，より裕福になっていきました。その一方で，田畑をわずかしか持たない農民や，田畑を手放して小作人になった人々の生活は苦しく，10子どもを工場に働きに出す人も多くいました。

時代は昭和に移り，日中戦争，さらに11太平洋戦争が長期化すると，食料をはじめとする生活必需品の生産が滞（とどこお）るようになりました。人々は米の配給を待ちましたが，次第に米の配給も滞り，いもなどの代用食が配給されました。12戦後まもなく，日本国内の人口が急増したこともあり，都市には失業者があふれました。そのため，食料の不足はいっそう深刻となり，都市の住民は農村に買出しに行くなどして飢えをしのぎました。

問1 下線部1について，現在では全都道府県で稲作がおこなわれるようになりました。過去10年（2013年産～2022年産）にわたり，米の生産量がつねに上位3位以内に入っている都道府県を，次の中から3つ選び，記号で答えなさい。ただし，順位や答える順番は問いません。

ア. 北海道　**イ**. 青森県　**ウ**. 岩手県
エ. 秋田県　**オ**. 山形県　**カ**. 新潟県

問2　下線部**2**について，次の問いに答えなさい。

①　石包丁の写真を次の中から1つ選び，記号で答えなさい。

エ.

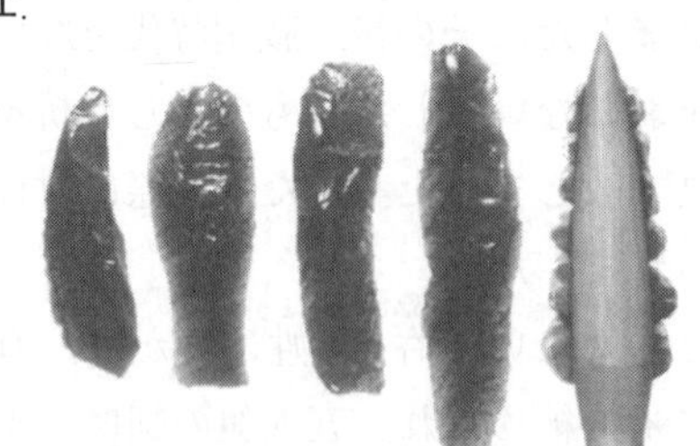

オ.

※縮尺は同じではありません。

②　収穫の時，石包丁を使って稲のどの部分を刈り取りましたか。刈り取った部分を右の絵に示された**ア**～**ウ**の中から1つ選び，記号で答えなさい。

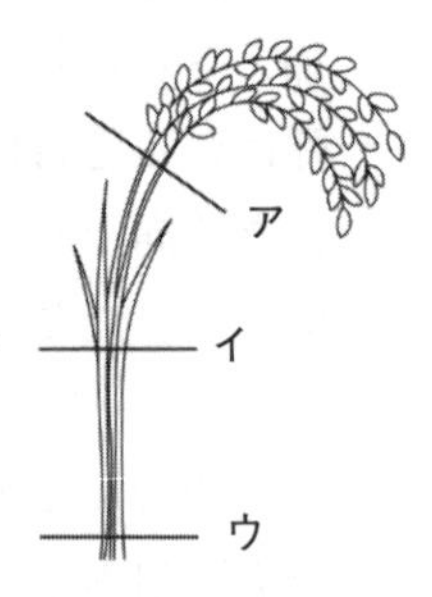

問3　下線部**3**について，人々の社会はどのように変化したか説明しなさい。

問4　下線部**4**について，次の問いに答えなさい。

①　口分田が与えられたのは，どのような人々ですか。正しいものを次の中から1つ選び，記号で答えなさい。

ア．6歳以上の男子　**イ**．6歳以上の男女
ウ．12歳以上の男子　**エ**．12歳以上の男女
オ．18歳以上の男子　**カ**．18歳以上の男女

②　口分田にかけられた税を何というか答えなさい。

問5　下線部**5**について，有力者が手にした土地を何というか答えなさい。

問6　下線部**6**がおこなったこととして，正しいものを次の中から3つ選び，記号で答えなさい。

ア．秀吉は足利義昭に仕(つか)え，織田信長とともに天下統一に向けて領土を広げていった。

イ．秀吉は，本能寺の変で亡くなった織田信長のあとを継ぎ，九州・関東・東北などを平定し，全国統一を果たした。

ウ．秀吉は，約400万石の領地を持ったり，江戸・大坂・京都などの重要な都市を直接支配

したりしたほか，佐渡金山や石見銀山などの鉱山を直接支配して開発を進めた。

エ．秀吉は，長崎がイエズス会に寄進されていることを知り，宣教師の国外追放を命じた。

オ．秀吉は，武力による一揆を防ぐために刀狩を命じ，農民から武器を取り上げたことによって，武士と農民との身分上の区別が明確になった。

カ．明と朝鮮を征服するため，秀吉はみずから朝鮮に渡って指揮し，日本軍は朝鮮半島全域に進出したものの，明の援軍と朝鮮水軍の反撃により，朝鮮南部まで撤退することになった。

問7　下線部7について，次の写真は現在の農業機械です。この機械の役割を果たす江戸時代の農具を，下の**ア**～**エ**の中からすべて選び，記号で答えなさい。

ア．

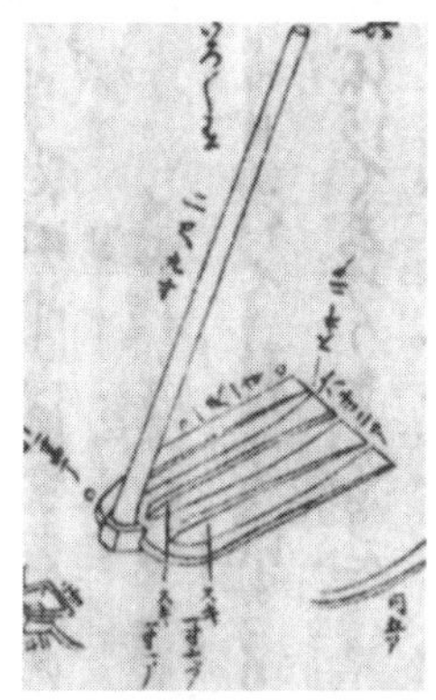

イ．

ウ．

エ．

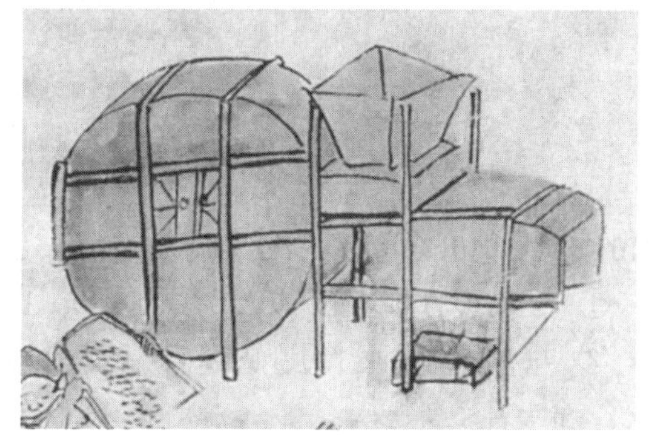

※資料は一部加工しています。

問8　下線部8について，いわしを干して作った肥料を何というか，ひらがなで答えなさい。

問9　下線部9について，次はある人物が事件を起こすにあたって民衆に訴えた文章の要約です。この文章を読んで，以下の問いに答えなさい。

…この頃，米の値段が高くなっているうえに，大坂町奉行所の者たちは思いやりを忘れ，好き勝手な政治をし，江戸には米を送るのに，京都へは米を送らない。…そのうえ自分勝手なお触れを出し，大坂の商人だけを大切に考えるのは，道義仁義を知らない愚(おろ)か者である。…大坂の金持ちは，大名に貸した金銀の利子などで，かつてなかったほどに裕福に暮らしている。…この困難な時に…普段通りに娯楽にふけるとは何ということか。…このたび有志の者と話し合い，民衆を苦しめている諸役人と大坂市中の金持ちの町人を責め殺すつもりである。この者たちが貯めておいた金銀銭や俵米をそれぞれ配るので，…生活に困窮している者は…早く大坂にかけつけなさい。それぞれに米や金を分け与えよう。…

①　この文章を書いた人物を答えなさい。

②　この事件に関連する絵を次の中から1つ選び，記号で答えなさい。

ア.

イ.

ウ.

エ.

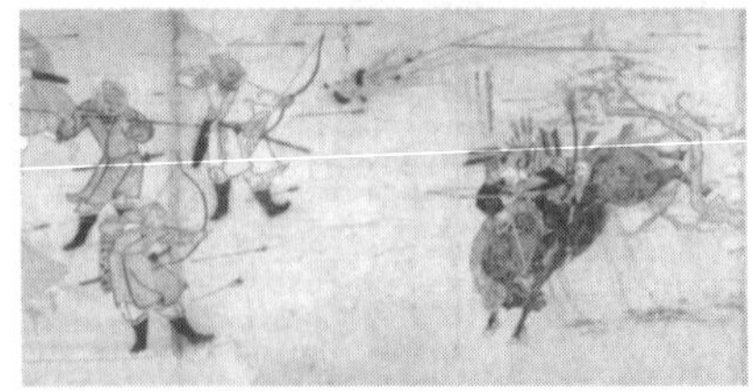

問10　下線部10について，次の問いに答えなさい。

①　当時の労働環境がひどかったため，1911年に定められた法令を答えなさい。

②　①の法令は不十分な内容であったため，1947年に新たな法令が定められました。その法令を答えなさい。

問11　下線部11について，次の出来事を起きた順番に並べ替え，記号で答えなさい。

ア．アメリカ軍の沖縄本島上陸

イ．日本に対するソ連の参戦

ウ．広島への原爆投下

エ．長崎への原爆投下

問12　下線部12について，都市に失業者があふれる原因となった人口急増の理由を答えなさい。

Ⅱ　次の文章を読んで，以下の問いに答えなさい。

図1は，1990年度から2004年度までの日本の米の国内生産量と輸入量を示したグラフです。この期間のある年に米の不作が起こり，「平成の米騒動」と呼ばれる出来事がありました。

この米の不作の原因は80年ぶりの大冷夏であり(**図2**参照)，1フィリピンの火山の大爆発や，偏西風の蛇行(だこう)と【 A 】現象がその要因にあげられています。【 A 】現象は日本に冷夏と暖冬をもたらし，反対に【 B 】現象は日本に夏の猛暑，冬の寒冷をもたらす傾向があります。それに加えてこの年は梅雨前線が長期間，日本列島付近に停滞しました。梅雨前線は北側のオホーツク海気団と南側の【 C 】気団との間に形成されます。通常，オホーツク海気団が弱まって【 C 】気団が張り出すことで梅雨明けとなりますが，この年は【 C 】気団が弱く，オホーツク海気団が長い間強い勢力を保っていて，そこから2冷たい風が吹きました。

日本政府は米不足に対応すべく，外国から米の緊急輸入を進めました。まずタイから米が輸入され，翌年には他国からも輸入されました。輸入によって量的不足は解消しましたが，輸入米の多くが3インディカ米であり，結局，輸入米のうちおよそ98万トンが売れ残ってしまいました。

この「平成の米騒動」は翌年には解消されます。6月に入り早場米が出回る頃から，米騒動は徐々に沈静化していきました。さらに全国的な豊作により，米騒動は完全に収束することになりました。しかしながら，この米騒動により，4冷害に弱い品種から強い品種への作付けの転換が進みました。

また，それまで外国産米の輸入を全面的に禁止してきた日本政府でしたが，この米騒動にともなって米を緊急輸入したことにより，これまでの方針を撤回して外国産米の輸入を解禁せざるを得ない状況になります。その結果，**図1**の通り「平成の米騒動」後には，限定的ながら米の輸入が開始されます。こうした米の輸入解禁にともない，日本国内の食糧制度を見直す必要が出てきました。こうして5新食糧法が制定されることになり，この「平成の米騒動」を契機に，戦後長らく続いてきた日本の食糧政策は大きく転換することになりました。

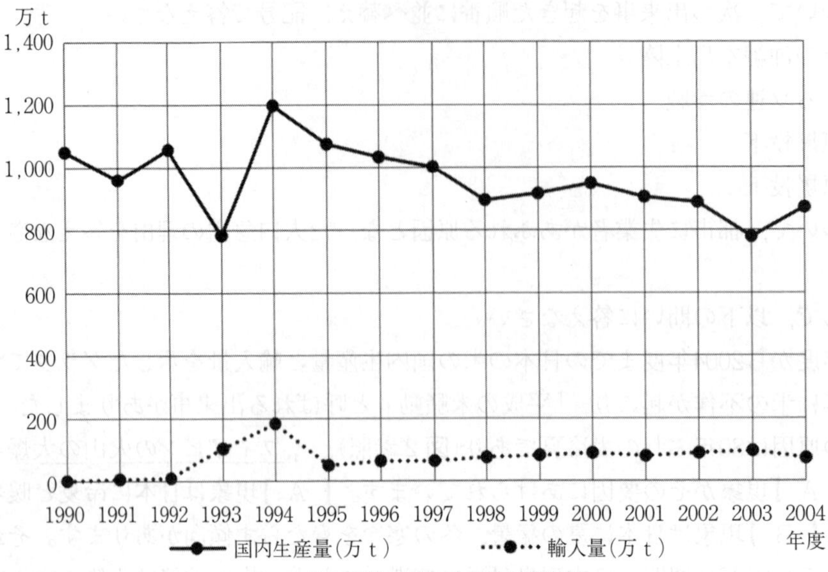

図1　日本の米の国内生産量と輸入量

農林水産省「食料需給表」より作成

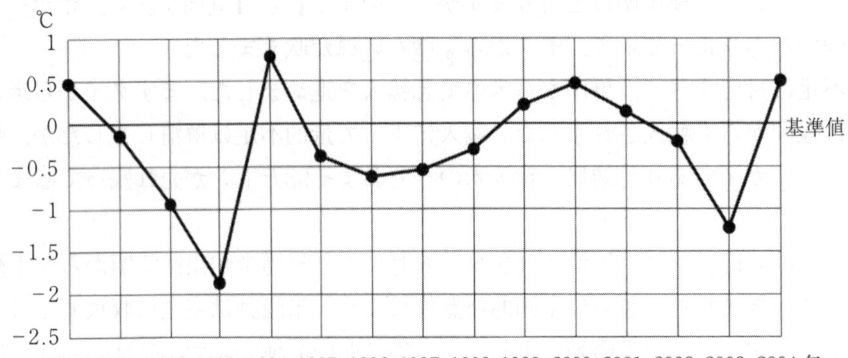

図2　夏の平均気温の(注1)基準値との差

気象庁「日本の季節平均気温」より作成

※縦軸の値は各年の６月から９月の平均気温の基準値からの差

（注１）　基準値は1991～2020年の30年間の６月から９月の平均気温の平均値

問１　下線部**１**がなぜ大冷夏の原因となったのでしょうか。その理由を説明しなさい。

問２　**図１**をみると，「平成の米騒動」以外に2003年度も米の国内生産量が少なくなっていますが，このときは米騒動は起きませんでした。その理由を説明しなさい。

問３　文章中の空欄【Ａ】・【Ｂ】にあてはまる言葉を次の中からそれぞれ１つ選び，記号で答えなさい。

ア．エルニーニョ　　**イ**．フェーン　　**ウ**．モンスーン　　**エ**．ラニーニャ

問４　文章中の空欄【Ｃ】にあてはまる言葉を答えなさい。

問５　下線部**２**を何と呼びますか。ひらがなで答えなさい。

問６　下線部**３**の説明として正しいものを次の中から１つ選び，記号で答えなさい。

ア．生産量が少なく比較的珍しい品種で，幅が広く大粒な形状と，あっさりして粘りのある味が特徴である。

イ．世界で最も多く生産されている品種で，細長い形状と，炊くとパサパサとするのが特徴である。

ウ．世界の米の生産量の約２割を占めており，短く円形に近い形状と，炊くと粘りとツヤが出るのが特徴である。

エ．もともと黄色味を帯びており，柔軟で弾力性の強いグルテンを豊富に含むため，加工するとコシの強い食感になるのが特徴である。

問７　下線部**４**について，次の**表１**・**表２**から冷害に弱いと考えられる品種として，もっともふさわしいものを１つ選び，品種名を答えなさい。

表１　「平成の米騒動」の年の米の作付面積

品種名	作付面積（ha）	作付比率（%）	順位
コシヒカリ	536,343	28.6	1位
ササニシキ	145,202	7.7	2位
あきたこまち	102,608	5.5	3位
日本晴	87,920	4.7	4位
ヒノヒカリ	76,154	4.1	5位
きらら397	75,522	4.0	6位
ゆきひかり	63,963	3.4	7位
ひとめぼれ	57,493	3.1	8位

表２　表１の１年後の米の作付面積

品種名	作付面積（ha）	作付比率（%）	順位
コシヒカリ	538,250	28.0	1位
ひとめぼれ	115,384	6.0	2位
あきたこまち	114,122	5.9	3位
ササニシキ	97,790	5.1	4位
日本晴	94,351	4.9	5位
ヒノヒカリ	87,535	4.5	6位
ゆきひかり	74,060	3.8	7位
きらら397	72,830	3.8	8位

表１・表２ともに国立研究開発法人 農業・食品産業技術総合研究機構の資料より作成

問８　下線部**５**によって，米の生産・流通はどのように変わりましたか。正しいものを次の中からすべて選び，記号で答えなさい。

ア．米は必ず農業協同組合を通して販売されることになった。

イ．日本政府は米の買い入れ価格を決めることができるようになった。

ウ．農家はブランド米の生産に力を入れるようになった。

エ．米の流通が自由化された。

オ．米の生産調整のため減反政策が始まった。

Ⅲ　自然災害の多い日本に住む私たちは，災害と防災について常に考える必要があります。以下の問いに答えなさい。

問１　多くの受験生のみなさんが生まれた年には，国内観測史上最大規模の地震が発生しました。この地震について，次の問いに答えなさい。

①　この地震により，太平洋側の地域では甚大(じんだい)な津波の被害を受けました。岩手県宮古(みやこ)市は，そのうちの１つです。宮古市の位置を右の**図１**の中から１つ選び，記号で答えなさい。

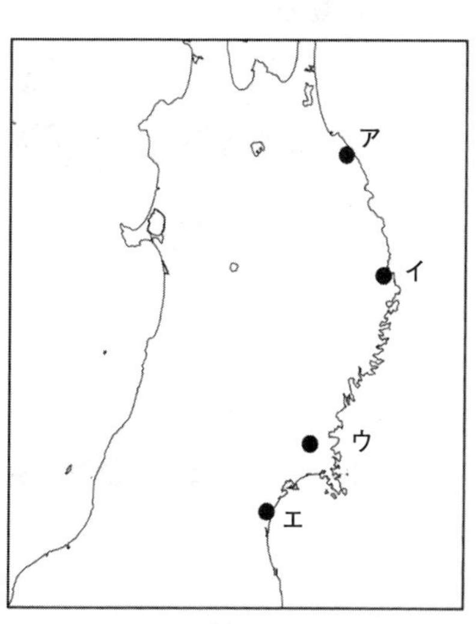

図１

② この地震の後，宮古市のいくつかの地区では，新たに建設した防潮堤は以前より高いものとなりました。これに対し，住民の中には賛成意見も反対意見もありました。右の**図2**を参考にして，反対意見の中で防災上の理由によるものを1つ答えなさい。

図2 宮古港海岸の防潮堤

③ この地震の後，政府は被災者に対して，国税・地方税の減税や納付の延期などの特別措置をとりました。地方税にあたるものを次の中から1つ選び，記号で答えなさい。

ア．所得税　　イ．法人税

ウ．相続税　　エ．住民税

④ この地震が発生した年の出来事として正しいものを次の中から1つ選び，記号で答えなさい。

ア．菅義偉（すがよしひで）が日本の第99代首相に就任した。

イ．「アラブの春」によりアラブ世界で民主化要求運動が活発になった。

ウ．日本の消費税が10%に引き上げられた。

エ．アメリカ同時多発テロ事件が起きた。

問2 昨秋，関東大震災から100年が経ちました。**図3**をみて，次の問いに答えなさい。

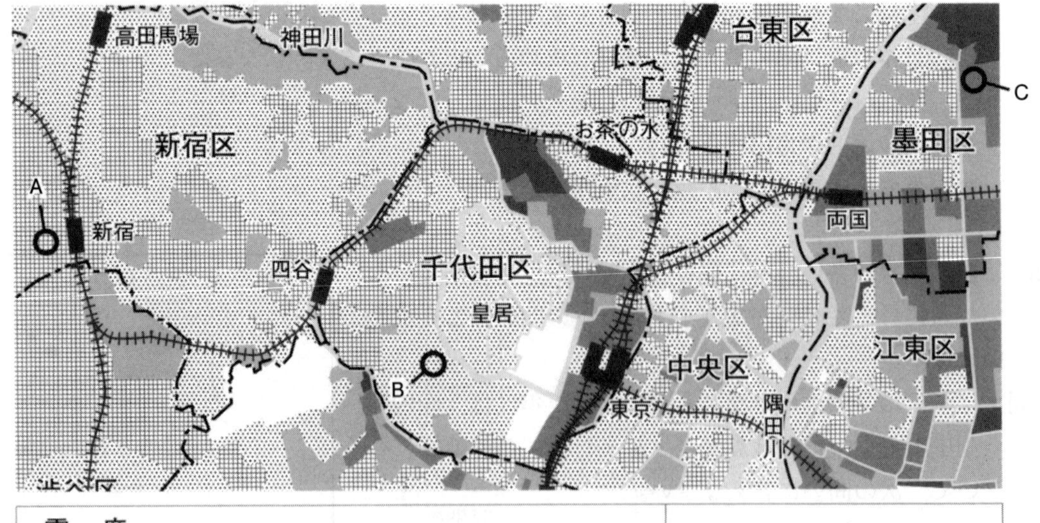

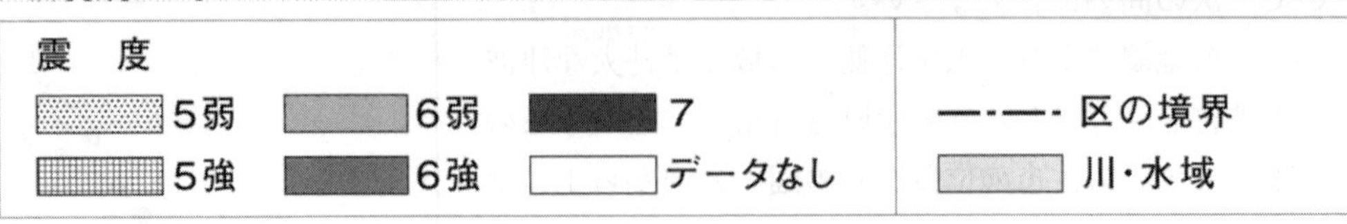

図3 関東大震災の地震の推定震度

内閣府資料より作成

① **図3**の**A**～**C**は，東京スカイツリー・国会議事堂・東京都庁のいずれかの現在の位置を示しています。この3地点について述べた次の文の中から正しいものを1つ選び，記号で答えなさい。

ア．東京スカイツリーが位置する場所は，3地点の中でもっとも揺れが小さかった。

イ．国会議事堂が位置する場所は，3地点の中でもっとも揺れが小さかった。

ウ．東京都庁が位置する場所は，3地点の中でもっとも揺れが小さかった。

エ．3地点の揺れは，ほぼ同じだった。

② **図4**は，**図3**の範囲の地形の様子を表しています。東京スカイツリー・国会議事堂・東京都庁は，どのような地形に位置していますか。**図3**・**図4**をみて，正しい組み合わせを下の中から1つ選び，記号で答えなさい。

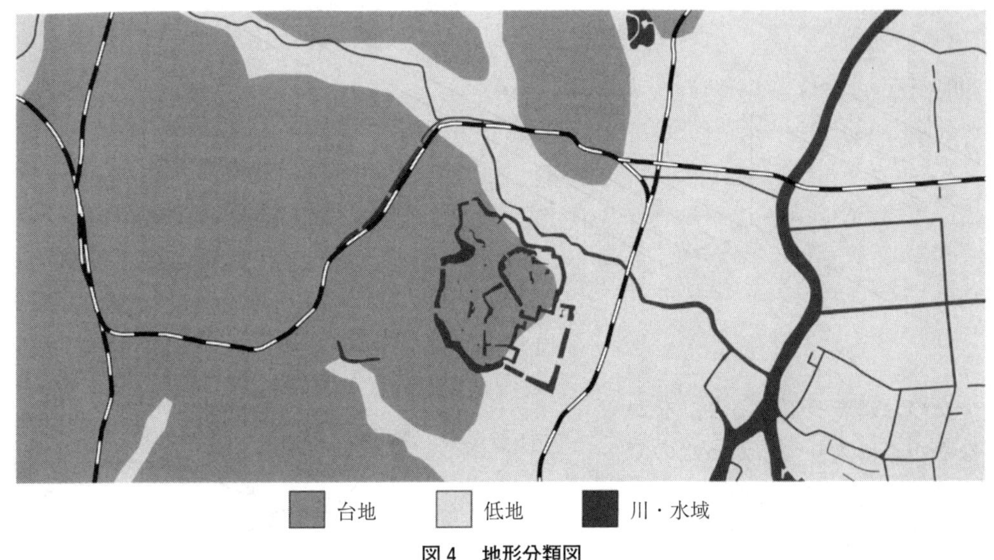

台地　低地　川・水域

図4　地形分類図

地理院地図より作成

※資料作成の元データの違いにより，一部表示されていない線路や川・水域があります。

	東京スカイツリー	国会議事堂	東京都庁
ア	低地	低地	台地
イ	低地	台地	低地
ウ	低地	台地	台地
エ	台地	低地	低地
オ	台地	低地	台地
カ	台地	台地	低地

③ **図3**の**A**～**C**の中から，日米修好通商条約を締結した大老が殺害された場所にもっとも近い地点を選び，記号で答えなさい。

④ 関東大震災より前に起こった出来事を次の中から1つ選び，記号で答えなさい。

ア．韓国併合　**イ**．世界恐慌　**ウ**．治安維持法制定　**エ**．満州事変

⑤ 関東大震災の復興事業として誤っているものを次の中から1つ選び，記号で答えなさい。

ア．幹線道路の建設　**イ**．大きな公園の造営

ウ．小学校の校舎の鉄筋コンクリート化　**エ**．ハザードマップの作成

【理　科】（30分）〈満点：50点〉

1　Aさんが行った実験について，あとの各問いに答えなさい。

Aさんは，小学校で行うお祭りでの出し物として，図1のように，台の上から消しゴムを指で飛ばして，4つのかごの中に入れるゲームを考えました。100cm 離れたかごに入ると10点，150cm 離れたかごに入ると30点，200cm 離れたかごに入ると50点，250cm 離れたかごに入ると70点がもらえます。5回投げて，合計得点を競います。

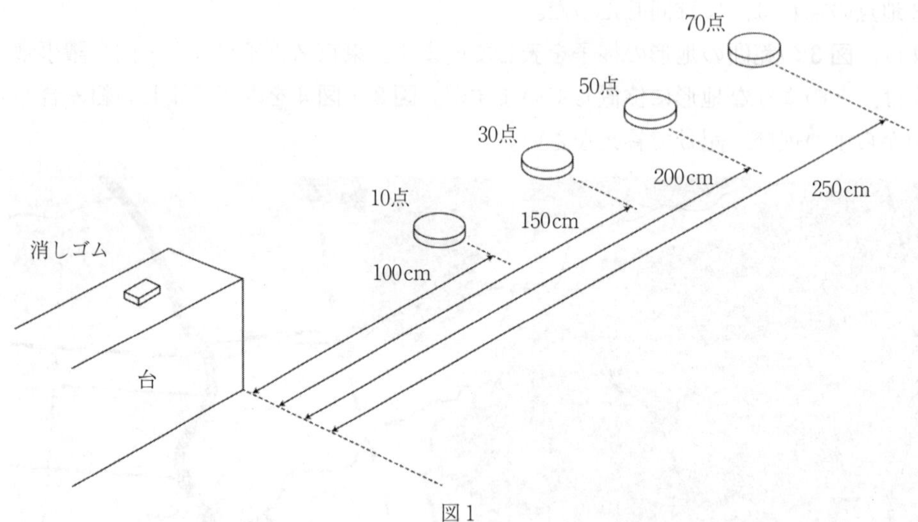

図1

ためしにやってみると，なかなかかごに入りづらかったので，Aさんは，輪ゴムで消しゴムを飛ばせば，百発百中でかごに入れられるのではないかと考えました。

図2は，Aさんが実際に作った装置です。Aさんは，この装置で消しゴムがどれくらい飛ぶのかを測ってみることにしました。台の横にくぎを刺し，くぎに輪ゴムをひっかけて消しゴムごと輪ゴムを引っ張り，消しゴムを飛ばします。台から消しゴムが床に落ちたところまでの距離を測ります。ただし，消しゴムはまっすぐに飛び出すものとします。

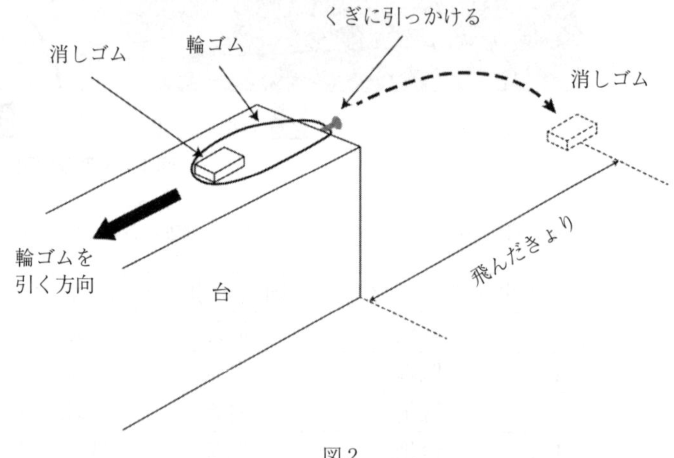

図2

＜実験1＞

輪ゴムを2.5cm 引っ張って消しゴムの飛ぶ距離を測りました。

5回測って平均値をとると，17.5cm でした。右の表1がその結果です。

表1

引っ張る長さ(cm)	2.5
飛ぶ距離(cm)	17
	18
	17.5
	17
	18
飛ぶ距離(cm)(平均値)	17.5

問1　Aさんは，輪ゴムを引っ張る長さが2倍，3倍…になれば，消しゴムが飛ぶ距離も2倍，3倍…になるのではないかと考えました。Aさんの考えが正しいとすると，100cm離れたかごに入れるためには，何cm引っ張ればいいでしょうか。表1のデータをもとに考えなさい。割(わ)り切れない場合は，四捨五入(ししゃごにゅう)して小数第1位まで求めること。

＜実験2＞

次にAさんは，**問1**の自分の考え方が正しいかどうかを確かめるために，輪ゴムを引っ張る長さを変えて消しゴムの飛ぶ距離を測りました。それぞれの長さで5回ずつ測り，平均値を出しました。以下の表2がその結果です。

表2

引っ張る長さ(cm)	2.5	5	7.5	10	12.5	15	17.5	20	22.5	25	27.5
飛ぶ距離(cm)	17	39	61	83	106	125	143	163	180	192	210
	18	39	60	83	106	126	143	164	179	203	223
	17.5	39.5	61	83	107	124	140	164	181	204	219
	17	37	62.5	82	106.5	121	144	164	183	190	210
	18	37	63	83	107	126	142	163	186	197	223
飛ぶ距離(cm)(平均値)	17.5	38.3	61.5	82.8	106.5	124.4	142.4	163.6	181.8	197.2	217.0

問2　このデータから言えることとして，正しいものを1つ選び，(ア)～(ウ)の記号で答えなさい。

(ア)　100cm離れたかごに入れるために引っ張る長さは，**問1**で出す値よりも短くてすむ。

(イ)　100cm離れたかごに入れるために引っ張る長さは，**問1**で出す値よりも長い。

(ウ)　100cm離れたかごに入れるために引っ張る長さは，**問1**で出す値とほぼ同じになる。

問3　下のグラフは，実験2の引っ張る長さと，飛ぶ距離の平均値の関係をもとに作成したものです。このグラフは，ほぼ一直線になっていると見なせます。

このグラフをもとにすると，70点のかごに入れるためには，何cm引っ張ればよいと考えられるでしょうか。最も近い値を，整数で答えなさい。

なお，解答らんの図に，考えるために引いた線を残しておくこと。

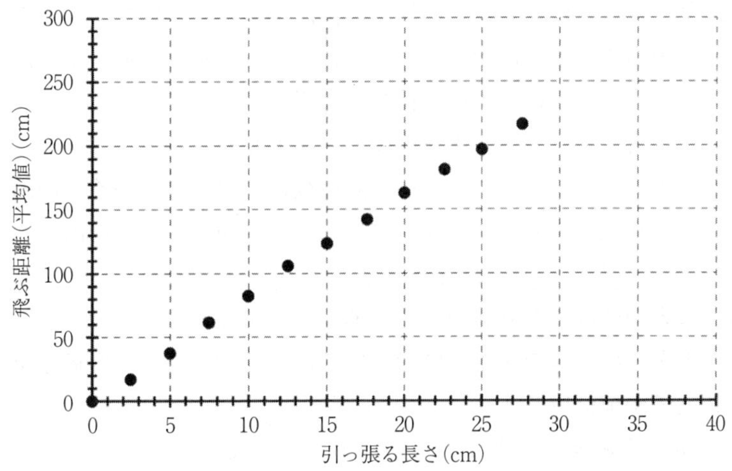

グラフ　引っ張る長さと飛ぶ距離(平均値)の関係

問4　“5回連続で入ると，合計得点が2倍になる”というルールがあるとします。今回作成した輪ゴムの装置によって，確実に得られると考えられる点数は最大で何点でしょうか。表2を参考にして答えなさい。ただし，以下の3つの条件も参考にしなさい。

・　かごの大きさはすべて半径5cmであるとします。

・「100cm離れたかご」とは，かごの中心までの距離が100cm離れているという意味で，ほかのかごについても同様です。

・　消しゴムはかごに比べて十分に小さいものとし，かごから部分的にはみ出すことはないものとします。

2　エネルギーについて述べた文章を読み，あとの各問いに答えなさい。

震災による福島での原発事故以降，縮小傾向にあった原子力発電の利用が，欧州での軍事紛争をきっかけに一部見直されつつあります。また2023年は例年になく「暑い」年で，各地で大雨や山火事による災害が頻発しました。地球の温暖化をこれ以上進めないためにも，エネルギーの利用を真剣に考えなければならない状況になっています。

温暖化対策として2つの考え方があります。一つは温暖化の原因となる二酸化炭素をこれ以上増やさないというもので，電気自動車や再生可能エネルギーの開発・導入などがあげられます。もう一つは，これ以上二酸化炭素を増やさないための社会的な仕組みを作るというもので，プラスチック製品の利用をやめる取り組みに資金援助をすることなどがあげられます。このような取り組みを総称して(①)という用語が生まれました。

1kW時の電気をつくるために，二酸化炭素がどれだけ発生するかという値を比較したものが右記の表になります。これには，発電設備の建設，燃料の生産や運搬などの過程で生じるものも含まれます。A～Gは天然ガス，石炭，石油，水力，太陽光，風力，地熱のいずれかの発電方法を表しています。

発電方法	A	B	C	D	E	F	G
発生量(g)	943	738	474	25	59	13	11

エネルギー庁「エネルギー白書 2023」より転載

近年，発電1kW時あたりの二酸化炭素の発生量がAとBよりも少ないCの利用が拡大する中，ヨーロッパでの軍事紛争をきっかけにBとCの燃料の値段が高騰しています。Aの利用は温暖化に拍車をかけるという理由で，近年は世界的に廃止に向けての動きもありましたが，BとCの代替えとして微増しています。Dは洋上に設置して大規模発電ができるようになり世界的に導入が進んでいます。Eは再生可能エネルギーの中でも導入しやすい方法であり，2021年度に日本は世界3位の累計導入実績があります。反面，設置後のトラブルも多く，国内では新規導入に制限が設けられている地域もあります。②Fのエネルギー源は，日本国内において発電とは違うかたちで昔から利用されており，観光資源としても各地で定着しています。しかし，このことが発電設備の導入の妨げになり新規開発が進んでいません。Gは最も古くから利用されてきた再生可能エネルギーの一つですが，国内ではこれ以上新規の発電好適地を開発することが難しく，近年は発電量が横ばいです。

世界中で二酸化炭素を一気に削減することが難しい理由に，発展途上国において二酸化炭素の発生量は多くてもコストの低いAが便利なエネルギー源として広く利用されることがあります。③そこで，二酸化炭素を削減したい発展途上国が，削減技術のある先進国や企業に助けてもらい，二酸化炭素を削減するという取り組みが重要になってきます。このように社会全体で取り組むために様々なアイデアが生まれてきています。

問1　(①)にあてはまる用語として適切なものを次の(ア)～(エ)から１つ選び，記号で答えなさい。

(ア)　CX　　(イ)　DX

(ウ)　FX　　(エ)　GX

問2　表中のＡ～Ｇの発電方法のうち，Ｃ・Ｅ・Ｇの組み合わせとして正しいものを次の(ア)～(カ)から１つ選び，記号で答えなさい。

(ア)　Ｃ：石油　Ｅ：風力　Ｇ：水力

(イ)　Ｃ：石油　Ｅ：太陽光　Ｇ：地熱

(ウ)　Ｃ：天然ガス　Ｅ：太陽光　Ｇ：水力

(エ)　Ｃ：天然ガス　Ｅ：太陽光　Ｇ：地熱

(オ)　Ｃ：石炭　Ｅ：風力　Ｇ：水力

(カ)　Ｃ：石炭　Ｅ：風力　Ｇ：地熱

問3　Ｅの発電装置の設置後に起こるトラブルとして<u>当てはまらないもの</u>を，次の中から全て選び，記号で答えなさい。

(ア)　低周波騒音による健康被害が周辺で発生する。

(イ)　発電機が発生する強力な磁場が野鳥の方向感覚を狂わし，渡りができなくなる。

(ウ)　自然災害などにより壊れてしまった設備が放電をし続けるため，撤去には危険と手間が伴う。

(エ)　表面で光を強く反射するので，周辺住民の生活環境が悪化する。

問4　下線部②について，新規開発が進まない理由は２つあり，一つは発電好適地の多くが国定公園内にあるため，施設建設が簡単ではないことがあげられます。もう一つは何ですか。20字以内で簡潔に答えなさい。なお，句読点も字数に含むものとします。

問5　下線部③のような取り組みは，技術協力する国や企業にとってどのようなメリットがありますか。30字以内で簡潔に答えなさい。なお，句読点も字数に含むものとします。

問6　次の(ア)～(カ)の中で，結果的に大気中の二酸化炭素が増加してしまうものを２つ選び，記号で答えなさい。

(ア)　間伐材から割り箸を作り，使い終わったら薪ストーブで燃料として使う。

(イ)　二酸化炭素の削減量を国や企業の間で売り買いできるようにする。

(ウ)　石油を原料とした生分解性プラスチックの製品を作る。

(エ)　牧場で発生する家畜の糞尿を発酵させて作ったガスを燃やして暖房に利用する。

(オ)　二酸化炭素削減の取り組みに熱心な企業と優先的に取引をする。

(カ)　日本近海に大量に存在するメタンハイドレートを天然ガスの代わりに利用する。

3 北里柴三郎に関する文章を読み，あとの各問いに答えなさい。

日本銀行は，2024年度に千円，５千円，１万円の各紙幣(日本銀行券)を一新させる。千円札の図柄は北里柴三郎，５千円札は津田梅子，１万円札は渋沢栄一となる。

北里柴三郎は日本における近代医学の父として知られ，感染症予防や細菌学の発展に大きく貢献した(写真)。

北里は1886年からの６年間，ドイツにおいて，病原微生物学研究の第一人者である(Ｘ)のもとで細菌学の研究に励んだ。

北里の医学における大きな功績は２つあり，ひとつは1889年，誰ひとりとして成功できなかった1破傷風菌の純粋培養に成功したことである。

写真　北里柴三郎

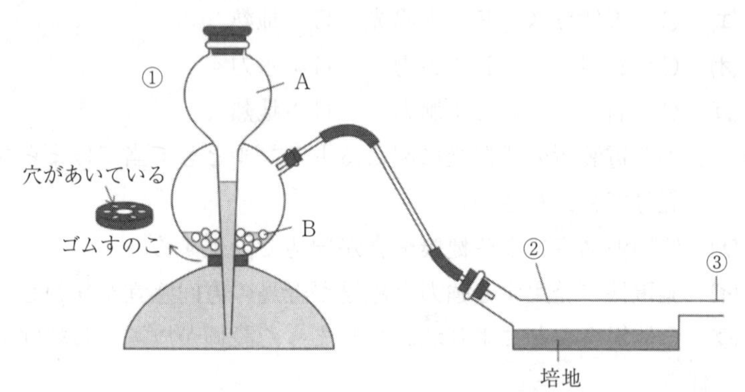

図　嫌気性細菌を培養するための装置

(写真は国立国会図書館HPより転載)

北里は，破傷風菌が嫌気性細菌のなかまで酸素濃度が高い環境のもとでは生育できないのではないかと考え，上図のような装置を使って破傷風菌の培養を試みた。

つづく功績として，1890年に2破傷風菌の毒素に対する抗毒素を発見し，それを応用して血清療法を確立したことがある。北里が発見した抗毒素は，現代では(Ｙ)と呼ばれ，免疫学の基礎をなす発見だった。この功績を受けて，北里は第１回ノーベル生理学医学賞の候補者となったが，受賞にはいたらなかった。

3北里は帰国後，伝染病研究所設立の必要性を訴えたが，政府はその訴えに応じることはなかった。そのため，民間の支援を受けながら我が国初の私立の伝染病研究所を創立することとなった。その後も，日本医師会の創設をはじめ，日本の近代医学の発展に尽力した。

問１　文章中の空らん(Ｘ)にあてはまる北里が教えを受けた高名な細菌学者を次の(ア)～(エ)から１人選び，記号で答えなさい。

(ア)　パスツール　　(イ)　メンデル

(ウ)　コッホ　　(エ)　ロックフェラー

問２　下線部１について，次の問いに答えなさい。

(1)　①の装置はキップの装置と呼ばれ，Ａに入っているうすい硫酸が，Ｂに入っている亜鉛などの金属に注がれる。ここで発生する気体は何か答えなさい。

(2)　②は亀の子シャーレと呼ばれ，細菌を培養するための栄養素を含むゼリー状の培地が入っており，③のところから装置内の気体が出ていく。②のシャーレのなかで嫌気性細菌を培養できる理由を30字以内で説明しなさい。なお，句読点も字数に含むものとします。

問3　下線部2について，(Y)は血清療法だけでなく，ワクチンの作用を理解するのにも重要である。次の問いに答えなさい。

(1)　文章中の空らん(Y)にあてはまる語を漢字2字で答えなさい。

(2)　次の文を読み，空らん(い)～(に)にあてはまる語や文を以下の選択肢(せんたくし)から選び，記号で答えなさい。

> (　Y　)は，体に入ってきた病原体などの異物(いぶつ)と結合して，異物を攻撃(こうげき)する物質である。ある異物に対する(　Y　)を体に注入して，その異物を攻撃するのが血清療法である。一方，無毒化した異物の成分をからだに注入して，その異物に対する(　Y　)をからだのなかでつくらせるようにはたらくのがワクチンである。
>
> 一般的(いっぱんてき)に，血清療法は(　い　)のために用い，(　　ろ　　)などにおこなう。一方，ワクチンは(　は　)のために用い，(　　に　　)などにおこなう。

【い・は　の選択肢】

(ア)　予防　　(イ)　治療(ちりょう)

【ろ・に　の選択肢】

(ウ)　生ガキを食べてノロウイルスに感染した場合

(エ)　マムシなどの毒蛇(どくへび)に噛(か)まれた場合

(オ)　スズメバチに刺されてアナフィラキシーショックが起こった場合

(カ)　受験に備えて，インフルエンザの感染を防ぎたい場合

問4　下線部3について，北里の伝染病研究所の設立を支援した人物を次の(ア)～(エ)から1人選び，記号で答えなさい。

(ア)　福沢諭吉(ふくざわゆきち)　　(イ)　森鷗外(もりおうがい)　　(ウ)　野口英世　　(エ)　大隈重信(おおくましげのぶ)

＊供給過多…欲しい人は少ないのにもかかわらず、その商品がたくさんあること。

＊依存…他のものをたよりとして存在すること。

問1 ――線**1**「〝無駄な〟商品を資本は作ってこなかった」とあるが、筆者はどのような商品のことを「〝無駄な〟商品」と言っているのか。解答用紙で指定された字数で言葉を入れて、説明文を完成させなさい。なお、「使用価値」という言葉を必ず用いること。

問2 ――線**2**「『価値』は人間の五感では捉えることができません」とあるが、それはなぜか。Ⅰ文中の内容をふまえ、解答用紙で指定された字数で言葉を入れて、説明文を完成させなさい。なお、「労働時間」という言葉を必ず用いること。

問3 ――線**3**「不思議な事態」とあるが、それはどういうことか。解答用紙で指定された字数で言葉を入れて、説明文を完成させなさい。なお、Cには「変動」という言葉を必ず用いること。DにはⅡ文中から十五字以上二十字以内で言葉を抜き出し、最初と最後の五字を答えなさい。

三 次の問いに答えなさい。

問1 ①～⑦の文中にある――線のカタカナを漢字に、漢字をひらがなに直しなさい。ただし、カタカナに送りがなが含まれるものは送りがなをひらがなで答えること。

① 他人にキガイを与えるような人にはなるな。

② 新商品を売るため、センデン活動にいそしむ。

③ 飛行機のソウジュウシになって、空を飛びたい。

④ 検査の結果、消化キカンに異常が見つかった。

⑤ 学級会の司会をツトメルのは、いつも委員長だ。

⑥ 二つの国の間で安全ホショウ条約が結ばれた。

⑦ 空気がきれいな土地で養生する。

問2 次のことわざ・慣用句の□に入る語をそれぞれ考え、二回以上使われているものを、後の**ア**～**キ**から二つ選び、記号で答えなさい。

・□も□も出ない（できることが全くない状態のこと。）

・□は□ほどにものを言う（言葉を使わずに気持ちを表現するということ。）

・□に□を置く（心を落ち着かせること。じっくり思案すること。）

・□と□の先（非常に距離が近いこと。）

・□□をおどろかす（世間に衝撃を与えること。世間の関心をひくこと。）

ア 目　**イ** 鼻　**ウ** 耳　**エ** 口
オ 胸　**カ** 手　**キ** 足

とからもわかるでしょう。空気は人間の労働なしに存在するので「価値」はありません。一方、ダイヤモンドの採掘には多くの労働が投入されるので「価値」は大きくなるのです。「使用価値」の効能は、実際にそのものを使うことで実感できますが、2「価値」は人間の五感では捉えることができません。マルクスも「まぼろしのような」性質だと言っています。日常生活では商品に「値札」をつけて、かろうじてその*輪郭をつかむことができますが、目に見えない不思議な力が、身近な商品にはあるのです。

Ⅱ「商品」の持つ2つの顔を区別すると、資本主義が様々な*矛盾や不合理を生み出すメカニズムをすっきり説明することができます。

資本主義のもとでは、いくらで売れそうか、どれくらい儲かりそうかが大事です。つまり、価格という形で現れる「価値」の側面ばかりが優先され、*肝心の「使用価値」は二の次になる。例えば、地球やお財布のことを考えれば、環境に配慮した素材を使って、長く使える商品を作るべきです。ところが、実際には、*ファストファッションのように、環境負荷を無視して、安さを追求した洋服で、私たちのクローゼットはあふれかえっています。「儲かるモノ」（価値の側面）と「必要なモノ」（使用価値の側面）がここでは*乖離しているのです。

「価値」に振り回されているのは消費者ばかりではありません。資本の側が「売れそう」だと思って作っても、ヒットしなければ大量の在庫を抱えて倒産してしまうこともあるでしょう。それなりにヒットしたとしても、タピオカや高級食パンのように、*追随する企業がたくさん現れて*供給過多になれば、やはり売れなくなって、経営難に陥る可能性があります。

（中略）

「使用価値」のために物を作っていた時代は、文字通り、人間が「物を使っていた」わけですが、「価値」のためにモノを作る資本主義のもとでは立場が逆転し、人間がモノに振り回され、支配されるようになる。この現象をマルクスは「物象化」と呼びます。人間が労働して作った物が「商品」となるや否や、不思議な力で、人間の暮らしや行動を支配するようになるというわけです。

なぜそのような3不思議な事態が生じるかというと、人々はお互いが作るものに*依存しているにもかかわらず、社会全体としては誰も生産を調整していないからです。みながバラバラに労働しているせいで、自分が作っているものが完全に無駄なものだったり、逆に、みんなが必要としているものなのに全然足りなかったりする。結局、作った商品を市場に持って行って、それがどのように他者に評価されるかを見ながら、何をどれくらい作るかを後追い的に決めなければなりません。

（斎藤幸平「ゼロからの『資本論』」による）

*資本…経済活動を行うための、元となる資金。
*備蓄…万一に備えて、たくわえておくこと。
*需要…ある商品を買おうとすること。
*飽和…最大限度まで満たされている状態。
*マルクス…ドイツの経済学者(1818～1883年)。
*輪郭…物事の大体のありさま。
*矛盾…つじつまの合わないこと。
*肝心…大切なこと。
*ファストファッション…最新の流行を取り入れながら低価格に抑えた衣料品、またそれを売る会社。
*乖離…はなればなれになること。
*追随…あとにつきしたがって行くこと。

二 次の[I]、[II]の文章を読んで、後の問いに答えなさい。解答の字数については、句読点等の記号も一字として数える(なお問題の都合上、一部表記を改めている)。

[I]

＊資本主義社会で生産される「商品」は、人々の生活に本当に必要か、本当に重要かどうかよりも、それがいくらで、どれくらい売れそうか——言い換えると、どれくらい資本を増やすことに貢献してくれるか——が重視されます。

流行するとタピオカドリンク店や高級食パン店が町中に乱立してはあっという間に消えるのは、その典型例です。また、マスクや消毒液がコロナ禍で足りなくなりました。感染症流行に対する＊備蓄の必要性は専門家によって指摘されていたにもかかわらず、そのような1〝無駄な〟商品を資本は作ってこなかったのです。

個々のメーカーを責めているわけではありません。これが資本主義なのです。企業としては、平時には＊需要が限られていたマスクよりも、もっと「売れる」商品を作らなければなりませんでした。

ところが、いったんマスクが売れるとなれば、スポーツ用品メーカーやファッションメーカーなど畑違いの企業が続々と参入し、マスク市場は＊飽和状態に。今度は余って、叩き売りされました。とにかく「儲かりそう」なモノを生産するのが資本主義の基本ですから、これも当然の成り行きと言えるでしょう。

ただし、「儲かるモノ」と「必要なモノ」は必ずしも一致しません。この点について＊マルクスは、「商品」には2つの顔があると指摘しています。

一つは、「使用価値」という顔です。「使用価値」とは、人間にとって役に立つこと(有用性)、つまり人間の様々な欲求を満たす力です。水には喉の渇きを潤す力があり、食料品には空腹を満たす力があります。マスクにも、感染症の拡大を防止するという「使用価値」があります。生活のために必要な「使用価値」こそ、資本主義以前の社会での生産の目的でした。

しかし、資本主義において重要なのは、商品のもう一つの顔、「価値」です。

「商品」になるためには、市場で貨幣と交換されなければなりません。交換されない椅子は、座れるという「使用価値」しか持たない、ただの椅子です。それに対して、「商品」としての椅子は、市場で1万円の値札がつき、500個の卵や2枚のシーツなど別の物と同じ価格で交換されるわけです。なぜでしょうか?

椅子や卵、シーツの「使用価値」は、全然違います。卵と椅子、どっちが役に立つでしょうか? お腹が減っていたら卵かもしれませんし、仕事をしなければいけないときは椅子の方が役に立ちそうです。「どっちが役に立つか」と使用価値を比較しても、一向に、なぜどちらも1万円なのかが理解できません。有用性だけでは、なぜそれが5000円ではなく、1万円なのかがわからないのです。

椅子や卵、シーツはどれも同じ「価値」を持っていて、それが1万円として表現されている。マルクスによれば、この「価値」は、その商品を生産するのにどれくらいの労働時間が必要であったかによって決まるのです。つまり、椅子や卵、シーツにも同じだけの労働時間が費やされているから、同じ価値を持つものとしてどれも1万円で交換される——これが、「労働価値説」です。

(中略)

「価値」と「使用価値」も、言葉が似ているので混乱しそうです。でも、まったく別物であることは、空気のように、それなしに人間が生きることのできない使用価値の大きなものが無料である一方で、ダイヤモンドのように使用価値の小さなものが非常に高価であるこ

オ　インセンの関心は日本以外に向いており、仲間意識は自分の一方的な思いこみにすぎなかったこと。

問5　――線**4**「インインのいないときをねらって」とあるが、その理由としてもっともふさわしいものを次の中から選び、記号で答えなさい。

ア　幸福なインインの前でインセンをなぐさめるという、だれにとっても気まずい状況を避けたかったから。

イ　天真爛漫なインインが、インセンの気持ちを考えずにはしゃぎまわってしまうことが予想できたから。

ウ　優しいインセンがインインに気を遣って空元気を出すのは、痛々しくて見ていられないと考えたから。

エ　インセンの沈んだ声を聞かせて、インインの幸せな気分にわざわざ水を差すことはないと思いやったから。

オ　ちゃっかりしたインインが、インセンを差し置いて幸せになろうとしていることに反発を感じていたから。

問6　――線**5**「わたしがだめになったわけじゃないもの」とあるが、インセンがこのように述べる理由としてもっともふさわしいものを次の中から選び、記号で答えなさい。

ア　自身の能力が劣っていたわけではなく東洋人差別の結果だから。

イ　試験で個人の人間性や能力のすべてが決まるわけではないから。

ウ　もともと医師ではなく手仕事の技術を生かしたいと思っていたから。

エ　戦争中の辛さに比べれば落第なんてたいしたことではないから。

オ　医師にこだわらなければ中国で不自由なく生活することはできるから。

問7　――線**6**「私たちは、もういちど、インセンにはかなわないと思った」とあるが、「私」はインセンのどのようなところに感心したのか。その説明としてふさわしいものを次の中から二つ選び、記号で答えなさい。

ア　苦境にも負けずに前向きな考え方を持ち続けているところ。

イ　逆境を楽しむことができる精神的な強さを備えているところ。

ウ　苦しい状況を支えてくれる多くの友人に恵まれているところ。

エ　反骨心があり周囲を見返すためには努力を惜しまないところ。

オ　自分自身の才覚を生かして実際に幸福をつかんでしまうところ。

カ　豊富な人生経験から失敗こそが好機なのだと知っているところ。

問8　本文についての説明としてもっともふさわしいものを次の中から選び、記号で答えなさい。

ア　対照的な中国人姉妹の生き様は、自由と平等を建前にした西洋社会が厳しい能力主義の社会でもあることを物語っている。

イ　国家間の過去のしがらみから解き放たれたアジアの若い世代の生き方を通して、差別や偏見が残る西洋社会を暗に批判している。

ウ　ひとりの中国人留学生をめぐる話の背後には、戦争がどれほど個人の生を損なうかという大きな問題が提示されている。

エ　異国でたくましく生きる中国人女性の姿を見つめつつ、偏見や先入観から自由でいられない人間の姿をも誠実に描いている。

オ　人種も国籍も様々な若者の交流を描き、大戦後の西洋社会で古い価値観が刷新されたことを伝える貴重な回想録になっている。

＊ディエンビエンフウの戦争…植民地の独立をめぐりベトナムとフランスとの間で展開された戦い。インドシナ戦争。
＊シラブル…音節。
＊マルティニック島…当時のフランス植民地。
＊こんなになってしまった…ベトナムが南北に分断されたことを指す。

問1 ――線a「ことさら」、b「神妙な」、c「うだつのあがらなかった」の本文中の意味としてもっともふさわしいものを後の中からそれぞれ選び、記号で答えなさい。

a「ことさら」
ア とりわけ　イ めずらしく　ウ いつも通り
エ それなりに　オ いま思えば

b「神妙な」
ア すました　イ すがすがしい　ウ しおらしい
エ 思わせぶりな　オ 取りつくろった

c「うだつのあがらなかった」
ア うとまれていた　イ 将来に迷っていた
ウ 勉強ばかりだった　エ ぱっとしなかった
オ 周囲の目を気にしていた

問2 ――線1「まだそんな時代だった」とあるが、どのような「時代」だったと「私」は考えているか。その説明としてもっともふさわしいものを次の中から選び、記号で答えなさい。
ア アジアがまだ貧しく留学生自体がまれだった時代。
イ 戦争のため東洋人への差別意識が高まっていた時代。
ウ 植民地出身者が市民として認められなかった時代。
エ 人種差別の意識が平然とあらわされていた時代。
オ 西洋が植民地政策の正当性を強調していた時代。

問3 ――線2「フライパンをはさんで親しくなった」について、以下の設問に答えなさい。
(1) 具体的にはどのようなことか。次の説明文の□に入る漢字二字の言葉を自分で考えて答えなさい。
□二字□を通して仲良くなったということ。
(2) この部分からわかることの説明としてもっともふさわしいものを次の中から選び、記号で答えなさい。
ア 肌色の近さがアジア人の強固な仲間意識につながっていたということ。
イ 同じアジアの文化を共有する者同士が連帯していたということ。
ウ 西洋人と親しくするとアジア人の仲間には入れなかったということ。
エ 偏見(へんけん)から身を守るためにアジア人同士で団結していたということ。
オ アジア人はやはり西洋の気候風土にはなじめなかったということ。

問4 ――線3「すこしさびしかった」とあるが、「私」は何が「さびしかった」のか。その説明としてもっともふさわしいものを次の中から選び、記号で答えなさい。
ア 日本と中国の関係を考えれば、インセンの不信感ももっともであると納得できてしまったこと。
イ 過去にこだわり現在を見ようとしない態度が、インセンのような若い世代にまでしみついていたこと。
ウ 国籍(こくせき)や人種といった自分ではどうしようもない要素で、インセンとの親しさが左右されてしまったこと。
エ インセンが戦争で過酷な体験をしてきたにもかかわらず、自分にはその事実を隠(かく)していたこと。

した。インドシナの戦争がアメリカのせいで＊こんなになってしまったから、両親のところに帰るわけにもいかないんですって。マリーも、もとは北朝鮮の生まれなのを、戦争で南に逃げたのだったから、インセンは、日本人の私にはいわないことも、彼女にはうちあけるんだ、そう思うと3すこしさびしかった。じじつ、インセンは、軽い近視の私がたまにめがねをかけているのをみると、いやな顔をしていった。メガネ、かけないでよ。日本のヘイタイを思い出すから。

ふだんはのんびりした顔をして、階段や廊下で顔をあわせると、ハアッという、鼻から抜けるような声を出して、ニタッと笑いながら挨拶をするインセンの境遇が、じつはどれほど苛酷な苦労や困難や孤独のかさなりを意味するのか、ぬくぬくとはいえないまでも親の仕送りで暮らしていたあのころの私には、考える力もなかった。その年の冬はaことさら寒かったのだが、私たちはインセンの部屋におそくまで電灯がついているのに気づいて、祈るような気持だった。

冬がおわるころ、インセンは試験に失敗して進学をあきらめ、いもうとのインインは無事、薬学部に進んだ。ちゃっかりしたインインは、入学とほとんど同時に婚約まで発表して、夏までには結婚するとはしゃいでいた。マリー・キムが私をさそいに来て、私たちはインセンの部屋をたずねた。4インインのいないときをねらって、私たちはインセンをなぐさめるつもりだった。

あはは。b神妙な顔をして部屋に入っていったマリーと私を見て、インセンはあかるい声でお茶をいれてくれた。そんな顔しなくていいのよ。わたしは元気だから。試験におちたからといって、5わたしがだめになったわけじゃないもの。そういわれても、マリーと私はとても笑えなかった。だって、インセン、マリーが真剣な声でたずねた。滞在許可はどうするの。インセンは平然としていた。生きようと思ったら、どこだって、どうにかなるよ。勉強には失敗したけど、それが終りじゃないもの。どちらがはげまされているのか、わからなかった。

秋が来て、みんなが寮に戻ってきたとき、インセンが、まだインインといっしょにいたころの二人部屋をもらっていることに私たちは安心した。寮費をどうまかなっているのか、そこまではおたがいに話さなかったけれど、やがてインセンは、どこからかキルティングをした木綿布をたくさん買ってきて、中国服の仕立てをはじめた。どこでならったの、と私が訊くと、いつものハアッという鼻にかかった声を出して、ばかだねえ、というふうに私をにらんだ。こんなことぐらい、親におそわったから、できる。おもわずためいきがでるような、細かい、美しい針目で、彼女は綿入れの上下を、つぎつぎに縫いあげていった。文学部でcうだつのあがらなかったマリー・キムと私は、インセンの部屋を訪ねるたびに、彼女の手さきに見とれた。

私が帰国することになった年の六月に、インセンも結婚が決まった。相手は、大学に近いモン・サン・ジュヌヴィエーヴの坂道でヴェトナム料理店を営んでいる、やはりヴェトナム生まれの中国人青年だった。インセンは、医者になるかわりに、レストランの女主人の道をえらんだのだった。

学生寮のホールで行なわれたインセンの結婚式には、マリー・キムと私も招待された。中国人の神父さんが来て、式のあと、みんなで踊った。白いサテンの美しい中国服を着たインセンが、夫になった青年と軽々と美しいステップを踏むのを見て、6私たちは、もういちど、インセンにはかなわないと思った。

（須賀敦子「インセン」による）

＊南シナ…中国の南沿岸部。
＊越南…ベトナム。首都はハノイ。
＊医学部の準備課程…医学部に入るための学習をするコース。
＊ヴァラエティー…多様性。

2024年度

早稲田大学系属早稲田実業学校中等部

【国　語】（六〇分）〈満点：一〇〇点〉

一　次の文章を読んで、後の問いに答えなさい（現在では一般的に使われない表記・表現も出てくるが、原文を尊重した）。

インセンと知りあったのは、パリ大学で勉強していたころで、私たちはおなじ女子学生寮にいた。インセンがおねえさんで、いもうとの名はインインだった。ほぼ二年ちかく、おなじ寮にいたのに彼女たちの名字を知らないことが、いま考えるとふしぎなのだけれど、中国人だった彼女のインセンという名を漢字でどう書くのか知らないのは、もっとふしぎな気もする。たぶん、彼女にたずねたことはあるのだろうけれど、あとにもさきにも漢字で書いたことはまったくなかったから、忘れてしまったのだろう。もともと彼女たちは＊南シナにいたのを、日本軍が攻めてくるというので一家そろって＊越南に逃げたまま、ハノイからパリに留学していたのだった。

＊医学部の準備課程の学生だったインセンは、ふとめの体格で、色が黒く、度のつよいめがねをかけているせいもあって、まだ二十一歳というのに、どこかオバサンじみていた。ひとつちがいのいもうとのインインのほうが、身だしなみがいいというのか、おしゃれなのか、歩きかたなども、インセンのぼとんぼとんといった感じはなかった。

寮費が安いこともあって、その学生寮には、当時、パリの他の寮には入れてもらえなかったもとフランス植民地出身の学生がたくさんいたから、値段が安いと聞いただけでとびこんできたフランス人の学生なんかは、寮生の肌の色の＊ヴァラエティーにびっくりして、「こんなところ、とてもいられないわ」といって逃げ出すこともあった。一九五〇年代の前半は、1まだそんな時代だった。また、ヴェトナム人の学生がたくさんいて（ちょうどそのころ＊ティエンビエンフウの戦争に負けてヴェトナムを失ったばかりのフランス人の側からいえば、ひどい学生寮だったかもしれない）、ドン・ガックとか、ゴ・ビンとか、＊シラブルの少ない彼女たちの名をおぼえるのは難しかった。しぜん、ヴェトナム人はヴェトナム人で、＊マルティニック島から来ていたフランス名をもった黒い人たちは彼女たちで、あるいは東アジアの私たちというふうに、かたまって行動することが多かった。

そのことは、でも、肌色の違いというよりは、食べものが違うから、といったほうが真実に近いのではなかったか。寮の経営者たちも、みんなが食堂に降りる朝と夜の食事どきには、なるべくおなじ国の人間がいつもおなじテーブルにすわらないよう気をつかっていたけれど、部屋は、だいたい、おなじ階にふりあてられていた。ひとつの階におよそ十人いて、廊下のすみにあるガス台を共同で使っていた。みんな昼はたいてい学生食堂に行ったから、たったひとつのバーナーをいっしょに使うのは、日曜日だけ、そしてインセンとインイン姉妹の部屋は私のいた三階の部屋のななめ向かいだったから、私たちは2フライパンをはさんで親しくなった。

お医者さんになりたいインセンの勉強がどうも捗っていないらしいと、ある日、私に教えてくれたのは、韓国から来ていたマリー・キムだった。彼女もおなじ階の住人で、インセンがある日、マリーの部屋に来て、つくづく大学がいやになったと話したのだという。こんどの試験に通らなかったら、医学部は全面的にあきらめなければならないので、彼女は必死なのだった。もし、だめだったら、と私はマリーにたずねた。インセンは、ハノイに帰るの？

それがだめなのよ。マリー・キムはそういってきのどくそうな顔を

2024年度

早稲田大学系属早稲田実業学校中等部 ▶解説と解答

算 数 (60分) ＜満点：100点＞

解 答

[1] (1) $\frac{1}{20}$ (2) 60通り (3) 20度 (4) 13.2% [2] (1) ① 23.4回 ② 23回 (2) ① 6カ所 ② 22カ所 [3] (1) 3：2 (2) 5：4 (3) ① 4：3 ② (例) 解説を参照のこと。 [4] (1) 3：2 (2) **P君の速さ**…毎分90m，**Q君の速さ**…毎分60m (3) 9分12秒後 [5] (1) ① ㋒ ② 1回 (2) 3回 (3) ① 5周 ② 22回

解 説

[1] 逆算，場合の数，角度，濃度

(1) $0.175\times11\frac{3}{7}=\frac{7}{40}\times\frac{80}{7}=2$ より，$20\frac{24}{25}-\left(2+4\frac{1}{18}\div\square\right)\times0.18=6$，$\left(2+4\frac{1}{18}\div\square\right)\times0.18=20\frac{24}{25}-6=14\frac{24}{25}$，$2+4\frac{1}{18}\div\square=14\frac{24}{25}\div0.18=\frac{374}{25}\div\frac{9}{50}=\frac{374}{25}\times\frac{50}{9}=\frac{748}{9}$，$4\frac{1}{18}\div\square=\frac{748}{9}-2=\frac{748}{9}-\frac{18}{9}=\frac{730}{9}$ よって，$\square=4\frac{1}{18}\div\frac{730}{9}=\frac{73}{18}\times\frac{9}{730}=\frac{1}{20}$

(2) まず，班長の選び方は6通りある。次に，残りの5人から副班長2人を選ぶ選び方は，$\frac{5\times4}{2\times1}=10$(通り)ある。したがって，選び方は全部で，$6\times10=60$(通り)とわかる。

(3) 右の図の三角形ABCで，角ABCの大きさは，180－(40＋70)＝70(度)となり，角ACBと等しいから，三角形ABCは二等辺三角形である。また，三角形ABDで，角ABDの大きさは，180－(40＋22＋59)＝59(度)となり，角ADBと等しいから，三角形ABDも二等辺三角形である。よって，同じ印をつけた辺の長さはすべて等しいので，三角形ACDは二等辺三角形とわかる。したがって，角ADCの大きさは，(180－22)÷2＝79(度)だから，㋐の角度は，79－59＝20(度)と求められる。

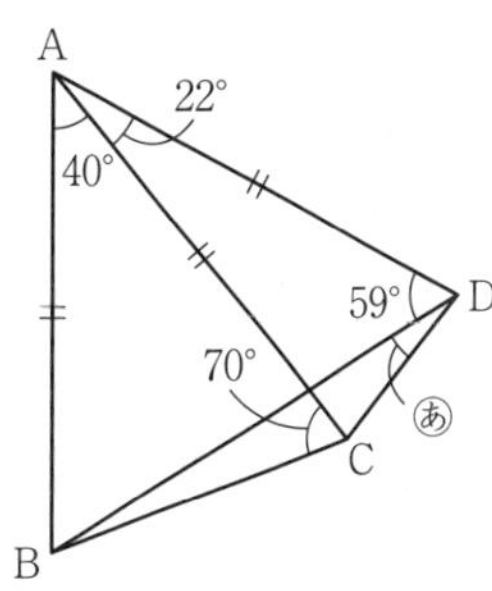

(4) はじめに，容器A，Bにふくまれていた食塩の量の合計は，300×0.06＋500×0.15＝93(g)である。また，同じ量の食塩水を入れかえたので，容器A，Bに入っている食塩水の量ははじめと変わらない。すると，混ぜ合わせたあとの容器Aにふくまれる食塩の量は，300×0.09＝27(g)だから，このとき容器Bにふくまれる食塩の量は，93－27＝66(g)となる。したがって，混ぜ合わせたあとの容器Bの濃度は，66÷500×100＝13.2(%)と求められる。

[2] 平均，ニュートン算

(1) ① 平均が最も多くなるのは，回数の合計が最も多いときである。男子は最頻値が22回で，その人数は10人だから，それ以外の回数は9人以下となる。また，22回以外の人数は，25－10＝15(人)で，最も多い回数は26回，最も少ない回数は6回だから，26回の人が9人，6回の人が1人，

25回の人が，15－(９＋１)＝５(人)のとき，回数の合計が最も多くなる。このときの回数の合計は，26×９＋25×５＋22×10＋６×１＝585(回)だから，その平均は，585÷25＝23.4(回)である。

②　15÷２＝７余り１より，女子15人のうち，中央値である20回の人は少なくとも１人いて，７人が20回以上，７人が20回以下とわかる。また，最も多い回数は28回，最も少ない回数は９回だから，28回の人が７人，９回の人が１人で，20回の人が，15－(７＋１)＝７(人)のとき，回数の合計が最も多くなる。このときの回数の合計は，28×７＋20×７＋９×１＝345(回)だから，その平均は，345÷15＝23(回)である。

⑵　①　窓口１カ所で対応する人数を１分間に$\boxed{1}$，新たに行列に並ぶ人数を１分間に①とする。窓口を９カ所開いて45分で行列がなくなるとき，対応した人数は，$\boxed{1}$×９×45＝$\boxed{405}$となり，窓口を15カ所開いて18分で行列がなくなるとき，対応した人数は，$\boxed{1}$×15×18＝$\boxed{270}$となる。したがって，上の図のように表すと，$\boxed{405}$－$\boxed{270}$＝$\boxed{135}$が，㊺－⑱＝㉗にあたるから，①＝$\boxed{135}$÷27＝$\boxed{5}$とわかる。つまり行列をなくすには，１分間に対応する人数が$\boxed{5}$より多くなるようにすればよいから，窓口を最低６カ所開く必要がある。　②　図で，⑱＝$\boxed{5}$×18＝$\boxed{90}$だから，開場前の行列の人数は，$\boxed{270}$－$\boxed{90}$＝$\boxed{180}$である。また，窓口を７カ所開くと，行列の人数は１分間に，$\boxed{7}$－$\boxed{5}$＝$\boxed{2}$ずつ減るから，10分後の行列の人数は，$\boxed{180}$－$\boxed{2}$×10＝$\boxed{160}$となる。このあと，６分40秒$\left(=6\dfrac{2}{3}分\right)$で行列がなくなったので，窓口を増やしてからは１分間に，$\boxed{160}\div6\dfrac{2}{3}=\boxed{24}$ずつ行列の人数が減ったことになる。よって，このとき１分間で対応した人数は，$\boxed{24}$＋$\boxed{5}$＝$\boxed{29}$だから，窓口は，29－７＝22(カ所)増やしたとわかる。

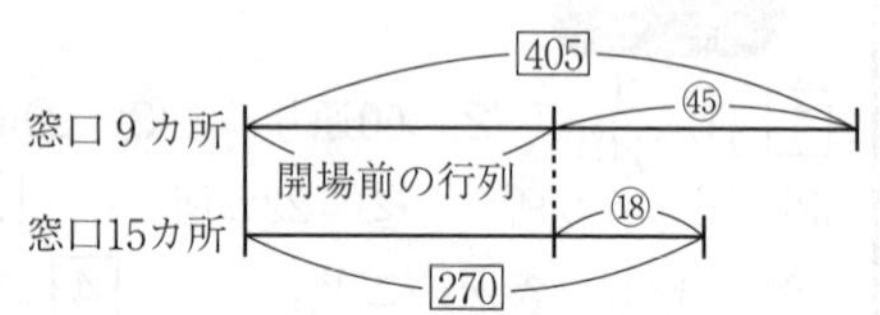

3　平面図形―相似，長さの比，角度

⑴　下の図Ⅰで，三角形AED，BFA，CGB，DHCは合同であり，平行線の同位角は等しいから，同じ印をつけた角度はすべて等しくなる。図Ⅰより，三角形AEDと三角形PHDは相似で，PH：PD＝AE：AD＝１：２である。そこで，PHの長さを①，PDの長さを②とすると，三角形TEAと三角形PHDは合同なので，TEの長さは①になる。また，三角形PHDと三角形TADは相似で，AH：HD＝TP：PD＝１：１だから，TPの長さは②となる。よって，EP：PD＝(１＋２)：２＝３：２とわかる。

⑵　下の図Ⅱで，点Uは長方形ABFHの対角線の交点なので，HBの真ん中の点である。また，点EはABの真ん中の点だから，三角形ABHと三角形EBUは相似であり，相似比は２：１になる。すると，三角形QEUと三角形QDHが相似になり，EQ：QD＝EU：DH＝１：２とわかる。よって，EQ：QD＝１：２＝５：10，EP：PD＝３：２＝９：６としてEDをそろえると，EQ：QP＝５：

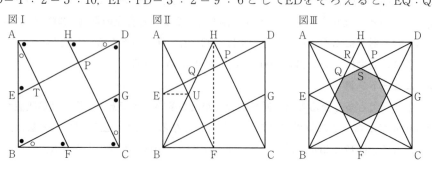

図Ⅰ　図Ⅱ　図Ⅲ

(9－5)＝5：4となる。

(3)　①　上の図ⅢはACを軸とした線対称な図形だから，(2)より，EQ＝5，QP＝4とすると，HQ＝EQ＝5になる。また，角HPDは90度だから，角HPQも90度となり，三角形HQPは3辺の比が3：4：5の直角三角形で，PH＝3とわかる。さらに，角ARHも90度だから，角SRQも90度になり，三角形HQPと三角形SQRは相似になる。よって，RQ：RS＝PQ：PH＝4：3である。

②　正多角形の外角はすべて等しいから，図Ⅲの影の部分が正八角形のとき，角RQSの大きさと角RSQの大きさは等しくなる。しかし，①より，RQ：RS＝4：3なので，三角形RQSは，RQ＝RSの二等辺三角形にならない。つまり，角RQSの大きさと角RSQの大きさは異なるから，影の部分は正八角形ではない。

4 速さと比，旅人算

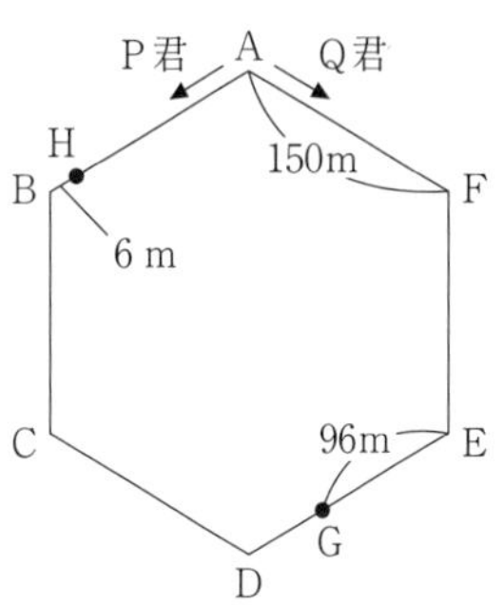

(1)　右の図で，2人が点Gではじめて出会ってから，点Hで2度目に出会うまでを考える。この間にP君は，96＋150×2＋(150－6)＝540(m)歩き，Q君は，(150－96)＋150×2＋6＝360(m)歩いている。また，この間にP君は，E，F，Aで3回休み，Q君は，D，C，Bで3回休んでいる。すると，2人が休んだ時間は同じだから，P君が540m歩くのにかかる時間と，Q君が360m歩くのにかかる時間は同じとわかる。よって，P君とQ君の速さの比は，540：360＝3：2となる。

(2)　2人が点Gではじめて出会うまでに，P君は，150×3＋(150－96)＝504(m)歩き，Q君は，150×2＋96＝396(m)歩いている。また，この間にP君は，B，C，Dで3回休み，Q君は，F，Eで2回休んでいるから，2人が点Gではじめて出会うまでに，Q君の方が1分多く歩いていることがわかる。(1)より，P君が504m歩くのにかかる時間と，Q君が396m歩くのにかかる時間の比は，(504÷3)：(396÷2)＝168：198＝28：33だから，この比の，33－28＝5が1分にあたる。したがって，P君が504m歩くのにかかる時間は，$1\times\frac{28}{5}=5.6$(分)なので，P君の速さは毎分，504÷5.6＝90(m)，Q君の速さは毎分，$90\times\frac{2}{3}=60$(m)と求められる。

(3)　2人が点Hで2度目に出会ってから，P君がEに到着するまでを考える。P君はこの間に，6＋150×3＝456(m)進み，B，C，Dで3回休むから，P君がEに到着するのは2度目に出会ってから，$456\div90+3=8\frac{1}{15}$(分)後である。また，Q君は2度目に出会ってからEに到着するまでに，(150－6)＋150×2＝444(m)進み，A，Fで2回休むから，Q君がEに到着するのは2度目に出会ってから，$444\div60+2=9\frac{2}{5}$(分)後である。さらに，P君がEを出発するのは，2度目に出会ってから，$8\frac{1}{15}+1=9\frac{1}{15}$(分)後なので，これはQ君がEに到着する，$9\frac{2}{5}-9\frac{1}{15}=\frac{1}{3}$(分)前である。つまり，このときQ君はEから，$60\times\frac{1}{3}=20$(m)手前にいるので，3度目に出会うのは，P君がEを出発してから，$20\div(90+60)=\frac{2}{15}$(分)後とわかる。これは2度目に出会ってから，$9\frac{1}{15}+\frac{2}{15}=9\frac{1}{5}$(分)後であり，$60\times\frac{1}{5}=12$(秒)より，9分12秒後と求められる。

5 平面図形―図形の移動

(1)　①　下の図Ⅰのように，回転させる1円玉の円周を4等分した点をそれぞれA～Dとすると，真横まで移動させたときのA～Dの位置は図Ⅰのようになる。よって，文字の向きは㋒とわかる。

なお，このとき１円玉の中心は，下の図Ⅱの太線のように移動する。この太線の長さは，２×２×3.14×$\frac{1}{4}$＝3.14(cm)であり，１円玉の円周は(２×3.14)cmだから，(円の中心の移動距離)÷(回転させる円の円周の長さ)＝(円の回転数)より，１円玉は，3.14÷(２×3.14)＝$\frac{1}{2}$(回転)したことがわかる。　② 下の図Ⅲのように１円玉を１周させたとき，１円玉の中心は，２×２×3.14＝４×3.14(cm)移動するから，(４×3.14)÷(２×3.14)＝２(回転)する。したがって，最初と最後の位置を除くと，㋐の向きと同じになるのは，２－１＝１(回)である。

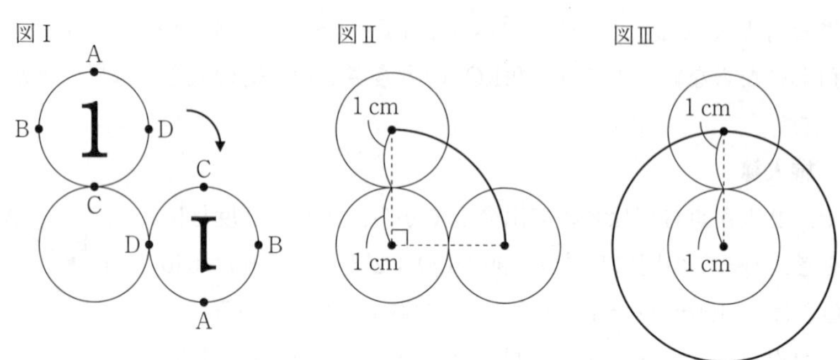

⑵ 直径６cmの円盤の周りを１周させたとき，１円玉の中心は，(６＋１×２)×3.14＝８×3.14(cm)移動するから，(８×3.14)÷(２×3.14)＝４(回転)する。したがって，最初と最後の位置を除くと，㋐の向きと同じになるのは，４－１＝３(回)である。

⑶ ① 直径7.2cmの円盤の周りを１周させたとき，１円玉の中心は，(7.2＋１×２)×3.14＝9.2×3.14(cm)移動するから，(9.2×3.14)÷(２×3.14)＝4.6(回転)する。そこで，円盤の周りを２周させると，4.6×２＝9.2(回転)，３周させると，4.6×３＝13.8(回転)，４周させると，4.6×４＝18.4(回転)，５周させると，4.6×５＝23(回転)するから，文字の向きが問題文中の図５と同じになるのは，５周したときとわかる。　② １円玉は23回転したから，最初と最後の位置を除くと，㋐の向きと同じになるのは，23－１＝22(回)である。

社 会 (30分) ＜満点：50点＞

解 答

Ⅰ **問１** ア，エ，カ　**問２** ① ウ　② ア　**問３** (例) 人々の間に貧富や身分の差が生まれた。　**問４** ① イ　② 租　**問５** 荘園　**問６** イ，エ，オ　**問７** イ，エ　**問８** ほしか　**問９** ① 大塩平八郎　② ウ　**問10** ① 工場法　② 労働基準法　**問11** ア→ウ→イ→エ　**問12** (例) 戦場に行っていた兵士や，植民地などに住んでいた民間人が帰国してきたから。　Ⅱ **問１** (例) 火山の噴出物が長期にわたって大気中にとどまり，太陽光をさえぎったから。　**問２** (例) 米の輸入自由化が行われ，輸入米が入ってきていたから。　**問３** **A** ア　**B** エ　**問４** 小笠原　**問５** やませ　**問６** イ　**問７** ササニシキ　**問８** ウ，エ　Ⅲ **問１** ① イ　② (例)「高い防潮堤がつくられたから津波が来ても大丈夫」という安心感が生まれ，避難が遅れてしまうという意見。③ エ　④ イ　**問２** ① イ　② ウ　③ B　④ ア　⑤ エ

解説

Ⅰ 日本の米づくりの歴史を題材とした問題

問1 近年，都道府県別の米の生産量は，北海道，秋田県，新潟県の３道県が上位を占める年が続いており，順位も2013年以降，新潟県，北海道，秋田県の順となっている。

問2 ① 石包丁は弥生時代に稲を収穫するさいに使われた磨製石器で，写真のウがあてはまる。なお，ほかはいずれも打製石器で，アは斧として用いられた石斧，イは肉を切ったり獲物を突きさしたりするのに用いられたナイフ形石器，エはカミソリ刃のように小さい石器で細石刃，オは携帯用のナイフとして用いられたと考えられる石匙である。　② 石包丁は稲の穂先をつみとるのに用いられたので，ここではアがあてはまる。穴の部分にひもを通して手にまきつけ，穂先をつみとった。

問3 狩猟と採集が中心であった縄文時代は，身分などの差がない平等な社会であったと考えられているが，弥生時代になり稲作が広まると，食料の貯えができるようになったことから，貧富の差が生まれていった。また，共同で農作業を行い，ムラが成立していったことから，農作業を指揮する指導者や村のリーダーが現れるようになり，その結果，身分の差も見られるようになった。

問4 ① 律令制度の下，６年ごとに戸籍にもとづいて６歳以上の男女に口分田を支給し，死ぬと国に返させる制度を班田収授法という。支給される口分田は，男子が２段で，女子はその３分の２であった。　② 口分田を支給された男女には，収穫高の約３％にあたる稲を国衙という地方ごとの役所に納める義務が課せられた。こうした税は租と呼ばれる。なお，地方の特産物を納める調や労役の代わりに布を納める庸は，成年男子だけに課せられたのに対して，租は男女に課せられた。

問5 743年に墾田永年私財法が出され，新たに開墾した土地の永久私有が認められると，有力な貴族や寺社は，家人(使用人)や重い税負担をのがれて口分田を捨ててきた浮浪農民，付近の農民などを使って土地を開墾し，私有地としていった。奈良時代に発生したこのような土地は，荘園と呼ばれるようになった。

問6 豊臣秀吉について正しく述べている文はイ，エ，オの３つである。織田信長は京にのぼって足利義昭を第15代将軍につけ，その家臣という形で政治を行ったが，やがて義昭と対立するようになり，1573年に義昭を京都から追放して室町幕府を滅ぼした。秀吉はその信長の家臣であり，義昭に仕えたわけではないから，アは誤り。ウは秀吉ではなく，徳川家康の支配体制について述べたもの。朝鮮出兵のさい，秀吉は九州までは行ったが，朝鮮には渡っていないから，カも誤りである。

問7 写真の農業機械はコンバイン。稲刈りと脱穀，籾の選別を同時に行うものであるから，ここでは稲の脱穀を行うイの千歯こきと，籾の選別を行うエの唐箕があてはまる。なお，アは田畑の荒おこしを行う備中ぐわ，ウは川や水路から田に水を引き入れる踏車である。

問8 いわしを干してつくった干鰯は，江戸時代の代表的な金肥(金で買う肥料)であり，特に綿花の栽培に多く利用された。

問9 ① 資料の文章は，1837年に大坂(大阪)で乱を起こした大塩平八郎が，人々に決起を呼びかけた檄文と呼ばれるものである。　② 大塩平八郎の乱に関する絵はウで，炎上する大坂の町中を進軍する大塩の軍勢を描いたもの。なお，アは長篠の戦い，イは江戸時代末期に爆発的に広まった「ええじゃないか」と呼ばれる騒ぎ，エは元寇の様子を描いた絵である。

問10 ① 労働者の保護を目的として1911年に制定されたのは工場法である。紡績業や製糸業などに対応するため，労働者の年齢を12歳以上とすることや，１日の労働時間を12時間以内とすることなどが定められたが，小規模な工場には適用されないなど，不十分な内容であった。　②　工場法に代わるものとして1947年に制定されたのは労働基準法である。賃金や労働時間，休日など労働条件の最低基準を定めたもので，１日８時間，１週40時間労働を原則とし，女子と年少者の深夜労働の禁止なども定められた。労働組合法(1945年制定)，労働関係調整法(1946年制定)とともに労働三法と呼ばれる。

問11　すべて1945年の出来事で，アは４月１日，イは８月８日，ウは８月６日，エは８月９日であるので，起きた順にア→ウ→イ→エとなる。

問12　第二次世界大戦が終わった直後のことであるから，都市の人口が急増した原因は，戦地にいた兵士や，植民地，占領地で生活していた民間人の帰国が始まったことにある。終戦時，国外には約350万人の兵士と約300万人の民間人がいたと推定されているが，国内の復興が進まない中でそうした人々が続々と帰国したことから，特に都市部では混乱が続いた。

Ⅱ　近年の日本の食糧政策を題材とした問題

問１　1991年6月，フィリピンのルソン島にあるピナツボ(ピナトゥボ)火山が400年ぶりに噴火し，「20世紀最大の噴火」ともいわれた。この噴火活動は翌年まで続き，周辺地域に大きな被害を与えたが，長期間にわたって噴出された大量のエアロゾル(細かいちり)が大気中にとどまり，太陽光をさえぎったことから，世界的に気温が低下した。さらに1993年の日本においては，梅雨前線が長期間停滞(ていたい)したことも重なり，記録的な冷夏となった。

問２　第二次世界大戦後，日本では食糧(しょくりょう)管理制度の下，政府が米の生産と流通を管理するとともに，国内の稲作農家を保護するため，米の輸入を認めてこなかった。しかし，1993年には日照不足が続いたことによる冷害が引き起こした米不足に対処するため，米の緊急(きんきゅう)輸入が行われた。そして，長く行われてきたアメリカなどとの貿易交渉(こうしょう)の結果，1995年から一定量以上の米の輸入を義務づけるミニマムアクセスの制度が導入され，さらに2000年からは関税を課したうえでの米の輸入が認められるようになった。2003年に米の生産量が落ちても混乱が起きなかったのは，こうした輸入米が国内で流通していたためである。

問３　赤道域の東部太平洋の海面水温が平年よりも高くなり，１年以上続く現象を，エルニーニョ現象という。「エル・ニーニョ」とはスペイン語で「男の子」という意味で，特に「神の子イエス」を指す場合が多い。これは，クリスマスの時期に海面水温が最も高くなることが多いのに由来する。この現象は世界各地の気候に影響を与えるが，日本では冷夏と暖冬がもたらされることが多い。さらに近年は，反対にこの海域の水温が低くなる現象も見られるようになり，ラニーニャ(スペイン語で「女の子」という意味)現象と呼ばれている。この現象も世界的な異常気象の原因になることが多く，日本では夏の猛暑と冬の寒冷がもたらされる。

問４　気団とは，気温や湿度をある程度一定に保った大気の塊(かたまり)のことで，地表の気候に大きな影響をもたらす。日本の周辺にはシベリア気団，オホーツク海気団，揚子江(ようすこう)気団，小笠原気団という４つの気団があり，季節によってそれぞれが発達したり衰(おとろ)えたりする。梅雨前線は，毎年６月ごろに北のオホーツク海気団と南の小笠原気団の間に形成される停滞前線で，小笠原気団が発達して勢力を強め，オホーツク海気団の勢力が弱まることで前線が北上を続け，７月後半に消滅する。

問５　北海道や東北地方の太平洋側では，梅雨期から盛夏にかけて冷たく湿った北東風が吹(ふ)くことがある。この風はやませと呼ばれ，オホーツク海気団から吹き出し，南下する寒流の親潮(千島海流)の上を通ってくるので冷たく，長く続くと日照不足となって冷害をもたらすことが多い。

問6　インディカ米について述べている文はイである。インドや東南アジア，中国南部などでさかんに栽培されている米の品種で，粘り気が少なく，副食材といっしょに調理されることが多いため，白飯としてはあまり食べられない。なお，アはインドネシアなどで栽培されるジャバニカ米(ジャワ米ともいう)。ウは日本など東アジアで栽培されるジャポニカ米。エは米ではなく，小麦について述べた文である。

問7　表1と表2から，作付面積が最も大きく減っているのはササニシキであることがわかる。ササニシキは宮城県などでさかんに栽培されていた品種。粘り気が少なく，あっさりした風味の米で，かつてはコシヒカリにつぐ生産量をあげていたが，いもち病や冷害に弱いことから，近年は作付面積が減少した。ただし，寿司米などとして根強い人気がある。

問8　1942年から行われていた食糧管理制度とは，米などの穀物の生産と流通を国が管理するもの。米の場合，政府が農家から買い取り，指定を受けた業者を通じて消費者に販売されていたが，毎年決定される政府の買い取り価格(生産者米価)が，業者に売り渡す価格(消費者米価)を上回り，赤字のぶんを政府が補てんする形が続き，財政に負担をかけるようになったことから，1995年に廃止され，新食糧法の下で米の流通が自由化された。それ以後，米の生産と販売は一般の農産物と同じように自由競争の下で行われるようになったため，売り上げを伸ばすために農家は味のよいブランド米の生産に力を入れるようになった。以上のことから，正しいのはウとエで，アとイは誤りであることがわかる。また，減反政策は1970年ごろから進められてきたものであるから，オも誤りである。

Ⅲ　自然災害と防災を題材とした問題

問1　①　宮古市は岩手県中部の太平洋沿岸部にある都市で，三陸地方を代表する漁港があることで知られる。位置は地図中のイである。　②　宮古市の田老地区は，これまで何度も津波に襲われ，特に1896年の明治三陸地震や1933年の昭和三陸地震では，多くの死者を出す甚大な被害を受けた。そのため，防潮堤の建設が進められ，1979年には高さ10m，総延長2.4kmの長大な防潮堤が完成した。しかし，2011年3月11日に起きた東日本大震災のさいには，それを超える巨大津波に襲われ，田老地区は壊滅的な被害を受けることとなった。震災後に進められた復興事業では，巨大津波の襲来に備えてさらに大きな防潮堤の建設が進められ，図2にあるような高さ14.7mの防潮堤が完成した。その建設をめぐっては住民の間でさまざまな意見があり，その中には，「街の中心部が高台に移されているのに，巨額の費用をかけてこうした防潮堤をつくる必要があるのか」「防潮堤により海が全く見えなくなり，景観が大きく変わってしまう」といった反対意見も多く，さらには「東日本大震災のときには，『高い防潮堤があるのだから，津波が来ても大丈夫だろう』と考えて避難しない人もいた」といった点を指摘する声もあった。　③　税金には国に納める国税と，都道府県や市区町村に納める地方税がある。地方公共団体がそこに住む住民に課す住民税は，代表的な地方税である。　④　2010～12年にかけては，西アジアや北アフリカのアラブ諸国で大規模な反政府デモが起きるなど民主化を求める民衆運動が活発になり，チュニジアやエジプトでは独裁政権が退陣に追い込まれた。こうした動きは「アラブの春」と呼ばれたから，ここではイがあてはまる。なお，アは2020年，ウは2019年，エは2001年の出来事。

問2　①　図3のAは東京都庁，Bは国会議事堂，Cは東京スカイツリーがある位置である。関東大震災のときの推定震度は，Aが５強，Bが５弱，Cが６強となっているから，イが正しい。
②　東京スカイツリーがある墨田区は低地，国会議事堂がある千代田区西部は台地，東京都庁がある新宿区も台地にあるから，正しい組み合わせはウになる。　③　1860年，江戸城の桜田門外で大老井伊直弼(なおすけ)が暗殺される桜田門外の変が起きた。桜田門は江戸城(現在の皇居)の南側にあり，「桜田濠(ぼり)」や「日比谷濠」をはさんで向かい側は千代田区霞(かすみ)が関。国会議事堂がある千代田区永田町はその西隣(どなり)であるから，桜田門に最も近いのは国会議事堂である。　④　関東大震災は1923年９月１日の出来事。アは1910年，イが始まったのは1929年，ウは1925年，エは1931年であるから，アだけがそれより前になる。　⑤　関東大震災においては，建物の崩壊(ほうかい)のほか，各地で発生した火災が広がったことで被害が拡大した。そのため，復興事業では公共の施設の強靭(きょうじん)化などに加え，延焼を防ぐために広い幹線道路や公園などの整備が進められたから，ア～ウは正しい。ハザードマップの作成は，現代における災害対策の１つである。

理　科　(30分)　<満点：50点>

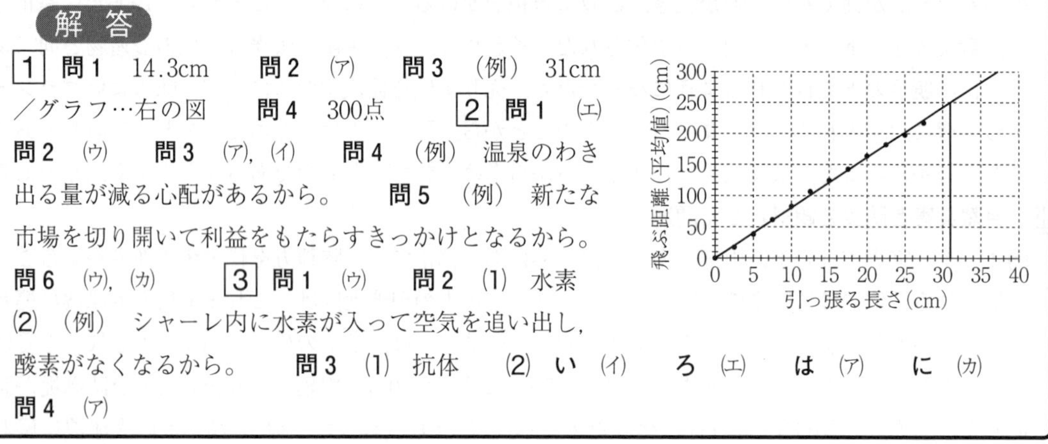

解　答

1　**問１**　14.3cm　**問２**　(ア)　**問３**　(例)　31cm／グラフ…右の図　**問４**　300点　**2**　**問１**　(エ)　**問２**　(ウ)　**問３**　(ア)，(イ)　**問４**　(例)　温泉のわき出る量が減る心配があるから。　**問５**　(例)　新たな市場を切り開いて利益をもたらすきっかけとなるから。　**問６**　(ウ)，(カ)　**3**　**問１**　(ウ)　**問２**　(1)　水素　(2)　(例)　シャーレ内に水素が入って空気を追い出し，酸素がなくなるから。　**問３**　(1)　抗体　(2)　**い**　(イ)　**ろ**　(エ)　**は**　(ア)　**に**　(カ)　**問４**　(ア)

解　説

1　物体の運動をテーマとした実験と考察についての問題

問１　Aさんは消しゴムが飛ぶ距離(きょり)は輪ゴムを引っ張る長さに比例すると考えた。これが正しいとすると，表１で，輪ゴムを引っ張る長さが2.5cmのとき，消しゴムが飛ぶ距離(平均値)は17.5cmだったから，100cm離(はな)れたかごに入れるためには，消しゴムが飛ぶ距離を100cmにするために，$2.5\times100\div17.5=14.28\cdots$より，輪ゴムを14.3cm引っ張ればよい。

問２　表２で，100cm離れたかごに入れるために消しゴムが飛ぶ距離を100cmにするには，輪ゴムを引っ張る長さを10cmから12.5cmの間の値にすればよいと考えられる。この値は問１で求めた14.3cmより短い。

問３　グラフ上の各点が比例を表す右上がりの直線のような並びになっているので，各点から大きく離れないように直線をかくと，解答に示したようになる。すると，70点のかごに入れるためには，消しゴムが飛ぶ距離を250cmにすればよいから，かいた直線にもとづいて輪ゴムを引っ張る長さを読み取ると，約31cmとわかる。なお，直線をかくときの傾(かたむ)きによっては，約32cmと読み取れる場合がある。

問4　表2を見ると，輪ゴムを引っ張る長さが22.5cm以下では，5回測った消しゴムの飛ぶ距離と平均値との差がすべて5cm以内に収まっている。このことから，半径5cmのかごが181.8cm以内にあれば，輪ゴムを引っ張る長さを調べることで，消しゴムを確実に入れられるようにすることができる。しかし，輪ゴムを引っ張る長さが25cm以上では，5回測った消しゴムの飛ぶ距離のうちの一部が平均値から5cm以上ずれている。よって，半径5cmのかごが197.2cm以上離れていると，消しゴムが入らない可能性がある(つまり，確実には得点できない)。以上のことから，確実に得られると考えられる最大の点数は，150cm離れた30点のかごを5回ねらった場合で，30×5×2＝300(点)となる。

2 エネルギーについての問題

問1　GXは，グリーントランスフォーメーションの略称で，地球の温暖化をもたらしている二酸化炭素をできるだけ排出しないため，使用するエネルギーの中心を化石燃料(石油・石炭・天然ガス)から太陽光や風力などに転換するとともに，それに見合う社会的な仕組みを築いていく取り組みのことをいう。

問2　A～Cは二酸化炭素発生量が多いので，化石燃料による火力発電が当てはまる。この中で二酸化炭素発生量が最も少ないCは天然ガスで，石炭による火力発電は世界的に縮小させる方向に進んでいるので，Aは石炭，Bは石油とわかる。また，洋上に設置して発電するDは風力，導入しやすい方法であるEは適地にパネルを設置するだけで発電できる太陽光，最も古くから利用されてきた再生可能エネルギー(古く明治時代から行われている発電方法)であるGは水力となる。

問3　太陽光発電では低周波騒音や強力な磁場は発生しないので，(ア)と(イ)が当てはまらない。ただし，関連機器がわずかな高周波騒音を発生し，それが問題となることがある。(ウ)について，設備が壊れてしまっても，パネルに光が当たれば発電は続くので，修復や撤去のさいは危険が伴う。(エ)について，パネルは太陽光の一部を反射するため，その反射光が周辺の環境に害をあたえる可能性がある。

問4　問2より，Fは地熱とわかる。地熱は，日本では古くから温泉として利用されており，貴重な観光資源となっている。よって，温泉地(またはその近く)に地熱発電所を建設すると，その建設にともなって温泉のわき出る量が減少し，観光業に影響をおよぼすおそれがある。そのため温泉地では地熱発電所の建設に対して理解が得られにくく，地熱発電の新規開発が進まない原因の一つとなっている。

問5　発展途上国に対する技術協力は，新たな市場を切り開くきっかけとなり，いずれは利益をもたらしたり，他国との競争力を高めたりすることにつながる。

問6　(ウ)について，生分解性プラスチックは自然にいる微生物のはたらきで分解されるようにしたプラスチックだが，微生物に分解されるさいには二酸化炭素が発生するので，大気中の二酸化炭素の増加につながる。また，(カ)について，メタンハイドレートは，メタンガスが水と結合してできたもので，大昔につくられて海底などに閉じこめられた。この様子は化石燃料のでき方に似ている。大昔に地中に閉じこめられた化石燃料が消費されることで大気中の二酸化炭素が増加しているのと同様に，メタンハイドレートを採掘して消費すれば，やはり大気中の二酸化炭素は増加する。なお，(ア)について，間伐材を利用しても，森林の面積などは小さくなることはないといえる。また，使用済みの割り箸を燃料としたときに発生する二酸化炭素は，原料となった樹木が光合成により吸収した二酸化炭素であるから，大気中の二酸化炭素を増加させないと見なすことができる。この考え方をカーボンニュートラルという。㈤について，このガスの原料は，直接的には家畜の糞尿であるが，生物間のつながりをたどると，もともとは家畜のえさの植物が光合成によってつくった養分といえる。つまり，カーボンニュートラルの考えに当てはまる。

3 北里柴三郎についての問題

問1　コッホは19世紀後半から20世紀初頭にかけて活躍したドイツの細菌学者で，結核菌やコレラ菌を発見し，細菌培養法の基礎を確立した。北里がドイツに留学したさいには，コッホに師事して研究にはげんだ。なお，㈠は発酵やワクチン開発などの研究で有名な細菌学者，㈡は遺伝に関する研究で名をのこした生物学者である。㈤はアメリカの著名な実業家で，石油市場で得た巨額の資金で財団をつくり，医学や教育などの進展を厚く支援した。

問2　⑴　亜鉛は，強い酸性のうすい塩酸やうすい硫酸などと反応し，水素を発生する。

⑵　図で，装置内で発生した水素がガラス管を通してシャーレ内に入ると，シャーレ内にあった空気は追い出され，シャーレ内は水素でほぼ満たされる。つまり，シャーレ内には酸素がなくなるので，嫌気性細菌を培養することができる。

問3　⑴　体内に侵入してきた病原体などの異物を排除するはたらきをする物質を抗体という。異物ごとに性質が異なるため，その性質に見合った抗体が体内でつくり出される仕組みになっている。　⑵　**い，ろ**　血清療法は，毒蛇や毒グモなどによって毒素が体内に入ったときや，侵入した破傷風菌などが体内で毒素をまき散らしたときなどに用いられる。その毒素に対応する抗体を体内に注入することで毒性をやわらげる。なお，スズメバチの毒はアレルギー反応を引き起こし，ときに過剰に反応してアナフィラキシーショックになることがある。その場合はただちにアドレナリンという物質を投与する。　**は，に**　特定の異物が体内に侵入してきても素早く排除できるように，あらかじめ体内に特定の異物に対する抗体をつくっておくためのものがワクチンである。たとえば，ワクチンはインフルエンザなどの感染症を予防するために用いる。

問4　留学を終えて帰国したあとの北里を強力に支援したのは福沢諭吉である。北里は福沢の援助を得て「私立伝染病研究所」を設立し，所長として伝染病予防と細菌学の研究に取り組んだ。なお，㈡は北里と同時期に活躍した小説家で，同時に軍医でもあった。㈢は黄熱病などの研究で知られる細菌学者で，アメリカにわたる前に「私立伝染病研究所」に勤めていた時期がある。㈤は明治～大正時代の政治家であり，内閣総理大臣を２度務めた。早稲田大学の創設者である。

国語　(60分) ＜満点：100点＞

解答

一　**問1**　a　ア　b　ウ　c　エ　**問2**　エ　**問3**　⑴　(例)　料理　⑵　イ　**問4**　ウ　**問5**　ア　**問6**　イ　**問7**　ア，オ　**問8**　エ　二　**問1**　(例)　使用価値はあるが需要が限られる(ので，資本を増やすことに貢献しない商品。)　**問2**　(例)　(商品の価値は)人間にとっての有用性ではなく，その生産に費やした労働時間(によって決まるものだから。） **問3** Ⓐ （例）「使用価値」のある物を作ること Ⓑ （例）「儲かりそう」なモノを作ること Ⓒ （例） 作ったものの価値の変動は予測が Ⓓ 人間がモノ～支配される **三** **問1** ①～⑥ 下記を参照のこと。 ⑦ ようじょう **問2** ア，カ

●漢字の書き取り

三 **問1** ① 危害 ② 宣伝 ③ 操縦士 ④ 器官 ⑤ 務める ⑥ 保障

解説

一 **出典：須賀敦子（すがあつこ）「インセン」**。パリ大学で勉強していたころに知り合ったインセンという中国人女性にまつわる思い出を，「私」はつづっている。

問1 a 「ことさら」は，特に際立（きわだ）っているようす。インセンが医学部への試験に臨（のぞ）む最後の冬はひじょうに寒かったのだから，アが合う。 b 「神妙（しんみょう）」は，ここでは態度などがおとなしく，素直（すなお）であるようす。「無事，薬学部に進んだ」妹のインインに対し，「試験に失敗して進学をあきらめ」た姉のインセンを「なぐさめるつもり」で，「私」とマリーはおとなしく真面目（まじめ）な表情で彼女（かのじょ）の部屋に入ったので，ウがよい。 c 「うだつがあがらない」は，地位・生活などがなかなかよくならず，ぱっとしないようす。文学部である「私」とマリーはあまり秀（ひい）でたところもなく，目立つ存在ではなかったのだから，エがあてはまる。

問2 「私」たちの女子学生寮（りょう）には「当時，パリの他の寮には入れてもらえなかったもとフランス植民地出身の学生がたくさんいた」ことをおさえる。そんな寮に「値段が安いと聞いただけでとびこんできたフランス人の学生」は，ヴァラエティーに富んだ寮生の肌（はだ）の色に驚（おどろ）き「『こんなところ，とてもいられないわ』といって逃（に）げ出すこともあった」のである。つまり，「私」がパリ大学で勉強していた一九五〇年代は，白人の人種差別の意識が平然と示されていた時代だったのだから，エがふさわしい。

問3 (1) 平常，朝と夜は寮の食堂，昼は学生食堂で食事をとり，日曜日には寮の「廊下（ろうか）のすみにあるガス台を共同で使っていた」が，「インセンとインイン姉妹の部屋」は自分のいた「三階の部屋のななめ向かいだった」ため，「私」は彼女たちとともに料理をする機会もあり，そのなかで徐々（じょじょ）に「親しくなった」と考えられる。 (2) 前の部分で，「しぜん，ヴェトナム人はヴェトナム人で，マルティニック島から来ていたフランス名をもった黒い人たちは彼女たちで，あるいは東アジアの私たちというふうに，かたまって行動することが多かった」が，それは「肌色の違（ちが）いというよりは，食べものが違うから，といったほうが真実に近い」と語られている。このことは，「食べもの」（＝文化）を通じて，近い民族どうしが結びつきを強めていたことを意味しているので，イが合う。

問4 「インセンの勉強がどうも捗（はかど）っていないらしい」と，韓国（かんこく）から来ていたマリーから聞いた「私」は，インセンが似た境遇（きょうぐう）（インセンは南シナにいたものの日本軍に攻（せ）められ，一家そろって越南（えつなん）に逃げ，マリーは北朝鮮（きたちょうせん）の生まれだが，戦争で南に逃げていた）にあるマリーには心を許していながら，日本人である自分にはそのことを話してくれなかったことにさびしさを感じている。続く部分でも，インセンに「メガネ，かけないでよ。日本のヘイタイを思い出すから」と言われたことを振（ふ）り返っていたとおり，自分ではどうにもできない，理不尽（りふじん）ともいえる理由で心から打ち解け

合える関係になれなかったと気づき，「私」は切なくなったのだから，ウが選べる。

問5　「無事，薬学部に進んだ」ばかりか，「入学とほとんど同時に婚約まで発表して，夏までには結婚する」と決めていた妹のインインに対し，姉のインセンは医学部の「試験に失敗して進学をあきらめ」ている。幸福な状況にあるインインのいる場でインセンをなぐさめることはあまりに気が引けたので，「私」とマリーはあえて「インインのいないときをねらっ」たのである。よって，アが合う。

問6　続く部分でインセンは，なぐさめようと部屋に来た「私」たちに対し，「生きようと思ったら，どこだって，どうにかなるよ。勉強には失敗したけど，それが終りじゃないもの」と話している。インセンは，試験の結果だけが個人の人間性や能力を決定づけるものではないと前向きに考えているのだから，イがふさわしい。

問7　インセンの，「試験に失敗して進学をあきらめ」ても気落ちせず，「生きようと思ったら，どこだって，どうにかなるよ」と人生を前向きにとらえているところや，その後は「中国服の仕立てをはじめ」，結婚も決めて「医者になるかわりに，レストランの女主人の道をえらんだ」ことに対して，「私」たちはあらためて彼女に「かなわない」と思ったのである。よって，アとオが選べる。

問8　本文では，「苛酷な苦労や困難や孤独」のなかにいながらフランスという異国の地でたくましく生きるインセンの姿に感銘を受けた「私」の思いが描かれている。また，問2でみたように，人種差別の意識が平然と示されていたり，問4で検討したとおり，中国人であるインセンが，日本人への偏見から「私」と本当の意味で打ち解け合えなかったりしたようすも描写されているので，エが正しい。

二　**出典：斎藤幸平『ゼロからの「資本論」』**。現代の資本主義社会の状況について，筆者は商品の「使用価値」と「価値」という側面から解説している。

問1　資本主義社会において，「『商品』は，人々の生活に本当に必要か，本当に重要かどうかよりも，それがいくらで，どれくらい売れそうか」に重点を置いて生産されている，と筆者が述べていることをおさえておく。「感染症流行に対する備蓄の必要性」が「専門家によって指摘されて」いながらも「マスクや消毒液がコロナ禍で足りなく」なったのは，「平時には需要が限られ」る「“無駄な”商品」であるそれらよりも，もっと「売れる」ものの生産を企業がめざしていたからである。これをもとに，「使用価値は高いものの需要は低い(ので，資本を増やすことに貢献しない商品)」のようにまとめる。

問2　「商品」には人間にとっての「有用性」(本当に必要か，役に立つか)を表す「使用価値」と，そのものを生産するのにどれだけ労働時間がかかったかを表す「価値」の二つの側面がある，とマルクスが指摘したことに注目する。「価値」を「人間の五感」で「捉えることができ」ないのは，「商品」を手にしても，人々がその背景にある労働コストをうかがい知るなど不可能だからである。マルクスが，「価値」とはまさに「『まぼろしのような』性質」だと言ったことも参考にしてまとめる。

問3　Ⓐ，Ⓑ　「資本主義以前の社会」では，人間の生活にとってどれだけ役に立つか，つまり「使用価値」に重点を置いてものの生産がされていたが，資本主義社会になると「『儲かりそう』なモノを生産する」ことがよしとされたと述べられている。　Ⓒ　「資本主義のもとでは，いくらで売れそうか，どれくらい儲かりそうか」，つまり「価格という形で現れる『価値』の側面ばかり」

が重視されている。しかし，「資本の側が『売れそう』だと思って作っても，ヒットしなければ大量の在庫を抱(かか)えて倒産(とうさん)してしまうこと」もあるし，「タピオカや高級食パンのように，追随(ついずい)する企業がたくさん現れて供給過多になれば，やはり売れなくなって，経営難に陥(おちい)る可能性」がある。このようなことが起こるのは，商品の「価値」がどのように変動するか予測ができないからだといえる。　D　筆者は人間とものの関係について，「『使用価値』のために物を作っていた時代は，文字通り，人間が『物を使っていた』」が，「『価値』のためにモノを作る資本主義のもとでは立場が逆転し，人間がモノに振り回され，支配される」状況になったと指摘している。

三　漢字の書き取りと読み，慣用句の知識

問１　①　健康や生命，物品などを傷つけるような危ないこと。　②　商品やサービスについて，広く人々に知ってもらおうとして行う活動。　③　飛行機の操縦を行うことを業務とする人。　④　心臓や胃のように生物体を構成していて，一定の生理作用を営むものの総称(そうしょう)。　⑤　音読みは「ム」で，「任務」などの熟語がある。　⑥　ある状態がそこなわれることのないように，保護し安定的に守ること。　⑦　健康を保ち，病気を予防するための生活習慣や行動。

問２　順に「手も足も出ない」，「目は口ほどにものを言う」，「胸に手を置く」，「目と鼻の先」，「耳目をおどろかす」となる。よって，二回以上使われているのは，アの「目」と，カの「手」となる。

Dr.福井の
入試に勝つ！ 脳とからだのウルトラ科学

勉強が楽しいと，記憶力も成績もアップする！

みんなは勉強が好き？　それとも嫌い？――たぶん「好きだ」と答える人はあまりいないだろうね。「好きじゃないけど，やらなければいけないから，いちおう勉強してます」という人が多いんじゃないかな。

だけど，これじゃダメなんだ。ウソでもいいから「勉強は楽しい」と思いながらやった方がいい。なぜなら，そう考えることによって記憶力がアップするのだから。

脳の中にはいろいろな種類のホルモンが出されているが，どのホルモンが出されるかによって脳の働きや気持ちが変わってしまうんだ。たとえば，楽しいことをやっているときは，ベーターエンドルフィンという物質が出され，記憶力がアップする。逆に，イヤだと思っているときには，ノルアドレナリンという物質が出され，記憶力がダウンしてしまう。

要するに，イヤイヤ勉強するよりも，楽しんで勉強したほうが，より多くの知識を身につけることができて，結果，成績も上がるというわけだ。そうすれば，さらに勉強が楽しくなっていって，もっと成績も上がっていくようになる。

でも，そうは言うものの，「勉強が楽しい」と思うのは難しいかもしれない。楽しいと思える部分は人それぞれだから，一筋縄に言うことはできないけど，たとえば，楽しいと思える教科・単元をつくることから始めてみてはどうだろう。初めは覚えることも多くて苦しいときもあると思うが，テストで成果が少しでも現れたら，楽しいと思えるきっかけになる。また，「勉強は楽しい」と思いこむのも一策。勉強が楽しくて仕方ない自分をイメージするだけでもちがうはずだ。

Dr.福井（福井一成（ふくいかずしげ））…医学博士。開成中・高から東大・文Ⅱに入学後，再受験して翌年東大・理Ⅲに合格。同大医学部卒。さまざまな勉強法や脳科学に関する著書多数。

2023年度 早稲田大学系属早稲田実業学校中等部

【算　数】（60分）〈満点：100点〉

【注意】　円周率は，3.14とします。

1　次の各問いに答えなさい。

(1)　$3\frac{1}{4}\times1\frac{5}{9}\div\left(2.65+\frac{3}{5}\right)-\frac{8}{9}$を計算しなさい。

(2)　和菓子屋さんが，まんじゅうを箱詰めして販売する準備をしています。箱詰めする箱は，大きな箱Aと小さな箱Bで，あわせて50箱あります。

　最初に，箱Aに6個ずつ入れ，箱Bに4個ずつ入れたら，まんじゅうが50個残ってしまいました。そこで，箱Aに8個ずつ入れ，箱Bに5個ずつ入れたら，箱Aが1箱，箱Bが2箱余りましたが，その他の箱には過不足なく入れることができました。

　まんじゅうは全部で何個ありますか。

(3)　右の図は，20人の児童がバスケットボールでそれぞれ10回ずつシュートをして，ゴールに入った回数をドットプロットにまとめたものです。このとき，平均値，最頻値，中央値の3つのうち，一番小さい値となるものをひとつ選び，○で囲みなさい。また，その値を答えなさい。

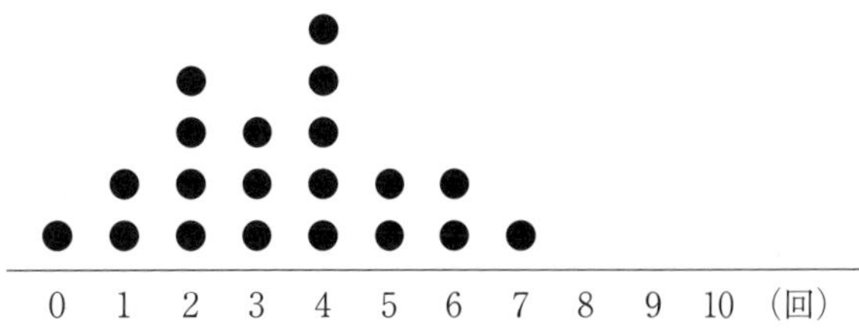

(4)　下の展開図で点線部分を折り目としてできる立体の体積を求めなさい。

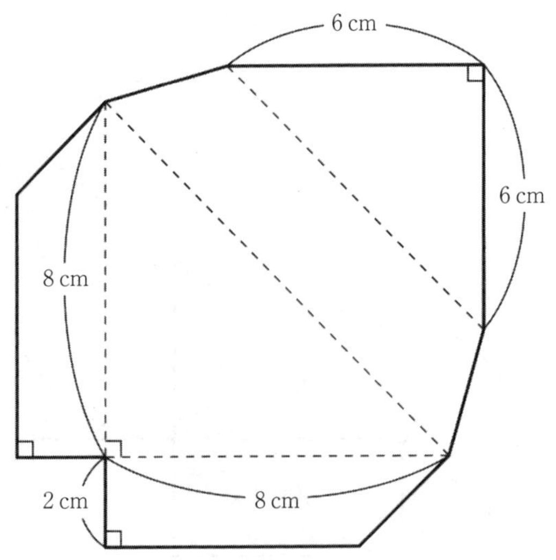

2　次の各問いに答えなさい。

⑴　下の図1のような四角形 ABCD があるとき，$a + b + c = d$ が成り立つことを説明しなさい。

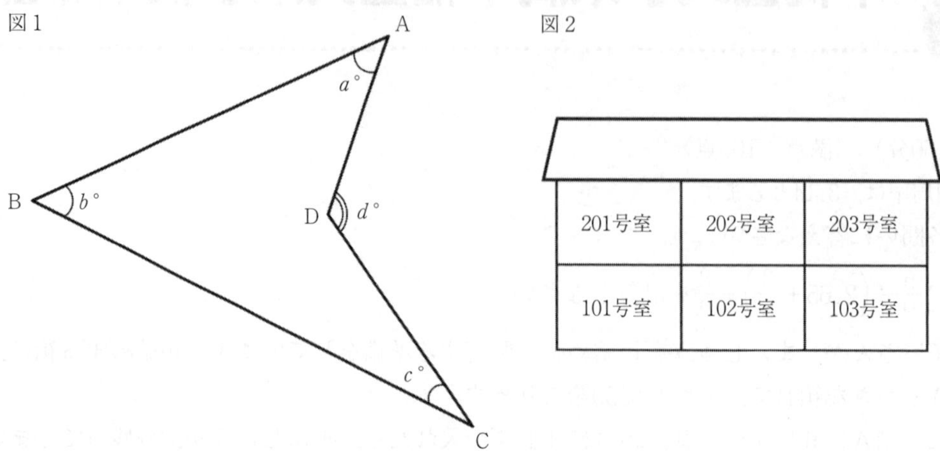

⑵　上の図2のような1階と2階に3部屋ずつある寮(りょう)に，中学1年生から高校3年生までの各学年1名ずつの生徒が，ひとり一部屋ずつを使って住んでいます。また，全員異なる名字で異なるスポーツをしています。この寮に住んでいる生徒について管理人の方に聞いたところ，次のように答えてくれました。

「鈴木さんは中学1年生で，1階に住んでいます。103号室に住んでいる長谷部さんは剣道をやっていて，高校に入学しても続けると言っていました。川田さんは，ソフトボールをやっている中学2年生です。203号室には，野球をやっている高校1年生が住んでいます。森さんは，サッカーをやっている高校生です。202号室に住んでいるのは大野さん。101号室に住んでいる生徒は，ラグビーをやっています。」

次の①，②に答えなさい。

①　テニスをやっている生徒もこの中にいます。この生徒の名字を答えなさい。

②　201号室に住んでいるのは中学生です。この生徒のスポーツを答えなさい。

3　右の図で，三角形 ABC は AB：BC：CA＝5：4：3の直角三角形で，辺 BC と辺 OF と辺 PG は平行，辺 AC と辺 PE と辺 OD は平行です。また，点Oを中心とする円は辺 BC と，点Pを中心とする円は2辺 AC，OF とぴったりくっついていて，2つの円どうしもぴったりくっついています。

次の各問いに答えなさい。

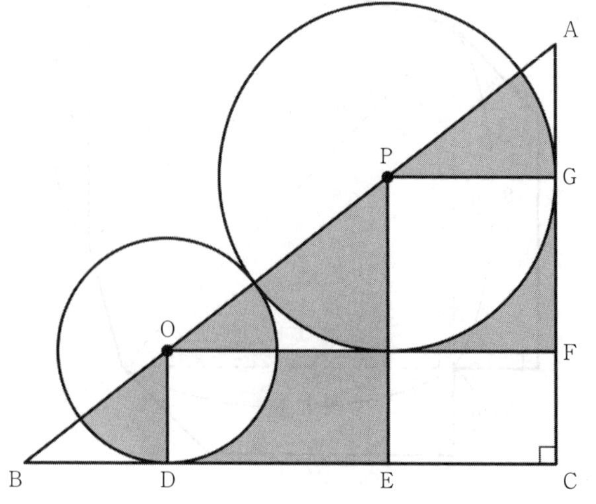

⑴　AP：PO を求めなさい。

⑵　小さい円の半径と大きい円の半径の比を求めなさい。

⑶　BC＝58cm のとき，影(かげ)の部分の面積の合計を求めなさい。

4 数の計算はたし算よりもかけ算を先に計算しなければなりませんが，その順番を逆にした計算を考えることにしましょう。そのときは，【 】を使って式を表すことにします。

例えば，

【1+2×3】−(1+2×3)

であれば，後ろの(1+2×3)はかけ算を先に計算するため，

1+2×3=1+(2×3)=1+6=7

になりますが，前の【1+2×3】はたし算を先に計算するため，

【1+2×3】=(1+2)×3=3×3=9

となります。よって，

【1+2×3】−(1+2×3)=9−7=2

となります。次の各問いに答えなさい。

(1) 【☆+10×☆×10+☆】=2023のとき，☆に入る整数を答えなさい。

(2) 【5+△×□】−(5+△×□)=5×(ア)となります。 ア にあてはまるものを，□と数を用いて表しなさい。ただし，△と□は整数とします。

(3) 次の**条件**をすべて満たす3つの整数の組を，(●，▲，■)の形ですべて答えなさい。

条件 1 ：■の一の位の数は0

条件 2 ：【●+▲×■】−(●+▲×■)=2023

条件 3 ：【▲+50×●×50+■】=202300

5 太郎と花子はさいころをそれぞれ1回振(ふ)って，出た数が大きい方を勝ちとし，同じ場合は引き分けとするゲームをします。太郎のさいころは，1から6までの整数が立方体の各面にひとつずつ書かれていて，各面の数の合計は21です。花子はオリジナルのさいころを使います。オリジナルのさいころも立方体で，合計が21となるように各面に数をひとつずつ書きますが，書くことができるのは1から7までの整数で，同じ数を複数の面に書いても構いません。

次の各問いに答えなさい。ただし，場合の数を数えるときは，書いてある数が同じであっても，面が異なるときは，異なる場合の数として数えることとします。

(1) 花子のさいころに書かれている数が1，1，4，5，5，5であるとき，次の ア ， イ にあてはまる整数を答えなさい。

『花子が勝つ場合の数は ア 通りである。引き分けの場合の数は6通りあるので，太郎が勝つ場合の数は イ 通りである。』

(2) 花子は，7が出れば太郎に必ず勝てることに気づいたので，7を2つ，7以外の数を4つ書きました。この7以外の4つの数をa，b，c，dとします。

花子がさいころを振ってaが出たとき，花子が勝つ場合の数は(ウ)通りとなります。 ウ にあてはまるものを，aと数を用いて表しなさい。

また，このことを利用して，花子が勝つ場合の数は($a+b+c+d+8$)通りとなることを説明しなさい。

(3) 花子は，さいころに新しい数を6つ書きました。このさいころでゲームをすると，太郎が勝つ場合の数が16通りとなります。このさいころに書かれている数の組み合わせとして考えられるものは何通りありますか。ただし，少なくともひとつは1が書かれているものとします。

【社　会】（30分）〈満点：50点〉

【注意】 解答は，とくに指示がない限り，漢字で書くべきところは正しい漢字を使って答えなさい。

Ⅰ 次のページの**図1**は，鎌倉市の地図です。これをみて，鎌倉に関する以下の問いに答えなさい。

問1 **図1**の**A**―**B**間の断面図として正しいものを次の**ア**～**エ**の中から1つ選び，記号で答えなさい。

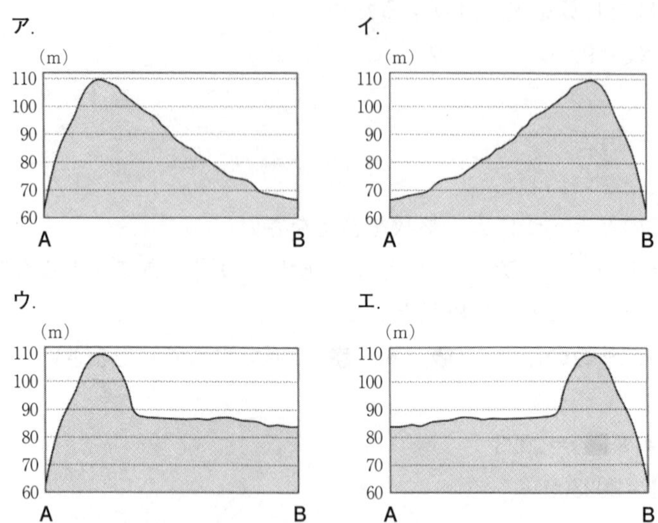

問2 **図1**から読みとると，点線でかこまれた「今泉台(一)～(七)」の説明としてもっとも近いものを次の**ア**～**エ**の中から1つ選び，記号で答えなさい。

ア．広葉樹林や建物が点在する別荘地である。

イ．大きな旅館が立ち並ぶ温泉街である。

ウ．街道に面して細長く形成された宿場町である。

エ．高度経済成長期に開発されたニュータウンである。

問3 北鎌倉駅の東に位置する円覚寺（えんがくじ）は，どのような地形につくられていますか。**図1**をみて次の**ア**～**エ**の中から正しいものを1つ選び，記号で答えなさい。

ア．細長くのびた尾根につくられている。　**イ**．細長くのびた谷につくられている。

ウ．広い台地上につくられている。　**エ**．広い盆地の中につくられている。

問4 **図1**の**C**地点から鎌倉市役所までの直線距離として，もっとも近いものを次の**ア**～**オ**の中から1つ選び，記号で答えなさい。

ア．1.0km　**イ**．1.25km　**ウ**．1.5km　**エ**．1.75km　**オ**．2.0km

問5 鎌倉は，源頼朝によって幕府が置かれた場所として知られています。源頼朝について述べた次の**ア**～**エ**の中から正しいものを1つ選び，記号で答えなさい。

ア．承久の乱に敗れて伊豆に流された。

イ．御成敗式目を制定した。

ウ．日本で初めて征夷大将軍に任命された。

エ．朝廷から守護・地頭の設置を許された。

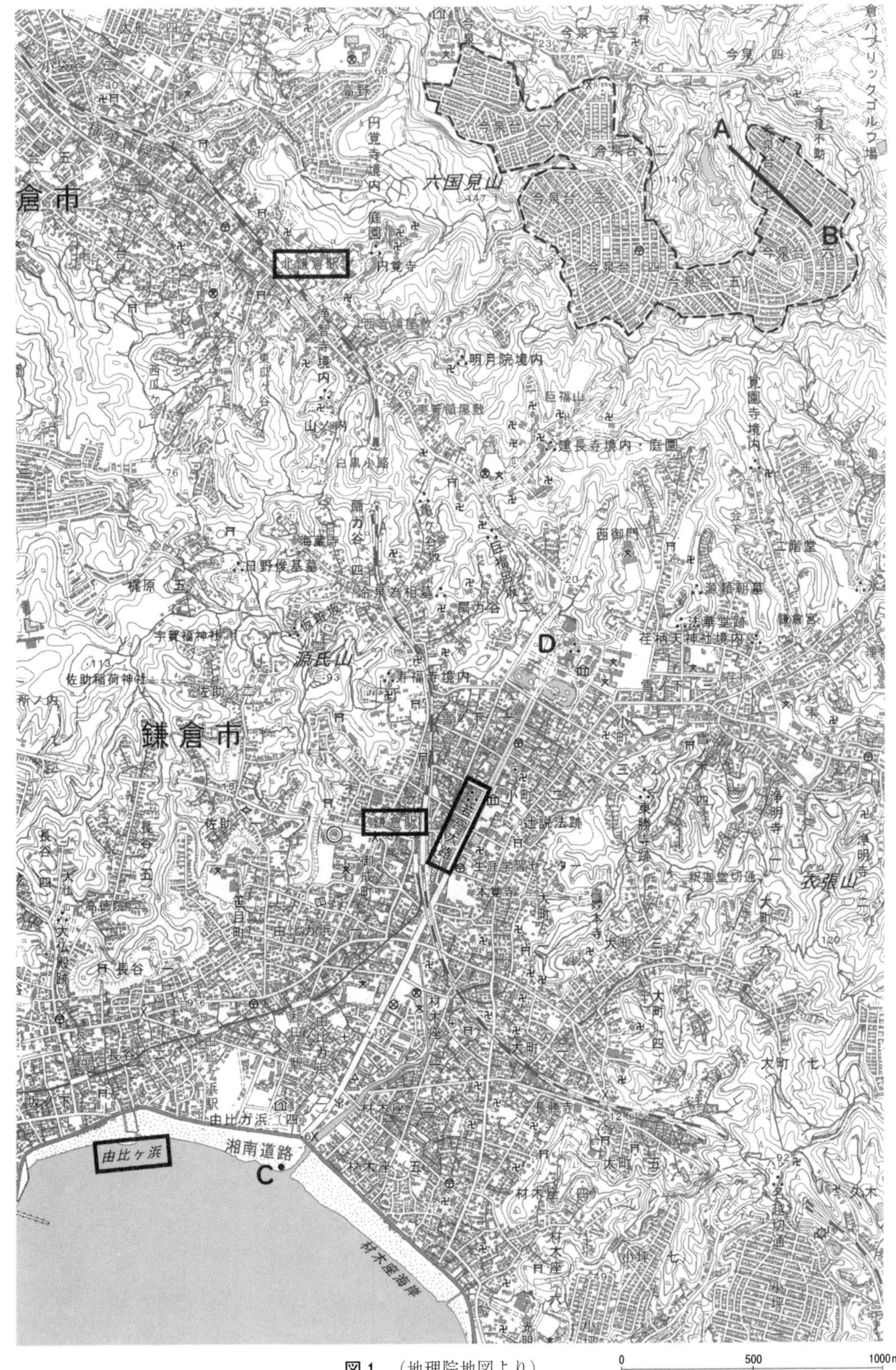

図１　（地理院地図より）

〈編集部注：編集上の都合により原図の80％に縮小してあります。〉

問６　２代将軍源頼家の誕生を前に，頼朝は妻政子の安産を祈願して，**図１**の**D**の神社に向かって一直線にのびる参道(若宮大路)を築きました。これは，鎌倉の都市計画の第一歩と言われます。現在もまちのシンボルとなっているこの神社の名前を，ひらがな11字で答えなさい。

問７　３代将軍源実朝は中国に渡る計画を立てましたが，地形的な理由のため，**図１**の由比ヶ浜(ゆいがはま)から船を出すことができなかったという話が伝わっています。この話に関する次の問題に答えなさい。

①　実朝が船で渡りたかった，当時の中国の王朝名を答えなさい。

②　どのような港をつくれば，源実朝が由比ヶ浜から中国へ渡るための大型船を出すことができたのか，自分の考えを書きなさい。現代の技術を用いてもかまいません。

問８　鎌倉では，戦後に京都などとともに景観保存に対する住民運動がさかんになり，それがきっかけとなって1966年に「古都保存法」が制定されました。景観保存に関する次の問題に答えなさい。

①　現在，鎌倉市のほかに，京都市・奈良市・斑鳩(いかるが)町など合計８市１町１村が「古都」に指定されています。斑鳩町にあるものを次の**ア**～**エ**の中から１つ選び，記号で答えなさい。

ア．清水寺　　**イ**．東大寺　　**ウ**．法隆寺　　**エ**．大仙古墳

②「古都」に指定されていることに加え，鎌倉市は北鎌倉駅・鎌倉駅・若宮大路を中心とする市街地を「景観地区」に指定し，建築物に対してさまざまな制限を定めています。次の**図２**をみて，鎌倉市はこの通りに面する建物に対してどのような制限を定めているか，簡単に説明しなさい。

図２　若宮大路周辺のようす(左：若宮大路西側　　右：若宮大路東側)

問９　鎌倉市の位置を次の**図３**の**ア**～**エ**の中から１つ選び，記号で答えなさい。

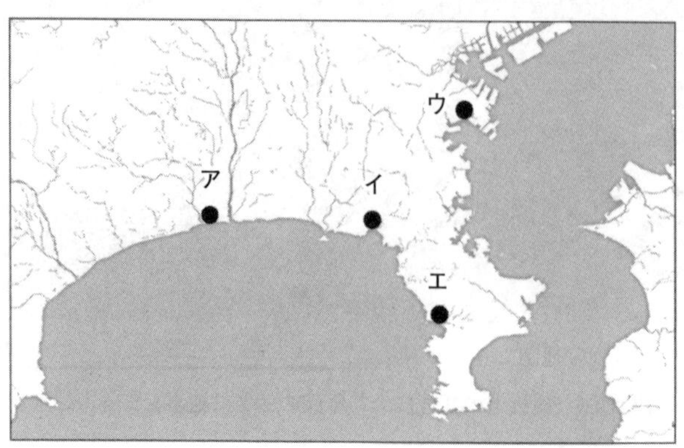

図３

問10　鎌倉市の位置している都道府県について，次の問題に答えなさい。

①　次の表は，都道府県別の人口・人口密度・人口増加率を表しています。このうち，鎌倉市の位置している都道府県にあてはまるものを，次の**ア**～**オ**の中から１つ選び，記号で答えなさい。

都道府県	人口（2021年）　万人	人口密度（2021年）　人/km^2	人口増加率（2020年～2021年）　%
ア	922	3816	0.11
イ	552	657	−0.47
ウ	1384	6310	0.06
エ	756	1461	−0.22
オ	512	1028	−0.11

（「2020.1.1/2021.1.1住民基本台帳」より）

②　次のグラフは，都道府県別の農業産出額の内訳(2019年)を表しています。このうち，鎌倉市の位置している都道府県にあてはまるものを，次の**ア**～**エ**の中から１つ選び，記号で答えなさい。

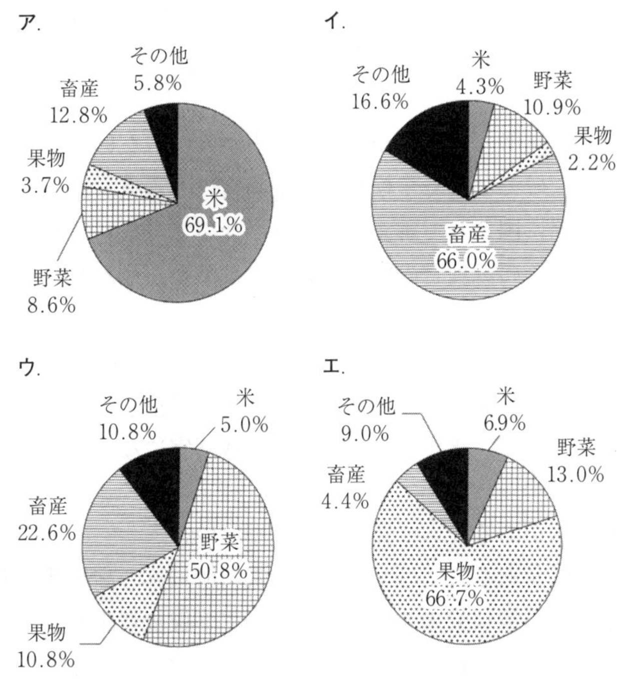

（『データブック オブ・ザ・ワールド 2022』より）

③　次の**図４**は，鎌倉市で水揚(みずあ)げされる魚類のうち，代表的なものです。これを獲(と)る漁業を**図５**の**ア**～**エ**の中から１つ選び，記号で答えなさい。

図４
(JF全国漁業協同組合連合会HPより)

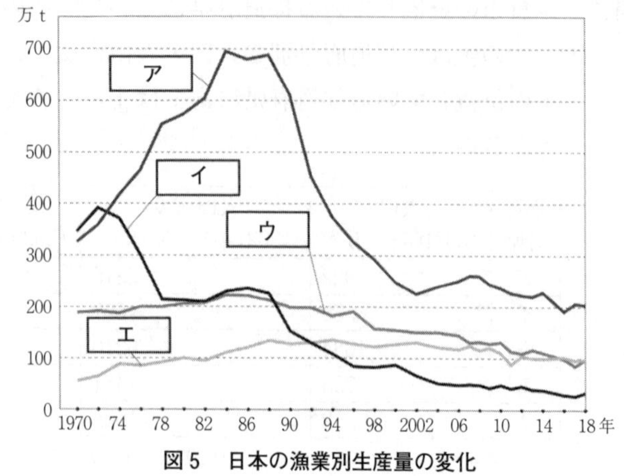

図５　日本の漁業別生産量の変化
(「漁業・養殖業生産統計」より)

Ⅱ　次の親子の会話文を読んで，以下の問いに答えなさい。

千恵さん：最近，自分の将来について考えてて，弁護士を目指して司法試験に挑戦するのもいいかなって思うことがあるの。お父さんどう思う？

お父さん：それはすごいねえ。

ただ司法試験はとても難しい試験だよ。受かるには相当がんばらないとね。でも，司法試験に受かったら，弁護士だけではなくて検察官や裁判官になる道もあるんだよ。検察官とは，事件の裁判をする際に国として訴える側に立つ仕事で，裁判官というのはその裁判で判決を下す人のこと。その裁判官の中で一番上の役職が，最高裁判所長官ということになるわけさ。

千恵さん：へえ，そうなんだ。

じゃあ弁護士じゃなくて裁判官になって，最高裁判所長官を目指すのもいいかもね。

お父さん：目標が高いことはいいことだけど，まずは下級裁判所の裁判官になって経験を積み重ねる必要があるかな。

千恵さん：下級裁判所？　そんな裁判所があるなんて聞いたことないけど。

お父さん：実際に下級裁判所という場所があるのではなく，最高裁判所以外の高等裁判所，地方裁判所，家庭裁判所，そして簡易裁判所の４種類をまとめて下級裁判所と言うんだよ。

千恵さん：最高裁判所についてはこの前学校で習ったから知っていたけど，そんなにたくさんの裁判所があるとは知らなかったわ。

お父さん：たくさんと言っても，最高裁判所は東京に１か所，高等裁判所は全国で８か所しかないんだ。その８か所は，全国各地に分散しているんだよ。

千恵さん：そうなると，新幹線が通っている東京・大阪・名古屋・福岡は外せないわね。北に行けば仙台あたりかな。北海道にあってもいいと思うから，そうなると札幌でしょうね。あとは大阪と福岡の中間の広島かな。四国にも欲しいところだけど，四国だとどこかしら？

お父さん：確かに四国のどこにあるかを考えるのは難しいかもね。実際に，必ずしももっとも人口の多いところでもないみたいだし。四国以外が全部正解なのはすばらしいけど，最後の１か所はあとで調べてごらん。

千恵さん：そうするわ。ところで，他の下級裁判所はいくつずつあるの？

お父さん：地方裁判所と家庭裁判所は，都道府県庁所在地にひとつずつ設置されているんだ。でも，北海道は広いから，道庁所在地を含(ふく)めて４か所になるみたいだね。

千恵さん：ということは，それは計算すればわかるということね。

お父さん：まさにその通り。

そして簡易裁判所になると数は増えて，全国400か所以上もあるそうだよ。

千恵さん：それだけの種類と数のある裁判所なら，裁判官の人数もかなりの数になるってことよね。私にもチャンスあるかも。

お父さん：数が多いからと言ってチャンスが広いというわけじゃないけどね。

でもいったん裁判官になれば，簡単にやめさせられないと決まっているんだよ。やめさせるためには特別な裁判も行わなくてはならないんだ。さらに最高裁判所の裁判官になると，今度は国民からふさわしい人物かどうかを判断される国民審査という機会がある。それだけ責任も重大というわけだね。

千恵さん：国民審査のことは，最高裁判所について習った時に一緒に聞いたわ。まだその国民審査でやめさせられた裁判官はいないと先生は言ってたけど。国民審査でやめさせられる最初の裁判官にもなりたくないし，特別な裁判だって受けたくないわ。でも，私が日本で最初の最高裁判所女性裁判官になれたらうれしいな。

お父さん：残念でした。すでに女性で最高裁判所の裁判官になった人はいるんだよ。

でもその人数はまだまだ少ないみたい。今までもっとも多い時でも３人で，他の国に比べれば圧倒的に少ないんだよ。SDGsにもあるようにこれからはジェンダー平等が世界の目標だから，日本の最高裁判所裁判官の女性の割合が，少なくとも定員の30％を超えるくらいにはなってもらいたいものだね。そういう目標を掲げてがんばっている人たちもいるそうだよ。

千恵さん：じゃあ，私ががんばって最高裁判所の裁判官になって，その30％超えを実現しないとね。今日もご飯を食べたら勉強がんばらないと。

お父さん：応援しているよ！

問１　千恵さんは高等裁判所の場所が全部わからなかったようですが，その最後の１か所にあたる四国の都市名と，その都市の位置する県名を答えなさい。

問２　千恵さんは地方裁判所の数がわかったようですが，それは何か所ということですか。算用数字で答えなさい。

問３　千恵さんが学校で習った国民審査について，次の**ア**～**カ**の中から正しいものを１つ選び，記号で答えなさい。

ア．内閣総理大臣の選挙の時に，同時に行われる。

イ．憲法改正の国民投票の時に，同時に行われる。

ウ．５年に１度の国勢調査の時に，同時に行われる。

エ．参議院議員通常選挙の時にだけ，同時に行われる。

オ．衆議院議員総選挙の時にだけ，同時に行われる。

カ．衆議院でも参議院でも，国会議員の選挙がある度に同時に行われる。

問4　千恵さんが最高裁判所長官になるとしたら，その手順はどのようになりますか。最高裁判所長官の「指名」と「任命」はどこが(誰が)するのか，次の**ア**～**カ**の中から正しいものをそれぞれ1つ選び，記号で答えなさい。

ア．天皇　**イ**．裁判所　**ウ**．国会
エ．内閣　**オ**．法務大臣　**カ**．国民

問5　千恵さんが受けたくないと言っている「裁判官をやめさせるかどうかを判断する特別な裁判」について，次の問題に答えなさい。

①　その裁判の名前を答えなさい。

②　それをどこが(誰が)行うかについて，次の**ア**～**カ**の中から正しいものを1つ選び，記号で答えなさい。

ア．天皇　**イ**．裁判所　**ウ**．国会
エ．内閣　**オ**．法務大臣　**カ**．国民

問6　千恵さんが目指そうとしている最高裁判所の裁判官ですが，その女性の割合が定員の30%を超えるのは，実際には女性裁判官が何人になったときですか。算用数字で答えなさい。

問7　裁判官でなくても，一般の人が裁判に関わる制度として裁判員制度があります。その裁判員に選ばれる規定が昨年変わりました。昨年4月に話題になったことを思い出しながら，どのように変わったのか簡単に説明しなさい。

Ⅲ　次の文章を読んで，以下の問いに答えなさい。

2022年7月17日，1京都の祇園祭で山鉾巡行が行われました。新型コロナウイルスの感染拡大の中，2020年から中止されていたので，3年ぶりの実施となりました。山鉾巡行とは，山や鉾と呼ばれる山車が通りをゆく行事で，約1カ月続く祇園祭の中でも特に多くの人が集まり，豪華な山や鉾が街を巡行する様子は「動く美術館」とも呼ばれます。この祇園祭のほかにも，京都では有名な祭りが多く行われています。中でも，葵祭・祇園祭・時代祭は京都三大祭りと呼ばれますが，それらの起源は大きく異なっています。ここでは，京都三大祭りについてみることにしましょう。

794年，桓武天皇は2平安京に都をうつしました。現在京都で行われている祭りの中には，平安京遷都以降に始められたものが多くある一方，それよりも前に起源をさかのぼることができる祭りもあります。賀茂社(下鴨神社および上賀茂神社)の葵祭はその代表例と言えるでしょう。賀茂社は，賀茂氏とよばれる古代の豪族が，自分たちの一族の守り神を祀っていた神社です。こうした，古い神社に祀られる神々は，山などの自然と結びついて信仰されてきました。そのため，山と平地の境に神社が立地していることが多くあります。葵祭と言えば，華やかな平安時代風の衣装をまとった行列が有名ですが，その起源は古墳時代と言われ，3原始的な自然への信仰との結びつきが深い祭りでもあるのです。

4平安京造営よりも前に創建された神社の祭りである葵祭とは異なり，八坂神社の祇園祭は平安時代に行われるようになった御霊会に起源があります。平安京では，5現在の都市のように衛生環境を保つシステムが十分ではなく，疫病がたびたび蔓延し，人びとにとって深刻な問題となっていました。そうした中，9世紀後半に平安京で御霊会が行われるようになりました。当時，現世に恨みを残して死んだ人々の怨霊などが疫病をもたらすと考えられていたので，

そうした怨霊をなだめるために御霊会が行われたのです。

しかし，当初から現在のような山鉾巡行があったわけではなく，大型の山車が多く作られ祭りの花形(はながた)として多くの見物客を集めるようになったのは，室町時代であると考えられています。室町時代には，京都で商工業が発展し，財力のある町人たちが町ごとに趣向を凝(こ)らした山や鉾を作るようになりました。これが，今日の祇園祭の山鉾巡行につながっていきます。6 1400年代の後半には30年以上も中断されましたが，室町幕府の支援と京都の町人たちの力により復興されました。7 京都の街並みを描いた米沢市上杉博物館所蔵の「洛中洛外図屏風(らくちゅうらくがいずびょうぶ)」は16世紀の作品ですが，現在と同じような山鉾巡行が行われている様子を見ることができます。江戸時代になると，数度の大火事によって山や鉾は被害を受けますが，町人たちの力でその度復興され，より豪華なものになっていきました。しかし，1864年の 8 どんどん焼けとよばれる京都の大火災では，多くの山や鉾が大きな被害を受けました。その後も，太平洋戦争やコロナ禍による中断がありましたが，それらを乗り越えて昨年の山鉾巡行は行われました。

京都の祭りには，これまで述べた２つの祭りのように，1000年を超える歴史を持つものが多い一方で，平安神宮(へいあんじんぐう)の時代祭は明治時代に始められました。平安神宮は，平安京遷都千百年記念行事としてその創建が計画され，9 1895年に完成しました。時代祭の行事の中では，明治維新から平安時代までの時代をさかのぼりながら，各時代の衣装をまとった人々が続く時代行列が特に有名です。

このように，京都の祭りは，単に古くからの伝統が受け継がれてきたというだけではなく，歴史の中で絶えず変化を続けたり，新しくつけ加えられたりしてきました。ある地域の祭りについて知ることは，その地域の歴史について知ることにつながると言えるでしょう。

問１　下線部１の写真を次の**ア**～**エ**の中から１つ選び，記号で答えなさい。

ア.

イ.

ウ.

エ.

問２　下線部**２**について，982年に慶滋保胤(よししげやすたね)が著した『池亭記(ちていき)』には，下の資料のように当時の平安京の様子が記されています。この資料を読んで，もっとも多く人々が住んでいたと考えられる地域を**図１**の**Ａ～Ｄ**の中から１つ選び，記号で答えなさい。

資料

私は20年あまり右京と左京を見つづけてきたが，右京は人家がまれで廃墟(はいきょ)に近い。人が去ることはあっても来ることはなく，家が壊れることはあっても建つことはない。行き場のない者や，貧しい暮らしを気にしない者がここに住んでいる。

（中略）

左京の四条より北の地域の北西と北東には，貴賤(きせん)を問わず人々が多く住み，名家の屋敷や民衆の小屋がぎっしりと立ち並んでいる。東に火事があれば西も類焼(るいしょう)し，南を盗賊(とうぞく)が襲えば北も流れ矢を受けるといったありさまである。

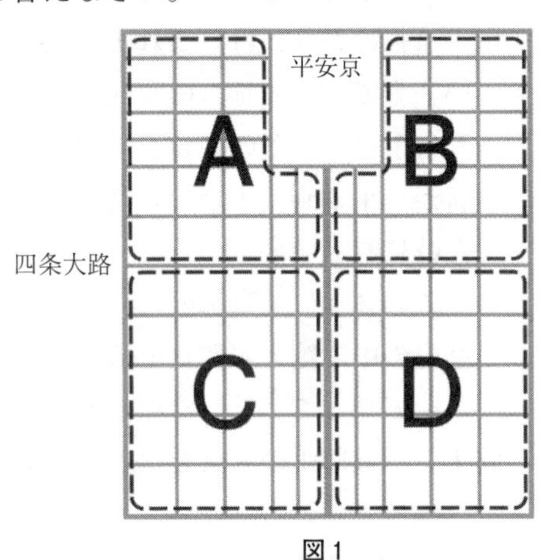

図１

問３　下線部**３**について，自然のものに霊魂(れいこん)が宿ると考え，それを崇拝(すうはい)する信仰のあり方は，縄文時代の人びとにも見られます。次の**ア～オ**の写真の中から，縄文時代の人びとの信仰ともっとも関わりの深いものを１つ選び，記号で答えなさい。

問4　下線部4について，下の**図2**に位置が示されている，次の**ア〜オ**の京都の神社の中から，平安京造営よりも前に創建されたとされる神社を2つ選び，記号で答えなさい。

ア．上御霊神社(注1 主祭神：崇道天皇，井上大皇后，他戸親王など)
イ．北野天満宮(主祭神：菅原道真)
ウ．平安神宮(主祭神：桓武天皇，孝明天皇)
エ．松尾大社(主祭神：大山咋神，市杵島姫命)
オ．伏見稲荷大社(主祭神：宇迦之御魂大神など)

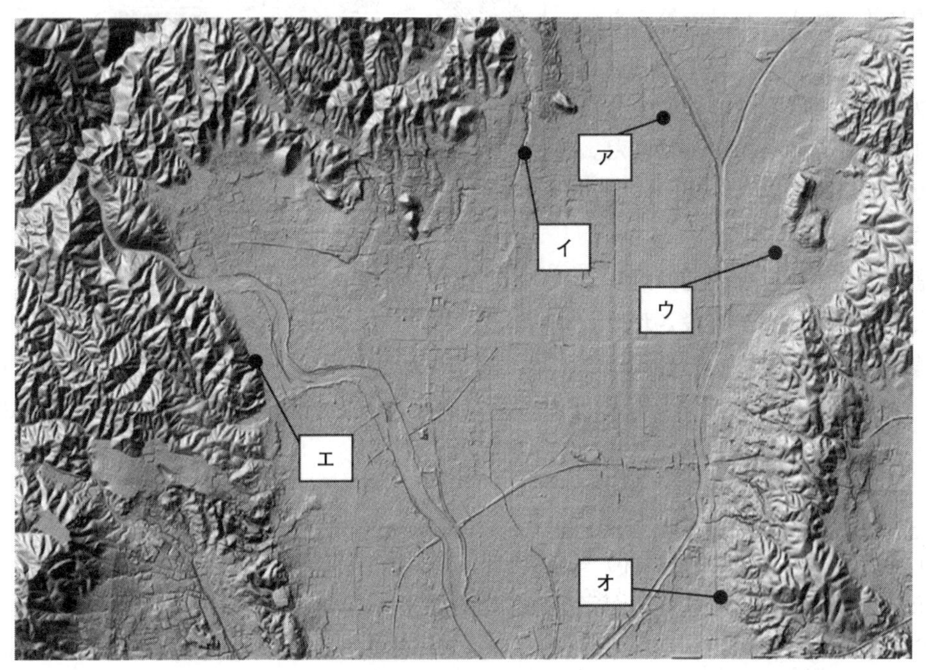

(地理院地図より)

図2　京都の注2**陰影起伏図**

注1…神社で祀られる神の内，中心となる神のこと。
注2…地面の細かい起伏が分かりやすいように作成した地図。

問5　下線部5について，その理由の1つは鴨川の水と考えられます。『平家物語』には，白河上皇が「賀茂河の水，双六の賽，山法師，これぞわが心にかなわぬもの」と言ったという逸話がありますが，これはどのようなことを意味しているのでしょうか。逸話について説明した次の文の空欄(1)・(2)にあてはまる語句を，それぞれ漢字2字で答えなさい。

> 白河上皇は，鴨川(賀茂河)の(　1　)や，双六のサイコロの目，比叡山(　2　)寺の僧兵が，自分の思い通りにならないと嘆いている。

問6　下線部6の中断は，京都で発生したある出来事が主な理由です。その出来事は何か答えなさい。

問7　下線部7について，この「洛中洛外図屏風」は1574年に織田信長から上杉謙信へ贈られました。その背景には，どのような当時の情勢があったのでしょうか。**図3**の戦国大名の名前を用いて，次の文の空欄に合うように答えなさい。

織田信長は【　　　　　】ので，上杉謙信と良好な関係を保ちたかった。

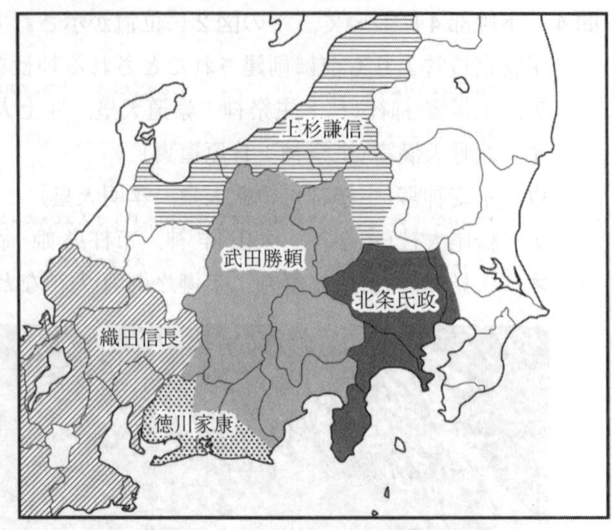

図３　1575年頃の戦国大名の勢力図

問８　下線部**８**について，次の**Ａ**～**Ｅ**はどんどん焼けとその前後に発生した出来事です。これら５つの出来事を年代順に並べ替え，記号で答えなさい。

Ａ．京都でどんどん焼けが発生した。
Ｂ．日米修好通商条約が結ばれた。
Ｃ．坂本龍馬の仲立ちで薩長同盟が結ばれた。
Ｄ．徳川慶喜が政権を朝廷に返すことを申し出た。
Ｅ．大老の井伊直弼が暗殺された。

問９　下線部**９**について，次の資料はこの年に調印された国際条約の一部を要約したものです。空欄(１)～(３)に入る国名もしくは地名を答えなさい。ただし，国名の場合は当時の名前で答えること。

資料

（　１　)条約　(1895年４月調印)
第一条　(　２　)国は朝鮮国が完全無欠なる独立自主の国であることを確認する。
第二条　(　２　)国は遼東半島（りょうとうはんとう），(　３　)，澎湖諸島（ほうこしょとう）など付属諸島嶼（ふぞくしょとうしょ）の主権を日本に割譲（かつじょう）する。
(中略)
第四条　(　２　)国は賠償金（ばいしょうきん）２億テールを日本に支払う。
(以下略)

【理　科】（30分）〈満点：50点〉

1 次のような実験をしました。これについてあとの各問いに答えなさい。

【実験１】 10mL の水酸化ナトリウム水溶液（すいようえき）Ａと25mL の塩酸Ｂを混ぜたところ，完全に中和した。また，蒸発（じょうはつ）皿にこの混合液10mL を入れて完全に蒸発させると0.08ｇの物質が残った。

【実験２】 蒸発皿に10mL の水酸化ナトリウム水溶液Ａを入れて完全に蒸発させると0.2ｇの水酸化ナトリウムが残り，10mL の塩酸Ｂを完全に蒸発させると何も残らなかった。

【実験３】 ［　　　］mL の水酸化ナトリウム水溶液Ａをビーカーに入れ，水を加えて全体の体積を200mL にしたものを水酸化ナトリウム水溶液Ｃとした。水酸化ナトリウム水溶液Ｃと塩酸Ｂを混ぜ合わせて完全に中和するときの体積の関係は，右のグラフのようになった。

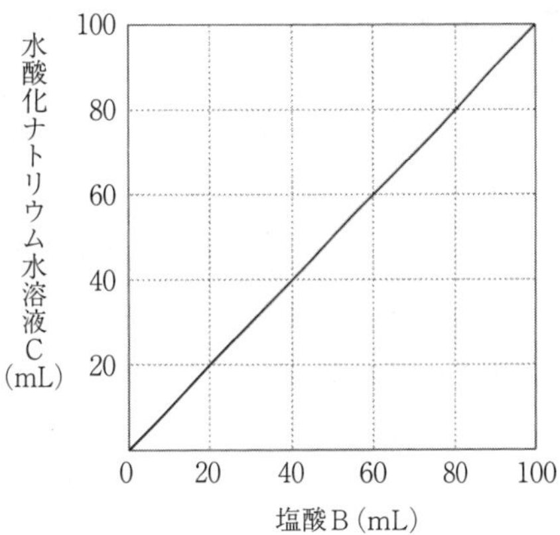

【実験４】 20mL の塩酸Ｂにアルミニウムを入れると気体が48mL 発生し，容器内に反応せずに残ったアルミニウムがあった。

【実験５】 20mL の水酸化ナトリウム水溶液Ｃにアルミニウムを入れると気体が144mL 発生し，容器内に反応せずに残ったアルミニウムがあった。

【実験６】 80mL の水酸化ナトリウム水溶液Ａと120mL の塩酸Ｂを混合したところ200mL となった。これを混合液Ｄとした。

問１ 【実験３】の［　　］にあてはまる数を答えなさい。また，この水酸化ナトリウム水溶液Ａに溶（と）けていた水酸化ナトリウムは何ｇですか。

問２ 【実験４】，【実験５】で発生した気体は，同じものである。次の(ア)～(カ)からこの気体について，正しく述べたものをすべて選び記号で答えなさい。

(ア) 過酸化水素水に二酸化マンガンを加えたときに発生する気体である。

(イ) 水を電気分解したときに，発生する気体の１つである。

(ウ) 重ソウに塩酸を加えたときに発生する気体である。

(エ) 空気の成分として，一番多く含（ふく）まれる気体である。

(オ) 水に溶けて，酸性を示す気体である。

(カ) 空気より軽い気体である。

問３ 【実験６】で作った混合液Ｄについて，以下の問いに答えなさい。

(1) 混合液Ｄをリトマス紙で調べたとき，リトマス紙の色はどうなりますか。次の(ア)～(ウ)から正しいものを１つ選び記号で答えなさい。

(ア) 青色リトマス紙の色は変わらず，赤色リトマス紙の色が変わる。

(イ) 赤色リトマス紙の色は変わらず，青色リトマス紙の色が変わる。

(ウ) 青色リトマス紙の色も，赤色リトマス紙の色も変わらない。

(2) 40mL の混合液Ｄを完全に中和するには，水酸化ナトリウム水溶液Ａと塩酸Ｂのどちらを何mL 加えればよいですか。

(3)　蒸発皿に25mLの混合液Dを取って完全に蒸発させると，何gの物質が残りますか。答えは四捨五入して小数第2位まで答えなさい。

(4)　25mLの混合液Dにアルミニウムを入れたところ，気体が発生して容器内に反応せずに残ったアルミニウムがありました。このとき発生した気体の体積は何mLですか。

2　西之島の生態系について述べた文章を読み，あとの各問いに答えなさい。

※文章は2022年8月時点のもので，それ以降の火山活動については触れていません。

2013年より小笠原諸島にある西之島が噴火し，それまでにあった島(旧島)を飲み込み，新たな島が誕生しました。また，2019年12月以降の活発な火山活動により，細々と生態系が維持されていた旧島の一部も溶岩や火山灰に完全におおわれて，生物相がリセットされました(写真)。

2022年6月の西之島(海上保安庁HPより)

これまでにも島の誕生が観察された例はいくつか知られていますが，①どれも隣接した島との距離が近く，すぐに同じような生態系がつくられていきました。ところが，西之島は最も近い父島から130kmも離れており，②人間活動の影響を受けずに生態系が移り変わるようすを見られる格好の場所と言えます。

2022年7月に行われた生物調査では，カツオドリやセグロアジサシをはじめとする数種の海鳥の繁殖集団が確認され，多数のヒナが見られました。また，島周辺の海域では，イソギンチャクやテッポウエビなど，これまでの調査では見られなかった生物も確認されました。

このような生物の増加は，さらに別の生物の分布拡大にもつながると考えられます。例えば，海鳥がちっ素やリンを含むふんをまき散らすと，植物の種子が落ちたときに発芽しやすい環境となったり，高温多湿な鳥の巣は昆虫をはじめとする他の生物の快適なすみかとなったりします。このようにして，③何もなかった裸地に，その環境で生息できる生物が侵入を繰り返すことで，その環境に適した独特の生態系が形成されていくのです。

問1　下線部①について，新しくできた火山島が隣接する島と距離が近い場合，すぐに同じ生態系になってしまうのはなぜですか。25字以内で答えなさい。ただし，句読点も字数に含むものとします。

問2　下線部②について，生態系に人間活動の影響を与えないように研究者は細心の注意を払っています。例えば，2019年9月の上陸調査では，衣服や靴は新品を身につけ，海岸から30mほどの地点で荷物ごと海に入って泳いで上陸しました。これは何を防ぐためですか。文中の語句を用いて，25字以内で答えなさい。ただし，句読点も字数に含むものとします。

問3　2021年9月の調査では，海鳥の集団のなかに，腐敗していない鳥の死体が発見されました。これは，あるグループの生物集団が島の生態系に存在していないことを示しています。この生物集団は生態系におけるその役割から何と呼ばれますか。

問4　下線部③について，火山活動により生じた裸地は，長い年月をかけて安定した森林(極相林)へと変わっていきます。このような植物群落の移り変わりを遷移と呼びます。遷移について，以下の問いに答えなさい。

(1) 遷移について正しく述べた文を，次の(ア)～(オ)から１つ選び記号で答えなさい。

(ア) 溶岩だらけの裸地には，岩に直接根を張って，その根から水分を吸収(きゅうしゅう)することのできるコケ植物がはじめに進出してくる。

(イ) ススキなどの草本植物が生育することのできる土ができてから，ミミズやトビムシ，ダニのような小動物がはじめて進出してくる。

(ウ) 富士山の５合目付近から頂上(ちょうじょう)にかけて森林が見られないのは遷移の途中(とちゅう)のためで，今後アカマツやコナラなどの陽樹(ようじゅ)が進出してくる。

(エ) 遷移の過程において，陽樹と陰樹(いんじゅ)が進出してくる時期が異(こと)なるのは，それぞれの種子の発芽に要する時間が異なるためである。

(オ) 火山の噴火で生じた裸地と山火事で生じた裸地では，極相林になるまでに要する時間が異なる。

(2) 今後，西之島で極相林が形成されるまでにかかる時間はどれくらいと予想できますか。次の(ア)～(エ)から最も適当だと判断できるものを選び記号で答えなさい。ただし，日本列島の内陸部での極相林形成には，およそ150年程度を要することが知られています。また，今後西之島や周辺の海域において大規模な火山活動や地震は起こらないものと仮定します。

(ア) 100年　(イ) 1,000年　(ウ) 10,000年　(エ) 100,000年

問５ 火山の噴火は，私(わたし)たちの社会活動に大きな影響を与え，人命をも奪(うば)うことのある脅威(きょうい)です。ところが，自然界で生きる一部の生物種(せいぶつしゅ)にとっては，必ずしもそうとは限らない場合があります。次の文章は，その理由を述べたものです。

これまでその場に定着していた繁殖力(はんしょくりょく)の(①　強い・弱い)生物種が火山噴火によって一斉にいなくなることで，繁殖力の(②　強い・弱い)生物種が(　③　)に勢力を拡大させることがあるため。

文章中の(①)，(②)にあてはまる語を選び，○で囲んで答えなさい。また，(③)にあてはまる語をひらがな４文字で答えなさい。

3 富士山について，あとの各問いに答えなさい。

問１ 富士山はかつて休火山とされていましたが，2003年に定義が変わり，活火山となりました。その定義は「おおむね過去［　　　］年以内に噴火した火山および現在活発な噴気(ふんき)活動のある火山」となっています。

［　　］にあてはまる年数を次の(ア)～(オ)から１つ選び記号で答えなさい。

(ア) 1,000　(イ) 5,000　(ウ) 10,000

(エ) 50,000　(オ) 100,000

問２ 富士山付近は，日本を取り巻(ま)く４つのプレートのうち，３つのプレートが集まっているめずらしい場所です。これらに含(ふく)まれていない残りのプレート名を答えなさい。

問３ 富士山付近に見られる溶岩には色々な種類のものがあります。とくに864年貞観大噴火(じょうかんだいふんか)にともない噴出(ふんしゅつ)した溶岩によってつくられた青木ヶ原樹海(あおきがはらじゅかい)は有名です。この時の溶岩は，ねばりけが弱いためおだやかに流れました。溶岩のねばりけを決めるものを，次の(ア)～(エ)から１つ選び記号で答えなさい。

(ア)　二酸化炭素　　(イ)　二酸化硫黄

(ウ)　二酸化ケイ素　　(エ)　二酸化マンガン

問4　**問3**の青木ヶ原樹海をつくっている岩石名とその色を，次の選択肢からそれぞれ１つ選び記号で答えなさい。

岩石名　：(ア)　斑れい岩　　(イ)　玄武岩　　(ウ)　流紋岩　　(エ)　花崗岩

岩石の色：(ア)　黒　　(イ)　白　　(ウ)　黄　　(エ)　ピンク

問5　災害に備えるためのハザードマップというものが国土地理院より発行されています。火山の場合は，火山防災マップと呼ばれていて，溶岩流・火砕流・降灰・土砂災害などの情報が記されています。もし，富士山が大噴火した場合，東京にも火山灰が降り積もると予想されています。次の(ア)～(オ)から，火山灰がもたらす被害をすべて選び記号で答えなさい。ただし，すべての記述が火山灰による被害の場合は，解答らんに○を記しなさい。

(ア)　火山灰の重みで建物が倒壊する。

(イ)　火山灰の熱によって，火災が生じる。

(ウ)　火山灰が目に入り，目が傷つく。

(エ)　火山灰が雨水でぬれることによって，停電が生じる。

(オ)　火山灰が積もることで，道路が滑りやすくなる。

問6　富士山は2013年に世界遺産になりました。これは文化遺産としての登録でした。世界遺産には，文化遺産と自然遺産と複合遺産があります。当初，富士山は自然遺産としての登録を目指しましたが，認可されませんでした。その理由としてあてはまるものを次の(ア)～(エ)からすべて選び記号で答えなさい。ただし，すべての記述があてはまる場合は，解答らんに○を記しなさい。

(ア)　火山としては，形も大きさも世界的に珍しくなかったから。

(イ)　登山客が多く，し尿の垂れ流しやゴミの放置が多かったから。

(ウ)　山頂付近に気象測候所やレーダーなどの人工物があったから。

(エ)　開発によって生態系がくずれて，独自性を失ったから。

＊捏造…事実でないことを事実のようにこしらえること。
＊孕む…中に含んで持つこと。
＊逸脱…本筋からそれること。決められた枠からずれること。
＊排斥…おしのけしりぞけること。
＊虐殺…むごたらしい手段で殺すこと。

問1　――線1「人間のほうが『バカ』だって言えるかもしれない」とあるが、「人間」の方が「バカ」であるのはなぜか。解答用紙で指定された字数で言葉を入れて、理由を二つ答えなさい。なお、A には「**違い**」という言葉、B には「**同様に**」という言葉を必ず用いること。

問2　――線2「バカの災厄」はなぜ引き起こされるのか。解答用紙で指定された字数で言葉を入れて、説明文を完成させなさい。なお、A は本文中から抜き出し、B には「**それぞれ**」という言葉、C には「**絶対的**」「**ずれ**」という二つの言葉を必ず用いること。

三　次の問いに答えなさい。

問1　①・②の文中にある□にそれぞれ適切な漢字一字を入れなさい。なお（　）内は慣用句の意味である。
① 昔はにぎわっていたあの店も、町から若者がいなくなったことで□前の灯火（いまにも滅びてしまいそう）だ。
② 手□にかけた（自ら世話して大切に育てた）庭の植物が、次の住人にも大切にあつかわれているのを見て安心した。

問2　①～⑧の文中にある――線のカタカナを漢字に、漢字をひらがなに直しなさい。ただし、送りがなが含まれるものは送りがなをひらがなで答えること。
① 有名な政治家がうかつな発言で熱心なシジ者を失った。
② 夕方にはいつも川にソッテつくられた歩道を歩くことにしている。
③ 島の観光地化はコユウの生態系を破壊する可能性がある。
④ どれだけショメイを集めても結局事態を動かすことはできなかった。
⑤ 将来は故郷の海をノゾム家で暮らすのが夢だ。
⑥ 旅好きの祖父はシャソウからの眺めを何よりも楽しみにしている。
⑦ 委員会のメンバーを刷新したら面白い意見が出るようになった。
⑧ 定石どおりに進めておけばいいというのはあまりに安易な考えだ。

人のトップとの間で「国家とは何か」というテーマで話し合う場が設けられたと仮定しよう。果たしてこの議論に答えは出るかというと、どれだけ時間をかけても難しいだろう。

プーチン大統領には自分の考えている「国家」という同一性があり、一方、ＥＵにはＥＵの「国家」があり、日本には日本の「国家」がある。そんな状況でいくら国家論を戦わせても＊不毛なだけである。そんなことができていたら、ウクライナ侵攻も起きていないはずだ。

なぜ議論が平行線になってしまうのか。「国家」という概念が「これが国家です」というふうに、単純に指でさし示すことができないからである。「犬」や「猫」のように指でさし示すことができるものは、どれが「犬」でどれが「猫」かというのは単純明快な話だ。犬を指さして「猫だ」と言い張っている人がいれば、「あなたの捉え方は間違っている、あれを世間では犬と呼んでいるんだよ」と訂正してやればいいだけの話だ。

しかし、「国家」や「平和」という概念ではそれができない。十人十色ではないが、個人が考える「国家」や「平和」のあり方というものはそれぞれ異なる。非常にあやふやで、それぞれが「いい加減」に決めて認識している部分があるので、「どちらが正しい、どちらが間違っている」という言い争いをしたところで、いつまで経っても答えなど出ないのである。

（中略）

ただ、このように「違うものを同じだと見なす」という性質は人間にとって必ずしも悪いことではない。この、生物としては非常に特殊な能力があったおかげで、人は進化して文明社会を築くことができたという側面もあるからだ。

たとえば、人は「神」という存在や現象をその目で見たことがないのに、「神」を信じる。これは、教義や礼拝を通じ「神」という概念を＊捏造して、それが絶対的なものだと思い込むことができる能力が、人間に備わっているためだ。仮に、一人ひとりが自分の頭のなかで勝手に「神」を思い描いて、それぞれが「俺にとっての神はこうだ」「私の信じる神様はこんな感じだ」と言い出したとしたらやがて収拾がつかなくなり、宗教としては成立しなくなる。キリスト教やイスラム教などが世界的に広まったのは、それぞれの個人の脳のなかの「神」がみな同一なのだとみなが信じるという、人間の不思議な能力がもたらした結果だろう。

しかし、物事にはなんでも良い面と悪い面がある。「違うものを同じだと見なす」という特殊能力は、人類に進化をもたらす一方で、先ほど紹介したような不毛な対立まで生むこととなる。対立どころか、時に社会に大きな混乱を招いて、罪のない人々を迫害し命を奪うような戦争に発展することさえある。

それこそが、本書の主題である「2バカの災厄」だ。「概念が＊孕む同一性はひとつ」と思い込む「バカ」というのは、自分の同一性から少しでも＊逸脱した同一性は認めることができないので、「お前たちは間違っている」と敵と認識した相手を厳しく批判する。その攻撃性がさらに強くなり抑えが効かなくなると、異なる同一性をもつ人間が存在している事実にさえ我慢できなくなって、その存在を否定する。つまり、＊排斥や＊虐殺といった狂気の行動へと走ってしまうのである。

（池田清彦『バカの災厄』による）

＊フェロモン…動物の体内から放出され、他の個体に影響を与える物質の呼び名。
＊災厄…わざわい。災難。
＊ＥＵ…一九九三年に成立した欧州連合。
＊不毛…成果の実らないこと。無駄なこと。

つの作品を評価する意義が薄れつつある。

二 次の文章を読んで、後の問いに答えなさい。ただし解答の字数については、句読点等の記号も一字として数える(なお問題の都合上、本文の表記を一部改めている)。

人間と動物の大きな違いのひとつに、「概念」をもっているか否かということがある。我々がよく口にする「正義」とか「平和」とか「国家」、そして「日本人」ということまで、すべては「概念」なのだが、動物にはこのような発想自体がない。動物にとっては目の前にある「現象」がすべてだ。

犬を例に説明しよう。私が昔飼っていた犬がいて、名前は「コロ」といった。だから、私が「コロ」と呼ぶと、しっぽを振って走ってくるんだけど、友人が「コロ」と声を掛けても近寄らないで吠える。呼び方が悪いのかと、「コーロ」「コロー」などと変えてみたが、まったく寄ってこない。友人は「なんで?」と首をひねっていたが、これは当たり前である。

犬には「自分の名前」などという「概念」はそもそも存在しないからだ。飼い主である私の口からいつもと同じ発音、いつもと同じイントネーションで「音」が発せられたという「サイン」を認識して、しっぽを振って私にかけ寄ってきていただけの話である。だから、赤の他人である友人の口から「聞いたことがない音」が発せられても、いつものサインではないと認識して、しっぽは振らないし寄ってもこない。

このように、犬は音や匂いという、人間にはわからないような微細なサインを認識する能力に長けている。そして、そのサインに基づいて行動をする。そのような意味では、きわめて合理的で賢い生き物なのだ。

しかし我々人間には、犬のこのような合理的行動が理解できない。私が「コロ」と呼ぶと反応するので、ほかの誰が「コロ」と呼んでも同じように反応するものと勝手に思い込んでいる。「コロ、コロ」としつこく呼んで寄ってこないと、「バカな犬だなあ」なんて苦笑したりする。

犬の賢い行動を理解できないという点では、1人間のほうが「バカ」だって言えるかもしれないよね。

人間には「名前」という「概念」があって、その同一性は絶対的なものだと信じている。そして、犬も当然、同じように自分の名前を認識しているはずだと一方的に思い込んでいる。この状態こそが、本書で言うところの「バカ」である。つまり、すごく単純な言い方をすると、「バカ」というのは、「異なる現象を同じだと思い込めるのは人間だけ」ということがわからない人のことである。

実はこの「違うものを同じだと見なす」というのは、地球上の生物を見渡しても、人間だけがもっているきわめて特殊な能力なのだ。繰り返しになるが、動物には「概念」なんてものはなく、音や＊フェロモンといったサインで世界を認識しているので、違うものは「違う」というようにシンプルに判断をする。

しかし、人間は「概念」をもつ唯一の生物ということで、このあたりの判断がきわめてアバウトというか、いい加減である。つまり、その判断は実際にはいい加減であやふやなものなのに、それが正しくて確かなことだと錯覚してしまう。実はこれが「バカの＊災厄」、ひいては人間の世界に悲劇をもたらす原因になっている。

実際に、人間同士の対立の多くは、「概念」というものの「いい加減さ」が引き起こしている側面もある。

たとえば、ロシアのプーチン大統領と＊ＥＵの首脳たち、我々日本神経質になり、感染を恐れて他者との関わりを避けているから。

イ　未知の感染症に対する情報不足から見当外れな対策をとってしまうのは、医学が進歩した現代の我々にも当てはまるから。

ウ　科学的には根拠のない情報だとわかっていながらも、危機的状況にあっては何かにすがりたくなるのが人間の性質だから。

エ　医学が発達した現代人から見ると当時の感染症対策は的外れなものだが、それを馬鹿にすることは人として許されないから。

オ　現代においては未知の感染症に対しても対処法を見いだせるが、いつの時代にも新しい方針に従わない人々が必ず存在するから。

問5　――線2「今を生きる私たちは、淡々と今を詠み続けるしかない」から読み取れることはどのようなことか。次の中から最もふさわしいものを選び、記号で答えなさい。

ア　他の人からの評価を気にせず現在を描き出していくことが、俳人としての役目であるということ。

イ　現代の不安定な世情を詠んで世界の人々に訴えていくことが、俳人としての役割であるということ。

ウ　自然が失われた現代において、花鳥風月を詠み続けるということが、俳人としての務めであるということ。

エ　新しい季語を作り出すことによって現在の世相を後世に伝えていくことが、俳人としての使命であるということ。

オ　平凡な生活の中にも俳句の種はあり、それを見つけて作品にしていくことが、俳人としての誇りであるということ。

問6　D、Eの句について次のように説明した。空らんを埋めて文章を完成させなさい。ただし、②、③、④は本文中から言葉を抜き出し、①はふさわしい言葉を自分で考えて答えなさい。なお解答方法については、それぞれ（　）内の指示に従うこと。句読点等の記号も一字として数える。

Dの句では本来冬の季語である「マスク」が夏の句の中で使われている。これはマスクが（①　十字以上十五字以内）ようになったためである。

Eの句では「春灯」という季語が、従来とは異なり（②　二字）を連想させるものとなっている。これは多くの人が（③　十二字・はじめとおわりの三字を答える）ているという、現在の世相を反映したものである。このように、季語には世の中の変化に応じて、（④　十六字・はじめとおわりの三字を答える）のだ。

問7　X、Yに入る言葉を本文中からそれぞれ二字で抜き出しなさい。ただし二カ所あるYには同じ言葉が入る。

問8　本文の内容の説明として最もふさわしいものを次の中から選び、記号で答えなさい。

ア　社会情勢が厳しくなっている現在、伝えたい思いを季語に乗せて俳句を作り、多くの人々がよりよい社会を生み出そうと苦労していることがわかる。

イ　筆者は現状をあるがままに詠み続けることしかできないと言いつつも、俳句を通して作品の受け手の現実に一定の効果をおよぼすことを期待している。

ウ　「俳句というアイテム」という言い方には、俳句が現実を映す鏡にしか過ぎず言葉を使って変えていくことは難しいという、筆者のあきらめが表れている。

エ　俳句は「季語の生き死に」を通して移りゆく社会状況を詠むことによって、受け手に辛い現実を認識させ、かつなぐさめる役割を果たしてくれるものである。

オ　筆者の言葉がメディアで引用され俳句の影響力が大きくなるにつれて、多くの人が俳句を作るようになったため、一つ一るもの。2今を生きる私たちは、淡々と今を詠み続けるしかない。例えば、冬でも春でもないマスクの現状を詠んでいくうちに、季語としての「マスク」の行く末が、自ずと定まってくるのだ。

D　炎天にマスクの上の目が細る　夏井いつき

時代が産み出す季語もあれば、時代と季語が切り結ばれ、季語に新しい意味やイメージが付加されることもある。それを知ったのは、ラジオの俳句番組を通してだった。

ラジオ「夏井いつきの一句一遊」は、7月で22年目に突入した。この春、偶々出題した季語が「春灯(しゅんとう・はるともし)」。春夜、朧にうるんだ灯りの意だが、歳時記には季語の本意(最もふさわしいと考えられる性質や意味)として、「ときに妖艶な趣を醸し出す」とも解説されている。

ところが、番組に寄せられた句のほとんどが、「妖艶」どころか、ウクライナの戦況に心痛め、平和を希求するものばかり。日常の家族の灯りとして表現された句が圧倒的多数を占めていた。

その中でも最も感銘を受けたのが、ラジオ俳号「日土野だんご虫」こと片野瑞木さんの作品。

E　標的にあらず春灯ぞこれは　片野瑞木

標的ではないのだよ、この春の灯りは。家族の集う春の灯りなのだよ。

一読、心が震えた。世界中の人々が、この作品を心に灯してくれる日がくれば、世界は少しだけ［X］に向かって歩き出せるのではないか、と。

俳句というアイテムを手にする私たちは、現状をあるがままに詠み続ける。それら一句一句は［Y］の証。季語とは、［Y］を映す証人なのだ。

(夏井いつきの文章による)

＊傍題…題として主に詠むべきものからはずれて、他のものを詠むこと。
＊昼餉…ひるめし、昼食のこと。

問1　［a］、［b］、［c］、［d］に入る文を次の中からそれぞれ選び、記号で答えなさい。

ア　それを季語とした句が次々に詠まれる
イ　次代の編者が自分の歳時記に採録する
ウ　それが秀句である
エ　誰かが、ある言葉を季語として俳句を作る

問2　Aの句について、次の問いに答えなさい。

Ⅰ　季語「万緑」が表す季節を漢字一字で答えなさい。

Ⅱ　この句について説明した次の文章の空らんを埋めなさい。なお、①は十字以内で、③は漢字一字の言葉をそれぞれ自分で考えて答え、②は本文中の言葉を抜き出すこと。句読点等の記号も一字として数える。

「万緑」という季語は（　①　）様子を浮かび上がらせ、「（②）」の（③）色と対比になっている。

問3　Bの句の作者「高浜虚子」の作品を次の中から一つ選び、記号で答えなさい。

ア　古池や蛙飛びこむ水の音
イ　春風や闘志抱きて丘に立つ
ウ　柿食えば鐘が鳴るなり法隆寺
エ　閑かさや岩にしみ入る蟬の声
オ　雀の子そこのけそこのけお馬が通る

問4　――線1「私たちは笑うことはできない」とあるが、それはなぜか。次の中から最もふさわしいものを選び、記号で答えなさい。

ア　大正時代に限らず現代の我々も致死率の高い病気に対しては

2023年度

早稲田大学系属早稲田実業学校中等部

【国語】(六〇分)〈満点：一〇〇点〉

一　次の文章を読んで、後の問いに答えなさい(なお問題の都合上、本文の表記を一部改めている)。

旅先のホテル。テレビをつけると、「夏井先生の」なんて声が聞こえてくる。どうやら、コロナ禍で「マスクが冬の季語でなくなるか否か」についての話題らしい。

最後には、こう締めくくられた。「夏井先生もマスクは冬の季語でなくなると仰ってます」

うーむ、ＹｏｕＴｕｂｅ「夏井いつき俳句チャンネル」で、コロナ禍によって「冬だけのものじゃなくなってきたね」と語ったかもしれないが、「マスクが冬の季語でなくなった」と断定したつもりはなかったのだが……。

また、今はまだ「花粉症」を季語とする歳時記は少ないが、次代の歳時記に採録される可能性は高い。となれば、「花粉症」の＊傍題として「春のマスク」も季語となるのではないか、とも。

そもそも、季語を認定する組織や委員会があるわけではない。季語は、次の手順で生まれる。

①　a　。
②　b　。
③　c　。
④　d　。

A　**万緑の中や吾子の歯生え初むる　中村草田男**

「万緑」は草田男が昭和初期に用いた造語だが、現在はどの歳時記にも載る主要な季語として定着している。季語が季語として成立するには、長い年月が必要なのだ。

ある時代に起こった禍根によって生まれた季語もある。大正3年(1914年)7月に作られたこんな句。

B　**コレラ船いつまで沖に繋り居る　高浜虚子**

「コレラ船」とは「コレラ」の傍題。船内でコレラ患者が出たため入港を止められた船のこと。

これって既視感あるよね。コロナ禍の初期、患者が出たため港に留め置かれた豪華客船。まさにあの光景が、大正時代にもあったのだ。

さらにこんな句も。

C　**コレラ怖ぢ蚊帳吊りて喰ふ＊昼餉かな　杉田久女**

猛烈な下痢と嘔吐で脱水症状を起こすコレラ。致死率が高く、当時は「ころり」と恐れられた。

科学的知識がないと、何をどう恐れたらよいのか分からない。今でこそ、感染症には手洗いとマスク。密にならない。やるべきことが分かっている。が、コレラが怖いと皆で蚊帳の中に入りご飯を食べていた時代の人々を、1私たちは笑うことはできない。

今の日本において「コレラ」は絶滅寸前季語として記憶されるが、先月こんな記事を目にした。

「英国防省は10日、ロシアの徹底攻撃を受けて制圧されたウクライナ南東部マリウポリで感染症コレラが大発生する恐れがあると、懸念を示した」。これが世界の現実だと、改めて認識する。

さて、問題の「マスク」に戻ろう。「マスクは冬の季語でなくなるか」。今、結論を出すのは時期尚早と答えるしかない。

季語の生き死には、時代の流れの中で、後の人々によって判断され

2023年度
早稲田大学系属早稲田実業学校中等部 ▶解説と解答

算 数 (60分) <満点：100点>

解 答

1 (1) $\frac{2}{3}$ (2) 286個 (3) 平均値，3.4回 (4) $49\frac{1}{3}$cm^3 **2** (1) (例) 解説を参照のこと。 (2) ① 大野 ② ソフトボール **3** (1) 3：4 (2) 2：3 (3) 612cm^2 **4** (1) 7 (2) □－1 (3) (7，35，290)，(17，20，120) **5** (1) **ア**…15，**イ**…15 (2) **ウ**…a－1／**説明**…(例) 解説を参照のこと。 (3) 11通り

解 説

1 四則計算，過不足算，つるかめ算，表とグラフ，展開図，体積

(1) $3\frac{1}{4}\times1\frac{5}{9}\div\left(2.65+\frac{3}{5}\right)-\frac{8}{9}=\frac{13}{4}\times\frac{14}{9}\div\left(2\frac{13}{20}+\frac{12}{20}\right)-\frac{8}{9}=\frac{13}{4}\times\frac{14}{9}\div2\frac{5}{4}-\frac{8}{9}=\frac{13}{4}\times\frac{14}{9}\div\frac{13}{4}-\frac{8}{9}=\frac{13}{4}\times\frac{14}{9}\times\frac{4}{13}-\frac{8}{9}=\frac{14}{9}-\frac{8}{9}=\frac{6}{9}=\frac{2}{3}$

(2) 箱Aに8個ずつ，箱Bに5個ずつ入れると，箱Aが1箱，箱Bが2箱余ったので，すべての箱に入れるには，まんじゅうがあと，8×1＋5×2＝18(個)足りない。すると，箱Aに6個ずつ，箱Bに4個ずつ入れる場合と，箱Aに8個ずつ，箱Bに5個ずつ入れる場合で，入るまんじゅうの個数の差は，50＋18＝68(個)となるので，箱Aに，8－6＝2(個)ずつ，箱Bに，5－4＝1(個)ずつ入れると，68個入ることがわかる。ここで，50箱すべて箱Bだとすると，入る個数は，1×50＝50(個)となり，68個よりも，68－50＝18(個)少ない。箱Bを箱Aと1箱かえるごとに入る個数は，2－1＝1(個)ずつ増えるから，箱Aは，18÷1＝18(箱)，箱Bは，50－18＝32(箱)ある。よって，まんじゅうは全部で，6×18＋4×32＋50＝286(個)ある。

(3) 0回の人は1人，1回の人は2人，2回の人は4人，3回の人は3人，4回の人は5人，5回の人は2人，6回の人は2人，7回の人は1人だから，20人の回数の合計は，0×1＋1×2＋2×4＋3×3＋4×5＋5×2＋6×2＋7×1＝68(回)となる。よって，平均値は，68÷20＝3.4(回)である。また，4回の人が5人で最も多いから，最頻(さいひん)値は4回となる。さらに，20÷2＝10より，中央値は回数の少ない方から10番目と11番目の回数の平均となる。少ない方から10番目の回数は3回，11番目の回数は4回だから，中央値は，(3＋4)÷2＝3.5(回)とわかる。よって，一番小さいものは平均値で，その値は3.4回である。

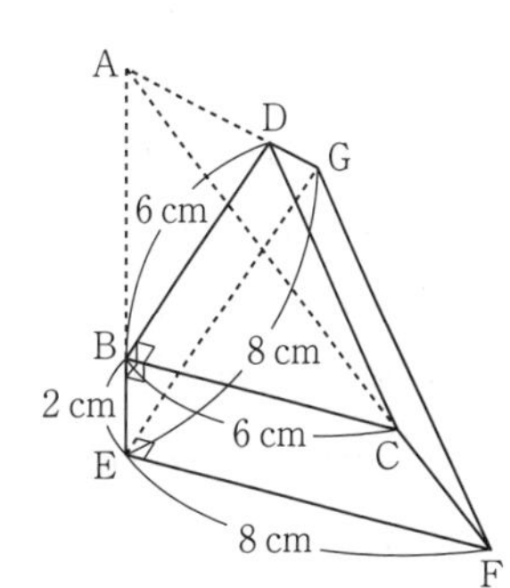

(4) 展開図を組み立てると，右の図のような立体ができ，この立体は，大きい三角すいA－EFGから小さい三角すいA－BCDを切り取った立体とみることができる。この図で，三角形ABCと三角形AEFは相似なので，AB：AE＝BC：EF＝6：8＝3：4より，AB：BE＝3：

$(4-3)=3:1$となる。すると，ABの長さは，$2\times\frac{3}{1}=6$(cm)，AEの長さは，$6+2=8$(cm)とわかる。よって，三角すいA－EFGの体積は，$(8\times8\div2)\times8\div3=\frac{256}{3}$(cm^3)，三角すいA－BCDの体積は，$(6\times6\div2)\times6\div3=36$(cm^3)となり，できた立体の体積は，$\frac{256}{3}-36=\frac{148}{3}=49\frac{1}{3}$(cm^3)と求められる。

2 角度，推理

(1) 下の図1で，三角形ABCの内角の和は180度だから，$a+b+c=180-$(ア＋イ)(度)になる。また，三角形ADCの内角の和も180度だから，$d=180-$(ア＋イ)(度)になる。よって，$a+b+c=d$が成り立つ。

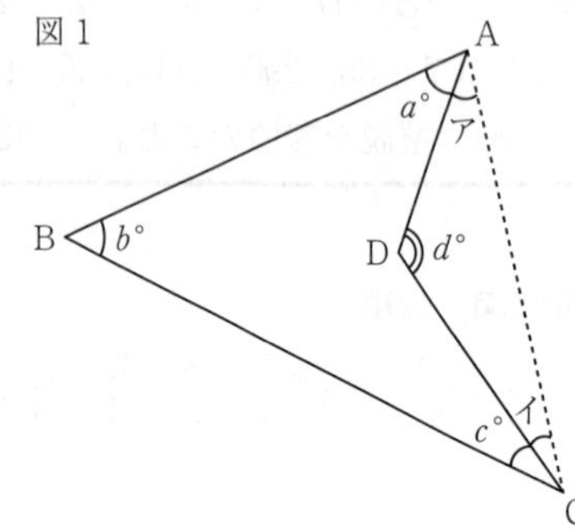

図2

名字	部屋	スポーツ	学年
鈴木	1階		中1
長谷部	103号室	剣道	中学生
川田		ソフトボール	中2
	203号室	野球	高1
森		サッカー	高校生
大野	202号室		
	101号室	ラグビー	

(2) ① わかっていることを表にまとめると，上の図2のようになる。図2で，101号室に住んでいてラグビーをやっている生徒は，その上の6人のいずれかなので，1階に住んでいる鈴木さんとわかる。よって，テニスをやっている生徒の名字は大野である。 ② 図2より，201号室に住んでいるのは川田さんか森さんだが，この生徒は中学生だから，川田さんと決まる。よって，そのスポーツはソフトボールである。

3 平面図形―相似，面積

(1) 右の図で，BCとOFとPGが平行で，ACとPEとODが平行だから，三角形APG，三角形POQ，三角形OBDはすべて三角形ABCと相似になり，3つの辺の長さの比が5：4：3になる。そこで，三角形POQのPQの長さを$\boxed{3}$，OQの長さを$\boxed{4}$，OPの長さを$\boxed{5}$とすると，PGとPQはどちらも大きい円の半径で，同じ長さだから，PGの長さは$\boxed{3}$となる。よって，三角形APGと三角形POQの相似比は，PG：OQ＝3：4なので，AP：PO＝3：4となる。

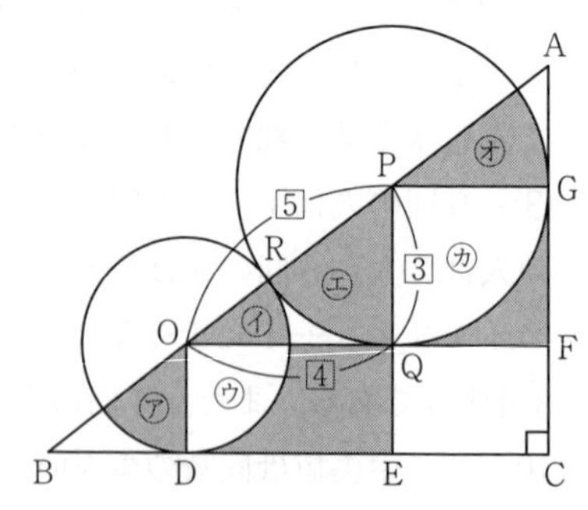

(2) PRの長さはPQの長さと同じで，$\boxed{3}$だから，ORの長さは，$\boxed{5}-\boxed{3}=\boxed{2}$である。よって，小さい円の半径と大きい円の半径の比は，2：3とわかる。

(3) おうぎ形㋐，㋑の中心角の和は，180－90＝90(度)なので，おうぎ形㋐，㋑の面積の和はおうぎ形㋒の面積と等しい。同様に，おうぎ形㋓，㋔の面積の和はおうぎ形㋕の面積と等しいから，影(かげ)の部分の面積の合計は，長方形ODEQと正方形PQFGの面積の和に等しいとわかる。また，ODの長さは$\boxed{2}$で，OD：BD＝3：4より，BDの長さは，$\boxed{2}\times\frac{4}{3}=\boxed{\frac{8}{3}}$となる。さらに，DEの長さは$\boxed{4}$で，

ECの長さは③だから，BCの長さは，$\boxed{\frac{8}{3}}$＋④＋③＝$\boxed{\frac{29}{3}}$となる。これが58cmだから，①＝58÷$\frac{29}{3}$＝6（cm）となる。よって，ODの長さは，6×2＝12(cm)，DEの長さは，6×4＝24(cm)，正方形PQFGの1辺の長さは，6×3＝18(cm)だから，影の部分の面積の合計は，12×24＋18×18＝612（cm^2）と求められる。

4 約束記号，条件の整理

(1) 【　】の計算では，たし算を先に計算するので，【☆＋10×☆×10＋☆】＝(☆＋10)×☆×(10＋☆)＝☆×(☆＋10)×(☆＋10)となる。また，2023＝7×17×17と表せるので，☆＝7とすれば，☆×(☆＋10)×(☆＋10)＝7×17×17＝2023になる。よって，☆に入る整数は7とわかる。

(2) 【5＋△×□】－(5＋△×□)＝(5＋△)×□－(5＋△×□)＝(5×□＋<u>△×□</u>)－(5＋<u>△×□</u>)となる。下線の部分が同じなので，さらに計算を進めると，5×□－5＝5×□－5×1＝5×(□－1)と表せる。よって，アにあてはまるものは，□－1である。

(3) 条件2について，(2)と同じように考えると，【●＋▲×■】－(●＋▲×■)＝●×(■－1)と表せるので，●×(■－1)＝2023になる。よって，●と，■－1はどちらも2023の約数であり，■の一の位の数は0なので，■－1の一の位の数は9である。ここで，2023＝7×17×17より，2023の約数は，1，7，17，7×17＝119，17×17＝289，2023の6個だから，■－1は119か289となる。■－1＝119のとき，■＝119＋1＝120，●＝2023÷119＝17で，■－1＝289のとき，■＝289＋1＝290，●＝2023÷289＝7だから，(●，■)の組は(7，290)か(17，120)が考えられる。まず，(●，■)＝(7，290)のとき，条件3より，【▲＋50×●×50＋■】＝(▲＋50)×●×(50＋■)＝(▲＋50)×7×(50＋290)＝(▲＋50)×7×340が202300になるから，▲＋50＝202300÷(7×340)＝85より，▲＝85－50＝35となる。次に，(●，■)＝(17，120)のとき，【▲＋50×●×50＋■】＝(▲＋50)×●×(50＋■)＝(▲＋50)×17×(50＋120)＝(▲＋50)×17×170が202300になるから，▲＋50＝202300÷(17×170)＝70より，▲＝70－50＝20となる。よって，条件をすべて満たす3つの整数(●，▲，■)の組は(7，35，290)と(17，20，120)である。

5 場合の数

(1) 同じ数の面を区別するために，花子のさいころの数を1A，1B，4，5A，5B，5Cと表すことにする。花子のさいころの目が1A，1Bのとき，花子が勝つ場合の数は0通りである。また，花子のさいころの目が4のとき，花子が勝つのは，太郎のさいころの目が1，2，3の場合だから，3通りある。さらに，花子のさいころの目が5A，5B，5Cのとき，花子が勝つのは，太郎のさいころの目が1，2，3，4の場合だから，それぞれ4通りある。よって，花子が勝つ場合の数は，3＋4×3＝15(通り)(…ア)と求められる。次に，引き分けの場合の数は6通りで，2人のさいころの目の出方は全部で，6×6＝36(通り)だから，太郎が勝つ場合の数は，36－(15＋6)＝15(通り)(…イ)と求められる。

(2) 花子がさいころを振ってaが出たとき，太郎のさいころの目がaより小さければ花子が勝つ。また，a，b，c，dの和は，21－7×2＝7なので，a，b，c，dはいずれも4以下となる。太郎のさいころの目のうちaより小さいものは，a＝1のときが0個，a＝2のときが1個，a＝3のときが2個，a＝4のときが3個だから，いずれもaより1小さい個数だけある。よって，花子がさいころを振ってaが出たとき，花子が勝つ場合の数は(a－1)通り(…ウ)となる。同様に，花子がさいころを振ってb，c，dが出たとき，花子が勝つ場合の数はそれぞれ$(b-1)$通り，$(c-1)$通り，$(d-1)$通りとなる。さらに，7の目が2つあり，7が出たときの花子が勝つ場合の数はそれぞれ6通りである。したがって，花子が勝つ場合の数は全部で，$(a-1)+(b-1)+(c-1)+(d-1)+6+6=a+b+c+d-4+12=a+b+c+d+8$(通り)となる。

(3)　花子のさいころの6つの目をa，b，c，d，e，fとすると，(2)と同様に，花子がさいころを振ってa，b，c，d，e，fが出たとき，花子が勝つ場合の数はそれぞれ$(a-1)$通り，$(b-1)$通り，$(c-1)$通り，$(d-1)$通り，$(e-1)$通り，$(f-1)$通りである。これより，花子が勝つ場合の数は全部で，$(a-1)+(b-1)+(c-1)+(d-1)+(e-1)+(f-1)=a+b+c+d+e+f-6$(通り)となるが，$a$～$f$の和は21と決まっているので，21－6＝15(通り)となる。つまり，花子のさいころの6つの目がどのようなときでも，花子が勝つ場合の数は15通りになる。また，(1)のように，花子のさいころに7の目がないとき，花子が振ったさいころの目がいくつのときでも，引き分けとなるような太郎のさいころの目は1通りずつあるので，引き分けの場合の数は6通りとなり，太郎が勝つ場合の数は，36－15－6＝15(通り)となる。さらに，花子のさいころに7の目があるとき，花子のさいころで7が出ると，引き分けにはならない。よって，7の目が1個あるとき，引き分けの場合の数は5通りで，太郎が勝つ場合の数は，36－15－5＝16(通り)となる。すると，条件にあてはまるのは，花子のさいころに7の目が1個あるときで，残りの5個の目の合計は，21－7＝14になる。そのうち少なくとも1個が1の目であるから，それぞれの目の個数の組み合わせは右の表のようになる。したがって，さいころに書かれている数の組み合わせは11通りとわかる。

6の目	1	1	1	1	0	0	0	0	0	0	0
5の目	1	0	0	0	2	1	1	1	0	0	0
4の目	0	1	0	0	0	1	1	0	3	2	1
3の目	0	0	2	1	0	1	0	2	0	1	3
2の目	0	1	0	2	1	0	2	1	0	1	0
1の目	3	2	2	1	2	2	1	1	2	1	1

社会 (30分) ＜満点：50点＞

解答

Ⅰ **問1** ウ　**問2** エ　**問3** イ　**問4** イ　**問5** エ　**問6** つるがおかはちまんぐう　**問7** ① 宋　② (例) 浅瀬を深く掘って，掘り込み港をつくる。　**問8** ① ウ　② (例) 建物の高さ，壁の色，看板や広告の大きさなどに制限を定めている。　**問9** イ　**問10** ① ア　② ウ　③ ウ　Ⅱ **問1** 高松(市)，香川(県)　**問2** 50(か所)　**問3** オ　**問4** **指名**…エ　**任命**…ア　**問5** ① 弾劾(裁判)　② ウ　**問6** 5(人)　**問7** (例) 民法が改正され，成人年齢が18歳以上になったことにともない，裁判員の対象年齢も18歳以上に引き下げられた。　Ⅲ **問1** エ　**問2** B　**問3** ウ　**問4** エ，オ　**問5** **1** (例) 氾濫(洪水)　**2** 延暦　**問6** 応仁の乱　**問7** (例) 武田勝頼や北条氏政と対立していた(武田勝頼や北条氏政と緊張関係にあった)　**問8** B→E→A→C→D　**問9** **1** 下関　**2** 清　**3** 台湾

解説

Ⅰ 鎌倉市の地形図を題材とした問題

問1　地形図中のＡからＢに向かうと，標高60ｍ前後の地点からいったん小さな丘陵状の地点を通過し，その後は平たんな土地に出てそのまま進む形になるので，ウがあてはまる。

問2　「今泉台」地区には，計画的につくられたと思われる道路に沿って建物が並んでいるので，エと判断できる。この地域は，1960年代に丘陵地帯を切り開いて開発された住宅地で，戸建ての住宅が中心となっている。

問3　円覚寺をかこむように，南西を上にしたＵ字形に等高線が走っているので，尾根にかこまれた谷につくられていることがわかる。

問4　等高線が10ｍごとに引かれていることから，この地形図の縮尺は２万5000分の１であることがわかる。Ｃ地点から鎌倉市役所までは地図上で約５cmで，実際の距離は，(地図上の長さ)×(縮尺の分母)で求められるので，５×25000＝125000(cm)＝1250(ｍ)より，1.25(km)になる。

問5　ア　源頼朝は1159年の平治の乱で父の義朝とともに平家と戦って敗れ，伊豆に流された。　イ　1232年に御成敗式目を制定したのは，第３代執権の北条泰時である。　ウ　初めて征夷大将軍に任じられたのは大伴弟麻呂で，794年のこと。当初，この職は文字通り，蝦夷の征討を目的として設けられ，次にこの職についたのが坂上田村麻呂である。　エ　1185年，平氏を滅ぼした頼朝は弟の義経をとらえることを名目に，全国に守護と地頭を置くことを朝廷に願い出て許された。

問6　図１のＤは鶴岡八幡宮である。11世紀半ば，源頼義が京都の石清水八幡宮を勧請(神仏の分身を別の場所に移して祀ること)して鎌倉に建てた神社で，その後，源氏や鎌倉幕府の守護神として信仰された。なお，当初はもう少し海の近くにあったが，頼朝が現在の地に移した。

問7　①　実朝が渡りたかった中国の王朝は，宋である。平氏が日宋貿易を行ったように，日本とは深い関わりがあった。なお，当時の中国北部は女真族がおこした国である金が支配しており，中国南部に追われた宋は，南宋ともよばれていた。　②　実朝がつくらせた大型船が海に出られなかった最大の理由は，由比ヶ浜が浅瀬の続く砂浜海岸であったためと考えられる。当時の技術では，大型船の接岸は難しかったと推測されるが，砂浜を深く掘り込んだ掘り込み港をつくれば，出港できたはずである。なお，のちに北条泰時は由比ヶ浜の少し沖合に和賀江島という人工島をつくり，由比ヶ浜に集まる船が難破するのを避けるための港を設けたが，その港へは宋の船も来航している。

問8　①　奈良県斑鳩町にあるのは法隆寺である。　②　図２の写真をみて気がつくのは，若宮大路に面した建物について，高さが５階建て以下のものばかりであること，外壁の色に制限があると考えられること，大きな広告などの看板が見当たらないことなどである。実際，これらのことはすべて市の条例によって制限されている。

問9　鎌倉は三浦半島のつけ根の西側に位置するので，イがあてはまる。南は相模湾に面し，残る三方は山で囲まれている。

問10　①　人口が1000万人を超えているウは，東京都である。鎌倉市がある神奈川県の人口は東京都につぐ全国第２位であるから，アがあてはまる。なお，イは兵庫県，エは愛知県，オは福岡県である。　②　野菜の割合が農業産出額の約半分を占めているウが，神奈川県である。神奈川県は近郊農業がさかんで，大消費地の東京や横浜に野菜などを供給している。また，畜産業もさかんで，特に牛乳や豚肉の出荷量が多い。なお，米が約70％を占めているアは富山県，畜産が70％近くを占め，米の割合は少ないイは鹿児島県，果実が60％以上を占めているエは和歌山県である。　③　図５のアは沖合漁業，イは遠洋漁業，ウは沿岸漁業，エは養殖業である。図４は「しらす」として知られるカタクチイワシなどの稚魚で，相模湾でさかんに漁獲されるので，沿岸漁業があてはまる。

Ⅱ 司法のしくみについての問題

問1 高等裁判所は，札幌(北海道)，仙台(宮城県)，東京，名古屋(愛知県)，大阪，広島，高松(香川県)，福岡の８か所に置かれている。

問2 地方裁判所は，北海道を除く都府県に１か所ずつの46か所と北海道の４か所を合わせて，50か所に置かれている。

問3 最高裁判所裁判官に対する国民審査は，衆議院議員総選挙に合わせて行われる。

問4 最高裁判所長官は内閣が指名し，天皇が任命する。

問5 ① 裁判官としてふさわしくない行いがあった者について，裁判官をやめさせるかどうかを決める裁判を弾劾裁判という。 ② 弾劾裁判は国会に設置される弾劾裁判所で行われ，両院から選ばれた７名ずつ計14名の議員が裁判官を務める。

問6 最高裁判所の裁判官は，長官をふくめて15人である。その30％は4.5人であるから，30％を超えるためには，５人以上が必要ということになる。

問7 裁判員は有権者の中から抽選で選ばれた者が務める。2009年に制度が始まったときには「有権者」とは20歳以上の日本国民であったため，裁判員も20歳以上の国民から選ばれた。その後，2015年の公職選挙法の改正により選挙権年齢が18歳以上に引き下げられてからも，裁判員の対象年齢は20歳以上のままであった。しかし，2018年に民法が改正されて成人年齢が20歳以上から18歳以上に引き下げられ，2022年４月から施行されたことにともない，裁判員の対象年齢も18歳以上に引き下げられた。

Ⅲ 京都の祭りを題材とした歴史の問題

問1 祇園祭を示す写真はエで，本文にもあるように，豪華な山車が京都の街中をねり歩く。なお，アは青森市の「青森ねぶた祭」，イは岸和田市(大阪府)の「岸和田だんじり祭」，ウは秋田市の「秋田竿燈まつり」である。

問2 平城京や平安京において，都の広い道路を碁盤の目状に区画した制度を条坊制という。条は東西の区画の列を表し，北から順に一条，二条，……と数えていく。坊は南北の区画の列を表し，中央を走る朱雀大路に面した区域から東西の端に向かって，それぞれ一坊，二坊，……と数えていく。また，右京，左京の名称は大内裏からみた方向によるもので，大内裏からみて右側が右京，左側が左京であるから，図１の場合はＡとＣが右京，ＢとＤが左京ということになる。以上のことと，資料の中に「左京の四条より北の地域の北西と北東には，貴賤を問わず人々が多く住み」とあることから，最も多く人々が住んでいたと考えられるのはＢと判断できる。

問3 縄文時代の人びとの信仰と関わりが深いのはウの土偶で，女性をかたどったものが多く，安産や獲物が多いことを願うまじないの道具として使われたと考えられている。なお，アの銅鐸とエの銅鏡は弥生時代の遺物。イは古墳時代につくられた埴輪。オは「興福寺仏頭」とよばれる飛鳥時代の作品で，飛鳥地方の山田寺にあった薬師如来像の頭部が興福寺に保管されていたものである。

問4 本文中に「古代の豪族が，自分たちの一族の守り神を祀っていた」古い神社は，「山と平地の境に」に立地していることが多いとある。したがって，ここではエとオがあてはまると考えられる。ほかの３つは，いずれも平安京付近に位置していることがわかる。また，イは菅原道真の霊を慰めるために建立された神社であり，ウは本文の内容から近代になって建立されたものであることがわかる。なお，それぞれの神社の創建の年とされるのは，アが794年，イが947年，ウが1895年，エが701年，オが711年である。

問5　ここでいう「賀茂河(かも)の水」とは，鴨川(かも)(賀茂河)の氾濫(はんらん)，またはそれによって引き起こされる洪水(水害)のことを意味している。また，「山法師」とは，たびたび朝廷に押しかけて強訴(ごうそ)(自分たちの要求を無理やり押し通そうとすること)を行う比叡山(ひえいざん)延暦寺の僧兵のことである。

問6　1400年代に京都で発生した大きな出来事であるから，応仁の乱(1467～77年)と判断できる。

問7　天下統一をねらう織田信長にとっては，甲斐(かい)(山梨県)や信濃(長野県)などを支配する武田勝頼と関東で大きな勢力を持つ北条氏政は，いずれ戦うことになるはずの宿敵であり，緊張(きんちょう)関係にあった。そのため，やはり武田・北条と敵対関係にある越後(新潟県)の上杉謙信とは良好な関係を保っておく必要があった。信長が謙信に「洛中洛外図屛風(びょうぶ)」を贈(おく)った背景には，そうした事情があったと考えられる。

問8　Aは本文中にあるように1864年，Bは1858年，Cは1866年，Dは1867年，Eは1860年のことである。

問9　資料は，日清戦争の講和条約である下関条約の一部である。1894年に起こった日清戦争に勝利した日本は，この条約で，朝鮮が独立国であることを承認すること，遼東(りょうとう)半島や台湾，澎湖(ほうこ)諸島などを日本に譲(ゆず)ること，多額の賠償(ばいしょう)金を支払うことなどを清(中国)に認めさせた。

理　科　(30分)　<満点：50点>

解　答

[1] **問1**　80／1.6g　**問2**　(イ)，(カ)　**問3**　(1)　(ア)　(2)　塩酸Bを16mL　(3)　0.25g　(4)　72mL　[2] **問1**　(例)　隣接する島から生物が侵入して生態系を形成するから。　**問2**　(例)　衣服などに付着した生物が島の生態系に侵入すること。　**問3**　分解者　**問4**　(1)　(オ)　(2)　(イ)　**問5**　①　強い　②　弱い　③　(例)　じょじょ　[3] **問1**　(ウ)　**問2**　太平洋プレート　**問3**　(ウ)　**問4**　**岩石名**…(イ)　**岩石の色**…(ア)　**問5**　(ア)，(ウ)，(エ)，(オ)　**問6**　(ア)，(イ)，(エ)

解　説

[1] 水溶液(すいようえき)の性質と中和についての問題

問1　実験1より，水酸化ナトリウム水溶液Aと塩酸Bは，10：25＝2：5の体積比で完全に中和する。また，実験3より，水酸化ナトリウム水溶液Cと塩酸Bは，20：20＝1：1の体積比で完全に中和する。よって，同じ体積の塩酸Bを完全に中和するのに必要な水酸化ナトリウム水溶液Aと水酸化ナトリウム水溶液Cの体積比は，$\frac{2}{5}:\frac{1}{1}=2:5$とわかる。つまり，水酸化ナトリウム水溶液Cは，水酸化ナトリウム水溶液Aに水を加えて体積を$\frac{5}{2}$倍にしたものである。これより，200mLの水酸化ナトリウム水溶液Cをつくるのに用意した水酸化ナトリウム水溶液Aは，$200\div\frac{5}{2}=80$(mL)で，これに溶(と)けている水酸化ナトリウムは，$0.2\times\frac{80}{10}=1.6$(g)と求められる。

問2　塩酸や水酸化ナトリウム水溶液にアルミニウムを入れると，水素が発生する。(ア)は酸素，(イ)

は水素または酸素，(ウ)は二酸化炭素，(エ)はちっ素である。(オ)は二酸化炭素や塩化水素など，(カ)は水素やアンモニアなどがそれぞれ当てはまる。

問3 (1) 混合液Dでは，塩酸B120mLと水酸化ナトリウム水溶液A，$120\times\frac{2}{5}=48$(mL)が完全に中和し，水酸化ナトリウム水溶液A，$80-48=32$(mL)が中和されずに余っている。よって，混合液Dはアルカリ性となるので，リトマス紙で調べると，青色リトマス紙の色は変わらないが，赤色リトマス紙の色は青色に変わる。　(2) 40mLの混合液Dは，中和されずに余っている水酸化ナトリウム水溶液Aを，$32\times\frac{40}{200}=6.4$(mL)含んでいる。したがって，塩酸Bを，$6.4\times\frac{5}{2}=16$(mL)加えると完全に中和する。　(3) 25mLの混合液Dは，水酸化ナトリウム水溶液Aと塩酸Bが完全に中和してできた食塩水を，$(120+48)\times\frac{25}{200}=21$(mL)，中和されずに余った水酸化ナトリウム水溶液Aを，$25-21=4$(mL)含んでいる。実験1より，食塩水10mLには食塩が0.08g含まれているので，この混合液Dには食塩が，$0.08\times\frac{21}{10}=0.168$(g)含まれている。また，実験2より，10mLの水酸化ナトリウム水溶液Aには水酸化ナトリウムが0.2g溶けているから，この混合液Dには水酸化ナトリウムが，$0.2\times\frac{4}{10}=0.08$(g)溶けている。したがって，残る物質の重さは，$0.168+0.08=0.248$より，0.25gと求められる。　(4) (3)より，25mLの混合液Dには水酸化ナトリウム水溶液Aが4mL含まれている。これを水酸化ナトリウム水溶液Cに置きかえると，$4\times\frac{5}{2}=10$(mL)となる。よって，発生した気体の体積は，実験5より，$144\times\frac{10}{20}=72$(mL)になる。

2 生態系の形成についての問題

問1 新しくできた火山島が隣接する島と距離が近い場合，植物の種子が風に乗ってきたり，昆虫や鳥が飛んできたりするなどして，隣接する島に生息する生物が侵入してくる。そのため，隣接する島と同じような生態系が形成されることが多い。

問2 たとえば，靴の裏のみぞにはさまった土の中の種子，荷物にかくれている小動物や昆虫などが侵入してしまう可能性がある。このような侵入を防ぐために細心の注意を払っている。

問3 生物の死がいは微生物などによって分解されるが，腐敗はその途中の状態である。よって，鳥の死体が腐敗していないということは，この島には生物の死がいを分解する微生物などが存在していないことを示している。生態系において，そのような役割をする生物集団を「分解者」という。

問4 (1) (ア)について，コケ植物には水分を吸収するはたらきをする根がない。(イ)について，コケ植物などが生育するようになると，少しずつ土がつくられていき，そのころから土の中で生活する小動物も進出してくる。ススキなどの草本植物が生育するのは，それからしばらくして，土が十分にできてからである。(ウ)について，富士山の5合目付近から頂上にかけては，気温が低くて樹木が進出するのに適していないため，森林が見られない。(エ)について，陽樹と陰樹が進出してくる時期が異なるのは，主に日光の当たり方によって，生育に違いが生じるためである。　(2) 日本列島の内陸部では，すぐ近くに生態系があり，極相林形成までに要する時間はそれほど長くないと考えられる。これがおよそ150年程度なので，少なくとも西之島の場合はそれ以上かかる。一方で，生物相がリセットされて数年後には海鳥の繁殖集団が確認されていることなどから，極相林形成に万年単位の時間がかかるとも考えにくい。

問5 ①，② もともとその場に定着していたのは，ほかの生物種との競争に勝った繁殖力の強い生物種である。ところが，それが一斉にいなくなれば，繁殖力が弱い生物種でも勢力を広げることができるようになる。　③ “勢力を拡大する”という動きに対する，程度をあらわす副詞が当てはまると考えられる。すると，勢力の拡大には時間がかかるので，“ゆっくりと”という意味の「じょじょ(に)」「ゆるやか(に)」などが当てはまる。なお，繁殖力の強い生物種にかわって繁殖力の弱い生物種が勢力を増すという文の流れから，「はんたい(に)」などを当てはめても文が通る。

3 富士山についての問題

問1 日本では2003年以降，「おおむね過去1万年以内に噴火(ふんか)した火山および現在活発な噴気活動のある火山」を活火山としている。全国の110あまりの火山が活火山に選定されている。

問2 日本の周辺には4つのプレート(地球表面をおおう大きな岩盤(がんばん))があり，富士山の周辺にはそのうち，北アメリカプレート，ユーラシアプレート，フィリピン海プレートの3つが集まっている。残りの，太平洋プレートは富士山からはなれたところ(東日本の太平洋沖(おき))にある。

問3 溶岩には二酸化ケイ素という物質が含まれており，その量の多さによって溶岩のねばりけが決まる。二酸化ケイ素が少ないと，ねばりけの弱い溶岩となり，火口から噴出すると流れ下りやすい。

問4 青木ヶ原樹海をつくっている岩石は玄武岩(げんぶ)で，二酸化ケイ素が少ない，ねばりけの弱い溶岩によってできたものである。玄武岩は黒色をしている。

問5 (イ)について，火山灰の粒(つぶ)は直径2mm以下と小さく，空気中に噴出されるとまもなく冷める。よって，火山灰の熱が火災を起こすことはふつうあり得ない。(ウ)について，火山灰の粒は角ばっているため，目に入ると眼球を傷つけるおそれがある。(エ)について，火山灰は乾燥(かんそう)していると電気を通さないが，雨水にぬれると電気を通すようになる(火山灰の成分などが雨水に溶けるため)。そのため，送電設備がショートするなどして停電を引き起こすおそれがある。

問6 1990年代，富士山を世界遺産の自然遺産に登録しようとする動きが高まった。しかし，ゴミやし尿(にょう)の処理(しょり)が十分でなく放置されていることや，ふもとの環境が開発や廃棄(はいき)物などにより汚染(おせん)されており，人の影響をほとんど受けていないとはいえないこと，世界的に見ると決して特徴(とくちょう)的な火山ではないことなどの指摘(してき)を受け，自然遺産での登録を断念した。

国語 (60分) ＜満点：100点＞

解答

一 **問1** a エ b ウ c ア d イ **問2** Ⅰ 夏 Ⅱ ① (例) 草木の葉がおいしげる ② 吾子の歯 ③ 白 **問3** イ **問4** イ **問5** ア **問6** ① (例) 冬に限らず一年中使われる ② 家族 ③ ウクラ～心痛め ④ 新しい～される **問7** X 平和 Y 時代 **問8** イ 二 **問1** A (例) 音や匂いという微細なサインの違いを認識して行動している B (例) 犬も人間と同様に名前の概念があり，自分の名前を認識している **問2** A 「違うものを同じだと見なす」 B (例) それぞれの個人がいい加減に決めて認識する C (例) それぞれの概念を絶対的と思い込み，自分の同一性とずれた同一性を認めずに，厳しく批判する 三 **問1** ① 風 ② 塩 **問2** ①～⑥ 下記を参照のこと。 ⑦ さっしん ⑧ じょうせき

●漢字の書き取り

三 問2 ① 支持 ② 沿って ③ 固有 ④ 署名 ⑤ 望む ⑥ 車窓

解 説

一 **出典は夏井いつきの「季語は時代の証人」による。**時代とともに変化していく俳句の季語について説明されている。

問1 a～d 続く部分で筆者は，中村草田男の用いた「万緑」という造語が，現在ではどの歳時記にも載るほどの主要な季語として定着しているとしたうえで，「季語が季語として成立するには，長い年月が必要」だと述べている。つまり，ある言葉を季語とする誰かの俳句が秀句(すぐれた句)とされた後，多くの俳句へ盛りこまれるようになったその季語に次代の編者が目をつけ，自分の歳時記に採録することで，ようやく「季語」となるのだから，aにはエ，bにはウ，cにはア，dにはイがあてはまる。

問2 Ⅰ 「万緑」は，草木が見わたすかぎり緑であることをいい，夏の季語にあたる。 Ⅱ ①～③ 周囲一帯に草木の葉がおいしげり，緑色があふれる「万緑」のイメージは，わが子に生えはじめた白い歯(吾子の歯)と，色彩という点で対比が鮮やかである。

問3 イが高浜虚子の句にあたる。なお，アとエは松尾芭蕉，ウは正岡子規，オは小林一茶の句である。

問4 同じ段落の内容に注目する。もし，「感染症には手洗いとマスク。密にならない」という「やるべきこと」の情報を知らなければ，いくら医学の発達した現代に生きる我々とて，「何をどう恐れたらよいのか分からない」ために，かえって感染を広げかねない行動を自ら起こしていた昔の人々と同じことをしていたかもしれないので，筆者は彼らを「笑うことはできない」のだと言っている。よって，イが正しい。

問5 「今を生きる」人間は，その時代にある季語の是非(行く末)を論じる立場にない。これまでみてきた季語の成立過程と同様，「季語の生き死には，時代の流れの中で，後の人々によって判断されるもの」なのだから，俳句の詠み手は淡々と「あるがまま」の現状を詠み続けることで，季語の行く末を案じながら，せめてもの思いを後世につないでいくほかないのである。よって，アがふさわしい。

問6 ① 感染症対策として，冬に限らず一年中マスクを着用している現在の状況を反映した句である。 ② 「ときに妖艶な趣を醸し出す」季語でありながら，「春灯」が番組へと寄せられた句のほとんどで「日常の家族の灯りとして表現され」ていたことに，筆者は心を打たれたというのである。 ③ 続く部分に，「現在の世相を反映したもの」だとあることをおさえる。「ウクライナの戦況に心痛め」ている多くの人々の思いを代弁するような，「標的にあらず春灯ぞこれは」という句に，筆者は「最も感銘を受けた」のである。 ④ たとえ「ときに妖艶な趣を醸し出す」が季語の本意であっても，人々が「日常の家族の灯り」を表現したものとして「春灯」を盛りこむようになれば，意味は世の中に応じて変化する。つまり，時代に合わせて季語には「新しい意味やイメージが付加される」のだと筆者は述べている。

問7 X Eの「標的にあらず春灯ぞこれは」という句は，人々が「ウクライナの戦況に心痛め，平和を希求する」ものだということをおさえる。 Y 「マスク」や「春灯」のように，「時代が産み出す季語もあれば，時代と季語が切り結ばれ，季語に新しい意味やイメージが付加されることもある」と筆者は述べている。つまり，季語は「時代」を映す証人だといえる。

問8　筆者は「俳句というアイテムを手にする私たちは，現状をあるがままに詠み続ける」と述べている一方で，Eの俳句を引き合いに「世界中の人々が，この作品を心に灯してくれる日がくれば，世界は少しだけ平和に向かって歩き出せるのではないか」と，「現実に一定の効果をおよぼすことを期待している」のだから，イが選べる。

二　出典は池田清彦(いけだきよひこ)の『バカの災厄(さいやく)―頭が悪いとはどういうことか』による。人間は「違(ちが)うものを同じだと見なす」特殊(とくしゅ)能力を持ち，「概念(がいねん)」で世界を認識(にんしき)しているが，そのことで人は進化して文明社会を築くことができた反面，社会に大きな混乱を招いて，罪のない人々を迫害(はくがい)し命を奪(うば)うような戦争を引き起こすことさえあると述べられている。

問1　「犬の賢(かしこ)い行動を理解できないという点で」，筆者は「人間のほうが『バカ』だ」と指摘(してき)している。　**A**　「目の前にある『現象』がすべて」である犬(コロ)は，自らが認識した「音や匂(にお)いという，人間にはわからないような微細(びさい)なサイン」の違いに基(もと)づいて行動する，「きわめて合理的で賢い生き物」だが，人間はそのことを理解できていないので「バカ」なのだと筆者は述べている。

B　そもそも犬であるコロには「名前」という「概念」など存在しないが，人間は「犬も当然，同じように自分の名前を認識しているはずだと一方的に思い込んでいる」ために，名前を呼んでもしっぽを振ったり寄ってきたりしないコロを「バカな犬」だと判断する。「異なる現象を同じだと思い込めるのは人間だけ」という事実を理解できない点で，人間は犬よりも劣(おと)っているのだと筆者は語っている。

問2　**A，B**　傍線(ぼうせん)1の少し後で，「違うものを同じだと見なす」特殊な能力によって，人間はあらゆる生物の中で唯一(ゆいいつ)「概念」を持つようになったが，「国家」のような，「単純に指でさし示すことができない」ものについてのそれは各人の定義如何(いかん)でどうとでも変わる，実にいい加減なものだと説明されている。　**C**　「国家」や「神」の例からもわかるとおり，もし「概念が孕(はら)む同一性はひとつ」などと思い込み，自らの認識している概念を絶対的なものと考えてしまったならば，「自分の同一性から少しでも逸脱(いつだつ)した」，つまりずれた「同一性」を認めることができず，「相手を厳しく批判する」ことが起こる。結果，「不毛な対立」を生むのみならず，「時に社会に大きな混乱を招いて，罪のない人々を迫害し命を奪うような戦争に発展することさえある」が，このような事態を筆者は「バカの災厄」だと考えている。

三　慣用句の完成，漢字の書き取りと読み

問1　①「風前の灯火(ともしび)」は，風の吹(ふ)きあたる所に置かれた灯火が今にも消えそうになるところから，危機に直面し，滅亡(めつぼう)寸前であるようすを表す。　②「手塩にかける」は，“自分が苦労して無事に育て上げる”という意味。

問2　①　ある人物や物事，思想などに賛同し，支え助けること。　②　音読みは「エン」で，「沿線」などの熟語がある。　③　そのものだけが特別に持っていること。　④　書類などに自分の名前を書くこと。　⑤　音読みは「ボウ」で，「望遠」などの熟語がある。　⑥　電車や自動車などの乗り物の窓。　⑦　それまでの悪い面を改めてまったく新しいものにすること。　⑧　ものごとをするときに，最もよいとされる方法や手順。

Dr.福井の 入試に勝つ！ 脳とからだのウルトラ科学

寝る直前の30分が勝負！

みんなは，寝る前の30分間をどうやって過ごしているかな？　おそらく，その日の勉強が終わって，くつろいでいることだろう。たとえばテレビを見たりゲームをしたり――。ところが，脳の働きから見ると，それは効率的な勉強方法ではないんだ！

実は，キミたちが眠っている間に，脳は強力な接着剤を使って海馬（脳の，知識をためる倉庫みたいな部分）に知識をくっつけているんだ。忘れないようにするためにね。もちろん，昼間に覚えたことも少しくっつけるが，やはり夜――それも“寝る前”に覚えたことを海馬にたくさんくっつける。寝ている間は外からの情報が入ってこないので，それだけ覚えたことが定着しやすい。

もうわかるね。寝る前の30分間は，とにかく勉強しまくること！　そうすれば，効率よく覚えられて，知識量がグーンと増えるってわけ。

では，その30分間に何を勉強すべきか？　気をつけたいのは，初めて取り組む問題はダメだし，予習もダメ。そんなことをしても，たった30分間ではたいした量は覚えられない。

寝る前の30分間は，とにかく「復習」だ。ベストなのは，少し忘れかかったところを復習すること。たとえば，前日の勉強でなかなか解けなかった問題や，1週間前に勉強したところとかね。一度勉強したところだから，短い時間で多くのことをスムーズに覚えられる。そして，30分間の勉強が終わったら，さっさとふとんに入ろう！

ちなみに，寝る前に覚えると忘れにくいことを初めて発表したのは，アメリカのジェンキンスとダレンバッハという２人の学者だ。

寝る前に予習した？
こっちの方がよく覚えられるのっ
復習

Dr.福井（福井一成）…医学博士。開成中・高から東大・文Ⅱに入学後，再受験して翌年東大・理Ⅲに合格。同大医学部卒。さまざまな勉強法や脳科学に関する著書多数。

2022年度　早稲田大学系属早稲田実業学校中等部

〔電　話〕 (042) 300－２１２１
〔所在地〕 〒185-8505　東京都国分寺市本町１－２－１
〔交　通〕 JR中央線・西武国分寺線・西武多摩湖線―「国分寺駅」徒歩７分

【算　数】（60分）〈満点：100点〉

1　次の各問いに答えなさい。

(1)　$\left\{1\frac{5}{12}-0.2\times\left(\boxed{}-\frac{1}{4}\right)\right\}\div 0.64+1\frac{1}{6}=3\frac{1}{24}$ の $\boxed{}$ にあてはまる数を求めなさい。

(2)　消費税率８％の商品Ａと消費税率10%の商品Ｂがあります。商品Ａと商品Ｂをひとつずつ買ったときの合計金額は2022円で，そのうち消費税の分は172円です。商品Ａひとつの税ぬき価格を求めなさい。

(3)　右の図は，ある立体の展開図です。この立体の表面積を求めなさい。ただし，円周率は3.14とします。

4 cm
9 cm

(4)　下のカレンダーに対して，図のように縦横２つずつ，計４つの数を囲みます。囲まれた４つの数の合計が３の倍数になるような囲み方は，全部で何通りありますか。

2022年２月

日	月	火	水	木	金	土
		1	2	3	4	5
6	7	8	9	10	11	12
13	14	15	16	17	18	19
20	21	22	23	24	25	26
27	28					

2　次の各問いに答えなさい。

(1)　１辺の長さが等しい２種類の正多角形を交互に使い，辺同士を重ねながら円形に並べて内側に正多角形を作ります。右の図は正方形と正五角形を並べている様子です。

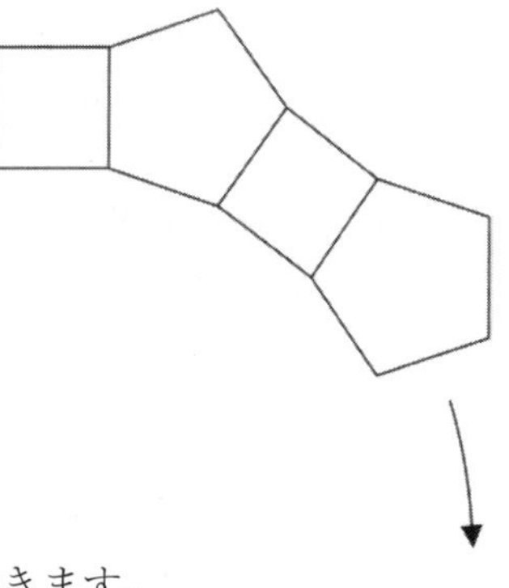

次の ア ， イ ， ウ にあてはまる図形の名前を答えなさい。

①　正方形と正五角形を並べると，内側には ア ができます。

②　 イ と ウ を並べると，内側には正二十四角形ができます。

(2)　ある算数の問題を，Ａ君は次のように解きました。

（問）　５時から６時の間で，時計の長針と短針のつくる角が直角になるのは２回あります。１回目は５時何分ですか。

(式)　$60\times\frac{2}{11}=10\frac{10}{11}$

(答)　5時$10\frac{10}{11}$分

A君のたてた(式)の中の「60」と「$\times\frac{2}{11}$」がそれぞれ何を意味しているのかがわかるように，(式)の説明をしなさい。

3　あるクラスの男子と女子の生徒数の比は4：3です。このクラスの全員でお金を出し合って［ア］円分のお菓子(かし)を買うことにしました。男子からは一人あたり200円，女子からは一人あたり180円を集め，足りない［イ］円は先生に負担してもらう予定でした。しかし，男子と女子の金額を逆にして集めてしまったため，先生の負担額を120円増やしてもらい，予定通り［ア］円を集めました。

集めたお金をちょうど使い切り，1個30円のアメと1個80円のガムと1個120円のチョコレートを合わせて138個買う予定でした。しかし，2種類のお菓子の個数を逆にして買ってしまったため，480円余りました。余ったお金を先生に返したところ，先生の負担額は［イ］円の0.8倍になりました。次の各問いに答えなさい。

(1)　このクラスの生徒数は男女合わせて何人ですか。

(2)　［ア］，［イ］にあてはまる数を求めなさい。

(3)　アメ，ガム，チョコレートはそれぞれ何個ずつ買う予定でしたか。

4　**図1**のような，上の面が赤くぬられた円柱があります。次のⒶまたはⒷの2つの切り方を何回かくり返し使って，この円柱を切り分けます。

Ⓐ

Ⓑ→

図1

切り方

Ⓐ　赤い面ができるだけ多くの部分に分けられるように，まっすぐ縦に切る。

Ⓑ　まっすぐ横に切る。

例えば切り方Ⓐでは，**図2**の点線のように切ることはありません。

ⒶとⒷのうち，使わない切り方があってもよいものとします。次の各問いに答えなさい。

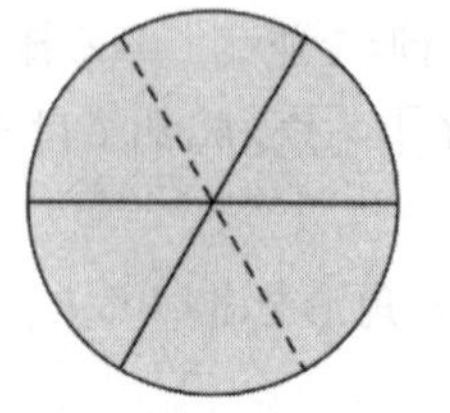

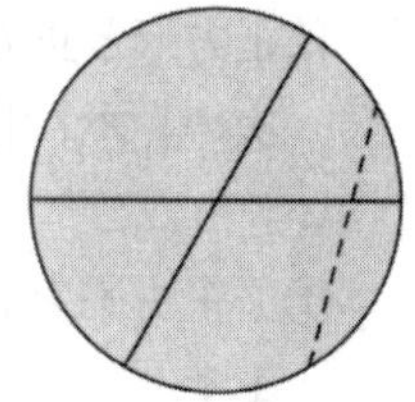

図2

(1)　3回切ったときに分けられる立体の個数として考えられるものをすべて答えなさい。

(2)　切り方Ⓐのみで5回切ったときに分けられる立体の個数を答えなさい。

(3)　6回切ったときに分けられる立体の個数として考えられるものの中で，最も多い個数を答えなさい。

5　**図1**のように4つの歯車Ⓐ，Ⓑ，Ⓒ，Ⓓがかみ合っています。歯の部分の長さは考えないものとして，各歯車の半径の比と各歯車の歯数の比が等しくなっています。歯車Ⓐ，Ⓑ，Ⓒ，Ⓓの中心をそれぞれ点A，B，C，Dとし，ACとBDの交点をOとすると，AB＝AD＝20cm，BC＝DC＝15cm，AC＝25cm，OB＝12cm，歯車Ⓐの半径は12cmです。

歯車Ⓐが1分間に1回転する速さで，時計回りに回転を始めて回り続けるとき，次の各問いに答えなさい。

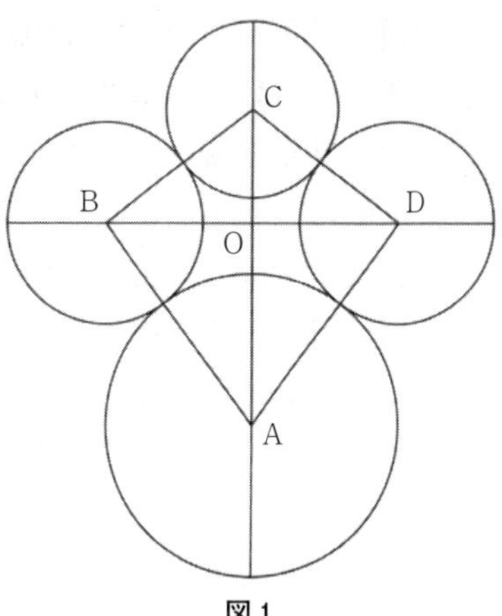

図1

(1)　歯車Ⓑは［ア］秒で1回転し，歯車Ⓒは［イ］秒で1回転します。［ア］，［イ］にあてはまる数を求めなさい。

(2)　歯車Ⓐの周上に点P，歯車Ⓑの周上に点Q，歯車Ⓒの周上に点R，歯車Ⓓの周上に点Sがあります。次の①，②に答えなさい。ただし，解答用紙の図の目盛りはそれぞれの歯車の円周を12等分したものです。

①　歯車Ⓐが回転を始める前に点P，Q，R，Sが**図2**の位置にあるとき，回転を始めて70秒後の点P，Q，R，Sの位置を図に示し，そのときの四角形PQRSの面積を求めなさい。

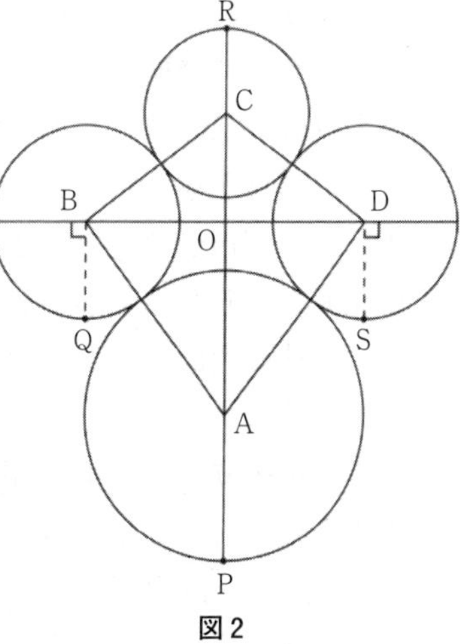

図2

②　歯車Ⓐが回転を始める前に点Q，Rが**図3**の位置にあり，回転を始めて何秒後かに点P，Q，R，Sが**図4**の位置にきました。回転を始める前の点P，Sの位置として考えられるものをすべて図に示しなさい。ただし，解答用紙の1つの図に対して点P，Sは1つずつとることとします。また，すべての図を使うとは限りません。

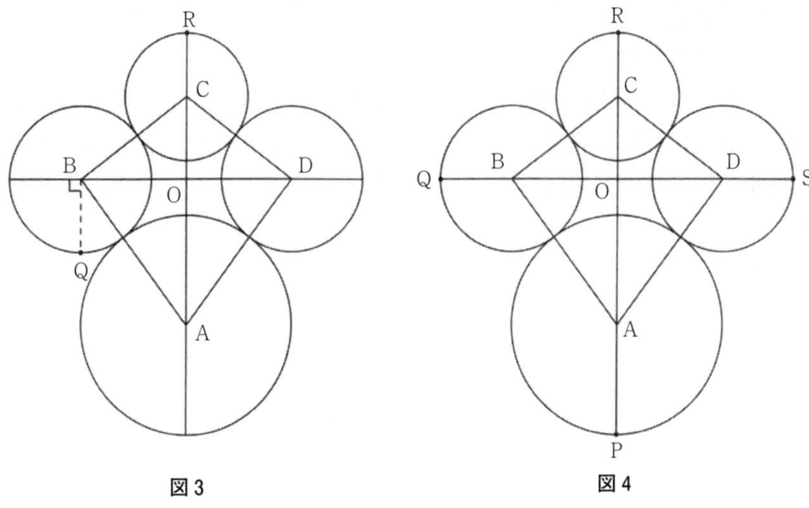

図3　　**図4**

【社　会】（30分）〈満点：50点〉

【注意】 解答は，とくに指示がない限り，漢字で書くべきところは正しい漢字を使って答えなさい。

I 次の文章を読んで，以下の問いに答えなさい。

大阪は，歴史的に政治・文化・経済における重要な場所・地域でした。

古代の大阪といえば，巨大な前方後円墳が多くあることが特徴としてあげられます。前方後円墳は日本列島に広く分布していますが，大型の前方後円墳に限ると，そのほとんどが近畿地方に集中しています。なかでも有名な₁大仙（だいせん）古墳と誉田御廟山（こんだごびょうやま）古墳は，ともに大阪にあります。このことは，この時期にヤマト王権が，大阪のあたりでも権力をもっていたことをあらわしています。

戦国時代でも，大阪は重要な地域でした。大阪は，浄土真宗本願寺派の拠点になりました。また，大阪には商業都市として繁栄した堺もありました。堺は深い堀と海に囲まれた自治都市で，₂鉄砲の生産地としても有名でした。その後，豊臣秀吉が本願寺の跡地に大阪城を築くと，大阪はさらに発展していきました。₃秀吉が建てた大阪城は，徳川氏によって落城しました。

大阪は，江戸時代に入っても，商業都市として栄えます。大阪は「天下の台所」といわれ，各地の品物が集まりました。₄大阪には蔵屋敷や問屋（といや）が多数おかれ，商人が品物を売り買いしました。都市が栄えたことを背景に，京都や大阪といった上方（かみがた）の町人たちを中心に，元禄文化が花開きました。文学でも上方の町人たちが活躍し，その代表が大阪の町人であった井原西鶴です。彼は西山宗因（そういん）が創始した談林（だんりん）派の影響を受けた俳人で，その後は浮世草子（うきよぞうし）と呼ばれる小説を書くようになりました。₅松尾芭蕉も談林派の影響を受けた一人ですが，のちに彼は蕉風俳諧（しょうふうはいかい）を確立させ，俳諧（俳句）の芸術性を高めました。江戸後期の化政文化では，文化の中心が上方から江戸に移りましたが，私塾は大阪にも開かれ，全国から弟子が集まりました。適塾（てきじゅく）を開いた緒方洪庵（おがたこうあん）は，₆天然痘（てんねんとう）の治療に手をつくしました。

近現代に入ってからも，大阪はかわらずに西日本随一（ずいいち）の経済の中心地でした。新政府は，富国強兵を目指して殖産興業に力を入れました。1882年に₇大阪紡績（ぼうせき）会社が設立され，この成功を受けて大規模な機械紡績会社が次々に設立されました。大正時代には，₈実業家の小林一三（いちぞう）が世界初の独創的な経営を展開しました。大正時代は大衆文化が大きく花開いた時代ですが，彼の経営もそれに一役買ったと考えることができます。

アジア太平洋戦争によって，日本の国民生活は完全に破壊されました。戦後の食糧難から始まった日本は，高度経済成長を経て経済大国に成長しました。1970年に「人類の進歩と調和」をテーマに大阪で開催された日本万国博覧会は，1964年の東京オリンピックとともにアジアで初の開催となりました。

問1　下線部**1**がつくられた時期と最も近い時期につくられたものを，次の**ア**～**オ**の中から１つ選び，記号で答えなさい。

ア.

イ.

ウ.

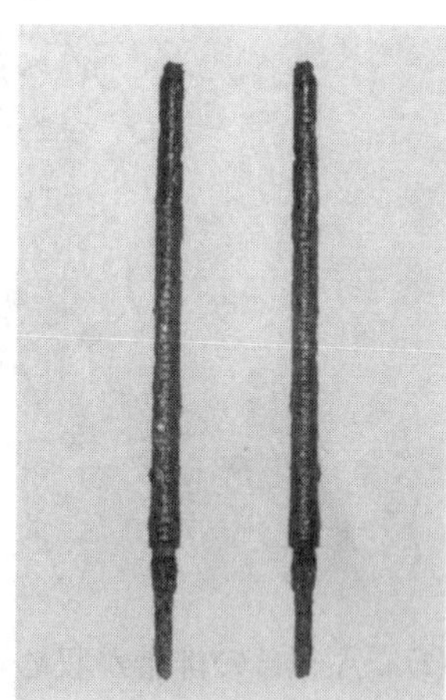

エ.

オ.

問2　下線部**2**について，1543年にポルトガル人を乗せた船がある島に漂着し，そのとき鉄砲が伝えられました。次の問題に答えなさい。

①　ある島の名前を答えなさい。

②　ある島はどこですか。右の地図中の**ア**～**オ**の中から１つ選び，記号で答えなさい。

問3　下線部**3**について，大阪城が落城した時の豊臣氏の当主は誰か答えなさい。

問4　下線部**4**について，大阪に集まった品物は海路で江戸にも運ばれました。そのとき，輸送に使われた船を，次の**ア**～**オ**の中から２つ選び，記号で答えなさい。

ア．北前船　　**イ**．菱垣廻船　　**ウ**．樽廻船

エ．朱印船　　**オ**．南蛮船

問5　下線部**5**の松尾芭蕉は，旅先でＡ～Ｃの俳諧(俳句)をよみました。次の問題に答えなさい。

Ａ　夏草や　兵(つわもの)どもが　夢の跡

Ｂ　五月雨(さみだれ)を　集めて早し　最上川

Ｃ　荒海や　佐渡に横たう　天の川

①　Ａ～Ｃの俳諧はどの場所をよんだものですか。次の地図中の**ア**～**オ**の中からそれぞれ１つ選び，記号で答えなさい。

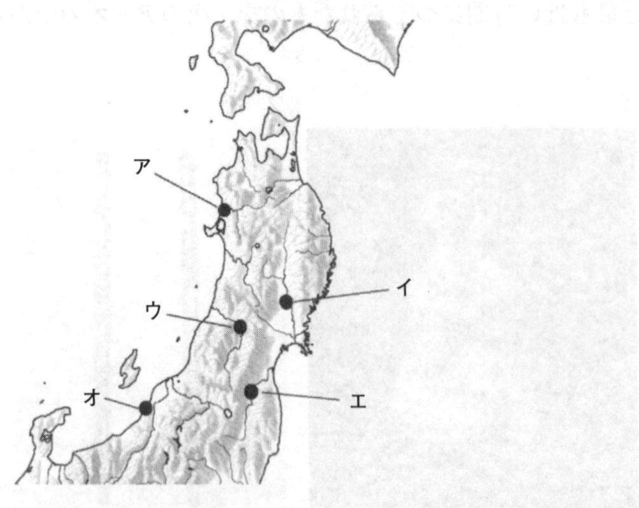

② A～Cの俳諧が収められた作品名を答えなさい。

問6 下線部6は奈良時代にも流行しました。このとき，聖武天皇は感染症の流行に対して，何に頼ってそれを止めようとしたか答えなさい。

問7 下線部7に深く関わり，また新一万円札の肖像（しょうぞう）にも選ばれた人物を答えなさい。

問8 下線部8について，小林一三は次の写真のように，異なる業種を結びつけた経営をおこないました。何と何を結びつけた経営をおこなったのか，写真から読み取って答えなさい。

Ⅱ　千葉県に関する，以下の問いに答えなさい。

問1　次の千葉県北部の地図を見て，問題に答えなさい。

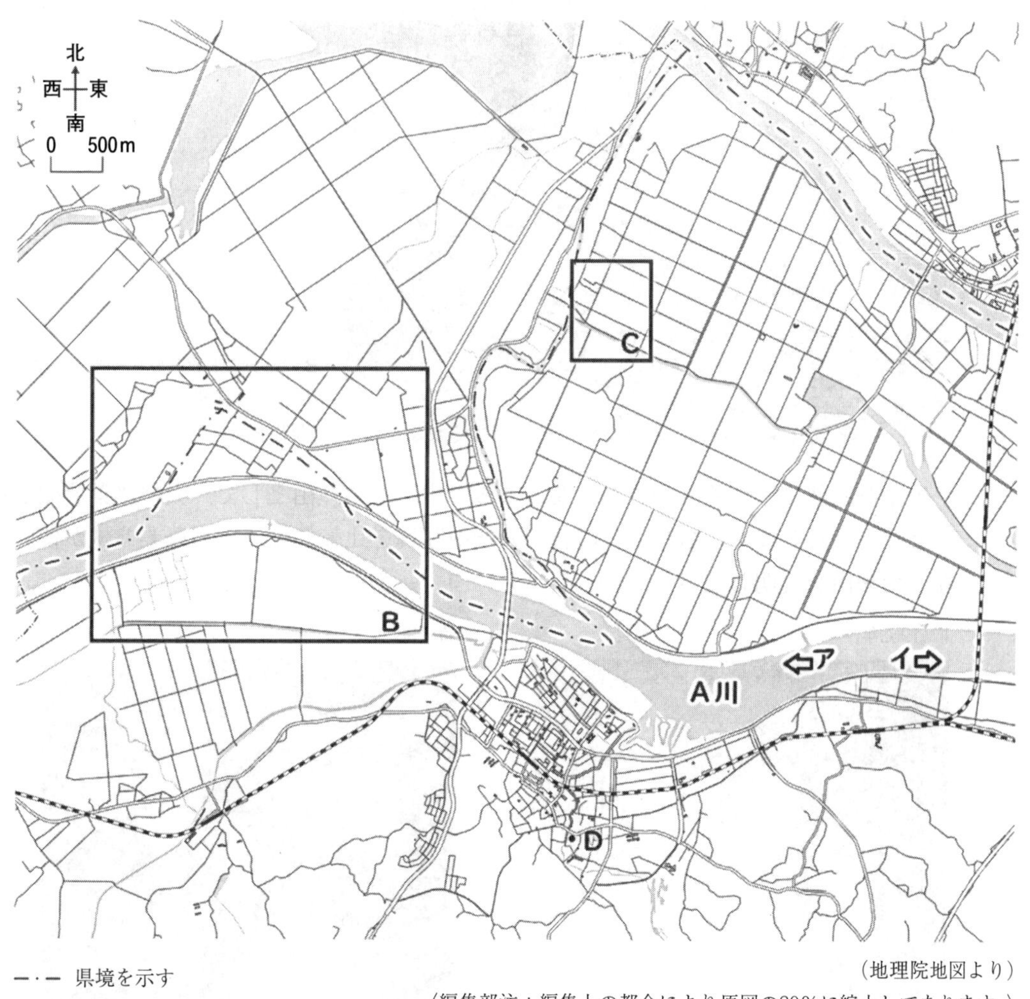

（地理院地図より）

〈編集部注：編集上の都合により原図の80％に縮小してあります。〉

① 次の**ア**～**カ**の県の中で，**A**川の流域面積に含まれていない県をすべて選び，記号で答えなさい。

ア．山梨　　**イ**．神奈川　　**ウ**．埼玉　　**エ**．栃木

オ．茨城　　**カ**．群馬

② **A**川はどちらの方向へ流れていますか。下流の方向を地図の矢印**ア**・**イ**の中から１つ選び，記号で答えなさい。

③ 地図中，千葉県と隣県の県境のほとんどは，**A**川やその支流にそってひかれています。しかし，**B**の部分では県境が川にひかれていない場所があります。次の地図を見て，その理由を説明しなさい。

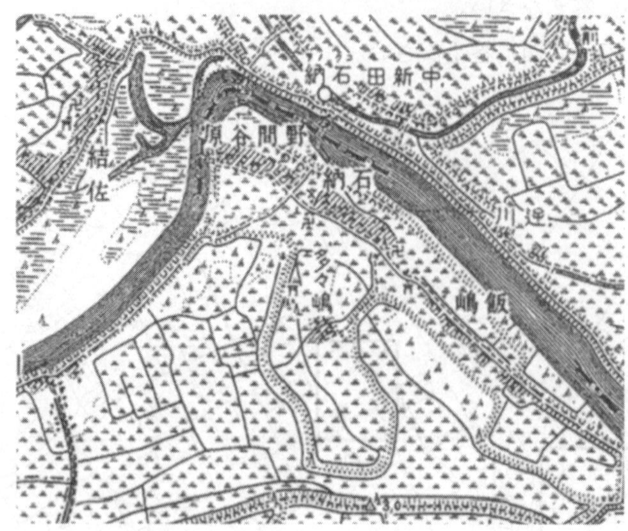

Bの部分の1/50000地形図「佐原」拡大図
(明治38年測量)
(今昔マップより)

④　千葉県北部は米づくりがさかんなところです。その理由として，大型農業機械が使えることがあげられます。Cの部分の新旧の空中写真を比較して，大型農業機械が使いやすくなった理由を説明しなさい。

旧(1962年)

新(1988年)

(地理院地図より)

⑤　地図中のD地点には，江戸時代に全国を測量して，日本全図を作成した人物が住んでいた家があります。この人物名を答えなさい。

⑥　地図で示された一帯が，香取(かとり)海という内海(陸地に入り込んだ海)であったことは，奈良時代の歌集に「大船の　香取の海に　いかり下ろし　いかなる人か　物思わずあらん」とよまれていることからも推測できます。防人のうたなどが収められていることで知られる，この歌集の名前を答えなさい。

問2　千葉県は米づくりだけでなく，さまざまな農業がさかんな県です。2019年度の都道府県別農業生産額とその割合(上位5位)を見て，問題に答えなさい。A～Eは茨城県・鹿児島県・

千葉県・北海道・宮崎県のいずれかです。なお，**A**と**C**は都道府県名と都道府県庁所在地名が異なります。

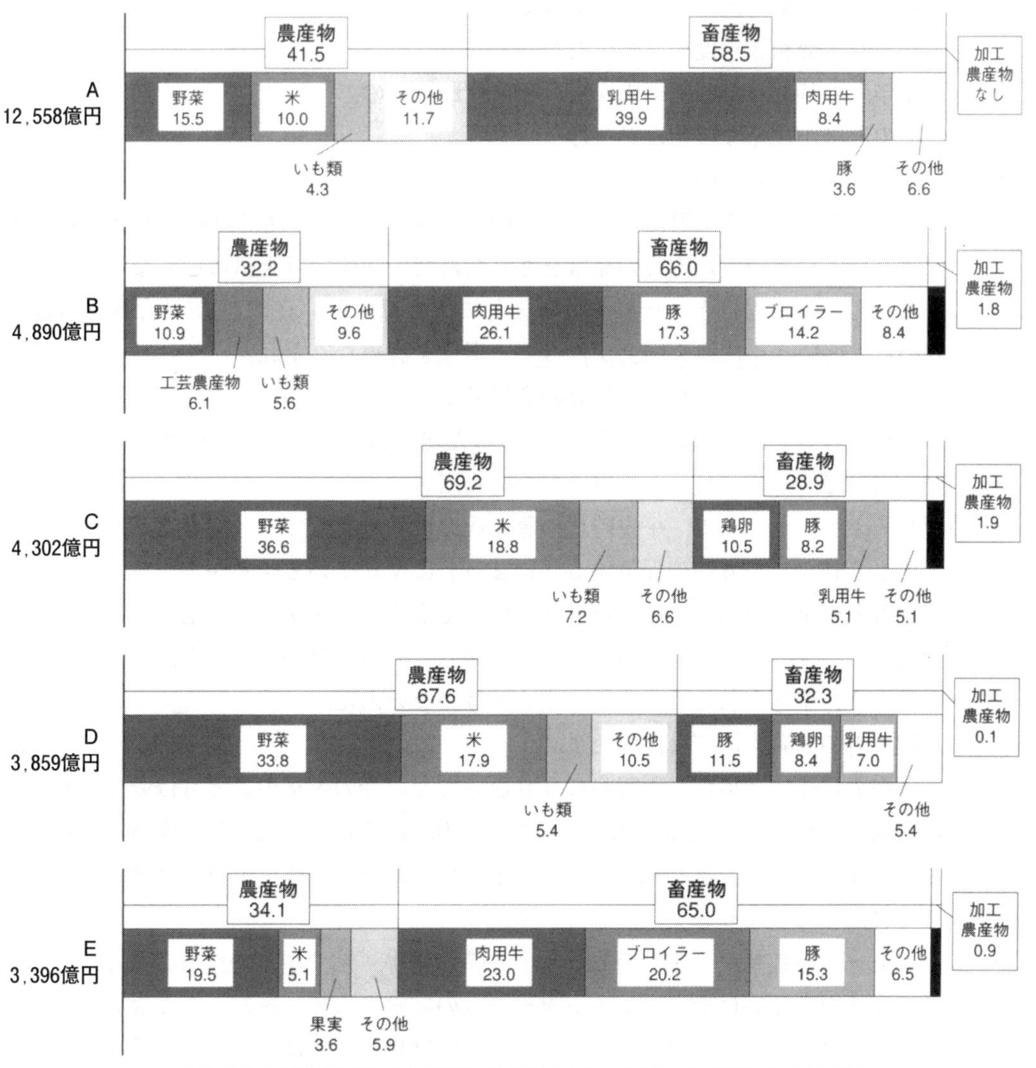

2019年度の都道府県別農業生産額とその割合（上位5位）　※グラフ中の数値は％

（農林水産統計より）

① **A**～**E**の中から千葉県にあたるものを1つ選び，記号で答えなさい。

② **A**～**E**を**A**・**B**・**E**と**C**・**D**の2つのグループに分けました。このグループ分けの説明としてあてはまるものを，次の**ア**～**オ**の中からすべて選び，記号で答えなさい。

ア．東京都との距離が，遠距離か近距離かによって分けた。

イ．農業生産額に占める野菜の割合が，30％以上か30％未満かによって分けた。

ウ．農業生産額に占める加工農産物の割合が，1％以上か1％未満かによって分けた。

エ．農業生産額に占める割合のうち，乳用牛が多いか肉用牛が多いかによって分けた。

オ．農業生産額に占める割合のうち，農産物が多いか畜産物が多いかによって分けた。

③ **A**～**E**は，養鶏業もさかんです。しかし近年，一部の養鶏場のにわとりをすべて殺処分しなければならない事態が生じています。その原因を答えなさい。

Ⅲ　ときお，かな，たまき，ちばたの４人のクラスメイトと先生の会話文を読んで，以下の問いに答えなさい。

ときお　もうすぐ卒業かあ。なんだか早いなあ。

か　な　私たち，令和３年度の卒業生だね。

たまき　４年生の時だったね。平成から令和に代わったの。

ちばた　前の天皇が亡くなったんだっけ？

たまき　ちがうよ。やめたの。

先　生　そうだね。ちょうど君たちが１年生の時，前の天皇が「もう80歳を越えているので，次に譲りたい」といった内容の発言をされたんだ。法律では天皇は亡くなるまで務めることになっているんだけど，それではあまりに気の毒，ということで，「今回は特別に退位を認める」という1法律を国会が作って，退位を認めたんだね。

か　な　ちょっと待って，天皇って自分の意思でやめられないの？

先　生　法律では，「天皇が仕事をできなくなった場合は(　１　)がその役割を果たす」と決めているだけで，やめて良いとは書いてないんだ。

ときお　へー！　(　１　)って，平安時代の藤原氏だけじゃなくて，今でもあるんだ。

たまき　でもそれって，憲法の保障する「(　２　)」に反していませんか？

先　生　するどい指摘だねえ。みんなも知っているように，憲法では天皇を「日本国と日本国民の統合の(　３　)」と定めているよね。しかし，その天皇が一人の人間として，自分の生きたいように生きられるか，明確に定めてはいないんだ。

ときお　継承者の問題も深刻と聞いたよ。

先　生　現在の法律では男性しか天皇になれないんだ。今の天皇のこどもは愛子様しかいなくて，次の世代の男性は，天皇の弟の一家である秋篠宮(あきしののみや)家に一人，悠仁(ひさひと)様がいるだけなんだ。このままで行くと，もし悠仁様に男の子が生まれなければ，天皇家は継承者がいなくなることになってしまうね。

か　な　ええ～，悠仁様，今中３でしょう？　結婚相手，見つかるかなあ。そんな，絶対に男の子を産まなきゃいけないプレッシャーつきの結婚なんて，絶対したくないなあ。

たまき　それより，男しか天皇になれないという制度自体，憲法の定める「(　４　)」に反していませんか？

ちばた　日本にも推古天皇とか，女の天皇がいたじゃないですか。

先　生　確かにその通り。歴史をたどれば女性の天皇もいるね。「女性はなれない」という現在の法律は，明治以降に定められたものなんだ。最近は国民の間でも，「女性の天皇がいても良いじゃないか」という意見は多いようだね。ただ，その女性天皇の次に，「女性天皇と，天皇家でない男性との間に生まれた子が天皇になる」という例は，歴史上一度もないんだ。「世界で最も長く続いている王家」とも言われる日本の天皇家をどうするか，そろそろ決断しなければならない時期が迫っているかもしれないね。みんなはどう思うかな？

ときお　僕はなんとかして男性で継ぐべきだと思うな。遠い親戚には男性もいるんでしょ？　その人たちを皇族に戻せばいいじゃん。

か　な　私は，女性の天皇はいてもいいと思うけど，天皇家でない男性の子が天皇になるって聞くと，「ん？　それはちょっと…」と思っちゃうかも。

たまき　私は，女性天皇と一般の男性との間に生まれた子でも，天皇になっていいことにするべきだと思う。外国ではそういうところもあるんでしょう？

ちばた　今の制度のままで行けるところまで行って，ダメだったら天皇制自体を終わらせてもいいんじゃないかなあ。

先　生　おお，見事に分かれた。2 いろいろな意見が出たね。憲法には「天皇の地位は主権者である国民の合意にもとづく」とある。みんなが意見を出し合って，慎重に議論し，納得できる結論に落ち着くといいね。

ときお　ところで先生，さっき「王家」って言いましたけど，日本は民主主義の国なのに，王様がいてもいいんですか？

先　生　呼び名はそれぞれあるけど，王様みたいなもののことを「君主」というんだ。君主がいても，3 君主が政治的な決定権を持たず，民主的な方法で政治が行われていれば，それは民主主義の国だね。

か　な　逆に，王様がいなくても，民主主義じゃない国というのもあるってことですか？

先　生　例えば中国は，選挙が行われてはいるが，誰もが立候補できる自由な選挙ではなく，「共産党」という政党が認めた候補者以外は立候補できないことになっている。共産党のやり方に反対の人は，棄権(きけん)することはできても，自分の意見を実現してくれそうな政治家や政党を選ぶことは事実上できないんだね。

たまき　そう言えばここ数年，中国の一部の地域で政府に対する反対運動が起きてましたね。

先　生　（ 5 ）だね。（ 5 ）は1842年から1997年までイギリスの支配下だった歴史があるんだ。だから，自由で民主的な政治を経験している。中国は（ 5 ）が返還される時，「今後50年間は（ 5 ）の現体制を継続します」という「（ 6 ）」を約束したんだけど，最近それを破ってどんどん中国の制度に近いものに変更しているんだ。だから自由を求める人々が反発しているんだね。

ときお　いろいろあるけど，日本は自由に文句を言えるだけまだましってことですかね。

問1　下線部**1**について，法律の作り方について説明した文として誤っているものを，次の**ア**～**エ**の中から１つ選び，記号で答えなさい。

ア．法案は，衆議院で先に審議され，次に参議院に送られる。

イ．それぞれの院では，まず委員会で議論し，その後本会議で決定する。

ウ．委員会では，必要に応じて専門家の意見を聞く公聴会がおこなわれる。

エ．成立した法律を天皇が公布する。

問2　空欄（１）と（３）にあてはまる語句を，それぞれ漢字２字で答えなさい。

問3　空欄（２）と（４）にあてはまる言葉を，次の**ア**～**ケ**の中からそれぞれ１つ選び，記号で答えなさい。

ア．平和主義　　**イ**．国民主権　　**ウ**．政治に参加する権利

エ．信教の自由　　**オ**．職業選択の自由　　**カ**．健康で文化的な最低限度の生活を送る権利

キ．男女の平等　　**ク**．表現の自由　　**ケ**．結婚の自由

問4　下線部**2**について，以下の問題に答えなさい。なお，採点は誰を選んだかではなく，意見の説得力や客観性でおこないます。

①　皇位継承問題について，あなたはこの４人のクラスメイトの中から１人選ぶとしたら，

誰の意見に賛成ですか。名前を答えなさい。

② その意見を選んだ理由を述べなさい。

③ ①で選んだ人に対して考えられる，おもな反対意見を述べなさい。

問5 下線部**3**について，天皇の役割について述べた文として正しいものを，次の**ア**～**エ**の中から1つ選び，記号で答えなさい。

ア．内閣の指名にもとづいて，総理大臣を任命する。

イ．外国の大使や公使をもてなす。

ウ．裁判所の決定にもとづいて，憲法改正を発議する。

エ．臨時国会の召集を決める。

問6 空欄（5）と（6）にあてはまる地域名と語句の組み合わせを，次の**ア**～**エ**の中から1つ選び，記号で答えなさい。

ア．（5） 香港 （6） 一国二制度

イ．（5） 台湾 （6） 一国二制度

ウ．（5） 香港 （6） 一帯一路

エ．（5） 台湾 （6） 一帯一路

【理　科】（30分）〈満点：50点〉

1　太郎さんは小学校の理科の授業で，電気を利用する器具の一つとしてモーターについて習いました。**図1**はモーターの仕組みを簡単(かんたん)に表したものです。以下の問いに答えなさい。

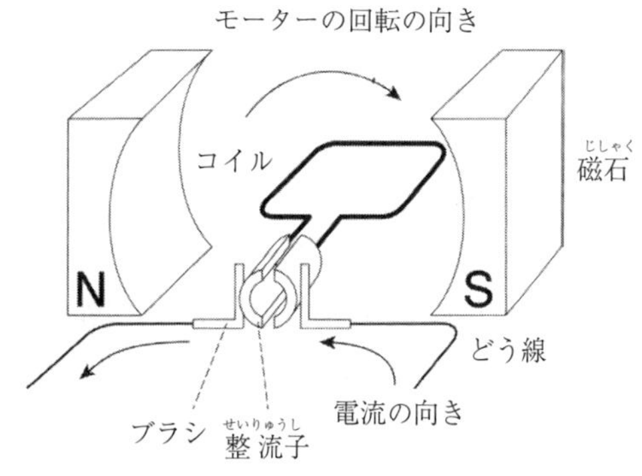

図1　モーターの仕組み

問1　モーターの回転の向きを変えるための方法の一つとして，電流の向きを変えることが考えられます。それ以外の方法としては，**図1**のどの部品をどのように変えればよいでしょうか。句読点を含(ふく)めて20字以内で答えなさい。

太郎さんは鍵(かぎ)の仕組みについて興味があったので，モーターを用いてオリジナルの鍵を作ってみることにしました。太郎さんが考えた鍵は，扉(とびら)に埋(う)めこんだモーターを作動させ，鍵をかけたり開けたりできるというもので，**図2**はその仕組みを示しています。実線の矢印の向きに電流が流れたとき，モーターは実線の向きに回転して鍵がかかります。逆に，点線の矢印の向きに電流が流れたとき，モーターは点線の向きに回転して鍵が開きます。

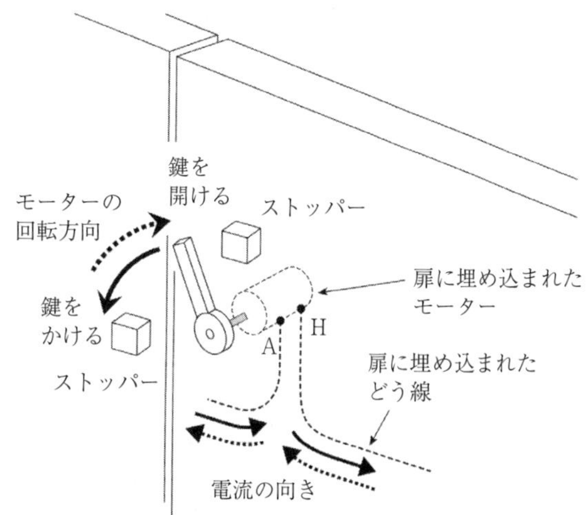

図2　太郎さんの考えたモーターを用いた鍵の仕組み

問2　電流の向きを変えることでモーターの回転の向きを変えたいと思います。そのために，**図3**のような配線を考えました。鍵をかける，もしくは開けるためには，点Bを点Cと点Dのどちらかに，点Gを点Eと点Fのどちらかにつなぎます。鍵をかけるときの正しいつなぎ方を下の(ア)～(エ)から１つ選び，記号で答えなさい。なお，点A，点Hは**図2**の点A，点Hに対応しています。

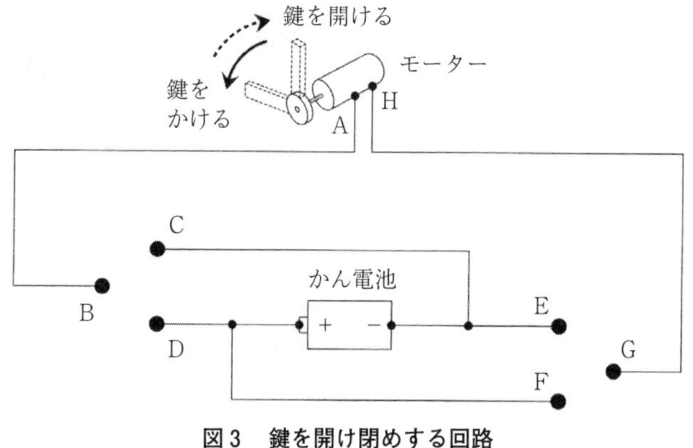

図3　鍵を開け閉めする回路

(ア)　BをCに，GをEにつなぐ　　(イ)　BをCに，GをFにつなぐ
(ウ)　BをDに，GをEにつなぐ　　(エ)　BをDに，GをFにつなぐ

図3は，スイッチ2つを用いてモーターの回転の向きを変えることができる回路ととらえることができます。しかし，全部で4通りしかパターンがないため，すぐに開けられてしまう可能性があります。

そこで太郎さんが考えたのが，2つのスイッチ部分を8段階(だんかい)のダイヤル式にするという方法です。**図4**はダイヤルとダイヤルを読み取る目の位置を表しています。**図5**はダイヤルを回転して，5番に設定した状態です。

また，ダイヤルには灰色(はいいろ)で示した金属板を貼(は)り，金属板同士をどう線でつなぎました。1番と6番，4番と8番が，それぞれつないであります。どう線は，電気を通さない膜(まく)でおおわれています。

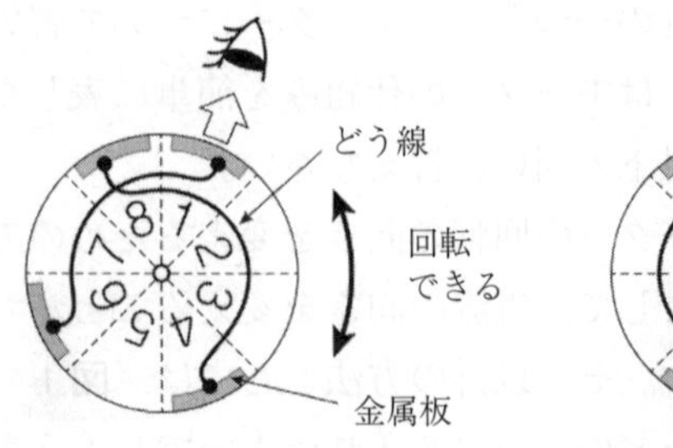

図4　ダイヤルを1番に設定したときのようす

図5　ダイヤルを5番に設定したときのようす

図6は，このダイヤルを実際の回路に組み入れたものです。右側のダイヤルを見ると，点Fと6番の金属板が接していることが分かります。

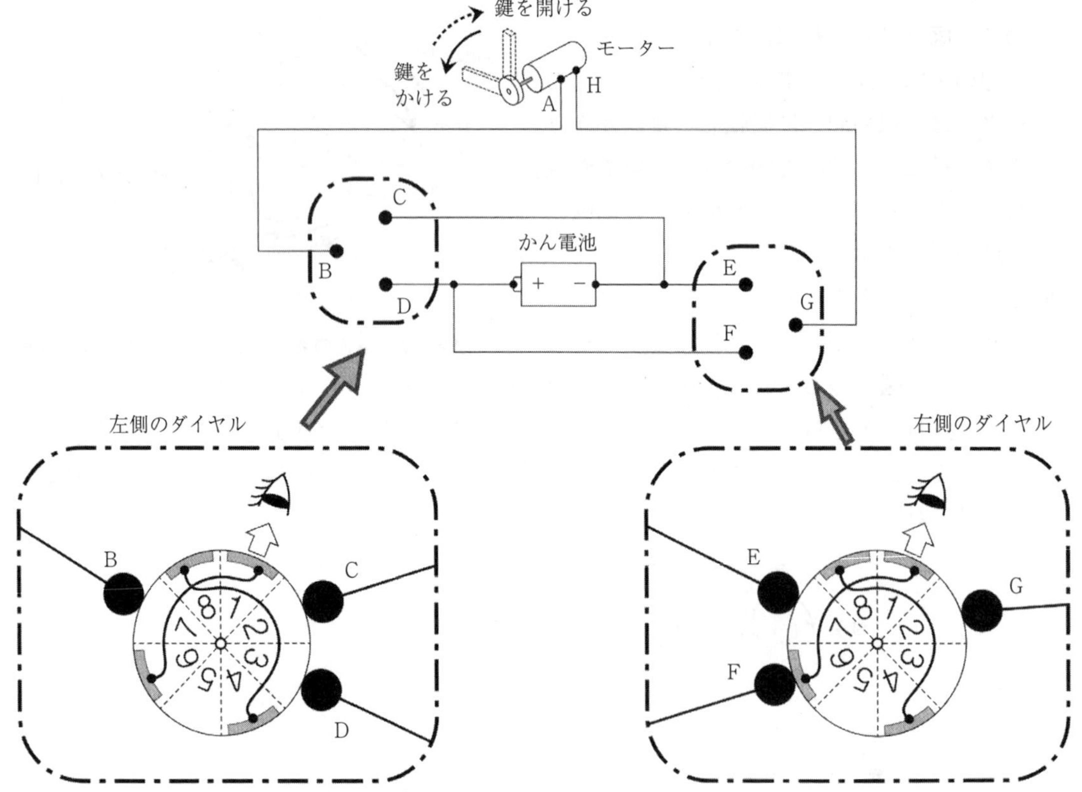

図6　全体の回路のようす

問3　**図6**の回路で<u>鍵をかけるとき</u>，左右それぞれのダイヤルを何番にすればよいか調べました。すると，以下の組み合わせのうちでいくつか該当(がいとう)するものがありました。該当する組み合わせを次の(ア)～(カ)から<u>すべて</u>選び，記号で答えなさい。

(ア)　左が3，右が3　　(イ)　左が6，右が8　　(ウ)　左が8，右が3

(エ)　左が8，右が7　　(オ)　左が2，右が8　　(カ)　左が3，右が6

問4　太郎さんは，**図6**の回路で鍵をかけたり開けたりした後にそのままにしておくと，電流が流れ続けて電池の寿命(じゅみょう)が短くなるという問題点に気づきました。電池の寿命を長くするためには，この回路の中にスイッチを組み込(こ)み，スイッチを入れた時だけ電流が流れるような仕組みにする必要があります。**図7**はスイッチを組み込むことができる場所を表したものです。スイッチはどの部分に組み込めばよいでしょうか。下の(ア)～(ク)からあてはまるものをすべて選び，その個数を答えなさい。

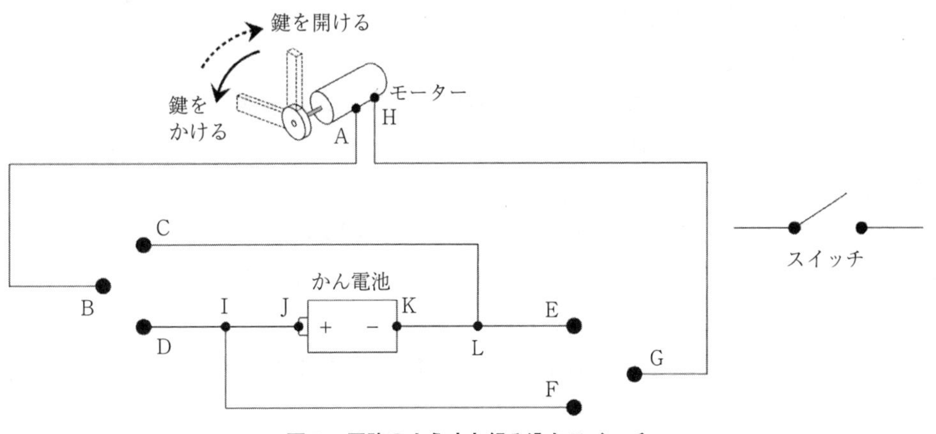

図7　回路のようすと組み込むスイッチ

(ア)　AB間　　(イ)　CL間　　(ウ)　DI間　　(エ)　IJ間
(オ)　IF間　　(カ)　KL間　　(キ)　LE間　　(ク)　GH間

問5　**問4**のような改良を行っても，スイッチを入れっぱなしにしてしまうと電流が流れ続けてしまいます。その問題点を解決するために，太郎さんは鍵を開ける向きに電流が流れ続けている時にだけ青色の豆電球がつき，鍵をかける向きに電流が流れ続けている時にだけ黄色の豆電球がつくようにすることを考えました。青色の豆電球は**図7**の回路の中のどこに組み込めばよいでしょうか。**問4**の(ア)～(ク)からあてはまるものをすべて選び，記号で答えなさい。

2　次の文章を読み，以下の問いに答えなさい。

植物は(A)太陽の光をつかって(　B　)と水からデンプンのような有機物をつくり出すことができるので，動物のように食料を探(さが)すための移動を行いません。しかし，このように移動しないという植物の生活には欠点もあります。例えば，寒すぎる，暑すぎる，雨が降(ふ)らないなど，生育環境(かんきょう)が悪化したときでもその場所からは動けないし，昆虫(こんちゅう)や草食動物に襲(おそ)われても逃(に)げることができずに食べられてしまいます。そのため，植物は周囲の環境の変化を敏感(びんかん)に捉(とら)えるようにさまざまな感覚器官をもっており，適切に対処(たいしょ)することができます。また，(C)動物に食べられないように工夫(くふう)をしている植物もいます。

他の重大な欠点としては，受粉が困難(こんなん)となることがあります。そのため，子孫を残す際に工夫が必要となり，例えば同じ種類の他株の花との間で行われる他家受粉の場合は，(D)花粉を風や虫などに運んでもらっています。また，1つの花の中で受粉が完結する自家受粉をおこなう植物も多いです。

さらには，(E)風や水，動物などの力を借りて種子を遠くに運び，世代交代の際に生育場所を広げる植物も存在(そんざい)します。

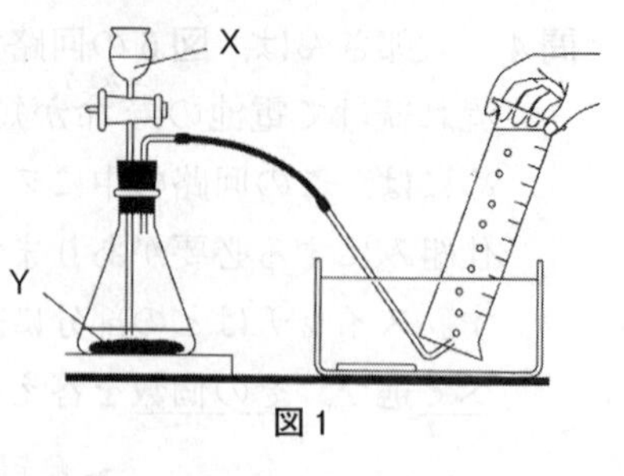

図1

問1　下線部(A)の植物のはたらきを，漢字で答えなさい。

問2　(B)の物質は気体であり，**図1**のような装置を用いて集めることができます。このような気体の集め方を何というか答えなさい。

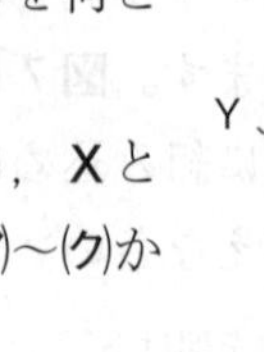

問3　**図1**の装置を用いて気体(B)を発生させるとき，**X**と**Y**にはそれぞれ何を用いればよいですか。次の(ア)～(ク)から1つずつ選び，記号で答えなさい。

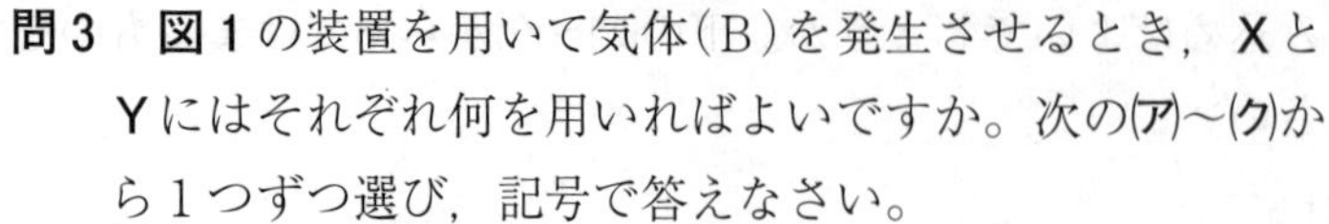

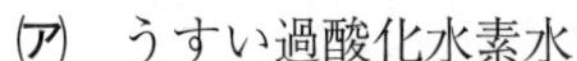

(ア)　うすい過酸化水素水　　(イ)　うすいアンモニア水

(ウ)　うすい塩酸　　(エ)　うすい水酸化ナトリウム水溶液

(オ)　食塩　　(カ)　石灰石

(キ)　鉄くぎ　　(ク)　二酸化マンガン

問4　**図1**の装置で気体(B)を集めたメスシリンダーを，**図2**のようにろうそくの炎の上で傾けるとどのような現象が起こりますか。次の(ア)～(オ)から1つ選び，記号で答えなさい。

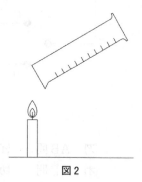

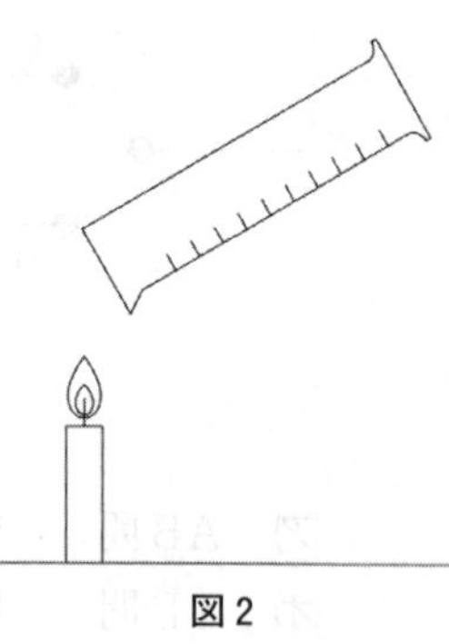
図2

(ア)　メスシリンダーから出てきた気体(B)に引火し，気体が激しく燃える

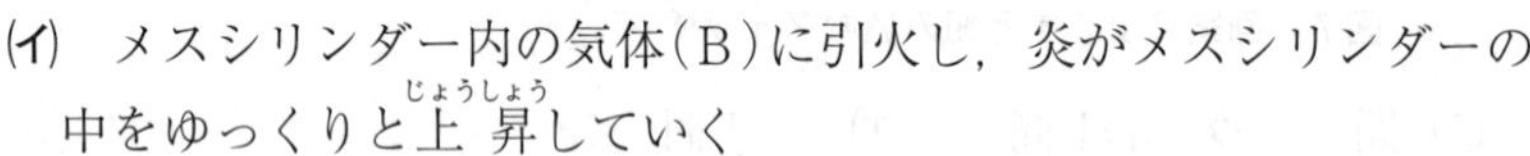

(イ)　メスシリンダー内の気体(B)に引火し，炎がメスシリンダーの中をゆっくりと上昇していく

(ウ)　ろうそくの炎が大きくなり，明るい炎で燃える

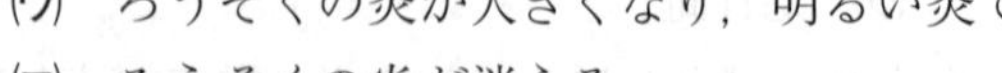

(エ)　ろうそくの炎が消える

(オ)　何も変化は起こらない

問5　下線部(C)について，植物が動物に食べられないようにしている工夫として<u>当てはまらない</u>ものを，次の(ア)～(オ)から2つ選び，記号で答えなさい。

(ア)　ポインセチアはあざやかな赤色の葉(苞)を付けて，動物に警戒させる

(イ)　トリカブトは植物体内に毒をつくる

(ウ)　マメ科のリママメは葉を食べるダニの天敵を呼び寄せて，天敵に害虫を食べてもらう

(エ)　メタセコイヤは背の低い動物から食べられないように背丈を高くする

(オ)　セイヨウヒイラギは低いところに生える葉の縁をトゲの形にする

問6　下線部(C)について，多くの植物は動物に食べられてしまいますが，逆に動物を捕らえて利用する食虫植物もいます。この食虫植物が動物を捕らえる理由として当てはまるものを，次の(ア)～(オ)から1つ選び，記号で答えなさい。

(ア)　日が当たらない場所に生育しており，捕らえた動物から有機物を吸収するため

(イ)　栄養が少ない土地に生育しており，捕らえた動物からリンや窒素などを吸収するため

(ウ)　降水量が少ない場所に生育しており，捕らえた動物の体液から水分を吸収するため

(エ)　水中に生育しており，捕らえた動物が排出する気体を吸収するため

(オ)　気温が低い場所に生育しており，捕らえた動物を分解したときに発生する熱を利用するため

問7　下線部(D)について，虫媒花は昆虫に花粉を花から花へと確実に運んでもらえるという利点がありますが，その一方で欠点も存在します。考えられる欠点の1つを，句読点を含めて

30字以上40字以内で答えなさい。

問8 下線部(E)について，次の①～③の方法で種子を運んでいる植物の組み合わせとしてふさわしいものを，以下の(ア)～(カ)からそれぞれ1つずつ選び，記号で答えなさい。

① 風によって運ばれる

② 川や海流によって運ばれる

③ 動物に食べられて運ばれ，ふんと共に排出される

(ア) シイ，カシ　　(イ) ナンテン，クワ

(ウ) ホウセンカ，カラスノエンドウ　　(エ) センダングサ，オナモミ

(オ) カエデ，マツ　　(カ) ココヤシ，オニグルミ

3 次の文章について，以下の問いに答えなさい。

近年，地球温暖化(おんだんか)が進み，その影響(えいきょう)が様々な形で現れてきています。「五月雨(さみだれ)」といえば，6月頃(ごろ)にしとしとと長く降り続く雨をさす言葉ですが，(A)最近の梅雨(つゆ)はしとしと，というより「何十年に一度」の土砂(どしゃ)災害をもたらすほどの豪雨(ごうう)が珍(めずら)しくなく，これも温暖化の影響の一つであると言われています。

気候変動は当然農業や漁業など，自然を相手にする産業にも大きく影響してきます。(B)このまま温暖化が進むと，2100年頃には日本国内で稲作(いなさく)や，リンゴ・ミカンなどの果樹栽培(かじゅさいばい)において，現行品種の栽培に適した場所が大きく変わってしまい，品質面でも変化が現れるという予測も出ています(農林水産省研究開発レポートより)。

温暖化の原因となる二酸化炭素の排出源(げん)は大きく分けて2つあり，1つは電気や熱を作る際に発生します。中でも(C)発電は，二酸化炭素を大量に排出する上に効率が悪く，温暖化ガスだけでなく様々な有害物質を排出するため，世界的に見ても中止または縮小(しゅくしょう)の方向に動いています。

もう1つの排出源は運輸業・製造業です。自動車や船舶(せんぱく)，飛行機などは運行する際に燃料の燃焼(ねんしょう)により二酸化炭素を発生します。このとき，鉄より軽いアルミニウムなどの軽金属材料を使うことによって軽量化が図(はか)られ，例えば自動車などでは燃費が向上し，二酸化炭素の発生が抑(おさ)えられるといわれています。アルミニウムは密度(みつど)が鉄の1/3しかない軽い金属で，鉄よりは強度が落ちるものの，鉄の重量の2/3の使用量で鉄と同等の強度になると言われています。つまり重量比で1/3の軽量化が図れる訳(わけ)です。その一方で，鉱石から製錬(せいれん)して鉄やアルミニウムなどの金属材料にするときに，かなりの二酸化炭素が発生します。特にアルミニウムは電気のカタマリとも言われ，鉱石から製錬する時にかなりの電力を使うと同時に，二酸化炭素も大量に発生するため，リサイクルが重要です。

2000年にエンジンとモーターを併用(へいよう)したハイブリッド車が実用化されて以来，自動車のハイブリッド化が急速に進み，自動車の燃費が劇的(げきてき)に向上しました。その一方でハイブリッド車であってもエンジンを使う以上，二酸化炭素の排出は避(さ)けられません。そこで完全に電化した電気自動車が少しずつ普及(ふきゅう)し始めています。ヨーロッパを中心に2030年代半ばまでにハイブリッド車を含めたガソリンエンジン車の販売(はんばい)停止を決定しています。また船舶や航空機に関しても省エネ脱(だつ)炭素の動きは始まっています。

脱炭素を進める強力なエネルギー資源(しげん)として急速に開発・利用が進められているのが水素で

す。(D)水素は酸素と反応させて水をつくるときに電気や熱を作り出すことができるし，爆発燃焼させて動力源として用いることもできます。しかも使用時に二酸化炭素を出さないことから，温暖化対策として大きな効果があると期待されています。(E)その半面，水素の利用に関してはまだ解決しなければならない問題も少なくありません。いずれにせよ水素を作る材料となる水は，海水を利用すればほぼ無尽蔵にあるといってよく，温暖化を食い止めるための鍵となることは間違いないでしょう。

問１　下線部(A)について，近年梅雨の雨の降り方が変わってきた原因として大きな影響を及ぼす事象を，次の(ア)～(オ)から２つ選び，記号で答えなさい。

(ア)　温暖化によりシベリア気団の温度が上がり，あたためられた北西の風が大陸から吹き込む

(イ)　シベリアの陸氷が温暖化により溶け，オホーツク海に冷たい淡水が以前より多く流れ込むことでオホーツク海気団が発達する

(ウ)　黒潮が以前より温度の高い海水を北まで運ぶことにより，オホーツク海気団がより暖かく湿った気団に発達する

(エ)　季節風が強くなり，乾燥した冷たい空気が日本上空に到達する

(オ)　温暖化により日本南岸の気団の温度上昇が以前より早まり，より暖かい空気が日本に流れ込むようになる

問２　下線部(B)について述べた予測として正しいものを次の(ア)～(カ)から２つ選び，記号で答えなさい。

(ア)　現行の水稲の品種は北海道が好適地となる

(イ)　現行の水稲の品種は北海道ではまったく生育しなくなる

(ウ)　リンゴは関東以南の標高が低い土地が好適地となり，全般的に品質が向上する

(エ)　リンゴは東北地方の山地，北海道が好適地となる

(オ)　ミカンは九州以南でしか栽培できなくなる

(カ)　ミカンの栽培好適地は日本全土に広がり，全般的に品質が向上する

問３　（C）にあてはまる発電方法として正しいものを次の(ア)～(キ)から１つ選び，記号で答えなさい。

(ア)　石油火力　(イ)　太陽光　(ウ)　水力

(エ)　石炭火力　(オ)　風力　(カ)　天然ガス火力

(キ)　原子力

問４　１kgの鉄を製錬すると２kgの二酸化炭素が発生し，１kgのアルミニウムを製錬すると11kgの二酸化炭素が発生します(日本鉄鋼協会データ)。鉄12kgと同強度の部品をアルミニウムで作ったとき，二酸化炭素の発生量は鉄の場合と比べて何kg多くなりますか。必要に応じて四捨五入して整数で答えなさい。なお，どのように答えを求めたのかが分かるように，計算式も記しなさい。

問５　日本ではハイブリッド車の普及が進んでいます。ガソリンエンジン車とハイブリッド車の特徴について述べたものとして正しいものを次の(ア)～(オ)から２つ選び，記号で答えなさい。

(ア)　ハイブリッド車は災害時に電源として活用できるよう設計されているものもある

(イ)　排気量が同程度のガソリンエンジン車とハイブリッド車を比べると，ガソリンエンジン

車の方がハイブリッド車よりバッテリーやモーターがない分，軽量で燃費も良い

(ウ) ハイブリッド車のバッテリーもスマートフォンと同様に劣化するため，毎年バッテリーを買い換える必要がある

(エ) ハイブリッド車のモーターは，ブレーキをかけるとき発電機として働いて，バッテリーに充電している

(オ) モーターを利用するハイブリッド車よりガソリンエンジン車の方がパワーを出し易いため，走行時に一番エネルギーを必要とする発進時のエネルギー消費はガソリンエンジン車の方が少ない

問6 下線部(D)の様な電力システムを表す略号は次のうちどれか。記号で答えなさい。

(ア) PHV　　(イ) EV　　(ウ) FC　　(エ) EMS

問7 下線部(E)について，水素を利用する上で解決しなければならない問題として，誤っているものを次の(ア)～(カ)から２つ選び，記号で答えなさい。

(ア) 沸騰する温度が－250℃以下と非常に低く，圧縮冷却して液体にしにくいため運搬が困難である

(イ) 最も軽い気体であるため，充塡したボンベが浮力により浮き上がってしまうので運搬しにくい

(ウ) 水素を作るために必要な電力供給に，二酸化炭素を発生させる火力発電が用いられていることが多い

(エ) 水素ガスが水に溶けると強い酸性を示すので金属容器を腐食してしまう

(オ) 引火爆発しやすい気体であるため，ガソリンやLNGなどと比べて安全により配慮した取り扱い装置が必要である

(カ) 水素ステーションの設置が普及しておらず，水素エネルギーの利用推進にはまだもう少し時間がかかる

（相手の反応や手応えがないということ）

② 朱□交□□□赤B□□。
（人は関わる友によって善悪いずれにも感化されるということ）

③ 鉄□熱CD□□打□。
（人は柔軟性のある若い内に鍛えなければならないということ）

④ EF□□□背比□。
（どれもこれも似たようなもので大したものではないということ）

⑤ 笑D門□□福来□□。
（笑いが満ちている人の家には自然と福運がめぐってくるということ）

⑥ 虫□居E□□□悪C。
（普段よりも怒りっぽい状態にあるということ）

⑦ 骨折□損□B□□□儲□。
（労力を費やしたのに効果がなく疲れだけが残るということ）

⑧ 先F□□□人□制□。
（相手より先に事を行えば優位に立つことができるということ）

⑨ 目□□鱗□A□□。
（急に物事の真相や本質が分かるようになるということ）

問8 Ⅱ に入る言葉を本文から抜き出しなさい。

問9 本文中、A が示している範囲はそれ以外のところと性質が異なる。その理由を次のように説明した。（①）、（②）に入る十字以内のふさわしい表現を、それぞれ自分で考えて入れ、説明文を完成させなさい。ただし、「旅」という言葉を（①）、（②）両方に必ず用いること。ただし、句読点等の記号も一字として数える。

【説明文】 A が示している範囲は「私」が（　①　）ものだが、それ以外のところは「私」が（　②　）ものだから。

二

次の文章はアラスカで生きた写真家、星野道夫（1952〜1996）について書かれたものである。これを読んで、後の問いに答えなさい。ただし、句読点等の記号も一字として数える。

〈編集部注：課題文は著作権上の問題により掲載しておりません。作品の該当箇所につきましては次の書籍を参考にしてください〉

・池澤夏樹著『旅をした人　星野道夫の生と死』（株式会社スイッチ・パブリッシング　二〇〇〇年二月発行）

二六ページ一五行目〜二八ページ四行目

（中略）

三〇ページ一二行目〜三一ページ八行目

問1 ――線1「老人が一人亡くなるのは図書館が一つ焼け落ちるようなもの」とあるが、アラスカの「老人」と「図書館」の共通点は何か。二十字以内で説明しなさい。「過去」という言葉を必ず用いること。

問2 ――線2「アラスカの特異な歴史」とあるが、どういうところが「特異」なのか。三十字以内で説明しなさい。「変化」という言葉を必ず用いること。

問3 ――線3「その悲惨を今われわれは苦しんでいるのだ」とあるが、ここで筆者はどのようなことを言おうとしているか。解答らんに合わせて四十字以内で説明しなさい。「文明」という言葉を必ず用いること。

問4 ――線4「大きな遺跡も何も残さなかったということが、逆に彼らのすごいところだと思うんですよ」とあるが、なぜそのように言えるのか。解答らんに指定された字数で言葉を入れて、説明文を完成させなさい。解答らん A には「遺跡」、B には「自然との共生」という言葉を必ず用いること。

三

次の問いに答えなさい。

問1 次の①〜⑤の文中にある――線のカタカナを漢字に直しなさい。ただし、送りがなが含まれるものは送りがなをひらがなで答えること。

① コンナンな問題に直面する。
② 日の出をオガムために山へ行く。
③ オサナイ子どもの遊び。
④ マイキョにいとまがない。
⑤ 働き方カイカクを推進する。

問2 ①〜⑨の□にひらがなを入れ、それぞれことわざを完成させなさい。

(1) そのときに、A〜F に入るひらがなを、それぞれ答えなさい。

(2) A〜F のひらがなを並べかえて出来上がる四字熟語を漢字で答えなさい。

① 暖簾（のれん）□腕（うで）A□。

るらしい」とあるが、この時の「私」の様子として最もふさわしいものを次の中から選び、記号で答えなさい。

ア 博物館へ行こうという二人の気持ちを再確認している。

イ 博物館へ行くために道中の案内を買って出ようとしている。

ウ 博物館へ行くことで鳥に興味を持ってほしいと考えている。

エ 博物館へ行こうと「亜美」に取引を持ちかけている。

オ 博物館へ行くことで「亜美」が元気になると思っている。

問4 ――線3「道化と本気を混じらせた低い声で『約束だぞ』と言った」とあるが、この時の「私」について述べたものとして最もふさわしいものを次の中から選び、記号で答えなさい。

ア 冗談で念押しをしているように見せたかったのに、「亜美」の軽率な言動に我慢がきかず、真剣さがにじみ出てしまっている。

イ 行きたいという本心を「亜美」に素直に伝えるのは照れがあるため、あえて重々しい言い方をすることで冗談に見せかけている。

ウ 博物館が休館日だったことに呆然としつつも、その様を「亜美」に悟られまいとごまかすのに必死になっている。

エ 自身の失敗に落ち込んでいたが、明るい「亜美」の振る舞いに元気づけられ、行きたいという気持ちを取り戻しつつある。

オ 休館日を調べてこなかった自分の間抜けさを反省し、「亜美」に失敗を見せてしまったことを恥じている。

問5 ――線4「先方」は何を指しているのか。ここより前の本文から抜き出しなさい。

問6 ――線5「それでこそ真言だと私は思った」とあるが、「私」はなぜこのように考えているか。最もふさわしいものを次の中から選び、記号で答えなさい。

ア 「亜美」が真言の意味にはこだわらずとも、音の通り声に出して唱えたから。

イ 「亜美」が真言を一字一句正確に覚える過程で、人間的に成長したから。

ウ 「亜美」が真言に意味は見出せずとも、自分の願いのありかに気づけたから。

エ 「亜美」が真言を唱える練習をすることで、その真価を悟ったから。

オ 「亜美」が真言のご利益を得るために、ゆっくり唱えたから。

問7 本文の内容に合致するものを次の中から二つ選び、記号で答えなさい。

ア 「亜美」は、真言をひそかに暗唱して「私」を驚かせようと考えていたため、何をしていたのか問われた時にそれをごまかした。

イ キジの間抜けな鳴き声に驚いて尻もちをついた「亜美」は、かけつけた「私」にキジを追いかけるように指さした。

ウ 「亜美」は、鳥にボールを当てないと言っていたのにもかかわらず、リフティングの際に当ててしまい、「私」から怒られてしまった。

エ はじめは鳥に興味がないそぶりを「私」に見せていたが、実際に鳥と出会った「亜美」の態度からは、関心と親しみが感じられる。

オ コロナウイルス感染拡大のせいで思うように旅ができない「私」と「亜美」は、ホテルの部屋で好きなものを食べることをせめてもの息抜きとしている。

カ 「私」と「亜美」は、互いにあたたかな交流を通じて、コロナウイルス感染拡大による不安な日常を乗り越えようとしている。

ハクチョウから目を離さずに言う。「あたしはこの子の近くでやろーっと」

「そっちの田圃の脇に降りてやれよ」私はビオトープの反対を指さした。「道でやるなよ、あとハクチョウにボール当てるなよ」

「わかってるって。当てるはずないじゃんねー？」

コブハクチョウに首を傾けると、亜美はボールを手に乾いた田圃の方へ歩きかけたところで、重大なことを思い出したようにこちらを振り返った。

「ちょっと聞いてて！」亜美は右の掌にボールをのせ、頭上に捧げ持つようにして目を閉じた。何をと言いかけたところへ「しずかに！」と注意が飛ぶ。その声を気にしたかコブハクチョウが立ち上がろうとするその奥で、亜美は大きく、ゆっくりと息を吸い込んだ。

「のうまくさんまんだ　ばざらだん　せんだ　まかろしやだ　さはたや　うんたらたかんまん！」

私は亜美を見つめた。目を開けた亜美は、満足げに片方の口角を持ち上げて胸を張った。

「いつの間に？」という私の声は驚きに満ちていたはずだ。暗記も苦手なくせに。

「さっき、キジが出る前」得意そうな笑顔を見せる。「魔法の呪文みたいに、リフティングの前に唱えることにしたの。願いを込めてさ？いいアイディアでしょ！」

5それでこそ真言だと私は思った。

（中略）

それから我々はコンビニを二軒回ってオムライスやサラダを買い、ホテルにチェックインした。疲れが少しでもとれるように大浴場のあるホテルを選んだ甲斐あってというか、亜美はずいぶん長風呂して部屋に戻ってきた。誰もいないしたくさん泳いだと言って、濡れた髪のままオムライスを食べようとするのを制する。

「ちょっとでも熱出たら帰るしかないんだからな。ただの風邪気味でも」

「コロナ感染うたがいってやつ」

テレビでは、イタリアとイランでの感染拡大と入国拒否、マスク不足と、トイレットペーパーの買い占めによる品薄を伝えている。一ヵ月後に出された緊急事態宣言を思えば、この頃は危機感もそれほどなかった。こんな旅に躊躇なく出られるくらいには、それまでと地続きの日常があった。

（乗代雄介『旅する練習』による）

＊母衣打ち…翼を激しく羽ばたかせ、音を立てること。
＊ビオトープ…池などの生物が住みやすい場所。

問1　――線1「なんだか嬉しそうに笑う」とあるが、この時の「亜美」の気持ちとして最もふさわしいものを次の中から選び、記号で答えなさい。

ア　実は自身も「私」と同様博物館に興味があり、ついていけるかもしれないと心躍っている。

イ　「私」に意見を求められたので、パートナーとして認められたように感じ舞い上がっている。

ウ　実は博物館に行きたいのに、本音を言えない「私」の強がる姿を見て面白がっている。

エ　「私」が普段とは違って無邪気な反応を示したため、親しみを感じている。

オ　「私」が博物館を見て回っている間は、外で待ちながらボールにさわれるので楽しみにしている。

問2　[I]に入る表現を文脈から考え、答えなさい。

問3　――線2「ここからもう少し行くと、鳥の博物館というのがあ

A

三月九日　15:36〜16:07

不動堂の裏手をぐるりと上り回って戻る、きれいに整備された竹林の小道。切って積まれた竹が隣の農家の敷地とを塀のように隔てるその上に、色鮮やかな雄のキジがとまっている。赤い顔は、ベルベット生地をハートに切って両側に並べ、黄色い目のボタンで留めたような具合だ。その二つの裂け目から、白っぽいくちばしが突き出している。下るにつれて青紫から光沢のある緑色に変わる首が、時折、誇らしげに差し上げられると、釣り合いを保つように、クリーム色に黒い斑が交じってきれいな縞模様になった長い尾羽が上下に動いた。ふいの風に竹の葉が鳴る。何を気にしたか、身を伏せたキジは、竹塀を向こうに降りて、落ち葉を踏み鳴らしてクマザサの茂みへ入ったらしい。ガサガサという音が斜面を下って遠ざかっていく。しばらくして、下りきったところにある小さな畑に出るのが見えた。一歩一歩、しっかりとした足取りにも動かない黒い背中。横を向いて、ぞっとするほど鮮やかな頭の赤。血のように暗く詰まったその色は、陰にいるといっそう濃く見える。キジはそのまま、不動堂の方へ歩いて行った。

53

下で鋭い鳴き声と羽音がすると同時に、どこか緩慢な叫び声も上がった。不動堂の前に出て＊母衣打ちしたキジに驚いたらしい。竹林を下りつつそちらに意識を向けると、驚きながらも続いているリフティングの音が聞こえた。直後、ガサガサ草切る派手な音と一緒になんだか間抜けな叫び声、次いでボールの跳ねる音が二度三度、小さくなって途絶えた。

不動堂の前に出ると、尻もちをついた亜美が待ってましたと言わんばかりに「キジ！」と叫んだ。「そっちから来て」クマザサの茂みの方を指さし、「その裏抜けて」と不動堂を指さし、そのままさらに奥の竹林を指さした。「あっちにぶわーって走ってった！」

「キジって速いよな」

「速い！」とやけに嬉しそうに言って情けない顔を浮かべる。

記録は五十三回と言うのでノートに書き留める。「少ないな」

「仕方ないじゃん、キジが出たんだから」

「その前、何してたんだよ」

「ちょっと色々やってたんですっ」

叩きつけるような語尾と一緒に立ち上がり、滝前不動を後にする。ちょうど収穫期を迎えたブロッコリー畑の横を通って手賀沼の方へ歩いて行った。土から太い茎をのばし、天辺で大きな葉に囲まれた蕾は緑に詰まっている。二、三日のうちに収穫されるだろうが、亜美は見向きもしなかった。

手賀沼の遊歩道に人はおらず、亜美は嬉しそうにボールを足裏でなめて転がしていく。道が沼辺を少し迂回したところには＊ビオトープが造られ、ヨシ原がそれを囲む。それを見下ろして歩く道に一羽のコブハクチョウが休んでいた。

静かに喜んだ亜美は膝に手を置き、回り込むようにして近づいていった。人馴れしたコブハクチョウは気にしながらも羽づくろいを止めない。本来は渡り鳥だが、日本に棲みついた外来種だ。

「ブラックバスとかミドリガメと一緒だ？」

受験生らしいところを見せつつ、距離をとってボールをちらつかせているが、犬じゃあるまいし、4先方はまったく興味がない。塒にしているのであろう池を見下ろすと、人がヨシを踏み倒した道が畔に立つ柳の下まで続いていた。

この下で書くと言うと、「はいはい、どーぞ」と慣れたものでコブ我々は機嫌よく笑いながらおにぎりやら唐揚げやら飲み物やらを買い、親水広場の芝生で、小さな子供らのはしゃぐ水遊びの池を手前に、奥に手賀沼を見下ろしながらお昼にした。三月の気温は高くないとはいえ、日差しは暖かに降りそそぎ、遠い水面を緑青に染め、水飛沫を白く輝かせていた。

準備万端で向かった鳥の博物館は休館日だった。電気の消えた暗い館内をガラス越しに見ながら呆然と立つ私の肩に、亜美が手を置いた。

「旅の帰りにまた来ればいーじゃん？　わたしも付き合うからさー」

私は3<u>道化と本気を混じらせた低い声で「約束だぞ」と言った。</u>

「約束、約束！」と私の肩を叩いて笑った。

予定が狂ったので、早めに次の目的地へ行くことにする。滝前不動だ。

（中略）

滝前不動は、志賀直哉邸跡と同じように台地の裾の傾斜にあった。境内はみな竹林で、崖に埋め込まれた石組の上に据えられた竜頭が口を開けて水を出しているのが、名の由来となった滝らしい。昔は台地の湧き水がその口から派手に落ちていたのかも知れないが、今は割れた喉元をだらしなく伝って、下の溜まりでちょろちょろ音を立てている。

「これが滝？」と亜美はボールを抱えたまま半笑いで見上げている。

「想像とだいぶちがうなー」

「文句が多いな、さっきから」

「竜の角も折れちゃってるし。これでほんとに守ってくれるの？」もう振り返って、そばの石碑を指さす。「これは何よ？」

「不動明王真言」と書いてあるのを読む。その横に、ひらがなで彫られているのが「密教の呪文」だと教えてやった。

「えーじゃあ、真言宗の真言ってこれのことなんだ？」

「不動明王のはこれ。唱えて守ってもらう」

「みんなに呪文があるんだね」ゆっくり言うと、足首を回しながら読み上げ始めた。「のうまくさんまんだ　ばざらだん　せんだ　まかろしやだ　さはたや　うんたらたかんまん」意外に笑わず、しばらく石碑をじっと見ていたが、急に

「意味は？」と顔を上げた。

「意味はそんなに重要じゃない。このまま唱えるのが一番大事」

「えー？」首を傾げて細目で睨んできた。「わかんないからテキトー言ってんじゃないの？」

信じたくなきゃそれまでだと言ったら「む」と唸った。

（中略）

ちょうど不動堂の裏にあたるところで、我々は道の先に、野生のキジを見つけた。

「ほんとにいるんだ、キジって」と亜美は竹から顔を覗かせて言う。

「なんかウソみたい、桃太郎じゃん」

「現実にいなかったらお伴にできないだろ」

適当に話を合わせながらリュックを下ろし、ゴムマットを地べたに敷いて、［Ⅱ］を出した。

「え、なに」亜美は声と眉をひそめた。「書くの？　キジを？」

「書きたいだろ、キジは」と座り込む。「逃げちゃうから驚かすなよ」

「じゃーここでリフティングできないじゃんっ」派手な眉の動きで必死さが伝わる。「どーしろって？」

「下に戻るといい。それか一緒に見ててもいいし」

「下でやって来ますよーだ」とベロでも出しそうな言い方で、亜美は来た道を戻っていった。

二〇二二年度　早稲田大学系属早稲田実業学校中等部

【国語】（六〇分）〈満点：一〇〇点〉

一　次の文章を読んで、後の問いに答えなさい（問題の都合により省略した部分がある）。

小説家の「私」は姪である小学校6年生の「亜美」と春休みを利用して徒歩で旅に出る。サッカー好きの「亜美」は道中ボールを蹴り続け、「私」は目についた景色を文章にする。

「もう少し行ったら鳥の博物館があるな」

「鳥の博物館？」少し考えてから亜美は言った。「あたし、パス」

私は無言で抗議の意を示した。

「なに、もしかして行きたいの？」

「いや、別に」

「行きたいんだ？」1なんだか嬉しそうに笑う。「別に一人で行ってきていいよ、あたしは外で蹴ってるからさー」

「いい、行かない」

「素直じゃないんだからなー」

遊歩道は親水広場につながり、道の駅のような大きな建物があった。農産物直売所やレストランもあるようだ。もう一時を過ぎた頃で、我々はそこで昼食をとることにした。

「言うの忘れてたけど、あたし、おかーさんに二万円もらってきたんだよ。自分のごはん代はそこから出せだってさ。そんで、お小遣いも持ってきた」

地産地消を謳う併設のレストランの入り口で、亜美は膝に手をつき、看板のメニューにかぶりついて、残念そうにこちらを振り返る。

「オムライスないのかぁ」

いつものことだが「ほかのものじゃダメなのか」と訊く。

「オムライスならなんでもいいんだけど、ないならあたし、お店入らないで簡単なもんでいいや。節約して、オムライスがあったらその時にどーんと使う。そういう計画に決めました」

その物言いが、私に一つの伝言を思い出させた。

「おかーさんから？　なに？」

「　Ｉ　」

派手に驚いて、ほとんど叫び声を上げた。多くはない周囲の人がこちらを見やるのに、笑って軽く頭を下げる。勘弁してくれという注意も聞こえないか、へたりこみながら力なく何か呟いている。「おかーさん」だけ微かに聞こえた。

溶けるように下がる頭と広がっていくベンチコートの裾を見下ろしながら、私はその分け目に向かって「でも」と口走っていた。「全部の言いつけを守る必要があるか？」

きょとんと見上げる顔は、ややあってからみるみる華やいでいった。極まったおしまいに「いいの⁉」とまた大声を発した。

ばれやしないし、卵は摂った方がいいはずだ。持つべきものはこだわりのないテキトーな叔父さんだと亜美は笑って、そうだろうと私もうなずく。

「こりゃ、今日の夜ごはんはオムライスに決まりだねぇ」

「それで」咳ばらいを打ってから、私は続けた。「2ここからもう少し行くと、鳥の博物館というのがあるらしい」

「え？」察しのいい亜美は跳ねるように立ち上がった。「おもしろそうじゃん！」

2022年度

早稲田大学系属早稲田実業学校中等部 ▶解説と解答

算 数 (60分) ＜満点：100点＞

解 答

[1] (1) $1\frac{1}{3}$　(2) 650円　(3) 34.54cm^2　(4) 6通り　[2] (1) ① 正二十角形 ② **イ，ウ** 正三角形，正八角形　(2) (例) 解説を参照のこと。　[3] (1) 42人　(2) **ア** 9840　**イ** 1800　(3) **アメ**…60個，**ガム**…33個，**チョコレート**…45個　[4] (1) 4，6，7，8個　(2) 16個　(3) 33個　[5] (1) **ア** 40　**イ** 35　(2) ① **位置**…解説の図Ⅱを参照のこと。／**面積**…456cm^2　② 解説の図Ⅳを参照のこと。

解 説

[1] 逆算，消去算，展開図，表面積，整数の性質，場合の数

(1) $\left\{1\frac{5}{12}-0.2\times\left(\square-\frac{1}{4}\right)\right\}\div0.64+1\frac{1}{6}=3\frac{1}{24}$ より，$\left\{1\frac{5}{12}-0.2\times\left(\square-\frac{1}{4}\right)\right\}\div0.64=3\frac{1}{24}-1\frac{1}{6}=3\frac{1}{24}-1\frac{4}{24}=\frac{73}{24}-\frac{28}{24}=\frac{45}{24}=\frac{15}{8}$，$1\frac{5}{12}-0.2\times\left(\square-\frac{1}{4}\right)=\frac{15}{8}\times0.64=\frac{15}{8}\times\frac{64}{100}=\frac{6}{5}$，$0.2\times\left(\square-\frac{1}{4}\right)=1\frac{5}{12}-\frac{6}{5}=1\frac{25}{60}-\frac{72}{60}=\frac{85}{60}-\frac{72}{60}=\frac{13}{60}$，$\square-\frac{1}{4}=\frac{13}{60}\div0.2=\frac{13}{60}\div\frac{1}{5}=\frac{13}{60}\times\frac{5}{1}=\frac{13}{12}$　よって，$\square=\frac{13}{12}+\frac{1}{4}=\frac{13}{12}+\frac{3}{12}=\frac{16}{12}=\frac{4}{3}=1\frac{1}{3}$

(2) A，Bの税ぬき価格をそれぞれa円，b円とすると，消費税の分の合計は172円なので，右の図1のアのように表せる。また，税ぬき価格の合計は，2022－172＝1850(円)である。もし，AとBともに消費税率が10%だったとすると，消費税の分の合計は，1850×0.1＝185(円)となり，図1のイのように表せる。アとイの差を考えると，a円の，0.1－0.08＝0.02(倍)が，185－172＝13(円)にあたるから，a＝13÷0.02＝650(円)と求められる。なお，消費税の計算で，小数点以下の切り捨てはないものと考えた。

図1

$a\times0.08+b\times0.1=172$(円)…ア
$a\times0.1\ +b\times0.1=185$(円)…イ

(3) 右の図2で，太線部分アとイはどちらも，立体の側面にあたる長方形の横の長さと等しいから，アとイの長さは等しくなる。よって，底面の円の半径を□cmとすると，$\square\times2\times3.14=4\times2\times3.14\times\frac{1}{4}$と表せるから，$\square=4\times\frac{1}{4}=1$(cm)とわかる。したがって，長方形の縦の長さは，9－4－1×2＝3(cm)で，横の長さ(イの長さ)は，1×2×3.14＝2×3.14(cm)だから，表面積は，$4\times4\times3.14\times\frac{1}{4}+3\times(2\times3.14)+1\times1\times3.14=4\times3.14+6\times3.14+1\times3.14=(4+6+1)\times3.14=11\times3.14=34.54$(cm^2)と求められる。

図2

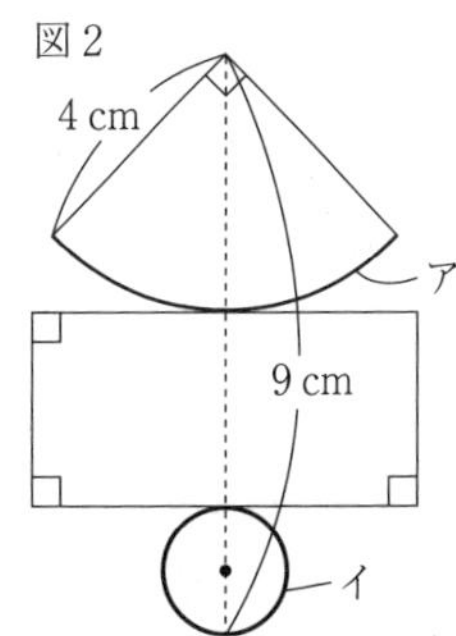

(4) 囲まれた4つの数のうち，左上の数を□とすると，ほかの数は下の図3のように表せる。この

とき，右上以外の３つの数をたすと，□＋(□＋７)＋(□＋８)＝□×３＋15となり，□×３と15はどちらも３の倍数だから，□×３＋15は３の倍数である。よって，□がどのような数でも，右上以外の３つの数の合計は必ず３の倍数になるから，４つの数の合計が３の倍数になるのは，右上の数が３の倍数のときとわかる。そのような囲み方ができるものは，右上の数が３，９，12，15，18，21となる場合だから，全部で６通りある。

図３

□	□＋１
□＋７	□＋８

2 平面図形の構成，時計算

(1) ①　正方形の１つの内角は90度，正五角形の内角の和は，180×(５－２)＝540(度)，１つの内角は，540÷５＝108(度)だから，内側にできる多角形の１つの内角の大きさは，360－(90＋108)＝162(度)となる。すると，内側にできる多角形の１つの外角の大きさは，180－162＝18(度)になり，多角形の外角の和は360度だから，360÷18＝20より，内側には正二十角形ができるとわかる。

②　正二十四角形の１つの外角の大きさは，360÷24＝15(度)だから，１つの内角の大きさは，180－15＝165(度)である。すると，交互に並べる２種類の正多角形の１つの内角の大きさの和は，360－165＝195(度)となる。正多角形の１つの内角の大きさを調べると，右の図のようになるので，60＋135＝195(度)より，正三角形と正八角形を並べると，内側に正二十四角形ができるとわかる。

正三角形…60度　　正方形…90度　　正五角形…108度
正六角形…180×(６－２)÷６＝120(度)
正七角形…180×(７－２)÷７＝$\frac{900}{7}$(度)
正八角形…180×(８－２)÷８＝135(度)

(2)　５時のとき，長針と短針のつくる小さい方の角の大きさは，360÷12×５＝150(度)なので，この後，長針と短針のつくる角が，150－90＝60(度)小さくなると，１回目に直角になる。１分間に長針は，360÷60＝６(度)，短針は，360÷12÷60＝0.5(度)動くから，１分間に長針と短針のつくる角は，６－0.5＝5.5(度)小さくなる。よって，60度小さくなるのにかかる時間は，60÷5.5＝60÷$\frac{11}{2}$＝60×$\frac{2}{11}$＝10$\frac{10}{11}$(分)だから，１回目は５時10$\frac{10}{11}$分とわかる。

3 差集め算，つるかめ算

(1)　男子が女子より□人多いとすると，予定の集め方と，男子と女子の金額を逆にした実際の集め方は右の図１のように表せる。図１で，実線で囲んだ部分の金額は同じだから，予定と実際で集まった金額の差は，(200×□)円と(180×□)円の差と等しくなる。また，先生の負担額を120円増やしてもらったから，実際に集まった金額は予定よりも120円少なかったとわかる。よって，200×□－180×□＝120(円)となるので，(200－180)×□＝120，20×□＝120より，□＝120÷20＝６(人)とわかる。したがって，男子と女子の生徒数の比は４：３であり，比の，４－３＝１にあたる人数が６人だから，男子は，６×４＝24(人)，女子は，６×３＝18(人)で，その合計は，24＋18＝42(人)と求められる。

図１

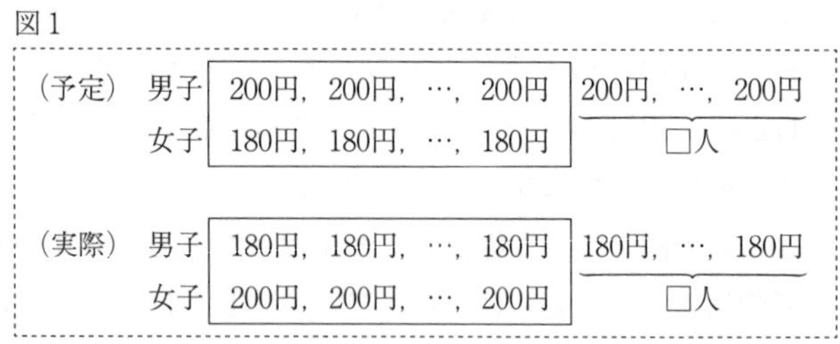

(2)　先生の負担額は，予定よりも120円増えた後，480円減ったので，予定の負担額よりも，480－120＝360(円)少なくなる。また，先生の負担額は予定の0.8倍だから，予定の，１－0.8＝0.2(倍)

が360円にあたる。よって，イ＝360÷0.2＝1800(円)とわかる。したがって，予定では男子24人から200円ずつ，女子18人から180円ずつ，先生から1800円集めるから，ア＝200×24＋180×18＋1800＝4800＋3240＋1800＝9840(円)と求められる。

(3) (1)と同様に考えると，2種類のお菓子(かし)の個数を逆にして買って480円余ったから，その2種類のお菓子の1個あたりの値段の差は480の約数である。アメとガムの値段の差は，80−30＝50(円)，アメとチョコレートの値段の差は，120−30＝90(円)，ガムとチョコレートの値段の差は，120−80＝40(円)で，このうち，480の約数は40だけだから，個数を逆にしたお菓子はガムとチョコレートである。また，代金が予定より安くなったから，値段の高いチョコレートをガムよりも，480÷40＝12(個)多く買う予定だったとわかる。ここで，チョコレートを予定より12個減らしてガムと同じ個数だけ買うとすると，個数の合計は，138−12＝126(個)で，代金の合計は，9840−120×12＝8400(円)になり，右の図2のように表せる。図2で，太線で囲んだ部分の面積は，30×126＝3780(円)にあたるから，かげをつけた2つの長方形の面積の和は，8400−3780＝4620(円)にあたる。この2つの長方形の縦の長さはそれぞれ，80−30＝50(円)，120−30＝90(円)だから，50×□＋90×□＝4620(円)より，(50＋90)×□＝4620，140×□＝4620，□＝4620÷140＝33(個)とわかる。したがって，予定のガムの個数は33個，チョコレートの個数は，33＋12＝45(個)，アメの個数は，138−(33＋45)＝60(個)と求められる。

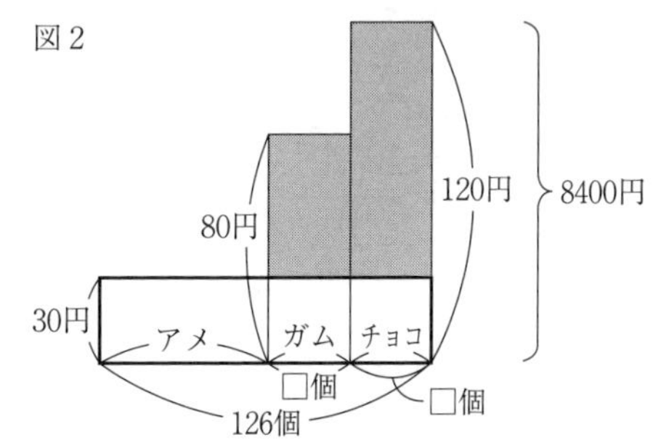

4 立体図形―構成

(1) 分けられてできる立体の個数は，(Ⓐで切ってできる赤い部分の数)×(Ⓑで切ってできる段の数)となる。まず，Ⓐで切ってできる赤い部分の数は，1回も切らないと1個，1回切ると2個，2回切ると4個になる。また，右の図①より，3回切ると赤い部分は7個になる。次に，Ⓑで切る場合，1回も切らないと1段，1回切ると2段，2回切ると3段，3回切ると4段になる。したがって，合わせて3回切るとき，3回ともⒶの場合は，7×1＝7(個)，Ⓐが2回でⒷが1回の場合は，4×2＝8(個)，Ⓐが1回でⒷが2回の場合は，2×3＝6(個)，3回ともⒷの場合は，1×4＝4(個)の立体に分けられるから，考えられる個数は，4個，6個，7個，8個である。

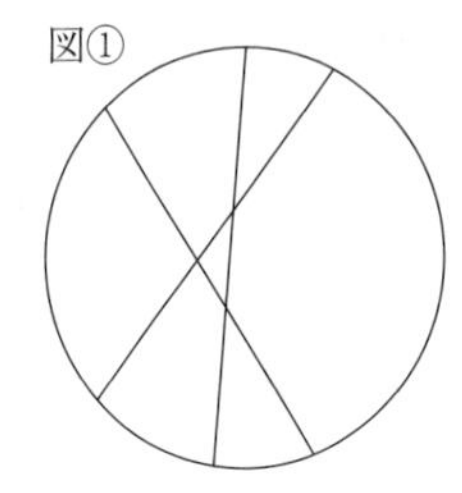

(2) (1)より，Ⓐで切ると，2−1＝1，4−2＝2，7−4＝3のように，赤い部分が増える数は1個ずつ多くなる。よって，Ⓐで4回切ってできる赤い部分の数は，7＋4＝11(個)，Ⓐで5回切ってできる赤い部分の数は，11＋5＝16(個)となる。したがって，Ⓐのみで5回切ったときに分けられる立体の個数は，16×1＝16(個)とわかる。

図②

Ⓐ6回，Ⓑ0回…22×1＝22(個)
Ⓐ5回，Ⓑ1回…16×2＝32(個)
Ⓐ4回，Ⓑ2回…11×3＝33(個)
Ⓐ3回，Ⓑ3回…7×4＝28(個)
Ⓐ2回，Ⓑ4回…4×5＝20(個)
Ⓐ1回，Ⓑ5回…2×6＝12(個)
Ⓐ0回，Ⓑ6回…1×7＝7(個)

(3) (2)より，Ⓐで6回切ってできる赤い部分の数は，5回のときよりも6個増えるので，16＋6＝22(個)となる。よって，合わせて6回切るときのⒶ，Ⓑの回数の組み合わせと，それぞれの場合で分けられる立体の個数は，右上の図②のようになるので，考えられる最も多い個数は33個とわかる。

5 平面図形―図形上の点の移動，面積

(1)　下の図Ⅰで，Ⓐの半径は12cm，Ⓑ，Ⓓの半径は，20－12＝8(cm)，Ⓒの半径は，15－8＝7(cm)で，歯車の歯数の比と半径の比は等しいから，Ⓐ，Ⓑ，Ⓒ，Ⓓの歯数の比は，12：8：7：8である。また，歯車がかみ合って回転するとき，2つの歯車の，(歯数)×(回転数)の値は同じになる。よって，Ⓐが1分間(60秒)で1回転するときの，Ⓑ，Ⓓの回転数は，12×1÷8＝1.5(回転)となるから，Ⓑ，Ⓓは1回転するのに，60÷1.5＝40(秒)(…ア)かかる。さらに，Ⓑ，Ⓓが40秒で1回転するときのⒸの回転数は，8×1÷7＝$\frac{8}{7}$(回転)だから，Ⓒは1回転するのに，40÷$\frac{8}{7}$＝35(秒)(…イ)かかる。

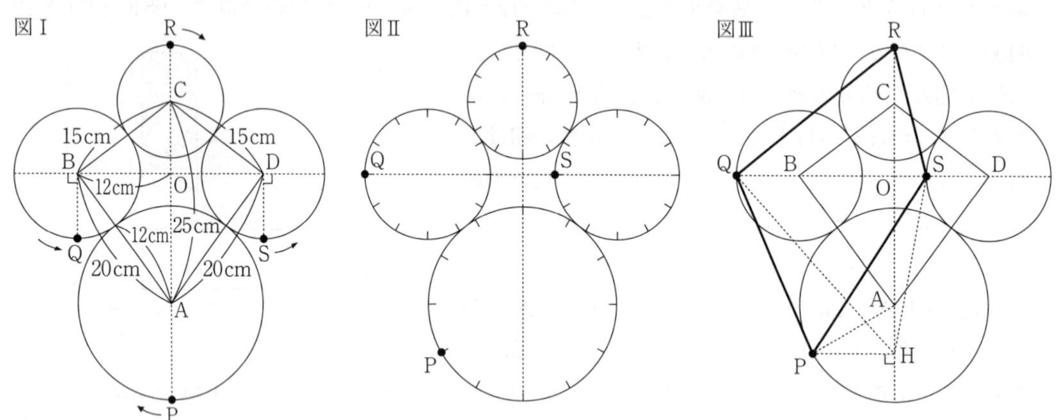

(2)　①　図Ⅰのように，Ⓐは時計回り，Ⓑ，Ⓓは反時計回り，Ⓒは時計回りに回転し，(1)より，1秒間に，点Pは，360÷60＝6(度)，点Q，Sは，360÷40＝9(度)，点Rは，360÷35＝$\frac{72}{7}$(度)動く。よって，70秒間に，点Pは，6×70＝420(度)，420÷360＝1余り60より，時計回りに1回転と60度動き，点Q，Sは，9×70＝630(度)，630÷360＝1余り270より，反時計回りに1回転と270度動き，点Rは，$\frac{72}{7}$×70＝720(度)，720÷360＝2より，ちょうど2回転する。よって，70秒後の点P，Q，R，Sの位置は上の図Ⅱのようになる。次に，上の図Ⅲで，四角形ABCDは，AB＝AD，BC＝DCより，点A，Cを通る直線を対称(たいしょう)の軸(じく)として線対称な図形だから，ACとBDは垂直に交わり，OD＝OB＝12cmとなる。また，図Ⅲのように点Hをとると，PHとBDは平行になる。よって，三角形QPSと三角形QHSの面積は等しいから，四角形PQRSの面積は，四角形HQRSの面積と等しくなり，その対角線RHとQSは垂直に交わるので，面積は，RH×QS÷2で求められる。さらに，角PAH＝60度より，三角形PAHは正三角形を2等分した直角三角形だから，AHの長さは，APの半分で，12÷2＝6(cm)となる。したがって，RH＝RC＋CA＋AH＝7＋25＋6＝38(cm)となり，QS＝QB＋BO＋OD－SD＝8＋12＋12－8＝24(cm)だから，四角形HQRS(PQRS)の面積は，38×24÷2＝456(cm^2)と求められる。　②　問題文中の図4で，点Rはもとの位置と同じ位置にあり，点Qはもとの位置から反時計回りに270度動いた位置にある。よって，点R，Qが初めて図4の位置にくるのはそれぞれ回転を始めてから，360÷$\frac{72}{7}$＝35(秒後)，270÷9＝30(秒後)であり，その後，点Rは35秒ごとに，点Qは40秒ごとにそれぞれ図4の位置にくる。すると，初めて点R，Qがともに図4の位置にくるのは70秒後であり，その後，35と40の最小公倍数である280秒

ごとに，点R，Qがともに図４の位置にくる。つまり，図４の時間として考えられるのは，回転を始めてから，70秒後，350秒後，630秒後，910秒後，…なので，図４の状態から70秒前，350秒前，630秒前，910秒前，…の点P，Sの位置を考えればよい。まず，①より，70秒間で，点Pは時計回りに１回転と60度，点Sは反時計回りに１回転と270度動くので，図４の70秒前は，点Pは図４の位置から反時計回りに60度動いた位置にあり，点Sは図４の位置から時計回りに270度動いた位置にある。そのときの点P，Sの位置は下の図Ⅳの㋐になる。また，280秒間で，点Pは，６×280＝1680(度)，1680÷360＝４余り240より，時計回りに４回転と240度動き，点Sは，９×280＝2520(度)，2520÷360＝７より，ちょうど７回転する。よって，図４の350秒前，つまり，70秒前からさらに280秒前は，点Pは図Ⅳの㋐の位置から反時計回りに240度動いた位置にあり，点Sは図Ⅳの㋐の位置と同じ位置にある。そのときの点P，Sの位置は図Ⅳの㋑になる。同様に考えると，図４の630秒前の点P，Sの位置は図Ⅳの㋒になり，910秒前の点P，Sの位置は図Ⅳの㋐と同じになる。したがって，回転を始める前の点P，Sの位置として考えられるものは，図Ⅳの㋐，㋑，㋒の３通りである。

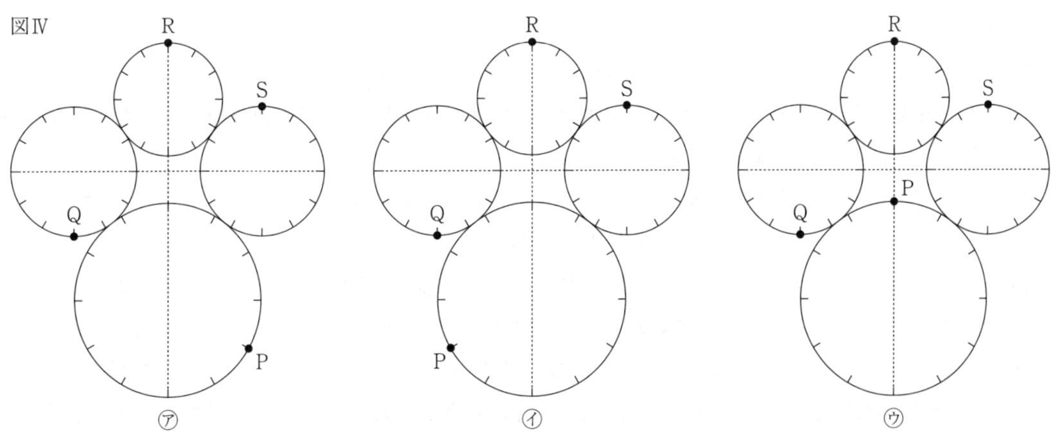

社　会　(30分)＜満点：50点＞

解　答

Ⅰ **問１** ウ　**問２** ①　種子島　②　ウ　**問３** 豊臣秀頼　**問４** イ，ウ　**問５** ①　A　イ　B　ウ　C　オ　②　奥の細道　**問６** 仏の力(仏教)　**問７** 渋沢栄一　**問８** (例)　鉄道(と)百貨店(を結びつけた。)

Ⅱ **問１** ①　ア，イ　②　イ　③　(例)　もとは河川にそって県境がひかれていたが，その後，河川工事などで流路が変わったため。④　(例)　耕地整理が行われ，水田の形が規則正しいものになったから。　⑤　伊能忠敬　⑥　万葉集　**問２** ①　D　②　ア，イ，オ　③　(例)　鳥インフルエンザの流行

Ⅲ **問１** ア　**問２** 1　摂政　3　象徴　**問３** 2　オ　4　キ　**問４** ①　(例)　たまき　②　(例)　日本国憲法が保障する法の下の平等や男女の平等の原則に照らして，女性天皇や女系天皇を認めないのはおかしいと思うから。　③　(例)　過去に女性天皇の例は

あるが，すべて「つなぎ役」であり，男系天皇を維持してきたのは日本の伝統である。　**問5**　イ　**問6**　ア

解説

Ⅰ 大阪の歴史を題材とした問題

問1　アは飛鳥寺(奈良県明日香村)にあり，「飛鳥大仏」の名で知られる釈迦如来像，イは長野県茅野市の棚畑遺跡で発掘されたもので，「縄文のビーナス」ともよばれる女性をかたどった土偶，ウは稲荷山古墳(埼玉県行田市)から出土した鉄剣，エは飛鳥池遺跡(奈良県明日香村)などから出土した富本銭，オは志賀島(福岡県)から出土した「漢委奴国王」と刻まれた金印。アは7世紀，イは縄文時代につくられた。ウは「ワカタケル大王」の名をふくむ115字の銘文が刻まれているもので，ワカタケルは5世紀に在位した雄略天皇のこととされる。エは7世紀後半に鋳造されたと考えられる銅銭。オは1世紀に後漢(中国)に使いを送った奴国の王が皇帝から授かったものと考えられている。2019年に世界文化遺産に登録された「百舌鳥・古市古墳群」の構成資産でもある大仙(大山)古墳(大阪府堺市)と誉田御廟山古墳(大阪府羽曳野市)は，ともに5世紀につくられたと考えられている。

問2　①，②　1543年，ウの種子島(鹿児島県)に中国船が漂着し，乗っていたポルトガル人によって日本に鉄砲が伝えられた。なお，アは対馬(長崎県)，イは屋久島(鹿児島県)，エは奄美大島(鹿児島県)，オは沖縄島(沖縄県)である。

問3　1615年に起きた大阪夏の陣で，幕府の大軍に攻められて大阪城は落城し，豊臣氏は滅亡した。このときの豊臣氏の当主は，秀吉の子の秀頼である。

問4　江戸時代，江戸と大阪の間で定期航路が開かれ，多くの物資が両地間で運ばれた。輸送には当初，菱垣廻船とよばれる船が使われたが，やがてより小型で速度が出る樽廻船(もともと酒樽を運ぶ船であったことから，その名がある)が多く利用されるようになった。なお，アは蝦夷地(北海道)や東北地方の物資を，日本海沿岸から瀬戸内海を経て大阪に運ぶ西廻り航路に就航した船。エは17世紀初め，幕府から朱印状という海外渡航許可証をあたえられ，東南アジアなどに出かけて貿易を行った船。オは西日本各地に来航して貿易を行ったスペイン船やポルトガル船のことである。

問5　①，②　A～Cの俳諧(俳句)は，17世紀後半に松尾芭蕉が著した紀行文『奥の細道』に収められた作品。Aは平泉(岩手県)，Bは大石田(山形県)付近，Cは出雲崎(新潟県)でよまれたものである。

問6　8世紀前半は，天然痘などの疫病の流行やききん，貴族間の争いなどがあいつぎ，社会不安が広がった時代であった。仏教を厚く信仰した聖武天皇は，仏の力で国を安らかに治めようと願い，地方の国ごとに国分寺・国分尼寺を建てることを命じるとともに，都の奈良には総国分寺として東大寺と金銅の大仏をつくらせた。

問7　大阪紡績会社の設立に深く関わったのは実業家の渋沢栄一。現在の埼玉県深谷市の富農の家に生まれ，幕臣や新政府の役人を経て実業家となった人物で，多くの企業や銀行の設立に関わったことから，「日本の資本主義の父」ともよばれる。2024年に発行される予定の新一万円札の肖像にも選ばれた。

問8　小林一三は，阪急電鉄を中心とする阪急東宝グループ(現在の阪急阪神東宝グループ)の創業

者として知られる実業家。鉄道事業を中心として不動産事業や流通事業，観光事業，娯楽(ごらく)産業などを組み合わせた事業を展開した。写真は「阪急百貨店」を示したもので，経営する鉄道の始発駅や沿線に百貨店(デパート)などの商業施設を設け，集客をはかった。

Ⅱ 千葉県の地図を題材とした地理と歴史の問題

問1 ① 千葉県北部で，他県との境界付近を流れている河川なので，利根川と判断できる。利根川は群馬・栃木・埼玉・茨城・東京・千葉の1都5県を流域としている。なお，地形図は千葉県香取市と茨城県稲敷(いなしき)市付近を示したもので，地形図の上部に少しだけ見えているのは霞ヶ浦(かすみがうら)である。 ② 利根川の下流部は千葉県と茨城県の県境にほぼそう形で西から東に流れ，銚子(ちょうし)市(千葉県)で太平洋に注いでいる。 ③ 都道府県や市区町村の境界が河川の上にひかれているのはよくあることで，この付近の県境は利根川の流路がBの点線部のようであったころに決められたが，その後，洪水がたびたび起こったことから流路を直線的にかえた結果，河川と県境が少しずれた現在のような姿になった。 ④ 1962年の写真と1988年の写真を比べると，1988年のほうが水田の形がきれいに整えられている。つまり，耕地の区画整理が行われた結果，不規則な水田の形が整えられ，大型農業機械が使いやすくなったことがわかる。 ⑤ 江戸時代後期，佐原(千葉県香取市)で酒造業を営んでいた伊能忠敬(ただたか)は，50歳で家業を息子に譲(ゆず)ったあと，江戸に出て天文学や測量術などを学んだ。その後，幕府の命令で全国の海岸を測量して歩き，正確な日本地図を作製した。 ⑥ 防人のうたなどが収められている奈良時代の歌集は『万葉集』。現存する最古の歌集で，天皇・貴族から農民・兵士にいたるさまざまな身分の人々の作品約4500首が収められている。

問2 ① 農業生産額がとびぬけて多く(全国第1位)，特に乳用牛の割合が高いAは北海道。肉用牛の割合が高いBとEのうち，きゅうりなどの促成栽培がさかんで野菜の割合が高いEは宮崎県，残るBが鹿児島県である。CとDは構成が似ているが，Cは都道府県名と都道府県庁所在地名が異なるということから，水戸市のある茨城県で，残るDが千葉県である。 ② ア 東京都との距離は，北海道・鹿児島県・宮崎県は遠く，茨城県・千葉県は近い。 イ 野菜の割合は，茨城県・千葉県が30％以上，北海道・鹿児島県・宮崎県が30％未満である。 ウ 加工農産物の割合は，鹿児島県・茨城県が1％以上，北海道・千葉県・宮崎県は1％未満である。 エ 北海道・茨城県・千葉県は乳用牛の割合のほうが，鹿児島県・宮崎県は肉用牛の割合のほうが大きい。
オ 北海道・鹿児島県・宮崎県は畜産物の生産額のほうが，茨城県・千葉県は農産物の生産額のほうが大きい。 ③ 近年，養鶏場のにわとりが鳥インフルエンザに感染するケースがしばしば起きている。鳥インフルエンザはウイルスによって引き起こされる感染症で，通常，人間には感染しないが，野鳥などを媒介(ばいかい)してにわとりに感染するとその多くが死んでしまう。養鶏場でこの病気が発生した場合，近隣(きんりん)に伝染するおそれがあるため，その養鶏場のにわとりはすべて殺処分される。

Ⅲ 天皇制を題材とした問題

問1 法律案の審議は衆参どちらの議院が先でもかまわないから，アが誤り。衆議院に先議権があるのは予算の審議だけである。

問2 1 天皇に代わってその仕事を行う役職は摂政(せっしょう)。日本国憲法の下(もと)でも，摂政をおくことは認められている。 3 日本国憲法第1条で，天皇は「日本国の象徴(しょうちょう)」であり「日本国民統合の象徴」であると定められている。

問3 2 天皇が自分の意思で退位できないということは，日本国憲法第22条が保障する職業選択(せんたく)

の自由に反する可能性がある。　**4**　男しか天皇になれないという現行の制度は，日本国憲法第14条が保障する法の下の平等に反する可能性がある。

問4　①～③　たまきは，女性の天皇も認めるべきで，女性天皇と一般男性の間に生まれた子どもでも天皇になってよいという考え。かなは，女性の天皇はいてもよいが，天皇家でない男性の子が天皇になることには抵抗があるという考え。ときおは，男系の天皇は守るべきで，直系の男性皇族がいない場合には旧宮家など皇室と血縁関係のある男性を皇室に戻(もど)せばよいとする考え。ちばたは，今の制度のままで行けるところまで行って，ダメだったら天皇制そのものを終わらせてもよいとする考えである。どの人に賛成してもよいので，賛成する理由と，予想される反対意見についてまとめること。なお，女性天皇もしくは女性の皇族から生まれた子が天皇に就(つ)いた場合は「女系天皇」とよばれるが，現行の皇室典範(てんぱん)においては，女性天皇とともに認められていない。

問5　ア　内閣総理大臣は，国会の指名にもとづいて天皇が任命する。　イ　外国の大使や公使の接受(もてなすこと)は，日本国憲法第7条に規定されている天皇の国事行為の1つである。　ウ　憲法改正を発議するのは国会である。　エ　国会の召集も天皇の国事行為であるが，それを決めるのは内閣である。

問6　香港(ホンコン)は1842年，アヘン戦争に勝利したイギリスが清(中国)から譲り受けて以来，イギリスの植民地となり，資本主義経済のしくみの下，東アジアにおける金融(きんゆう)・経済の中心地の1つとして繁栄(はんえい)してきた。1997年に中国(中華人民共和国)に返還されたが，そのさい，香港を特別行政区として自治を認め，返還後の50年間は「一国二制度」(社会主義の中国のなかにあって，資本主義・民主主義の政治・経済体制を続けること)とよばれるしくみが約束された。しかし，近年の中国は香港に対する支配を強め，2020年には「国家安全維持法」を制定し，同法にもとづいて香港の民主派に対する弾圧を続けるなど「一国二制度」をないがしろにする態度をとっており，香港の人々の反発を招いている。

理科　(30分)　<満点：50点>

解答

1　**問1**　(例)　磁石のN極とS極の位置を反対にする。　**問2**　(ウ)　**問3**　(イ)，(オ)　**問4**　4個　**問5**　(イ)，(オ)　2　**問1**　光合成　**問2**　水上置換　**問3**　X　(ウ)　Y　(カ)　**問4**　(エ)　**問5**　(ア)，(エ)　**問6**　(イ)　**問7**　(例)　天候や環境の変化で昆虫の数が減ったときに，受粉が十分におこなわれなくなること。　**問8**　①　(オ)　②　(カ)　③　(イ)

3　**問1**　(イ)，(オ)　**問2**　(ア)，(エ)　**問3**　(エ)　**問4**　64kg　**問5**　(ア)，(エ)　**問6**　(ウ)　**問7**　(イ)，(エ)

解説

1　**モーターを用いた電流回路についての問題**

問1　図1のモーターは，電流を流すことで磁力を帯びたコイルが，その両側にある磁石に引かれたり反発したりすることで回転する。よって，コイルに流れる電流の向きを逆にしたり，両側にある磁石の置き方を逆にしたりすると，モーターの回転の向きも逆になる。

問2　鍵をかけるには，電流がAから入ってHから出るように電流を流せばよい。よって，かん電池の＋極からBへ電流が流れ，Gからかん電池の－極に電流が流れればよいので，BをDに，GをEにつなぐ。

問3　左側のダイヤルについて，鍵をかけるにはBとDがつながればよい。そのためには，BとDが180度離れているので，「2番に設定して，Bと8番，Dと4番がそれぞれ接している場合」と「6番に設定して，Bと4番，Dと8番がそれぞれ接している場合」の2通りが考えられる。一方，右側のダイヤルについて，鍵をかけるにはGとEがつながればよく，そのためには，GとEが135度離れているので，「8番に設定して，Gと1番，Eと6番がそれぞれ接している場合」だけが考えられる。以上のことから，(イ)と(オ)の2通りが該当する。

問4　鍵をかけたときも開けたときも電流が流れる部分にスイッチを組み込めばよい。それに該当するのはAB間，IJ間，KL間，GH間である。

問5　鍵を開けるときには電流が流れ，鍵をかけるときには電流が流れない部分に青色の豆電球を組み込めばよい。鍵を開けるには，電流がHから入ってAから出るように電流を流せばよく，BをCに，GをFにつなぐことになる。よって，鍵をかけるときに電流が流れる部分と比べると，CL間とIF間が，鍵を開けるときには電流が流れ，鍵をかけるときには電流が流れない部分であることがわかる。

2　気体の性質，植物のはたらきについての問題

問1　植物は，太陽の光のエネルギーをつかって光合成をおこない，二酸化炭素と水から養分をつくり，その結果生じた酸素を放出している。

問2　図1の気体の集め方は，水と置き換えて気体を集めるので，水上置換(法)という。

問3　気体(B)は，光合成でつかわれる気体なので，二酸化炭素である。二酸化炭素を発生させるには，石灰石や卵の殻のような炭酸カルシウムを多く含むものにうすい塩酸を加える。

問4　二酸化炭素は空気より重いため，図2のようにすると，メスシリンダーに入っていた二酸化炭素がろうそくの炎に向かって降下する。すると，ろうそくの炎の周りはものを燃やすはたらき(助燃性)のない二酸化炭素で満たされるため，ろうそくの炎が消える。

問5　(ア)について，ポインセチアの花は小さく，それだけでは花粉を運んでくれる虫をおびき寄せるのが難しいため，花の周りの葉(つぼみを包むはたらきをする葉で，苞と呼ばれる)が赤色になる。(エ)について，一般に樹木の背丈が高いのは，光合成をおこなうのに有利だからである。メタセコイヤ(メタセコイア)はヒノキやスギの仲間の高木で，かつては絶滅したと考えられていたが，のちに中国で発見され，現在では日本の各地でも植えられている。

問6　植物が成長するには，光合成によってつくり出した養分のほかに，根から吸収する肥料分(リンや窒素など)が必要となるが，それらの肥料分が不足している土地に生育する植物の中には，虫などを捕らえて消化し，そこから肥料分を吸収して得るものがいる。そのような植物は食虫植物と呼ばれ，モウセンゴケ，ハエトリグサ，ウツボカズラなどがある。

問7　虫媒花にとって最も困るのは，昆虫が減ったりいなくなったりして，花粉が運ばれなくなってしまうことである。最近では，世界中でミツバチの数が減少していることが問題となっており，それによって農作物の収穫にも大きな影響が出るものと心配されている。

問8　(ア)　シイやカシの実はドングリと呼ばれ，リスなどが運んで地中にたくわえる。そのうち食べられなかったものが発芽する。　(イ)　ナンテンやクワは，鳥が実を食べ，消化されずにふんと共に種子が出されることで，種子が遠くまで運ばれる。　(ウ)　ホウセンカやカラスノエンドウは，熟した実がさけたときに種子がはじき飛ばされる。　(エ)　センダングサやオナモミは実の表面にとげがあり，動物の毛にくっついて運ばれる。　(オ)　カエデの実やマツの種子はつばさのようなものを持つつくりになっており，風を受けて遠くまで飛ばされる。　(カ)　ココヤシの実は海の流れ，オニグルミの実は川の流れに乗って遠くに運ばれる。なお，オニグルミは種子がリスなどによってたくわえられることでも生育場所を広げている。

3　地球の温暖化と環境についての問題

問1　(ア)について，梅雨に関係するのは日本の南にある小笠原気団と日本の北にあるオホーツク海気団であり，シベリア気団は関係しない。(ウ)について，黒潮(日本海流)はオホーツク海気団のある海域までは届いていない。(エ)について，乾燥した冷たい空気をもたらすのは冬のシベリア気団である。

問2　農作物にはそれぞれ栽培に適した気温の範囲があるので，温暖化が進んで地球全体の平均気温が上昇すると，栽培に適した地域は北へ移動すると考えられる。よって，(ア)と(エ)が選べる。なお，(カ)について，ミカンの栽培好適地は北に広がると考えられるが，気温が高くなった南の地域では果実に品質が低下する現象が起こりやすくなる。

問3　二酸化炭素を大量に排出しているのは化石燃料を用いた火力発電であるが，中でも石炭を用いた発電は，石油や天然ガスを用いた発電に比べて二酸化炭素排出量が多く，大気汚染などをもたらす有害物質も多量に発生するため，廃止や縮小を目指す国々が増えている。

問4　鉄12kgを製錬するときに発生する二酸化炭素は，$2\times12=24$(kg)である。一方，鉄12kgと同強度の部品をアルミニウムでつくるときに必要なアルミニウムの量は，$12\times\frac{2}{3}=8$(kg)で，これを製錬するときに発生する二酸化炭素は，$11\times8=88$(kg)となる。したがって，二酸化炭素の発生量は鉄の場合と比べて，$88-24=64$(kg)多くなる。

問5　(イ)について，ハイブリッド車はエンジンとモーターを併用して走行するので，ガソリンエンジン車よりもガソリンの消費量が大幅に少ない。(ウ)について，ハイブリッド車に搭載されている(駆動用の)バッテリーは毎年交換しなければならないほどは劣化しない。おおむね10年程度は持つとされている。(オ)について，ハイブリッド車はエネルギーを多く消費する発進時や低速走行時にモーターをつかうことで燃費を良くしている。

問6　(ア)　PHVはプラグインハイブリッドカーの略号で，車載バッテリーに外から直接充電できるハイブリッド車などのことである。　(イ)　EVは電気自動車の略号で，バッテリーとモーターだけで走る車のことを指す。　(ウ)　FCは燃料電池の略号。燃料電池は水素と酸素を反応させて発電する装置で，これを動力源とする燃料電池自動車(略号はFCV)も開発されている。　(エ)　EMSはエネルギーマネジメントシステムの略号で，工場やビルなどの大きな施設において，電気などのエネルギーを最適に利用するためのシステムである。

問7　(イ)について，ボンベの中身に関係なく，空気中にあるボンベにはたらく浮力は，ボンベの体積に相当する空気の重さ(つまり，ごくわずか)である。(エ)について，水素は水に溶けにくく，溶けても強い酸性となることはない。

国語 （60分）＜満点：100点＞

解答

一 **問1** ウ　**問2** （例） オムライスは二日に一回　**問3** エ　**問4** イ　**問5** コブハクチョウ　**問6** ア　**問7** ア，エ　**問8** ノート　**問9** ① （例） 旅の最中に記録をした　② （例） 旅の体験を小説にした　二 **問1** （例） 過去の記憶や物語などを留めている点。　**問2** （例） 何十世代に亘り変化することなく自然と共に生きつづけたところ。　**問3** （例） （現代では世界の多くの地域に暮らす人々が，）文明をつくることで自然から離反し，自然の中で生きることの意味を失ってしまったため（に苦しんでいるということ。） **問4** A （例） （一般的には）文明を発達させた結果，残された大きな遺跡が歴史を伝えるもの（だと思われている。）　B （例） （しかしアラスカでは）自然との共生という先祖と変わらない生き方を続け，記憶と口承で歴史を受け継いできた（と考えられるから。）　三 **問1** 下記を参照のこと。　**問2** ⑴ A お　B く　C い　D う　E ど　F ん　⑵ 異口同音

●漢字の書き取り

三 問1 ① 困難　② 拝む　③ 幼い　④ 枚挙　⑤ 改革

解説

一 **出典は乗代雄介の『旅する練習』による。**小説家である「私」は姪で小学校六年生の亜美とともに歩いて旅を続けている。

問1 「鳥の博物館がある」とだけ聞いて「パス」と言った自分に，「無言」で「抗議」してきた「私」のようすを見た亜美は，「私」が博物館に行きたがっているのではないかと感じ取っている。「なに，もしかして行きたいの？」とたずねても，「いや，別に」と答える「素直じゃない」「私」のようすがこっけいで，亜美は「なんだか嬉しそうに笑」っているのだから，ウが選べる。

問2 レストランに「オムライス」がないのなら，「お店入らないで簡単なもんでいいや」と言う亜美のことばを聞いた「私」は，ふと彼女の母親からの「伝言」を思い出している。続く部分で，伝言を聞いた亜美が派手に驚き，ほとんど叫んだに近い声を上げた後その場にへたりこんでいることからも，伝言の内容は大好きなオムライスばかり食べたがる彼女の行為を制限するようなものだったのだろうと想像できる。なお，「ばれやしないし，卵は摂った方がいいはずだ」という思いで，「全部の言いつけを守る必要」はないと言った「私」のことばに，亜美が「いいの⁉」と表情を明るくした点も参考になる。

問3 母親からの言いつけを必ずしも全部守る必要などないと伝えたことで，「私」は一時，オムライスが食べられないのではないかと絶望した亜美の窮地を救っている。そのうえで再度「ここからもう少し行くと，鳥の博物館というのがあるらしい」と聞かされた亜美は，素早く「私」の思惑を察し，取引に応じる形で最初は拒否していた博物館行きを快諾したのだから，エが合う。

問4 鳥の博物館が「休館日」だったことに呆然とする「私」をなぐさめるように，亜美は「旅の帰りにまた来ればいーじゃん？　わたしも付き合うからさー」と声をかけている。問1でみたように，「素直」になれない「私」は，亜美の提案にわざとらしく低い声で「約束だぞ」と言うことで，

「本気」の思いを冗談のようにして取りつくろったのだから，イが合う。なお，「道化」は，おどけた言動をすること。

問5　亜美が「距離をとってボールをちらつかせている」相手は何かをおさえる。犬であればまだしも，「コブハクチョウ」は全く興味を示さなかったというのである。

問6　一つ目の(中略)の後で，「真言」とは「唱えて守ってもらう」ための「密教の呪文」にあたり，「意味」に重要性はそれほどなく，「このまま唱えるのが一番大事」だと「私」が亜美に説明していることをおさえる。リフティングの前には願いをこめて「のうまくさんまんだ～うんたらたかんまん！」と唱えることにしたという亜美のことばを聞いた「私」は，意味を考えずにただ唱える，まさにそれこそが「真言」だと感じたのだから，アがふさわしい。

問7　リフティングをする前，「暗記も苦手な」はずの亜美が「真言」を唱えて見せたことに，「私」は「いつの間に？」と驚いている。本文の後半で，「私」に「何してたんだよ」と問われた亜美が，「ちょっと色々やって」いたと話していることから，彼女はこのとき「真言」を覚えていたと推測できる。よって，アは正しい。また，はじめはキジを書こうとしていた「私」に，声と眉をひそめながら「書くの？　キジを？」と言っていたが，実際目にしてみると，亜美はそのようすに興奮していたのだから，エも正しい。なお，亜美はキジがどのように走り去ったか，指をさしながら「私」に伝えているので，イは「『私』にキジを追いかけるように指さした」という部分が合わない。さらに，亜美はキジにもコブハクチョウにもボールを当てていないので，ウの「リフティングの際に当ててしまい」という部分も正しくない。そして，二人が旅をしていたころは「危機感もそれほどなかった」し，「こんな旅に躊躇なく出られるくらいには，それまでと地続きの日常があった」と書かれているので，オの「コロナウイルス感染拡大のせいで思うように旅ができない」という部分，カの「コロナウイルス感染拡大による不安な日常」という部分がそれぞれふさわしくない。

問8　続く部分にある，「キジ」について書かれた旅の記録の最後で「53」という数字が記されていることに着目する。この後，「私」は亜美が申告してきた「五十三回」というリフティングの回数を「ノートに書き留め」たことから考えると，彼女のリフティングの回数同様，旅の記録も「ノート」に書いていたことがわかる。

問9　Ⓐが示す範囲は，旅の途中でのできごとや感想などを「私」が旅をしている最中にノートに書き留めた記録である。一方，それ以外の部分は，「小説家」の「私」が姪の亜美と二人で旅をしたときのようすを後から小説として著したものだと想像できる。

二　**出典は池澤夏樹の『旅をした人　星野道夫の生と死』による。**アラスカで自然と共生しながら生き続けている人々のことを紹介しながら，人の生き方についての考えを示している。

問1　(中略)の直後に，「アラスカは記憶以外残らない土地」なので，「記憶と口承が大事になる」と書かれている。これが，「老人が一人亡くなる」ことで「一つの時代の記憶が失われ」てしまうという，人々の「切羽つまった焦燥感」につながっているものとわかる。書籍など文字での記録として過去の記憶や物語が留められている図書館と同様，アラスカでは老人が過去の記憶や物語を口承によって留めているのである。

問2　「父の世代と同じ生きかたを確保することが子の世代の第一の義務」だという意識を持って，アラスカの狩猟民族は「何十世代にも亘って同じように生きてきた」のである。このことが，自然から離反し，「自然とは違うルールに従う」生きかたをしてきたアラスカ以外の地域の人々とは対照的である点で，「特異」であるといえる。

問3　自然から離反し，「自然とは違うルールに従う」生きかたを選んだことで生まれた「悲惨」によって，「われわれ」は今苦しんでいる。最後の段落で，「自然の中での自分たちの位置を正しく知る。分を心得る。生きることの意味は生きることそのものにあるのであって，それ以外ではない」と述べられているとおり，自然と共生しながら生きることが「本来の人間の生きかた」だと考えている筆者は，人々が「攻撃的」とさえいえるほどの文明をつくり続け，自然をないがしろにするあまり，自らの「生きる」意味を見失ってしまった点で「悲惨」であると言っている。

問4　**A**，**B**　「変わらぬ時代」をずっと生き続けてきたアラスカの狩猟民族とは対照的に，文明をつくり上げた人々にとって「大きな遺跡」は過去の記憶，つまり歴史を伝えるものである。しかし，アラスカの狩猟民族は自然と共生しながら生き続け，「記憶と口承」によって歴史を受け継いできたので「すごい」のである。

三　漢字の書き取り，ことわざの完成

問1　①　簡単にはなしとげられないこと。　②　音読みは「ハイ」で，「礼拝」などの熟語がある。　③　音読みは「ヨウ」で，「幼児」などの熟語がある。　④「枚挙にいとまがない」は，数えきれないほどたくさんあるようす。　⑤　制度などの欠点を改め，よくしていくこと。

問2　⑴　①は「暖簾に腕おし」，②は「朱に交われば赤くなる」，③は「鉄は熱いうちに打て」，④は「どんぐりの背比べ」，⑤は「笑う門には福来たる」，⑥は「虫の居どころが悪い」，⑦は「骨折り損のくたびれ儲け」，⑧は「先んずれば人を制す」，⑨は「目から鱗がおちる」となる。

⑵「異口同音」は，多くの人が，口をそろえて同じことを言うようす。

Memo

Memo

Memo

2021年度　早稲田大学系属早稲田実業学校中等部

〔電　話〕（042）300－２１２１
〔所在地〕〒185-8505　東京都国分寺市本町１－２－１
〔交　通〕JR中央線・西武国分寺線・西武多摩湖線－「国分寺駅」徒歩７分

【算　数】（60分）〈満点：100点〉

1　次の各問いに答えなさい。

(1)　$1\frac{5}{7}-\left\{1.325+\frac{1}{5}\times\left(\frac{7}{96}\div\boxed{}\right)\right\}=\frac{3}{14}$ の $\boxed{}$ にあてはまる数を求めなさい。

(2)　３つの歯車Ａ，Ｂ，Ｃがかみ合っています。歯数の比はＡ：Ｂ＝３：４，Ａ：Ｃ＝５：８です。歯車Ｂが72回転するとき，歯車Ｃは何回転しますか。

(3)　下の図１で四角形ABCDは正方形です。㋐の角度を求めなさい。

(4)　下の図２のように，底面の半径が３cm，高さが２cmの円柱を床(ゆか)に置き，底面の中心の真上４cmのところから，電球で照らしました。円柱の影(かげ)がつくる立体の体積を求めなさい。ただし，円周率は3.14とします。

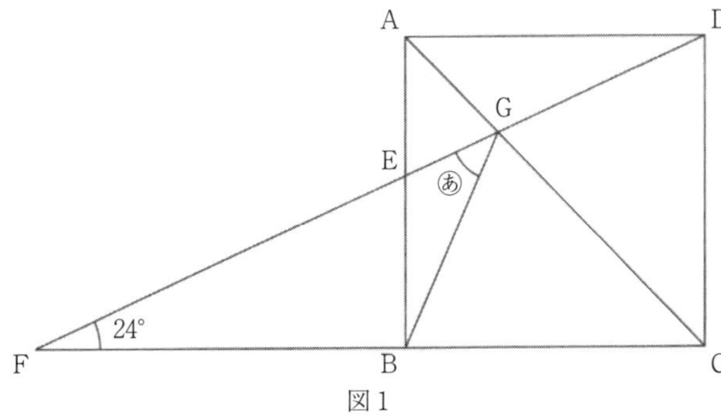

図１

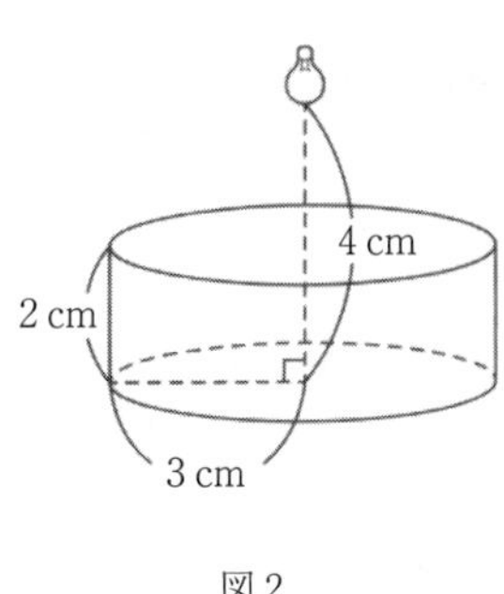

図２

2　次の各問いに答えなさい。

(1)　長さ56mの船Ａと長さ28mの船Ｂがあります。船Ａと船Ｂがどちらも川を上っているとき，船Ｂが船Ａに追いついてから完全に追い越(こ)すまでに１分10秒かかりました。また，船Ａが川を上り，船Ｂが川を下っているとき，船Ａと船Ｂが出会ってから完全に離(はな)れるまでに10.5秒かかりました。次の①，②に答えなさい。

①　船Ａの静水での速さは秒速何ｍですか。

②　船Ａで川下から川上まで上りましたが，川の流れの速さがいつもの２倍だったので，かかった時間が $1\frac{3}{11}$ 倍になりました。いつもの川の流れの速さは秒速何ｍですか。

(2)　2021は20と21を並べてできる数です。このような，連続する２つ以上の０より大きな整数をその順に並べてできる数として，ほかに12（１と２），123（１と２と３），910（９と10）などがあります。これらを小さい順に並べたとき，2021は何番目ですか。

3　**表1**は，1クラス20人の国語と算数のテストの結果をまとめたものです。例えば，国語が20点で算数が0点だった人は2人います。算数の平均点は57点でした。次の各問いに答えなさい。

(1)　算数よりも国語の点数の方が高かった人は，全体の何％いますか。

(2)　表の**ア**，**イ**にあてはまる数を求めなさい。**求め方も書きなさい。**

(3)　算数が40点以下だった人に再び試験を行ったところ，60点以上をとった人が3人いました。この3人の最初の試験の点数を60点だったとして表を書き直したところ，**表2**のようになり，平均点は62点になりました。**表2**の空欄(らん)部分をうめなさい。ただし，0を記入する必要はありません。

表1

国語＼算数	0	20	40	60	80	100
100						1
80				1		1
60				ア	2	
40			2	3	イ	
20	2	1	1			
0						

表2

国語＼算数	0	20	40	60	80	100
100						1
80				1		1
60				ア	2	
40					イ	
20			0			
0						

4　A君とB君の2人が次のような遊びをしました。

ルール

- 1から順に1ずつ増やした整数を交互(ご)に言い合う。
- 一度に1つか2つの数を言うことができる。
- ある数nを言った方を負けとする。

A君が先攻(こう)，B君が後攻(こう)とします。例えば$n=5$のとき，「Ⓐ1→Ⓑ2，3→Ⓐ4→Ⓑ5」と言うとB君の負けです。次の各問いに答えなさい。

(1)　$n=1$，2，3，…に対して，2人の数の言い方が全部で何通りあるかを，それぞれ〈1〉，〈2〉，〈3〉，…と表すことにします。例えば，〈1〉=1，〈2〉=2（「Ⓐ1→Ⓑ2」と「Ⓐ1，2」の2通り）です。次の①，②に答えなさい。

①　〈3〉と〈4〉を求めなさい。

②　〈10〉を求めなさい。

(2)　$n=10$とします。後攻に必勝法があることに気づいたB君は，自分が必ず勝つように途(と)中の数を言いました。このとき，2人の数の言い方は全部で何通りありますか。

5 紙の折り方には山折りと谷折りがあり，それぞれ**図 1** のような折り方をします。いま，縦 9 cm，横12cm の長方形の方眼紙 ABCD があります。次の各問いに答えなさい。

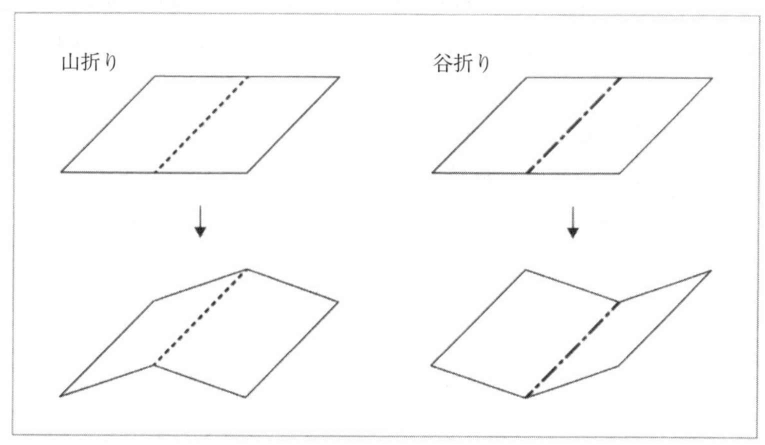

図 1

(1) **図 2** のように紙を折ったとき，縦の長さは何cm になりますか。

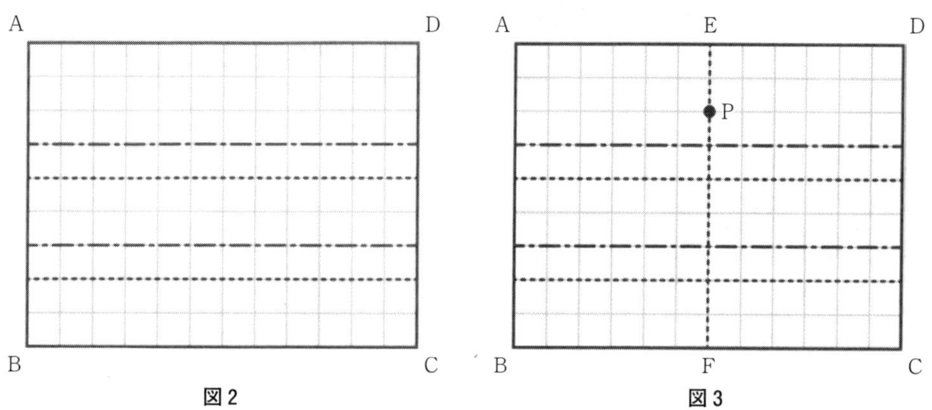

図 2　**図 3**

(2) **図 2** のあと，**図 3** のように紙を折りました。BF 上に点Qをとり，PQ に沿って三角形 PFQ を切り取って広げた図形を，**図形ア**とします。次の①，②に答えなさい。

① FQ の長さが 3 cm のとき，**図形ア**として切り取られた部分を解答用紙の図にかき，斜(しゃ)線で示しなさい。

② **図形ア**の面積が $20cm^2$ のとき，FQ の長さを求めなさい。

［必要なら，自由に使いなさい。］

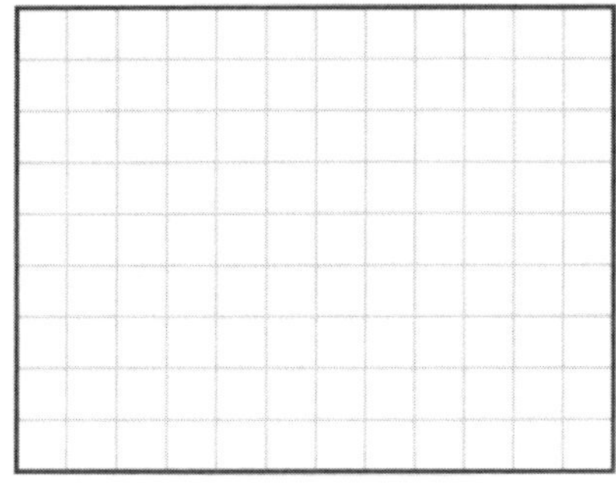

【社　会】（30分）〈満点：50点〉

【注意】 解答は，とくに指示がない限り，漢字で書くべきところは正しい漢字を使って答えなさい。

Ⅰ　本校の位置する東京都は全国では３番目に小さな面積ですが，伊豆・小笠原諸島など，広い範囲を含みます。伊豆諸島のひとつに八丈島があります。八丈島に関連する，以下の問いに答えなさい。

問１　**図１**を参照し，日本の島の中で八丈島より北に位置するものを**ア**～**オ**の中からすべて選び，記号で答えなさい。

ア．南鳥島
イ．淡路島
ウ．屋久島
エ．色丹島
オ．対馬

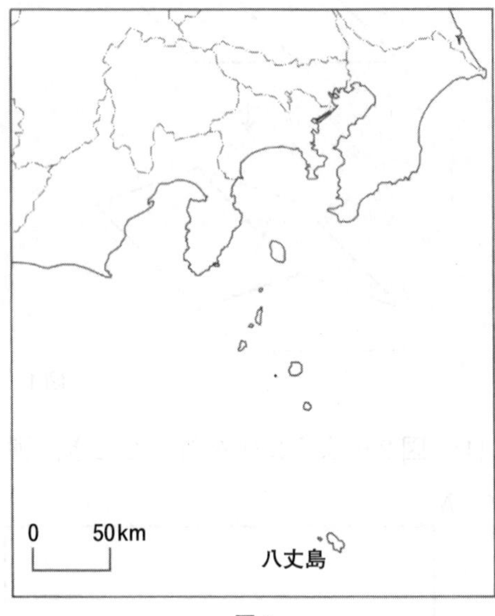

図１

問２　**図２**のように，八丈島の断面図**A－B**を作成しました。断面図としてふさわしいものを，次の**ア**～**エ**の中から１つ選び，記号で答えなさい。

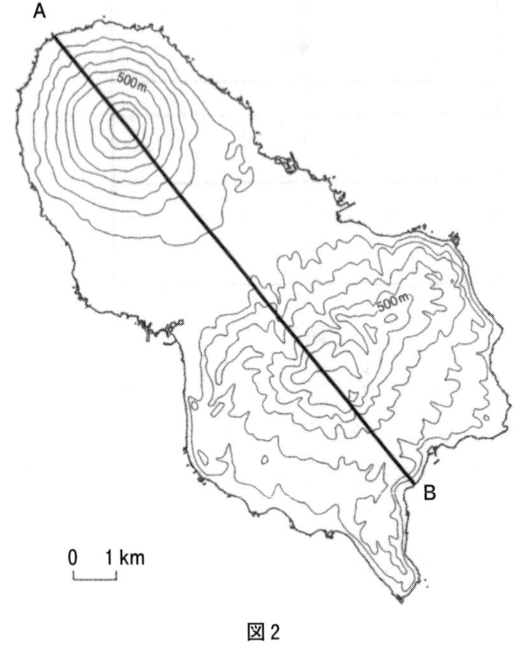

図２

ア．

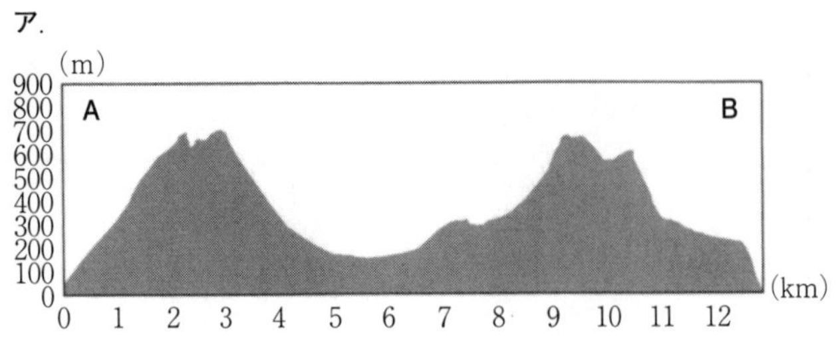

イ.

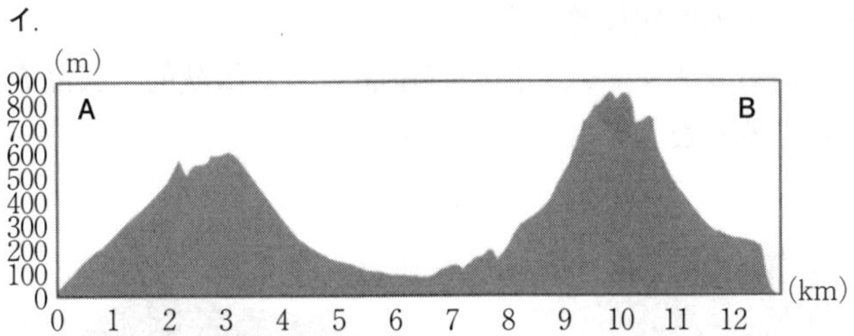

ウ.

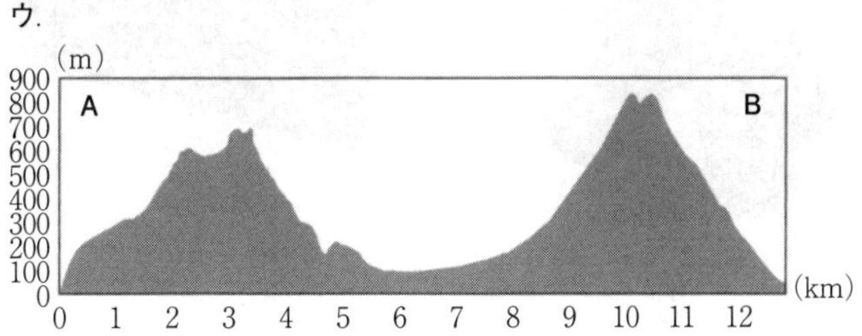

エ.

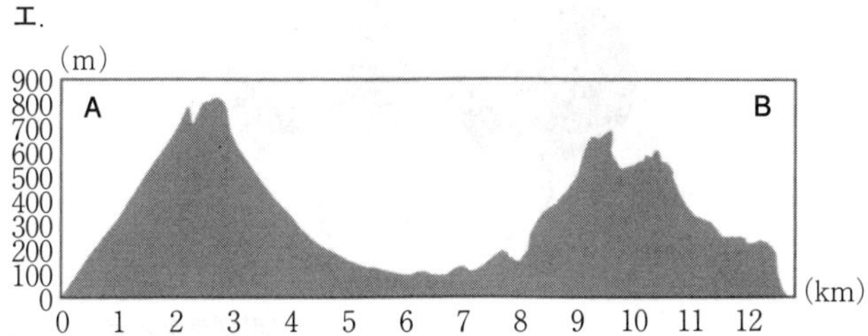

問3　八丈町勢要覧(ちょうせいようらん)から人口構成を示す**図3**を見つけました。図に関する次の問題に答えなさい。

①　59歳以下の中で，最も人口が少ない年齢層を○～○歳のように算用数字で答えなさい。

②　なぜ①で答えた年齢層の人口が少ないのか。その理由を20字以内で説明しなさい。

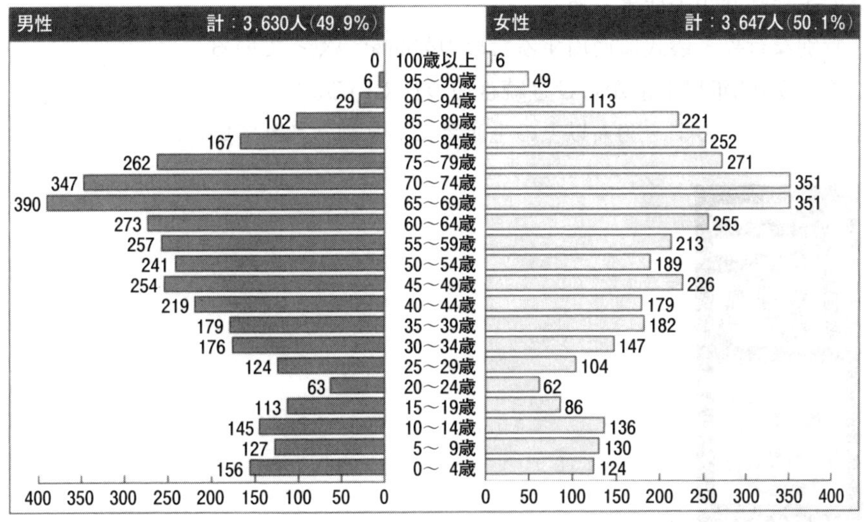

図3

（八丈町勢要覧「はちじょう2019」より）

問4　八丈島の伝統的工芸品に関する，次の問題に答えなさい。

①　日本には様々な伝統的工芸品があります。八丈島の特産品である伝統的工芸品を，次の**ア**～**オ**の中から１つ選び，記号で答えなさい。

ア.

イ.

ウ.

エ.

オ.

（ポプラディアネットより）

②　下のマークは，伝統的工芸品に指定された工芸品につけられる「伝統マーク」です。このマークをつけるための条件としてふさわしくないものを次の**ア**～**オ**の中から２つ選び，記号で答えなさい。

ア．30年以上の歴史をもつ伝統的な技術を使っている。

イ．作業の主な部分が手作業である。

ウ．主に特別な行事・儀式に使用するための製品をつくっている。

エ．主な原料が100年以上前からひき続き使われている。

オ．特定の産地で，およそ30人以上の生産者により製造されている。

（伝統的工芸品産業振興協会HPより）

問5　次の地図は地理院地図の八丈町の一部を示しています。地図をよくみて下の問題に答えなさい。

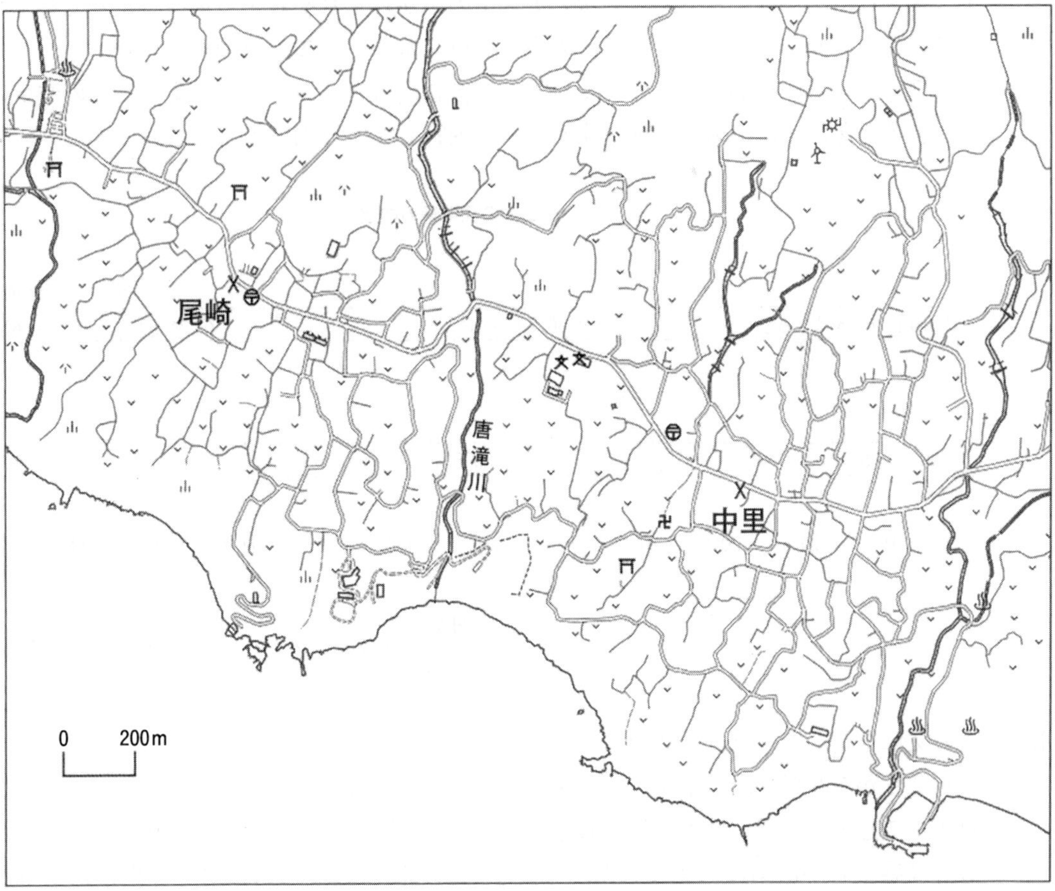

尾崎
唐滝川
中里
0　200m

〈編集部注：編集上の都合により原図の80％に縮小してあります。〉

①　次の**ア**～**エ**は，地図中の尾崎の交番から中里の交番まで，最短距離で行くことが出来る道を，前を向いて歩いた時に確認出来たものです。確認出来た順番に並べ替え，記号で答えなさい。

ア．小・中学校がある。

イ．唐滝川（からたき）が下を流れている。

ウ．左手に郵便局がある。

エ．右手に郵便局がある。

②　八丈島では島の特色をいかし，自然エネルギーの活用に取り組んでいます。行政として，２つの自然エネルギーの利用に力をいれていましたが，１つは発電量にむらがあり発電を平成26年に停止したようです。右の**図４**の**X**にふさわしいものを，次の**ア**～**オ**の中から１つ選び，記号で答えなさい。

ア．風力発電　　**イ**．太陽光発電　　**ウ**．潮力発電

エ．水力発電　　**オ**．地熱発電

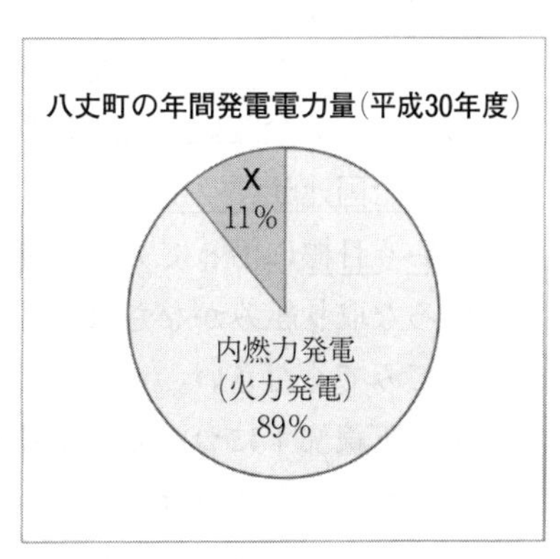

図４

（八丈町勢要覧「はちじょう2019」より）

問6　次の**図5**は，2010年と2017年の日本の発電量の内訳を示していますが，八丈島とは大きく異なります。次の問題に答えなさい。

①　**A～D**にあてはまるものを，次の**ア～エ**の中からそれぞれ１つ選び，記号で答えなさい。

ア．再生可能エネルギー　　**イ**．火力　　**ウ**．水力　　**エ**．原子力

②　**C**は2010年から2017年にかけて発電量の割合が大きく減少しています。この減少に大きな影響をあたえた出来事は何ですか。その内容を20字以内で答えなさい。

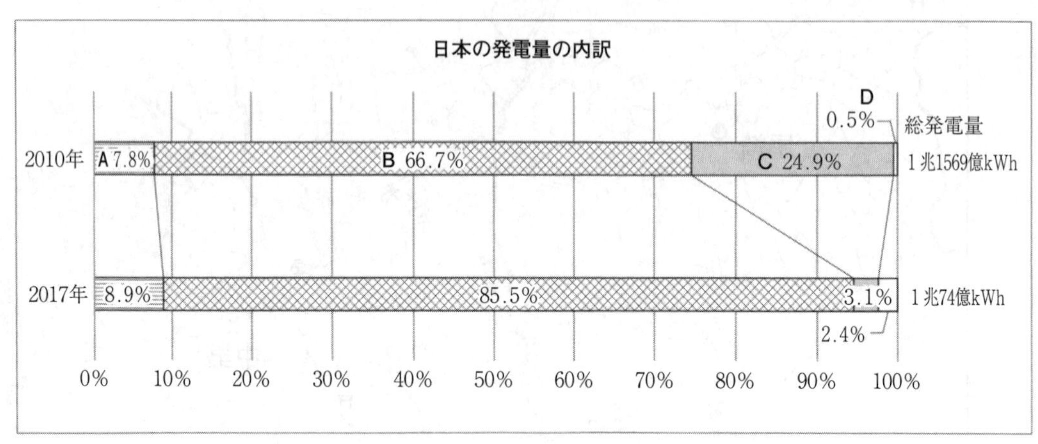

図5

（『データブック オブ・ザ・ワールド 2020』より）

Ⅱ　次の文章を読んで，以下の問いに答えなさい。

昨年７月から開催される予定だった<u>1 東京2020オリンピック・パラリンピック</u>は，新型コロナウイルス感染症の感染拡大状況を考慮して，１年延期されました。その延期が発表された昨年３月は感染者が次第に増えてきた頃で，感染拡大防止のために政府や<u>2 東京都知事</u>からは「密閉・密集・密接のいわゆる３密」を避けるようにという呼びかけがされました。そして４月には緊急事態宣言が発出され，日本全体で感染拡大を防ぐ努力が続けられました。緊急事態宣言は５月末には解除されましたが，この先まだまだ予断は許されない状況でしょう。

ところで，東京2020オリンピック・パラリンピックで選手に贈られるメダルの原材料が，どのように集められたのかを知っていますか。今までは<u>3 金・銀・銅</u>の天然鉱物が主な原材料でしたが，今回は初めて<u>4 リサイクル素材だけを原材料としてメダルを作るという内容の「都市鉱山からつくる！みんなのメダルプロジェクト」</u>によって，５千個以上のメダルに必要とされる，およそ金32kg，銀3,500kg，銅2,200kgが確保できたそうです。これは，<u>5 2015年に開催された国連サミットの中で，2030年までによりよい世界を実現させようと採択された「SDGs」という目標</u>に沿って大会を運営しようと実施されたものでした。私たちの未来へ向かっていろいろな取り組みがなされていることに，これからも注目してみてください。

問1　下線部**1**について，オリンピックには，図のような５つの輪をつなげたシンボルマークがあります。この５つの輪の意味としてもっともふさわしいものを次の**ア～オ**の中から１つ選び，記号で答えなさい。

ア．大陸　　イ．海洋　　ウ．宗教　　エ．言語　　オ．民族

問2　下線部2について，東京都知事と被選挙権が同じ条件のものを次のア～オの中から１つ選び，記号で答えなさい。

ア．市区町村長　　イ．市区町村議会議員　　ウ．都道府県議会議員

エ．衆議院議員　　オ．参議院議員

問3　下線部3について，次のア～エはメダルに使用される金・銀・銅，および鉄鉱石の国別産出量の割合(2015年，イのみ2016年)上位３カ国を示したものです。そのうち金・銀・銅にあてはまるものをそれぞれ１つ選び，記号で答えなさい。

ア．

オーストラリア	34.7%
ブラジル	18.4%
中国	16.6%
世界計	14.0億 t

イ．

中国	14.5%
オーストラリア	9.3%
ロシア	8.1%
世界計	0.31万 t

ウ．

チリ	30.2%
中国	9.0%
ペルー	8.9%
世界計	1,910万 t

エ．

メキシコ	21.4%
ペルー	15.3%
中国	12.3%
世界計	2.76万 t

(『データブック オブ・ザ・ワールド 2020』より作成)

問4　下線部4について，何をリサイクルしたものですか。都市鉱山の意味をあきらかにした上で，20字以内で答えなさい。

問5　下線部5について，次の問題に答えなさい。

①「SDGs」のことを日本語では何といいますか。解答用紙の不足部分にあてはまる語句を７字で答えなさい。

②「SDGs」は17の目標で構成されていますが，今回の「都市鉱山からつくる！みんなのメダルプロジェクト」はその中のどの目標について貢献する活動だったのでしょうか。次のア～オの中からもっともふさわしいものを１つ選び，記号で答えなさい。

ア．エネルギーをみんなに　そしてクリーンに

イ．産業と技術革新の基盤をつくろう

ウ．住み続けられるまちづくりを

エ．つくる責任　つかう責任

オ．気候変動に具体的な対策を

③　次のⅰ～ⅲの文は国連に関係した機関や活動について説明したものです。それぞれの略称(りゃくしょう)をアルファベットで答えなさい。

ⅰ　今回の新型コロナウイルス感染症対策の中心も担(にな)っている，世界の人々の健康を基本的人権のひとつととらえ，その達成を目的として設立された国連の専門機関。

ⅱ　世界のどこかで地域紛争(ちいきふんそう)が起きたときに，国連の安全保障理事会の決議に基づいて編成され派遣(はけん)される国際的な活動。

ⅲ　元来は国連によって定められた民間団体であり，どの国の政府にも属さずに，平和や人権問題，環境問題などに取り組む，利益を目的としない国際的な組織の総称(そうしょう)。

Ⅲ　次の【A】～【C】の文章を読んで，以下の問いに答えなさい。

【A】　社会をいとなむ上で，モノや情報のやりとりは欠かせない要素です。このやりとりのことを，広い意味で「交通」と呼びます。1情報のやりとりを取り出して，コミュニケーションと呼ぶこともあります。となりにいる人と会話するのは簡単ですが，スマートフォンやパソコンも無い時代に，遠くにいる人とやりとりをするのは大変です。そこで人々はすぐれた「交通」を実現するために，様々な努力を重ねてきました。

こうした方法のひとつに，2狼煙(のろし)があります。これはオオカミの糞(ふん)や，草木を燃やして煙(けむり)を立て，相手に情報を伝えるというものです。中国の万里の長城には，狼煙をあげた跡が残っています。日本でも，この方法が採用され，島々や見通しの良い山の頂上などに，狼煙をあげるための施設が作られていました。

人々が運ぶものは，情報ばかりではありません。生活に必要な多くの物資を運ぶ必要もありました。それには，運ぶための手段と道が必要になります。646年に出された3改新の詔(みことのり)には，「初めて都を定め，(注１)国司や(注２)郡司を置き，関所を設け，(注３)駅馬(はゆま)(注４)伝馬(つたわりうま)を置き，鈴のしるしを作り，境界を定めよ…」という記述があります。この頃の朝廷は，情報の伝達や物資の移動のために，都と各地方を結ぶ道の整備に力をつくしていました。701年に出された大宝律令には，各国々を７つの地域に分け，国の中心となる国府と都(朝廷の置かれた場所)とを結ぶ道を整備することが定められました。また，各国を治めるため，都から国司が派遣(はけん)されるとともに，農民が負担すべき税の制度も定められました。税には，様々な種類がありますが，主なものは租，庸(よう)，調の３つになります。このうち稲を対象とする租は，国府の倉に納めることになっていましたが，4地方の特産物である調や，労働の代わりに布を納める庸は，都まで運ばれることになっていました。また，朝廷からの重要な知らせは，役人が馬を利用して各地方に伝えることになっており，このための施設として，およそ16kmごとに駅家(うまや)が設けられ，馬の交換や休憩(けい)等に利用されていました。古代の道路網(もう)は，国家事業として整備され，各地でその跡が見つかっています。それらは，物資や情報をいち早く伝えるため，5現代の新幹線や高速道路と同じように，都までの最短距離を選び，出来るだけまっすぐになるように作られていました。しかし，こうした大規模な施設を長期にわたって保つことは難しく，平安時代に入るとしだいにすたれてしまいました。

(注１)　国司…地方にある国(現在の都道府県にあたる)を治めるため，朝廷から派遣された役人のこと。

(注２)　郡司…国よりも小さい単位である郡を治める役人で，現地の有力者が任命された。

(注３)　駅馬…各駅に置かれた馬で，駅鈴(れい)という鈴を持った役人が利用できた。

(注４)　伝馬…駅馬とは別に置かれた朝廷の用事に使用するための馬。

問１　下線部**1**について，現代における情報のやりとりは，人間の持つ様々な権利と関わりを持ちます。中でも「自分の情報を他人に知られたくないという権利」は，日本国憲法で保障(ほしょう)されると考えられている新しい人権のひとつです。これは，新しい人権のうち，どのような権利として分類されているでしょうか。次の**ア**～**エ**の中から正しいものを１つ選び，記号で答えなさい。

ア．環境権　　**イ**．プライバシー権　　**ウ**．アクセス権　　**エ**．自己決定権

問２　下線部**2**について，狼煙による情報伝達には，どのような特徴が考えられるでしょうか。

その特徴としてふさわしいものを，次の**ア**～**エ**の中から2つ選び，記号で答えなさい。

ア．煙の色や，回数を変えることで，会話のような複雑なやりとりも手軽に行うことが出来た。

イ．リレーすることで，遠いところにいる相手にも素早く情報を伝えることが出来た。

ウ．火と煙を使う情報伝達手段のため，悪天候時には役に立たない上，使用出来なかった。

エ．便利な情報伝達手段として，電話が普及するまで，都市に住む多くの人々が利用していた。

問3　下線部**3**について，次の**ア**～**エ**の文は，「改新の詔」の前後にあった出来事について書かれたものです。内容をよく読み，その出来事が起こった順に並べ替え，記号で答えなさい。

ア．役人に対し，家柄ではなく，その能力に応じて色のついた冠を授ける初めての制度や，役人の守るべき事柄を盛り込んだきまりが作られた。

イ．数回にわたる航海の失敗の結果，失明の憂き目に遭いながらも，正式な僧になるためのきまりを授ける目的で，中国(唐)から優れた僧が来日した。

ウ．古墳から出土した鉄剣や鉄刀によって，九州から関東地方を支配していたことが確認されている人物が，朝鮮半島の支配権を求めて中国(宋)に使いを送った。

エ．日本(倭)とつながりのある，百済が滅亡したため，その復興を目指して倭は大軍を送ったが，中国(唐)と新羅との連合軍に大敗した。

問4　下線部**4**について，以下の表は，平安時代に作られた『延喜式』というきまりに定められた，各国(地方)から都までの，移動にかかる標準所要日数です。地方から都に向かう上りの日数と都から地方に向かう下りの日数に違いがあるのはなぜでしょうか。その理由を考えて答えなさい。

国名	上りの日数	下りの日数
武蔵国(現在の東京都・埼玉県・神奈川県の一部)	29日	15日
尾張国(現在の愛知県西部)	7日	4日
越後国(現在の新潟県)	34日	17日

問5　下線部**5**について，新幹線や高速道路の建設には，法律の制定が必要です。法律の制定に関する**ア**～**エ**の説明文を読み，正しいものを1つ選び，記号で答えなさい。

ア．法律案は，衆議院，参議院に属する国会議員しか提出することは出来ない。

イ．法律案について衆参両議院で異なる議決が出た場合は，必ず両院協議会が開かれる。

ウ．衆議院の解散中は審議が行えないため，内閣の閣議による審議を経て，法律が作られる。

エ．両院の議決により成立した法律は，必ず天皇への(注)奏上を経て公布されることになっている。

(注)　奏上…天皇に申し上げること。

【B】　武士が台頭する中世という時代に入ると，人やモノの移動は，さらに活発になります。特に大名どうしが互いに争った戦国時代は，敵対する相手の情報が重視されるようになりました。大名たちは，次の[**イ**]・[**ロ**]のように様々な手段を使って，この情報をつかもうとしました。

[**イ**]　甲斐国(山梨県)の戦国大名であった武田信玄は，信濃国(長野県)を攻略し，そのほとんどを領有しましたが，北部地域の領有をめぐって，越後国の大名，上杉謙信と争うことにな

りました。長野の善光寺に着いた謙信は，8月15日に近くの川中島に向かって出発します。川中島に隣接（りんせつ）する海津（かいづ）城から謙信出動の知らせを受けた信玄は，8月16日に甲府を出発し，およそ160kmを移動して8月24日に川中島に到着。その後2か月間のにらみ合いの末，決戦となりました。

[ロ]　武田勝頼と徳川家康・織田信長が戦った長篠の戦いでも，情報のやりとりが勝敗を決める大きな要素になっていました。5月14日，徳川家康方の長篠城は，武田方の大軍に囲まれていました。城内にいた鳥居強右衛門（とりいすねえもん）は，武田軍の囲みをくぐり抜け，翌日約65km離れた徳川方の岡崎城にたどり着いて助けを求めます。そこで織田・徳川の連合軍が出発の用意をしていることを知り，再び65kmを1日で走り抜いて，城内の武士たちに援軍が来ることを伝えたのです。その言葉通り，16日に岡崎城を出発した織田・徳川の大軍は18日に長篠に到着し，21日に合戦が行われ，織田・徳川連合軍は勝利を収めました。

[関係地図]

(歴史文化遺産『戦国大名』より作成)

[参考]　旧日本陸軍の基準では，大部隊の移動は1日24kmが標準とされていました。

問6　次の①～③の文は，[イ]・[ロ]の文章と[参考]から導きだされたものです。[関係地図]も照らし合わせて，述べられている内容が，正しいものには○，正しくないものには×をつけなさい。

① 武田信玄は，いち早く敵の情報をつかむための仕組みを作っていたと考えられる。

② 武田軍の川中島までの移動時間は，旧日本陸軍の基準と比べて早い。

③ 織田・徳川連合軍の岡崎城を出てから長篠までの移動時間は，旧日本陸軍の基準と比べて早い。

【C】　江戸時代になると，大名は江戸と国元とを往復する参勤交代が命じられ，大名の妻子は江戸に住むことを強制されます。この結果，街道や宿場が整備されるとともに，江戸を出発地とする6<u>五街道</u>は幕府の管理下に置かれました。宿場には馬を用意するための問屋場が置かれ，荷物の継ぎ送りなどに対応しました。この時代は各地の産物が江戸や大坂(大阪)などの都市に集められたこともあって，ものの動きも活発でした。とはいえ，街道沿いには関所が設けられていて，武家の女性が江戸から出ていくことは厳しく制限されていましたし，7<u>大井川など多くの河川では橋が設けられず，渡し船や人足の手によって川を渡っていました</u>。情報のやりとりは，主に手紙に頼っていましたが，手紙を運んだのは飛脚と呼ばれる人でした。手紙を出したい場合には，町にある飛脚問屋に出向き，手紙を託（たく）します。料金は早さによって異なる仕組みになっていて，江戸から大坂まで6日で行く「定六（じょうろく）」という便では，今の金額に直して30

～40万円ほどかかったと言われています。通常便では日数の定めがなく，おおむね30日前後かかりました。こうした飛脚の制度は，幕末まで利用されましたが，主要都市や街道筋であればともかく，地方に住む人にとっては，気軽に利用できるものではありませんでした。

8 明治維新後の1870年，前島密(ひそか)は，政府が責任を持って郵便物を回収し，配達するという郵便制度を提案し，1871年から開始されることになりました。料金は統一料金となり，その後，江戸時代に名主をつとめた家が郵便を扱うことになって，全国の人々が気軽に手紙を出せるようになったのです。

[絵画資料]

問7　下線部**6**について，五街道の起点となっていた江戸内の場所を答えなさい。

問8　下線部**7**について，当時川幅1kmにも及ぶ大井川には橋が設けられず，右の[**絵画資料**]のように川越(かわごえ)人足と呼ばれる人たちが旅人を対岸に渡していました。なぜ幕府は橋を設けなかったと考えられますか。[**絵画資料**]を参考にして，その理由を答えなさい。ただし，防衛上の理由は除きます。

問9　下線部**8**について，日本の郵便事業は，2021年現在，どのようなかたちで行われているでしょうか。次の**ア**～**エ**の説明文の中から正しいものを1つ選び，記号で答えなさい。

ア．郵便事業は，現在も政府主導で行われており，それを総務省が管轄(かんかつ)している。

イ．現在の郵便事業は，貯金や保険の制度と合わせ，日本郵政公社という政府の手で作られた会社によって運営されている。

ウ．現在の郵便事業は，主として郵便事業を行う日本郵便株式会社という会社が作られ，そこが担当している。

エ．現在の郵便事業は，すべて民間の宅配便会社が担当しており，ポストに投函(とうかん)された手紙類の回収や配達は，宅配便の受け入れや配達と同時に行われている。

【理　科】（30分）〈満点：50点〉

1　次の文章を読み，以下の**問１**～**問５**に答えなさい。

太平洋にある西之島(にしのしま)という島の近くで，1973年に噴火(ふんか)が起こりました。その後2013年の噴火以降(いこう)，西之島の近くに新島が出現して，元の西之島と一体となっていきました（下図参照）。この新島は，付近にある島々とは違(ちが)い安山岩質溶岩(ようがん)からできています。しかし，近年は玄武岩質(げんぶがん)溶岩に変わってきていることで注目されています。

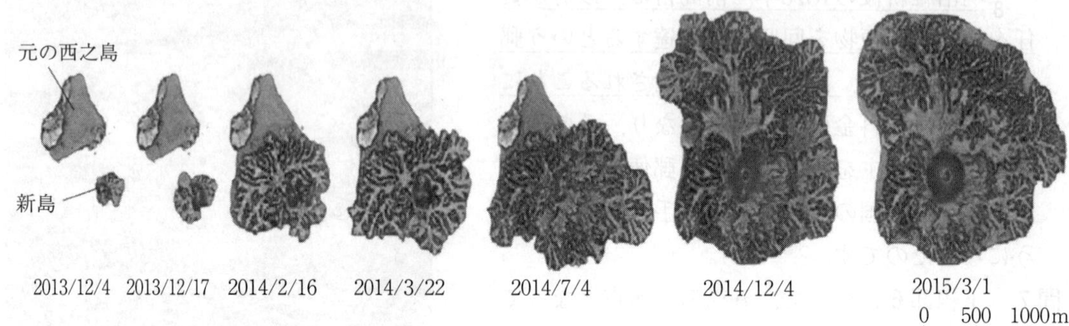

問１　西之島の所在地を，都道府県名で答えなさい。

問２　この新島を生じさせているプレート名を２つ答えなさい。

問３　文章中にある安山岩質溶岩と玄武岩質溶岩は，それぞれ安山岩と玄武岩になります。この２つの岩石の共通点について，次の①～③に答えなさい。

①　火成岩における分類名を答えなさい。

②　これらの岩石の結晶(しょう)の様子を表している図を，次の(ア)～(エ)から，正しいものを１つ選び記号で答えなさい。

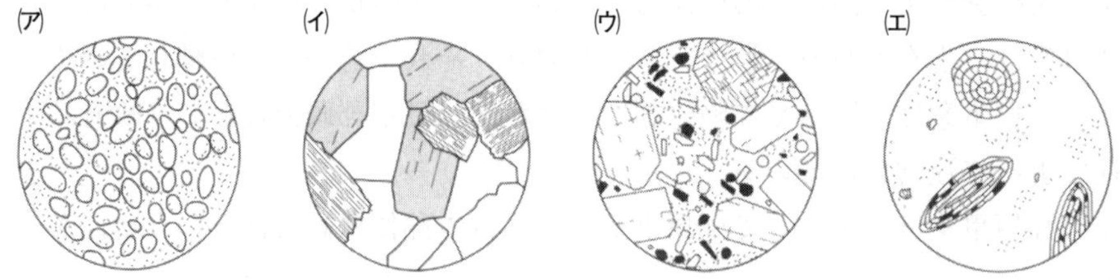

③　これらの岩石の，外見上の特徴(とくちょう)を１つ答えなさい。

問４　噴火を続けて大きくなっている現在の西之島は，将来的(しょうらいてき)には海面下になってしまう可能性があります。次の(ア)～(エ)から，その原因として考えられないことを１つ選び記号で答えなさい。

(ア)　爆発的(ばくはつてき)な噴火が起きて，海面より上の部分が吹(ふ)き飛ばされてしまうから。

(イ)　活発な噴火が続いているため，今後マグマがたまっていた場所が空(から)になって陥没(かんぼつ)する可能性があるから。

(ウ)　今後噴出(ふんしゅつ)してくる溶岩の質が変わり，溶岩ドームが出現し高温の火砕流(かさいりゅう)によって，とかされてしまうから。

(エ)　海水による波の侵食(しんしょく)によって，削(けず)られてしまうから。

問５　現在，世界中の火山が活動期に入っているため，各地の火山が活発に噴火をしはじめています。アメリカのハワイ島にあるキラウェア火山も2020年12月に再び噴火をしました。この火山は過去に何度も噴火を繰り返し，マグマを噴出してハワイ島の大地をつくっています。この火山はなだらかな形で，海岸の砂は黒いことで知られています。これらのことからキラウェア火山から噴出しているマグマの流動性とハワイ島をつくる岩石の名称の組み合わせとして正しいものを，次の(ア)～(カ)から１つ選び記号で答えなさい。

(ア) 流動性は高く，流紋岩から成る。　(イ) 流動性は低く，流紋岩から成る。
(ウ) 流動性は高く，安山岩から成る。　(エ) 流動性は低く，安山岩から成る。
(オ) 流動性は高く，玄武岩から成る。　(カ) 流動性は低く，玄武岩から成る。

2 次の文章を読み，以下の**問１**～**問４**に答えなさい。

湖や沼などで，水面が緑色のペンキを流したようになっているのを見たことがありますか。これはアオコといい，大量に発生した植物プランクトンによるものです(**図１**)。

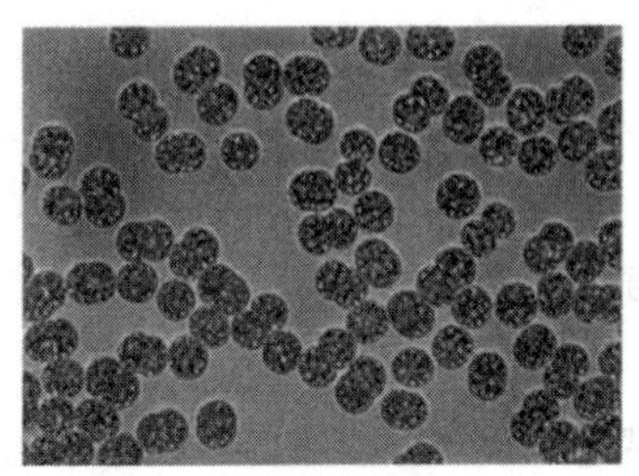

図１　アオコの原因となる植物プランクトン

アオコが大量に発生すると，いやなにおいがすることがあります。また，アオコが原因で，湖水中の生物の死がいが増えると細菌が大増殖をして水中の酸素をたくさん使うために，魚などが酸素不足で死んでしまうこともあります。

アオコの発生は人間のくらしが原因とされます。生活排水や肥料などに含まれる〈 1 〉や〈 2 〉やカリウムなどが湖や沼に流れこみ，水中の植物プランクトンたちの栄養源になって，アオコの原因となる植物プランクトンが大発生するのです。このような現象は富栄養化とよばれます。

長野県の諏訪湖におけるアオコの発生は富栄養化の象徴とされます。ある夏の晴れた風のない日の午前中に，最大の深さが6.5メートルほどの諏訪湖で，水深０～６メートルにおける水温や水中に溶けている酸素の量と，pH(ピーエイチ)を調べ以下の表にまとめました。

pHは酸性・アルカリ性を表すための指標です。例えばpH７であれば，その水溶液は中性を示し，pHが７よりも小さければ酸性を，pHが７よりも大きければアルカリ性を示しています。なお，湖の水のpHを決める要因はおもに水中に溶けている二酸化炭素であることがわかっています。

表１　諏訪湖調査データ　　透明度：39cm

水深(m)	水温(℃)	１リットルの水に溶けている酸素の量(mg)	pH
0	25.8	10.9	10.1
1	25.7	11.5	10.2
2	25.7	11.2	10.2
3	25.4	10.5	10.1
4	19.9	6.1	9.3
5	19.7	2.9	8.3
6	19.5	1.1	7.8

『生態系は誰のため？』花里孝幸 著(ちくまプリマー新書)より転載

また，**表1**の透明度は湖の水のにごり具合を示すものです。これは，直径30cmの白い円盤を湖に沈めていき，円盤が見えなくなる深さを測定して求めたものです。この水深が透明度の値であり，一般に水中の植物プランクトンが光合成をするのに十分な太陽光がとどく水深は，透明度のおよそ2～2.5倍の深さまでとされています。

ちなみに，観測時の水温のデータから湖の水は垂直方向で完全に二層に分かれており，上の層と下の層をまたいでの垂直方向の対流は起こっていないと考えることができます。

湖中には，植物プランクトンをはじめ動物プランクトンや魚など，さまざまな生物が暮らしています。これらの生物はさまざまな関係のなかで生活を営んでおり，そのなかでも「食べる―食べられる」という生物どうしのつながりはもっとも基本的な関係です。また，湖中の生物のすべてはやがては死んで最終的には細菌により分解されます。

このように，生物を構成していた物質は，生態系を〈 **X** 〉し，やがては新たな生命の一部となって利用されていくのです。

問1　文中の空らん〈**1**〉，〈**2**〉にあてはまる言葉を答えなさい。ただし，〈**1**〉，〈**2**〉の順序は問いません。

問2　プランクトンネットを用いて湖の水をすくい取り，顕微鏡でのぞいてみるとさまざまなタイプの微生物が観察できます。**図2**は，その際の微生物のスケッチです。次の問いに答えなさい。

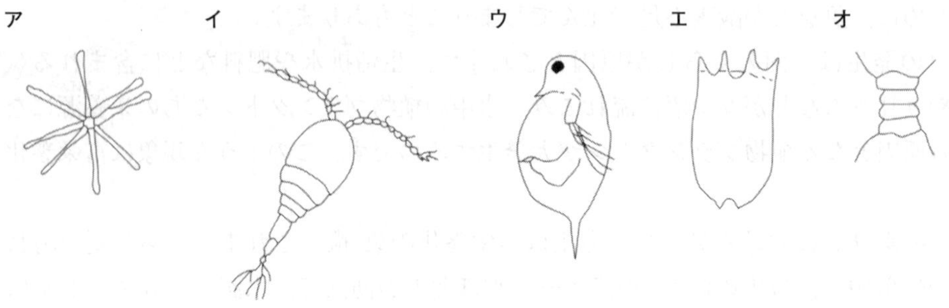

図2

① **図2**の**ア～オ**より植物プランクトンを2つ選び，記号で答えなさい。

② **表1**のデータが得られたとき，植物プランクトンが活発に光合成をして生息していると考えられるのは水深何メートルまでですか。整数で答えなさい。

③ 湖底で採取されたあるミジンコはからだが赤色をしていました。これはミジンコが酸素濃度の低い環境で生きていくための適応と考えられます。このミジンコの体内にあった赤色の色素は何であると考えられますか。

問3　**表1**のデータから湖の表層では酸素量が多く，水深6メートルの湖底付近では少なくなっていることがわかります。また，湖底にいくほどアルカリ性から中性に近づいていることもわかります。このようになっている理由を下の語句をすべて使って120字以内で説明しなさい。ただし，句読点を含みます。

【光合成　　呼吸　　酸素　　植物プランクトン　　細菌　　二酸化炭素】

問4　文中の〈**X**〉にあてはまる生態系における生物と環境との関わり，また生物どうしのつながりを理解するうえでキーワードとなることばを**ひらがな5文字**で答えなさい。

3 次の〈Ⅰ〉,〈Ⅱ〉に答えなさい。

〈Ⅰ〉 A子さんは小6の女子です。以下は，年上の従兄弟(いとこ)のBさんが婚約者(こんやくしゃ)Cさんをつれて来たときの会話です。これについて答えなさい。

A子「B兄さん，Cさん，ご婚約おめでとうございます。婚約指輪のダイヤ，すごく大きくてすてきですね。いいなー。お嫁(よめ)さんになるとか，あこがれるなー。」

B 「さっそくだが，A子，(1)ダイヤモンドは1 cm^3 あたり3.51 gとなっていて，1カラットは0.2 gのことだ。その指輪のダイヤは体積が0.11 cm^3 なんだが，何カラットになる？」

A子「ちょっとまって……，なぜ，いきなりそんな試験みたいな話？ それより，結婚式はいつどこで？」

B 「いきなりはぐらかした上に，質問返しか。ならばこちらも倍にして返してやる。ダイヤモンドと言えば，屈折率(くっせつりつ)の大きさや，(2)熱伝導率の高さも有名で，銅の数倍ぐらいあるといわれているが知ってるか？ ちなみに，式は，時期はまだ未定だが，南米大陸のボリビアにあるウユニ塩湖で二人だけで挙げる。」

A子「ウユニ塩湖？ さっそくスマホで調べよう……。何だこれ⁇ すごい‼‼」

B 「絶景だろ？ ところで，ウユニ塩湖とスマホはとても密接(みっせつ)な関係がある。(3)スマートフォンを始めとした多くの電子機器や，電気自動車などのほとんどが採用している電池といえば，◯◯◯◯イオンバッテリーだが，その◯◯◯◯がウユニ塩湖にはたくさんあると言われている。(4)◯◯◯◯イオンバッテリーの開発に関しての功績により，2019年のノーベル化学賞は，共同受賞として日本人も受賞している。スウェーデンでの授賞式は大々的に報道されていたな。なお，ウユニ塩湖には多量の食塩もあり，(5)食塩と言えば飽和(ほうわ)水溶液を作るとき，大きな特徴があるな。」

A子「Cさん……。B兄さんって，いつもこうなんですか？」

C 「……。」

問1 下線部(1)について，このダイヤモンドは何カラットか求めなさい。答えは小数第2位を四捨五入(ししゃごにゅう)して小数第1位まで求めなさい。

問2 下線部(2)について，以下の金属のうち，最も熱伝導率が高いものを(ア)～(エ)から1つ選び記号で答えなさい。

(ア) 金　(イ) 銀　(ウ) 銅　(エ) 鉄

問3 下線部(3)について，◯◯◯◯に当てはまる4文字を，すべて**カタカナ**で答えなさい。

問4 下線部(4)について，日本人受賞者は誰(だれ)か，ふさわしい人を(ア)～(エ)から選び記号で答えなさい。

(ア) 吉岡(よしおか)さん　(イ) 吉川(よしかわ)さん

(ウ) 吉沢(よしざわ)さん　(エ) 吉野(よしの)さん

問5 下線部(5)について，75 gの水に食塩をとかし，飽和水溶液をつくるとき，温度(0℃から100℃まで)と，とける最大量のおおよその関係をグラフで示しなさい。図中の例は，ホウ酸のものです。なお，100℃での飽和食塩水の濃度は約28%です。

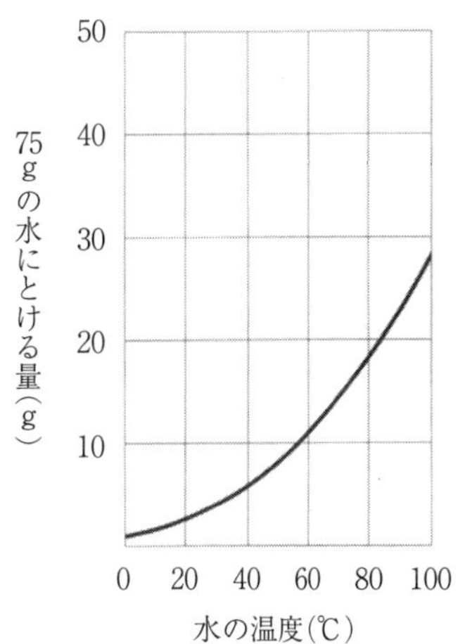

〈Ⅱ〉　次の①～④のそれぞれにおいて，ＡとＢをくらべたとき，Ｂの方の値が大きくなっているのは，全部でいくつありますか。０～４の数字で答えなさい。

①　体積39cm^{3}のアルコールと体積121cm^{3}の水がそれぞれ別のメスシリンダーにはいっている。

Ａ：まぜる前の両方の体積の合計

Ｂ：両方を，一方のメスシリンダーでまぜたときの体積の合計

②　ある濃度の水酸化ナトリウム水溶液50cm^{3}に対して，塩酸を少しずつ加えていきながら，よくまぜる。塩酸を78cm^{3}加えたとき，ガラス棒(ぼう)を用いて赤リトマス紙につけたところ，変色はなかった。

Ａ：この水酸化ナトリウム水溶液50cm^{3}に同じ塩酸78cm^{3}を加えてかきまぜたのち，水分をすべて蒸発(じょうはつ)させた後に残った物の重さ

Ｂ：この水酸化ナトリウム水溶液50cm^{3}に同じ塩酸112cm^{3}を加えてかきまぜたのち，水分をすべて蒸発させた後に残った物の重さ

③　ある濃度の塩酸50cm^{3}に対して，水酸化ナトリウム水溶液を少しずつ加えていきながら，よくまぜる。29cm^{3}加えたとき，ガラス棒を用いて赤リトマス紙につけたところ，青色に変色した。

Ａ：この塩酸50cm^{3}に同じ水酸化ナトリウム水溶液29cm^{3}を加えてかきまぜたのち，水分をすべて蒸発させた後に残った物の重さ

Ｂ：この塩酸50cm^{3}に同じ水酸化ナトリウム水溶液48cm^{3}を加えてかきまぜたのち，水分をすべて蒸発させた後に残った物の重さ

④　ビーカーにアンモニア水を入れ，重さをはかる(Ａ，Ｂともにビーカーの重さは同じ)。

Ａ：ある濃度のアンモニア水120cm^{3}をいれたときの重さ

Ｂ：Ａよりこい濃度のアンモニア水120cm^{3}をいれたときの重さ

状況がなぜ「自由」といえるのか。その理由を次のように説明した。本文全体をふまえて、解答らんに指定された字数で言葉を入れなさい。ただし、**A**では「合わせて」、**B**では「選択」という言葉を必ず用いて、その使用した部分を□で囲みなさい。

「未来の見える」状況では **A・二十字以内** ことになってしまうが、「未来の見えない」状況では **B・二十字以内** ことができるから。

問3 本文全体をふまえると、筆者は「地図のある登山」と「地図のない登山」のどちらを好ましくとらえていると考えられるか。どちらかを選び、記号で答えなさい。さらにその理由を、次の形式に当てはまるように指定された字数で言葉を入れて答えなさい。ただし、**A**では「判断材料」という言葉を必ず用いて、その使用した部分を□で囲みなさい。

筆者は(**ア** 地図のある登山　**イ** 地図のない登山)を好ましいものとしてとらえている。

なぜなら、**A・二十字以内** ことで、**B・十五字以内** から。

三

次の問いに答えなさい。

問1 次の1～7の慣用句・ことわざについて、後の問いに答えなさい。

(慣用句・ことわざ)	(意味)
1 **A**の額	場所の狭いこと
2 取らぬ**B**の【①】算用	手に入るかどうかわからないものを当てにして計画を立てること
3 **C**と**B**の化かし合い	わるがしこい者どうしが互いにだまし合うこと
4 **D**の甲より年の【②】	長年かけて積んできた経験は貴重であり、価値があるということ
5 **E**を**F**に乗り換える	劣ったものを捨て、すぐれたものに乗り換えること
6 **F**の耳に念仏	いくら意見をしても全く効き目のないこと
7 **G**の威を借る**C**	強い者の威力を用いていばる人のこと

(1) **A**～**G**に入る語をそれぞれ考え、どこにも用いられない三つの語を、記号(**ア**～**コ**)で答えなさい。ただし、アイウエオ順で答えること。

ア 犬　**イ** 猫　**ウ** 牛　**エ** 馬　**オ** 蛙
カ 亀　**キ** 狐　**ク** 虎　**ケ** 狸　**コ** 猿

(2) ――線「額」の読み方をひらがなで答えなさい。

(3) 【①】、【②】に入る漢字一字をそれぞれ答えなさい。

問2 次の①～⑤の文中にある――線のカタカナを漢字に直しなさい。ただし、送りがなが含まれるものは送りがなをひらがなで答えること。

① トウイツ感のあるデザインを考える。
② 大学生になり村上先生の心理学のコウギを聞くことができた。
③ 大学卒業後、作家をココロザスようになった。
④ 犬をカウためには広い庭が必要である。
⑤ 子どもたちがイキオイよく走っていった。

るのである。

そして、このときの時間の流れを分析すると、未来が予測できることによって現在におけるおのれの心理が安定しているわけだから、未来が起点になって現在がそれにしたがうというかたちになっている。図を描けば、未来の一点から矢印が現在にむかってのびているものとなるだろう。未来を支点にぶらーん、ぶらーんと現在がぶら下がっている、そのような状態である。未来における支点が強固であればあるほど、つまり未来がはっきり見えれば見えるほど、そこにぶら下がる現在も安心安全となる。

Ⅲ　たしかに地図をもつことはいかに人間の動物的な行動原理にかなうことであり、その意味で本質的に重要なこと、良いこと、モラルにかなったことであり善である。さらに地図におけるこの未来予測機能を吟味してみると、これが現代人の生活をつらぬく時間のリズムと共通していることもわかる。

登山にかぎらずわれわれは日常生活においても未来予測を欲しがり、現在という時間を安定させようとする。手帳にこまごまと予定を書きこみ、定められた予定をこなすことで現在という時間を生きている。老後の不安を少しでも減らすために散財はやめて、こつこつと銀行口座に貯蓄し、がん保険に入り、学資ローンをくむ。モノを買うときや外で食事をするときはスマホでレビューを見て、なるべく選択に失敗がないように保険をかけておく。簡単にいえば、可能なかぎり未知を消去し、あらゆるリスクを避けようとして、安心安全をはかろうとする。こうした行動の根底のすべてには、究極的には生き物の本能としての未知への不安、すなわち死の恐怖がある。

Ⅳ　しかし、私は思うのだが、すべての行動を＊予定調和で終えてしまうと、そこからはどうしても生の＊ダイナミズムがうしなわれてしまう。現在というのは元来、＊渾沌としたもので、その渾沌に直面し、判断、対処することで人間は生きている実感を得ていたであろうに、現代のわれわれはあまりにもこの現在の渾沌をふうじこめようとしすぎている。（中略）

未来により現在が決められるのではなく、その逆に現在によって未来がつくられていく。今現在の私の知覚、感応、直観、判断、行動の結果によってそれぞれ別の未来ができあがっていく。そこには登山や冒険でなければ経験できない生のダイナミズムがあった。いや、登山や冒険などというちいさな話ではなく、人間はそもそものような2未来の見えない自由の中で生きていたはずであり、今も本当はそうなのである。

（角幡唯介「裸の大地」より）

＊ゴルジュ…大きな岸壁に挟まれた深い谷。
＊当該…この文章では「それにあたる」という意味。
＊幕営…テントを張って野宿すること。
＊予定調和…予定した流れにしたがって事態を動かすこと。
＊ダイナミズム…力強さ。
＊渾沌…秩序やきまりのない状態のこと。

問1　――線1「地図のある登山」が安心だといえる理由を次のように説明した。Ⅰ・Ⅱの内容をふまえて、解答らんに指定された字数で言葉を入れなさい。ただし、A は本文中から抜き出すこと。また、B では「保証」という言葉を必ず用いて、その使用した部分を□で囲みなさい。

地図があることで A・十字以内 ため、B・十字以内 ように感じられるから。

問2　――線2「未来の見えない自由」とあるが、「未来の見えない」

問8 ――線7「やはりなくてはならない親友だ」とあるが、次郎は石田をどのようにとらえていると考えられるか。最もふさわしいものを次の中から選び、記号で答えなさい。

ア 石田の人を軽視する態度は気になるが、彼に負けるものかという反骨精神を引き起こし、自分を高めてくれる存在であるということ。

イ 石田は無神経な発言で自分を傷つけることもあるが、それ以上に人の温かさや家族のあるべき姿を教えてくれる存在であるということ。

ウ 石田の言動に劣等感を抱かされることもあるが、現在の境遇を思い悩んでいる自分に、異なる世界を提示してくれる存在であるということ。

エ 石田は自分のことをひそかに馬鹿にしているが、これまでの苦労や辛さを理解し受け止め、アドバイスまで与えてくれる、父親代わりの存在でもあるということ。

オ 石田は金持ちであること自体が嫌味だが、自分の知らない音楽や食べ物を教えてくれ、今後も貧しさを理解し援助し続けてくれるであろう存在であるということ。

二

次の文章を読んで後の問いに答えなさい。ただし解答の字数については、句読点等の記号も一字として数える（なお問題の都合上、一部表記を改めている）。

Ⅰ

1地図のある登山では先のことが予期でき、余裕をもてる。それがどういうことかといえば、たとえ両岸がつるつるに磨きぬかれた険悪な＊ゴルジュがあらわれても、地図を見てその先で地形がゆるくなっていることがわかれば、あと一時間頑張ればこの険悪ゴルジュを突破できるぞ、などと予測でき、具体的未来を想定できるということだ。（中略）

ところが地図を捨てさった途端、この行動の構造は根底から、完璧にくつがえされる。

午後三時に＊当該ゴルジュにつく。しかし地図がないので、行動の判断材料となるのは、目の前にあらわれたゴルジュそれ自体しかない。一見したところ険悪で、流れは三十メートル先で屈曲しており、その先がどうなっているか不明だが、もしかしたら一キロくらい続いていることも考えられる。いや二キロかもしれない。いやいや、もしかしたら頂上付近までつづいているのか？ と、このように地図がないと、ゴルジュがどこまでつづくのかは絶対にわからない。

Ⅱ

地図のある／なし問題における決定的分岐点は、未来予測を得られるかどうかという点にかかっている。未来予測とは時間そのものだ。地図を見て未来予測を得られるとき、登山者はその未来の時点におけるおのれの姿をリアリティーをもって想像することができる。この場合の〈おのれの姿〉とは〈生存している自分〉と換言してもいいだろう。ゴルジュを突破すれば、その先の二股で＊幕営できそうだ。さらに地図を見るかぎり、幕営地の先に悪場はなく、おそくとも明後日昼には山頂につくだろうし、天気予報を見ても明日から高気圧におおわれ数日間は快晴がつづくらしい。山頂から登山道を下りれば下界なので、もう死ぬことはなさそうだ……と、このように未来予測が具体的かつ詳細になればなるほど、予測できた時点までの自分の生存を想像でき、それが、あーよかった、これで大丈夫、安心だ、という現時点における心の平安につながる。未来が見えると生物学的な意味での生が担保された気になり、安心できけようとする石田の様子。

問4　——線3「去年の夏休みの洪水」とあるが、石田と次郎はその「洪水」をそれぞれどのようなものであるととらえているか。当てはまるものを一つずつ選び、記号で答えなさい。

ア　芸術的な鑑賞の対象
イ　嫌悪すべき貧しさの象徴
ウ　ふたりの絆を深めた出来事
エ　日常生活をおびやかすもの
オ　地域の一員になるための試練
カ　社会貢献に目覚めるきっかけ

問5　——線4「コーヒー」とあるが、石田と次郎の「コーヒー」に対するとらえ方を次のように説明した。［A］と［B］が反対の意味になるように、漢字二字の言葉をそれぞれ考えて答えなさい。

石田：コーヒーを、［A］者の立場から、流行の先端にある商品として見ている。
次郎：コーヒーを通して、ブラジルに移住した同じ村出身の［B］者を見ている。

問6　——線5「あわてて話題をその飾箱の方へ移した」とあるが、ここから次郎のどういう様子が読み取れるか。最もふさわしいものを次の中から選び、記号で答えなさい。

ア　貧しさを嫌うようになった石田に、自分の家や村のことばかり話していることに気づき、見捨てられぬよう話題を合わせようとしている。
イ　個人的な情報をすべて石田に握られているので、その情報をどう利用されるか不安になり、彼の様子を見ながら真意を探ろうとしている。
ウ　自分の村の苦しい状況を救ってもらうため石田に取り入ろうとしていたが、その狙いに気づかれたのではないかと焦り、取り繕っている。
エ　自分が提示した話題に相手が乗ってこない事実にいら立ち、どうしたら石田に友人として認めてもらえるのかを必死になって考えている。
オ　自分の発言がこの家では価値を持たぬことに気づかされ、石田の意に沿う言動のみが許されているという現実を受け入れようとしている。

問7　——線6「これだから森は親友としてすてられないと、ひそかに自ら誇った」とあるが、ここから石田のどのような思いが読み取れるか。最もふさわしいものを次の中から選び、記号で答えなさい。

ア　次郎の貧しさを知り驚く一方で、人の好意を素直に受け入れて卑屈にならない彼の賢さ、誇り高さに、打ちのめされるほど感動している。
イ　感受性が豊かな次郎を、貧しさや複雑な家庭環境にまどわされることなく友人として選び、自宅に招いて親しくしている自分に満足している。
ウ　優秀な次郎に対してひそかに引け目を感じていたが、音盤くらいで泣いてしまうという弱点を自分だけが知ることになり、優越感にひたっている。
エ　音楽に対して知ったかぶりをし、さらに涙を流す演技をしてまで自分に近づこうとする次郎の計算高さを見抜き、勝ち誇った気持ちになっている。
オ　贅沢な生活を送る自分にとって、見せるもの全てを珍しそうに喜び涙まで流す次郎の反応が、やはり退屈しのぎにうってつけであったと得意になっている。

わかって、面白かったろうに、そうか、これが、あの月光の曲か。でも、ピアノって凄い音だなあ」

「もう一度かけようね」

次郎の目には再び涙がたまった。しかし今度は、彼の魂は肉体にとどまって宙を翔けまわらなかった。彼のおかれた醜悪な環境の外をぐるぐるまわって、客観的に眺めさせたと言うべきか――

こんなに素晴らしく美しいものが、自分の手の届くところにあるのに、そうとは知らずに、家庭だとか、新しい叔母だとか、信仰がどうだとか、病気のために中学校をやめるのが神の意思かどうかとか、まるで醜悪な泥海に③をとられて、じたばたしていた。なんという愚かなことだろう。石田の祖父が二年前に忠告した「親の信仰にとらわれてはならない、大きく物を見るように」というのは、このことだったろう。同じことを石田は音楽を聴かせることで、忠告するのだろう。石田を批判的に見たこともあるが、7やはりなくてはならない親友だ。

「ありがとう、石田」

次郎は複雑な想いをこめて、そういったが、石田は、

「他にも盤があるけれど、ムーンライトの感動がにごるといけないから、この次に聞かせるよ、ね」と、言いながら、三度同じ盤をかけた。

（芹沢光治良『人間の運命』より）

＊ 尺余…一尺（約三〇センチ）よりやや長いこと。

＊ 濡れ縁…雨戸の外側に付けられた縁側。

＊ 老婢…年取った女中。

＊ リーダア…（英語の）教科書。

問1 ①～③に入る言葉を次の中からそれぞれ選び、記号で答えなさい。

ア 口　**イ** 腹　**ウ** 目　**エ** 足　**オ** 腕　**カ** 耳

問2 ――線1「部屋から空が見えるんだね。ああ、大きく息ができる――」とあるが、ここからどういうことが読み取れるか。次の中から当てはまるものを二つ選び、記号で答えなさい。

ア 次郎は贅沢な生活を当然と考えている石田の傲慢さに気がついたということ。

イ 次郎は居心地の悪い家庭環境から解放された気持ちになっているということ。

ウ 次郎は詩や音楽を楽しむことができそうな環境に心躍らせているということ。

エ 次郎は石田の友人としてふさわしい自分を演出しようとしているということ。

オ 次郎は石田の生活を知ることで自分との落差に思いをはせているということ。

カ 次郎は裕福な石田に対する激しい憎悪をおさえこもうとしているということ。

問3 ――線2「空はどこからだって見えるよ」とあるが、ここからどういうことが読み取れるか。最もふさわしいものを次の中から選び、記号で答えなさい。

ア ふたりだけの楽しい時間なのに貧乏臭い会話しかできない次郎にいらだつ石田の様子。

イ 感受性の豊かな次郎に対抗して、財力を見せつけ優位に立とうとしている石田の様子。

ウ 次郎と自分の間にある生活環境の大きな格差を問題とせずに会話を続ける石田の様子。

エ あたりまえのことを答えなければわからない次郎を冷たく突き放している石田の様子。

オ 次郎の置かれた環境を理解できず、貧しさを馬鹿にして傷つ

石田のするように真似てのんだが、その黒い汁は、熱くて、あまにがいばかりで、空腹でなければ、喉を通らなかったろう。

「なんというもの？　これ――」

「4コーヒーだ」

「これがうまい？　君は」

「うまかないけれど、なれるとうまくなるそうだよ。父には内証だけれど、春休みに東京へ行った時、坪内さんの劇団に関係している叔父――そら、祖父の秘密にしていた叔父にすすめられたんだ。東京では学生がみんな飲んでいるんだよ」

「ああ、これがコーヒーだね」

「うん、コーヒーさ。香りはすてきだろう」

「そうか、これがコーヒーか」と、茶碗にのこった黒い汁を、感にたえないように眺めた。

「ブラジルでできる大豆だって、聞いていたけれど――」

「大豆をつぶして、味噌汁をつくるように、コーヒーの豆をつぶして、西洋人はコーヒーをつくって毎朝のむんだよ。舶来品で高いんだ」

「僕の村から移住した人々は、みんなコーヒーを作っていると聞いたが……そうか、これがそのコーヒーか」

石田はそれには興味なさそうに立ち上がり、床の間にどっかり置いた大きな飾箱のような塗りものの蓋をあけた。かつて次郎の私生活や漁村の生活に興味をもって、根掘り葉掘り質問した石田が、祖父の死後、趣味が変わって、貴族趣味というのか、都会的なものをよしとして、地方的なことを貧乏臭いといい、土俗的だ、野蛮だ、醜悪だといって、努めて避ける。次郎は自分の醜悪な過去や現在を、すっかり彼に売りわたしてしまったようで、彼との友情の将来に関して、それをひそかに憂えていたから、この時も、5あわてて話題をその飾箱の方へ移した。

飾箱だと思ったものは舶来の蓄音機だという。ラッパがなくて、どこから音が聞こえるのだろうか。石田は得意な表情で、戸棚から犬のマークのある大きな盤を取り出して、勿体ぶってかけて蓋をした。

全く不思議な手品のように、飾箱全体から、奇妙な美しい音が流れ出した。この世のものと思えない音だ。石田も腕ぐみしてじっと聴き入っているが、次郎は目を閉じた。これは一体なんであろうか、心に滲み入るようで、聴いているうちに、空腹な胃袋も、熱っぽくてだるい肉体も、だんだんなくなって、自分というものが、地上から誘い出されて、宙を翔けまわりながら、豪華な楽園を愉しく探しまわっている。この宙をかけまわるものが魂というのであろうか――突然音がとまって、目を開けたが、宙をとびまわっていた魂が、肉体にかえる暇がなかったのか、口をきくこともできなかった。

石田はゆっくり立ち上がり、盤を裏返した。再び次郎は目を閉じた。これが、音楽といえるものを聞いた最初である。全部聴きおわった時、次郎の目には涙がたまっていた。その涙に、石田も気がついて、6これだから森は親友としてすてられないと、ひそかに自ら誇った。

「これはなんだ、僕は自分に足があって、地上にいなければならないことが、悲しくなったくらいだ」

そう次郎はてれくさそうに涙を説明した。

「ピアノだよ」

「ピアノって、こんなに素晴らしいものか」

「ピアノが素晴らしいんじゃないよ。この曲と演奏者が素晴らしいんだ。ベートーヴェンのムーンライト・ソナタだ」

「ムーンライト・ソナタ、英語の＊リーダアにあった、あれか。あの月光の曲って、これだったか、そうか。つまらない話で、難しい単語が多くて閉②したけれどさ、英語の時間に、これを聞かせてくれれば、あの盲目の少女の感動もわかったし、ベートーヴェンの偉さも

二〇二一年度 早稲田大学系属早稲田実業学校中等部

【国語】〈六〇分〉〈満点：一〇〇点〉

一 次の文章を読んで後の問いに答えなさい（なお問題の都合上、一部表記を改めている）。

森次郎は、両親の都合で貧しい叔母の家で暮らさねばならず、そこでの生活は彼にとって楽なものではない。ある日親友の石田は元気がない次郎を見て家に誘う。

石田の家では、祖父の死後、彼の希望で、通学に便利なように、狩野川べりに別宅をもうけて、女学生や小学校の上級生の妹たちといっしょに住まわせていた。両親も週の半分をともに暮らしていた。裏庭から石段で狩野川へ降りられるような位置で、町なかとは思えないほど静かな場所である。特に石田の部屋は、川の好きな彼の希望で、川に向かった二階であるが、ここに移って間もない頃には、その部屋の縁側から釣りざおを出して川魚がつれると、自慢していたが、後にはボートに熱中して、裏の川岸にボートをつないであって、学校の帰りにボートへ誘ったこともある。四年生になると、春休みに東京の叔母の家で聞いた蓄音機に夢中になって、話題がボートから音楽に変わった。

実は、次郎はご自慢の蓄音機もまだ聞いたことがなく、彼が目を輝かして語るピアノやバイオリンが、どんな音を出すのかも知らなかった。いい音盤が届いたというのが、何のことかわからないで、石田について行った。

石田の二階に通されて、次郎は体を横にする場所のない自分にひきくらべて、宮殿のように広い本宅の他に、こんな清潔な別宅を持つ彼が、どんなにしあわせかと、窓側の＊尺余の＊濡れ縁に腰かけて、つくづく外を見た。

「1部屋から空が見えるんだね。ああ、大きく息ができる――」

「2空はどこからだって見えるよ。狩野川がよく見えるだろう？　狩野川を見るにはここが一番いいと、ひそかに自負しているんだがね。川って、いつ見ても、飽きないよ。僕は大きくなったら、狩野川が僕に語ったことという題で、詩か音楽を書きたいな。でも、川は洪水の時が一番壮大で、逞しくて、好きだな。3去年の夏休みの洪水の時は毎日、朝からここを動かないで眺めあかして、感動したな」

「あの時、僕の村は大半水に浸かった、床上に水の上がった家が多かった。僕の家も床上まで水に浸かって困った。舟を流された漁師もあって大変だった――」

「あの時、川口や下流は凄まじかったろう？　見に行きたかったが、お成橋も危険だったし、吉田方面も水に浸かって、川口の方へ行けなかった――あとで、千本浜からまわればいいとわかったが、三日もたっていたからやめたけれど――」

「千本へ出ればよかったよ。駿河湾一帯が泥の海になっていたからね」

「僕が興味があるのは川だけだものな。川の語ることにしか興味がないんだ。川の語ることという表現は、君の言葉をもらったんだが――」

その間に、＊老婢がおやつを運んだ。次郎は ① を見張った。初めて見るものだった。白い湯のみのようで、小さな取っ手のついた茶碗に、黒い液体がはいっていた。

「砂糖をたくさんいれないとうまくないんだ」

2021年度 早稲田大学系属早稲田実業学校中等部 ▶解説と解答

算 数 (60分) ＜満点：100点＞

解 答

1 (1) $\frac{1}{12}$ (2) 60回転 (3) 42度 (4) 75.36cm^3 2 (1) ① 秒速3.4m ② 秒速0.6m (2) 28番目 3 (1) 15% (2) ア 4 イ 2 (3) 解説の表③を参照のこと。 4 (1) ① ◇3◇＝3，◇4◇＝5 ② 89 (2) 8通り 5 (1) 5cm (2) ① 解説の図Ⅲを参照のこと。 ② $3\frac{9}{17}$cm

解 説

1 逆算，反比例，角度，相似，体積

(1) $1\frac{5}{7}-\left\{1.325+\frac{1}{5}\times\left(\frac{7}{96}\div\square\right)\right\}=\frac{3}{14}$より，$1.325+\frac{1}{5}\times\left(\frac{7}{96}\div\square\right)=1\frac{5}{7}-\frac{3}{14}=\frac{12}{7}-\frac{3}{14}=\frac{24}{14}-\frac{3}{14}=\frac{21}{14}=\frac{3}{2}$，$\frac{1}{5}\times\left(\frac{7}{96}\div\square\right)=\frac{3}{2}-1.325=\frac{3}{2}-1\frac{13}{40}=\frac{60}{40}-\frac{53}{40}=\frac{7}{40}$，$\frac{7}{96}\div\square=\frac{7}{40}\div\frac{1}{5}=\frac{7}{40}\times\frac{5}{1}=\frac{7}{8}$ よって，$\square=\frac{7}{96}\div\frac{7}{8}=\frac{7}{96}\times\frac{8}{7}=\frac{1}{12}$

(2) Aの歯数の比の数を3と5の最小公倍数である15にそろえると，A：B＝3：4＝15：20，A：C＝5：8＝15：24となるので，BとCの歯数の比は，20：24＝5：6である。また，BとCの歯車はかみ合っているので，BとCの回転数の比は，$\frac{1}{5}:\frac{1}{6}=6:5$となる。よって，Bが72回転するとき，Cは，$72\times\frac{5}{6}=60$(回転)する。

(3) 右の図1で，ADとFCは平行で，平行線のさっ角は等しいから，㋑の角度は角EFBと同じ24度となる。また，正方形ABCDはACを軸(じく)として線対称(せんたいしょう)なので，三角形ABGと三角形ADGは合同である。よって，㋒の角度は㋑と同じ24度だから，三角形FBGに注目すると，㋐の角度は，180－24－(90＋24)＝42(度)と求められる。

図1

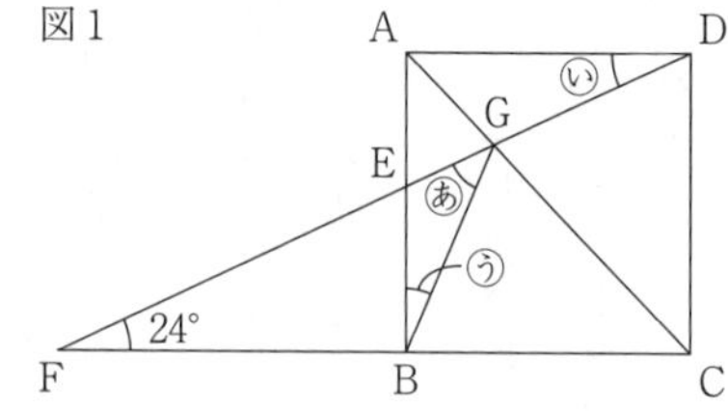

(4) 正面から見ると右の図2のようになる。図2で，ACの長さは，4－2＝2(cm)だから，三角形ABCと三角形BDEは合同になり，DEの長さは3cmとわかる。そこで，円柱の影(かげ)がつくる立体は，底面の円の半径が，3＋3＝6(cm)で高さが4cmの円すいから，底面の円の半径が3cmで高さが2cmの円すいと円柱を除いた形になる。大きい円すいの体積は，6×6×3.14×4÷3＝48×3.14(cm^3)，小さい円すいの体積は，3×3×3.14×2÷3＝6×3.14(cm^3)，円柱の体積は，3×3×3.14×2＝18×3.14(cm^3)だから，円柱の影がつくる立体の体積は，48×3.14－6×3.14－18×3.14＝(48－6－18)×3.14＝24×3.14＝75.36(cm^3)と求められる。

図2

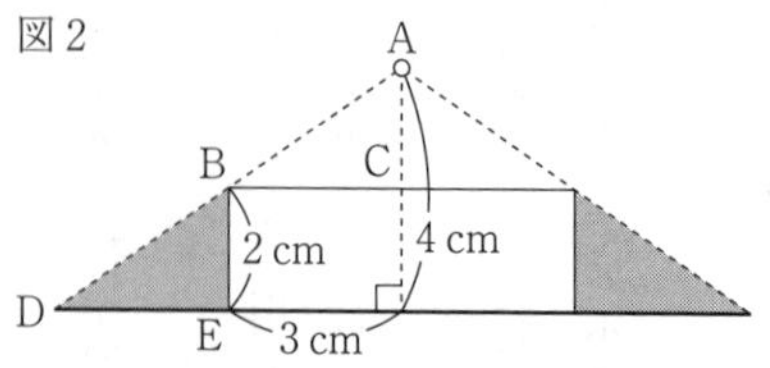

[2] 通過算，流水算，速さと比，数列

(1) ① AとBがどちらも上るとき，BがAに追いついてから完全に追い越すまでの，1分10秒間＝70秒間でBはAよりも，56＋28＝84(m)多く進むから，Bの上りの速さはAの上りの速さよりも秒速，84÷70＝1.2(m)速い。よって，静水での速さも，Bの方がAより秒速1.2m速い。また，Aが上り，Bが下るとき，AとBが出会ってから完全に離れるまでの10.5秒間で，AとBは合わせて84m進むから，Aの上りの速さとBの下りの速さの和は秒速，84÷10.5＝8(m)となる。ここで，(Aの上りの速さ)＋(Bの下りの速さ)＝{(Aの静水での速さ)－(川の流れの速さ)}＋{(Bの静水での速さ)＋(川の流れの速さ)}＝(Aの静水での速さ)＋(Bの静水での速さ)となるから，AとBの静水での速さの和は秒速8mとわかる。したがって，右の図1より，Aの静水での速さは秒速，(8－1.2)÷2＝3.4(m)と求められる。　② 川下から川上まで，いつもかかる時間とこのときかかった時間の比が，1：$1\frac{3}{11}$＝11：14なので，Aのいつもの上りの速さとこのときの上りの速さの比は，$\frac{1}{11}$：$\frac{1}{14}$＝14：11とわかる。また，いつもの川の流れの速さを①とすると，このときの川の流れの速さは②となり，右の図2のように表せる。図2で，[14]－[11]＝[3]にあたる速さと，②－①＝①にあたる速さが等しいから，[14]＋①＝[14]＋[3]＝[17]にあたる速さが秒速3.4mとなる。よって，[1]にあたる速さは秒速，3.4÷17＝0.2(m)となり，いつもの川の流れの速さは[3]にあたるから，秒速，0.2×3＝0.6(m)と求められる。

図1

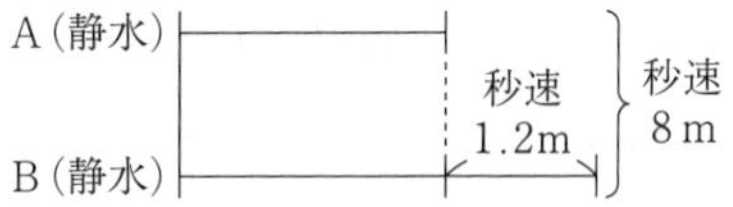

A(静水)　B(静水)　秒速1.2m　秒速8m

図2

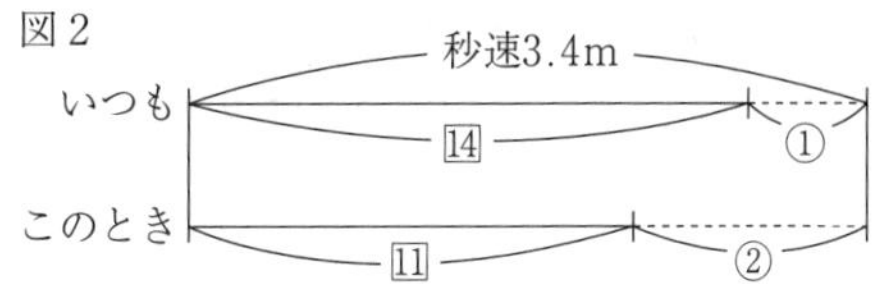

(2) まず，連続する2つの整数を順に並べてできる数は，12，23，34，…，89，910，1011，…，1920，2021，…となるので，左側の数に注目すると，2021以下のものは1～20の20個ある。また，連続する3つの整数を並べてできる数は，123，234，345，…，789，8910，…となるので，左はしの数に注目すると，2021以下のものは1～7の7個ある。さらに，連続する4つの整数を並べてできる数は，1234，2345，…だから，2021以下のものは1234の1個あり，連続する5つ以上の整数を並べてできる数はすべて2021より大きくなる。よって，条件にあてはまる数のうち，2021以下のものは，20＋7＋1＝28(個)あるから，小さい順に並べたとき，2021は28番目となる。

[3] 平均，つるかめ算，条件の整理

(1) 算数よりも国語の点数の方が高かった人の数は，下の表①の太線で囲んだ部分の人数の合計になる。よって，2＋1＝3(人)だから，3÷20＝0.15より，全体の15％である。

(2) 20人全体の算数の合計点は，57×20＝1140(点)で，アとイ以外の人の算数の合計点は，0×2＋20×1＋40×(2＋1)＋60×(1＋3)＋80×2＋100×(1＋1)＝0＋20＋120＋240＋160＋200＝740(点)だから，アとイの人の算数の合計点は，1140－740＝400(点)となる。また，アとイの人数の和は，20－(2＋1＋2＋1＋1＋3＋2＋1＋1)＝20－14＝6(人)である。もし，この6人の算数の点数がすべて80点だったとすると，その合計点は，80×6＝480(点)となり，実際よりも，480－400＝80(点)多くなる。6人の中に算数が60点の人が1人いるごとに，合計点は，80－60＝20(点)ずつ減るから，6人のうち，算数が60点の人は，80÷20＝4(人)いるとわかる。よって，アの人数は4人で，イの人数は，6－4＝2(人)となる。

表①

国語＼算数	0	20	40	60	80	100
100						1
80				1		1
60				ア	2	
40			2 C	3	イ	
20	2 A	1 B	1 D			
0						

表②

国語＼算数	0	20	40	60	80	100
100						1
80				1		1
60				ア	2	
40					イ	
20			0			
0						

表③

国語＼算数	0	20	40	60	80	100
100						1
80				1		1
60				ア	2	
40			1	4	イ	
20	1	1	0	2		
0						

(3)　20人全体の平均点は，62－57＝5(点)増えたので，合計点は，5×20＝100(点)増えたことになる。また，算数が40点以下だったのは表①のA，B，C，Dの人で，このうちの3人の点数が60点に直された結果，合計点が100点増えたことになる。ここで，上の表②で算数が40点，国語が20点の人数が0になっているので，表①のDの1人は60点に直されたとわかる。よって，Dの1人の点数は，60－40＝20(点)増えたから，A，B，Cのうち2人の点数が合わせて，100－20＝80(点)増えたことになる。60点に直されると，Aの人は60点，Bの人は，60－20＝40(点)，Cの人は，60－40＝20(点)ずつ増えるが，Bの人は1人しかいないので，2人で合わせて80点増えるのは，Aのうちの1人と，Cのうちの1人が60点に直される場合しかない。したがって，Aのうちの1人，Cのうちの1人と，Dの1人が60点に直されたから，表②の空欄(くうらん)部分をうめると，上の表③のようになる。

4 数列，場合の数

(1)　①　n＝3のとき，「Ⓐ1→Ⓑ2→Ⓐ3」，「Ⓐ1→Ⓑ2，3」，「Ⓐ1，2→Ⓑ3」の3通りなので，〈3〉＝3となる。また，n＝4のとき，「Ⓐ1→Ⓑ2→Ⓐ3→Ⓑ4」，「Ⓐ1→Ⓑ2→Ⓐ3，4」，「Ⓐ1→Ⓑ2，3→Ⓐ4」，「Ⓐ1，2→Ⓑ3→Ⓐ4」，「Ⓐ1，2→Ⓑ3，4」の5通りなので，〈4〉＝5となる。　②　まず，n＝5のときを考える。このとき，言い方はどちらかが，「4，5」と言って終わる場合と，「5」と言って終わる場合に分けられる。「4，5」と言って終わる場合，直前までの言い方は，n＝3のときの言い方と同じだけあり，「5」と言って終わる場合，直前までの言い方は，n＝4のときの言い方と同じだけある。よって，〈5〉＝〈3〉＋〈4〉＝3＋5＝8と計算できる。同じように考えていくと，〈6〉＝〈4〉＋〈5〉＝5＋8＝13，〈7〉＝〈5〉＋〈6〉＝8＋13＝21，〈8〉＝〈6〉＋〈7〉＝13＋21＝34，〈9〉＝〈7〉＋〈8〉＝21＋34＝55となるから，〈10〉＝〈8〉＋〈9〉＝34＋55＝89と求められる。

(2)　B君が勝つためにはA君に10を言わせればよいから，B君は「9」または「8，9」のように，9で止めればよい。すると，A君に「7，8」または「7」のように，7から言わせ始めればよいから，B君は「6」または「5，6」のように，6で止めればよい。そのためには，A君に「4，5」または「4」のように，4から言わせ始めれば

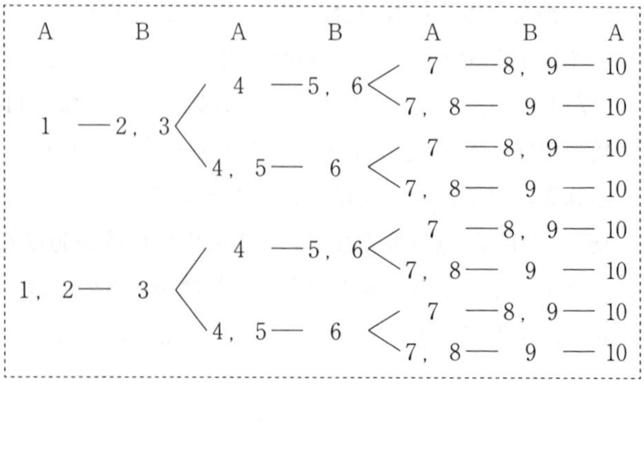

A	B	A	B	A	B	A
1	2，3	4	5，6	7	8，9	10
				7，8	9	10
		4，5	6	7	8，9	10
				7，8	9	10
1，2	3	4	5，6	7	8，9	10
				7，8	9	10
		4，5	6	7	8，9	10
				7，8	9	10

よいから，B君は「3」または「2，3」のように，3で止めればよい。よって，B君が必ず勝つ言い方は上の図のようになるから，全部で8通りある。

5 平面図形―構成，長さ

(1) まず，下の図Ⅰで，aの列とbの列の間で谷折りにすると，aの列の上にbの列が重なる。次に，bの列とcの列の間で山折りにすると，bの列の上にcの列が重なるから，a，b，cの3つの列は1つに重なることがわかる。同じように，d，e，fの3つの列も1つに重なるので，下の図Ⅱのようになり，折った紙の縦の長さは5cmとわかる。

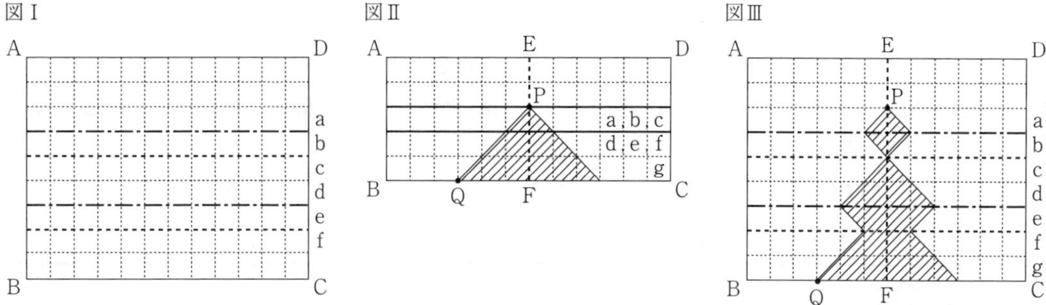

(2) ① 三角形PFQを切り取った後に，EFの折り目の部分だけを開くと，図Ⅱのようになり，斜線(しゃせん)部分が切り取られた図形となる。また，aとbの間の折り目の部分を開くと，aとbの列にできる切り取られた図形は，折り目を軸として線対称な形になる。さらに，bとcの間の折り目の部分を開くと，bとcの列にできる切り取られた図形は，折り目を軸として線対称な形になる。同じように考えると，dとe，eとfの列にできる切り取られた図形も，それぞれ折り目を軸として線対称な形になる。したがって，gの列を合わせると，図形アは上の図Ⅲのようになる。 ② 図Ⅱで，aの列にできる切り取られた二等辺三角形をⓐ，aとdを合わせた列にできる切り取られた二等辺三角形をⓘ，aとdとgを合わせた列にできる切り取られた二等辺三角形(三角形PFQ 2つ分)をⓤとする。ⓐ，ⓘ，ⓤは相似であり，相似比は，1：2：3だから，面積の比は，(1×1)：(2×2)：(3×3)＝1：4：9となる。そこで，ⓐの面積を1とすると，dの列にできる切り取られた台形の面積は，4－1＝3，gの列にできる切り取られた台形の面積は，9－4＝5になり，図形アの面積は，1×3＋3×3＋5＝17と表せる。この比の関係はFQの長さが変わっても同じだから，図形アの面積が20cm²のとき，ⓤの面積(三角形PFQの2倍の面積)は，$20\times\frac{9}{17}=\frac{180}{17}$(cm²)とわかる。よって，このとき三角形PFQの面積は，$\frac{180}{17}\div2=\frac{90}{17}$(cm²)になるから，FQ×3÷2＝$\frac{90}{17}$(cm²)と表せる。したがって，FQの長さは，$\frac{90}{17}\times2\div3=\frac{60}{17}=3\frac{9}{17}$(cm)と求められる。

社 会 (30分)＜満点：50点＞

解 答

I 問1 イ，エ，オ 問2 エ 問3 ① 20～24(歳) ② (例) 進学や就職のため島外に出る人が多いから。 問4 ① イ ② ア，ウ 問5 ① エ→イ→ア→ウ ② オ 問6 ① A ウ B イ C エ D ア ② (例) 東日本大震災で原発事故が起きたこと(福島第一原発で原子力事故が起きたこと) II 問1 ア 問2 オ 問3 金…イ 銀…エ 銅…ウ 問4 (例) 回収された携帯電話などの小型家電製品(都市で廃棄される小型家電の中の有用な金属) 問5 ① 持続可能な開発(目標) ② エ ③ i WHO ii PKO iii NGO III 問1 イ 問2 イ，ウ 問3 ウ→ア→エ→イ 問4 (例) 上りは調や庸などの税物を運ぶが，下りはそれらの荷物がないから。問5 エ 問6 ① ○ ② × ③ ○ 問7 日本橋 問8 (例) 川越人足など，輸送にたずさわる人々の仕事を保障するため。 問9 ウ

解 説

I 八丈島を題材とした問題

問1 八丈島(東京都)は伊豆諸島に属する火山島で，東京都心から南に287km離れた海上に位置し，島の南部を北緯33度05分の緯線が通っている。それに近い北緯33度30分の緯線は大分県の国東(くにさき)半島や愛媛県中部，高知県の中部，和歌山県の南部を通過しており，イ(兵庫県)，エ(北海道)，オ(長崎県)はそれより北に位置している。なお，南鳥島(東京都)は日本の最東端(東経153度59分)に位置する島で，緯度は北緯24度17分である。また，屋久島は鹿児島県の南方，北緯30度28分に位置している。

問2 等高線が100mごとに引かれているので，A～Bの線上のうち北西部にある山の標高は800m余り，南東部にある山の標高は600m余りであることがわかる。したがって，エが正しいと判断できる。

問3 ① 最も人口が少ない年齢層は，男性・女性とも20～24歳である。 ② 八丈島のような離島や過疎(かそ)地の多くは，大学や専修学校などの高等教育機関が近くになく，就職先となる企業も少ないことから，若い世代の多くは進学や就職のために都会に出て行くことになる。八丈島で20～24歳の人口が極端に少なくなっているのも，そうした理由からだと考えられる。

問4 ① 八丈島の伝統的工芸品として知られるのはイの「黄八丈」。草木染めの絹織物で，黄色を主色とした縞(しま)または格子(こうし)の柄(がら)を特色としている。なお，アは東京都の「江戸切子(きりこ)」，ウは神奈川県の「箱根寄木(よせぎ)細工」，エは新潟県加茂(かも)市の「加茂桐簞笥(きりたんす)」，オは千葉県館山市・南房総(ぼうそう)市の「房州うちわ」である。 ② 図の「伝統マーク」を使用することが認められるのは，「伝統的工芸品産業の振興(しんこう)に関する法律」にもとづき経済産業大臣の指定を受けた工芸品である。指定のための条件となるのは①主として日常生活の用に供されるもの，②その製造過程の主要部分が手工業的であること，③伝統的な技術または技法により製造されていること，④伝統的に使用されてきた原材料が用いられていること，⑤一定地域において少なくない数の者がその製造を行っていることの5点であり，おおむね100年以上の歴史をもち，10企業以上または30人以上の生産者がいることが想定

されている。したがって，アとウがふさわしくないことになる。

問5　①「尾崎」の交番から「中里」の交番に向かった場合，まず右手に郵便局(〒)があり，そのまま進むと「唐滝川」を渡って小・中学校(文)の前を通過し，さらに進むと左手に郵便局(〒)がある。　②　八丈島は火山島で，地下に豊富な熱水があることから地熱発電所が建設され，1999年から2019年まで稼働していた。施設の老朽化にともない発電は停止されたが，2022年に新しい発電所が運転を開始することになっている。なお，2000年からは風力発電も行われていたが，発電量が安定しないことなどから，2014(平成26)年に停止された。

問6　①　発電量の割合があまり変わらないAは水力発電，発電量が最も多く，特に2017年には割合が80％を超えているBは火力発電，発電量の割合が大きく減っているCは原子力発電，残るDは再生可能エネルギー(太陽光，地熱，風力など)による発電である。　②　原子力発電の割合が大きく減少したのは，2011年３月に起きた東日本大震災のさいに発生した福島第一原子力発電所の爆発事故を受け，全国の原子力発電所の操業がいったん停止されたことによる。その後，原子力規制委員会による審査に合格し，かつ，地元自治体の認可がおりたものから順次再稼働されているが，発電量は事故前より大きく減少している。また，原子力発電所の操業停止による電力不足を補うために休止中の火力発電所が稼働されたこともあり，火力発電の割合はいっそう高まった。

Ⅱ　東京オリンピック・パラリンピックを題材とした問題

問1　図は青・黄・黒・緑・赤の５つの輪をつなげたオリンピックのシンボルマークで，「五輪」ともよばれる。オリンピック憲章で規定されているこのマークは，世界の５大陸(アジア・ヨーロッパ・アフリカ・南北アメリカ・オセアニア)相互の結合と連帯を意味している。

問2　被選挙権年齢は，衆議院議員と市区町村長，地方議会議員が25歳以上，参議院議員と都道府県知事が30歳以上である。

問3　オーストラリアとブラジルが第１位，第２位を占めるアは鉄鉱石，チリが第１位であるウは銅，メキシコとペルーが第１位，第２位を占めるエは銀，残るイが金である。産出量も手がかりとなり，特にイは産出量が極めて少ない点からも金とわかる。

問4　携帯電話やパソコンなどの小型家電が大量に廃棄され，これにふくまれる有用な資源(レアメタルなど)が多くとれる大都市は，これを鉱山に見立てて「都市鉱山」とよばれる。東京オリンピックに向かって進められたメダルプロジェクトは，このような小型家電をリサイクルして得られた金属をもとに金・銀・銅のメダルをつくる試みである。

問5　①　SDGs(エス・ディー・ジーズ)は，2015年に国連総会で採択された「持続可能な開発目標」のこと。2030年に向けて世界各国が達成するためにかかげた行動目標で，17の目標と169のターゲット(行動基準)からなる。　②　ア～オは，いずれもSDGsの17の目標にふくまれる。リサイクルして得られた金属からメダルをつくるプロジェクトは，限られた資源を有効に使うことを目的としたものであるから，エの「つくる責任　つかう責任」に最も関係が深いと考えられる。なお，この目標については，「2030年までに天然資源の持続可能な管理及び効率的な利用を達成する」というターゲットが示されている。　③　ⅰは世界保健機関のことで，略称はWHO。1948年に設立された国連の専門機関で，本部はスイスのジュネーブに置かれている。ⅱは国際連合平和維持活動のことで，略称はPKO。地域紛争が起きている地域に各国軍部隊などを派遣して行うものであり，停戦の監視や公正な選挙の実施，復興への援助などを内容としている。ⅲは非政府組織のことで，略称はNGO。本来は国連憲章における協議資格を持つ民間団体のことであったが，近年は国連と直接の関係がない団体も数多くつくられている。

Ⅲ　各時代の情報のやりとりや物資の輸送，人の移動などを題材とした問題

問1　「自分の情報を他人に知られたくないという権利」はプライバシーの権利にあたり，日本国憲法に直接規定されてはいないが，新しい人権として広く認められるようになっている。

問2　狼煙は世界各地で古くから用いられてきた情報の伝達手段で，日本では戦国大名たちが敵の動きを知らせるときなどに用いた例が知られる。次々とリレーしていくことで遠い場所にも短時間で情報を伝えることができるが，悪天候時には使用できなかったので，イとウが選べる。煙の色や回数を変えることで，ある程度複雑な内容を伝えることはできたが，会話のようなやりとりはできなかったから，アは誤り。都市に住む多くの人々が利用したということもないから，エも不適切である。

問3　アは，聖徳太子が603年に定めた冠位十二階の制と，604年に制定した十七条の憲法について述べている。イは，753年に唐(中国)の高僧である鑑真が来日したことについて述べている。ウは，478年に宋(中国)に使いを送った「倭(日本)の五王」のうちの１人である「武」(雄略天皇)について述べており，埼玉県行田市の稲荷山古墳から出土した鉄剣にその名が刻まれている「ワカタケル」と同一人物と考えられている。エは663年の白村江の戦いについて述べている。

問4　この場合の各国(地方)から都までの移動にかかる所要日数とは，調や庸などの税物を運ぶ農民たちにとってのものと考えられる。農民たちは，上りに調や庸の税物をみずから運んで納めなければならなかったので日数がかかったが，下りはそれらの荷物がないことから，少ない日数で帰ることができたのだと考えられる。

問5　ア　法律案は内閣または国会議員によって，いずれかの議院の議長に提出される。　イ　法律案について衆・参両議院の議決が異なる場合は，意見の一致をはかるため両院協議会を開くことはできるが，予算の議決，内閣総理大臣の指名，条約の承認の場合とは異なり，必ず開かれるわけではない。　ウ　衆議院の解散中に必要が生じた場合には，参議院の緊急集会を開くことができる。閣議による審議を経て法律がつくられるということはない。　エ　国会で成立した法律は，天皇への奏上を経て公布される。法律の公布は憲法に定められた天皇の国事行為の１つで，奏上から公布までの手続きについては国会法に規定されている。

問6　①　８月15日に上杉謙信が川中島に向かって出発したことを知った武田信玄は，翌16日に甲府を出発しているから，敵の情報をいち早く知っていたことがわかる。　②　旧日本陸軍の基準では，大部隊の移動は１日24kmが標準とされていたとある。出発と到着の時刻が同じと仮定した場合，武田軍は８日間でおよそ160km(１日約20km)を移動しているから，それよりは遅いことになる。　③　②と同様に考えると，織田・徳川連合軍は２日間で約65km(１日約33km)を移動しているから，旧日本陸軍の基準よりも早いといえる。

問7　五街道(東海道・中山道・甲州街道・日光街道・奥州街道)は江戸幕府によって整備されたもので，いずれも江戸の日本橋を起点としていた。

問8　江戸幕府が大井川などの河川に橋を架けなかったのは，江戸に向かう敵軍をできるだけ引き止めるという防衛上の理由もあったと考えられているが，特に大井川の場合は渡し船が禁止されたことから，旅人は資料にあるように川越人足の肩車や連台越えにたよって渡らざるを得なかった。

最盛期には大井川両岸の島田宿と金谷宿に川越人足が1000人近くいたとされ，両岸につくられた人足を管理する組織が，この仕事を独占的に行うことを幕府から認められていた。幕府が大井川に橋を設けなかったのは，この仕事にたずさわる人々の仕事を保障するといった一面もあったのだと考えられる。

問9　郵便・郵便貯金・簡易保険のいわゆる「郵政三事業」は長い間，郵政省の管轄下で行われる政府の事業であったが，2000年代に小泉内閣によって進められた「郵政民営化」の政策にもとづき，まず2003年に日本郵政公社が行う公社事業となり，さらに2005年の郵政民営化法の成立を受け，2007年からは日本郵便株式会社を中心とした日本郵政グループによる民間事業に移行された。したがって，ウが正しい。

理　科　(30分) <満点：50点>

解　答

1　**問1**　東京都　**問2**　太平洋プレート，フィリピン海プレート　**問3**　①　火山岩　②　(ウ)　③　(例)　きめの細かいつぶの集まりの中に大きなつぶが散らばっている。　**問4**　(ウ)　**問5**　(オ)　2　**問1**　1　ちっ素　2　リン　**問2**　①　ア，オ　②　1メートルまで　③　ヘモグロビン　**問3**　(例)　湖の表層では太陽光がとどくので植物プランクトンによる光合成によって二酸化炭素が吸収され酸素が放出される。湖底にいくほど細菌による呼吸によって酸素が吸収され二酸化炭素が放出される。二酸化炭素はアルカリ性を中和するので湖底ほど中性に近づく。　**問4**　じゅんかん　3　〈Ⅰ〉　**問1**　1.9カラット　**問2**　(イ)　**問3**　リチウム　**問4**　(エ)　**問5**　右の図　〈Ⅱ〉　1

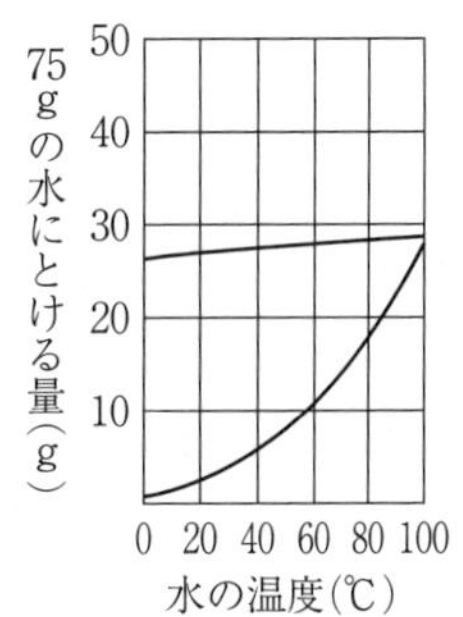

解　説

1　西之島と火山の岩石についての問題

問1　西之島は小笠原諸島にある無人島で，東京都小笠原村に属する。

問2　プレートとは地球の表面をおおう大きな岩盤のことで，西之島を含む小笠原諸島は太平洋プレートがフィリピン海プレートの下にしずみこむことでできた。

問3　①　マグマ(溶岩)が冷え固まってできた岩石を火成岩といい，火成岩はさらに，マグマが地表または地表近くで急に冷やされてできた火山岩と，マグマが地下深くでゆっくりと冷え固まってできた深成岩とに分けられる。安山岩と玄武岩はともに火山岩に属する。　②　火山岩は，非常に小さな粒の集まりの中に，何種類かの角ばった大きな結晶がまだらに散らばったようなつくりをしている。　③　一般に，安山岩は灰色っぽい色の地に白色や黒色のはん点があり，一方の玄武岩は黒っぽい色の地に白色や灰色のはん点があるような外見をしている(玄武岩のはん点は安山岩ほどは目立たない)。地の色に別な色のはん点があるという点が共通している。

問4　火砕流は，火山から噴出した火山ガスが火山灰などを巻きこみながら山を流れ下る現象である。ふつう高温ではあるが，島(山)をとかすほどの温度ではない。

問5　キラウェア火山などがあるハワイ島は，噴出する溶岩のねばりけが小さく，溶岩が広範囲に流れて積み重なりにくいので，なだらかな形の山体(島)となっている。また，噴出する溶岩が玄武岩質溶岩なので，火口から流れ下って冷え固まった溶岩は黒色をしていて，その溶岩がくだけて砂粒ができるため，黒砂の海岸がある。

2 生物と環境についての問題

問1　植物が成長するには肥料が必要だが，特にちっ素，リン(リン酸)，カリウムが肥料の三大要素とされる。主にちっ素は葉や茎，リン(リン酸)は花や実，カリウムは根にそれぞれはたらく。

問2　①　植物プランクトンはアのホシガタケイソウとオのイカダモである。イのケンミジンコ，ウのミジンコ，エのワムシはいずれも動物プランクトンである。　②　水中の植物プランクトンが光合成をするのに十分な太陽光がとどく水深は，透明度のおよそ2～2.5倍の深さまでとされていて，透明度が39cmの場合は，39×2.5＝97.5(cm)，つまり約1ｍまでとなる。　③　酸素濃度が低くても，体内の酸素を運ぶはたらきが強化されていれば生きていきやすい。そのため，酸素を運ぶ赤い色素のヘモグロビンが体内に多くあると考えられる。

問3　湖の表層では太陽光が十分にとどき，植物プランクトンがさかんに光合成を行う。よって，水中の酸素量が多くなり，また二酸化炭素量が少なくなるため水質はアルカリ性が強くなる。一方，湖底付近は光合成に必要な太陽光が不十分になり，生物の死がいを分解する細菌が呼吸により酸素を使うので，水中の酸素量が少ない。そして放出した二酸化炭素によりアルカリ性が中和され，水質が中性に近づく。

問4　たとえば炭素について考えると，炭素は大気中に二酸化炭素を構成する成分として存在しているが，その二酸化炭素は光合成によって植物に吸収されてでんぷんを構成する成分になり，一部は植物の体となる。そして，「食べる—食べられる」関係により生物から別の生物へと次々に移動する。また，それぞれの生物が呼吸をしたり，死がいが微生物によって分解されたりして発生した二酸化炭素は大気中にもどる。このように，生態系における物質の移動は一方通行ではなく，ぐるぐると循環している。

3 物質の性質についての問題

〈Ⅰ〉 **問1**　指輪のダイヤモンドは，体積が0.11cm^3なので，重さは，3.51×0.11＝0.3861(ｇ)である。これをカラットで表すと，0.3861÷0.2＝1.9305より，1.9カラットとなる。

問2　熱伝導率とは熱の伝えやすさを数値化したものである。熱の伝えやすさは，銀が最も高く，次に銅，金の順に高い。これらに比べると鉄は熱を伝えにくい。

問3　リチウムイオンバッテリー(電池)は，従来の充電池に比べて小型・軽量で充電効率もよく，現在ではスマートフォンやノートパソコンといった多くの電子機器，電気で走る自動車のバッテリー，太陽光発電の蓄電池など，さまざまなものに使われている。

問4　吉野彰さんは，化学工業の企業で研究を続け，1985年にリチウムイオンバッテリーの基本構造を確立した。この功績により，2019年のノーベル化学賞を受賞した。

問5　まず100℃の水75ｇにとける食塩の量を考える。100℃での飽和食塩水(とける限度まで食塩がとけている食塩水)の濃度が約28％であるから，それにふくまれる水が75ｇのとき，とけている食塩の重さは，75÷(1－0.28)×0.28＝29.16…より，約29ｇとわかる。また，食塩は，水の温度が上がってもとける量はわずかしか増えない。よって，100℃で約29gの点から0℃に向かってわずかに減っていくようなグラフをかけばよい。

〈Ⅱ〉 ① アルコールと水を混ぜてアルコール水をつくるとき，できたアルコール水の体積は，混ぜる前のアルコールと水の体積の合計よりわずかに小さくなる。よって，Aの方が大きい。 ② Aの混合溶液は，赤リトマス紙が変色しなかったから中性または酸性である。つまり，水酸化ナトリウム水溶液50cm^3はすべて中和されているから，中和後に塩酸があまっていてもいなくても，水分をすべて蒸発させた後には水酸化ナトリウム水溶液50cm^3が中和されてできた食塩だけが残る。また，Bの混合溶液でも，中和後に塩酸があまっているが，水分をすべて蒸発させた後には水酸化ナトリウム水溶液50cm^3が中和されてできた食塩だけが残る。したがって，AとBは等しい。

③ Aの混合溶液は，赤リトマス紙が青色に変色したから中性またはアルカリ性で，塩酸50cm^3がすべて中和されている。よって，両方の混合溶液で水分をすべて蒸発させた後に残るものを比べると，中和によりできる食塩の量は同じになるが，Bの混合溶液ではAの混合溶液よりも，水酸化ナトリウム水溶液，48−29＝19(cm^3)にとけている水酸化ナトリウムのぶん，残るものが多くなる。

④ アンモニアなどのような気体を水にとかしたとき，その体積の変化はとかす物質の種類によっても異なる。たとえば，25％のアンモニア水1cm^3の重さは約0.91gなのに対して，28％のアンモニア水1cm^3の重さは約0.9gになる。このことから，AよりBの値の方が小さくなっているといえる。

国　語 (60分) ＜満点：100点＞

解　答

一 問1 ① ウ ② ア ③ エ 問2 イ，オ 問3 ウ 問4 石田…ア 次郎…エ 問5 A 消費 B 生産 問6 ア 問7 イ 問8 ウ 二 問1 A 未来予測を得られる(未来を想定できる) B (例) 自分の生が保証された 問2 A (例) 未来予測に合わせて現在という時間を生きる B (例) 現在の自分の選択によって未来をつくる 問3 イ A (例) 限られた判断材料をもとに行動していく B (例) 生のダイナミズムを実感できる 三 問1 (1) ア，オ，コ (2) ひたい (3) ① 皮 ② 功 問2 下記を参照のこと。

●漢字の書き取り

三 問2 ① 統一 ② 講義 ③ 志す ④ 飼う ⑤ 勢い

解　説

一 **出典は芹沢光治良(せりざわこうじろう)の『人間の運命』による。**両親の都合で貧しい叔母(おば)の家で暮らさなければならなくなった次郎(じろう)が，裕福(ゆうふく)な家に生まれて貴族趣味(しゅみ)的な生活を楽しむ親友の石田の家に遊びに行く場面である。

問1 ① 石田の家で，次郎は「初めて見る」コーヒーに驚(おどろ)いたのだから，感心したり驚いたりしたときに大きく目を見開くことをいう「目を見張る」がふさわしい。 ② 次郎にとって，英語の時間は「つまらないお話」と「難しい単語」ばかりでうんざりするものだったのだから，“困ったり嫌になったりして，口を閉じる”という意味の「閉口する」が合う。　③　初めて「音楽」に触れた次郎は，醜悪な家庭環境にばかりとらわれ，じたばたしていた自分が「愚か」だったと気づいたのだから，思うように自由な活動ができないことを表す「足をとられる」がよい。

問2　「体を横にする場所のない」叔母の家から「宮殿のように広い」石田の家に来たことで，次郎は解放感を覚えたと同時に，「外」を眺めながら彼と自分の生活をひきくらべ，その差に思いをはせているものと想像できるので，イ，オが選べる。

問3　貧しい暮らしを送っている次郎にとっては，自分の部屋から空が見えるだけでも「しあわせ」なことだが，裕福な石田にとってそれは取り立てて言うほどのものではない。つまり，自分との生活環境の差に思い至らない石田は，次郎の感動に気がついていないため「空はどこからだって見えるよ」と，さも当然のように言ったのである。

問4　「大きくなったら，狩野川が」自分に語ったこと，という題で「詩か音楽を書きたい」と考えている石田が，「川は洪水の時が一番壮大で，逞しくて，好きだ」と話していることをおさえる。つまり石田は，川を芸術的な鑑賞の対象として見ているものとわかる。一方，次郎は自分の村や家が「水に浸かった」と，実際に洪水の被害を受けていたことを語っている。ここからは，次郎が日常生活をおびやかすものとして「洪水」をとらえていることが読み取れる。

問5　**A，B**　石田はコーヒーを「東京では学生がみんな飲んでいる」と言ったり，「舶来品で高いんだ」と話したりと「消費者」の立場で話している。それに対して次郎は，自分の「村から移住した人々は，みんなコーヒーを作っていると聞いた」と，同じ村出身の「生産者」に思いをはせている。

問6　以前の石田は，「次郎の私生活や漁村の生活に興味をもって，根掘り葉掘り質問」していたが，「祖父の死後，趣味が変わって，貴族趣味というのか，都会的なものをよしとして，地方的なことを貧乏臭いといいい，土俗的だ，野蛮だ，醜悪だといって，努めて避ける」ようになってしまった。そんな石田の変化に，次郎が「彼との友情の将来」を「ひそかに憂えていた」ことをおさえる。つまり，次郎は自分と石田の間にある貧富の差のせいで，友情にひびが入ることをおそれたのだから，アが選べる。

問7　蓄音機から流れ出す音楽を聴いた次郎は目を閉じ，心に滲み入るようなその美しい音色にひたり，しみじみと思いめぐらしている。石田は，音楽に「涙」を流すほど繊細で豊かな感受性をもつ次郎を見て，あらためて自分の親友であることを誇りに思ったのだから，イがよい。

問8　かつて石田の祖父から「親の信仰にとらわれてはならない，大きく物を見るように」と言われたのを思い出した次郎は，「同じことを石田は音楽を聴かせることで，忠告するのだろう」と考えている。自分がおかれている「醜悪な環境」に心をまどわされるのではなく，「素晴らしく美しい」世界に目を向けることの大切さを，次郎は音楽を聴くことで再認識したのである。

二　**出典は角幡唯介の「裸の大地」による。**人の生き方について，地図のある登山と地図のない登山を例にあげながら解説している。

問1　**A，B**　「地図のある登山」は，「未来予測を得られる(未来を想定できる)」ため，「登山者はその未来の時点におけるおのれの姿をリアリティーをもって想像することができる」と述べられている。それは，「予測できた時点までの自分の生存を想像でき」る，つまり「生物学的な意味での生が担保された気になり，安心できる」ことにつながるのだと筆者は説明している。なお，ここでの「担保」は，“保証する”という意味。

問2　A，B　「未来の見える」状況では，人々は日常生活を「未来予測」に合わせて生きることで，「現在という時間を安定させようとする」，つまり，「可能なかぎり未知を消去し，あらゆるリスクを避けようとして，安心安全をはかろうとする」のだと説明されている。一方，「未来の見えない」状況では，「今現在の私の知覚，感応，直観，判断，行動の結果」，つまり選択の結果によって「それぞれ別の未来ができあがっていく」と述べられている。

問3　A，B　筆者は「地図をもつことはいかに人間の動物的な行動原理にかなうことであり，その意味で本質的に重要なこと，良いこと，モラルにかなったことであり善である」と認めつつも，「すべての行動を予定調和で終えてしまうと，そこからはどうしても生のダイナミズムがうしなわれてしまう」と述べている。そのうえで「地図のある登山」のような生き方は「あまりにもこの現在の渾沌をふうじこめようとしすぎている」と批判し，人間はそもそも「地図のない登山」のような「未来の見えない自由の中で生きていたはずであり，今も本当はそう」だと主張している。

三　慣用句・ことわざの完成，漢字の書き取り

問1　1は「猫の額」，2は「取らぬ狸の皮算用」，3は「狐と狸の化かし合い」，4は「亀の甲より年の功」，5は「牛を馬に乗り換える」，6は「馬の耳に念仏」，7は「虎の威を借る狐」となる。
(1)　どこにも用いられていない語は，「犬」「蛙」「猿」になる。　(2)　音読みは「ガク」で，「額縁」などの熟語がある。　(3)　①　似た意味の言葉には，「穴の貉を値段する」などがある。
②　似た意味の言葉には，「老いたる馬は道を忘れず」などがある。

問2　①　いくつかのものを一つにまとめること。　②　大学などで，先生が学生に対して教えること。　③　音読みは「シ」で，「志望」などの熟語がある。訓読みにはほかに「こころざし」がある。　④　音読みは「シ」で，「飼育」などの熟語がある。　⑤　音読みは「セイ」で，「勢力」などの熟語がある。

Memo

Memo

Memo

2020年度　早稲田大学系属早稲田実業学校中等部

〔電　話〕（042）300－2121
〔所在地〕〒185-8505　東京都国分寺市本町1－2－1
〔交　通〕JR中央線・西武国分寺線・西武多摩湖線—「国分寺駅」徒歩7分

【算　数】（60分）〈満点：100点〉

【注意】比は，もっとも簡単な整数の比で答えなさい。

1　次の各問いに答えなさい。

(1)　$20 \div \left\{20 \times \left(\frac{5}{6} - 0.675\right) - \boxed{}\right\} - 6\frac{8}{9} = 2$ の $\boxed{}$ にあてはまる数を求めなさい。

(2)　ある商品を何個か仕入れました。1日目は全体の $\frac{1}{6}$ が売れ，2日目は残りの40％より5個少なく売れ，3日目は残りの $\frac{4}{11}$ より5個多く売れたところ，残りは65個でした。仕入れた商品は何個ですか。

(3)　下の図1のように直角に交わる道があり，×の道は通行止めです。A地点からB地点まで遠回りせずに行く方法は全部で何通りありますか。

(4)　下の図2は，底面が直角二等辺三角形の三角柱で，BG＝4cmです。3点G，D，Eを通る平面でこの三角柱を切るとき，切り分けられた2つの立体のうち，頂点Aを含む立体の体積を求めなさい。<u>解答欄の図を用いて，求め方も書きなさい。</u>

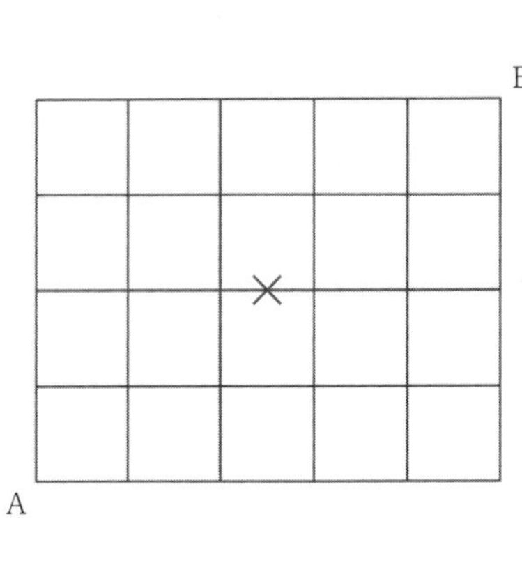

図1

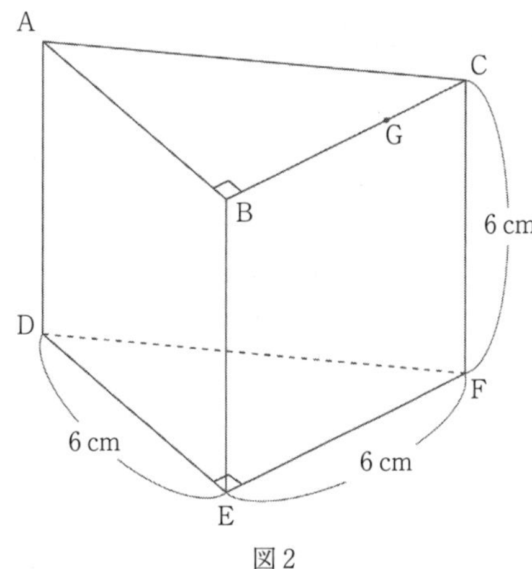

図2

2　次の各問いに答えなさい。

(1)　次のページの図は，文字盤のない時計を長針が真上にくるようにおいたものです。このとき，㋐と㋓の角の大きさの比は1：2，㋑と㋒の角の大きさの比は3：1となりました。次の①，②に答えなさい。

①　㋒の角度を求めなさい。<u>求め方も書きなさい。</u>

②　この時計は何時何分を表していますか。

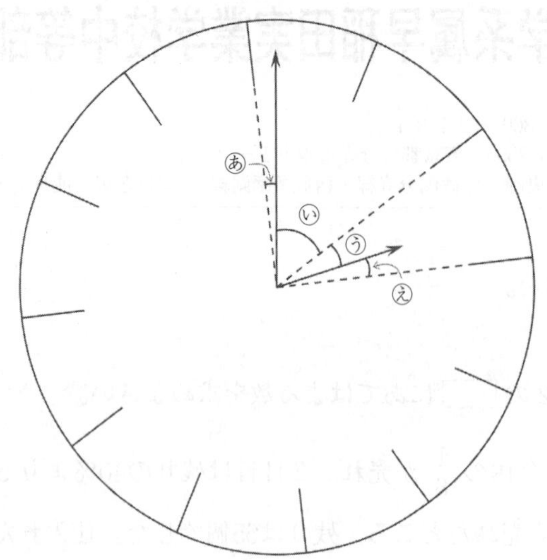

(2) 分子と分母の和が2，4，6，8，10，……となるような分数を，約分できる分数でも約分せずに次のように並べていきます。

$\frac{1}{1}$, $\frac{1}{3}$, $\frac{2}{2}$, $\frac{3}{1}$, $\frac{1}{5}$, $\frac{2}{4}$, $\frac{3}{3}$, $\frac{4}{2}$, $\frac{5}{1}$, $\frac{1}{7}$, $\frac{2}{6}$, ……

次の①，②に答えなさい。

① 左から数えて50番目の分数を求めなさい。

② $\frac{3}{25}$は左から数えて何番目の分数ですか。

3 A地点とB地点の間を太郎君と次郎君は走り，花子さんは歩きます。太郎君が3歩で進む距(きょ)離(り)を次郎君は4歩で進み，太郎君が5歩進む間に次郎君は6歩進みます。

太郎君はA地点を出発し，B地点に着くと，すぐにA地点へ戻(もど)ります。次郎君と花子さんはB地点を出発し，A地点へむかいます。

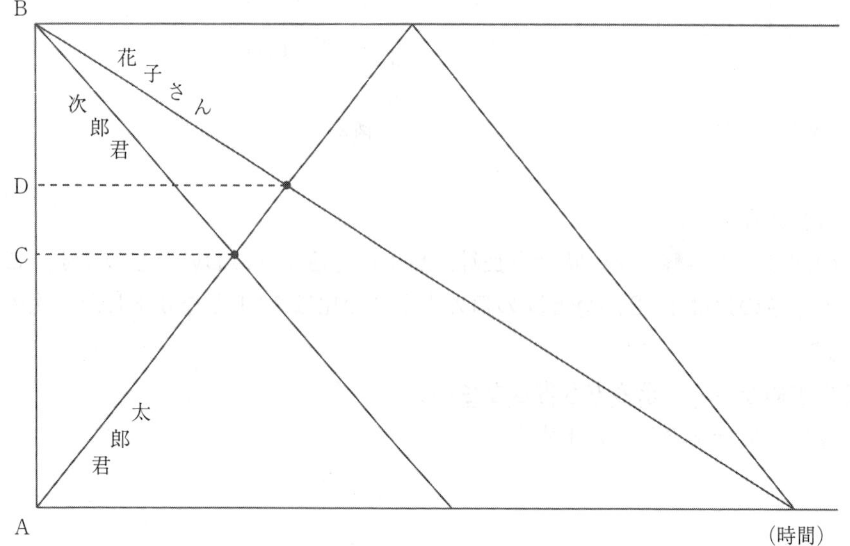

3人が同時に出発したとき，太郎君と花子さんは同時にA地点に着きました。前のページの図は，このときの3人の位置と時間の関係を表したものです。太郎君と次郎君が出会った地点をC地点，太郎君と花子さんが出会った地点をD地点として，次の各問いに答えなさい。

(1) 太郎君の走る速さと次郎君の走る速さの比を求めなさい。

(2) C地点とD地点の間の距離は80mでした。A地点とB地点の間の距離は何mですか。

(3) 太郎君は花子さんと出会ってから2分18秒後にC地点を通過しました。次郎君はB地点を出発してから何分何秒後にA地点に着きましたか。

4 2つの管A，Bから水そうに食塩水を入れていきます。管Aからは［ア］％の食塩水，管Bからは4％の食塩水がそれぞれ出ていきます。

この水そうが空のとき，いっぱいになるまで食塩水を入れるのに，管Aのみで入れると48分かかり，管Bのみで入れると［イ］分かかり，管A，Bの両方で入れると18分かかります。

今，この水そうの容積の$\frac{1}{6}$だけ3.6％の食塩水が入っています。この状態から4分間管Aのみで入れると，食塩水の濃度（のうど）は8％になりました。その後，［ウ］分間管Bのみで入れ，さらにその後［エ］分間管A，Bの両方で入れると水そうはいっぱいになり，食塩水の濃度は7.2％になりました。次の各問いに答えなさい。

(1) ［イ］に入る数を求めなさい。

(2) ［ア］に入る数を求めなさい。

(3) ［ウ］，［エ］に入る数を求めなさい。

5 下の図の5つの半円の中心は，いずれも点Aで，半径の比は1：2：3：4：5です。また，四角形ABCDは平行四辺形で，EA＝EBです。次の各問いに答えなさい。

(1) CD：CGと，CG：GAを求めなさい。

(2) 三角形ABCと三角形AFGの面積の比を求めなさい。

(3) 三角形ABCと三角形GHIの面積の比を求めなさい。

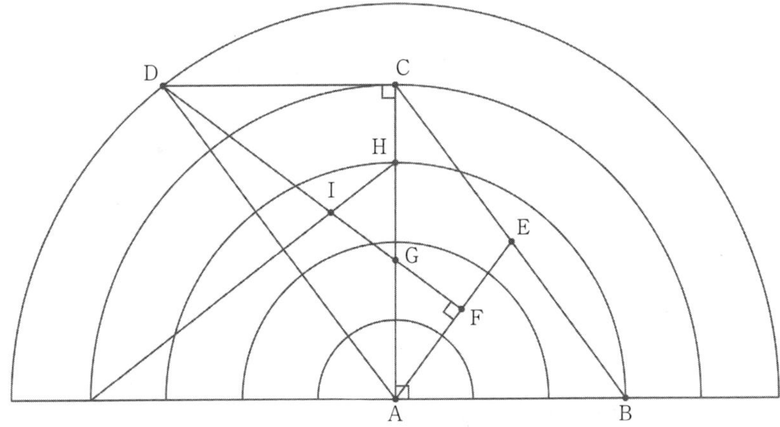

【社　会】（30分）〈満点：50点〉

【注意】 解答は，とくに指示がない限り，漢字で書くべきところは正しい漢字を使って答えなさい。

Ⅰ　次の文章を読んで，以下の問いに答えなさい。

憲法はその国の基本的なあり方を定めたもので，その国の最高のきまりです。世界中のほとんどの国が憲法を持っていて，憲法に基づいて法やきまりを定めています。日本国憲法は，1946年11月3日に公布，翌年の5月3日から施行されました。日本国憲法には平和と民主主義を示す3つの柱があります。

3つの柱のうち1つ目は基本的人権の尊重です。基本的人権とは【　　　　】持っている人間らしく生きるための権利です。それに基づき，すべての国民は法の下に平等に扱われ，身体の自由，思想や良心の自由，1 信教の自由，居住・移転の自由，職業選択の自由，学問の自由などが認められています。また国民は国や地方の政治に参加する権利を持ち，裁判を受ける権利，健康で文化的な最低限度の生活を営む権利(生存権)とともに教育を受ける権利や働く権利も保障されています。

2つ目の柱は国民主権です。主権者である国民の代表者による国会は国権の最高機関であり，ただ1つの立法機関とされています。ただし憲法では1つの機関に力が集まることの無いように，政治を行う権力を 2 立法・行政・司法の3つに分け，三権分立としています。内閣が衆議院の解散をきめることや，裁判所が 3 違憲立法審査権を持つことなどは他の権力を抑える働きの1つです。

3つ目の柱は平和主義です。日本国憲法では，その（ 1 ）で「平和を愛する諸国民の公正と信義に信頼して，われらの安全と生存を保持」することを宣言し，さらに（ 2 ）であらゆる戦争の放棄や戦力を持たないことを定めています。同じく日本国憲法の（ 1 ）には，「平和を維持し」ようと努力している「国際社会において，名誉ある地位を占めたい」との立場も示され

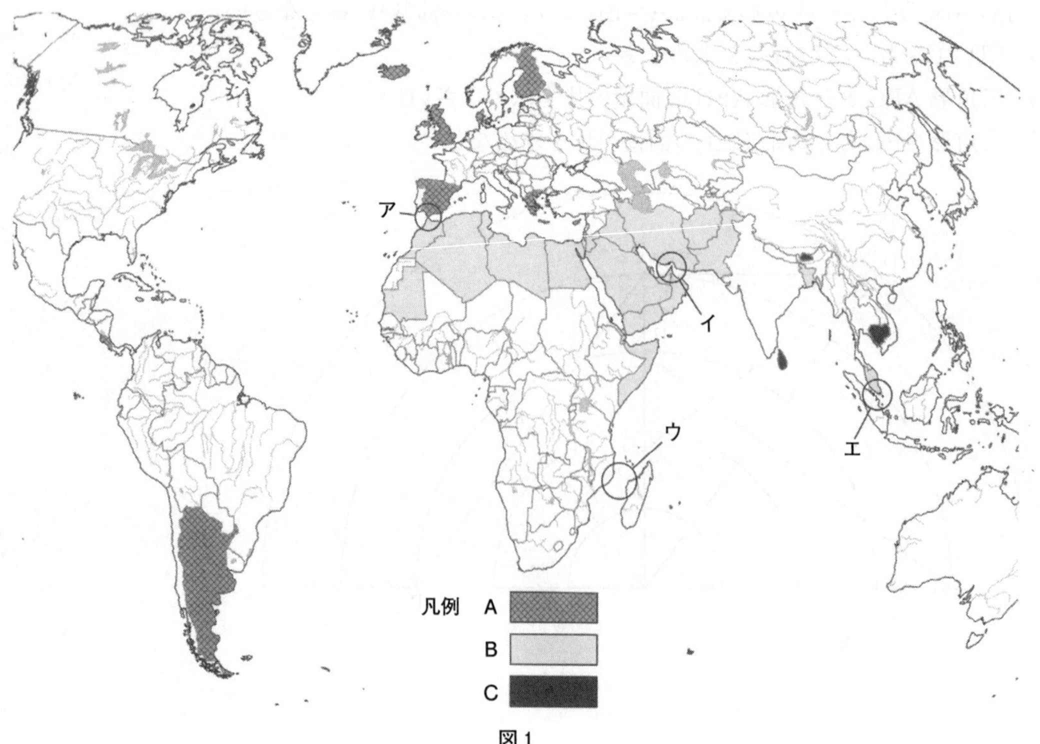

図1

ていて，平和な世界を維持するための国際協力も日本国憲法がかかげる平和主義の大切な一部といえます。一例ですが，世界の4海上交通の要所では海賊事件が毎年発生していて，民間の船が武装グループによる強盗や誘拐の被害にあっています。日本はそうした海域の周辺の国々に巡視船などを提供したり，専門家を現地に派遣したり，技術協力を行ったりしています。国連加盟国としても，日本は世界平和を実現するための役割をますます期待されています。

問1　文章中の【　】にふさわしい言葉を15字以内で答えなさい。

問2　文章中の空欄（1）と（2）にふさわしい語句を答えなさい。

問3　世界には下線部**1**を認めつつも，国教または国教に準じる宗教を定めている国があります。**図1**の**A**・**B**・**C**はそれぞれ同じ国教を定めている国々を表しています。では，これらの国々で国教とされている宗教は何ですか。その組み合わせとして正しいものを右の**ア**～**カ**の中から1つ選び，記号で答えなさい。

	A	B	C
ア	イスラム教	仏教	キリスト教
イ	キリスト教	イスラム教	仏教
ウ	仏教	キリスト教	イスラム教
エ	イスラム教	キリスト教	仏教
オ	キリスト教	仏教	イスラム教
カ	仏教	イスラム教	キリスト教

問4　次の**図2**には下線部**2**を代表する機関である国会議事堂，首相官邸，最高裁判所の場所がのっています。以下の問いに答えなさい。

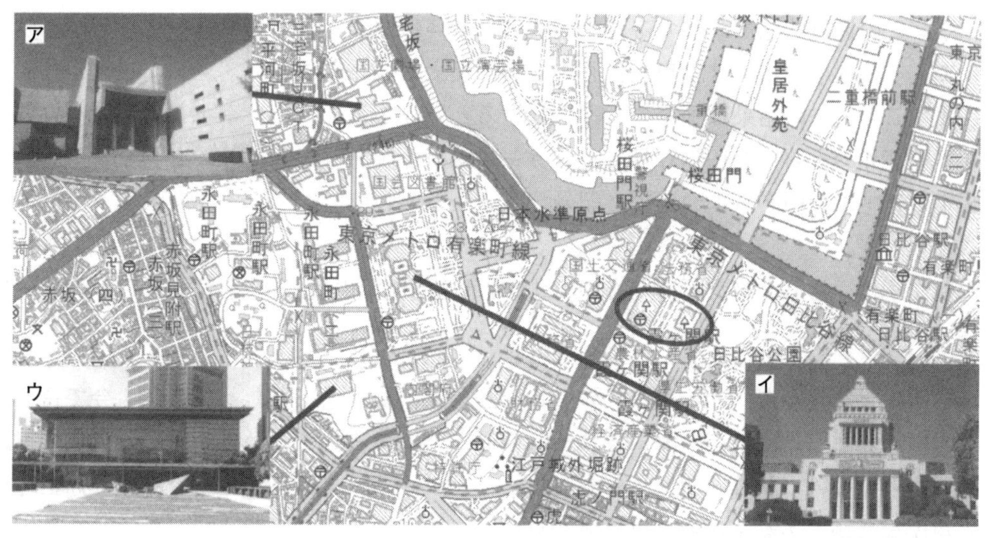

図2

①　現在の首相官邸はどれでしょうか，**図2**の中の写真**ア**～**ウ**の中から1つ選び記号で答えなさい。

②　**図2**にある 个 の地図記号はどんな建物を表していますか，答えなさい。

問5　下線部**3**に関して，以下の問いに答えなさい。

①　次の裁判は日本国憲法で保障されている基本的人権のうち，何の自由について争われたものでしょうか，本文中から抜き出し，「～の自由」という形で答えなさい。

> ある会社があたらしく薬局を開こうとしたところ，すでにある薬局が水平距離で55メートルという距離にあるなどの理由で，地方自治体から薬局を開くことを不許可と

されました。そこでこの会社は，すでにある薬局と一定距離を保つことを許可の条件としていた当時の薬事法(やくじほう)の規定は憲法違反である，として不許可の取り消しを裁判でもとめました。この裁判で，最高裁判所は問題となった当時の薬事法を憲法違反と判断し，この会社の請求を認めました(最高裁判所大法廷(だいほうてい)　昭和50年４月30日　判決)。

② 次の裁判の判決について説明した文として正しいものを以下の**ア**～**オ**の中からすべて選び，記号で答えなさい。

1972年に行われた衆議院議員総選挙では，選挙区によっては一票の価値の差(投票価値の格差)が約５対１になっていたため，その選挙後に選挙の無効などを訴える裁判が起こされました。その訴えに対して最高裁判所は議員の定数を定めたこの時の規定は憲法違反であるとの判決を下しました(最高裁判所大法廷　昭和51年４月14日　判決)。

ア．都市部の人口の多い地域の国民の１票が，地方の人口の少ない地域に比べて投票価値が高くなってしまっていた。

イ．100人の人々が１人の議員を選ぶ場合の１人当たりの票の価値を１とすると，500人の人々が１人を選ぶ場合は１人当たり0.2であるということ。

ウ．この違憲状態を改善するには，人口が多い地域の議員定数を増やすことが必要である。

エ．この選挙の結果は思想や良心の自由に反するということ。

オ．この選挙の結果は平等の原則に反するということ。

問６　下線部**４**のうち，2019年６月にタンカー攻撃事件があったホルムズ海峡(かいきょう)はどこですか。**図１**の**ア**～**エ**の中から１つ選び，記号で答えなさい。

Ⅱ　次の文章は，ある人物が語ったものです(文章は創作です)。これを読んで以下の問いに答えなさい。

私が生まれ育った“ふるさと”のことを話そう。私が生まれたところは，今で言うと，**1**北は玄界灘(げんかいなだ)に，南は有明海にそれぞれ面した県である。ここからは旧石器時代の遺跡が見つかっており，稲作も早くから始められたということだ。丘陵(きゅうりょう)地帯では，弥生時代の大規模集落跡である**2**吉野ヶ里遺跡が見つかっている。

戦国時代になると，龍造寺(りゅうぞうじ)氏という戦国大名がこの土地に勢力を伸ばし，大友氏や島津氏といった戦国大名と戦った。けれども，豊臣秀吉がやって来たことで，この土地の様子は一変した。秀吉は誰がどこを治めるのか決めていったのだ。その後，全国統一を果たした秀吉は，1591年，玄界灘に面した東松浦半島に巨大な城を築いて，朝鮮半島に兵を送るための拠点(きょてん)とした。**3**日本は２度にわたって朝鮮に兵を送り戦ったが，秀吉が亡くなると帰国命令が出され，武将たちは朝鮮から引き揚げた。

江戸時代には，鍋島(なべしま)氏がこの土地を治め，政治的には比較的安定していた。注目すべきは1637年のできごとであろう。**4**ある半島南部に一揆勢が立て籠(こも)ったので，そこを治める藩から救援(きゅうえん)を求める書状が届いた。そこで，鍋島勢は幕府軍に加わり，一揆に対して攻撃をかけて鎮圧(ちんあつ)した。一方，経済的には，享保の飢饉(ききん)や1828年のシーボルト台風などにより，この土地は甚大な被害を被ったこともあったという。その後の1838年，私は一藩士の長男として生まれた。

明治時代になると，私のいた藩も新政府に加わった。新政府はまだまだ財政基盤が貧弱で，依然として各藩では藩主による支配が続いていた。そこで，5 新政府は1869年と1871年に大改革を実施した。私も，大蔵省で 6 地租改正などの改革や，7 殖産興業の推進などに手を尽くした。

1874年に民撰議院設立建白書が提出されたことを皮切りに，全国的に自由民権運動が活発になり，政府内でも議会設立について意見が交わされるようになった。その後，明治十四年の政変で，1890年に国会を開設することと，私の職務が免ぜられることが決まった。8 政府から追放された私は，国会開設に備えて政党を結成し，その党首となった。

1898年，私は１度目の内閣総理大臣となった。陸軍・海軍大臣を除く大臣はすべて政党員で，日本で初めての政党内閣であった。1914年，私は76歳で２度目の内閣総理大臣になった。9 1914年はヨーロッパで大規模な戦争が起きた年で，日本はこの戦争に参加して，中国の青島要塞や南洋諸島を攻略した。翌1915年，私の内閣は中国に対して様々な要求を示し，その大部分を認めさせた。

首相を退任した私は，1921年，病気療養のため静養を始めたが，回復の兆しはなく，翌1922年に東京にある私邸で生涯を閉じた。私の側近が国民葬を行うことを発表し，日比谷公園で国民葬が挙行されたそうだ。参列した一般市民の中には，会場だけでなく沿道にも並んだ者がいたという。墓所は東京の護国寺にあるが，私の生まれた“ふるさと”にもある。

問１　下線部１について，次の**ア**～**オ**は玄界灘か有明海に面した地域の説明です。玄界灘に面した地域に関する文を，次の中からすべて選び，記号で答えなさい。

ア．海が浅く，干潮時には広い干潟が出現し，ムツゴロウなど干潟に生息する生物を見ることができる。

イ．広い平野が広がるので，台風の時などは高潮や河川の氾濫の被害を受けることもある。

ウ．半島の部分は出入りの大きな海岸線で，海岸は崖になっているところも多く，観光地として有名な場所もある。

エ．海岸沿いまで山がせまり，その斜面では棚田も見ることができる。

オ．地形を生かして，のりの養殖業が盛んである。この地域の，のり生産は全国の約４割を占める。

問２　下線部２は代表的な環濠集落跡ですが，その特徴を説明した文としてふさわしいものを，次の**ア**～**オ**の中からすべて選び，記号で答えなさい。

ア．大仏をまつるための瓦葺の建物が中央に建てられていたと考えられる。

イ．三層からなる天守閣が建てられていたと考えられる。

ウ．物見櫓や大きな建物があったと考えられる。

エ．集落を守るために柵や堀などが設けられていたと考えられる。

オ．死者を納めたかめ棺が並ぶ墓地があったと考えられる。

問３　下線部３は「やきもの戦争」とも呼ばれました。それは，この戦いのあと，「私の“ふるさと”」で陶磁器の生産が盛んになったからです。この点を踏まえて，以下の問いに答えなさい。

① この場所の陶磁器の名産品を，解答欄に合う形で１つ挙げなさい。

② なぜこの時期に陶磁器の生産が盛んになりましたか。その理由を説明しなさい。

問４ 下線部**４**にある一揆はなぜ起こりましたか。その理由を説明しなさい。

問５ 下線部**５**について，具体的にはどのような政策を行いましたか。それぞれ答えなさい。

問６ 下線部**６**は，それまでの年貢と比べると利点がいくつかあります。次の**ア**～**オ**の中から正しいものをすべて選び，記号で答えなさい。

ア．その年の豊作や凶作に関係なく，政府は同じ額の税を得られるようになった。

イ．米の価格の上昇によって，政府の税収がどんどん上がっていった。

ウ．国民は金で納められない場合，米で納めることができた。

エ．農家の人たちは，凶作の場合には年貢を納めなくてよくなった。

オ．政府は米の売却の手間がなくなった。

問７ 下線部**７**に関連する次の絵に描かれた場所は，2014年に世界遺産に登録されています。この絵を参照して空欄［①］・［②］に当てはまる語句を答えなさい。

> この工場では，フランス人技師の指導のもとで，多くの［ ① ］たちが列になって座り，［ ② ］をつくりました。

問８ 下線部**８**の政党名を答えなさい。

問９ 下線部**９**に関連する説明文として正しいものを，次の**ア**～**オ**の中から１つ選び，記号で答えなさい。

ア．この戦争のきっかけは，イベリア半島で起きたサラエボ事件であった。

イ．日本が戦争に参加した理由の一つは，イギリスと結んでいた日英同盟によるものであった。

ウ．アメリカは中立の立場を貫き，戦争終結に向けて仲介に入った。

エ．中国では戦争中に革命が起き，中華人民共和国が成立した。

オ．戦争は連合国側の勝利で終わり，ドイツのベルリンで講和会議が行われた。

Ⅲ　次の文章を読んで，以下の問いに答えなさい。

表1は2018年の世界の自動車会社別販売台数です。1年間に200万台以上売った会社は，14社ありました。14社と言っても，近年自動車業界は世界的な競争を勝ち抜くために会社同士の合併が進んでおり，これらの会社もほとんどが合併してできた(注)グループ会社と考えて下さい。例えば，1位のフォルクスワーゲングループは，小型車で有名なフォルクスワーゲンという会社を中心に，スポーツカーで有名な会社やオートバイで有名な会社などが合併してできたグループ会社です。2位のルノー・日産・三菱自動車連合は，フランスのルノーという会社と日本の会社が合併してできたグループ会社です。本社のオフィスはオランダにありますが，ルノーが経営の主導権を持っているので本社をフランスと表記しました。売り上げの内訳を見るとルノーが388万台，日産が565万台，三菱自動車が122万台ということですので，実は日本の会社の方が多く販売していることが分かります。3位のトヨタは，1愛知県豊田市からおこった日本を代表する自動車会社です。トラックが得意な日野自動車や小型車が得意なダイハツもこの中に含みますので，正しくは「トヨタグループ」と表現した方がいいかもしれません。5位の現代自動車は日本ではなく2韓国の自動車会社です。8位の本田技研は本田宗一郎という人物が3静岡県浜松市におこした会社で，オートバイの売り上げでは世界一を誇(ほこ)ります。9位のFCAは，イタリアのフィアットという会社とアメリカのクライスラーという会社が合併してできたグループ会社です。10位のPSAは，フランスのプジョーとシトロエンという会社を中心に，ドイツやイギリスの会社も加わった国際的なグループ会社です。

表1　自動車会社別　販売台数(2018年)

	会社	本社	台数
1	フォルクスワーゲングループ	ドイツ	10,834,000
2	ルノー・日産・三菱自動車連合	フランス	10,757,000
3	トヨタ自動車	日本	10,603,000
4	GM(ゼネラルモーターズ)	アメリカ	8,384,000
5	現代自動車グループ	韓国	7,399,000
6	上海汽車	中国	7,052,000
7	フォード・モーター	アメリカ	5,982,000
8	本田技研工業	日本	5,323,000
9	FCA(フィアット・クライスラー・オートモービルズ)	イタリア	4,842,000
10	PSAグループ	フランス	3,878,000
11	ダイムラー	ドイツ	3,352,000
12	スズキ	日本	3,327,000
13	BMW	ドイツ	2,491,000
14	長安汽車	中国	2,138,000

オートモーティブ・ジョブズ　自動車業界調査レポートより作成

自動車の製造は4鉄，ガラス，ゴム，布，電子機器，ねじなど数万点におよぶ部品が必要であり，数え切れないほどの企業の売り上げに大きな影響を与えています。また，環境対策や安全対策のために，5様々な新技術が導入されています。そのため，6自動車の生産・販売量を見ると，ある程度世界経済における勢力の分布を見ることができるのです。日本は景気が良くないとか，経済大国の地位に陰(かげ)りが見えてきたとの声もありますが，2018年の資料を見る限り，まだまだ世界有数の経済大国であることが分かります。

注：合併にも会社同士が対等に協力するものや，一方が他方を吸収するものなどいろいろな形態がありますが，この試験では細かい違いははぶいて，みな「グループ会社」と表現しています。

問1　下線部1に関する以下の問いに答えなさい。

① 次のグラフは，日本の工業地帯・地域の工業生産額の割合のグラフです。愛知県を含む工業地帯を示すグラフを，次の**ア**～**エ**の中から１つ選び，記号で答えなさい。

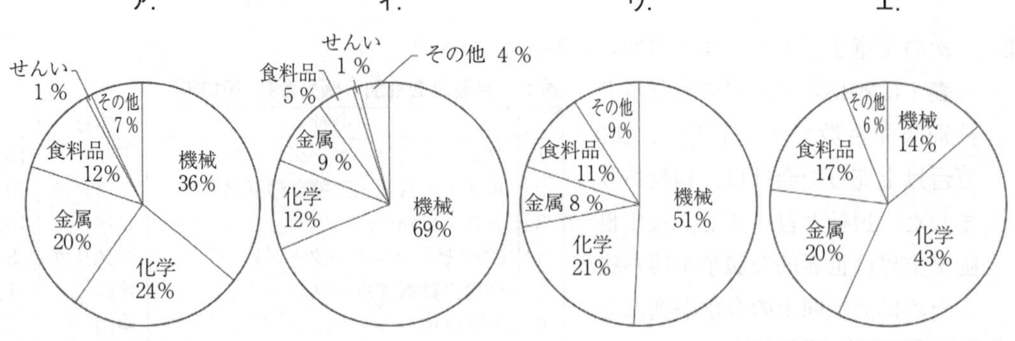

2019年版　統計要覧より作成

② 右図の**A**の川と**B**の半島の名前の組み合わせとして正しいものを，次の**ア**～**カ**の中から１つ選び，記号で答えなさい。

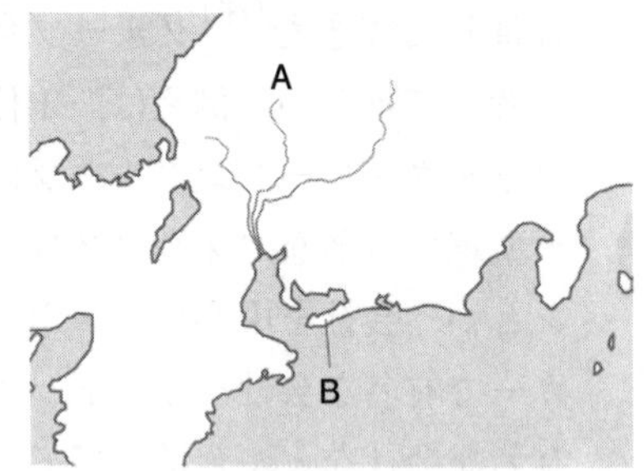

	A	B
ア	長良川	知多半島
イ	長良川	渥美半島
ウ	木曽川	知多半島
エ	木曽川	渥美半島
オ	揖斐川	知多半島
カ	揖斐川	渥美半島

問２　下線部**２**について，次の**ア**～**エ**の島の中で，韓国のソウルから見て２番目に近いものを１つ選び，記号で答えなさい。

ア．沖縄(本島)　**イ**．佐渡島　**ウ**．五島列島　**エ**．淡路島

問３　下線部**３**について，みかん・茶・うなぎ・わさびは静岡県が日本有数の生産量を誇る産物です。これら４つの産物の都道府県別生産割合を，次の**ア**～**エ**の中からそれぞれ１つずつ選び，記号で答えなさい。

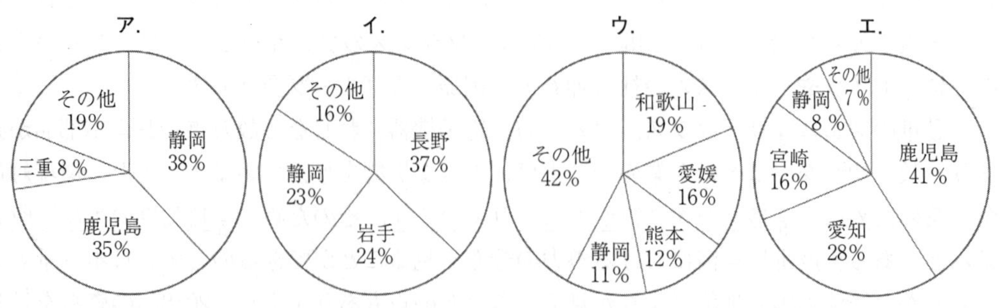

2017年　農水省資料などにより作成

問４　下線部**４**に関する以下の問いに答えなさい。

① 鉄の生産に必要な原料を次の**ア**～**エ**より１つ選び，記号で答えなさい。

ア．亜鉛　**イ**．ボーキサイト　**ウ**．プルトニウム　**エ**．石炭

② ①で選んだ原料の日本の主な輸入先の割合のグラフとしてふさわしいものを，次の**ア**～**エ**の中から１つ選び，記号で答えなさい。

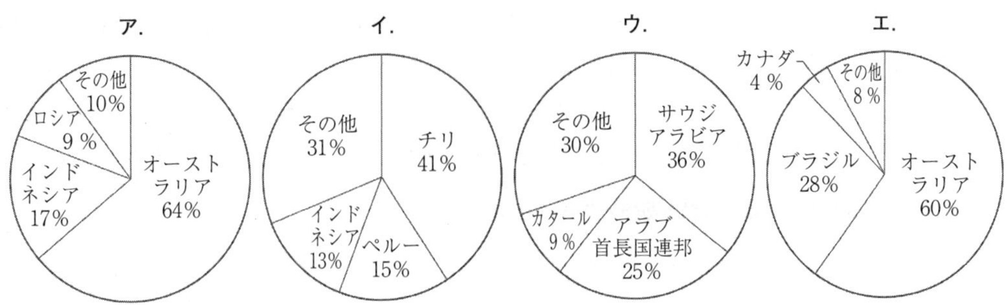

データブック オブ・ザ・ワールド 2018より作成

問５ 下線部**５**について，ガソリンで動くエンジンと，電気で動くモーターの２つの動力を持つ自動車のことを何と言うか答えなさい。

問６ 下線部**６**に関する以下の問いに答えなさい。

表２ 国別生産台数 <1999年>

1	アメリカ	13,024,978
2	日本	9,895,476
3	ドイツ	5,687,692
4	フランス	3,180,193
5	カナダ	3,058,813
6	スペイン	2,852,389
7	韓国	2,843,114
8	イギリス	1,973,519
9	中国	1,829,953
10	イタリア	1,701,256
世界計		56,258,892

表３ 国別生産台数 <2018年>

1	中国	27,809,196
2	アメリカ	11,314,705
3	日本	9,728,528
4	インド	5,174,645
5	ドイツ	5,120,409
6	メキシコ	4,100,525
7	韓国	4,028,834
8	ブラジル	2,879,809
9	スペイン	2,819,565
10	フランス	2,270,000
世界計		95,634,593

表４ 国別国内販売台数 <2018年>

1	中国	28,080,577
2	アメリカ	17,701,402
3	日本	5,272,067
4	インド	4,400,136
5	ドイツ	3,822,060
6	イギリス	2,734,276
7	フランス	2,632,621
8	ブラジル	2,468,434
9	イタリア	2,121,781
10	カナダ	1,984,992
世界計		94,844,892

グローバルノートー国際統計・国別統計専門サイト より作成

① **表２**と**表３**を見比べて分かることを次の**ア**～**エ**の中から２つ選び，記号で答えなさい。

ア. この20年間で，生産台数がもっとも増えた国はインドである。

イ. 1999年にはすべて入っていたＧ７諸国は，そろって順位を下げている。

ウ. 日本をのぞくアジア諸国や中南米諸国の生産台数は増加している。

エ. 新興国の台頭はあるが，不況の影響もあって世界全体の生産台数は減っている。

② **表１**～**表４**を見て考えられることとして正しいものを，次の**ア**～**オ**から２つ選び，記号で答えなさい。

ア. アメリカは生産台数も多いが，その２倍以上の自動車を海外から輸入している。

イ. 世界有数の自動車の輸出国と言えるのは，日本・メキシコ・イギリスなどである。

ウ. メキシコは国内で販売される自動車の数の少なくとも２倍以上の自動車を生産している。

エ. フォルクスワーゲングループの生産台数は，ドイツ全体の生産台数の２倍以上ある。

オ. 中国に世界的な自動車会社はあまりないのに，中国の生産台数が多いのは，社会主義のため国営工場で生産される自動車が多いからである。

問７ アメリカ合衆国のトランプ大統領は就任直後，「日本はアメリカ製の車をほとんど買わないのに，日本製の車を大量にアメリカに輸出している。公平ではない。」という趣旨の発言をして日本を非難しました。あなたが日本の指導者だとしたら，日本の立場をトランプ大統領にどう説明しますか。これまで見てきた**表1～表4**と，下の**資料1～資料3**を使って，トランプ大統領の怒りを静められるように説得を試みて下さい。

なお，説得にあたっては「相手の言い分を認める」「それをふまえてこちらの言い分を伝える」「相手にもメリットがあることを理解させる」の3つの要素を含めること。

資料1　アメリカにおける自動車販売の割合(2018年)

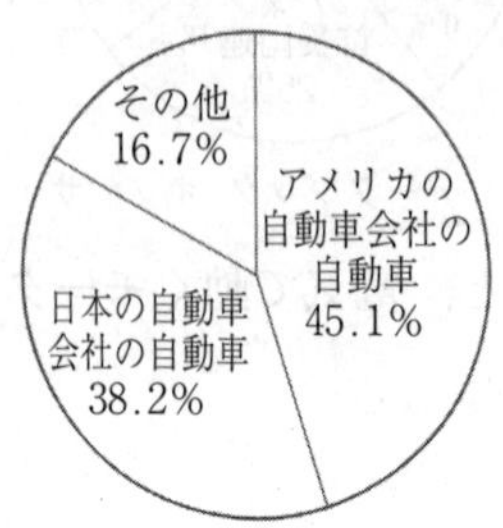

オートモーティブ・ジョブズ
自動車業界調査レポートより作成

※FCAの販売台数はすべてアメリカの自動車会社として計算した。

資料2　対米自動車輸出の推移

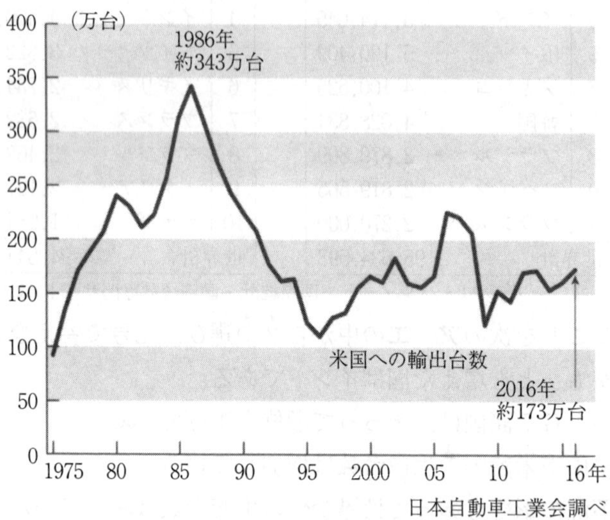

日本自動車工業会調べ

資料3

トランプ大統領の支持基盤(きばん)の一つに，ラストベルト(さび付いた地域)と呼ばれる自動車産業が衰退(すいたい)した工業地帯の労働者がいます。

【理　科】（30分）〈満点：50点〉

1　光の屈折(くっせつ)に関する次の文章を読み，以下の**問1**～**問3**に答えなさい。作図には必ず三角定規を２枚用いること。

虫めがねのように中央部が周辺より厚いレンズを凸(とつ)レンズといいます。レンズの２つの球面の中心を結ぶ直線を光軸(じく)といいますが，太陽光が光軸と平行に凸レンズに入ると，屈折によって出てきた光は１点に集まるように進みます。この点を焦(しょう)点といい，レンズの前後に１つずつあります。２つの焦点は光軸上にあり，レンズからの距離(きょり)（焦点距離）は等しい（**図1**）。

また，焦点に豆電球を置いた場合，豆電球から出た光はレンズを通るときに屈折し，平行光線となってレンズから出ていきます（**図2**）。**図3**のようにレンズの中心へ向かう光はそのまま直進してレンズから出ていきます。わずかな屈折は考えなくてよい（**図4**）。また，レンズの表面で起こる２回の屈折は，以下の問題では**図5**のように１回屈折として描(えが)いてください。

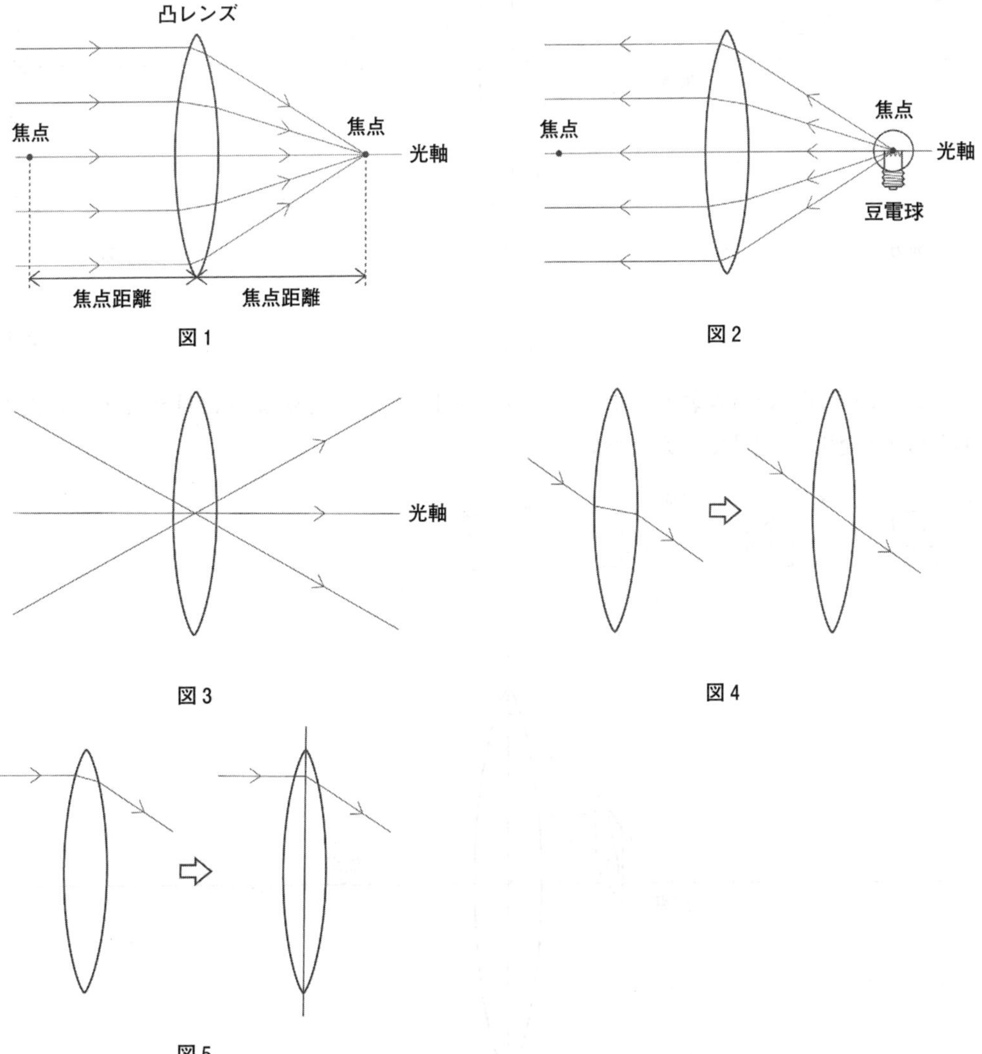

図1　図2　図3　図4　図5

たくさんのLEDランプを並(なら)べてつくった ④ の文字を用意し，レンズの前方の光軸上で焦点距離の３倍のところに， ④ の文字の面が光軸と垂直(すいちょく)になるように置きました（**図6**）。

問1　スクリーンを光軸と垂直になるようにしたまま，レンズの後方からレンズへ近づけていくと，ある位置で ④ がくっきりとスクリーンに映(うつ)りました。**図6**には ④ から出て，レンズに向かう光線が３本描かれています。**図１**～**図３**のレンズの性質を考えながら，解答用紙の**図6**にレンズから出ていく光線の続きを実線(―――)で３本描き，そのときのスクリーンの位置を光軸上に×で示しなさい。

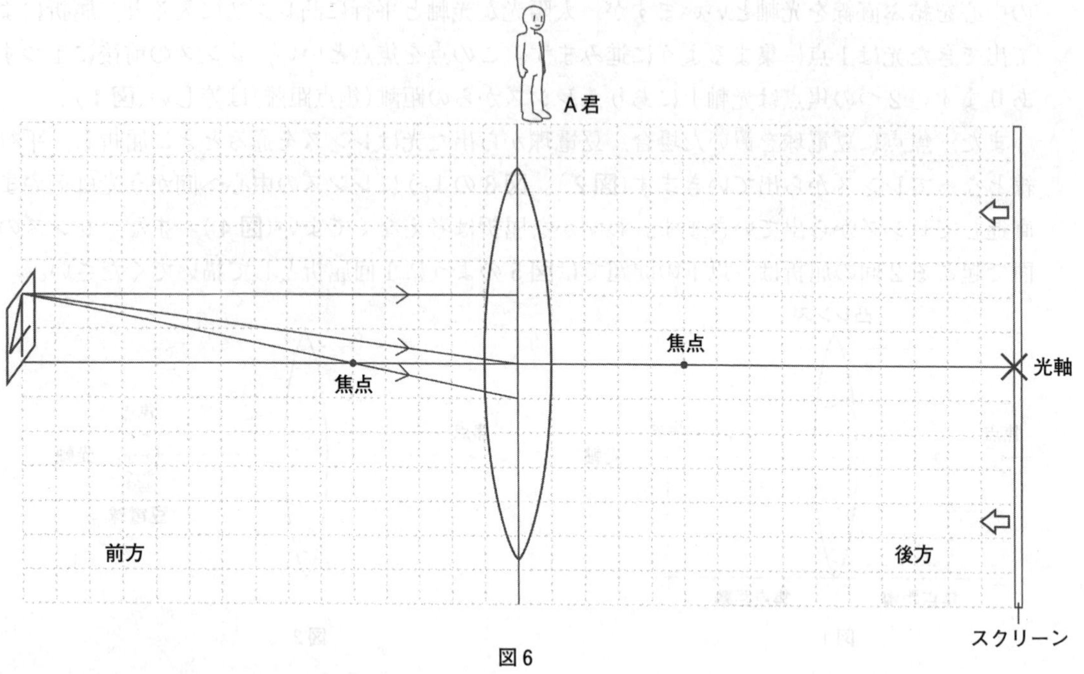

図6

問2　レンズのそばにいる**A君**からは，スクリーン上の ④ はどのように見えますか。次の(ア)～(エ)から１つ選び，記号で答えなさい。

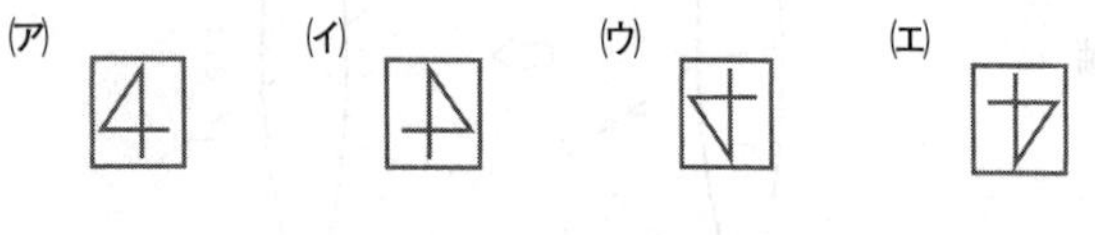

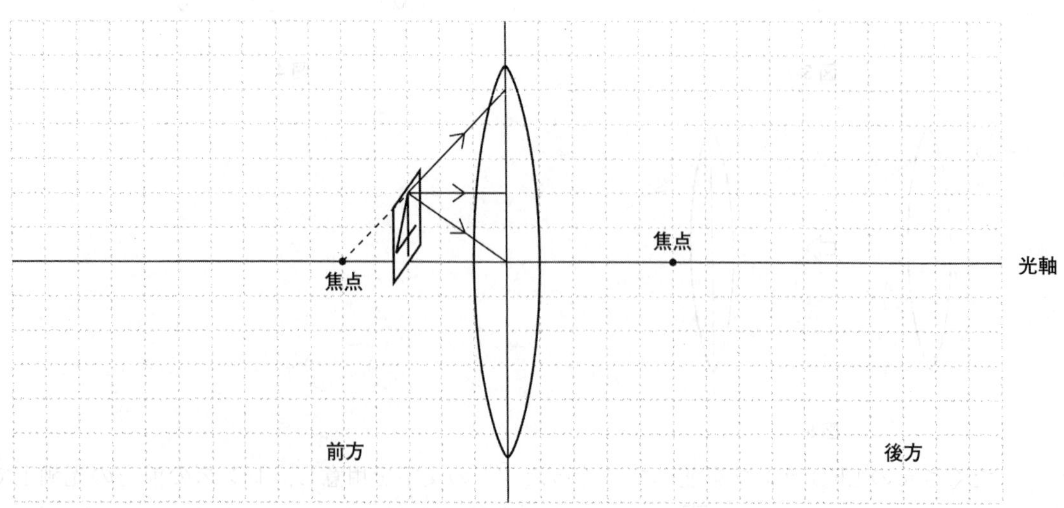

図7

問3　[4] をレンズの前方の光軸上で焦点距離の $\frac{3}{5}$ 倍のところに変えました(**図7**)。

(1)　**図7**には [4] から出て，レンズに向かう光線が3本描かれていますが，レンズで屈折してどのように出ていきますか。**図1**～**図3**のレンズの性質を考えながら，解答用紙の**図7**にレンズから出ていく光線の続きを実線(―――)で3本描きなさい。

(2)　虫めがねは物を拡大して見ることができますが，それはなぜですか。下の文章の空欄(A)と(B)に漢字2字の語句を入れて理由を説明しなさい。また，凸レンズの性質を考えながら，解答用紙の**図7**に必要な線を破線(---------)で書き足して，拡大された [4] の位置を光軸上に**×**で示しなさい。

「 [4] の頂点から出た光線をレンズの後方からのぞきこむと，光が(　A　)していることは目では分からないため，その光線が(　B　)してきたものと思います。結果として**図7**に描いた3本の破線の交わるところに [4] の頂点がくるように像をつくるので，この場合，実物よりも大きく見えます。」

(3)　[4] の文字は実物の何倍の大きさに見えますか。定規を使って長さを測ってもかまいません。必要があれば小数第2位を四捨五入し，小数第1位まで求めなさい。

2　動物に関する次の文章を読み，以下の**問1**～**問4**に答えなさい。

動物が生き残るためには，エネルギー源となるえさをとることと，繁殖して子どもを残すことが重要です。そのため，動物はえさが豊富で，子孫を残すのに適した環境を求めて積極的に移動します。そして，さまざまな環境に適応するように，長い年月をかけてからだの構造や機能が変化してきました。

問1　文中の下線部の現象を何といいますか。漢字2文字で答えなさい。

問2　次の文章は草食動物の特徴について述べたものです。文中の下線①～④について，その内容が正しければ○を，間違っていれば正しい語句や文を，それぞれ答えなさい。

ほ乳類の歯は，前から門歯，犬歯，臼歯の順に並んでいます。草食動物の歯は，かたい草をかみ切るために①犬歯が発達しており，草をすりつぶすために臼歯が②平らになっています。また，草食動物の消化管は肉食動物に比べて③短く，胃が複数の部屋に分かれていることもあります。

足にかたいひづめをもつものは長距離を速く走ることができ，④獲物をつかまえるのに適しています。

問3　次の文章は動物のふえ方について述べたものです。文中の空欄①～④にもっとも適する語句の組み合わせを次のページの**ア**～**ク**から1つ選び，記号で答えなさい。

動物のふえ方は大きく2つに分けられます。1つはゾウリムシやアメーバのように，からだが1つの細胞からなる単細胞生物が2つに分裂してふえていく方法で，無性生殖といいます。もう1つは私たちヒトのように，性別の異なる親がつくる精子と卵の受精によって子どもがつくられる方法で，有性生殖といいます。

無性生殖は，えさが豊富で環境が安定していれば，(　①　)という点において有性生殖よりも有利な方法です。しかし，親と比べて(②)性質の子どもが生まれるため，環境が大きく変わったときに適応できない恐れがあります。

一方，有性生殖は，子どもを生む際に性別の異なる二個体が必要なため，(　①　)という点において無性生殖よりも効率が悪いです。しかし，親と比べて(　③　)性質の子どもが生まれるため，環境が大きく変わったとしても適応できる可能性があります。

同種の動物の個体間に見られる形や性質の違いを変異（い）といいます。自然界では絶えず生存（ぞん）競走がおこっており，(　④　)変異を備えた個体ほどより多くの子孫を残し，その性質を集団の中に広げていくことができます。このため，生物は環境に適応するように変化していきます。

	①	②	③	④
ア	運動する	同じ	異なる	優（すぐ）れた
イ	成長する	同じ	異なる	優れた
ウ	えさを食べる	同じ	異なる	環境にあった
エ	仲間をふやす	同じ	異なる	環境にあった
オ	運動する	異なる	同じ	環境にあった
カ	成長する	異なる	同じ	環境にあった
キ	えさを食べる	異なる	同じ	優れた
ク	仲間をふやす	異なる	同じ	優れた

問4　他の動物と同じく，私たちヒトもさまざまな環境に適応するように，長い年月をかけてからだの構造や機能が変化してきました。次の図と表は，それらをまとめたものです。

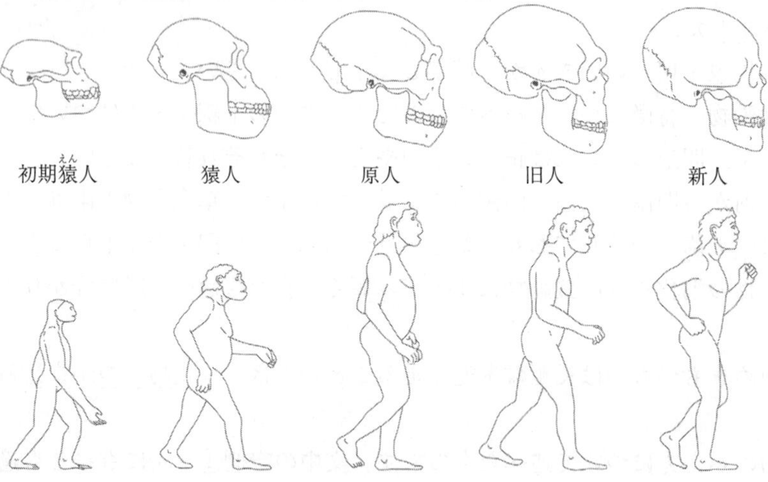

	初期猿人 450万年前	猿人 300万年前	原人 150万年前	旧人 50万年前	新人 20万年前
脳の大きさ	300～350cm³	400～500cm³	900～1200cm³	1100～1500cm³	約1400cm³
平均体重(推定)	–	40kg	50kg	80kg	65kg
生息地域・環境	ジャングル(森林),まばらな林	まばらな林,サバンナ(草原)	サバンナから世界各地へ移動	世界各地	世界各地
移動方法	樹上・地上で直立二足歩行	地上で直立二足歩行	地上で直立二足歩行(ほぼ完成)	地上で直立二足歩行(ほぼ完成)	地上で直立二足歩行(完成)
道具の使用	地面を掘る棒	地面を掘る棒	原始的な石器	洗練された石器	高度で複雑な石器
食物	雑食(果実,葉)・根菜食	雑食・根菜食	雑食・肉食	雑食・肉食	雑食・肉食
その他の特徴	–	犬歯退化 臼歯発達	狩り,火の使用	死者の埋葬	言語,壁画 牧畜・農耕

『人類進化概論』(東京大学出版会)より改編

猿人から原人になるとからだも大きくなりますが,脳はそれ以上に発達して大きくなります。この原因についてはさまざまな考え方があり,まだ定まっておりません。あなたはどうして脳が大きく発達したと思いますか。表から得られる情報を使って,あなたの考えを60字以上80字以内で述べなさい。

3 プラスチックに関する次の会話文を読み,以下の**問1～問7**に答えなさい。

A君「このあいだテレビ番組で,打ち上げられたクジラを解剖したらおなかの中から大量のプラスチックが出てきたって言ってたんだよ。びっくりしたなぁ。」

B君「海に流れ出たプラスチックゴミ(以下プラゴミ)に集まる小魚と一緒に食べちゃうみたいだよ。ウミガメもビニール袋をクラゲと間違えて食べちゃったり,魚網にからまったりして,とにかく海に流れ出たプラゴミって無くならないから問題らしいよ。」

先生「プラスチックが自然界で分解されることはないから,一度海に流れ出てしまったプラゴミは,回収されるまでずっと海を漂い続けるんだよ。これがまずいんだ。」

C君「夏休みに海に行ったら近所の人がそうじしてた。プラゴミすごい量だった。」

A君「そういえばスーパーや市役所でプラスチックトレーやペットボトルのリサイクルをしているけど,燃やしたらまずいのかな？」

先生「(a)昔は可燃ゴミにプラスチックを入れると焼却炉が傷むからダメだったんだよ。」

C君「それに有害な(b)が発生するおそれがあるからって社会科見学で聞いたよ。」

B君「ゴミを違法に焼却してた問題で,(b)の発生による健康被害がでる恐れがあるって報道されて,まわりの農家は大打撃だったって。うちの近所だったから聞いたことある。」

先生「今は焼却施設も有害物質への対応がずいぶんと進んでクリーンになっているんだよ。」

A君「そもそもプラスチックって石油からできているからまずいんだよね。石油じゃない材料を使ったプラスチックって作れないのかな？」

先生「(c)トウモロコシの芯とか植物由来の原料で作ったプラスチックも徐々に開発されてきているけど，丈夫さやコスト面でまだみんなが使うには不十分なんだ。それに天然由来の原料だからといって環境にやさしい，というわけでもないんだよ。(d)自然の中で分解されるものが必要なんだよ。」

B君「分解されないから海に流れ出るといつまでもぷかぷか漂っているんだね。」

C君「このあいだハワイに行った時にシーグラスのアクセサリーを作ったんだよ。」

A君「それ知ってる！　割れたガラスの破片が海で削られてきれいなかけらになったやつ！」

C君「そうそうそれそれ。でもその体験工房の先生が，最近はプラゴミがすごく多くなってきたって言ってたよ。ハワイに打ち上げられるプラゴミには日本語が書いてあるものも多いんだってさ。」

A君「日本人が向こうで捨てたゴミとか？」

先生「そうじゃないんだよ。実は東日本大震災の後，東北で震災に遭った漁船が沖縄の海岸に流れ着いたこともあったんだけど，同じ原因なんだよ。北米西海岸の沖合にはプラゴミが大量に流れ着いている海域があって，太平洋ゴミベルトなんて呼ばれることもあるんだ。」

A君「ゴミベルト？　嫌な名前だね。でもどうしてそんな遠くまで流れ着いたんだろう？」

先生「(　e　)」

B君「でもそうすると，震災ゴミや去年の豪雨で流れ出たゴミもいずれは…」

先生「そうだね。しかも流れ出たプラゴミは海を漂う間に日光に含まれる(　f　)を浴び続けると，もろくなって割れて小さくなってゆくんだ(右写真)。(　g　)プラスチックと呼ばれるんだけど，それが海の生き物の体の中に取り込まれてしまうことがわかっているんだよ。」

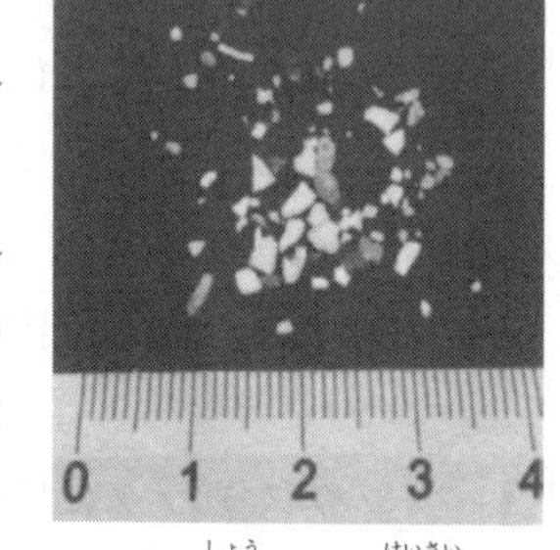

(環境省HPより掲載)

B君「それ知ってる！　洗顔料に含まれる(　g　)ビーズっていうのも下水からそのまま川に流れて海に出て行っちゃうんだよね。東京湾のイワシのおなかの中から出てきたってさ。」

A君「プラスチックって軽いから沈まないよね。うまくすれば回収できるんじゃない？」

先生「(h)リサイクル工場では洗浄もかねて水槽で分別をすることもあるんだよ。ただいろんな材料があるから，素材に応じた分別が必要なんだ。プラスチックはいろいろな形に加工しやすいし，手軽に使えるから普及しているけれど，将来のことを考えるとプラスチックの使い方を考え直す必要があるね。」

問1　下線部(a)において，昔はプラゴミが混入すると焼却炉が傷むとされていたのはなぜですか。その理由として正しいものを，次の(ア)～(エ)から1つ選び，記号で答えなさい。

(ア)　プラスチックは燃焼温度が高く，焼却炉が熱に耐えられない。

(イ)　プラスチックを燃焼させた時に出る二酸化炭素で，炉の内壁がもろくなる。

(ウ)　プラスチックは石油製品で燃焼に酸素を多く使うから，不完全燃焼し易い。

(エ)　プラスチックを燃焼させた後に残る灰に有害物質が大量に含まれるため，灰を取り出すことが困難(こんなん)になり，炉が使えなくなる。

問2　文中の(b)にあてはまる物質名を，次の(ア)～(オ)から1つ選び，記号で答えなさい。

(ア)　フロン　　(イ)　PCB　　(ウ)　メチル水銀

(エ)　ダイオキシン　　(オ)　アスベスト

問3　下線部(c)と(d)にあてはまるプラスチックの名前を，次の(ア)～(オ)から1つずつ選び，記号で答えなさい。

(ア)　天然プラスチック　　(イ)　バイオプラスチック

(ウ)　生分解性プラスチック　　(エ)　自然消化性プラスチック

(オ)　リターナブルプラスチック

問4　文中の(e)にあてはまる先生の言葉として適切なものを，次の(ア)～(エ)から1つ選び，記号で答えなさい。

(ア)　親潮(しお)にのって南下したあと，赤道付近を東に向かう海流で流されたんだよ。

(イ)　船は親潮にのって流されたんだ。プラゴミは大型の台風や暴風で巻(ま)き上げられて，ジェット気流に乗って太平洋を横断したんだよ。

(ウ)　親潮と黒潮が東北沖で太平洋を横断する海流になって，北米西海岸まで流れたあと，赤道北側をゆっくり東から西に向かう海流でぐるっと回ってきたんだよ。

(エ)　冬の強い北風で沖縄付近まで流されたあと，日本の南側の暖(あたた)かい海域の潮流(ちょう)で東に流れていったんだ。

問5　文中の(f)にあてはまるものを，次の(ア)～(エ)から1つ選び，記号で答えなさい。

(ア)　赤外線　　(イ)　可視(かし)光線　　(ウ)　紫(し)外線　　(エ)　マイクロ波

問6　文中の(g)にあてはまる語句を，次の(ア)～(オ)から1つ選び，記号で答えなさい。

(ア)　パウダー　　(イ)　マイクロ　　(ウ)　ミクロン

(エ)　ダスト　　(オ)　カレット

問7　右の表は，あるプラスチック片①～④の省略記号と大きさ，重さを表したものです。この中で，下線部(h)のようにかけらを水で洗浄・分別するとき，水に浮(う)くものを右の①～④から1つ選び，番号で答えなさい。またそのプラスチックの用途(ようと)を，次の(ア)～(オ)から1つ選び，記号で答えなさい。

	省略記号	たて(cm)	よこ(cm)	高さ(cm)	重さ(g)
①	PE	3.5	1.6	2.0	10.2
②	PVC	2.0	3.2	2.5	22.4
③	PS	4.8	1.5	2.4	18.5
④	PET	3.6	2.5	2.0	24.3

＜用途＞

(ア)　飲み物の容器に使われている

(イ)　袋などに使われている

(ウ)　発泡(はっぽう)させたものは食品トレーなどに使われている

(エ)　水道管などに使われている

(オ)　DVDやCDなどの材料となる

三 次の問いに答えなさい。

問1 次の①～⑦の文中にある――線のカタカナを漢字に直しなさい。ただし、送りがなが含まれるものは送りがなをひらがなで答えること。

① 近隣のチイキのボランティア活動に参加する。
② 弟はドキョウがあり相手が誰でも立ち向かっていく。
③ 父親も母親も会社にツトメている。
④ 規則にシタガイ、その中で精いっぱい努力する。
⑤ 国民の一人として税金をオサメル。
⑥ 栄養をオギナウために必要な食物を摂取する。
⑦ 次の役員会議はキボが大きい。

問2 ①～⑤のことわざの□に漢数字を入れ、その数の大きいものから順番に並べ、番号(①～⑤)で答えなさい。

① 雀□まで踊り忘れず
② □人寄れば文殊の知恵
③ 悪事□里を走る
④ 人の噂も□日
⑤ 腹□分目に医者いらず

ろで、言うなれば＊アリスのうさぎ穴の中で、作られているものです。極端な話、そんなものが世の中になくたって、僕はちっともかまわない。スティックのフェイスがどんな風に美しく返されるかなんて、ドバイの首長が昨日の夕食になにを食べたのかというのと同じくらい、僕の現実生活には関係のないことなのです。そんなのはっきり言って、どうだってかまわない。

しかしスティックのフェイスの返しを双眼鏡でじっと熱心に追っていると、何はともあれまことに見事なものだし、ついつい引きずり込まれさえします。時間がたつのも忘れてしまいます。そしてあるときはっと我に返って、そのようなゆがんだ時間性の中に毎分毎秒失われていきつつある自分の姿を発見するのです。2そこにあるのは、とてもとてもクォリティーの高い退屈さです。しかしどれだけクォリティーが高くても、本質が退屈であることに変わりはありません。

テレビで見ているのなら、そこでぱちんとチャンネルを消せばいいだけの話です。僕らはすぐにいつもの日常生活の場に戻っていくことができる。でも台風の目の真ん中にいると、それができません。僕らには逃げ場がないのです。その渦とともに並行的に移動していくしかありません。僕らは退屈さの中に、固有の意味を見いだしていくことになります。意味というのは、一種の痛み止めなのです。

オリンピック委員会は選手たちに対して厳しく＊ドーピング検査をします。でも僕は思うんだけど、彼らは選手にではなく、3観客に対してこそドーピング検査をするべきだ。そこからはきっと、ずいぶん不健全な分泌物を含んだ精神が発見されるはずです。

(村上春樹『シドニー!』による)

＊オリンピック…2000年にオーストラリアで開催されたシドニーオリンピック。

＊カヤック競技…カヌー競技の一種。

＊アリス…ルイス・キャロル『不思議の国のアリス』。

＊ドーピング検査…薬物使用等の検査。

問1 ――線1「内側のリアルな風景」とあるが、筆者が実際に現場で目にしたオリンピックの「内側の風景」を解答らんに合わせて三十字以内で説明しなさい。「競技」「主題」という二つの言葉を必ず用いること(使用する順番は問わない)。ただし、句読点等の記号も一字として数える。また、あたえられた書き出しは字数にふくめない。

オリンピックの現場では、［三十字以内］

問2 ――線2「そこにあるのは、とてもとてもクォリティーの高い退屈さです」とあるが、筆者はどのような点に「クォリティーの高い退屈さ」を感じているか。それについて説明した次の一文を、それぞれの解答らんに指定された字数で言葉を入れて完成させなさい。ただし、句読点等の記号も一字として数える。

オリンピック競技は［十字以内］であるが、［五十字以内］ものにすぎない点。

問3 ――線3「観客に対してこそドーピング検査をするべきだ」とあるが、本文全体をふまえて筆者がこのように述べる理由を八十字以内で説明しなさい。「思いこみ」「痛み」「批判」という三つの言葉を必ず用いること(使用する順番は問わない)。ただし、句読点等の記号も一字として数える。また、あたえられた書き出しは字数にふくめない。

筆者は、観客が［八十字以内］

二

次の文章を読んで、後の問いに答えなさい。

どうしてこんな遠くまで、わざわざ＊オリンピックなんか見にきたのか、とあなたは尋ねるかもしれない。オリンピックについての一冊の本を書くためです。どうしてオリンピックについての本なんか書こうと思ったのか？　そうだね、実のところ、僕にはよくわかりません。考えてみれば、僕はオリンピックになんて、正直言ってほとんど興味がなかったのです。いつだったかアメリカの小説を読んでいて、「オリンピック・ゲームと同じくらい退屈だった」という文章にぶつかったことがあります。そしてその一行を読んで、「うん、実にそのとおりだな」と共感したことを記憶しています。

ここに来てつくづく思ったんだけど、現代のオリンピック・ゲームを推進しているのは、国家主義と商業主義というふたつのエンジンです。この双子の兄弟の力なしには、現代の肥大化したオリンピックはどこにも行けません。そのツインターボのまわりを、ごてごてと幻想で塗り固めた豪華なはりぼて、それが要するにオリンピック・ゲームです。はりぼてはとても強い引力を持っているので、表面には世界の一流アスリートたちがべたべたと張り付いてくる。テレビの画面が映し出すのは、このゴージャスな表面の眺めです。でもここで僕らが目にすることになるのは、ときとしてあまりゴージャスとは言えない1内側のリアルな風景です。

ゲームについて書きます。オリンピック・パークに行くと、いろんなところで、いろんなスポーツ競技が、実にとりとめもなく（少なくとも僕の目にはそう映ります）勝手気ままに行われています。そこには主題というようなものは、ぜんぜんないように見えます。動機はある（多分あるはずです）。ところが一貫した主題が見えてこない。シンクロナイズド・スイミングと同時に男子重量挙げが行われています。アーチェリーと同時にトランポリンが行われています。＊カヤック競技と同時に砲丸投げが行われています。そういうのは内側にいる、つまり「オリンピック環境」の中に含まれている僕には、すごく無秩序な営みに見えてなりません。そのうちに「シンクロナイズド重量挙げ」とか、「トランポリン跳びアーチェリー」とか、「カヤック投げ」、なんてものがあってもいいんじゃないかという気さえしてきます。どうしてあってはいけないんだ、と。どうしてこれがあって、あれがあってはならないんだ、と。

ここでもう一度最初のテーマに戻ります――ブラームスのシンフォニーみたいに。オリンピックは退屈なのか？　そう、イエス、オリンピックは退屈なものです。実際に現場に来てみるとよくわかります。世の中の人々の多くは、オリンピックは実は退屈なものなんだという峻厳な事実からすっと目を背けようとしているけれど（そのように僕には見える）、僕は目を背けません。それをまず最初に認めてしまおう。

じゃあどうして人々はそれを退屈だと思わないように努力するのでしょう？　オリンピックは退屈じゃないはずだという強い思いこみ（事前決定）があるからじゃないか、と僕は思うのです。例にあげては悪いけど、あなたはオリンピックのとき以外に、やり投げとか、水球とか、競歩とか、アーチェリーとかの試合を見ますか？　ほとんどの人は見ないはずです。それらはオリンピックという特殊な時間性の中で、もちろん一般的な見地からすればということですが、初めて意味と輝きを持ってくるのです。そういうのは原理的に言って「事前決定」という以外の何ものでもないですよね。僕が「カヤック投げ」のことを持ち出したのは、そういうことが言いたかったからなのです。

もちろんひとつひとつのプレイは技術的には精妙です。それは認める。しかしそのような精妙さ（たとえばホッケーのスティックの見事なフェイスの返しとか）は正常な時間性のトラックから降りたとこ問7　═══線X「う、ん。そうだね」と═══線Y「見せてよ」を比べると、遼の態度はどのように変化しているか。その説明としてもっともふさわしいものを次の中から選び、記号で答えなさい。

ア　Xでは雪子に同意を示したにもかかわらず、その後協力を断られたので不機嫌になり、Yでは高圧的な態度をとることで雪子を思い通りに動かそうとしている。

イ　Xでは雪子の誘いをはぐらかしているが、その後真剣に語りかけられて心を動かされ、Yでは彼女に正面から向き合ってもう一度やり直そうとしている。

ウ　Xでは貴文の姿を見てほしいという雪子の望みを受け流しているが、その後彼女(かのじょ)の機嫌が悪くなったことを察知して、Yでは要求に応えるそぶりを見せている。

エ　Xでは雪子に応えようとしたが、その後会話をしていくうちに溝(みぞ)が生まれていき、Yではあえてていねいな口調で雪子に他人行儀(ぎょうぎ)な態度を示している。

オ　Xでは貴文のことを後回しにしているが、その後雪子と話すうちに家族の大切さに気づき、Yではもう一度貴文の姿を見たいと心から思っている。

問8　――線6「瞳は乾き切っていて、電話で話す前よりも、部屋の中のすべてが急にくっきりと輪郭を持って見えてくる」とあるが、この部分は雪子のどのような状態を表しているか。その説明としてもっともふさわしいものを次の中から選び、記号で答えなさい。

ア　あくまで自分勝手な遼の様子を見て、人生を台無しにされたことへの怒り(いか)がこみ上げた。

イ　本心では遼と家族に戻りたいが、甘え切った態度を見てもはや不可能であると確信した。

ウ　雪子のことを都合のいい相手と思っている遼と、これ以上関係を続けることは無意味だと気づいた。

エ　父親として頼(たよ)りたかった遼に全く相手にされなかったので、自立するしかないとあきらめた。

オ　遼に嫌(きら)われるようなことを言ってしまったので、もう彼からの愛情は取り戻せないと覚悟(かくご)した。

問9　――線7「『天国と地獄』」とあるが、これについての説明としてふさわしいものを次の中から二つ選び、記号で答えなさい。

ア　曲名の『天国と地獄』に表れた対照性は、これまで遼の言動に振り回されてきた雪子の感情の振れ幅(はば)を意味している。

イ　曲名の『天国と地獄』に表れた対照性は、雪子にとって遼と暮らした過去は美しく、孤独(こどく)に生きる未来が過酷であることを意味している。

ウ　雪子が鼻歌を歌っていることは、彼女が過去の自分を滑稽(こっけい)で哀れな存在として振り返っていることを表している。

エ　雪子が鼻歌を歌っていることは、彼女が貴文を一人で育てることにプレッシャーを感じながらも自分を励ましていることを表している。

オ　雪子が自分の鼻歌に気づいていないのは、遼と離(はな)れたことに対して内心抱いている後悔(こうかい)を、彼女が自覚していないからである。

カ　雪子が自分の鼻歌に気づいていないのは、遼の生き方を変えられた達成感に満ちていることを、彼女が自覚していないからである。

する遼は自分勝手な人間だと思い、適当にかわせばよいと思ったから。

問3 ——線2「さりげなく、雪子は誘った」とあるが、この時の雪子の心情としてもっともふさわしいものを次の中から選び、記号で答えなさい。

ア 遼が自分たちに会いたがっているのを理解しながらも、素直に愛情を返せずにいる。

イ 遼を好きだった頃の気持ちを思い出して、彼の思いに応えたくなっている。

ウ 本当は遼と会いたくないが、貴文は父親からのひと言を欲しているので悩んでいる。

エ 遼が父親として貴文に関わり、彼の成長の助けになることを期待している。

オ 貴文の成長を誇りたいが、遼に付き合わせるのは悪いと思って遠慮している。

問4 ——線3「まくしたてる遼の声を、知らない国のことばのように聞いている」とあるが、この時の雪子の心情としてもっともふさわしいものを次の中から選び、記号で答えなさい。

ア 遼は貴文の成長を気にかけているわけではなく、他人のこどもを守るための使命感から電話をかけてきたことがわかって落胆している。

イ 遼が電話をかけてきたのは貴文に対する愛情からではなく、自分の一方的な都合であると知ってがく然としている。

ウ 遼は離婚の原因となった仕事にいまだに熱中しており、その姿を尊敬しながらも互いの心の距離をさみしく思っている。

エ 運動会のビデオと引き換えにお金を渡すと言われ、完全に他人として扱われていることに深い悲しみを抱いている。

オ 遼は息子を持つ身でありながらこどもたちのプライバシーに全く配慮しておらず、母親として恐怖を感じている。

問5 ——線4「面白い展開になるかもしれないけど」とあるが、遼は何を「面白い」と言っているのか。次の文に当てはまるよう、(①)～(③)に入るもっともふさわしい表現を、それぞれ本文中から指定された字数で抜き出しなさい。また、**A**・**B**に入るもっともふさわしい対義語の組み合わせを、それぞれ漢字二字で考えて答えなさい。

組体操を(①・**二字**)的なものととらえ**A**する番組に対して、組体操を(②・**三字**)ものと考え**B**するニュースを発信することで、(③・**五字以上十字以内**)が起きること。

問6 ——線5「大きな怪我はしていなかったよ」と雪子が言ったのはなぜか。その理由としてもっともふさわしいものを次の中から選び、記号で答えなさい。

ア 教育現場に声を上げるならば事故の詳細はよく知るべきだと考え、遼の仕事への中途半端な態度を指摘しようと思ったから。

イ 落ちたこどもがおとなに支えられて助かったということを強調して、遼にも貴文のことを支えてほしいと思ったから。

ウ 組体操の事故は遼が期待しているような大問題ではなく、わざわざ記事にするほどの価値はないと嫌味を言ってやろうと思ったから。

エ せっかく電話をかけてくれたのに会話が続かず、このまま遼と話す機会が失われてしまうのではないかと思ったから。

オ こどもたちの安全についてもっともらしく語っているが、実際は自分の息子にすら関心がない遼の姿を明らかにしようと思ったから。

んだろうと雪子は思った。最初からそうだった。でも、それはわたしのせいだ。舐めさせていたのはわたしなのだから。

「そういえば、さっき、ビデオを見に来ないかって言ってたよね。貴文の運動会のビデオ。Y見せてよ」

Bおもねるような口ぶりになって、遼が言った。優しい言葉ひとつふたつで、人の気持ちなぞ簡単に、もと通りになると信じている。

「撮っていません」

「え。で、でもさっき」

「あなたのためには撮っていません」

きっぱりと言って、電話を切った。

非通知設定の電話には、もう二度と出ない。

試しにまばたきをしてみたが、涙（なみだ）は出なかった。6瞳（ひとみ）は乾（かわ）き切っていて、電話で話す前よりも、部屋の中のすべてが急にくっきりと輪郭（りんかく）を持って見えてくる。

ありがとうと言いたい気分だった。

みじめったらしい未練から解放してくれてありがとう。

ふいにどこからか鼻歌が聞こえてくると思ったら、自分が歌っていた。愉快（ゆかい）なリズムに、一抹（いちまつ）の哀（あわ）れ。7『天国と地獄（じごく）』。感情なんて、ほんのきっかけ一つで、大きく振（ふ）りきれてゆくものだな。こんなものに締（し）めつけられて、自分で自分を閉じ込（こ）めて、前に進まないことの言い訳をしていた。

仕事を探そう。

何かに打たれたように、雪子はふっと決めた。

（朝比奈あすか『人間タワー』）

＊　非通知設定…電話をかける相手に、発信者の番号を知らせないようにする設定。

＊　ライター…記者のこと。

＊　PV…ページ・ビューの略。インターネット上の特定のページがアクセスされた回数。

問1　〰〰線A「とってつけた」、B「おもねる」の本文中の意味について、もっともふさわしいものを後の中からそれぞれ選び、記号で答えなさい。

A　とってつけた

ア　ためらう　　イ　恥（は）ずかしがる

ウ　心配する　　エ　取り繕（つくろ）う

オ　結論を急ぐ

B　おもねる

ア　思いつめた　　イ　あわてた

ウ　励（はげ）ます　　エ　いたわる

オ　機嫌（きげん）をとる

問2　——線1「わざとらしい響きに、遼の緊張を感じとり、雪子はいくぶん安堵した」のはなぜか。その理由としてもっともふさわしいものを次の中から選び、記号で答えなさい。

ア　遼の思惑（おもわく）がわからず動揺（どうよう）していたが、遼も普通の様子ではないのを感じて、自分が一方的に振り回されるおそれはないと思ったから。

イ　遠慮（えんりょ）している遼の声を聞いて、かつて自分を傷つけたことを反省して謝罪するために電話をかけてきたと思ったから。

ウ　遼に深く傷つけられた思い出がよみがえり本当は電話を切りたかったが、記憶（きおく）よりも優しい遼の声を聞いて、自分も悪かったと思ったから。

エ　意外にも遼が貴文を思いやる言葉を口にしたので、もしかしたら幸せな家族として再出発できるのではないかと思ったから。

オ　真剣（しんけん）な話題かと身構えたが、貴文にうわべだけの気づかいをがあるんだよ。それで今回の事故の映像、うちの＊ライターが見たいって言ってて。うまく撮れてたらネットニュースに公開したいんだ。もちろん謝礼はする。そんなに多くは出せないけど」

3 まくしたてる遼の声を、知らない国のことばのように聞いている。何を言われているのか分からない。いや、分かるのだけど、理解しようと心が開かない。

「聞いてる？」

遼の口ぶりが、いつしか高圧的なものに変化していることに、雪子は気づいた。

「撮ってあるよね？」

「撮ってないです」

「ええ？　撮らなかったの？　じゃあさ、誰か他の親に当たれないかな？　ＭＨＶが二十日の特集で取り上げるから、なるべくその前がいいんだよね。まあ、その後になったほうが、4 面白い展開になるかもしれないけど」

「面白い展開……」

「や、あっちは感動路線で番組作ると思うけど、こっちは真っ向から反対で、組体操どうなの？って主張の特集になる。そうしたらネット上で全面戦争的な＊ＰＶも稼げるからその方がかえって面白くなるかもしれない。できれば、落ちた子をちゃんと撮ってる動画がほしいんだよね。もちろん出所は伏せるけど。ある意味、そういう危ない芸当をさせる教育の現場に声を上げていく意義もあるっていうかさ」

遼は、貴文に興味がない。

徒競走の一位も、頑張った玉入れも、小学一年生の今しかできないあの可愛らしいダンスにも。

「無理だと思う」

答える自分の声が、他人のもののように遠く聞こえた。

「は？　無理？」

「うん、無理。わたし、桜丘小にひとりも友達いないから」

「なんで」と、言いかけて、遼もさすがに思うところがあったのか、口をつぐんだ。だけど、すぐまた訊いてきた。

「誰かに頼めない？」

「頼めない」

「まー、じゃあいいや。ごめん。こっちのルートで探すわ。それじゃ」

「5 大きな怪我はしていなかったよ」

雪子は言った。

「え？」

「転落した子のこと。ひやっとしたけど、その後、ちゃんと自分の足で歩いて保健室に向かっていたから。うまく滑り落ちたのか、誰かおとなが支えたんだと思う」

気になるでしょう？　息子の小学校でそんな事故があったなら。

「ああ、うん。そうだね。危ない競技は、これからのこどもたちのためにも、ちゃんと見直したほうがいいと思うよ。で……、貴文は元気？」

A とってつけたように遼は訊いた。

「あの子はすごく元気。こっちの学校に慣れて、友達もたくさんできた」わたしはまだボロボロだけどね。

「そうか。よかった」

ひと呼吸、ふた呼吸。それから雪子は、きっぱり言った。

「これからは、直接電話してくるのはやめて。弁護士さんを通してください」

「何、そんな冷たい言い方しないでくださいよ」

冗談めかした口ぶりに、彼の甘えがにじむ。まだ舐められている

二〇二〇年度 早稲田大学系属早稲田実業学校中等部

【国　語】（六〇分）〈満点：一〇〇点〉

一　次の文章を読んで、後の問いに答えなさい。

シングルマザーの雪子は一人息子の貴文を育てている。元夫の遼は自分勝手で、雪子はいまだに心身ともに深く傷ついている。しばらく前、小学一年生になった貴文の運動会があった。

数日後の昼さがり、スマートフォンに＊非通知設定の着信があった。貴文の学校からということもあると思って、つい応答ボタンを押すと、

「久しぶり」

と声がした。

雪子は二秒ほど呼吸を忘れた。

学校からの電話が非通知のわけがない。せめて留守電にして確認すればよかったという思いと、どうして電話をかけてきたのだろうという疑問で、心がぐらぐらする。

「貴文は元気？」

少し大きく張るような声。1わざとらしい響きに、遼の緊張を感じとり、雪子はいくぶん安堵した。

「元気にしてますけど。どうしたんですか」

「なんか、堅いね。急に、驚かせてごめん」

雪子が実家に戻ってから、初めての電話だ。いったいどうしたのだろうと思いながら、何にともなく期待している自分に気づく。まさか、やり直したいと言ってくるわけでもあるまいと分かっているのに、遼が何を言ってくれるのか、期待しながら待っている。

「貴文の学校って桜丘小って言ってたよね。運動会のビデオは撮った？」

「もちろん撮ったけど。運動会、来てくれなかったよね」

「あー、悪い。仕事があって」

「日程は伝えてたよね」

「だから、仕事があったんだよ」

「あの子、すごかったの。徒競走で一位だったし、ダンスも上手に踊れてた。学年が上がったら、きっと選抜リレーのメンバーになれるよ」

勢いづいて喋りながら、遼が息子の晴れ姿を見たがってくれていることに、ほっとした。できれば貴文と一緒にビデオを見てもらいたい。わたしの感情はともかく、貴文にとっては、父親からのひと言、「頑張ったね」「すごかったね」、そんな何気ない感想がどれほど大切なものになるだろう。

「……見にくる？」

2さりげなく、雪子は誘った。

「ビデオで撮ったから、どう転送すればいいのか分からないから。もしよかったら、うちに見に来てもいいけど」貴文もいるし。

「X う、ん。そうだね。あのさ、それでさ、組体操の事故シーンって撮れてる？」

「え？」

「いや、MHVテレビの同期に聞いたんだけど、桜丘小の組体操、タワーが事故ったんでしょ。その時の画を探してるんだ。今、組体操がいろいろ問題になってるから」

「問題に？」

「組体操は危ないから、こどもにやらせないほうがいいっていう運動

2020年度 早稲田大学系属早稲田実業学校中等部

算　数　(60分)＜満点：100点＞

解　答

□1 (1) $\frac{11}{12}$　(2) 210個　(3) 90通り　(4) 56cm^3　□2 (1) ① 18度　② 9時36分　(2) ① $\frac{1}{15}$　② 172番目　□3 (1) 10：9　(2) 570m　(3) 3分10秒後　□4 (1) 28.8　(2) 16.8　(3) **ウ** 8.4　**エ** 8.25　□5 (1) **CD：CG**＝4：3，**CG：GA**＝9：7　(2) 400：49　(3) 288：25

解　説

□1 逆算，相当算，場合の数，体積，分割

(1) $20\times\left(\frac{5}{6}-0.675\right)=20\times\left(\frac{5}{6}-\frac{675}{1000}\right)=20\times\left(\frac{5}{6}-\frac{27}{40}\right)=20\times\left(\frac{100}{120}-\frac{81}{120}\right)=20\times\frac{19}{120}=\frac{19}{6}$より，$20\div\left(\frac{19}{6}-\square\right)-6\frac{8}{9}=2$，$20\div\left(\frac{19}{6}-\square\right)=2+6\frac{8}{9}=8\frac{8}{9}=\frac{80}{9}$，$\frac{19}{6}-\square=20\div\frac{80}{9}=20\times\frac{9}{80}=\frac{9}{4}$　よって，$\square=\frac{19}{6}-\frac{9}{4}=\frac{38}{12}-\frac{27}{12}=\frac{11}{12}$

(2) 商品の売れた様子は下の図1のようになる。図1より，2日目に売れた残りの，$1-\frac{4}{11}=\frac{7}{11}$が，$65+5=70$(個)なので，2日目に売れた残りは，$70\div\frac{7}{11}=110$(個)である。よって，1日目に売れた残りの，$1-0.4=0.6$にあたる個数が，$110-5=105$(個)だから，1日目に売れた残りは，$105\div0.6=175$(個)となる。したがって，仕入れた個数の，$1-\frac{1}{6}=\frac{5}{6}$が175個だから，仕入れた個数は，$175\div\frac{5}{6}=210$(個)と求められる。

図1

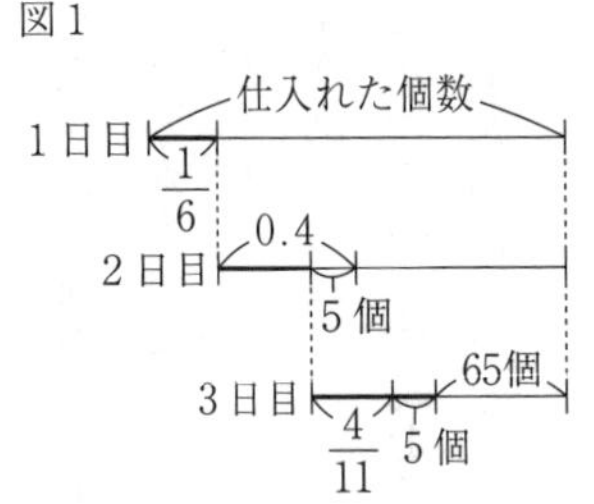

図2

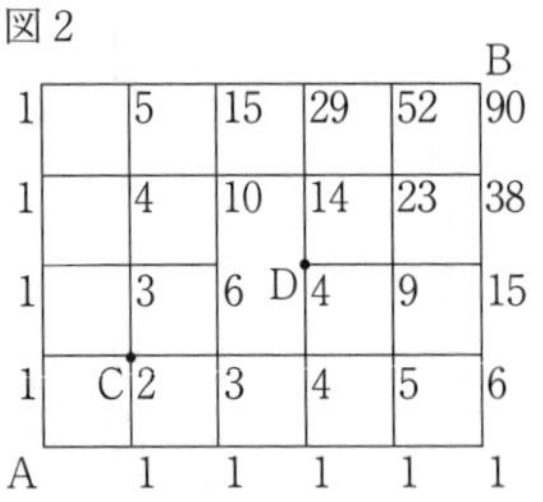

						B
1		5	15	29	52	90
1		4	10	14	23	38
1		3	6	D 4	9	15
1	C 2	3	4	5	6	
A	1	1	1	1	1	

図3

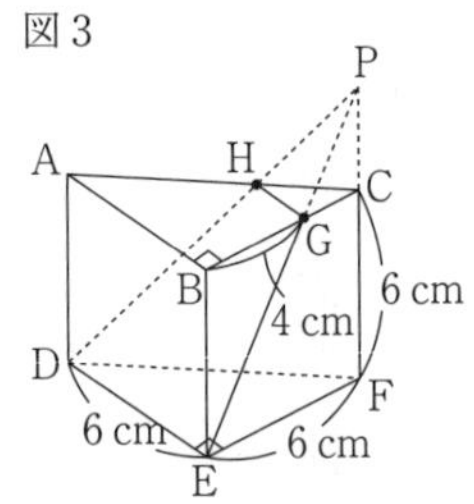

(3) 通れる道は上の図2のようになる。また，C地点に行く方法は下からの1通りと左からの1通りを合わせた，1＋1＝2(通り)あり，D地点に行く方法は下からの4通りだけである。同様にして，直前の交差点までに行く方法の数を足していくと，それぞれの交差点までに行く方法の数は図2のようになるので，A地点からB地点まで遠回りせずに行く方法は90通りとわかる。

(4) 上の図3で，三角形ABC上にできる切り口の線GHはDEと平行になり，FC，EG，DHをのばした直線は1つの点で交わる。その点をPとすると，切り分けられた2つの立体のうち，頂点Aを含(ふく)まない方の立体は，三角すいP-DEFから三角すいP-HGCを切り取った立体になる。ここで，三角形PGCと三角形PEFは相似だから，PC：PF＝GC：EF＝（6 − 4）：6＝2：6＝1：3より，PC：CF＝1：（3 − 1）＝1：2となる。よって，PC＝$6\times\frac{1}{2}$＝3（cm），PF＝3＋6＝9（cm）である。また，三角形DEFの面積は，6×6÷2＝18（cm^2）で，三角形HGCも直角二等辺三角形なので，HG＝GC＝2 cmより，三角形HGCの面積は，2×2÷2＝2（cm^2）となる。したがって，三角すいP－HGCの体積は，2×3÷3＝2（cm^3），三角すいP－DEFの体積は，18×9÷3＝54（cm^3）だから，頂点Aを含まない方の立体の体積は，54－2＝52（cm^3）とわかる。さらに，もとの三角柱の体積は，18×6＝108（cm^3）なので，頂点Aを含む方の立体の体積は，108－52＝56（cm^3）と求められる。

[2] 倍数算，時計算，数列

(1) ① 右の図1で，㋐と㋓の角の大きさをそれぞれ①，②とし，㋑と㋒の角の大きさをそれぞれ[3]，[1]とすると，（㋐＋㋑）は（㋒＋㋓）の2倍なので，（①＋[3]）と，（[1]＋②）×2＝[2]＋④が等しくなる。よって，[3]－[2]＝[1]と，④－①＝③が等しいから，㋒の角の大きさは③で，（㋒＋㋓）は，③＋②＝⑤となる。これが，360÷12＝30（度）にあたるので，①＝30÷5＝6（度）とわかる。したがって，㋒の角度は，③＝6×3＝18（度）と求められる。　② この時計の表す時刻をA時B分とすると，A時ちょうどに，短針は図1のウの目もりを指していたので，短針はB分間で18度回転したことになる。短針は1分間に，30÷60＝0.5（度）回転するから，B＝18÷0.5＝36（分）とわかり，アの目もりは35分を表す，35÷5＝7の目もりとなる。したがって，イは8の目もり，ウは9の目もりになるから，現在の時刻は9時36分と求められる。

図1

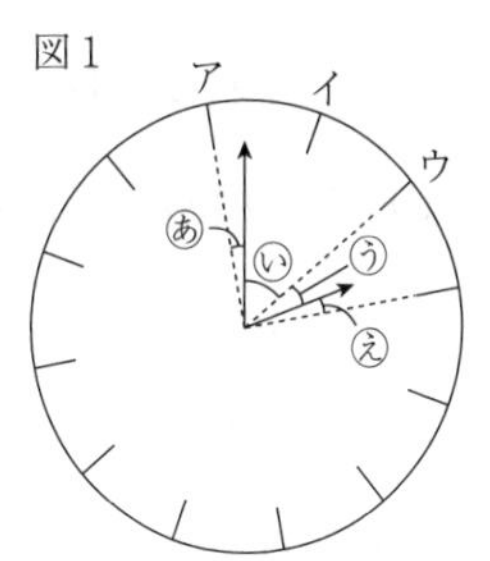

(2) ① 右の図2のように，分子と分母の和が同じ分数ごとに区切って，左から順に1組，2組，3組，…とすると，組ごとの分数の個数は，1個，3個，5個，…のように2個ずつ増えていく。よって，7組までには，1＋3＋5＋7＋9＋11＋13＝（1＋13）×7÷2＝7×7＝49（個）の分数が並ぶので，左から50番目の分数は，8組の中で1番目の分数となる。また，分子と分母の和は組の番号の2倍になるから，8組の分子と分母の和は，8×2＝16になる。よって，8組の分数は，$\frac{1}{15}$，$\frac{2}{14}$，$\frac{3}{13}$，…と並ぶので，左から50番目の分数は$\frac{1}{15}$である。　② $\frac{3}{25}$は分子と分母の和が，3＋25＝28だから，28÷2＝14（組）の中の3番目の分数とわかる。また，①より，各組の最後までに並ぶ分数の個数は，組の番号を2回かけた数になっているから，13組の最後までには，13×13＝169（個）の分数が並ぶ。よって，$\frac{3}{25}$は左から，169＋3＝172（番目）である。

図2

$\frac{1}{1}$	$\frac{1}{3}$，$\frac{2}{2}$，$\frac{3}{1}$	$\frac{1}{5}$，$\frac{2}{4}$，$\frac{3}{3}$，$\frac{4}{2}$，$\frac{5}{1}$	$\frac{1}{7}$，$\frac{2}{6}$，…
1組	2組	3組	4組

[3] グラフ—速さと比

(1) 太郎君が3歩で進む距離（きょり）を次郎君は4歩で進むので，太郎君と次郎君の歩幅（ほはば）の比は，$\frac{1}{3}：\frac{1}{4}$＝4：3である。この比を用いると，太郎君が，4×5＝20の距離を進む間に，次郎君は，3×6＝18の距離を進むから，太郎君と次郎君の速さの比

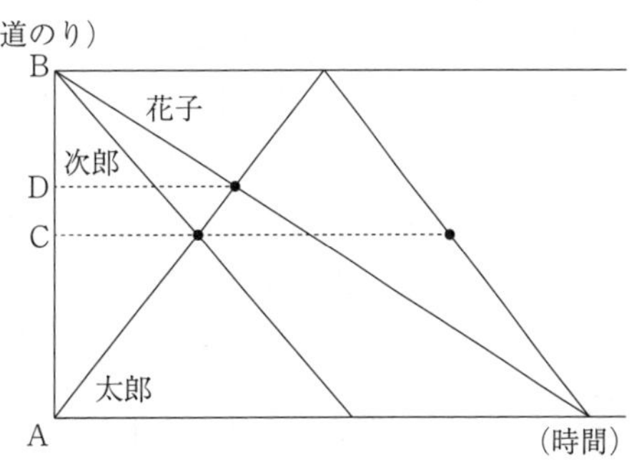

は，20：18＝10：９とわかる。

(2)　上のグラフより，花子さんがAB間の片道の距離を進む間に太郎君はAB間の往復の距離を進むから，太郎君と花子さんの速さの比は２：１である。よって，太郎君と花子さんが出会うまでに進む距離の比，つまり，AD間とDB間の距離の比は２：１になる。同様に，AC間とCB間の距離の比は，太郎君と次郎君の速さの比と同じ10：９となる。よって，AB間の距離を１とすると，DB間の距離は，$1\times\frac{1}{2+1}=\frac{1}{3}$，CB間の距離は，$1\times\frac{9}{10+9}=\frac{9}{19}$と表せるから，CD間の距離は，$\frac{9}{19}-\frac{1}{3}=\frac{8}{57}$となる。これが80mだから，１にあたる距離，つまり，AB間の距離は，$80\div\frac{8}{57}=570$(m)と求められる。

(3)　太郎君は，D→B→Cと進むのに，２分18秒＝$2\frac{18}{60}$分＝$2\frac{3}{10}$分かかったことになる。(2)より，DB間の距離は，$570\times\frac{1}{3}=190$(m)，BC間の距離は，$570\times\frac{9}{19}=270$(m)なので，太郎君は，190＋270＝460(m)進むのに$2\frac{3}{10}$分かかったとわかる。よって，太郎君の速さは分速，$460\div2\frac{3}{10}=200$(m)だから，次郎君の速さは分速，$200\times\frac{9}{10}=180$(m)である。したがって，次郎君がＡ地点に着いたのはＢ地点を出発してから，$570\div180=3\frac{1}{6}$(分後)となり，$\frac{1}{6}$分は，$60\times\frac{1}{6}=10$(秒)だから，３分10秒後である。

4　濃度(のうど)，仕事算

(1)　水そうの容積を１とすると，管Ａのみでは１分間に，$1\div48=\frac{1}{48}$，管Ａと管Ｂの両方では１分間に，$1\div18=\frac{1}{18}$の食塩水が入る。よって，管Ｂのみでは１分間に，$\frac{1}{18}-\frac{1}{48}=\frac{5}{144}$の食塩水が入るので，管Ｂのみで水そうをいっぱいにするのに，$1\div\frac{5}{144}=28.8$(分)かかる。

(2)　管Ａから４分間に出る食塩水の量は，$\frac{1}{48}\times4=\frac{1}{12}$なので，3.6％の食塩水と管Ａの食塩水を，$\frac{1}{6}:\frac{1}{12}=2:1$の割合で混ぜると，濃度が８％になる。そこで，右の図１のように表すことができる。図１で，ア：イ＝$\frac{1}{2}:\frac{1}{1}=1:2$であり，ア＝８－3.6＝4.4(％)だから，イ＝4.4×２＝8.8(％)とわかる。したがって，管Ａの食塩水の濃度は，□＝８＋8.8＝16.8(％)と求められる。

図１
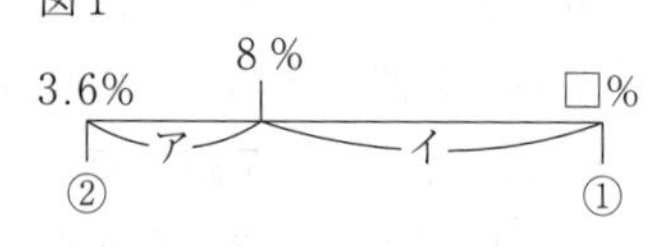

(3)　水そうの容積の$\frac{1}{6}$だけ3.6％の食塩水が入っている状態から，水そうがいっぱいになるまでに，管Ａと管Ｂから合わせて，$1-\frac{1}{6}=\frac{5}{6}$の食塩水を入れたので，食塩水の濃度が7.2％になったときの様子は右の図２のように表せる。図２で，かげをつけた部分と太線で囲んだ部分はどちらも食塩水に含まれる食塩の量の合計を表しており，同じ面積になる。そこで，かげをつけた部分と太線で囲んだ部分の面積を，7.2×１＝7.2とすると，斜線(しゃせん)部分の面積は，$7.2-3.6\times\frac{1}{6}-4\times\frac{5}{6}=6.6-\frac{10}{3}=\frac{99}{15}-\frac{50}{15}=\frac{49}{15}$になるので，管Ａから入れた食塩水の量は，$\frac{49}{15}\div(16.8-4)=\frac{49}{192}$と表せる。したがって，管Ａ

図２
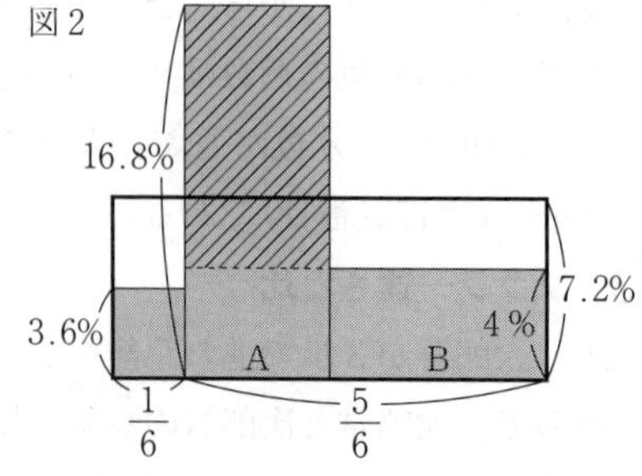

から食塩水を入れた時間は全部で，$\frac{49}{192}\div\frac{1}{48}=\frac{49}{4}=12.25$(分)だから，管A，Bの両方で入れた時間は，12.25－4＝8.25(分)(…エ)と求められる。また，管Bから入れた食塩水の量は，$\frac{5}{6}-\frac{49}{192}=\frac{37}{64}$で，管Bから入れた時間は全部で，$\frac{37}{64}\div\frac{5}{144}=\frac{333}{20}=16.65$(分)なので，管Bのみで入れた時間は，16.65－8.25＝8.4(分)(…ウ)とわかる。

5 平面図形—辺の比と面積の比，相似

(1) 右の図で，5つの半円の半径を1，2，3，4，5とする。まず，三角形AEBは，EA＝EBの二等辺三角形だから，角EAB＝角EBAとなる。また，三角形ABCに注目すると，角EBAと○印の角の和は，180－90＝90(度)で，角EABと×印の角の和も90度だから，○印と×印の角は等しいとわかる。これより，三角形FGAと三角形ABCは，角FAG＝角ACB，角AFG＝角CABなので，角AGFと角CBAも等しくなり，相似となる。同様に，三角形FGAと三角形CGDも，角FGA＝角CGD，角AFG＝角DCGなので，相似となる。よって，三角形CGDと三角形ABCは相似だから，CD：CG＝AC：AB＝4：3とわかる。さらに，四角形ABCDは平行四辺形なので，CD＝AB＝3である。したがって，CG＝$3\times\frac{3}{4}=\frac{9}{4}$より，GA＝$4-\frac{9}{4}=\frac{7}{4}$となるから，CG：GA＝$\frac{9}{4}:\frac{7}{4}$＝9：7と求められる。

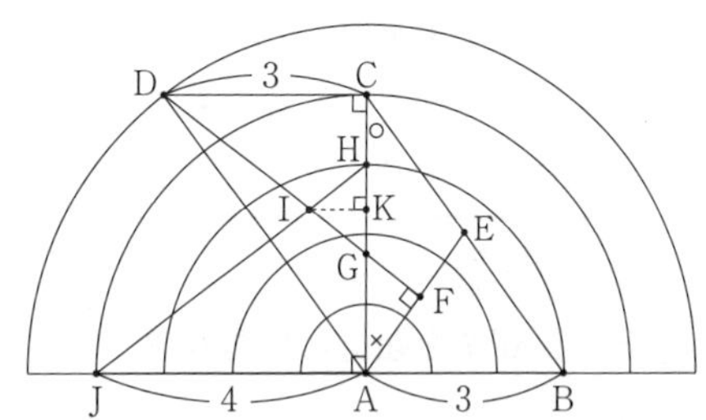

(2) 四角形ABCDは平行四辺形なので，BC＝AD＝5である。よって，三角形ABCと三角形AFGの相似比は，BC：GA＝$5:\frac{7}{4}$＝20：7だから，面積の比は，(20×20)：(7×7)＝400：49となる。

(3) 図のように点Jを決めると，AH＝AB＝3，AJ＝AC＝4より，三角形AHJと三角形ABCは合同だから，三角形CGDと三角形AHJは相似になる。よって，角IGH＝角IHGなので，三角形GHIは二等辺三角形とわかる。ここで，点Iから辺GHと直角に交わる直線IKを引くと，KはGHの真ん中の点となり，GH＝CG－CH＝$\frac{9}{4}-1=\frac{5}{4}$だから，HK＝$\frac{5}{4}\div2=\frac{5}{8}$となる。また，三角形AHJと三角形KHIは相似で，その相似比は，HA：HK＝$3:\frac{5}{8}$＝24：5だから，面積の比は，(24×24)：(5×5)＝576：25となる。さらに，三角形GHIの面積は三角形KHIの面積の2倍だから，三角形AHJと三角形GHIの面積の比，つまり，三角形ABCと三角形GHIの面積の比は，576：(25×2)＝288：25と求められる。

社 会 (30分) <満点：50点>

解 答

I **問1** (例) すべての人が生まれながらに　**問2** **1** 前文　**2** 第9条　**問3** イ　**問4** ① ウ　② 裁判所　**問5** ① 職業選択(の自由)　② イ，ウ，オ　**問6** イ

II **問1** ウ，エ　**問2** ウ，エ，オ　**問3** ① (例) 有田(伊万里，唐津)(焼)　② (例) 豊臣秀吉による朝鮮出兵のさい，朝鮮から多くの陶工が日本に連れて来られたため。
問4 (例) 領主が課した重税や，厳しいキリスト教徒の弾圧に領民がたえかねたから。
問5 **1869年**…版籍奉還　**1871年**…廃藩置県　**問6** ア，オ　**問7** ① 女工　② 生

糸　**問8**　立憲改進党　**問9**　イ　Ⅲ **問1**　①　イ　②　イ　**問2**　エ　**問3**　**みかん**…ウ　**茶**…ア　**うなぎ**…エ　**わさび**…イ　**問4**　①　エ　②　ア　**問5**　ハイブリッドカー　**問6**　①　イ，ウ　②　ウ，エ　**問7**　（例）日本がアメリカに多くの自動車を輸出し，アメリカの自動車会社を圧迫しているのは事実ですが，日本がアメリカに輸出する自動車の台数は多いときの半分程度になっています。また，日本の自動車会社はアメリカ国内に多くの工場を建て，現地の労働者を雇って生産を行っており，なかにはアメリカ製の自動車として輸出されているものもあります。このように，日本の自動車産業はアメリカの自動車産業の活性化や雇用に大きく貢献しているのです。

解　説

Ⅰ 日本国憲法を題材とした問題

問1　基本的人権とは，すべての人が生まれながらに持っている，人間らしく生きる権利のことである。日本国憲法では，基本的人権の尊重を国民主権，平和主義に並ぶ３つの柱の１つと位置づけており，国民に平等権や自由権，社会権を保障している。

問2　**1，2**　日本国憲法は平和主義について，前文でその精神について述べるとともに，第９条で戦争の放棄(ほうき)など，具体的な内容を定めている。

問3　A　おもにヨーロッパで国教になっているので，キリスト教があてはまる。南アメリカ大陸のアルゼンチンは，長くスペインの植民地だったことからキリスト教が広まり，国教とされるようになった。なお，スペインやアルゼンチンではカトリック，イギリスではイギリス国教会，アイスランドでは福音ルター（ルーテル）派，ギリシャではギリシャ正教会の信者が多く，国によって宗派に違いが見られる。　B　中東（西アジア）や北アフリカで国教になっているので，イスラム教があてはまる。イスラム教は７世紀にムハンマド（マホメット）が開いた宗教で，ムハンマド生誕の地であるサウジアラビアから中東や北アフリカへと広がっていった。　C　東南アジアのカンボジアや南アジアのブータン，スリランカでは，仏教が国教とされている。これらの国でも，それぞれ宗派に違いが見られる。

問4　①　現在の首相官邸(かんてい)（内閣総理大臣官邸）は2002年に建てられたもので，木や石，ガラス，土（壁）などを用いて日本の美しさが表現されている。なお，アは最高裁判所，イは国会議事堂。

②　（⚖）は裁判所をあらわす地図記号で，昔，裁判の内容を知らせるために立てられた高札を図案化したものである。なお，この地図記号は下級裁判所（簡易・家庭・地方・高等の各裁判所）をあらわすのに用いられ，最高裁判所は地図記号ではなく名前で示される。

問5　①「あたらしく薬局を」開けるかどうかが争われたのだから，職業に関する権利だとわかる。この裁判で争われた権利は「営業の自由」とよばれ，日本国憲法に直接の規定はないが，第22条１項が保障する「職業選択の自由」にふくまれると解釈(かいしゃく)されている。これは，営業の自由が認められなければ職業選択の自由は保障されたことにならないからである。　②　ア　議員１人当たりの有権者数が多いほど一票の価値は低くなり，少なければ高くなる。よって，「高くなって」ではなく「低くなって」が正しい。　イ　100人の人々が１人の議員を選ぶ場合の１人当たりの価値を１とすると，500人の人々が１人の議員を選ぶ場合はその５分の１，つまり0.2になる。よって，正しい。　ウ　一票の価値の差は，議員１人に対する有権者数の差が生み出すのだから，有権者の多い地域で議員定数を増やせば，その差を縮めることができる。よって，正しい。　エ，オ　一票の価値に差がある状態は，日本国憲法第14条が保障する「法の下の平等」に反する。

問6　ホルムズ海峡はアラビア半島東部とユーラシア大陸にはさまれた海峡で，ペルシャ湾の出入り口にあたる。ペルシャ湾岸の産油国から出発するタンカーがここを通るため，海上交通の要所となっている。なお，アはジブラルタル海峡，ウはモザンビーク海峡，エはマラッカ海峡。

Ⅱ　各時代の歴史的なことがらについての問題

問1　玄界灘は福岡県と佐賀県の北に広がる海で，沿岸には出入りの多い海岸が多く，芥屋の大門（福岡県糸島市）や虹の松原（佐賀県唐津市）など多くの景勝地がある。また，佐賀県側にはリアス海岸が発達しており，沿岸の斜面には棚田も見られる。よって，ウとエがあてはまる。なお，ア，イ，オはいずれも有明海にあてはまることがらである。

問2　吉野ヶ里遺跡は佐賀県神埼市と吉野ヶ里町にまたがる弥生時代最大級の環濠集落跡で，敵の侵入を防ぐため周囲に堀や柵をめぐらし，物見櫓などを備えていた。また，高床倉庫や大型建物跡も発見されている。集落内には墓地もあり，かめ棺とよばれる棺に納められた遺体の中には，首のないものや矢の刺さったものもある。なお，アについて，仏教が日本に伝えられたのは6世紀のことなので，弥生時代の日本には大仏は存在しない。イについて，天守閣を持つ城が築かれるようになったのは，16世紀末以降のことである。

問3　①，②「私の“ふるさと”」は佐賀県である。豊臣秀吉が1592～93年（文禄の役）と1597～98年（慶長の役）の2度にわたって朝鮮出兵を行ったさい，九州地方の大名が朝鮮から多くの陶工を日本に連れて帰り，江戸時代には彼らによって各地で陶磁器づくりが始められた。こうした陶磁器のうち，佐賀県では，朝鮮人陶工の李参平が始めた有田焼（伊万里焼）や，唐津焼などがよく知られる。

問4　江戸時代初め，島原（長崎県南東部）の領主松倉氏や，天草（熊本県西部）の領主寺沢氏は，飢饉が続いていたにもかかわらず領民に重たい税（年貢）を課し，キリスト教徒を厳しく弾圧した。1637年，これにたえかねた島原・天草地方の農民たちが，16歳の少年・天草四郎（益田）時貞をかしらとして反乱を起こした。これが島原・天草一揆（島原の乱）で，一揆軍は島原半島南部の原城跡に立て籠って抵抗したが，幕府は大量の軍勢を投入し，オランダ船の砲撃にも助けられてようやくこれを鎮圧した。

問5　明治新政府は中央集権体制を強化するため，藩主が藩を支配する旧来の体制の改革に乗り出した。そこで1869年，新政府は，大名が支配する領地（版図）と人民（戸籍）を天皇に返上させる版籍奉還を行ったが，藩主は知藩事として引き続き旧藩領を治めた。2年後の1871年には，藩を廃止して全国に府と県を置く廃藩置県が実施され，新たに設置された府県は中央政府が任命した府知事と県令が治めることとした。

問6　ア　1873年から始められた地租改正では，土地の生産力にもとづいて地価を定め，税率は地価の3％とされた。それまでは石高（収穫高）が税の基準だったため，豊作や凶作の影響を受けて財政が安定しなかったが，地租改正によって政府には毎年決まった額の税が入るようになり，財政が安定した。したがって，正しい。　イ　米価が上昇して利益を得るのは，小作料として得た米を売り，その一部を地租として納める地主である。　ウ，エ　地租は豊作，凶作にかかわらず，土地所有者が現金で納めることとされた。　オ　地租は現金で納められたので，政府は米を売却して現金化する手間がなくなった。よって，正しい。

問７　資料の絵は，明治政府が進める殖産興業の一環として群馬県につくられ，1872年に操業を開始した官営富岡製糸場のようすを描いたものである。富岡製糸場では，フランス人技師ブリューナが多くの女工を指導し，フランス製の機械によって生糸が生産された。初期の女工にはおもに士族の娘が集められ，やがて彼女たちは各地の製糸工場の指導者となった。富岡製糸場は，2014年に「富岡製糸場と絹産業遺産群」として，ユネスコ(国連教育科学文化機関)の世界文化遺産に登録された。

問８「私」にあたる人物は大隈重信である。大隈は明治政府の参議であったが，早期の国会開設を主張して伊藤博文らと対立したことや，開拓使官有物払下げ事件(北海道の官営事業が，一社に破格の好条件で払下げられようとして政治問題化した事件)に関係していると見なされたことから，1881年に参議を辞めさせられ，政府から追放された。これを明治十四年の政変という。同年，政府が10年後の1890年に国会を開設することを約束したため，翌82年，大隈はこれに備えて立憲改進党を結成し，その党首となった。

問９　ア　1914年，バルカン半島のサラエボでオーストリア皇太子夫妻が，セルビアの青年によって暗殺された(サラエボ事件)。この事件をきっかけとして，第一次世界大戦が始まった。イベリア半島は，スペインとポルトガルが位置するヨーロッパ南西部の半島である。　イ　日本は日英同盟を理由として連合国側で参戦し，ドイツ領南洋諸島や，中国におけるドイツの根拠地であった青島などを占領した。　ウ　アメリカは当初，中立を守っていたが，1917年にドイツが無制限潜水艦作戦(指定海域外を航行する船を無差別に攻撃する作戦)を開始し，これによって自国民に犠牲者が出ると，連合国側で参戦した。　エ　中国で辛亥革命が起き，中華民国が成立したのは1912年のこと。中華人民共和国は1949年に建国された。また，大戦中に革命が起きたのはロシアである。　オ　戦争は連合国側の勝利で終わり，フランスの首都パリ郊外のヴェルサイユで講和会議が開かれた。ここでヴェルサイユ条約が調印され，ドイツは戦争責任を負わされて大きな制裁を受けた。

Ⅲ　自動車の生産を題材とした問題

問１　①　中京工業地帯は愛知県から三重県の伊勢湾沿岸を中心に広がる工業地帯で，自動車の生産を中心とした機械工業の割合が生産額のおよそ７割を占める。よって，イがあてはまる。なお，アは阪神工業地帯，ウは京浜工業地帯，エは京葉工業地域のグラフ。　②　Ａ　長良川は岐阜県北西部の大日ヶ岳を水源として岐阜県を南に流れ，東から流れてくる木曽川，西から流れてくる揖斐川とともに濃尾平野を形成する。三重県に入るあたりで揖斐川と合流して，伊勢湾に注ぐ。この３つの川は，合わせて木曽三川とよばれる。　Ｂ　愛知県の沿岸部は，東の渥美半島と西の知多半島が三河湾をかかえるような形になっている。

問２　韓国のソウルから最も近いのは，長崎県の西に位置する五島列島である。ついで近いのは，瀬戸内海最大の島である兵庫県の淡路島で，新潟県の佐渡島が３番目である。最も遠いのは沖縄本島で，ソウルから沖縄本島までの距離は，ソウルから青森市や仙台市までの距離にほぼ等しい。

問３　静岡県が第１位となっているアは茶，和歌山県が第１位となっているウにはみかんがあてはまる。また，鹿児島県と宮崎県にまたがる志布志湾や，愛知県の三河湾，静岡県の浜名湖周辺ではうなぎの養殖がさかんであることから，これらの県が上位を占めるエがうなぎの養殖だとわかる。残るイがわさびである。

問４　①　鉄鋼の生産には鉄鉱石のほか，石炭を蒸し焼きにしたコークスや，不純物を取り除くための石灰石が用いられる。　②　石炭の輸入先は，オーストラリアが第１位，インドネシアが第２位となっている。エの鉄鉱石も，輸入先としてはオーストラリアが第１位だが，ブラジルが第２位となっている。なお，イは銅鉱，ウは原油のグラフ。

問５　発進時や高速走行時など，エネルギーを必要とするときはガソリンエンジン，低速走行時など，エネルギーがそれほどいらないときは電気モーターで走る自動車を，ハイブリッドカーという。ガソリンだけを燃料とする自動車に比べてガソリンの消費量や排気ガスの量が少ないので，環境にかける負担が少ない。

問６　①　ア　最も生産台数が増えたのは中国である。インドは1999年の生産台数が示されていないため，表からは読み取れない。　イ　Ｇ７はアメリカ・イギリス・フランス・ドイツ・イタリア・日本・カナダの７か国。それぞれ1999年と比べると，2018年にはすべての国が順位を下げている。　ウ　2018年に生産台数で10位以内に入っている日本以外のアジアの国は，中国・インド・韓国で，３か国とも生産台数は増えている。中南米に位置するメキシコは，1999年の生産台数がわからないが，2018年の順位から，生産台数は増加したと判断できる。　エ　生産台数の「世界計」は，2018年のほうが1999年よりも多い。　②　ア　2018年のアメリカの生産台数は1131万4705台，国内販売台数は1770万1402台なので，少なくとも約600万台が輸入されていることになるが，アメリカ国内で生産された自動車が輸出されていることも考えると，アメリカがどれほどの自動車を海外から輸入しているかをこれらの表だけから読み取ることはできない。　イ　表１や表３にイギリスは見られない一方で，2018年の国内販売台数は多いので，むしろ輸入する車のほうが多いと考えられる。したがって，「世界有数の自動車の輸出国」とはいえない。　ウ　表４で最も数が少ないカナダの国内販売台数が198万4992台なので，表４にないメキシコの国内販売台数はこれよりも少ないことになる。メキシコの2018年の生産台数は410万525台なので，国内販売台数の２倍以上の自動車が輸出されていると考えられる。　エ　2018年のフォルクスワーゲングループの生産台数1083万4000台は，2018年のドイツの生産台数512万409台の２倍以上となっている。
オ　表１中の「上海(シャンハイ)汽車」「長安汽車」は中国国営の自動車会社と考えられるが，この２社の生産台数を合計しても，2018年の中国の生産台数に遠くおよばない。ここから，中国にも海外の自動車会社が参入し，現地生産を行っているのだと判断できる。

問７　資料１から，アメリカで販売される自動車の約４割が日本の自動車会社の自動車であることがわかる。ここには，日本から輸入した車がふくまれると考えられるので，この点においては「相手の言い分を認める」ことになる。一方，資料２からは，近年の日本からアメリカへの自動車の輸出台数がピーク時の半分程度になっていることがわかる。この点は「こちらの言い分」にあたる。また，表１と表３を見比べると，日本の自動車会社の販売台数の合計が日本の生産台数や国内販売台数を大きく上回っていることがわかるが，これは各企業が海外で現地生産を行っているからだと考えられる。よって，日本は自動車の輸出台数を減らす代わりにアメリカ国内に多くの工場を建て，現地の労働者を雇(やと)って現地生産を進めている，と主張してよいだろう。こうして現地生産を行うことは，ラストベルトで衰退(すいたい)した自動車産業を復活させることにも役立ち，雇用や経済に大きく貢献(こうけん)する可能性があるのだから，これを「メリット」として伝えることが考えられる。

理科 (30分) ＜満点：50点＞

解答

1 問1 解説の図①を参照のこと。 問2 (ウ) 問3 (1) 解説の図②を参照のこと。 (2) A 屈折 B 直進 図…解説の図②を参照のこと。 (3) 2.5倍

2 問1 進化 問2 ① 門歯 ② ○ ③ 長く ④ (例) 敵から逃げる 問3 エ 問4 (例) 狩りをして肉を食べるようになったことや，火を使って食べ物を加熱調理するようになったことで，脳を発達させることができるだけの栄養分が得られるようになったから。

3 問1 (ア) 問2 (エ) 問3 c (イ) d (ウ) 問4 (ウ) 問5 (ウ) 問6 (イ) 問7 ①，(イ)

解説

1 光の進み方についての問題

問1 光軸と平行な光線はレンズで屈折して後方側の焦点を通り，レンズの中心を通る光線はそのまま直進する。また，前方側の焦点を通った光線はレンズで屈折した後，光軸と平行に進む。したがって，光線のようすとスクリーンの位置(×印)は右の図①のようになる。

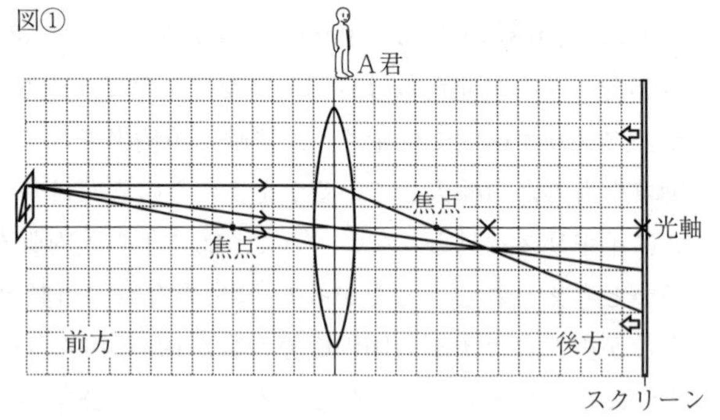

問2 図①より，「4」の上端から出た光線は，スクリーンに当たるときには光軸より下側にくる。一方，「4」の下端はほぼ光軸上にあり，ここから出た光線はスクリーンに当たるときにもほぼ光軸上にくる。よって，スクリーンに映る像は上下が逆になることがわかる。同様に，スクリーンに映る像は左右も逆になるので，レンズ側から見ると(ウ)のように見える。

問3 (1) レンズの上の方に進む光線は，前方側の焦点から出る光線と同じ直線上にあるので，レンズを通過した後は光軸に平行に進む。そして，光軸に平行な光線はレンズを通過すると後方側の焦点を通り，レンズの中心を通る光線はそのまま直進する。この結果，右の図②の後方側に描かれた実線のようになり，後方側では像を結ばないことがわかる。 (2) 届く手前で屈折して目に届いた光線を，私たちは屈折してきたかどうかはわからず，直進して目に入ってきたと認識する。つまり，入ってきた光線の方向に物体があると感じる。そこで，(1)で描いた後方側の3本の実線をそれぞれ前方側に延長するように破線を描く。すると，これら3本の破線が交わる点ができ，レンズの後方からのぞいたとき，この交点の位置に「4」の上端があるような像が見られる。

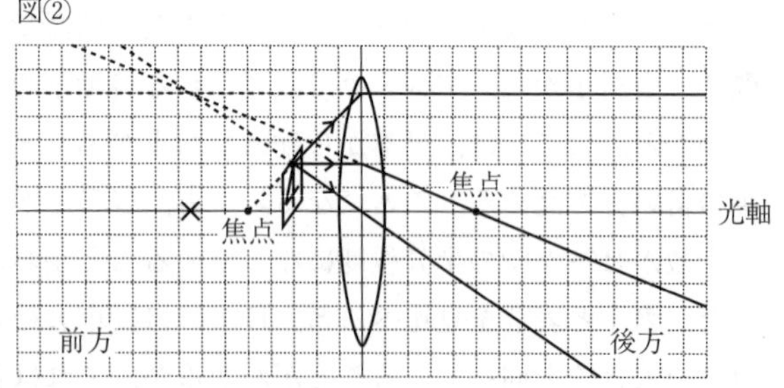

(3) 「4」の上端の位置は，実物では光軸から2目もり，像では光軸から5目もりのところなので，

像は実物より，5÷2＝2.5(倍)の大きさに見える。

2 動物の特徴についての問題

問1 さまざまな環境とその変化に適応して生き残った生物が子孫を増やすことで，環境に適した性質が次の子孫へと伝えられていき，長い年月の間に生物のからだの構造や機能が変化していく。この現象を進化という。

問2 ① 草をかみ切るために使うのは門歯なので，草食動物では門歯が発達している。 ② 草食動物の臼歯は，かみ切った草をすりつぶすために平らになっている。 ③ 食物繊維が豊富な草は消化しにくく，それに比べて肉は消化しやすいため，一般に草食動物の消化管は長く，肉食動物の消化管は短い。 ④ 足にひづめをもつものには，ウマ，ウシ，イノシシ，シカなどがいる。これらはいずれも草食動物で，長距離を速く走るのは敵から逃げ切るためである。

問3 仲間を増やすという点では，単に分裂すればよい無性生殖の方が，相手を探す必要のある有性生殖よりも有利といえる。ところが，無性生殖の場合は親と同じ性質の子どもが生まれ，そのため環境に適応できなくなると絶滅してしまうおそれが高くなる。それに対し，有性生殖の場合は両親から性質を受け継ぐため親とは異なる性質の子どもが生まれる。つまり，全体として多様な性質を持つことになり，環境が変化しても適応できるものが生き残る可能性が高くなる。

問4 表で猿人と原人のちがいを見ると，原人は直立二足歩行がほぼ完成し，石器が使われるようになり，狩りを始めて肉を食うようになった。また，火を使って食べ物(肉や木の実など)を熱することができるようになった。これらの情報から自分の考えをまとめるとよい。

3 プラスチックについての問題

問1 プラスチック製品が広く普及するようになると，可燃ゴミに占めるプラスチックの割合も増えていった。すると，プラスチックは燃えるときの発熱量が多く，燃焼温度が高くなるため，清掃工場の焼却炉が熱に耐えられずに壊れてしまうおそれが生じるようになった。

問2 ダイオキシンは，ガンを引き起こすなど非常に強い毒性をもつ人工物質である。塩素成分を含むプラスチックなどの混じったゴミを比較的低温で燃やすと発生しやすいことから，かつて各地のゴミ焼却場の周辺でダイオキシン汚染が心配された。

問3 c 植物由来の原料で作られたプラスチックをバイオプラスチックといい，主にトウモロコシやトウキビなどから作られる。 d 自然の中で微生物のはたらきで分解されるプラスチックを生分解性プラスチックという。一般的なプラスチックのように使えるにもかかわらず，土中や水中に放置しておくと，微生物のはたらきで水や二酸化炭素などに分解されるので，ゴミとなったときの処理が簡単で，環境にもやさしいという特徴がある。

問4 アメリカ合衆国の西海岸とハワイの間の太平洋上には，大量のプラスチックゴミが漂っている海域があり，これを太平洋ゴミベルトと呼ぶことがある。日本の太平洋側を北から流れてくる親潮(千島海流)と南から流れてくる黒潮(日本海流)がぶつかって合わさり，太平洋の北側を東に進む海流があり，日本など東アジアの地域を由来とするプラスチックゴミがこの海流に流されてくることで形成されている。

問5 プラスチックは日光に含まれる紫外線によって劣化し，割れて小さくなっていく。

問6 割れて小さくなったプラスチック片はマイクロプラスチックと呼ばれ，環境省では大きさが5mmより小さなものとしている。海にすむ生物が体内に取り込むことで，その生物の命がおびやかされるため，海の生物どうしのつながり(生態系)への影響が心配されている。

問7　水1cm³あたりの重さは約1gなので，体積(cm³)の値と比べたとき，重さ(g)の値の方が大きいときは水に沈み，重さの値の方が小さいときには水に浮く。①～④のプラスチック片(ここでは直方体と見なす)の体積を求めると，①は，3.5×1.6×2.0＝11.2(cm³)，②は，2.0×3.2×2.5＝16.0(cm³)，③は，4.8×1.5×2.4＝17.28(cm³)，④は，3.6×2.5×2.0＝18.0(cm³)となる。したがって，水に浮くのは①とわかる。また，①のPEはポリエチレンで，“ビニール袋”と呼ばれるものはふつうポリエチレンでできている。②のPVCはポリ塩化ビニルで，水道や排水用のパイプ，ホースやチューブ，ロープ，文房具など幅広い用途に使われている。③のPSはポリスチレンで，これに気泡を含ませたものが発泡スチロールである。これは食品用のトレー，断熱材などに利用されている。④のPETはポリエチレンテレフタレートで，これを原料とする容器をペットボトルという。なお，DVDやCDの材料として使われるのはポリカーボネート(PC)というプラスチックである。

国　語　(60分)＜満点：100点＞

解　答

一　**問1**　A　エ　　B　オ　　**問2**　ア　　**問3**　エ　　**問4**　イ　　**問5**　①　感動　　②　危ない　　③　ネット上で全面戦争　　A　肯定(賛成)　　B　否定(反対)　　**問6**　オ　　**問7**　ウ　　**問8**　ウ　　**問9**　ア，ウ　　二　**問1**　(例)　(オリンピックの現場では，)スポーツ競技が一貫した主題も見えないまま無秩序に営まれる。　　**問2**　(例)　(オリンピック競技は)プレイは技術的に精妙(であるが，)現実生活とは関係のないことで，オリンピックという特殊な時間性の中で初めて意味と輝きを持つ(ものにすぎない点。)　　**問3**　(例)　(筆者は，観客が)オリンピックは退屈じゃないはずだという思いこみから，実は退屈なオリンピックに痛み止めのようにして意味を見いだそうとするのは不健全な精神だと批判的に見ているから。

三　**問1**　下記を参照のこと。　　**問2**　③→①→④→⑤→②

●漢字の書き取り

三　**問1**　①　地域　　②　度胸　　③　勤めて　　④　従い　　⑤　納める　　⑥　補う　　⑦　規模

解　説

一　**出典は朝比奈あすかの『人間タワー』による。**シングルマザーとして小学校一年生の貴文を育てている雪子のもとに，元夫の遼から突然電話がかかってくる。

問1　A　「とってつけた」は，その場をとり繕おうとするかのように，わざとらしく不自然であるようす。　　B　「おもねる」は，相手の機嫌をとって気に入られようとすること。

問2　電話の相手が遼であることを知った雪子は，「二秒ほど呼吸を忘れ」，「せめて留守電にして確認すればよかったという思いと，どうして電話をかけてきたのだろうという疑問で，心がぐらぐら」している。このことから，突然の元夫からの電話に緊張するとともに，動揺している雪子のようすがうかがえる。しかし，電話口で「わざとらし」く「少し大きく張るような声」を出す遼にも「緊張を感じ」とったため，雪子は落ち着きをとりもどしたのである。よって，アがふさわしい。

問３　「まさか，やり直したいと言ってくるわけでもあるまいと分かっている」ものの，「遼が息子の晴れ姿を見たがってくれている」のではないかと考えた雪子は，「何を言ってくれるのか」「期待」している。自分の感情はともかく，貴文にとって「頑張ったね」や「すごかったね」という父親からの何気ない感想は，とても大切な「成長の助け」になると思ったので，雪子は遼に対し，貴文の運動会のビデオを「見にくる」かと家に誘ったのだから，エが選べる。

問４　問３でみたように，雪子は貴文の「晴れ姿を見たがって」いるであろう遼が，彼に対し何らかの形で「成長の助け」になってくれることを期待していた。しかし，遼が興味を抱いていたのは貴文ではなく，ネットニュースで公開するための「組体操の事故シーン」だったのである。遼が電話をかけてきたのは，貴文に対する愛情からではなく，自身の仕事の都合だったことを知った雪子は大きなショックを受けたものと想像できるので，イがふさわしい。

問５　直後の遼の会話から，「面白い展開」とはどういうものかを読み取る。「組体操の事故」に関して，「ＭＨＶテレビ」は「感動路線」で番組をつくる，つまり，組体操に肯定的な立場から番組をつくるだろうと遼は話している。それに対して，自分たちは否定的な立場から，「組体操どうなの？　って主張の特集」をネットニュースにすることで，「ネット上で全面戦争」的な論争が起こり，「面白くなるかもしれない」と話している。組体操のような「危ない芸当をさせる教育の現場に声を上げていく意義もある」と遼は言っているが，本音はネット上で起こる論争を面白がっているだけである。

問６　遼に「転落した子」が「大きな怪我はしていなかった」ことを伝えた雪子は，「気になるでしょう？　息子の小学校でそんな事故があったなら」と思っている。問５で検討したように，ネットニュースとして公開することには，組体操のような「危ない芸当をさせる教育の現場に声を上げていく意義もある」と，遼はもっともらしいことを言っているが，それは息子の貴文を心配しての話ではないということを明らかにしたかったのである。そんな雪子の思いを裏づけるように，遼は「とってつけたように」しか貴文のことを訊かなかったのだから，オが正しい。

問７　Ｘの場面では，自分の感情はともかく，父親が何らかの形で貴文の成長の助けになるのではないかと考えた雪子が，遼に対し運動会のビデオを「見にくる」かと誘ったものの，息子のことよりもネットニュースで公開する素材を欲しがっていた遼は，「う，ん。そうだね」と，はっきりした意思を示さず，誘いを受け流している。一方，Ｙの場面では，「貴文に興味がない」遼の本心を知った雪子が，今後話をするさいには「弁護士」を通すようにと「冷たい言い方」をしたことに対して，遼は「貴文の運動会のビデオ。見せてよ」と「おもねるような口ぶり」で言っている。そんな遼のことを，雪子は「優しい言葉ひとつふたつで，人の気持ちなぞ簡単に，もと通りになると信じている」と批判的にとらえている。

問８　遼の心の中には，父親として貴文を大切に思う気持ちがないことを確信した雪子は，今後，話をするさいには「弁護士」を通すよう伝えたり，運動会のビデオも「あなたのためには撮っていません」と冷たく言い放ったりしている。電話を切った後，雪子は遼に対する「みじめったらしい未練」から解放されたことを感じ，前向きな気持ちになっているのだから，ウが正しい。

問９　直前に「愉快なリズムに，一抹の哀れ」とあることをおさえる。遼が何らかの形で貴文の成長の助けになることを期待していたものの，彼の心の中には息子に対する愛情などなかったことを確信した雪子は彼との決別を選び，「みじめったらしい未練から解放」されたすがすがしさを感じている。そのことを，「感情なんて，ほんのきっかけ一つで，大きく振りきれてゆくものだ」と表現しているので，アはよい。また，続く部分で，雪子が「こんなものに締めつけられて，自分で自分を閉じ込めて，前に進まないことの言い訳をしていた」と今までの自分を反省していることに着目する。つまり，「みじめったらしい未練」を抱えて，前に進もうとしなかった自分自身のことを「哀れ」だと振り返った雪子は，遼と決別した今，「仕事を探そう」と前向きな気持ちになっている。よって，ウもふさわしい。

二 出典は村上春樹の『シドニー！』による。オリンピックについての本を書くために，実際にオリンピックを観戦した筆者が，退屈なオリンピックに意味を見いだそうと，その事実から目を背けようとしている世の中の人々に対して批判的な見解を述べている。

問1　続く部分で，実際のオリンピックでは，いろんなスポーツ競技が実にとりとめもなく勝手気ままに行われ，一貫した主題が見えてこないと述べられている。つまり，筆者にとっては，このような競技の行われ方は「無秩序な営み」としか感じられないため，オリンピックの「内側」はあまり「ゴージャスとは言えない」のだと述べている。

問2　直前で，見事な「スティックのフェイスの返し」に「時間がたつのも忘れ」るほど「引きずり込まれ」た筆者が，ふと我に返り，オリンピックの持つ「ゆがんだ時間性の中に毎分毎秒失われていきつつある自分の姿を発見」したと述べられていることに注目する。つまり，いかに競技における様々な「プレイ」が技術的に精妙なものであっても，自分の「現実生活」にはまったく関係がなく，「オリンピックという特殊な時間性の中で」初めて意味と輝きを持つものに過ぎないという点において，筆者は「クォリティーの高い退屈さ」を感じているのだといえる。

問3　「オリンピックは実は退屈なもの」だという「峻厳な事実」に対し，人々は「オリンピックは退屈じゃないはずだという強い思いこみ」を持つことで，「退屈さの中に」，「一種の痛み止め」のようにして「意味」を見いだそうとしていると筆者は指摘している。そのような人々の「不健全な」「精神」が「事実」から「目を背け」させているのではないかと批判的に見ているので，筆者は「観客に対してこそドーピング検査をするべき」だというのである。

三 漢字の書き取り，慣用句の完成

問1　①　ある範囲に区切られた土地。　②　ものごとに対しておそれない心。　③　音読みは「キン」「ゴン」で，「勤務」「勤行」などの熟語がある。　④　音読みは「ジュウ」「ショウ」で，「服従」「追従」などの熟語がある。　⑤　音読みは「ノウ」「ナ」「ナッ」「ナン」「トウ」で，「納入」「納屋」「納得」「納戸」「出納」などの熟語がある。　⑥　音読みは「ホ」で，「補給」などの熟語がある。　⑦　ものごとの仕組みや内容の大きさ。

問2　①　「雀百まで踊り忘れず」は，“幼いころから身にしみこんでいる習慣は，年をとっても改めにくい”という意味。　②　「三人寄れば文殊の知恵」は，“一人ではよい考えが思いうかばなくても，ほかの人と相談しながら考えれば，よい考えが出るものだ”という意味。　③　「悪事千里を走る」は，“悪いことをした話は，すぐに世間に広まる”という意味。　④　「人の噂も七十五日」は，“世間の人たちが噂にするのは，ある限られた時期だけで，時間がたてば忘れられてしまう”という意味。　⑤　「腹八分目に医者いらず」は，“暴飲暴食をせず，節制した食生活をしていれば，体調をくずすことはない”という意味。

2019年度　早稲田大学系属早稲田実業学校中等部

〔電　話〕（042）300－２１２１
〔所在地〕〒185-8505　東京都国分寺市本町１－２－１
〔交　通〕JR中央線・西武国分寺線・西武多摩湖線－「国分寺駅」徒歩７分

【算　数】（60分）〈満点：100点〉

1　次の各問いに答えなさい。

(1)　$1.675-\left\{\frac{5}{6}+5.2\div\left(\boxed{}-3\frac{6}{7}\right)\right\}=\frac{3}{8}$ の $\boxed{}$ にあてはまる数を求めなさい。

(2)　0，1，2，3，4 の５枚の数字のカードがあります。この中から３枚を使ってできる３けたの整数のうち，十の位の数字が一番大きいものは何個ありますか。

(3)　池の周りに木を植えます。50mおきに植えた場合と30mおきに植えた場合では，本数が32本ちがいました。池の周りは何 km ですか。

(4)　兄は弟より３才年上です。今から２年後には母の年令は弟の年令の４倍になり，今から６年後には母の年令は兄の年令の2.5倍になります。現在の母の年令は何才ですか。

2　次の各問いに答えなさい。

(1)　下の展開図で点線部分を折り目としてできる立体の体積を求めなさい。

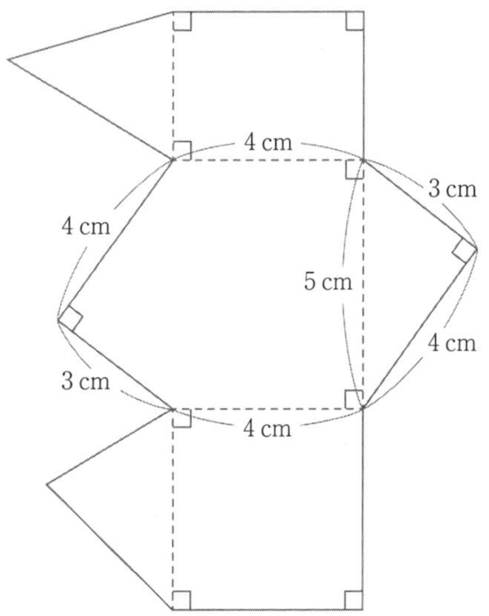

(2)　分子が１で分母が整数である分数を単位分数といいます。ここで，分子が１でない分数を分母の異なる単位分数の和として表すことを考えます。

たとえば，$\frac{3}{5}=\frac{1}{2}+\frac{1}{10}$ や，$\frac{4}{9}=\frac{1}{3}+\frac{1}{9}$ です。次の各問いに答えなさい。

①　次の**手順**で，$\frac{5}{11}$ を単位分数の和として表しました。ア～カ には整数が入ります。オ，カ に入る整数を答えなさい。

手順

〔1〕 11÷5＝2あまり1なので，$\frac{1}{3}<\frac{5}{11}<\frac{1}{2}$

〔2〕 $\frac{5}{11}-\frac{1}{3}=\frac{\boxed{\text{イ}}}{\boxed{\text{ア}}}$ となる。

〔3〕 $\boxed{\text{ア}}\div\boxed{\text{イ}}=\boxed{\text{ウ}}$ あまり $\boxed{\text{エ}}$ なので，$\frac{1}{\boxed{\text{オ}}}<\frac{\boxed{\text{イ}}}{\boxed{\text{ア}}}<\frac{1}{\boxed{\text{ウ}}}$

（$\boxed{\text{オ}}$ は $\boxed{\text{ウ}}$ より1だけ大きい）

〔4〕 $\frac{\boxed{\text{イ}}}{\boxed{\text{ア}}}-\frac{1}{\boxed{\text{オ}}}=\frac{1}{\boxed{\text{カ}}}$ となり，残った数が単位分数になったので終わり。

＜答え＞ $\frac{5}{11}=\frac{1}{3}+\frac{1}{\boxed{\text{オ}}}+\frac{1}{\boxed{\text{カ}}}$

② ①と同じ**手順**で，$\frac{3}{7}$ を単位分数の和として表しなさい。<u>求め方も書きなさい。</u>

3 ある店で，商品Aと商品Bを合わせて200個仕入れました。商品Bの原価は1個あたり1000円でした。商品Aは1個あたり400円の利益を見込(みこ)んで定価をつけ，商品Bは1個あたり原価の30％の利益を見込んで定価をつけました。200個すべてを売り切ると，商品Aと商品Bのそれぞれの利益の合計金額の比は2：1となる予定でしたが，商品Aのみ売れ残ってしまいました。

そこで，売れ残った商品Aは定価の2割引きで売ることにしたところ，商品Aの1個あたりの利益は160円となりましたが，すべて売り切ることができました。最終的に，商品Aと商品Bのそれぞれの利益の合計金額の比は8：5となりました。このとき，次の各問いに答えなさい。

(1) 商品Bの仕入れた個数を求めなさい。

(2) 商品Aの原価を求めなさい。

(3) 割引きして売った商品Aの個数を求めなさい。

4 次のページの**図1**と**図2**の三角形ABCは正三角形であり，点D，E，Fはそれぞれ辺BC，CA，ABを2：1に分ける点です。ADとBEの交点をP，BEとCFの交点をQ，CFとADの交点をRとします。このとき，次の各問いに答えなさい。

(1) AR：RDを最も簡単な整数の比で答えなさい。

(2) 三角形APEの面積は三角形PQRの面積の何倍ですか。

(3) **図2**において，点G，H，Iはそれぞれ辺BC，CA，ABを1：2に分ける点です。AGとBEの交点をS，BHとCFの交点をT，CIとADの交点をUとします。このとき，三角形STUの面積は三角形PQRの面積の何倍ですか。

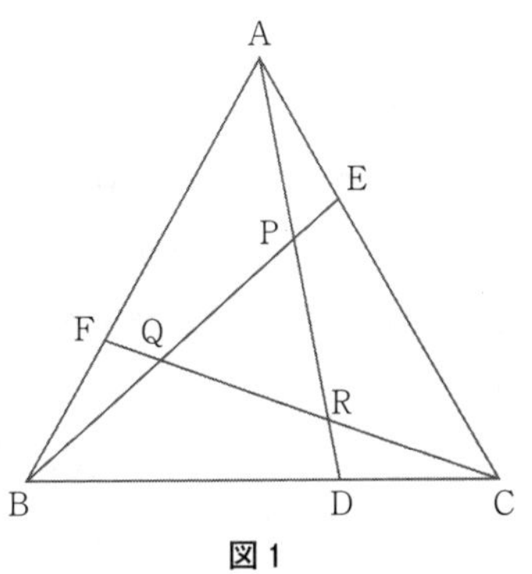

図1

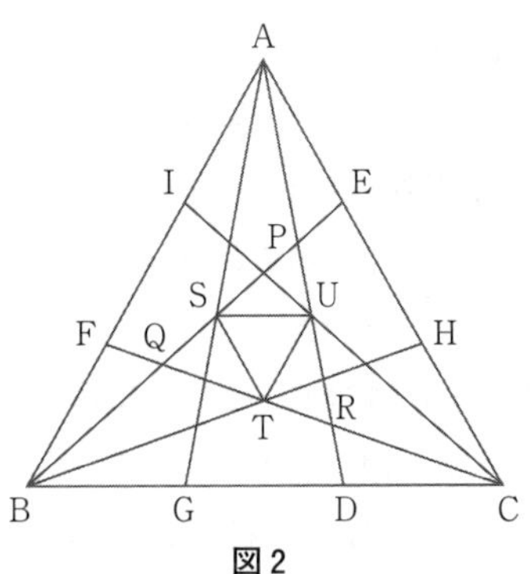

図2

［必要なら，自由に使いなさい。］

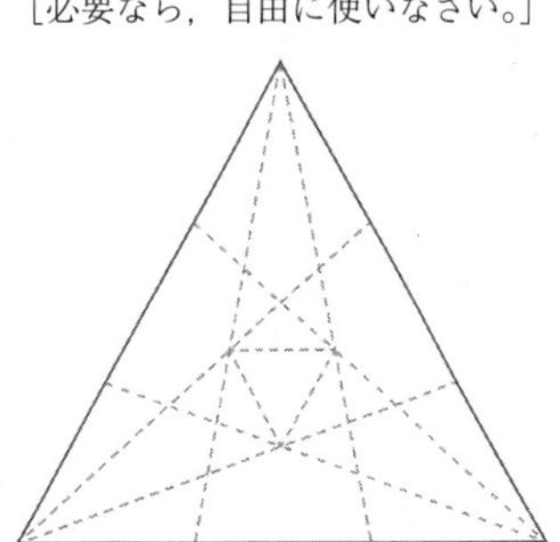

5　**図1**のように点P，Qは円Oの円周上の点Aから同時に出発し，それぞれ一定の速さで円周上を以下のように動きます。

① Qの方がPよりも速く動く。
② Pは常に時計回りに動く。
③ Qは初めは反時計回りに動くが，Pと重なるたびに向きを変えて動く。

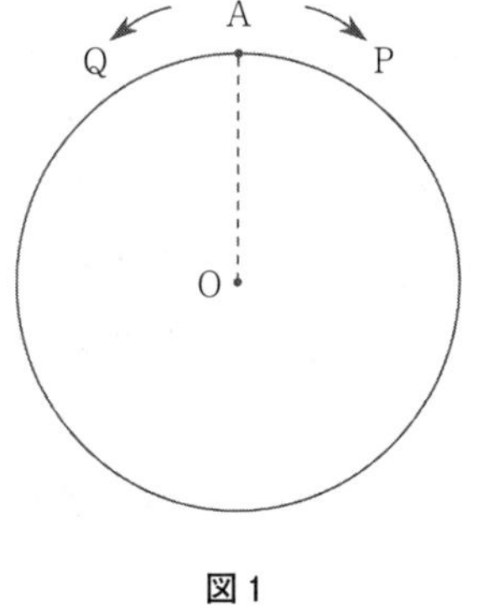

図1

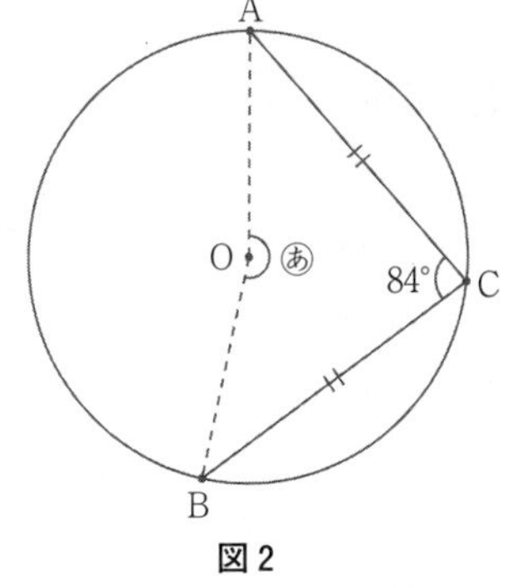

図2

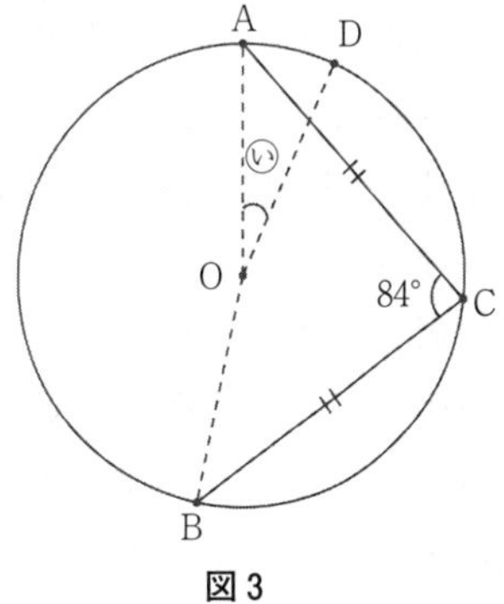

図3

図2の点BはPとQが2回目に重なった点であり，点CはPとQが5回目に重なった点です。このとき，AC＝BCとなりました。ただし，2回目に重なったのはPが円Oを1周する前であり，5回目に重なったのはPが点Aを1回だけ通った後でした。次の各問いに答えなさい。

(1) PとQが2回目に重なるまでにPが点Aから進んだときの角度㋐を求めなさい。

(2) PとQが4回目に重なったのは**図3**の点Dでした。角度㋑を求めなさい。

(3) QはPの何倍の速さで動いていますか。

(4) PとQが200回重なるまでに何回点A上で重なりますか。

【社　会】（30分）〈満点：50点〉

【注意】　解答は，とくに指示がない限り，漢字で書くべきところは正しい漢字を使って答えなさい。

Ⅰ　次の文章を読んで，以下の問いに答えなさい。

木や石，金属といった様々な素材の中に，神や仏，そして人などの姿を見出し，立体的な造形作品としてそれを表すことを，人類は古くから行ってきました。そうした行為が，日本でも行われてきたことは言うまでもありません。ここでは，日本における彫刻作品の歴史を，土偶や埴輪のように土で作られた作品も含めてたどってみましょう。

縄文時代，土偶と呼ばれる土の人形が作られたことは，よく知られています。土偶は，縄文人の優れた造形力を示しているとともに，縄文人の儀式などに使われたと考えられることから，彼らの祈りがどのようなものであったかを考えるヒントを私たちに与えてくれます。そのため，1「縄文のビーナス」と呼ばれる土偶のように，国宝に指定されている作品もあります。

古墳時代には，2豪族たちの大きな墓として，前方後円墳をはじめとする古墳が数多く作られました。こうした古墳の大きさは権力の大きさを示し，共通する古墳の特徴を持つ地域には，政治的な連合が形成されていたと考えられています。また古墳には，土で作られた埴輪が並べられていました。埴輪は，古墳の境界を示したり，古墳上で行われた祭礼に使われたりしたと考えられています。様々な形をした埴輪からは，当時の人々のくらしがどのようなものであったか，そしてどのような祭礼が行われていたかなど，多くのことを知る手がかりを得ることができます。

6世紀になると，百済の聖明王から日本に仏像や経典などが贈られ，仏教が伝来しました。当初は，蘇我氏，物部氏の二大豪族間でその信仰をめぐって争いがあったものの，3仏教の信仰を主張する蘇我氏が587年に物部氏に勝利し，仏教はしだいに盛んになりました。そうした中で，法隆寺などの寺院が建てられ，仏の姿を金属や木などで立体的に表現した仏像が，多く制作，安置されることになったのです。この後，日本における彫刻の歴史は，信仰の対象である仏像を中心として展開していくことになります。

奈良時代になると，国家の保護もあり，仏教は平城京を中心としてさらなる発展を見せました。聖武天皇によって，741年に国分寺，国分尼寺を各地に建てる命令が出され，743年には大仏を造る命令が出されたことは，それを具体的に示す出来事です。大仏は，その後の戦火などの被害を受け，奈良時代の姿をとどめる部分は少なくなってしまっています。しかし，4遣唐使によって大陸文化がもたらされ，その影響を強く受けた仏像は，今も奈良を中心にいくつも残されています。

平安時代には，天皇や上皇，藤原氏に代表される貴族たちなどが，その財力を背景として多くの寺院を造営しました。11世紀，5 3代の天皇にわたり，摂政や関白として政治の実権を握った藤原頼通によって建てられた平等院鳳凰堂は，その代表と言えるでしょう。内部には，定朝によって制作された阿弥陀如来像が安置されています。定朝が完成させた優美な造形は，その後の規範とされました。

続く鎌倉時代に作られた作品には，平安時代の作品にはない，力強く写実的な表現を見ることができます。代表的な作品として著名なのは，東大寺南大門の金剛力士像です。8メートルを超える巨像を，記録によると2か月余りで完成させたのは，運慶とその周辺の仏師たちです。この作品からは，彼らの極めて高い技術をうかがうことができます。この南大門および金剛力士像は，平家による奈良の焼き打ち後，東大寺や興福寺などの大寺院が復興された時に作られたものです。

室町時代，6幕府は禅宗を保護し，多くの寺院が造営されました。その後，7豊臣秀吉や江戸幕府などによっても，寺院の造営は大規模に行われました。しかし，室町時代から江戸時代にかけて，多くの著名な画家や陶工（とうこう）が登場し，歴史に残る名品が生み出されたのとは異なり，鎌倉時代までの作品に肩を並べる仏教彫刻が生み出されることは，あまり多くありませんでした。

明治時代になると，西洋の彫刻技法を取り入れた新たな表現が模索（もさく）され，芸術作品として鑑賞（かんしょう）することを目的とした作品が作られるようになりました。代表的な彫刻家としては，高村光雲（たかむらこううん）が挙げられます。仏師として活動をスタートさせた彼は，8 1868年の神仏分離令（しんぶつぶんりれい）をきっかけに発生した注廃仏毀釈（はいぶつきしゃく）の影響もあって仕事の依頼が減り，苦しい生活を強（し）いられた時期があったようです。しかし，彼は積極的に西洋の技術を学び，優れた作品を多く残しました。9今も上野公園にあり，1898年に除幕式（じょまくしき）が行われた西郷隆盛像は，その代表的な作品と言えます。明治時代以降，屋内に展示される作品だけでなく，この像のように，政治家や軍人などの銅像を作り，公共の場に設置されることが多くなりました。こうした銅像には，人物だけでなく，動物など様々なものをかたどった作品がありますが，特に著名なのは，渋谷駅前の忠犬ハチ公の像でしょう。10 1934年に設置されたハチ公像は，現在は２代目となっていますが，待ち合わせ場所などとして，人々から親しまれる存在になっています。

このように，彫刻作品には，祈りの道具，信仰の対象，あるいは鑑賞を目的とした芸術作品など，様々な種類があります。今後，博物館や公園，寺院などで彫刻を目にした時には，何のためにその作品が作られ，どのような作り手の意図（いと）が込められているかということに，想いを巡（めぐ）らせてみるのもよいのではないでしょうか。

注：仏教や僧侶を排除（はいじょ）する運動。各地で寺院や仏像などが破壊された。

問１　下線部**１**は，長野県の棚畑（たなばたけ）遺跡から出土した縄文時代中期の土偶で，右の写真はこの作品を写したものです。この作品について述べたものとして最もふさわしいものを次の**ア**～**エ**の中から１つ選び，記号で答えなさい。

ア．王冠をかぶっているように見えることから，強い権力を持つ豪族を表現していると考えられる。

イ．腕が非常に短く表現されており，たくわえた米をめぐって発生した争いで傷ついた人を表現していると考えられる。

ウ．張り出したお腹や大きなお尻から，妊娠（にんしん）した女性の姿を表現し，子孫の繁栄（はんえい）などを祈ったと考えられる。

エ．頭部に細い線で模様が刻まれており，鋭い金属器を使って彫りだしたと考えられる。

問２　下線部**２**について，次のページの古墳時代の前方後円墳の分布図を見ると，当時の政権の拠点（きょてん）や，その支配領域の範囲についてどのようなことが推測できますか，２つ答えなさい。

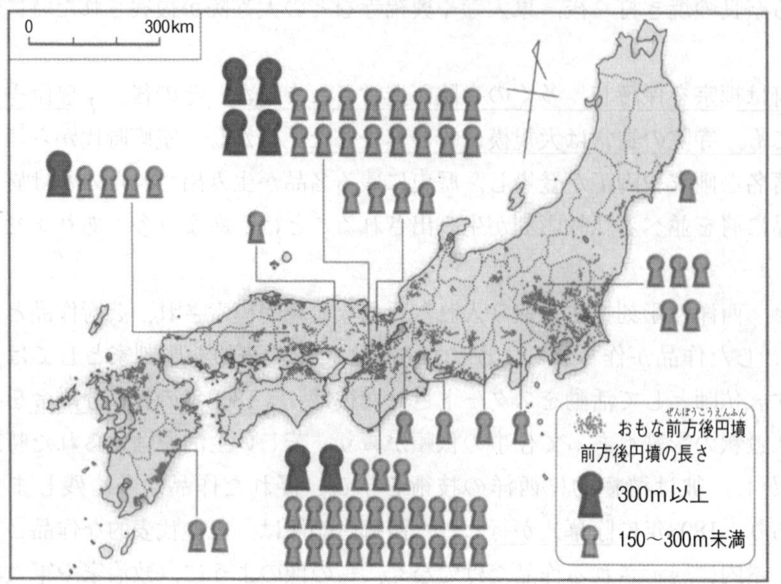

(日本文教出版『小学社会　6年上』より)

問3　下線部3について，物部氏を滅ぼした蘇我馬子について述べたものとして，誤っているものを次のア～エの中から1つ選び，記号で答えなさい。

ア．蘇我馬子は推古天皇の摂政となり，政治の実権を握った。

イ．蘇我馬子は聖徳太子と協力し，政治制度の整備を進めた。

ウ．蘇我馬子は，飛鳥の地に飛鳥寺(法興寺)を建てた。

エ．蘇我馬子の孫である蘇我入鹿は，中大兄皇子らによって殺害された。

問4　下線部4について，東大寺正倉院の宝物には，遣唐使船によって大陸から運ばれたと考えられる品物や，大陸文化の影響を強く受けた品物が多くあります。正倉院の宝物として誤っているものを次のア～エの中から1つ選び，記号で答えなさい。

ア．

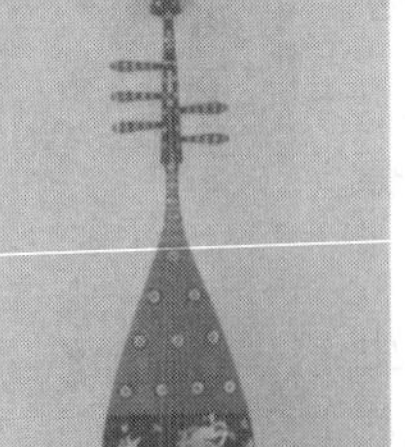

イ．

ウ．

エ．

問5　下線部**5**について，1068年に即位した後三条天皇は，この人物の力を抑え，自らが中心となって政治改革を行いました。なぜ，そのようなことができたと考えられますか。後三条天皇と，その前の3代の天皇との違いに着目し，下の系図を見てわかることを答えなさい。

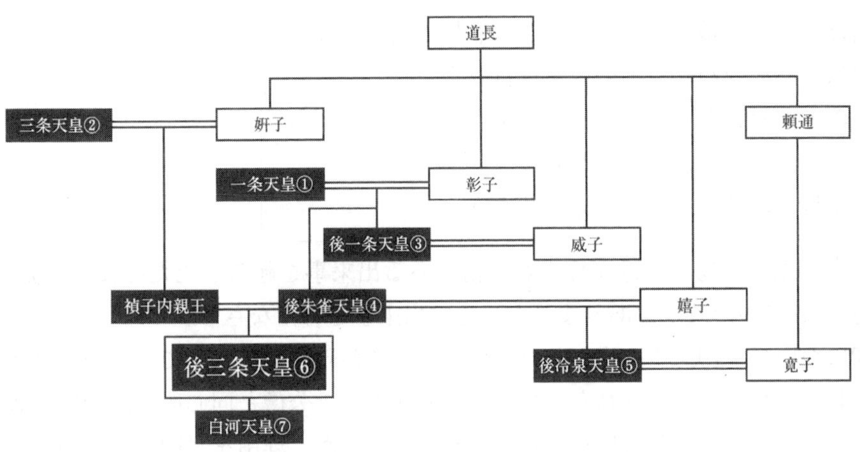

―　…親子・兄弟・姉妹関係

＝　…婚姻関係

□　…藤原氏出身の人物

■　…天皇・注内親王

番号は系図内の即位順

注：天皇の娘や姉妹

問6　下線部**6**について，室町幕府によって保護されたのは，禅宗の中でも，栄西(1141～1215)を開祖とする臨済宗です。下の表は，鎌倉五山(建長寺・円覚寺・寿福寺・浄智寺・浄妙寺)として室町幕府から保護された臨済宗寺院のうちの4か所ですが，この中で栄西が初代住職を務めた寺院はどれですか，**ア**～**エ**の中から1つ選び，記号で答えなさい。

	寺院	鎌倉五山での順位	開基(創立者)
ア	建長寺	第一位	北条時頼(鎌倉幕府の5代執権)
イ	円覚寺	第二位	北条時宗(鎌倉幕府の8代執権)
ウ	寿福寺	第三位	北条政子(源頼朝の妻)
エ	浄智寺	第四位	北条師時(鎌倉幕府の10代執権)

問7　下線部**7**について，豊臣秀吉は京都に大仏を造ることを口実として，下の法令を出しました。法令中の［　　］にあてはまる漢字2字のことばを答えなさい。

> 諸国の百姓が，刀，脇ざし，弓，槍，鉄砲その他の武具を持つことを禁止する。その理由は，百姓が必要のない道具をたくわえて年貢やその他の税を納めず，［　　］をくわだてて武士によくないことをして処罰されると，その者の田畑は耕作されず，領主が得る年貢が減るからである。大名やその家臣は，百姓の道具をすべて集めて差し出すようにせよ。

問 8　下線部**8**について，1868年には，神仏分離令発布の他にも，様々な政策が新政府によって進められました。次の史料は，この年に発布され，新政府の方針を示したものです。この方針は何と呼ばれているか答えなさい。

一　政治は，広く会議を開き，みんなの意見で決めよう。 一　国民は，心を合わせ，国の政策を行おう。 一　国民の志がかなえられるようにしよう。 一　これまでの古いしきたりを改めよう。 一　知識を世界に学び，国を栄えさせよう。

問 9　下線部**9**の銅像の人物は，像が作られる前，ある出来事を起こしたために「逆徒（ぎゃくと）」（反逆者）として扱われていた時期がありました。その出来事を答えなさい。

問10　下線部**10**について，1934年に作られたハチ公像は1944年に撤去されてしまい，現在の２代目の像は1948年に制作，設置されたものです。初代のハチ公像と同じ頃に，全国で数多くの銅像が撤去されましたが，それはなぜだと考えられますか，理由を説明しなさい。

Ⅱ　サト子さんは，夏休みにおばあさんの家に遊びに行きました。おばあさんの家からは日本海が見えます。サト子さんとおばあさんの会話文を読み，資料を参考にして，以下の問いに答えなさい。

なお，会話文にある［A］～［C］と**資料１**にある［A］～［C］は，それぞれ同じことばが入ります。

サト子さんはテーブルの上に置かれた一枚の紙を手に取って見ています。

サト子さん「おばあちゃん，これは何。」

おばあさん「スーパーのチラシよ。」

サト子さん「かわったチラシね。商品がのってないこんなチラシは見たことないけど，どこのスーパーなの。」

おばあさん「地元の『メグミスーパー』よ。この県には17店舗（てんぽ），となりの県には４店舗ある地域に密着したスーパーなの。『メグミスーパー』なら新鮮な地元の食材がたくさん手に入るわ。」

サト子さん「どんな食材が売られているか見てみたいわ。でもなぜ新鮮な地元の食材がたくさん手に入るの。」

おばあさん「その仕組みはチラシに書いてあるわよ。」

チラシを見て

サト子さん「『ベジあん』がその仕組みってことね。」

おばあさん「そうね。本当にいい仕組みだわ。うちで食べる野菜はたいていこのスーパーの『地のもんひろば』で買うわ。地元の新鮮なものが手に入る，まさに［　A　］ね。」

サト子さん「旬（しゅん）のものを食べられるからすごくいいね。」

おばあさん「そうね。それにこの仕組みなら，［　B　］の使用がわかり，私たちも安心・安全よ。」

サト子さん「パソコンやスマートフォンを利用するとより詳しい情報がわかるようになってい

るのね。」

おばあさん「お店では作った人の写真があって，生産者のメッセージが書かれているわ。」

サト子さん「野菜以外のお肉とかにも，こんな［ C ］システムがあるのかな。」

おばあさん「そうね。牛肉には D『牛の個体識別(しきべつ)番号検索』システムがあるわよ。」

サト子さん「いろいろなことがわかる仕組みができているのね。」

資料1　「メグミスーパー」のチラシ

資料2　「メグミスーパー」の店舗

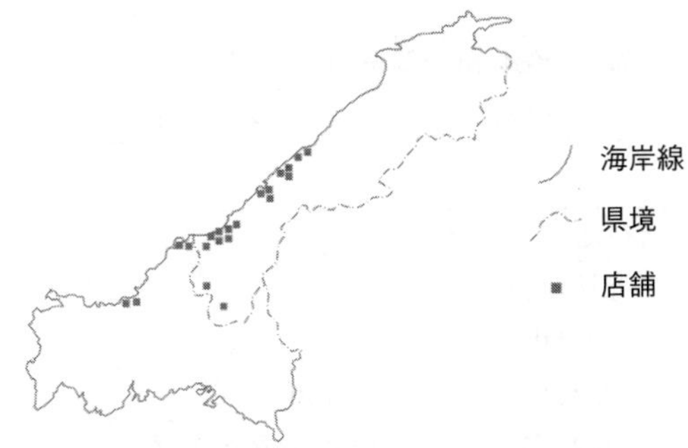

問1　会話文と**資料1**，**2**について，次の問題に答えなさい。

①　サト子さんのおばあさんの家がある県の県庁所在地を漢字で答えなさい。

②　①の都市の雨温図を次の**ア**～**オ**の中から1つ選び，記号で答えなさい。

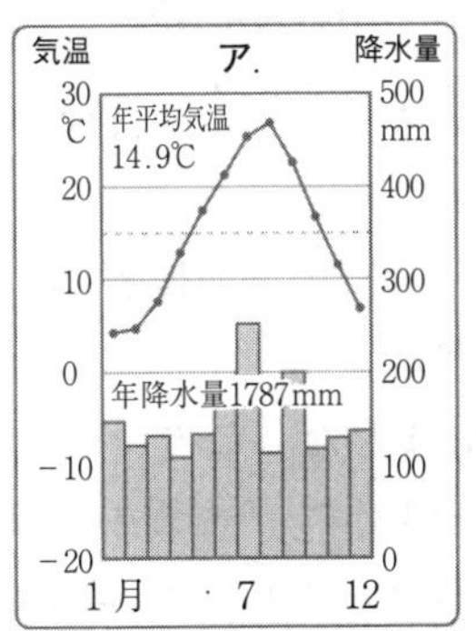

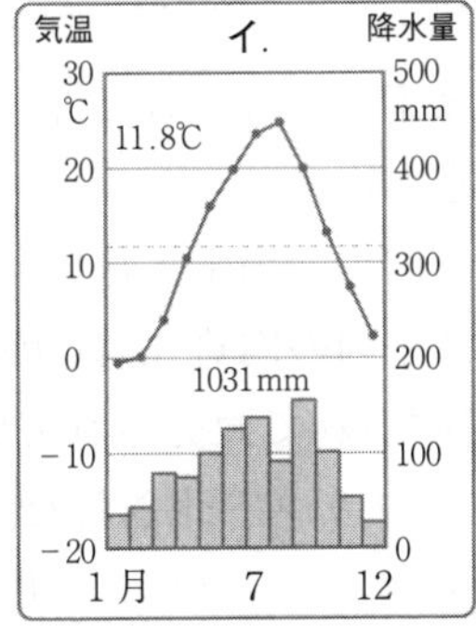

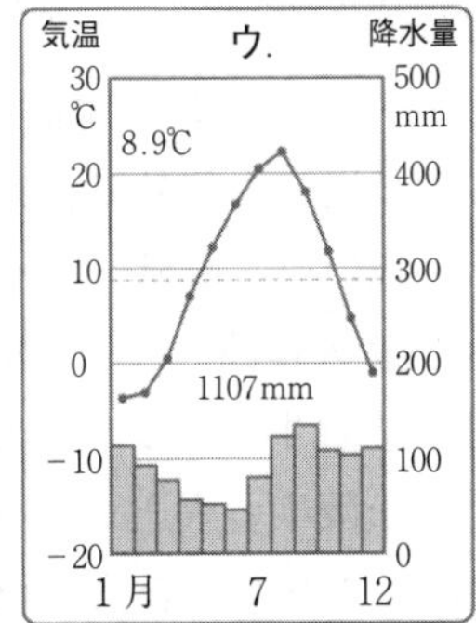

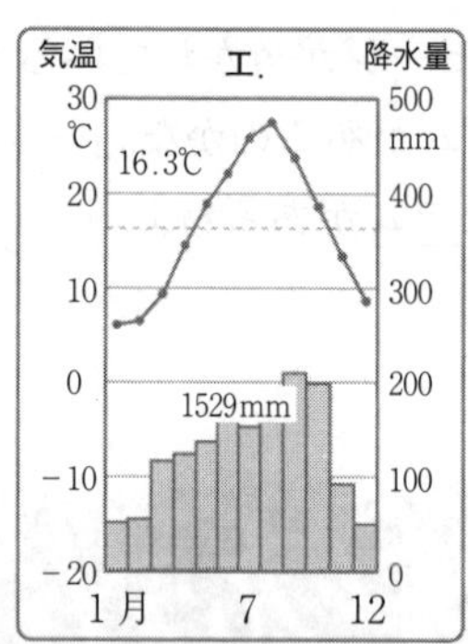

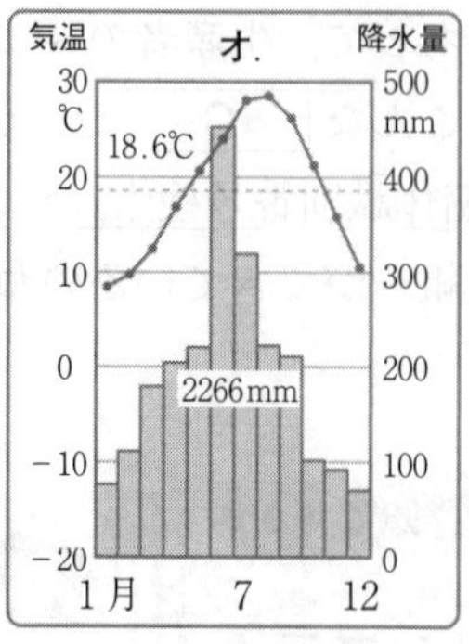

③　A には，漢字４字のことばが入ります。あてはまることばを漢字で答えなさい。

④　B には，漢字２字のことばが入ります。あてはまることばを漢字で答えなさい。

⑤　C には，「ベジあん」のような食品の安心・安全を確保する仕組みをあらわすことばが入ります。あてはまることばをカタカナで答えなさい。

問２　下線部**D**について，東京に戻ってから，サト子さんは「牛の個体識別番号検索」システムに，地元のスーパーで売られていた牛肉の個体識別番号を入力しました。すると**資料３**のような表が表示されました。**資料３**を見て，次の問題に答えなさい。

資料３　「牛の個体識別番号検索」システムの検索結果

【個体情報】

個体識別番号	出生の年月日	雌雄の別	母牛の個体識別番号	種別
14146216○○	2013.10.26	メス	1254319○○	黒毛和種

【異動情報】

	異動内容	異動年月日	飼養施設所在地		氏名または名称
			都道府県	市区町村	
1	出生	2013.10.26	宮崎県	小林市	九州　太郎
2	転出	2014.09.04	宮崎県	小林市	九州　太郎
3	搬入	2014.09.04	宮崎県	小林市	九州地域家畜市場
4	取引	2014.09.04	宮崎県	小林市	九州地域家畜市場
5	転入	2014.09.04	佐賀県	唐津市	有限会社　○○牧場
6	転出	2016.05.25	佐賀県	唐津市	有限会社　○○牧場
7	搬入	2016.05.25	福岡県	太宰府市	(株)九州食肉
8	と畜	2016.05.26	福岡県	太宰府市	(株)九州食肉

①　サト子さんが「牛の個体識別番号検索」システムで得られなかった情報は何か，次の**ア**～**オ**の中から２つ選び，記号で答えなさい。

ア．肉牛の出生地の市区町村　　**イ**．肉牛の出生年月日　　**ウ**．肉牛の種類

エ．小売店への搬入(はんにゅう)経路　　**オ**．牛肉の肉質(品質)の等級

②　この牛肉は「佐賀牛」のシールが貼(は)られて販売されていました。このシールは「神戸牛」「近江牛」「松阪牛」などのようにブランド化された証拠です。「佐賀牛」はJAグループ佐賀が決めたきまりに合格した牛肉です。ブランド化されることによってもたらされる良い影響について，生産者・消費者それぞれの立場から説明しなさい。

Ⅲ　次の文章を読んで，以下の問いに答えなさい。

みなさんは，国際連合の関連機関が「世界幸福度調査」というものを行っていることを知っていますか。世界の156か国・地域を対象に，2012年からその結果は「国別の幸福度ランキング」として，毎年３月に発表されています。下の表は，昨年３月に発表された一番最近のランキング上位の50か国です。

世界幸福度ランキング2018

順位	国・地域	順位	国・地域
1	フィンランド	26	台湾
2	ノルウェー	27	パナマ
3	デンマーク	28	ブラジル
4	アイスランド	29	アルゼンチン
5	スイス	30	グアテマラ
6	オランダ	31	ウルグアイ
7	カナダ	32	カタール
8	ニュージーランド	33	サウジアラビア
9	スウェーデン	34	シンガポール
10	オーストラリア	35	マレーシア
11	イスラエル	36	スペイン
12	オーストリア	37	コロンビア
13	コスタリカ	38	トリニダード・トバゴ
14	アイルランド	39	スロバキア
15	ドイツ	40	エルサルバドル
16	ベルギー	41	ニカラグア
17	ルクセンブルク	42	ポーランド
18	アメリカ合衆国	43	バーレーン
19	イギリス	44	ウズベキスタン
20	アラブ首長国連邦	45	クウェート
21	チェコ	46	タイ
22	マルタ	47	イタリア
23	フランス	48	エクアドル
24	メキシコ	49	ベリーズ
25	チリ	50	リトアニア

「世界幸福度報告書2018」より

このランキングは，各国で約1000人に，「あなた自身の現在の幸福度」に対して０～10の中で回答してもらった過去３年間の平均値から算出しています。
また幸せの内訳(うちわけ)として，
・人口１人あたりの注GDP
・健康的な寿命
・困ったときに頼れる人がいるか
・人生の選択に自由があるか
・過去１か月で寄付をしたことがあるか
・社会や政府に腐敗(ふはい)が蔓延(まんえん)していないか
の６項目の質問の答えから分析もしています。

注：国内で１年間に生産されたものやサービスの総額

残念ながら，この中に日本を見つけることはできません。今回の日本のランキングは「54位」でしたが，日本は以前の40位台からランキングを落としています。

一方，フィンランドやノルウェー，デンマークなど北欧の国々は，毎回上位にランキングされています。高齢者や障(しょう)がい者も一般の人々と分け隔(へだ)てのないふつうの生活ができる社会を目指そうという考え方(それをノーマライゼーションといいます)が定着し，医療費や教育費が原則無料というところが，その理由のひとつかもしれません。その代わりに，日本でいう消費税の税率が世界各国と比べてとても高いのも特徴です。税率を高くして福祉を充実させるか，それとも税率は低くして自分の面倒は自分の責任で行った方が良いのか，その税金の使い道も含めて，今後議論していく必要があると思います。

問１　日本では2019年に消費税の税率アップが予定されています。では，消費税が上がる直前に消費者はどのような行動を取ると思いますか。予想される消費者の行動について，その理由も含めて簡潔に説明しなさい。

問2　次の①～③の文章は，世界のある国についての説明です。それぞれの「この国」に該当する国名を「世界幸福度ランキング2018」の中から選び，その**ランキングの順位**を数字で答えなさい。

①　この幸福度ランキングでは比較的上位に位置している「この国」だが，複雑な歴史を背景に過去から現在まで，実際には絶え間なく地域紛争(ちいきふんそう)が続いている国でもある。昨年の2018年にはアメリカ合衆国大統領が，国連が首都と認めていない都市を首都であると宣言したり，大使館をその宣言した都市に移転させたりして話題となった。

②　アジアに位置する「この国」は，面積はちょうど東京23区と同じくらいしかないが，人口密度は世界第２位となっている。その小さな国であるが，昨年の2018年６月12日に，世界平和のカギを握る２つの国の首脳会談が行われ，世界中の注目を浴びた。

③　ダイナマイトを発明した人物が生まれたのは「この国」であり，彼の遺言(ゆいごん)により，毎年世界に貢献(こうけん)した研究をしたり，輝かしい作品を残したりした人物に賞が与えられている。昨年の2018年には日本人の本庶佑氏もその賞を受賞し，その国の首都での授賞式に出席した。

問3　本文中にあるように，それぞれの国が福祉について取る方向は以下の２つになると思われます。

A　教育費や医療費などを無料化(または安く)し，国民の生活が平等になるように国家が福祉を充実させる社会。ただし，その分みんなが高い税金を納めなければならない。 B　収入から差し引かれる税金は安いので，自分の手元には多くの資金が残せる社会。ただし，国家は国民の生活の面倒はあまり見てくれず，自分の今の生活や老後は，自分が蓄(たくわ)えた資金でまかなわなければならない。

あなたが望むのは，ＡとＢのどちらの方向でしょうか。そのどちらかの記号を選んだ上で，**そのマイナス面をふまえながら**，なぜそのように考えるかの理由を150字前後で説明しなさい。

【理　科】（30分）〈満点：50点〉

1　三角フラスコに二酸化マンガンを入れ，コック付きろうとから過酸化水素水を入れることによって，ある気体Xを発生させました。発生した気体Xは水上置換（ちかん）により集気びんに集めました。以下の**問1**～**問5**に答えなさい。

問1　次の(ア)～(キ)のうち，気体Xの性質や特徴（とくちょう）としてあてはまらないものはいくつありますか。0～7の数字を用いて答えなさい。

(ア)　無色，無臭（むしゅう）である。

(イ)　水にあまりとけない。

(ウ)　生物が呼吸（こきゅう）により取り入れる。

(エ)　金属が燃えると，この気体Xが結びつくため，燃える前よりも重くなる。

(オ)　人体においては，ヘモグロビンと結びつき，各所へ運ばれる。

(カ)　空気よりも重い。

(キ)　通常，人のはく息(呼気（こき）)では，窒素（ちっそ）の次に多く含（ふく）まれる。

問2　この実験の反応に関して正しいものを，次の(ア)～(ウ)から1つ選び，記号で答えなさい。

(ア)　過酸化水素水，二酸化マンガン両方とも，反応前とは違（ちが）うものに変化している。

(イ)　過酸化水素水だけが反応前とは違うものに変化し，二酸化マンガンは変化していない。

(ウ)　二酸化マンガンだけが反応前とは違うものに変化し，過酸化水素水は変化していない。

問3　水上置換を行うとき，ふつうは最初に出てくる気体を集めずに捨（す）てます。その理由を25字以内で書きなさい。ただし，句読点も文字数に含みます。

問4　A君とB君は，この実験をそれぞれ次の条件で行いました。発生する気体Xの量について正しいものを，以下の(ア)～(ウ)から1つ選び，記号で答えなさい。ただし，両者ともに温度や気圧の条件はすべて同じとし，気体Xの発生が見られなくなるまで十分に反応させているものとします。

A君：2.7%の過酸化水素水50cm^{3}と二酸化マンガン0.41gを混ぜ合わせた。

B君：2.7%の過酸化水素水50cm^{3}に水を50cm^{3}加えてから，二酸化マンガン0.41gを混ぜ合わせた。

(ア)　発生する気体Xの量は，A君の方が多い。

(イ)　発生する気体Xの量は，B君の方が多い。

(ウ)　発生する気体Xの量は，両者ほぼ同じである。

問5　次の①，②に答えなさい。ただし，水1cm^{3}の重さは1g，温度や気圧の条件はすべて同じとします。

①　C君は，十分な量の過酸化水素水と二酸化マンガンを反応させて気体Xだけを集気びんいっぱいに集め，その重さをはかると519.66gでした。一方，同じ集気びんに水を満たして，その重さをはかると771.3gでした。なお，このときの水の体積は252cm^{3}でした。集気びんいっぱいに集めた気体Xの重さは何gですか。答えのみ書きなさい。

②　C君の部屋(荷物など何もない直方体の空間とします)の寸法（すんぽう）が，縦（たて）7.5m，横6.4m，高さ2.1mで，この部屋いっぱいに気体Xを満たしたとします。このときの気体Xの重さは何kgですか。ただし，考え方がわかる式も書きなさい。なお，式以外の計算などは解答（かいとう）欄（らん）に書いてはいけません。また，計算の途中（とちゅう）で割（わ）り切れない場合があっても四捨五入（ししゃごにゅう）をし

てはいけません。最終的な答えに小数点以下の部分があれば，小数第１位を四捨五入して整数で答えなさい。

2 2018年の台風12号は，７月24日に発生し８月３日に熱帯低気圧になるまでの間，次の図のような進路を取りました。以下の**問１**～**問４**に答えなさい。

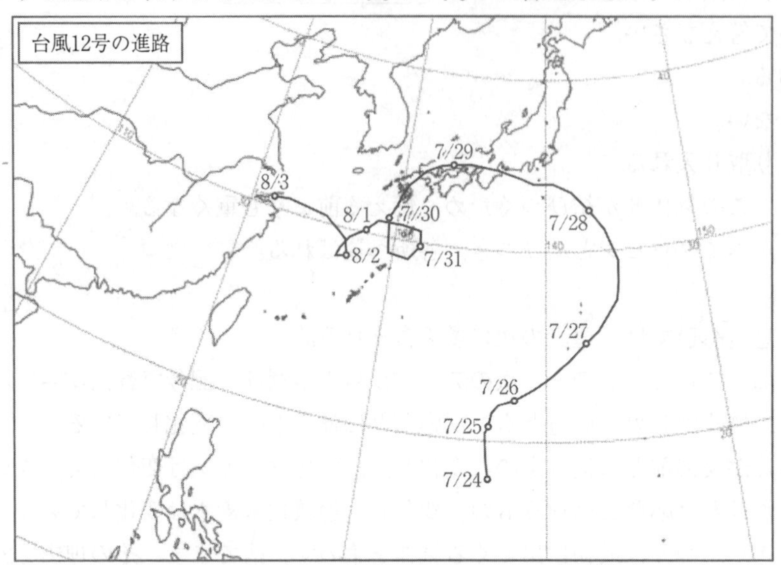

問１ 気象庁(きしょうちょう)は，台風の進路に関して予報円を使って表しています。この予報円について説明している文を，次の(ア)～(エ)から１つ選び，記号で答えなさい。

(ア) 平均風速(10分間平均)が秒速10m以上の風が吹いているか，吹く可能性のある範囲(はんい)

(イ) 平均風速(10分間平均)が秒速17m以上の風が吹いているか，吹く可能性のある範囲

(ウ) 台風や豪雨域(ごうういき)を伴(ともな)う低気圧の中心が到達(とうたつ)すると予想される範囲

(エ) 台風や暴風域(ぼうふういき)を伴う低気圧の中心が到達すると予想される範囲

問２ 北半球の台風において，台風の目の部分を除(のぞ)いた中心付近の気流の向きと，上空から見た台風の渦(うず)の巻(ま)き方について正しいものを，次の(ア)～(エ)から１つ選び，記号で答えなさい。

(ア) 上昇(じょうしょう)気流で，時計回りに渦を巻いている。

(イ) 上昇気流で，反時計回りに渦を巻いている。

(ウ) 下降(かこう)気流で，時計回りに渦を巻いている。

(エ) 下降気流で，反時計回りに渦を巻いている。

問３ ７月27日～29日の間の東京(府中)での風向きについて適当と考えられるものを，次の(ア)～(オ)から１つ選び，記号で答えなさい。

	27日	28日	29日
(ア)	東寄りの風	北寄りの風	南寄りの風
(イ)	東寄りの風	南寄りの風	西寄りの風
(ウ)	南寄りの風	西寄りの風	北寄りの風
(エ)	南寄りの風	東寄りの風	北寄りの風
(オ)	北寄りの風	南寄りの風	東寄りの風

問4 台風の進路は，上空の風や周辺の高気圧などの位置や勢力によって決まります。そのため日本に接近した台風は一般的(いっぱんてき)に南西から北東へと移動しますが，この台風12号は逆に東から西へ，さらに南へと迷走(めいそう)しました。これは，寒冷渦と呼(よ)ばれる上空にできた寒冷低気圧の影響(えいきょう)が大きかったためです。特に7月28日から29日までの動きに関して，**チベット高気圧**，**太平洋高気圧**，**寒冷渦**の位置の組み合わせとして適当と考えられるものを，以下の(ア)～(ク)から1つ選び，記号で答えなさい。

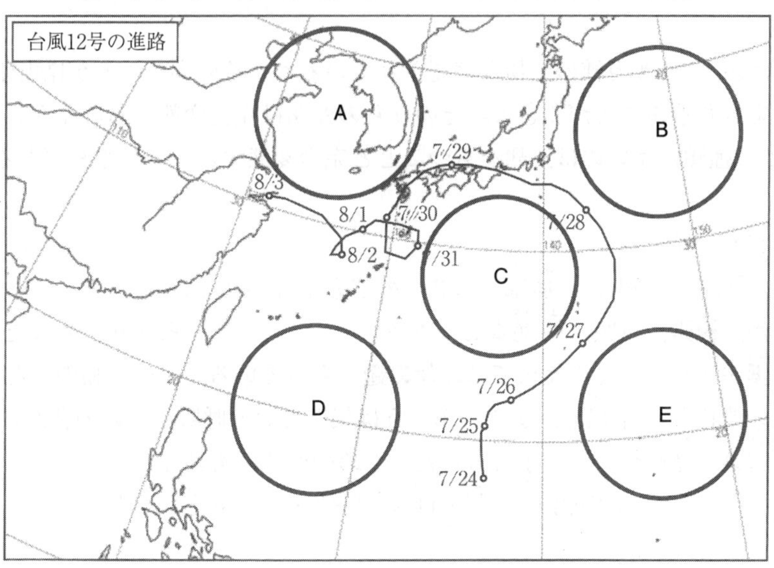

	チベット高気圧	太平洋高気圧	寒冷渦
(ア)	A	E	C
(イ)	A	E	B
(ウ)	A	B	D
(エ)	A	B	C
(オ)	D	E	C
(カ)	D	E	A
(キ)	D	C	B
(ク)	D	C	E

3 太郎君は，夏休みに博物館で開催されていた「昆虫展」に行き，次のようにレポートをまとめました。ただし，図は一部省略されているところもあります。以下の**問1**～**問5**に答えなさい。

昆虫の種類が多いのはなぜか!?

現在，地球上にはおよそ200万種の生物が確認されているが，その半数以上が昆虫!!
昆虫の99%は翅をもち飛ぶことができる。そのうちの80%は完全変態をおこなう。
⇒ だから，昆虫の種類が多いのは，翅をもつことと完全変態することに秘密がある。

＜秘密その①　翅をもつ昆虫＞

昆虫のからだは，「頭部」「胸部」「腹部」の3つの部分に分かれている。

・**頭部**には口のほか，**複眼**，単眼，**触角**などがある。　……センサーのはたらき
・**胸部**には**三対の脚**があり，多くの昆虫では**二対の翅**をもっている。……移動のはたらき
・**腹部**には大部分の消化器と排出器，また，ふつうは気門という呼吸のための孔がある。さらに，精巣や卵巣，産卵管などの子どもを残すためのつくりもある。
……消化・吸収・排泄・呼吸・子どもを残すためのはたらき

＜秘密その②　完全変態する昆虫(チョウ)＞

植物に生みつけられた卵から孵化した幼虫は，その植物をひたすら食べて成長する。そして，さなぎになり，成虫になるためにからだのつくりを大きく変える。さなぎから羽化した成虫は，生まれた場所を離れ，花の蜜などを吸いながら栄養を蓄え，異性と出会い子どもを残す。このように，完全変態する昆虫は，幼虫と成虫とで食べ物や生活の目的などを変え，それぞれの時期に応じたからだのつくりをもっている。

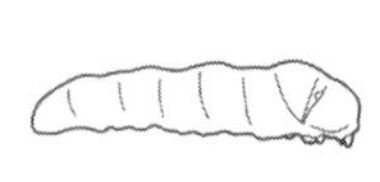

幼虫　⇒　さなぎ　⇒　成虫

図　完全変態する昆虫(チョウ)の育ち方

問1　次の(ア)～(コ)の中から完全変態をおこなう昆虫をすべて選び，記号で答えなさい。

(ア)　ジョロウグモ　　(イ)　ミヤマクワガタ
(ウ)　ヒメヤスデ　　(エ)　ヒグラシ
(オ)　オカダンゴムシ　　(カ)　ミスジマイマイ
(キ)　チャバネゴキブリ　　(ク)　オニヤンマ
(ケ)　オオムラサキ　　(コ)　ナナホシテントウ

問2　太郎君は，昆虫のからだのつくりを示すために，ハチを例にして図を描きたすことにしました。レポートに**太字**で示されているつくりのみをすべて含むようにハチの図を描きなさい。ただし，からだを横から見たものとし，頭部を左側にすること。また，対になっている構造は片側のみを示すこと。

問3　昆虫のからだには，同種の異性を見つけやすくするためにさまざまな機能が備わっています。その例としてふさわしくないものを次の(ア)～(オ)から２つ選び，記号で答えなさい。

(ア)　ヘイケボタルの発光器　　(イ)　カイコガの触角
(ウ)　アブラゼミの発音器　　(エ)　オオスズメバチの黄と黒のしまの体色
(オ)　ヤマトタマムシの光沢のある翅

問4　太郎君のレポートを見た先生は，昆虫が翅をもち完全変態することと，その種類が多いということの関係が説明不足であると指摘しました。そこで，太郎君はレポートの最後に次のような文を付け加えることにしました。以下の空らんにあてはまる文を20字以内で答えなさい。ただし，句読点も文字数に含みます。

翅をもち，完全変態によりからだのつくりを大きく変えるようになった昆虫は，活動の範囲を広げるだけでなく，食べるものを変えるなど生活の仕方を変えていくことによって，［　　　　　　　　　　］。そして，長い時間をかけながら，昆虫はその種類を増やしていった。

問5　生物の種類が多いことを生物多様性といいます。現在は，地球史上これまでにない速さで多くの生物が絶滅して生物多様性が失われており，これには人類の活動が大きく関わっています。次の(ア)～(キ)のうち，生物多様性を減少させる可能性があるものはいくつありますか。０～７の数字を用いて答えなさい。

(ア)　海洋の酸性化　　(イ)　シカの計画的駆除
(ウ)　ミドリガメの遺棄　　(エ)　ハクチョウの餌付け
(オ)　コスモス畑の造成　　(カ)　サンゴ礁の埋め立て
(キ)　コンクリート護岸の整備

三 次の問いに答えなさい。

問1 次の文章の――線部の漢字はひらがなに、カタカナは漢字に直しなさい。ただし、送り仮名の必要なものはひらがなで送り仮名をつけて答えること。

折口信夫(おりくちしのぶ)は、若いころから釈迢空(しゃくちょうくう)という特異な筆名で短歌を作り続け、特色ある詩や小説をも著(あらわ)した日本を代表する文学者の一人である。同時に、国文学や古代学で優れた業績を残した研究者でもあった。中でも生涯(しょうがい)にわたっての①目論見は、日本文学がどのように②タンジョウしたのかを明らかにすることであった。

折口は、全国に③ブンプする祭りから、老人から幼子(おさなご)、果ては鬼(おに)にいたるまで様々な姿で村に④オトズレル神、「まれびと」を発見し、それが村人に与(あた)える祝福のことば、「呪言(じゅごん)」が文学発生の母胎(ぼたい)となったのだと考えた。いわば、⑤シキンセキとして生活に⑥ウラウチされた文学の信仰(しんこう)起源説を掲(かか)げたのである。

しかし、折口には⑦金輪際他言無用とでもいうべき出来事が、若いころの恋に秘(ひ)められていたのであった。

問2 次の例のように、①～③で示された意味を表すことばをひらがなで答えなさい。

（例）・囲碁(いご)、将棋(しょうぎ)などで先の手を考える
・顔色から気持ちを考える
・詩歌を作る

答え **よむ**

① ・鑑定(かんてい)する　・世話をする　・ためす

② ・出発する
・続けていたことを止める
・服の生地などを切る

③ ・強い感動を与える
・芝居(しばい)を興行する
・文字などを入力する

C 、こうなったのは明治期に戸籍制度が整えられて以降のことだ。それまでは、日本でも年齢に応じた名づけや自分の意志での改名がよく行われていた。それがいつの間にか、すっかり「名前」↓「わたし」になった。

2ひとりにひとつだけのきまった名前がある。ひとつの名前が、その人の同一性を保証する。こうして、「わたし」は、つねに「わたし」であり続ける。個人の同一性と単一性。それが、国家が政策を遂行する基盤になる。

3日本とエチオピア、はたしてどちらの国家のほうが「強力」なのだろうか。

エチオピアと日本の国のあり方にみえるねじれ。国家の「支配」とか、「権力」というと、 X 表向きの統制の強さだけが想起される。けれど、それは内面化／身体化の度合いと深く関わっている。その制度があたりまえであればあるほど、国家が関与する密度は増す。

だから日本人が、エチオピア人よりも国家から自由であるとはいえない。戸籍にしても、他のいろんな制度にしても、日本人のほうがはるかに国家の存在を欠かすことのできない前提として生きている。そうやって国家と密着するのが「あたりまえ」になると、自由に息を吸うことがどんな感覚だったのかさえ忘れてしまう。

（松村圭一郎『うしろめたさの人類学』）

＊ エチオピア…東アフリカに位置する国家。

＊ アイデンティティ…主体性。同一性。一個の人格。自分が何者かを表す要素。

＊ ムスリム名…イスラム教徒としての名前。

＊ ＩＤカード…身分証明書。

問1 A 、 B 、 C に当てはまる言葉を次の中から一つずつ選び、記号で答えなさい。

ア または　イ たとえば

ウ もちろん　エ それでは

オ 一方

問2 X には「ある傾向が強い様子」を意味する言葉が入る。最もふさわしいものを次の中から選び、記号で答えなさい。

ア つまるところ　イ まれに

ウ あくまで　エ 存外

オ とかく

問3 ――線1「エチオピアでの『名前』は、単一の固定したものではない」とあるが、それではエチオピアにおける「名前」とはどのようなものであると言えるか。解答らんに合わせて、四十字以内で説明しなさい。「個人」という言葉を必ず用いること。ただし、句読点等の記号も一字として数える。また、あたえられた書き出しは字数にふくめない。

問4 ――線2「ひとりにひとつだけのきまった名前がある。ひとつの名前が、その人の同一性を保証する」とあるが、なぜこのことが国家にとって重要なのか。その理由を四十字以内で説明しなさい。「仕組み」という言葉を必ず用いること。ただし、句読点等の記号も一字として数える。

問5 ――線3「日本とエチオピア、はたしてどちらの国家のほうが『強力』なのだろうか」とあるが、この問いに対する筆者の考えを八十字以内で説明しなさい。解答は以下に指定した二つの言葉を用い、エチオピアと日本を対比させること。ただし、句読点等の記号も一字として数える。また、指定した言葉を使用する順番は問わない。

表面的　あたりまえ

二 次の文章を読んで、後の問いに答えなさい。

＊エチオピアは、政治的な統制が強い国だ。自由で公正な選挙が行われているとは言いがたいし、表現の自由への圧力は日増しに強まっている。

テレビの地上波は、いまも国営の放送局だけだ。二〇一六年十月には、拡大する政府への抗議活動を抑えるために非常事態宣言が出された。デモ活動は全面的に禁止。数ヶ月間、携帯からのネット接続も遮断された。この国家の強権的な支配に比べれば、日本はまだ自由な国に思える。

ただし、国民が国家という制度をどれほど内面化しているかという点で考えると、逆の姿がみえてくる。国家支配が強力なエチオピアでも、日本のように整った戸籍や住民票は存在しない。

日本では、子どもが生まれると名前をきめて国に届け出ることがあたりまえになっている。エチオピアには、その仕組みがない。税金を徴収するための世帯主や事業主の登録は進んできたが、国は国民全員の出生や死亡の情報をほとんど把握していない。

当然ながら、親はすぐに子どもに名前をつける必要もない。両親や祖父母は、生まれた子どものことを、それぞれ好き勝手な名前で呼ぶこともある。

[A]、おじいちゃんは、肌の色が黒くて南部の民族のようなので「ドゥカモ」と呼び、お母さんは、そんな名前はいやだからと「アジャイボ」と呼び、父親はまた別の名前で、といったように、複数の名前が同時に使われ続けることも、めずらしくない。

さらに地域によっては、成人ないし結婚した男女に、生まれたときの「幼名」とは別の名前がつけられる。人によって呼び方が違うこともあるし、自分で好きな名前を名乗ることもある。この成人名が「尊称」となるが、親族や友人などのあいだでは幼名も使われる。

「名前」は、その人の＊アイデンティティとイコールではない。むしろ、社会的な関係や状況に応じて呼び方が変わったり、同時に複数が併用されたりする。相手をどの名前で呼ぶかによって、その人との関係が示される。

そんなエチオピアの農村部でも、数年前から、若い女性が中東などに家政婦として出稼ぎに行くようになり、パスポートを取得する人が出てきた。この国家が承認する身分証には、もちろんひとつの名前が必要になる。

ただ、正式な戸籍上の名前が存在しないので、そこでも柔軟な使いわけがなされる。たとえば、キリスト教徒がイスラームの国に出稼ぎに行くときには、ビザが下りやすいように＊ムスリム名で＊IDカードを村役場で出してもらい、そのIDの名前でパスポートを申請する。そんなことがふつうに行われている。

1エチオピアでの「名前」は、単一の固定したものではない。「戸籍」というつねに参照される典拠がないので、個人の同一性にもとづいたパスポートなどの国家の制度も、するりと身をかわされてしまう。「名前」は、「わたし」という存在の外部にあって、つねに操作可能なのだ。

[B]、ぼくらは、幼いころからひとつの固定した名前を前提に育ってきた。テストの答案用紙や自分の持ち物、いろんな書類などに、出生後に親が国に届けたひとつの名前を繰り返し記入してきた。複数の名前を使いわけるなんて、思いも寄らない。

この「記名」は、同時に、出生時にきめられた「性別」を表明し続ける行為でもある。「わたし」の存在に「名前」が付随しているのではなく、国家に登録された「名前」が「わたし」のあり方を定め、かたちづくっていく。それが学校教育にしても、結婚にしても、固定した名前と性別にもとづく社会制度を可能にする。

オ　沙弥は自分のことを理解してくれる数少ない友人だと思っていたが、陰で自分の悪口を言っていることを知り、沙弥の本心にふれて怒りと憎しみがこみ上げている。

問5　――線5「マレーシア」、6「日本」とあるが、本文において語られるマレーシアと日本の社会の違いについて次のように述べた。A～Dに入る最もふさわしい語を後にある語群からそれぞれ選び、記号で答えなさい(同じ記号を二度使ってはならない)。

A性をBされる日本の社会に対し、マレーシアの社会はC性がDされる。

[語群]

ア　異質　イ　強調　ウ　強要　エ　国際
オ　同質　カ　閉鎖　キ　保証　ク　容認

問6　Iに入る語として最もふさわしいものを次の中から選び、記号で答えなさい。

ア　解放感
イ　克己心
ウ　最先端
エ　整然性
オ　絶対的

問7　――線7「こんな自分、嫌だ」とあるが、「沙弥」にとっての理想のあり方が表現された部分を十字程度で本文中から抜き出し、そのはじめと終わりの三字をそれぞれ答えなさい。

問8　――線8「単に出席番号が三十一だから」とあるが、なぜ「出席番号が三十一」だと佐藤先輩に選ばれることになるのか。簡潔に答えなさい。

問9　――線9「佐藤先輩に謝らなきゃ」とあるが、このように発言する「わたし」の状況はどのようなものか。その説明として最もふさわしいものを次の中から選び、記号で答えなさい。

ア　周囲から孤立してしまうことを恐れて本来の自分を出せずにいたが、司書の七海の言葉によって自分のあるべき姿を取り戻し、佐藤先輩からの信頼を回復しようとしている。

イ　周囲からの圧力に負けて佐藤先輩に冷たくしてしまったことを後悔し気持ちが沈んでいたが、司書の七海に励まされ、そうした圧力に反抗するため立ち上がろうとしている。

ウ　周囲になじみたいという気持ちと佐藤先輩と仲良くしたいという気持ちの間でゆれていたが、司書の七海との会話を通じて佐藤先輩の方を選ぼうと決意を固めている。

エ　周囲の声を信じこんで佐藤先輩につらく当たってしまったが、司書の七海と対話することで佐藤先輩の優しさに気づき、誤解していたことを謝罪しようとしている。

オ　周囲の目を気にして自分のやりたいことができずにいたが、司書の七海の励ましをきっかけに自分の気持ちと向き合う覚悟を決め、佐藤先輩との関係を築き直そうとしている。

問10　本文で主に描かれていることとして最もふさわしいものを次の中から選び、記号で答えなさい。

ア　一冊の本との出会いがもたらした少女の成長
イ　置かれた環境に影響を受けやすい少女の心の弱さ
ウ　お互いを思いやる少女たちの心のすれ違い
エ　文化の壁を越えて結ばれる少女たちの友情
オ　級友と先輩どちらの友情を選ぶかでゆれる少女の葛藤

令口調になってたけど、花岡さんと仲よくなりたかったんだと思うよ。」

わたしと仲よくなろうと……？

もし、それが本当だったら。**8**単に出席番号が三十一だからだけじゃないとしたら……。

わたしはひどいことを言ってしまった。

そう思ったとき、本鈴が鳴った。

「教室に戻れそう？」

わたしはうなずいた。

教室に戻る途中、埃の転がる廊下を急ぎ足で進みながら考える。

9佐藤先輩に謝らなきゃ。

（こまつあやこ『リマ・トゥジュ・リマ・トゥジュ・トゥジュ』）

＊督促…本文では図書室から借りた本を返すよううながすこと。
＊書架…本棚のこと。

問1 ――線1「とっさに」はどこにかかるか。最もふさわしいものを次の中から選び、記号で答えなさい。

ア 目を　**イ** そらして　**ウ** わかめごはんを
エ 一気に　**オ** かき込む

問2 ――線2「無理やり連れていかれるだけなんだよ。ほんとは迷惑！」とあるが、このように発言した「わたし」の状況はどのようなものか。その説明として最もふさわしいものを次の中から選び、記号で答えなさい。

ア クラスの友達の前で配慮に欠けた態度を取り続ける佐藤先輩にいら立ち、つい本音を口にして気まずい空気を作り出してしまうほど我を忘れてしまっている。

イ クラスの友達から佐藤先輩との関係を追及されて困惑してしまい、これ以上追及されずにすむように心にもない嘘をついてこの場を取りつくろおうとしている。

ウ クラスの友達より佐藤先輩との約束を自分で優先させたものの、クラスに溶けこめなくなることを恐れるあまり、命令されたことにして友達に合わせようとしている。

エ 佐藤先輩と一緒に出かけることを楽しみにしていたが、クラスに打ち解けるためには佐藤先輩との関わりがないふりをしなければならず、そのことに罪の意識をいだいている。

オ 佐藤先輩に強制的に連れていかれる点を強調することでバスケ部の見学を断った自分を正当化し、自分が変わり者であることを周囲に悟られないよう必死になっている。

問3 ――線3の□に入る漢字一字を答え、慣用句を完成させなさい。

問4 ――線4「佐藤先輩はくちびるだけで微笑んでいた」とあるが、このときの「佐藤先輩」について述べたものとして最もふさわしいものを次の中から選び、記号で答えなさい。

ア 沙弥が自分との吟行を迷惑だと言ったにもかかわらず、今は吟行を楽しみにしていたようなそぶりを見せていることに戸惑い、沙弥の言葉を信じられなくなっている。

イ 沙弥が自分の悪口を言うことでクラスに打ち解けようとしていることを理解し、編入生の沙弥が早く学校になじむことはいいことだと自分に言い聞かせている。

ウ 沙弥が本心から自分との吟行を迷惑に感じているかはわからないが、周囲の目を気にして自分のことを悪く言ったことにがっかりしてしまい、沙弥のことを突き放している。

エ 沙弥が本心では自分との吟行を迷惑に感じており、直接打ち明けてくれなかったのは嫌われ者の自分を同情していたからだということがわかり、悲しみをこらえている。

すごい、すごい、すごい。

暮らし始めると何を見ても新鮮で、サイダーの泡みたいな刺激があった。

扉を完全に閉じる前に走りだしちゃうバス。

舗装がボッコボコのアスファルト。

屋台で売られているカエル肉の料理。

鼻にパンチを食らわすドリアンが山積みになった出店。

バッサバッサと葉が生い茂るヤシの木たち。

大自然と都会が隣り合わせにあって、街の中心にはペトロナスツインタワーと呼ばれるトウモロコシみたいな形のビルがそびえ立つ。

蜘蛛の巣みたいな大きなヒビを窓ガラスに入れたまま走っている電車もあったっけ。

［Ⅰ］、というのかな。

ここに来ることができてすごくラッキーだと思った。

みんなで同じものを持たなくちゃ、同じようなタイムで走らなきゃ、同じものをおいしいと思わなきゃ。

マレーシアに来る前のわたしはそんな思いにとらわれていた。それは四年生の後半あたりからわたしの胸に蜘蛛の巣のように張りついていた。

でもここは、人とちがっていても仲間外れにされちゃうような場所じゃない。マレーシアで、わたしたち兄妹が入った日本人学校もそうだった。

インターナショナルスクールってガラじゃないよね、とか言ってお父さんとお母さんが決めた学校だったけれど、学年の隔てはなくて自由だった。一つ二つの歳の差なんて気にせず、よく一緒に遊んでいた。

なのに、今のわたしときたら。

人とちがうことを怖がって、人とちがうことを否定して。

7 こんな自分、嫌だ。

「花岡さん。」

とん、とん。七海さんは横からわたしの背中を優しくたたき、

「その本、私も好きだよ。」

ほんわかした口調で言った。

「私が中学生のころに発行された本なの。主人公の女の子に、自分を重ねて読んでた。」

わたしはまじまじと七海さんの顔を見る。

大人の人の年齢ってよく分からないけど、七海さんはまだお姉さんって呼べるくらいには若い。白い肌には少しソバカスがあって、赤いフレームの眼鏡の奥の目がどんぐりみたいに丸くて茶色い。

それでも、この人が中学生のころって、きっと十年以上前の話だ。

「私は、昔から本が好きだったから、休みの日は一日中、自転車に乗って図書館巡りをしてたの。たいていの図書館にその本は置いてあった。それがすごく心のよりどころになった。嫌なことや悲しいことがあって自分の心がグラグラになっても、その本は私が行く先々で、どこでも同じ凛とした姿で図書館にある。それを見ると、安心して、私も自分の気持ちを立て直すことができたの。」

マレーシアの日本人学校の図書室にも、この中学校の図書室にも。

遠く離れた場所でも、この本は変わらない……。

そういえば、マレーシアの日本人学校に編入したばっかりのころ、日本でよく読んでいた本が図書室にそろっていて、何だかほっとしたっけ。

今はそれの逆だなんて笑ってしまう。

「佐藤さんね、編入してきたあなたのことを気にしてたよ。佐藤さんも転校生だったから、花岡さんの心配や緊張を和らげようとして、それで吟行に誘ったんじゃないかな。ただ、不器用だから、あんな命

佐藤先輩の気持ちなんて考えていなかった。

「わたし、周りから自分がどう呼ばれてるかなんて知ってるよ。いばって督促状を持ってくるから、督促女王。どの教室も、わたしが入っていくと嫌そうな顔をする。」

「わたしは……。」

「いいよ、自分の身を守りなよ。わたしとちがって、中学生活まだまだ続くんだから。居心地いい寝床は必要だよ。」

4佐藤先輩はくちびるだけで微笑んでいた。怖いと思った。だってそれは、本当の笑顔じゃないと分かったから。

昼休みだけじゃない、何かもっと大事なものの終わりのような予鈴が鳴る。

「それじゃあ。」

佐藤先輩はわたしの横をすり抜けた。

「じゃあ七海さん、戻りますね。」

「お疲れさま。今日はもう一人の当番の服部さん来なかったわねえ。」

「来週はサボらないように言っておきます。」

佐藤先輩と七海さんのやり取りが耳に届く。

わたしも教室に戻らなくちゃ。でも、動けない。

そのとき、本棚に並んでいる一冊が目に留まった。

何だか懐かしさが胸に広がって、それがマレーシアの日本人学校の図書室で読んだ小説だと少し遅れて気がついた。

その本を見つめていると、

「あら、花岡さん。もう本鈴鳴るよ。教室戻って……ていうか、どうしたの?」

七海さんに声をかけられた。

「あ、えと、その。これ借りたくて。」

わたしはとっさにごまかし、人さし指をかけて本棚からその本を抜き出した。

この本を胸に抱えて目を閉じたら、マレーシアの日本人学校の図書室にワープできればいいのに。

そんなファンタジーの世界のようなことを考えたら、涙が出てきた。

「この本、マレーシアで通ってた学校の図書室にもあったんです。わたし……5マレーシアに帰りたい。」

わたしは6日本に帰ってきてから、周りの目ばかりを気にしている。

どうして。どうして。

わたしは悔しかった。

飛行機で運ばれる間に、自分の性格が変わってしまったような気がする。

マレーシアはいろんな民族がごっちゃに暮らしている多民族国家だ。

わたしは、マレーシアには東南アジア系の顔の人たちだけが住んでいると思っていた。でも、そうじゃなかった。

電車に乗っても、一つの車両にいろんな人たちがいた。

トゥドゥンと呼ばれるベールを被ったイスラム教徒の女性たち。そのトゥドゥンはカラフルで、数人で身を寄せている後ろ姿は、きれいな羽の鳥たちみたいに見えた。

その前でおしゃべりしているのは、わたしたちとよく似た中華系の人たち。(でも、髪型や服のセンスとか、どこか日本人とちがう。)

ドアに寄りかかっているのは、目のぱっちりしたインド系のお兄さんたち。

マレーシア語も、英語も、どこの国か分からない言葉も混ぜこぜで聞こえてきた。

そんな車内から、窓の外の景色以上に目が離せなかった。

タブンカ、なんていう言葉はまだよく知らなかった。でも、一つハッキリ言えることは、わたしの気分がかなり上がったということ。

朋香ちゃんの顔に疑問の表情がうかぶ。

「だからバスケ部来られないのか。仲いいんだね。」

「そういうわけじゃないよ！」

わたしは、必死に首を横に振る。

朋香ちゃんを失いたくない。

佐藤先輩へのイライラが募る。

やめて、教室で話しかけないで。わたしまで変わり者だと思われちゃうから。

「2 <u>無理やり連れていかれるだけなんだよ。ほんとは迷惑！</u>」

そう言った瞬間、我に返った。

言いすぎた。

わたしがあわてて教室を見回すと、もう佐藤先輩はいなかった。

大丈夫。聞こえてない、よね。

（中略）

放課後、指定された時間に図書室に行くと、どこにも佐藤先輩の姿はなかった。

待ってみるけれど、三時四十五分になっても、四時になっても現れない。

「あの、督そ……、佐藤先輩どこにいるか知りませんか？」

カウンターでパソコンに向かっていた司書の七海さんにきいてみた。

「さあ……今日は見てないね。明日の昼休みは図書委員の当番で来るけど。三年A組の教室のぞいてみたら？」

ああ分かりました、と答えたものの、ちょっと気が引けた。上の学年のクラスをのぞくのってすごく勇気がいる。

図書室から出て、教室の扉にはまっている窓から佐藤先輩の姿を捜した。

いない。数人が窓際に集まって何かしゃべっているだけだった。

残念、かも。

わたしはいつの間にか吟行を楽しみにしていたみたいだ。

翌日の昼休み、佐藤先輩は図書室の＊書架の整頓をしていた。

「昨日、吟行するんじゃなかったんですか？」

わたし、待ってたんですけど、ということをアピールするように、わたしは少し口をとがらせた。

「もう行かないよ。」

「え？」

「花岡さんと吟行はしない。」

佐藤先輩はわたしのほうを見ず、本の背ラベルに目を向けたまま言った。

「わたしといるところを見られるの、嫌なんでしょ？」

ああ。

昨日の給食の時間、自分の口から飛び出た言葉を思い出す。

『無理やり連れていかれるだけなんだよ。ほんとは迷惑！』

あの言葉が聞こえていたなんて……。

わたし、サイテーだ。

「ごめんなさい。あの……。」

ちがうんです、と言おうとしたけれど、言えなかった。

何も、ちがわないじゃないか。

下級生からも変わり者扱いされている佐藤先輩と、仲よくしていることを周りに知られるのが嫌だった。

わたしまで変わり者のカテゴリーに入ってしまうと思ったから。

なのに、二人でいるときは仲よくしたいなんて、3□がいい。

二〇一九年度
早稲田大学系属早稲田実業学校中等部

【国語】（六〇分）〈満点：一〇〇点〉

一 次の文章を読んで、後の問いに答えなさい。

※ 花岡沙弥はマレーシアから帰国し、日本の中学校に編入することになった。沙弥は編入して早々、図書委員の佐藤先輩から吟行（短歌を詠みに出かけること）のパートナーに指名される。出席番号が三十一番だったからという理由だけで指名されたことに最初は戸惑いを覚えるが、佐藤先輩との吟行を通じて、短歌を詠む楽しさを知り、パートナーを引き受けることにした。

「さーや、今日バスケ部見学に来る？」

翌週の木曜日、給食の時間。朋香ちゃんに言われるまですっかり忘れていた。そういえば誘われていたんだった。

「あ、えーっと。ごめん。今日はちょっと。」

「そっかあ、残念。」

転校生のわたしは、今月中に部活を決めることになっている。部活は強制じゃないけど、中二のほとんどは何かしらの部に入っているみたいだった。

「バスケ部って木曜日が活動日なんだっけ？」

「うん。週二回。月曜と木曜だよ。わりとゆるくて楽なんだ。」

ダメだ、吟行とダブってる。佐藤先輩との吟行は、毎週木曜日だ。

「何か、習い事があるの？」

「じゃ、ないんだけど……、木曜日はちょっと用事があって。」

佐藤先輩と一緒に短歌を詠むことにしたの、なんて言えない。だって、＊督促女王なんて変なあだ名つけられちゃうような人と仲よくしているなんて知られたくない。

そのとき、勢いよく扉が開いた。

振り返らなくても誰か分かる。

だって今日は木曜日。督促女王こと、佐藤先輩が登場する日だ。

一週間前とまったく同じシチュエーション。わたしは1とっさに目をそらして、わかめごはんを一気にかき込む。顔が隠れるように、食器を斜めに傾けて。

来るな、来るな、話しかけないでよ。

わたしの願いははねのけられ、

「今日も三時半に図書室でね。」

佐藤先輩がわたしの横で立ち止まって言った。

わたしは、聞こえないふりをした。

「聞いてる？　三時半に出発するよ。」

この人は短歌は詠むくせに空気を読まない。

わたしは、チラリと顔を上げ、

「はい……。」

首をけがしているカメのようにひかえめにうなずいてみせた。

「どこに出発するんすかっ？」

オカモトくんが佐藤先輩にきいた。

「ヒミツ。」

にやっと笑った佐藤先輩が離れると、恐れていた事態がやってきた。

「さーや、今日、督促女王と何の約束してるの？」

「いや、とくに……。」

「でも、出発って言ってたよ？」

「ああ、うん。なんていうか、まあ……。」

2019年度 早稲田大学系属早稲田実業学校中等部 ▶解説と解答

算 数 (60分) ＜満点：100点＞

解 答

1 (1) 15 (2) 14個 (3) 2.4km (4) 34才 2 (1) 28.8cm^3 (2) ① オ…9，カ…99 ② $\frac{3}{7}=\frac{1}{3}+\frac{1}{11}+\frac{1}{231}$ 3 (1) 80個 (2) 800円 (3) 40個 4 (1) 6：1 (2) $\frac{1}{3}$倍 (3) $\frac{7}{25}$倍 5 (1) 192度 (2) 24度 (3) 4倍 (4) 13回

解 説

1 逆算，場合の数，植木算，年令算

(1) $1.675-\left\{\frac{5}{6}+5.2\div\left(\square-3\frac{6}{7}\right)\right\}=\frac{3}{8}$より，$\frac{5}{6}+5.2\div\left(\square-3\frac{6}{7}\right)=1.675-\frac{3}{8}=1.675-0.375=1.3$，$5.2\div\left(\square-3\frac{6}{7}\right)=1.3-\frac{5}{6}=\frac{13}{10}-\frac{5}{6}=\frac{39}{30}-\frac{25}{30}=\frac{14}{30}=\frac{7}{15}$，$\square-3\frac{6}{7}=5.2\div\frac{7}{15}=\frac{26}{5}\times\frac{15}{7}=\frac{78}{7}$ よって，$\square=\frac{78}{7}+3\frac{6}{7}=11\frac{1}{7}+3\frac{6}{7}=14\frac{7}{7}=15$

(2) 0を使う場合と使わない場合に分けて求める。0を使う場合，残りの2枚は{1，2，3，4}の中から2枚を選ぶから，選び方は，$\frac{4\times3}{2\times1}=6$(通り)ある。このとき，大きい方が十の位，小さい方が百の位になるので，3けたの整数は6個できる(0は一の位に決まる)。また，0を使わない場合，{1，2，3，4}の中から3枚を選ぶから，選び方は4通りある。このとき，一番大きい数字が十の位になり，残りの2枚が一の位と百の位になるので，3けたの整数は，$4\times2=8$(個)できる。よって，全部で，$6+8=14$(個)と求められる。

(3) 木と木の間の長さの比は，50：30＝5：3だから，間の個数の比は，$\frac{1}{5}:\frac{1}{3}=3:5$になる。また，池の周りに木を植えるとき，間の個数と木の本数は同じになるので，50mおきに植える場合と30mおきに植える場合に必要な木の本数の比も3：5になる。この差が32本だから，比の1にあたる本数は，$32\div(5-3)=16$(本)となり，50mおきに植える場合に必要な木の本数は，$16\times3=48$(本)と求められる。よって，池の周りの長さは，$50\times48=2400$(m)，$2400\div1000=2.4$(km)である。

(4) 2年後の弟の年令を①とすると，現在，2年後，6年後の3人の年令はそれぞれ右の表のようになる。また，6年後に母の年令が兄の年令の2.5倍になるので，④＋4＝(①＋7)×2.5と表すことができる。これを計算すると，④＋4＝2.5＋17.5，④－2.5＝17.5－4，1.5＝13.5より，①＝13.5÷1.5＝9(才)と求められる。よって，現在の母の年令は，$9\times4-2=34$(才)である。

	母	兄	弟
現在	④－2	①＋1	①－2
2年後	④	①＋3	①
6年後	④＋4	①＋7	①＋4

2 展開図，分数の性質

(1) 右の図のような立体ができる。これは，三角柱ABC-DEFと三角すいA-BCGを組み合わせた形の立体である。三角柱ABC-DEFは，底面積が，$3 \times 4 \div 2 = 6\ (\text{cm}^2)$だから，体積は，$6 \times 4 = 24(\text{cm}^3)$とわかる。また，三角形ABCで，底辺をBCと考えたときの高さ(図のAHの長さ)は，$6 \times 2 \div 5 = 2.4(\text{cm})$である。さらに，三角形BCGの面積は三角形DEFの面積と等しく$6\,\text{cm}^2$なので，三角すいA-BCGの体積は，$6 \times 2.4 \div 3 = 4.8(\text{cm}^3)$と求められる。よって，この立体の体積は，$24 + 4.8 = 28.8(\text{cm}^3)$である。

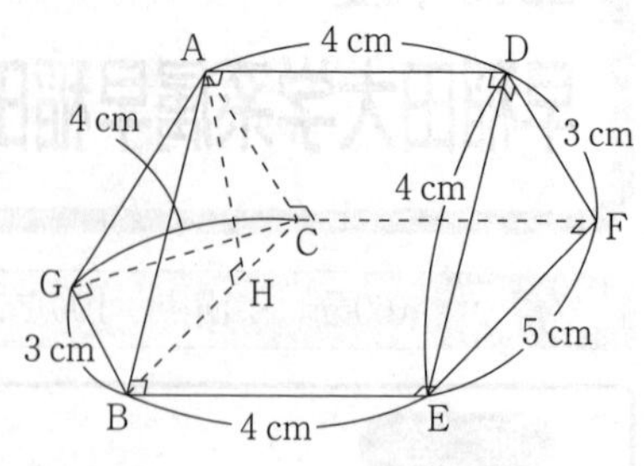

(2) ① 下の図1の〔1〕のように，$\frac{5}{11}$の分母を分子で割る。すると，分母は分子の2倍よりは大きく3倍よりは小さいことがわかるから，$\frac{1}{3} < \frac{5}{11} < \frac{1}{2}$となる。次に，＿の部分の差を求めると〔2〕のようになるので，$\frac{5}{11} = \frac{1}{3} + \frac{4}{33}$と表すことができる。さらに，〔2〕で求めた差に対して〔1〕と同じことを行うと，〔3〕のようになる。そして，＝の部分の差を求めると〔4〕のようになるから，$\frac{4}{33} = \frac{1}{9} + \frac{1}{99}$と表すことができる。以上をまとめると，〔5〕のように$\frac{5}{11}$を単位分数の和で表すことができる。

図1

〔1〕 $11 \div 5 = 2$あまり1 ➡ $\frac{5}{11}$の分母は，分子の2倍よりは大きく3倍よりは小さい ➡ $\underline{\frac{1}{3} < \frac{5}{11}} < \frac{1}{2}$

〔2〕 $\frac{5}{11} - \frac{1}{3} = \frac{4}{33}$ ➡ $\frac{5}{11} = \frac{1}{3} + \frac{4}{33}$

〔3〕 $33 \div 4 = 8$あまり1 ➡ $\frac{4}{33}$の分母は，分子の8倍よりは大きく9倍よりは小さい ➡ $\underline{\underline{\frac{1}{9} < \frac{4}{33}}} < \frac{1}{8}$

〔4〕 $\frac{4}{33} - \frac{1}{9} = \frac{1}{99}$ ➡ $\frac{4}{33} = \frac{1}{9} + \frac{1}{99}$

〔5〕 $\frac{5}{11} = \frac{1}{3} + \frac{4}{33} = \frac{1}{3} + \frac{1}{9} + \frac{1}{99}$　　<答え> $\frac{5}{11} = \frac{1}{3} + \frac{1}{9} + \frac{1}{99}$

② $\frac{5}{11}$と同じ手順で$\frac{3}{7}$を単位分数の和で表すと，下の図2のようになる。

図2

〔1〕 $7 \div 3 = 2$あまり1 ➡ $\frac{3}{7}$の分母は，分子の2倍よりは大きく3倍よりは小さい ➡ $\underline{\frac{1}{3} < \frac{3}{7}} < \frac{1}{2}$

〔2〕 $\frac{3}{7} - \frac{1}{3} = \frac{2}{21}$ ➡ $\frac{3}{7} = \frac{1}{3} + \frac{2}{21}$

〔3〕 $21 \div 2 = 10$あまり1 ➡ $\frac{2}{21}$の分母は，分子の10倍よりは大きく11倍よりは小さい ➡ $\underline{\underline{\frac{1}{11} < \frac{2}{21}}} < \frac{1}{10}$

〔4〕 $\frac{2}{21} - \frac{1}{11} = \frac{1}{231}$ ➡ $\frac{2}{21} = \frac{1}{11} + \frac{1}{231}$

〔5〕 $\frac{3}{7} = \frac{1}{3} + \frac{2}{21} = \frac{1}{3} + \frac{1}{11} + \frac{1}{231}$　　<答え> $\frac{3}{7} = \frac{1}{3} + \frac{1}{11} + \frac{1}{231}$

3 売買損益，割合と比，つるかめ算

(1) 予定では，Aの1個あたりの利益は400円，Bの1個あたりの利益は，$1000 \times 0.3 = 300$(円)である。また，AとBの利益の合計金額の比が2：1だから，AとBの仕入れた個数の比は，$\frac{2}{400} : \frac{1}{300} = 3 : 2$となり，この和が200個なので，Bの仕入れた個数は，$200 \times \frac{2}{3+2} = 80$(個)と求めら

れる。

⑵　Aについて，定価を1として図に表すと，右のようになる。この図で，定価の0.2倍にあたる金額が，400－160＝240(円)だから，定価は，240÷0.2＝1200(円)と求められる。よって，Aの原価は，1200－400＝800(円)である。

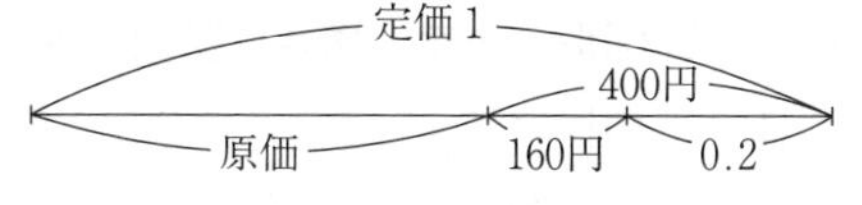

⑶　Bの利益の合計金額は，300×80＝24000(円)なので，Aの利益の合計金額は，$24000\times\frac{8}{5}=38400$(円)である。また，Aを売った個数の合計は，200－80＝120(個)だから，定価で120個売ったとすると，利益の合計金額は，400×120＝48000(円)となり，実際よりも，48000－38400＝9600(円)多くなる。1個割引して売るごとに利益が，400－160＝240(円)少なくなるので，割引して売った個数は，9600÷240＝40(個)と求められる。

4　平面図形―辺の比と面積の比，相似

⑴　下の図アで，AR：RDは，三角形AFCと三角形FDCの面積の比と等しくなる。三角形ABCの面積を1とすると，三角形AFCの面積は，$1\times\frac{2}{2+1}=\frac{2}{3}$となる。また，三角形FBCの面積は，$1\times\frac{1}{2+1}=\frac{1}{3}$だから，三角形FDCの面積は，$\frac{1}{3}\times\frac{1}{2+1}=\frac{1}{9}$とわかる。よって，AR：RD＝$\frac{2}{3}:\frac{1}{9}$＝6：1と求められる。

⑵　下の図イで，三角形ADCの面積は三角形FBCの面積と等しく$\frac{1}{3}$なので，三角形ARCの面積は，$\frac{1}{3}\times\frac{6}{6+1}=\frac{2}{7}$とわかる。また，3つの三角形ARC，BPA，CQBは合同だから，三角形PQRの面積は，$1-\frac{2}{7}\times3=\frac{1}{7}$となる。さらに，BP：PEも6：1なので，三角形APEの面積は，$\frac{2}{7}\times\frac{1}{6}=\frac{1}{21}$である。よって，三角形APEの面積は三角形PQRの面積の，$\frac{1}{21}\div\frac{1}{7}=\frac{1}{3}$(倍)とわかる。

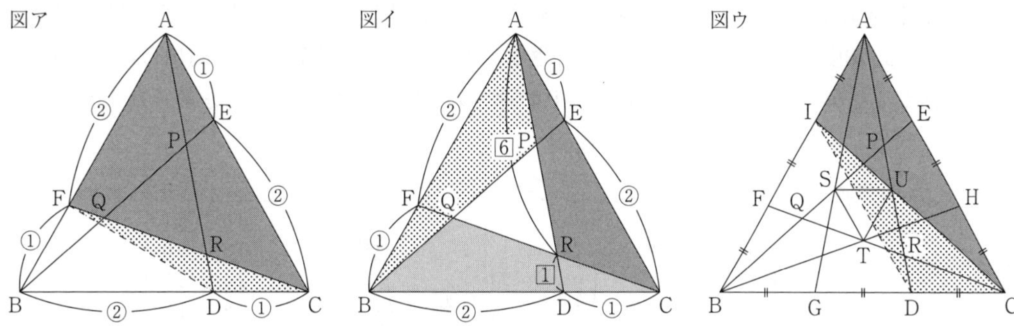

⑶　上の図ウのように，正三角形の各辺が3等分され，三角形STUは正三角形になる。図ウで，AU：UDは，三角形AICと三角形IDCの面積の比と等しくなる。ここで，三角形IBCの面積は図アの三角形AFCの面積と等しく$\frac{2}{3}$だから，三角形IDCの面積は，$\frac{2}{3}\times\frac{1}{2+1}=\frac{2}{9}$とわかる。また，三角形AICの面積は$\frac{1}{3}$なので，AU：UD＝$\frac{1}{3}:\frac{2}{9}$＝3：2と求められる。次に，三角形ASUと三角形AGDは相似であり，相似比は，AU：AD＝3：(3＋2)＝3：5だから，SU：GD＝3：5とわかる。よって，SU：BC＝3：(5×3)＝1：5となるので，三角形STUと三角形ABCの面積の比は，(1×1)：(5×5)＝1：25であり，三角形STUの面積は，$1\times\frac{1}{25}=\frac{1}{25}$と求められる。した

がって，三角形STUの面積は三角形PQRの面積の，$\frac{1}{25}\div\frac{1}{7}=\frac{7}{25}$(倍)である。

5 平面図形—角度，速さ，整数の性質

(1)　下の図アで，三角形OACと三角形OBCは，３つの辺の長さが等しいから合同である。また，これらの三角形は二等辺三角形なので，角OCAと角OACの大きさは，84÷２＝42(度)とわかる。よって，角AOCの大きさは，180－42×２＝96(度)だから，㋐の角度は，96×２＝192(度)となる。

(2)　Ｐは常に時計回りに一定の速さで動く。また，出発してから２回目に重なるまでにＰが動いた角度が192度なので，出発してから４回目に重なるまでにＰが動いた角度は，その２倍であり，192×２＝384(度)とわかる。これは１周と，384－360＝24(度)だから，下の図イの㋑の角度は24度である。

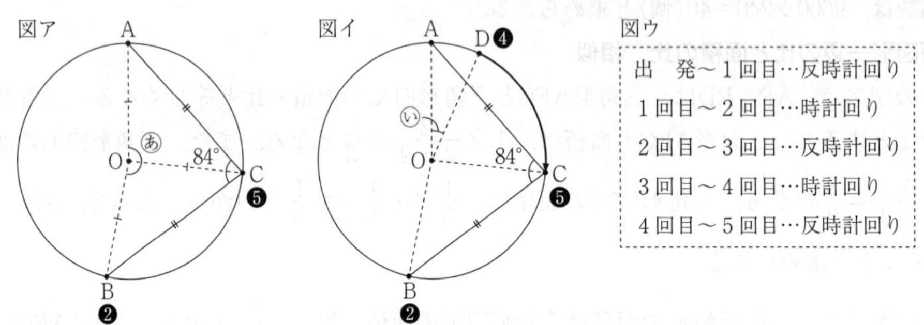

(3)　４回目に重なってから５回目に重なるまでにＰが動いた角度は，図イの角DOCにあたる。また，角AOCの大きさは96度なので，角DOCの大きさは，96－24＝72(度)とわかる。ところで，Ｑは上の図ウのように動くから，出発してから１回目に重なるまでにＰが動いた角度も72度であり，１回目に重なってから２回目に重なるまでにＰが動いた角度は，192－72＝120(度)とわかる。つまり，下の図エ，図オのように，Ｑが反時計回りに動くときはＰは72度動いて重なり，Ｑが時計回りに動くときはＰは120度動いて重なることをくり返す。図エから，Ｐが72度動く間にＱは，360－72＝288(度)動くことがわかるので，Ｑの速さはＰの速さの，288÷72＝４(倍)と求められる。

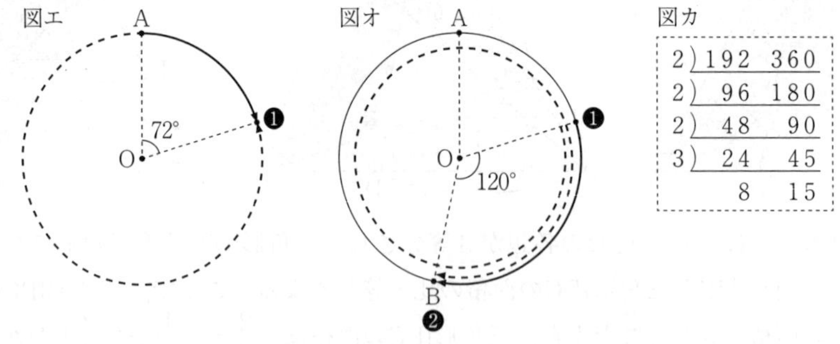

(4)　Ｐが192度動くごとに２回重なるから，200回目に重なるのは，Ｐが全部で，192×(200÷２)＝19200(度)動いたときである。はじめに，偶数(ぐうすう)回目に重なる場合だけを考えると，Ｐは192度動くごとに重なるので，192と360の最小公倍数の角度だけ動くごとに点Ａで重なることになる。つまり，上の図カから，192と360の最小公倍数は，２×２×２×３×８×15＝2880(度)と求められるから，Ｐが2880度動くごとに点Ａで重なることになる。よって，19200度以下では，19200÷2880＝６あま

り1920より，６回あることがわかる。次に，奇数回目に重なる場合だけを考える。最初に重なるのは72度動いたときであり，その後は192度動くごとに重なるから，360の倍数の一の位が０になることに注目すると，72＋192×４＝840，72＋192×９＝1800より，はじめて点Ａで重なるのは1800度動いたときとわかる。その後は192と360の最小公倍数である2880度動くごとに点Ａで重なるので，19200度以下では，(19200－1800)÷2880＝６あまり120より，６＋１＝７(回)重なることがわかる。したがって，全部で，６＋７＝13(回)と求められる。

社　会　(30分)＜満点：50点＞

解　答

Ⅰ　**問１**　ウ　**問２**　(例)　ヤマト政権の拠点が近畿地方にあったこと。また，ヤマト政権の支配領域が九州地方から東北地方南部にまでおよんでいたこと。　**問３**　ア　**問４**　ウ　**問５**　(例)　後三条天皇は藤原氏の外戚ではなかったから。　**問６**　ウ　**問７**　一揆　**問８**　五か条の御誓文　**問９**　西南戦争　**問10**　(例)　武器を生産するのに必要な金属類が不足していたから。　Ⅱ　**問１**　①　松江(市)　②　ア　③　地産地消　④　農薬　⑤　トレーサビリティ　**問２**　①　エ，オ　②　**生産者**…(例)　高い値段で売ることができるので収入が増える。　**消費者**…(例)　品質が保証されているので安心して食べられる。

Ⅲ　**問１**　(例)　増税分が得になるので，値段の高い商品を買うようになる。　**問２**　①　11　②　34　③　9　**問３**　(例)　Ａ／高い税金を納めなければいけないが，その分教育や医療，老後の生活などを国が保障してくれるので安心して暮らすことができ，国民の所得格差も広がらない。しかし，多額の歳出で国の財政赤字がふくらんで福祉などのサービスがとどこおったり，増税などで国民の負担がさらに重くなったりすると，かえって生活が苦しくなる可能性がある。(Ｂ／納める税金が安いので収入や貯蓄を増やすことで豊かな生活ができ，働きしだいでは大きな財産を築くこともできる。また，社会保障に対する国の歳出も減るので，財政を健全な状態にもどせる。しかし，病気やけがで働けなくなったり会社が倒産して失業したりすると，国の保障がないので生活が苦しくなり，国民の貧富の差も広がってしまう。)

解　説

Ⅰ　各時代の彫刻作品を題材にした歴史の問題

問１　土偶は縄文時代につくられた土人形である。土偶には女性をかたどったものが多く見られ，子孫の繁栄や獲物が豊かであることを祈るまじないに使われたと考えられている。よって，ウがふさわしい。出土する土偶の多くは壊れた状態で出土するが，写真の棚畑遺跡(長野県茅野市)で発掘された土偶はほぼ完全な状態で見つかり，「縄文のビーナス」とよばれて国宝に指定されている。

問２　分布図を見ると，現在の奈良県や大阪府に大規模な前方後円墳が数多く残されており，小さいものまでふくめると九州地方から東北地方南部まで広く分布していることに気づく。ここから，当時の政権(ヤマト政権)の拠点が畿内にあり，その支配領域が九州地方から東北地方南部までの広範囲におよんでいたことがわかる。なお，前方後円墳は円墳に方墳をつなげた形の古墳で，日本独特の形といわれる。大阪府堺市にある大山(大仙)古墳は，５世紀ごろにつくられた国内最大の前方後円墳で，現在ある墳丘の全長は486mもある。

問3　大豪族であった蘇我馬子は，推古天皇の摂政となった聖徳太子(厩戸皇子)に協力し，天皇中心の国づくりをめざした。よって，アが誤っている。なお，奈良県明日香村にある石舞台古墳は，馬子の墓と伝えられている。

問4　東大寺正倉院は，三角形の角材を井桁に組んで壁にした「校倉造」の建物として知られ，遣唐使船によって唐(中国)からもたらされた珍しい文物などが納められた。ウは国宝の「曜変天目(稲葉天目)」とよばれる中国製の陶器で，もとは徳川将軍家が所蔵していた。なお，アは「螺鈿紫檀五絃琵琶」，イは「漆胡瓶」，エは「白瑠璃碗」で，いずれも大陸からもたらされたと考えられる正倉院の宝物である。

問5　資料の系図において，即位順が③～⑤の後一条・後朱雀・後冷泉天皇はいずれも藤原道長の外孫にあたり，この間，道長とその子頼通は，天皇の外戚(母方の親類)という立場を利用し，摂政・関白の地位を独占して朝廷で大きな権力をふるった(摂関政治)。しかし，頼通の娘と後冷泉天皇の間には男子が生まれなかったことから，藤原氏を外戚としない⑥の後三条天皇の即位を許すこととなった。そのため，後三条天皇は1068年に即位すると，藤原氏に遠慮することなく，藤原氏の経済的基盤となっていた荘園を整理するなどの政治改革を行うことができた。

問6　栄西(1141～1215年)が活躍したのは北条政子(源頼朝の妻)と同じ時代なので，ウがあてはまる。頼朝がなくなった翌年の1200年，栄西は政子に招かれて鎌倉に寿福寺を開いた。また，栄西は宋(中国)から茶の種を持ち帰り，『喫茶養生記』を著して茶の薬効を説いたことでも知られる。なお，「鎌倉五山」第五位の浄妙寺は1188年に足利義兼が創建した寺である。

問7　豊臣秀吉は1588年，農民の一揆防止と兵農分離を目的として刀狩令を出し，農民から武器を取り上げた。

問8　明治新政府は1868年，天皇が神々に誓うという形で「五か条の御誓文」を出し，新しい政治の方針を示した。なお，これと同時に一般庶民の守るべきこととして，「五榜の掲示」も示している。

問9　西郷隆盛は明治維新で活躍した薩摩藩(鹿児島県)出身の政治家で，明治新政府内で征韓論(武力を用いてでも朝鮮を開国させようという考え方)を主張して敗れ，政府を去った。その後の1877年，鹿児島の不平士族におし立てられて西南戦争を起こしたが，近代装備を備えた政府軍に敗れて自害した。なお，東京の上野公園に立つ「西郷隆盛像」は，大日本帝国憲法発布(1889年)にともなう大赦で「逆徒(反逆者)」の汚名が解かれたのをきっかけに制作され，1898年に除幕式が行われた。

問10　太平洋戦争(1941～45年)も終わりごろになると，武器の生産に必要な金属資源が不足するようになった。そこで政府は金属類回収運動を推進し，銅像や寺の鐘だけでなく，各家庭の鍋や釜まで政府に供出された。

Ⅱ　「食」の安全性についての問題

問1　①　おばあさんが地元の「メグミスーパー」について，「この県には17店舗，となりの県には4店舗ある」と言っていることと，資料2から，サト子さんが訪れたおばあさんの家は島根県にあるとわかる。島根県の県庁所在地は，宍道湖と中海にはさまれた場所に位置する松江市で，「水の都」として知られる。　②　松江市は日本海側の気候に属し，冬の降水量が多いので，アがあてはまる。なお，イは中央高地(内陸性)の気候に属する長野県松本市，ウは北海道の気候に属する札幌市，エは太平洋側の気候(東海型)に属する東京，オは太平洋側の気候(南海型)に属する鹿児島市の雨温図。　③　おばあさんが「『地のもんひろば』で〜地元の新鮮なものが手に入る」と発言していることから，地元でつくられた食品を地元で消費する「地産地消」があてはまる。地産地消は，消費者にとっては新鮮で安心できる食品が安く手に入り，生産者にとっては安定した供給ができるといった利点があるほか，地域の社会や経済を活性化できるという効果も期待できる。

④　資料１の「生産者」のらんに「[B]・肥料の記録」とあるので，農薬があてはまる。近年，食の安全を確保するため，農薬や肥料に化学的に合成されたものを使わない有機農業が広がっている。

⑤　会話文に「パソコンやスマートフォンを利用するとより詳しい情報がわかるようになっている」「作った人の写真があって，生産者のメッセージが書かれている」とあるので，「トレーサビリティ」システムである。トレーサビリティは，個々の商品がいつ，どこで生産され，どのような流通経路をたどって消費者のもとに届いたのかを，その商品から追跡できるシステムで，BSE(牛海綿状脳症)や産地偽装などの問題が起こったことから，食の安全を確保するために整備された。

問２　①　資料３において，【個体情報】には出生の年月日や雌雄の別・種別が，【異動情報】にはと畜までが記されているが，小売店への搬入経路と牛肉の肉質(品質)の等級は記されていない。よって，エとオがあてはまる。　②「佐賀牛」のようにブランド化された食品は，ほかと差別化をはかることで価値が上がり，高い値段で取り引きされるので，生産者の収入が増える。一方，ブランド化された食品はきびしい検査を経て品質が保証されているという信頼感があり，消費者はほかのものより値段が高くても，安心して食べることができる。

[Ⅲ]「世界幸福度調査」を題材にした問題

問１　消費税は商品を買ったりサービスを受けたりしたときにかかる税で，2019年10月に税率がこれまでの８％から10％に上がる予定である。消費者としては，税率が上がる直前に商品を買おうという気持ちになるので，自動車など，特に値段の高い商品の購入が増えると考えられる。また，生産者や流通業者も，税率が上がる直前は売りどきと考え，さまざまなセールを行うことが多いので，長期間保管がきく食品や日用品なども買いだめの対象となる。

問２　①　第11位のイスラエルは，第二次世界大戦(1939〜45年)後に中東に建国されたユダヤ人国家で，建国以来，周囲のアラブ諸国と紛争をくり返してきた。イスラエルはユダヤ教・キリスト教の聖地で，エルサレムを首都と宣言しているが，ここはイスラム教の聖地でもあることから，国連(国際連合)や国際社会は首都と認めておらず，これまでテルアビブを首都と見なしてきた。しかし，アメリカ合衆国のドナルド＝トランプ大統領はエルサレムをイスラエルの首都と認め，2018年５月に大使館をここに移転したため，アラブ系のパレスチナ人とイスラエル政府との間で衝突が起こった。このできごとは，もともと政情が不安定な中東に，新たな紛争の火種を増やしたといえる。

②　第34位のシンガポールは東南アジアのマレー半島南端に位置する都市国家で，面積は小さいが交通，金融，貿易の中心地の１つとして栄え，ITなどの先端技術産業も発達している。2018年６月，この国でアメリカ合衆国のトランプ大統領と北朝鮮(朝鮮民主主義人民共和国)の最高指導者である金正恩・朝鮮労働党委員長が，史上初の米朝首脳会談を開いた。この会談では，朝鮮半島の完全な非核化について合意したものの，具体的な計画については語られなかった。　③　第９位のスウェーデンは北ヨーロッパに位置する国で，国民に対する社会保障や福祉が行き届いていることで

知られる。ダイナマイトの発明者アルフレッド＝ノーベルの出身国でもあり，その遺言にもとづいてノーベル賞が創設され，その授賞式が毎年首都ストックホルムで行われる(ただし，ノーベル平和賞の授賞式は隣国ノルウェーの首都オスロで行われる)。なお，2018年度の医学・生理学賞は，医学者で京都大学名誉教授の本庶 佑が受賞している。

問3　Aは，国家が国民に対する福祉を充実させる社会を築くというもので，その分税金が高くなる。この場合，国の財政規模は拡大するので「大きな政府」になる。一方，Bは税金が安いが，国家が国民の生活にあまりかかわらないので，生活や老後の資金は自分でまかなわなければならない。この場合，国の財政規模は縮小するので「小さな政府」になる。Aでは，幼児のときから老後まで，教育・健康・医療・介護・年金などのあらゆる面で国に面倒を見てもらえるという安心感がある。また，国によって所得の再分配がなされるので，国民の所得格差や貧富の差が比較的小さくなる。しかし，その分税金が高くなるので，収入や貯蓄が減るのは我慢しなければならない。Bでは，国が国民の生活にまで立ち入って面倒を見てくれないので，生活は自分の資金でまかなわなければならない。それでも，税金が安いので収入や貯蓄を増やしやすく，生活設計さえ間違わなければ豊かな生活を送ることができ，働きしだいでは大きな財産を築くことができる。しかし，病気やけがで働けなくなったり，会社の業績が不振になって倒産・失業したりすると，たちまち貧困にあえぐことになり，国民の貧富の差が大きくなる。

理 科　(30分) ＜満点：50点＞

解答

1 **問1**　0　**問2**　(イ)　**問3**　(例)　最初に出てくる気体は，三角フラスコ内の空気だから。　**問4**　(ウ)　**問5**　①　0.36 g　②　144kg　2 **問1**　(エ)　**問2**　(イ)　**問3**　(ア)　**問4**　(エ)　3 **問1**　(イ)，(ケ)，(コ)　**問2**　右の図　**問3**　(エ)，(オ)　**問4**　(例)　多種多様な環境に適応して生き残ってきた　**問5**　5

解説

1 気体を発生させる実験についての問題

問1　二酸化マンガンに過酸化水素水を加えると，酸素が発生する。酸素は無色・無臭の気体で，水にとけにくく，空気よりやや重い(空気の約1.1倍の重さ)。また，ものが燃焼するためには酸素が必要で，金属が燃えるとき，金属と空気中の酸素が結びつく。このとき，金属が燃えてできた物質の重さは，結びついた酸素の分だけ重くなる。生物はエネルギーを得るために呼吸をしており，呼吸では酸素を取り入れ，養分を分解して生きるためのエネルギーをつくり出し，その結果水と二酸化炭素ができる。人体の場合，口や鼻から吸った空気より肺で血液中に取り入れ，赤血球という成分がからだの各所に酸素を運ぶ。赤血球は赤色の色素であるヘモグロビンを含み，このヘモグロビンが呼吸で吸収した酸素と結合して，酸素を体内の各組織に運ぶはたらきをする。そして，人のはく息は吸う息に比べて酸素の割合が減り二酸化炭素の割合が増えるが，人のはく息の成分は窒素約78%，酸素約17%，二酸化炭素約４%で，酸素は窒素の次に多く含まれている。

問２　二酸化マンガンに過酸化水素水を加えると，過酸化水素水に含まれる過酸化水素が酸素と水に分解することで，酸素が発生する。このとき，二酸化マンガンは，過酸化水素が分解するのを助ける役割をしており，二酸化マンガン自体は変化しない。

問３　水上置換では，はじめ集気びんに水を満たしておき，出てきた気体を集気びん内の水と置きかえることによって集める。反応で発生した気体は，はじめ三角フラスコ内にあった空気をおし出してから出てくるので，最初に出てくる気体は空気となる。そのため，酸素を集めたい場合にはこれを集めずに捨てる。

問４　Ｂ君は水で過酸化水素水をうすめてはいるが，Ａ君もＢ君も2.7％の過酸化水素水50cm^{3}を使っているので，両者の使う過酸化水素の量は同じである。したがって，発生する気体Ｘの量は，両者でほぼ同じになる。ただし，Ｂ君の方が気体Ｘの発生が見られなくなるまでに時間がかかる。

問５　①　水１cm^{3}の重さは１ｇなので，水252cm^{3}の重さは252ｇである。集気びんに252cm^{3}の水を満たしたときの重さが771.3ｇだから，集気びんの重さは，771.3－252＝519.3(ｇ)とわかる。集めた気体Ｘと集気びんの重さの合計が519.66ｇであることから，集めた気体Ｘの重さは，519.66－519.3＝0.36(ｇ)と求められる。　②　Ｃ君の部屋の体積は，7.5×6.4×2.1＝100.8(m^3)である。①より，252cm^{3}の気体Ｘは0.36ｇであり，１m^3＝1000000cm^3，１kg＝1000ｇであることから，Ｃ君の部屋を満たした気体Ｘの重さは，0.36×100.8×1000000÷252÷1000＝144(kg)と求められる。

２　台風やその進路についての問題

問１　予報円とは，台風や暴風域を伴う低気圧の中心が，12，24，48，72，96，120時間後に到達すると予想される範囲を円で表したものである。

問２　台風は熱帯低気圧が発達して，最大風速(10分間平均)が秒速17ｍ以上になったものをいう。台風の渦の巻き方は上空から見て反時計回りで，台風の目と呼ばれる部分のすぐ外側の中心付近では上昇気流が起きている。なお，台風の目と呼ばれる部分では下降気流となっている。

問３　地上付近では，台風の中心付近に向かって反時計回りに風が吹きこんでいる。７月27日は，台風が東京からかなり離れた南の海上にあり，東京では東寄りの風が吹いていたと考えられる。また，７月28日は，台風が千葉県の南東沖に近づいてきたため，東京では北寄りの風が吹いていたと予想される。７月29日は，台風が岡山県から広島県にかけて上陸しているので，東京では南寄りの風が吹いていたと考えられる。

問４　2018年の台風12号は，日本列島に向かうように北上したが，大陸側から日本列島に向かって張り出したチベット高気圧と太平洋側から日本列島に向かって張り出した太平洋高気圧に行く手をはばまれ，また，本州の南側にできた寒冷渦と呼ばれる低気圧の影響を受け，寒冷渦のまわりを反時計回りに動くように進んだ。

３　昆虫についての問題

問１　ミヤマクワガタはクワガタムシの仲間，オオムラサキはチョウの仲間，ナナホシテントウはテントウムシの仲間で，いずれも昆虫で完全変態をおこなう。一方，同じ昆虫でも，セミの仲間のヒグラシ，ゴキブリの仲間のチャバネゴキブリ，トンボの仲間のオニヤンマは不完全変態をおこない，育つ過程でさなぎにはならない。なお，ジョロウグモはクモ類，ヒメヤスデは多足類，オカダンゴムシは甲かく類，ミスジマイマイは軟体動物で，いずれも昆虫ではない。

問２　ハチのからだについて，頭部を左側にして，頭部，胸部，腹部を描く。対になっている構造は片側のみを描けばよいため，頭部には１対２個ある複眼を１個，１対２本ある触角を１本描き足し，胸部には３対６本ある脚を３本，２対４枚ある翅を２枚描き足せばよい。

問３　(ア)　ヘイケボタルはホタルの仲間で，オスもメスも同種の異性を探すときに腹部の後方を発光させ，自分の居場所を知らせる。ホタルは種類やオス・メスによって光り方や光の強さが異なる。　(イ)　カイコガのオスは触角で，メスの出すフェロモンを感知してメスを探し出す。　(ウ)　アブラゼミのオスには発音器があり，腹の中の発音膜を発音筋でふるわせて音を出し，腹の中の共鳴室で音を大きくしている。これはオスが鳴くことでメスを呼び寄せるためである。　(エ)　オオスズメバチは，からだに黄と黒の目立つ色でしま模様をもつことで，自分が刺したり毒をもったりする危険な虫であることを敵に知らせて，敵から身を守っている。　(オ)　ヤマトタマムシには，外側の固い翅に光沢がある。これは，敵である鳥をこわがらせて，鳥を寄せつけないようにする役割があるといわれる。

問４　昆虫の種類が多いということは，それだけ多種多様な環境に適応して生き残ってきた昆虫が生存しているということである。昆虫が翅をもつことで活動の範囲を広げることができたことは，生存の可能性を増やしたことになるといえる。また，完全変態をすることで多種多様な環境に適した食べ物を取ったり生活の仕方を変えたりすることができたために，昆虫は種類を増やしながら生存してきたと考えられる。

問５　(ア)　海洋の酸性化が進むと，生物の受精する確率が低下したり発育が悪くなったりするといわれる。　(イ)　増えすぎたシカは田畑や森林へ重大な被害をおよぼし，森林の植物の減少にもつながっている。したがって，シカの計画的駆除は植物の減少を防ぎ，生物多様性を増加させる可能性がある。　(ウ)　外来種のミドリガメ（ミシシッピアカミミガメ）は，ペットとして飼われていたものが遺棄され，現在日本各地に分布している。ミドリガメは水中のさまざまな動植物を食べ，日本在来の動植物を減少させている。　(エ)　野生動物に餌付けすると，自分でえさを取れなくなったり，餌付けされた種類が増えたりして，生態系のバランスをくずすおそれがある。　(オ)　コスモス畑の造成は，いろいろな動物のすみかになったり，コスモスが枯れたときに他の植物の栄養を供給することにつながったりすると考えられる。　(カ)　サンゴ礁には，多様な生物が生息しており，豊かな生態系をつくっている。このサンゴ礁を埋め立てるということは，多くの生物がすみかを失うことになる。　(キ)　川や海で岸や底が自然のままの状態のところでは，いろいろな環境が存在するので，多様な動植物が生息しやすい。コンクリート護岸の整備が進むと環境の多様性が失われ，すみかを失う生物が出てくるおそれがある。

国　語　(60分) ＜満点：100点＞

解　答

一　**問１**　イ　**問２**　ウ　**問３**　虫　**問４**　イ　**問５**　A　オ　B　ウ　C　ア　D　ク　**問６**　ア　**問７**　どこで～した姿　**問８**　(例)　短歌は三十一音でつくるから。　**問９**　オ　**問10**　ウ　二　**問１**　A　イ　B　オ　C　ウ　**問２**　オ　**問３**　(例)　(エチオピアにおける「名前」とは，)「わたし」という個人の同一性とはかかわりがなく，社会的な関係や状況で変わるもの。　**問4**　(例)　名前を固定化するという社会の仕組みによって，国家が個人に関与し易くなるから。　**問5**　(例)　表面的にはエチオピアのほうが政治的な統制は強いが，日本人に国家と密着する制度をあたりまえと思わせている日本のほうが，強力に支配しているともいえる。　**三** **問1**　①　もくろみ　②～⑥　下記を参照のこと。⑦　こんりんざい　**問2**　①　みる　②　たつ　③　うつ

●漢字の書き取り

三 **問1**　②　誕生　③　分布　④　訪れる　⑤　試金石　⑥　裏打ち

解説

一　**出典はこまつあやこの『リマ・トゥジュ・リマ・トゥジュ・トゥジュ』による。** 帰国子女の沙弥(さや)は，編入した中学校で周りから浮(う)きたくないと思うあまり，佐藤先輩(せんぱい)を傷つけてしまう。

問1　「とっさに」は，反射的にものごとに対応するようすを表す副詞で，用言にかかる。ここでは，イとオのうち，「そらし」かたをくわしく説明しているイがよい。

問2　最初は強引(ごういん)に引きこまれた「吟行(ぎんこう)」だが，次第(しだい)に「楽しみ」になり，朋香(ともか)ちゃんからバスケ部の見学に誘(さそ)われても，沙弥が「吟行」を優先している点をおさえる。ぼう線2は，「変わり者」扱(あつか)いされている佐藤先輩から声をかけられることで，自分まで同じように見られたくないし，そんなことで「朋香ちゃんを失いたくない」という気持ちから思わず沙弥が言ってしまった言葉なので，ウがよい。

問3　「虫がいい」は，自分の都合ばかり考え，人のことをかえりみないようす。

問4　ぼう線8の少し前で，佐藤先輩も転校生だったので，編入してきた沙弥の「心配や緊張(きんちょう)を和(やわ)らげ」，「仲よく」なりたいと思って吟行に誘ったのだろうと，司書の七海(ななうみ)さんは話している。沙弥と同じような立場にあった佐藤先輩だからこそ，「自分の身を守り」たいという気持ちが理解できるのだから，イがよい。なお，イ以外は，佐藤先輩が沙弥の心情を理解している点を盛りこんでいない。また，形だけでも「微笑(ほほえ)んでいた」ようすには，ウの「突(つ)き放している」というより，イの「自分に言い聞かせている」という解釈(かいしゃく)のほうが合う。

問5　沙弥はこの後，マレーシアでの暮らしを回想し，日本に帰国してからの自分と比べている。**A，B**　日本では「みんな」と「同じ」でなければと思いこみ，「人とちがうことを否定して」きたので，「同質」性を「強要」される社会だといえる。　**C，D**　マレーシアでは「人とちがっていても仲間外れにされちゃうような場所じゃない」と感じているのだから，「異質」性が「容認(ようにん)」される社会だと判断できる。

問6　問5でみたように，マレーシアでの沙弥は，人とちがっていても仲間外れにされないと感じており，みんなと同じでなければいけないという思いこみがなくなったのだから，束縛(そくばく)を解かれて自由になった気分を表す「解放感」が合う。なお，「克己心(こっきしん)」は，欲望や衝動(しょうどう)をおさえる強い心。「最先端(せんたん)」は，時代や流行などの最も新しいところ。また，ある分野でいま最も進んでいるところ。「整然性」は，秩序(ちつじょ)正しく整っているようす。「絶対的」は，ほかのものから影響(えいきょう)を受けることなく，独立して存在するようす。

問7　「人とちがうことを怖(こわ)がって，人とちがうことを否定して」いる「自分」が「嫌(いや)」なのだから，理想としているのは，人とのちがいを怖(おそ)れない「自分」だと想像できる。この後，沙弥が手に

した本について，七海さんが言ったことに注目する。七海さんは主人公に自分を重ね，その本が「どこでも同じ凜とした姿」で存在するのを見て，「グラグラ」の心を立て直すことができた。この，どこにあっても同じ「凜とした姿」が，沙弥の理想に合っているのだといえる。

問8　佐藤先輩が沙弥を誘った「吟行」とは，「短歌」をつくるために外に出かけること。短歌は五・七・五・七・七の“三十一文字”で構成されているので，「出席番号が三十一番」の沙弥に声をかけたというのは，「仲よく」なりたくても「不器用」な佐藤先輩の照れかくしだったのだとわかる。

問9　問２，問４でみたように，沙弥は佐藤先輩との「吟行」を楽しみにし始めていたが，仲間外れが怖いあまり先輩の誘いを「迷惑」だと言ってしまい，人目を怖れるあまり先輩を傷つけた自分が「嫌」になっている。そんなとき，司書の七海さんから，中学のとき好きだった「凜とした」本によって「グラグラ」の心を立て直したこと，佐藤先輩が短歌を通して沙弥と「仲よく」なりたかったことを聞き，先輩に謝ろうと思ったのだから，オがよい。オ以外は，吟行を楽しみにしていながら人目ばかり気にする嫌な自分と向き合うことと，佐藤先輩と仲よくなりたいという二つの要件をおさえていない。

問10　全体を通して，沙弥と佐藤先輩とのかかわりが描かれているので，ウがふさわしい。

二　**出典は松村圭一郎の『うしろめたさの人類学』による。**政治的な統制の強いエチオピアだが，人の「名前」に関する日本とエチオピアの違いを例に，どちらの国家支配が強いかを問いかけている。

問1　**A**　「生まれた子どものことを，それぞれ好き勝手な名前で呼ぶ」ことの例として，続く部分で「ドゥカモ」や「アジャイボ」などがあげられているので，具体的な例をあげるときに用いる「たとえば」がよい。　**B**　エチオピアでの「名前」が「単一の固定したものではない」ことを紹介した後，「名前」が「固定」している日本の場合を説明しているので，二つのうちの一つについて述べた後，もう一つの側について述べることを表す「一方」が合う。　**C**　日本では，出生後に届け出た「固定した名前」を前提に社会制度が成り立っているが，これは明治期に整えられた「戸籍制度」に始まったことは議論の余地がないので，“言うまでもなく”という意味の「もちろん」があてはまる。

問2　「とかく」と似た意味の言葉には，「往々にして」「えてして」などがある。なお，「つまるところ」は，いろいろ考えたり試したりした結果を述べるときに使う。「まれに」は，めったにないようす。「あくまで」は，ある一定の範囲内に限定すること。「存外」は，ものごとの程度が予想と異なるさま。

問3　八つ目の段落で，エチオピアにおける人の名前の実態が説明されている。エチオピアでは，「社会的な関係や状況」に応じて呼び方が変わり，「相手をどの名前で呼ぶかによって，その人との関係が示される」。また，ぼう線１の後では「個人の同一性にもとづいたパスポート」などの制度でも名前が「操作」でき，名前は「わたし」という存在の外部にあるのだと述べられている。これを整理し，「『わたし』という個人の外部にあり，社会的な関係や状況に応じて変わるもの」のような趣旨でまとめるとよい。

問4　前後で，「国家」に「名前」を「登録」することで，「固定した名前と性別にもとづく社会制度」が可能になり，それが「基盤」となって「国家」は「政策を遂行」できるため，固定化された名前によってその人の同一性を保証することが「国家にとって重要」なのだと述べられている。また，最後の二つの段落では，この制度が日本人の「国家」との「密着」を強めていることも指摘(してき)されている。これをふまえ，「固定した名前で個人を組みこむ社会の仕組みにより，国家が個人を支配し易くなるから」のようにまとめる。

問５　最後の二つの段落で，「日本人が，エチオピア人よりも国家から自由であるとはいえない」理由が説明されている。国家の支配というと，エチオピアのような「表向き」の統制の強さだけが想起されるが，実は「国家と密着する」ことを「あたりまえ」にして生きている日本人のほうが，国家が関与(かんよ)する密度は高いともいえるのだと述べられている。

三　漢字の読みと書き取り，ことばの知識

問１　①　あれこれと計画を立てること。　②　新しく生まれること。　③　ものごとがところどころに広がって存在するようす。　④　音読みは「ホウ」で，「訪問」などの熟語がある。訓読みにはほかに「たず(ねる)」がある。　⑤　人の力量や物の価値を判定するために試みるものごと。　⑥　あるものごとが確かであることを別の面から証明すること。　⑦　後に打消しの言葉をともない，“絶対に～ない”という意味を表す。

問２　①　上から順に“ものをみる目がある”“子供のめんどうをみる”“味をみる”のような使い方をする。　②　上から順に“午後の便でたつ”“国交をたつ”“布をたつ”のような使い方をする。　③　上から順に“心をうつ”“興行をうつ”“電報をうつ”のような使い方をする。

Dr.福井の

入試に勝つ! 脳とからだのウルトラ科学

睡眠時間や休み時間も勉強!?

みんなは寝不足になっていないかな？　もしそうなら大変だ。睡眠時間が少ないと，体にも悪いし，脳にも悪い。なぜなら，眠っている間に，脳は海馬（かいば）という部分に記憶をくっつけているんだから。つまり，自分が眠っている間も頭は勉強しているわけだ。それに，成長ホルモン（体内に出される背をのばす薬みたいなもの）も眠っている間に出されている。昔から言われている「寝る子は育つ」は，医学的にも正しいことなんだ。

寝不足だと，勉強の成果も上がらないし，体も大きくなりにくく，いいことがない。だから，睡眠時間はちゃんと確保するように心がけよう。ただし，だからといって寝すぎるのもダメ。アメリカの学者タウブによると，10時間以上も眠ると，逆に能力や集中力がダウンしたという研究報告があるんだ。

睡眠時間と同じくらい大切なのが，休み時間だ。適度に休憩するのが勉強をはかどらせるコツといえる。何時間もぶっ続けで勉強するよりも，50分勉強して10分休むことをくり返すようにしたほうがよい。休み時間は，散歩や体操などをして体を動かそう。かたまった体をほぐして，つかれた脳を休ませるためだ。マンガを読んだりテレビを見たりするのは，頭を休めたことにならないから要注意！

頭の疲れに関連して，勉強の順序にもふれておこう。算数の応用問題や理科の計算問題，国語の読解問題などを勉強するときには，脳のおもに前頭葉という部分を使う。それに対して，国語の知識問題（漢字や語句など）や社会などの勉強では，おもに海馬（かいば）という部分を使う。したがって，それらを交互に勉強すると，１日中勉強しても疲れにくい。

Dr.福井（福井一成（ふくいかずしげ））…医学博士。開成中・高から東大・文Ⅱに入学後，再受験して翌年東大・理Ⅲに合格。同大医学部卒。さまざまな勉強法や脳科学に関する著書多数。

2018年度　早稲田大学系属早稲田実業学校中等部

〔電　話〕(042) 300－２１２１
〔所在地〕〒185-8505　東京都国分寺市本町１－２－１
〔交　通〕JR中央線・西武国分寺線・西武多摩湖線―「国分寺駅」徒歩７分

【算　数】（60分）〈満点：100点〉

【注意】 図や線をかく問題は，定規やコンパスを使わなくてもかまいません。

1 次の各問いに答えなさい。

(1) $1.675-\left(20\frac{1}{8}\div\boxed{}\times1\frac{1}{23}-\frac{2}{5}\right)=1.375$の$\boxed{}$にあてはまる数を求めなさい。

(2) Ａ君だけでは１時間，Ｂ君だけでは１時間24分かかる仕事があります。最初の10分間はＡ君とＢ君の２人で仕事をして，次にＡ君だけで仕事をして，最後にＢ君だけで仕事をしたところ，全部で１時間４分かかりました。Ｂ君だけで仕事をしたのは何分間ですか。

(3) 光が鏡で反射するときには，**図１**のように角アと角イが等しくなります。**図２**のように，内側が鏡の三角形ABCを作り，内部の点Ｐから辺ACに向かって光を発射させたところ，点Ｑ，Ｒで反射して元の位置に戻（もど）りました。㋐の角度を求めなさい。

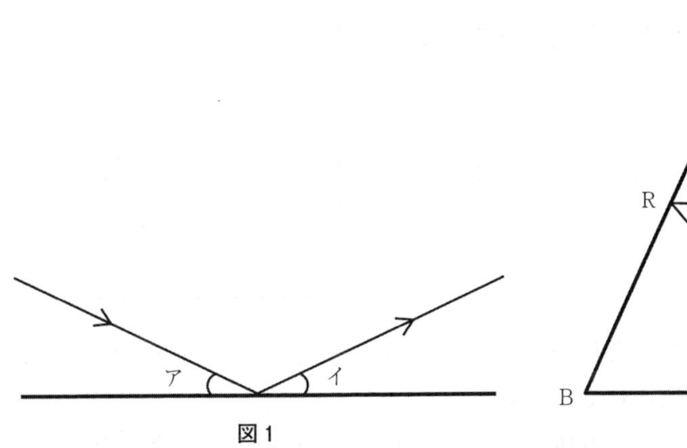

図１

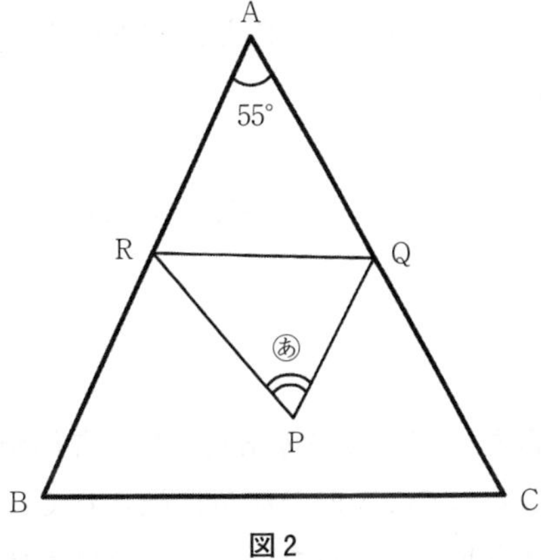

図２

(4) １から19までの連続した10個の奇（き）数から８個の数を選んですべてたした値から，残りの２個の数をひくと40になりました。このような８個の数の選び方は全部で何通りありますか。

2 一辺の長さが９cmで，表が白色，裏が黒色の正方形の折り紙ABCDがあります。点Ｐを折り紙の上にとり，頂点Ａが点Ｐに重なるように折って，**図１**のように黒い図形を作ります。次の各問いに答えなさい。

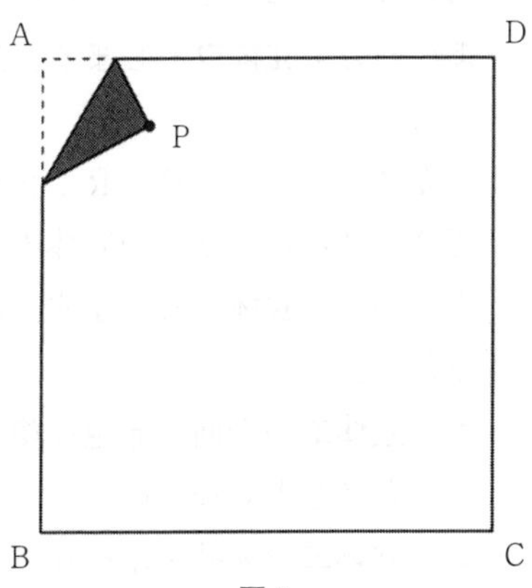

図１

(1) **図2**のように点Pを正方形の対角線AC上にとり，黒い図形を作ったところ，黒い図形の面積と表の白い部分の面積の比が1：2になりました。APの長さを求めなさい。

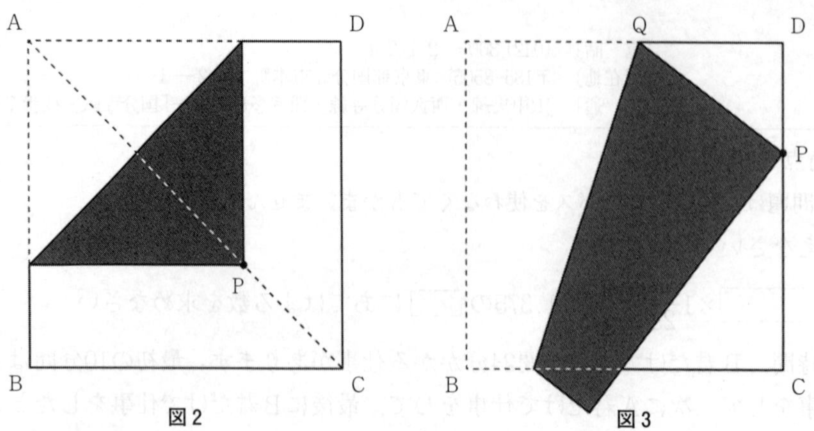

図2　**図3**

(2) 上の**図3**のように点PをDP＝3cmとなるように辺CD上にとり，黒い図形を作ったところ，DQ＝4cmとなりました。黒い図形の面積を求めなさい。

(3) 頂点Aから点Pを出発させ，黒い図形が三角形になるように点Pを動かします。点Pの動ける範囲(はんい)を解答欄(らん)の図に斜(しゃ)線で示しなさい。ただし，解答欄の図は実際の大きさとは異なります。

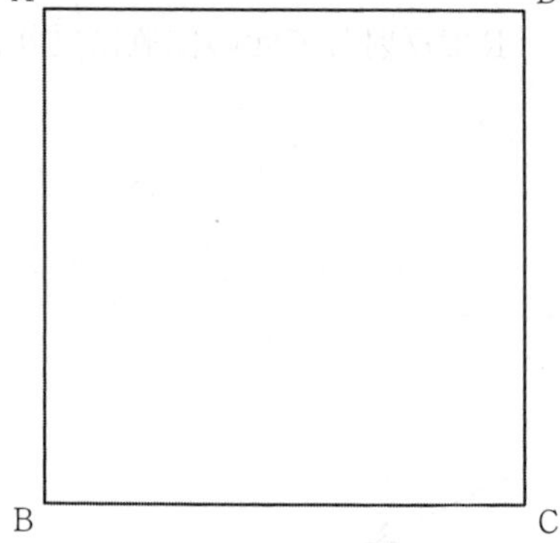

［必要なら，自由に使いなさい。］

3 木でできた一辺の長さが6cmの立方体があり，AP＝AQ＝4cm，CR＝CS＝3cmです。この立方体はすべての表面が赤色に塗(ぬ)られています。

まず，3点E，B，Dを通る平面で立方体を切り，切り分けられた2つの立体のうち頂点Aをふくむ方を**立体ア**，頂点Cをふくむ方を**立体イ**とします。次の各問いに答えなさい。

(1) **立体ア**を，3点E，P，Qを通る平面で切り，切り分けられた2つの立体のうち頂点Aをふくまない方を**立体ウ**とします。**立体ウ**の体積を求めなさい。

(2) **立体イ**を，3点E，R，Sを通る平面で切り，切り分けられた2つの立体のうち頂点Cをふくまない方を**立体エ**とします。次の①，②に答えなさい。

① **立体エ**の表面で赤色に塗られた部分の面積の合計を求めなさい。

② **立体エ**の体積を求めなさい。

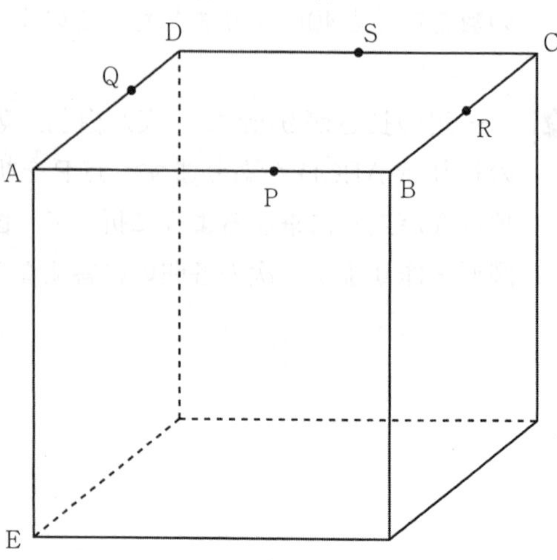

4　**図１**のような，縦の長さが１cm，横の長さが㋐cmの長方形の紙があります。ただし，㋐は１より大きい数とします。

この紙を縦または横に１回真っすぐ切って，長方形から正方形を切り離(はな)します。残った紙が正方形でなければ再び同じように正方形を切り離し，残った紙が正方形になるまでこの作業をくり返します。

たとえば，㋐が$2\frac{1}{2}$のときの切り方は，**図２**のように①縦→②縦→③横となり，切る回数は３回です。次の各問いに答えなさい。

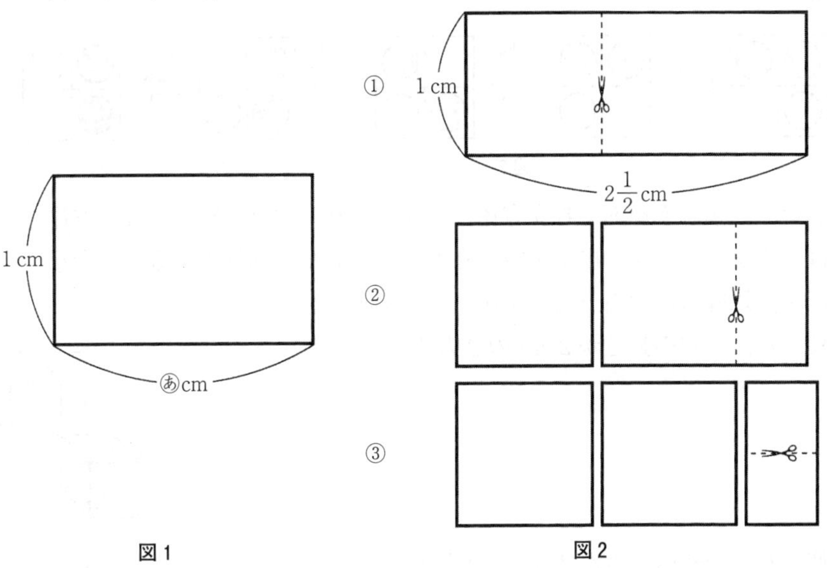

図１　　**図２**

(1)　㋐が$1\frac{1}{4}$のときの切る回数を求めなさい。

(2)　切る回数が３回となる㋐の値をすべて求めなさい。ただし，$2\frac{1}{2}$は除きます。

(3)　①縦→②横→③縦→④横→…と交互(ご)に切る場合を考えます。切る回数が１回である㋐の値を◇1◇，２回である㋐の値を◇2◇，…と順に表すことにします。

◇1◇×◇2◇×…×◇10◇の値を求めなさい。

5　白玉１個と黒玉がたくさんあります。玉を入れることのできる一辺の長さが１cmの立方体もたくさんあります。立方体を何個か使って立体を作り，次の**ルール**にしたがって玉を移動させます。

> **ルール**
> - **１つの立方体には１個の玉しか入らない。**
> - **空(から)の立方体に，となり合う立方体から玉を移動できる。**

たとえば，立方体を４個使って，縦２cm，横２cm，高さ１cmの直方体を作り，次ページの**図１**のように白玉を１個，黒玉を２個入れます。このとき，白玉を空の立方体の位置まで移動させる最も少ない回数は**図２**のように５回です。ただし，**図２**は立体を上から見たときの図です。

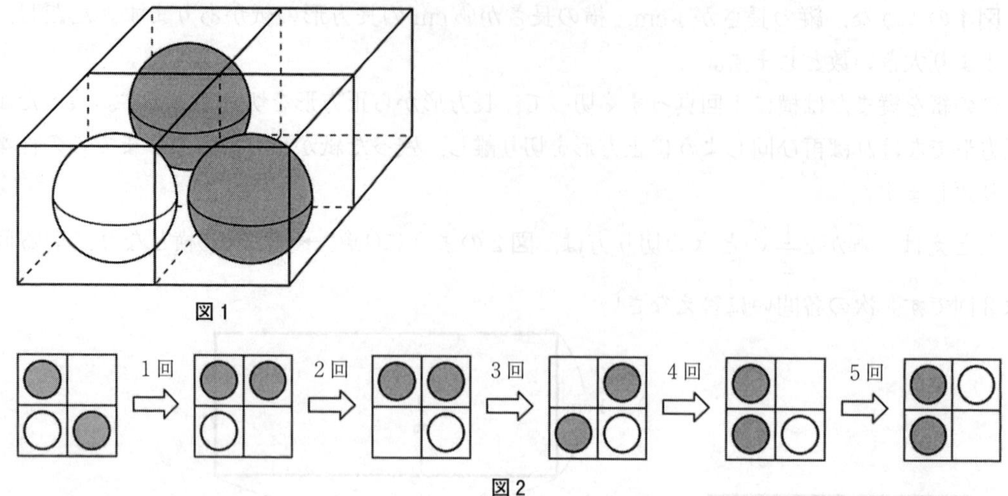

図1
図2

次の各立体において，頂点Aをふくむ立方体に白玉を入れ，頂点Bをふくむ立方体を空にし，残りの立方体には黒玉を入れます。白玉を空の立方体の位置まで移動させる最も少ない回数を求めなさい。ただし，以降の図は白玉のみをかいています。

(1)　立方体を8個使った，一辺の長さが2 cmの立方体

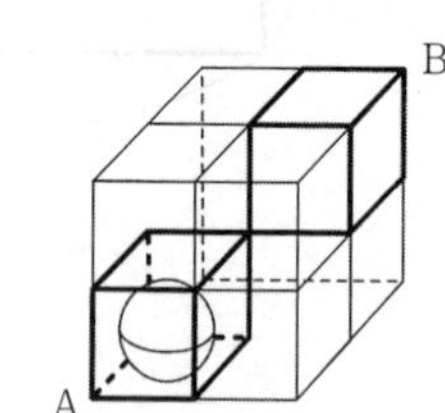

(2)　立方体を27個使った，一辺の長さが3 cmの立方体

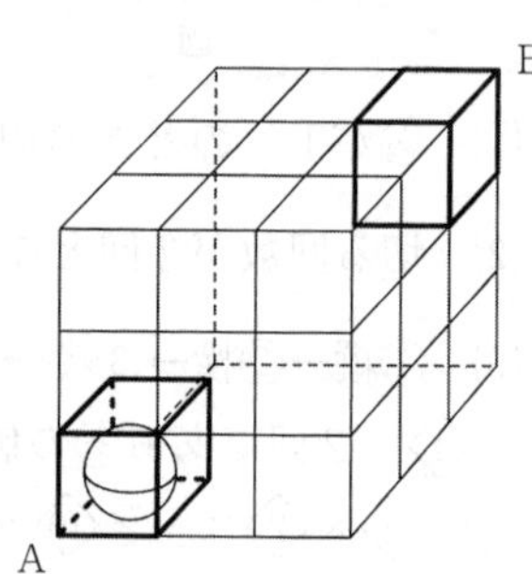

(3)　立方体を100個使った，縦5 cm，横5 cm，高さ4 cmの直方体

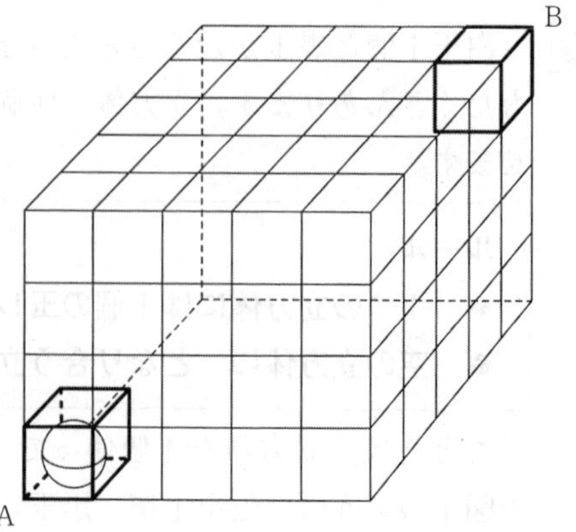

【社　会】（30分）〈満点：50点〉

【注意】 解答は，とくに指示がない限り，漢字で書くべきところは，正しい漢字を使って答えなさい。

Ⅰ　次の会話文を読んで，以下の問いに答えなさい。

3月末のある日

お父さん「あと一週間で中学校の入学式か。いよいよ，ヨシオも中学生だな。」

ヨ シ オ「うん。1電車で学校まで通うのは大変そうだけれど，授業も部活も楽しみだよ。」

お母さん「ヨシオはどの部に入るの。ヨシオが好きな釣り部なんてないでしょ。」

ヨ シ オ「さすがに同好会にも釣り部はないみたい。僕は自然が好きだから山岳部かな。」

お父さん「お前は2川での釣りが好きだからな。山が好きなんだね。父さんは海が好きだけどな。明後日の日曜日に，山じゃなくてたまには海にでも釣りに行くか。」

ヨ シ オ「海もいいね。どこに行こうか。うーん，久しぶりに三浦半島に行こうよ。3月末だから，そろそろ3アジが旬（しゅん）を迎えるよ。」

お父さん「よし，三崎港から釣り船に乗ってアジ釣りに決定だ。」

お母さん「三崎港に行くなら，お土産に4マグロを買ってきてね。」

釣りの当日，三崎口駅から三崎港へ向かうバスの中で

ヨ シ オ「朝早くてまだ薄暗いから見えにくいけど，道の両側には畑が広がっているね。」

お父さん「三浦半島は春が［　　　］の最盛期だから，きっと広がっているのは［　　　］畑だよ。」

ヨ シ オ「春［　　　］はおいしいからなあ。帰りに買って帰ろう。」

三崎港から出港した釣り船の上で

ヨ シ オ「東の方へ出港したね。今日は波が穏やかでいいな。あっ，5風力発電所のプロペラが見える。」

お父さん「このへんは半島で海に面しているから風が強くて，風力発電に向いているんだろうね。太陽がまぶしいな。」

ヨ シ オ「今日は6東京湾の入口の方で釣りを楽しむことができそうだね。釣るぞー。」

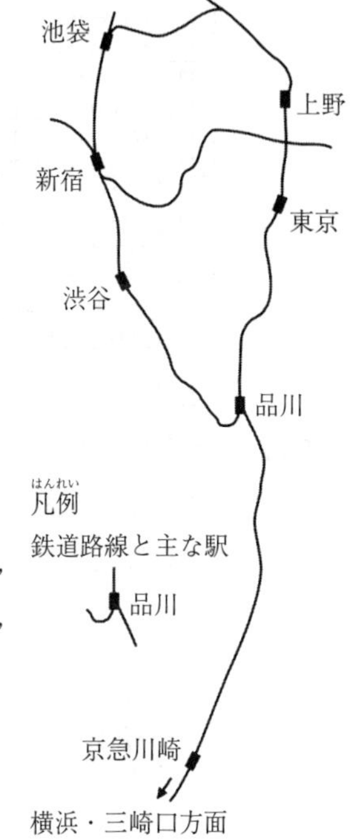

図1　ヨシオ君の通学路線

問1　下線部1について，**図1**を参考にして次の問題に答えなさい。

①　ヨシオ君は京急川崎駅の近くに住んでいます。学校へは，京急川崎駅から品川駅へ行き，JR線に乗り換えて，品川駅～新宿駅という経路で通います。次ページの時刻表は京急川崎駅のもので，平日の品川方面行き，平日の横浜方面行き，休日の品川方面行き，休日の横浜方面行きのいずれかを示しています。ヨシオ君が平日朝の通学に利用する時刻表はどれですか，**A～D**の中から1つ選び，記号で答えなさい。

②　①の答えを選んだ理由を30字以内で説明しなさい。

京急川崎駅　時刻表

A

時	
4	
5	02 22 41 55 59
6	12 16 32 33 42 50 52
7	00 04 09 13 14 16 20 25 31 32 37 41 48 50 51 53 59
8	00 06 07 09 12 13 17 22 23 26 31 33 38 43 44 47 50 51 54 56 57
9	03 05 06 10 11 14 16 20 24 26 28 35 37 38 45 47 48 54 56 57
10	05 06 12 13 16 21 23 28 32 33 39 43 43 48 51 52 58
11	00 02 08 10 12 18 20 22 28 30 32 38 40 42 48 50 52 58
12	00 02 08 10 12 18 20 22 28 30 32 38 40 42 48 50 52 58
13	00 02 08 10 12 18 20 22 28 30 32 38 40 42 48 50 52 58
14	00 02 08 10 12 18 20 22 28 30 32 38 40 42 48 50 52 58
15	00 02 08 10 12 18 20 22 28 30 32 38 40 42 48 50 52 58
16	02 03 10 12 13 17 23 24 28 33 35 39 43 44 51 52 57
17	01 02 06 07 12 15 16 22 23 25 29 33 34 37 41 44 45 48 51 54 55 57
18	00 02 04 06 10 12 14 16 20 22 24 26 30 32 34 36 40 42 44 46 50 52 54 56
19	03 04 06 10 13 14 16 23 24 26 30 33 34 36 42 43 46 51 52 56
20	02 03 06 10 12 15 21 22 26 31 32 36 41 42 46 50 51 54
21	01 02 05 09 10 14 19 20 29 33 34 36 40 41 46 50 51 59
22	03 04 08 12 13 16 20 22 29 33 35 43 44 53 54 59
23	04 05 14 18 19 27 28 36 45 46 53 59
24	00 15 16 31 36

B

時	
4	52
5	05 14 21 26 33 36 41 51 52 57
6	04 05 09 14 15 22 25 27 30 36 39 40 48 51 56
7	02 03 06 08 15 16 22 23 27 28 33 34 39 42 43 48 51 52 56 59
8	04 05 09 11 14 15 18 20 24 25 30 32 36 37 41 44 48 49 51 55 57 59
9	04 05 10 12 17 23 24 31 32 35 40 41 44 46 52 55 59
10	02 05 09 12 15 19 22 25 30 32 35 39 42 45 50 52 55 59
11	02 05 10 12 15 19 22 25 29 32 35 39 42 45 49 52 55 59
12	02 05 09 12 15 20 22 25 29 32 35 40 42 45 49 52 55 59
13	02 05 09 12 15 20 22 25 29 32 35 39 42 45 49 52 55
14	00 02 05 09 12 15 19 22 25 29 32 35 40 42 45 49 52 55 59
15	02 05 10 12 15 19 22 25 29 32 35 39 42 45 49 52 55
16	02 04 06 12 14 16 22 23 25 32 35 39 43 46 49 53 55 59
17	03 05 10 13 16 17 22 24 26 31 33 34 36 41 45 46 50 53 53 56
18	02 05 06 10 13 14 17 22 24 27 28 31 35 38 41 45 47 50 55 57
19	00 05 07 10 15 17 21 24 27 30 33 36 41 44 46 49 54 58
20	02 05 08 12 15 20 25 27 30 35 37 40 45 49 50 55 56 58
21	06 07 09 16 17 19 25 26 29 36 37 39 47 48 50 56 58
22	05 07 17 25 31 42 43 54
23	02 07 18 30 38 48 56
24	

C

時	
4	52
5	05 14 21 26 33 36 41 50 51 58 59
6	03 09 09 14 16 24 26 32 35 39 42 50 53 56 59
7	02 06 09 12 16 19 22 26 29 32 36 39 42 46 49 52 56 59
8	02 06 08 12 16 18 22 26 28 32 36 38 42 46 48 52 56 58
9	02 06 09 12 16 18 22 29 30 34 39 41 45 49 53 55 59
10	01 05 08 12 15 19 21 25 28 32 35 39 42 45 49 52 55 59
11	02 05 09 12 15 20 22 25 29 32 35 39 42 45 49 52 55 59
12	02 05 09 12 15 19 22 25 29 32 35 39 42 45 49 52 55 59
13	02 05 09 12 15 19 22 25 29 32 35 39 42 45 49 52 55 59
14	02 05 09 12 15 19 22 25 29 32 35 39 42 45 49 52 55 59
15	02 05 09 12 15 19 22 25 29 32 35 39 42 45 49 52 55 59
16	02 05 09 12 15 19 22 25 29 32 35 39 42 45 49 52 55 59
17	02 05 09 12 15 19 22 25 29 32 35 39 42 45 49 52 55 59
18	02 05 09 12 15 19 22 25 29 32 35 39 42 45 49 52 55
19	00 02 05 09 12 15 19 22 25 29 32 35 39 42 45 49 52 55 59
20	02 05 09 12 15 19 22 25 29 32 35 39 42 45 49 52 55 59
21	02 05 09 12 15 19 22 25 29 32 35 43 47 52 55 57
22	06 13 21 34 36 47 54
23	03 07 15 27 36 56
24	

D

時	
4	
5	02 22 41 57 57
6	12 13 19 25 28 40 43 52 56
7	05 09 14 15 23 24 29 34 38 39 43 48 49 54 58 59
8	05 09 10 15 19 20 25 29 30 35 39 40 44 48 49 54 58 59
9	04 08 09 14 19 20 24 28 29 34 39 40 43 48 52 53 59
10	01 02 08 10 12 18 20 22 28 30 32 38 40 42 48 50 52 58
11	00 02 08 10 12 18 20 22 28 30 32 38 40 42 48 50 52 58
12	00 02 08 10 12 18 20 22 28 30 32 38 40 42 48 50 52 58
13	00 02 08 10 12 18 20 22 28 30 32 38 40 42 48 50 52 58
14	00 02 08 10 12 18 20 22 28 30 32 38 40 42 48 50 52 58
15	00 02 08 10 12 18 20 22 28 30 32 38 40 42 48 50 52 58
16	00 02 08 10 12 18 20 22 28 30 32 38 40 42 48 50 52 58
17	00 02 08 10 12 18 20 22 28 30 32 38 40 42 48 50 52 58
18	00 02 08 10 12 18 20 22 28 30 32 38 40 42 48 50 52 58
19	00 02 08 10 12 18 21 22 28 31 32 38 41 42 48 51 52 58
20	01 02 08 10 12 18 21 22 28 31 32 38 41 42 48 51 52 58
21	01 02 08 11 12 18 21 22 28 31 32 38 41 42 48 51 52 58
22	03 04 12 13 21 24 25 34 37 38 46 47 51 59
23	02 06 18 20 29 30 37 46 50 51 58
24	01 09 13 14

問2　下線部**2**について，次の川はヨシオ君が釣りをした経験がある川です。これらの川のうち，坂東太郎・筑紫次郎・四国三郎の別名がついている川を次の**ア**～**オ**の中からそれぞれ選び，記号で答えなさい。

ア.

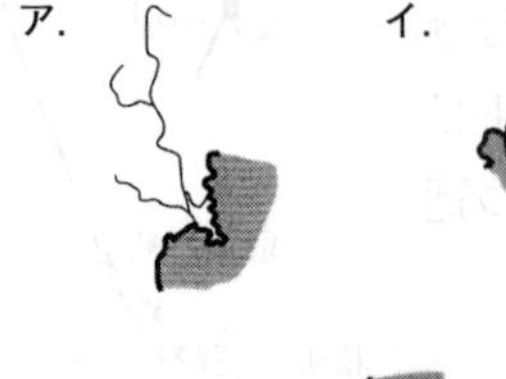

イ.

ウ.

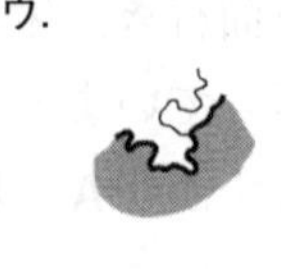

エ.

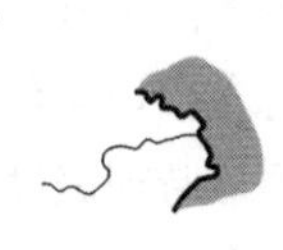

オ.

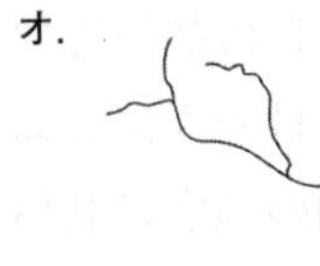

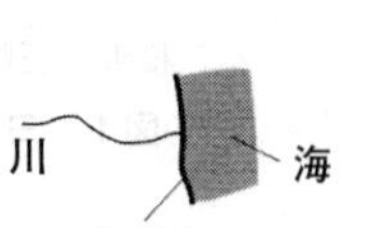

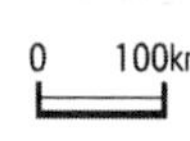

問3　下線部**3**について，次のイラストのうち，「アジ」を表しているものを次の**ア**～**エ**の中から１つ選び，記号で答えなさい。

問4　下線部**4**について，日本に水揚（あ）げされるマグロはおもにどの漁業で水揚げされていますか。**図2**の**A**～**C**の中から１つ選び記号で答え，その漁業の名前も答えなさい。

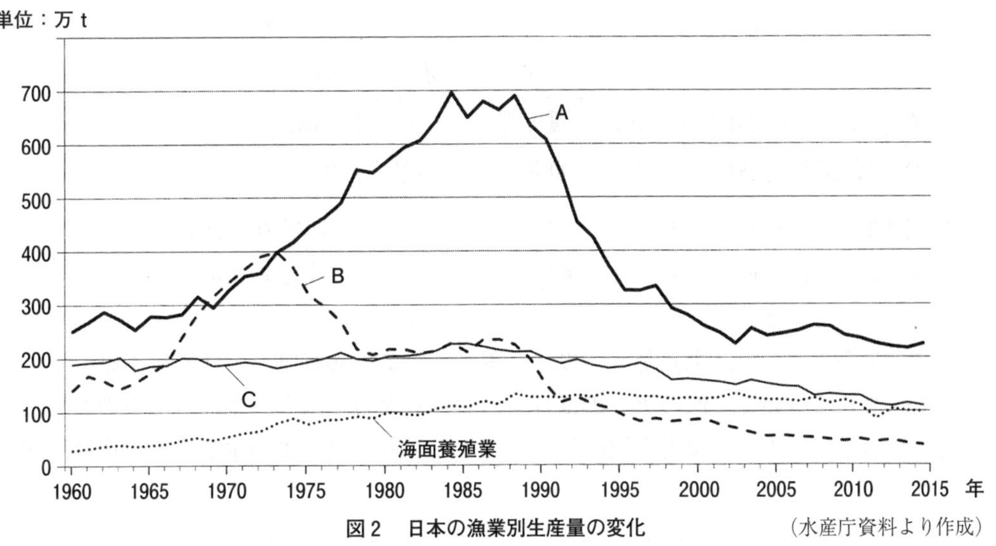

図2　日本の漁業別生産量の変化　（水産庁資料より作成）

問5　会話文中の［　　］について，次の問題に答えなさい。

①　［　　］に入る野菜の名前をカタカナで答えなさい。

②　**図3**のグラフは東京都中央卸売（おろしうり）市場で取り引きされる［　　］の産地別の入荷量です。**A**・**B**にあてはまる都道府県名を次の**ア**～**カ**の組み合わせから１つ選び，記号で答えなさい。

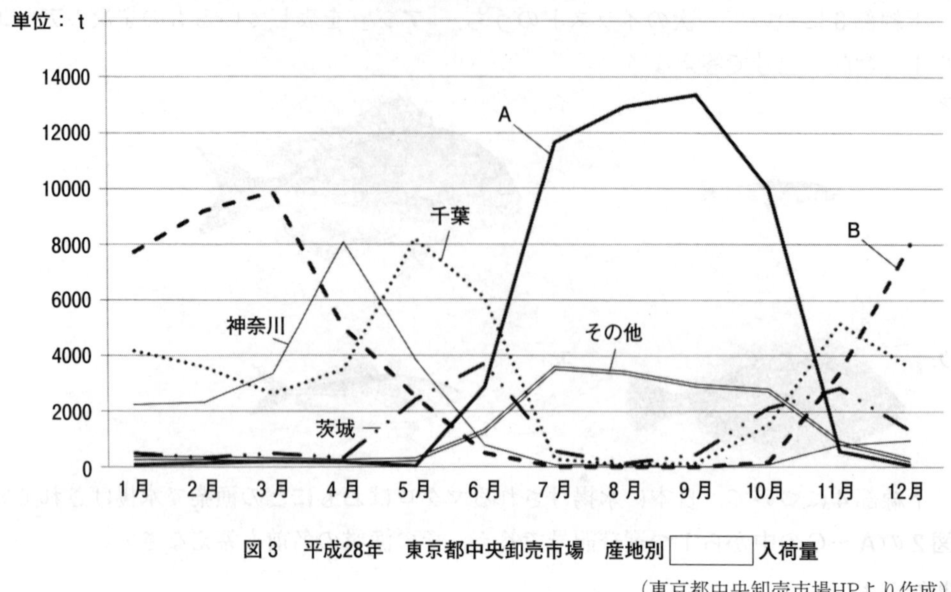

図3　平成28年　東京都中央卸売市場　産地別［　　　］入荷量

（東京都中央卸売市場HPより作成）

	ア	イ	ウ	エ	オ	カ
A	長野県	愛知県	群馬県	愛知県	長野県	群馬県
B	愛知県	長野県	愛知県	群馬県	群馬県	長野県

③　**図3**で,「その他」で7月に入荷量がもっとも多い都道府県は岩手県です。では「その他」で6月に入荷量がもっとも多い都道府県はどれですか。次の**ア**～**オ**の中から1つ選び,記号で答えなさい。

ア．北海道　　**イ**．東京都　　**ウ**．三重県　　**エ**．兵庫県　　**オ**．熊本県

問6　下線部**5**について，次の**ア**～**エ**は日本における火力・水力・地熱・風力のおもな発電所の場所を示しています。風力発電所にあてはまるものを**ア**～**エ**の中から1つ選び，記号で答えなさい。

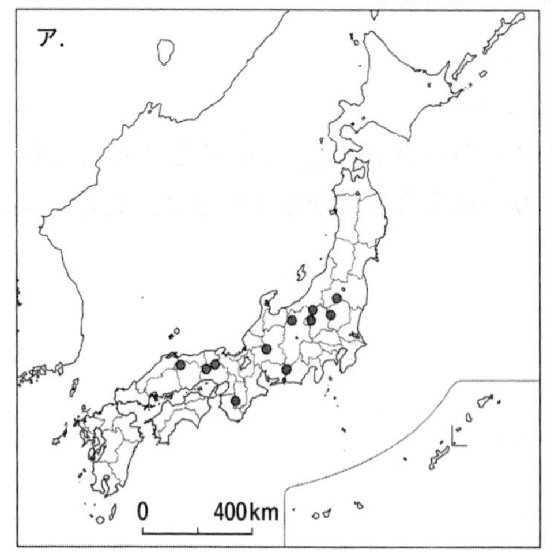

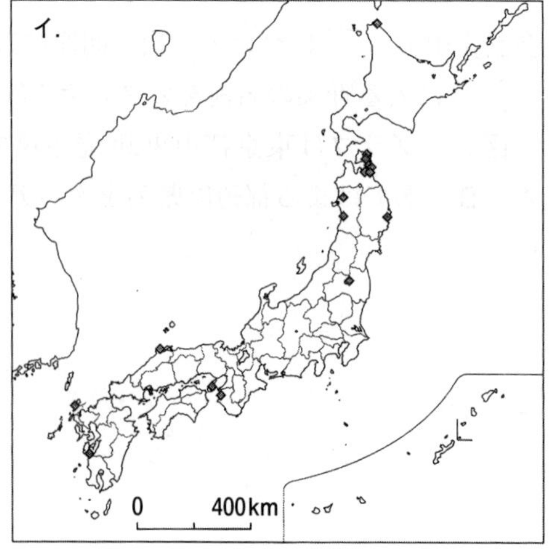

ウ.

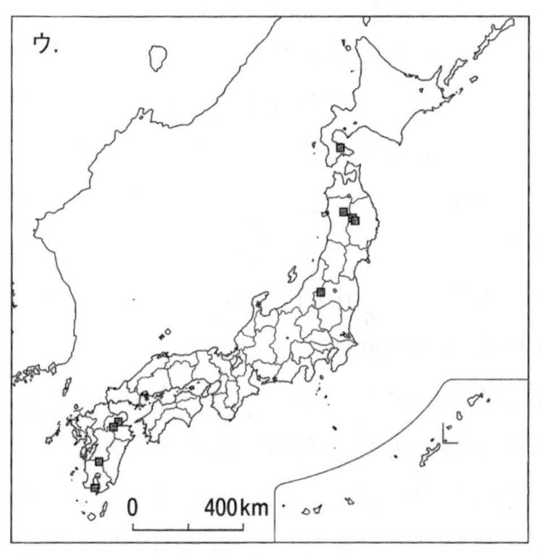

エ.

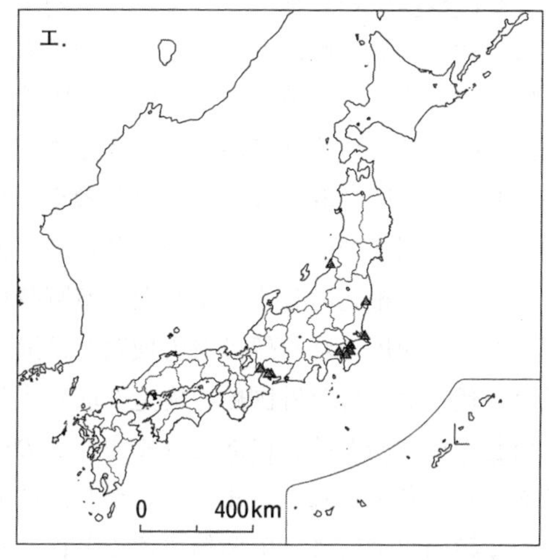

(2010年現在)

問7　下線部**6**について，ヨシオ君は釣りをしている間に，東京湾を行き来するさまざまな貨物船を見ました。次の問題に答えなさい。

①　天然ガスを運ぶ船の写真を次の**ア**～**エ**の中から１つ選び，記号で答えなさい。

ア.

イ.

ウ.

エ.

②　貨物を運ぶ運輸には，船以外にも自動車(トラックなど)・鉄道・飛行機があります。近年，自動車だけでものを運ぶ輸送方法から，船や鉄道を組み合わせて運ぶ輸送方法に変わってきています。この輸送方法は自動車だけを使う方法と比べてどのような長所があるでしょうか，長所を２つ述べなさい。

Ⅱ　次の文章を読んで，以下の問いに答えなさい。

日本は海に囲まれた島国です。そのため，船が果たしてきた役割は，たいへん大きいものでした。

日本でもっとも古いタイプの船は，一本の巨木をくり抜いてつくった丸木舟というものです。丸木舟は縄文時代から数千年にわたって使われた船で，1<u>縄文時代にはおもに魚介類や海藻(かいそう)な</u>

どをとるために用いられたと考えられています。丸木舟は日本各地で発見されていることから，縄文人の持つ航海技術はとても高いものであったことがわかります。

7世紀になると，2遣隋使，続いて遣唐使が始まります。この時使用された船は，初めのうちは比較的簡単なつくりであったようですが，後には中国へのルートが変わったことなどから，大陸の新しい技術が取り入れられたと考えられています。このことから，後期の遣唐使船は唐船すなわち中国式の船だったと推定されています。しかし，その大陸からの技術は3遣唐使の廃止とともに途絶えてしまいました。室町時代になると，4中国との勘合貿易が活発になりますが，そこで使用された船は遣唐使船とは違う日本式の大型船であったと思われます。

江戸時代には，再び外国船の構造を取り入れた船が活躍します。5江戸幕府から渡航を許された公認の貿易船がそれにあたります。この船は中国の帆船(はんせん)に西洋の帆船の技術が合わさった船であったと考えられています。しかし，この時の造船技術も，江戸幕府による6大船建造の禁止や7鎖国政策によって断絶することになりました。とはいえ，日本国内では全国的な航路が整備され，次第に大型商船が活躍していくことになります。この商船は弁財船(べんざいせん)と呼ばれるもので，8蝦夷地と大坂(大阪)を結ぶ西廻り航路を往来した北前船にも，江戸と大坂を結ぶ航路で活躍した菱垣廻船(ひがきかいせん)や樽廻船(たるかいせん)にも用いられました。

幕末になると，91853年9月に大船建造の禁止が解かれます。その後は木造の帆船，次に鋼鉄船(こうてつせん)による軍艦がつくられていき，軍艦をはじめとして日本は世界有数の造船大国となりました。10そして，太平洋戦争の時には，世界最大級の戦艦大和が誕生しました。しかしながら，この頃すでに戦艦よりも航空母艦(空母)による航空部隊が活躍する時代になっていたのです。太平洋戦争では，軍艦だけでなく商船も多く失われました。けれども，造船業は終戦直後から復活していき，1950年代には長期の造船ブームをもたらしました。航空機による海外渡航が一般化しても，海上輸送の需要は世界中で増えていき，日本は世界一の造船量を誇るに至りました。

問1　下線部1のほかに，道具の素材となる石材との交易が，船を利用して行われました。その中で，長野県和田峠や東京都神津島(こうづしま)などで産出された石材を答えなさい。

問2　下線部2に関する説明文としてもっともふさわしいものを，次の**ア**～**オ**の中から1つ選び，記号で答えなさい。

ア．最初の遣隋使が持参した国書には，中国の皇帝に対して対等な付き合いによる外交を求めた内容が書かれていた。このことに中国皇帝は激怒したが，外交は行われることになった。

イ．遣唐使は当初朝鮮半島を経由して中国に渡ったが，朝鮮との関係が悪化すると，台湾を経由して中国に渡るようになった。

ウ．遣隋使と遣唐使の大使のほとんどが男性であったが，最初の遣隋使の大使は女性であった。

エ．遣隋使の派遣を望んでいた蘇我馬子に対して，聖徳太子は冠位十二階や憲法十七条など国内の政策を優先するべきであると，派遣には反対であった。しかし，蘇我馬子の強行により遣隋使が派遣された。

オ．遣隋使や遣唐使には，留学生や学問僧なども乗っていた。その中で中国に渡る途中，大怪我(けが)をして目が見えなくなってしまった鑑真がいた。

問3　下線部**3**を要請し，その意見が認められた人物を答えなさい。

問4　下線部**4**について，当時の中国の王朝名を答えなさい。

問5　下線部**5**に関する説明文としてもっともふさわしいものを，次の**ア**～**オ**の中から1つ選び，記号で答えなさい。

ア．この幕府公認の貿易船は，いったん中国と朝鮮に立ち寄ることになっており，その後東南アジアやインドなどに向かっていった。

イ．この貿易船には，航海士や水先案内人として外国人宣教師が乗ることになっており，キリスト教の布教地であった渡航先で貿易にも関わった。

ウ．この貿易船は幕府公認の船であったことから，老中もしくは若年寄が乗船することになっていたが，しだいに守られなくなった。

エ．この貿易船が向かった渡航先には，日本人が住むようになった場所もでき，日本町がつくられていった。

オ．この貿易船の多くは東南アジアのほか，インドやヨーロッパ，アメリカなどさまざまな場所にも行き，貿易を行った。

問6　下線部**6**は何という法令(きまり)に記されていますか，その法令名を答えなさい。

問7　下線部**7**は，オランダ商館を出島に移すことで完成されましたが，それ以前のオランダ商館はどこにありましたか，その地名を答えなさい。

問8　この頃，下線部**8**にはアイヌの人々が住んでおり，蝦夷地の南部にある松前藩と交易をしていました。ところが，松前藩がアイヌの人々に対して不正な取り引きをしたため，1669年にアイヌの人々は松前藩に戦いを挑みました。その時の中心となったアイヌ人は誰ですか，その人名を答えなさい。

問9　下線部**9**が行われることになったもっとも大きなできごとを述べなさい。

問10　下線部**10**のように，戦艦大和が活躍する場はほとんどありませんでした。そして，1945年に戦艦大和は，ある島へ救援に向かう途上，アメリカ軍に撃沈されました。その島は当時アメリカ軍との地上戦が行われていましたが，その島名を答えなさい。

Ⅲ　次の文章を読んで，以下の問いに答えなさい。

日本国憲法は施行されてから2017年に70年目を迎えました。そして，ここ数年間，新聞やニュースでは $_1$憲法改正についての話題が新聞やニュースをにぎわすことも増えてきています。

1946年［　A　］に公布された日本国憲法には三つの基本原則があり，いわゆる国民主権，基本的人権の尊重，そして平和主義の三つです。

主権とは「国の政治のあり方を最終的に決める権利」であり，国民主権とは日本国内に関することは日本国民が決める権限を持っている，ということになります。日本国内で流通する物品にいくらの税金を課すのかは「日本国内に関すること」であり，その内容については主権者である日本国民または国民の信任を得ている日本政府が決定すべきこととなります。しかしながら，1858年にアメリカとの間で結んだ $_2$日米修好通商条約では，江戸幕府は $_3$関税自主権を放棄していました。これは主権を一部制限していたことにほかなりません。江戸幕府はこうした日本に不利な条約をイギリス，オランダ，フランスそしてロシアとも結びました。この江戸時代末期に外国と結んだ条約は日本にとって「不平等条約」であり，多くの人々がこれに不満を感じたのです。

基本的人権というものを「 B 」として認めたのは，日本国憲法からです。明治政府による$_4$四民平等によって，「職業選択の自由」などは多くの人々に認められるようになりました。しかしながら，特権を持った人々はまだまだ残されており，$_5$大日本帝国憲法が発布された後も，一部の人々には特権が与えられていて，けっして「法の下の平等」と言える状態ではありませんでした。

日本国憲法では$_6$第９条に平和主義を掲(かか)げています。過去の戦争への反省から，国際平和を心から願い，国と国との争いの解決手段として武力を永久に放棄する，と強く宣言したものです。しかしながら時代の移り変わりとともに，それまでは想像もつかなかったような新しい論点が出され，議論され，時には裁判所で争われてきました。

冒頭でも述べたように施行から70年がたち，新聞やニュースで「憲法改正」が話題にされることが増えてきているようです。果たして，今本当に憲法を改正すべきなのかどうか，もしその必要があるのであればどのようにすべきなのか，政治家やマスコミなどの一部の人たちだけに任せることなく，ぜひとも私たち一人一人も自分の頭で考えてみましょう。

問１　文章中の A にふさわしい月日を「～月～日」という形で答えなさい。

問２　文章中の B にもっともふさわしいものを次の**ア**～**エ**の中から１つ選び，記号で答えなさい。

ア．国民のだれもが生まれながらに身につけて持っている権利

イ．健康で文化的な最低限度の生活を営む権利

ウ．人間らしい生活ができる環境を求める権利

エ．他の国から独立し，干渉(かんしょう)されない権利

問３　下線部**１**の手続きに関して正しいものを次の**ア**～**エ**の中からすべて選び，記号で答えなさい。

ア．内閣または国会議員により，憲法改正案が発議されたのち，衆議院と参議院それぞれで審議される。

イ．国民による承認は国民投票によって行われ，その投票権は年齢満18歳以上の日本国民が有している。

ウ．憲法改正について国民の承認が得られたときには，天皇の名でただちに公布される。

エ．この70年間で，憲法改正の発議は一度も行われたことがない。

問４　下線部**２**に関する次の問題に答えなさい。

①　この条約に関して誤っているものを次の**ア**～**エ**の中からすべて選び，記号で答えなさい。

ア．この条約によって，新たに神奈川(横浜)，長崎，新潟，兵庫(神戸)を開港することを取り決めた。

イ．アメリカ人が日本人に対して罪を犯したときは，幕府ではなくアメリカの領事が裁判を行うことを認めた。

ウ．通商条約反対派の不満を抑えるために，大老の井伊直弼は朝廷の認可を受けて，この条約を結んだ。

エ．この条約を結んだことにより，アメリカは日本で薪水(しんすい)，食料，石炭の調達ができるようになった。

② この条約の締結をきっかけとして始まった，幕府の政治に反対する人々を幕府が弾圧した事件を何と呼びますか，答えなさい。

問5 下線部**3**をアメリカに認めさせ，条約改正に成功した外務大臣は誰ですか，人名を答えなさい。

問6 下線部**4**によって江戸時代の大名は何と呼ばれるようになりましたか，答えなさい。

問7 下線部**5**のもとでは，天皇は国の元首であり，政治のすべてを統治する，と定められていました。一方，諸外国のうち共和制と呼ばれる政治の仕組みを持つ国では，その元首も国民が選挙で選びます。では現在の国のうち，元首を選挙で選ぶ国はどこですか。次の**ア**～**オ**の中からすべて選び，記号で答えなさい。

ア．アメリカ

イ．イギリス

ウ．フランス

エ．ブータン

オ．韓国

問8 次の文章は下線部**6**の条文です。条文中の空欄**ア**～**ウ**にふさわしい語句をそれぞれ答えなさい。

① 日本国民は，正義と秩序を基調とする国際平和を誠実に希求（ききゅう）し，国権の発動たる（ **ア** ）と，武力による威嚇（いかく）又は武力の行使は，国際紛争を解決する手段としては，永久にこれを放棄する。

② 前項の目的を達するため，陸海空軍その他の（ **イ** ）は，これを保持しない。国の（ **ウ** ）は，これを認めない。

【理　科】（30分）〈満点：50点〉

1　オオカナダモという水草を用いて次の実験を行いました。以下の**問1**～**問3**に答えなさい。

① 青色のBTB溶液にストローで息を吹き込んで黄色にした後，その溶液を2つの小さなふたつきガラスびん**A**，**B**に入れる。

② **A**にだけオオカナダモを入れ，2つのびんのふたを閉める。

③ ②のガラスびんを別々に大型の試験管にふたが下側になるようにして入れ，びんの上方3cmの位置に白色LED電球を固定する。さらに，外から光が入らないように試験管全体をアルミはくで包む。

④ **A**の方だけLED電球を点灯させて，6時間後に溶液の色を確認したところ，**A**の溶液の色は青色に変化していたが，**B**の溶液の色は黄色のままであった。また，**A**ではオオカナダモから気体が発生していた。

アルミはく
LED電球
ガラスびん
オオカナダモ

問1　BTB溶液の色と溶液の性質について，正しい組み合わせのものを次の(ア)～(カ)から1つ選び，記号で答えなさい。

	酸性	中性	アルカリ性		酸性	中性	アルカリ性
(ア)	緑色	青色	黄色	(イ)	緑色	黄色	青色
(ウ)	青色	緑色	黄色	(エ)	青色	黄色	緑色
(オ)	黄色	緑色	青色	(カ)	黄色	青色	緑色

問2　ガラスびん**A**で発生した気体の性質や製法としてあてはまるものを，次の(ア)～(キ)から2つ選び，記号で答えなさい。

(ア) マッチの火を近づけると燃えて，水ができる。
(イ) 火がついている線香を入れると，線香の炎が大きくなる。
(ウ) 空気より少し軽い気体である。
(エ) 石灰水に通すと白くにごる。
(オ) 水を電気分解すると－極側から発生する。
(カ) 二酸化マンガンに過酸化水素水を加えると発生する。
(キ) 石灰石に塩酸を加えると発生する。

問3　ガラスびん**A**の溶液の色が変化したのはなぜですか。30字以上50字以内で説明しなさい。ただし，句読点も文字数に含みます。

2　次の**図1**は地球が太陽のまわりを公転するようすを，**図2**は月が地球のまわりを公転するようすをそれぞれ表したものです。以下の**問1**，**問2**に答えなさい。

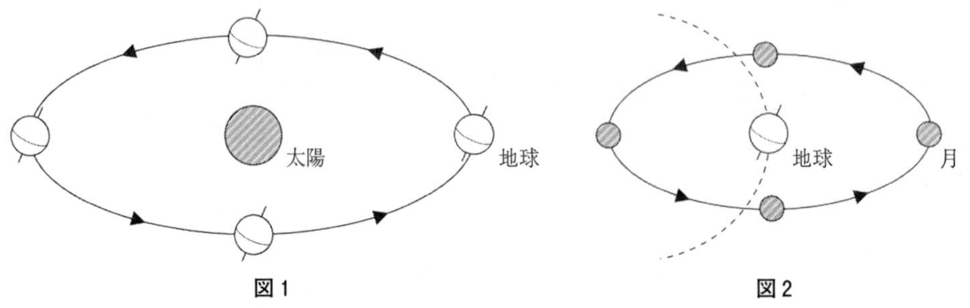

図1　図2

問1　太陽などの天体が真南にきて一番高く上がったとき，その天体と地平線との間の角度のことを南中高度といいます。東京(東経139°　北緯36°)における冬至の日の太陽の南中高度を答えなさい。ただし，地軸は**図1**のようにいつも一定の向きに傾いており，地球が太陽のまわりを回る公転面と地軸がなす角度は66.6°です。

問2　①満月と，②上弦の月について，東京におけるこれらの月の南中高度が最も高くなる時期を次の(ア)～(カ)からそれぞれ1つずつ選び，記号で答えなさい。ただし，地球の公転面と月の公転面は約5°傾いていますが，同じ平面上を公転していると考えてかまいません。

(ア)　春分の頃　　(イ)　夏至の頃　　(ウ)　秋分の頃

(エ)　冬至の頃　　(オ)　春分の頃と秋分の頃　　(カ)　夏至の頃と冬至の頃

3　電熱線を用いて，加熱時間と液体の温度上昇との関係を調べる次の実験を行いました。以下の**問1**～**問4**に答えなさい。ただし，実験では容器・電熱線・電源の電圧はすべて同じとし，発生した熱はすべて液体の温度上昇に使われたものとします。また，**問2**～**問4**で答えが割り切れない場合は，小数第一位を四捨五入して整数で答えなさい。

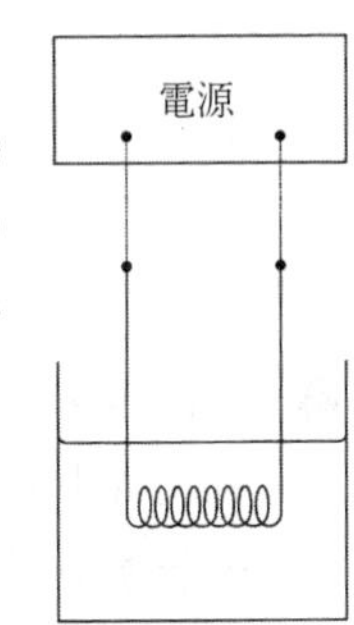

＜実験1＞

20℃の液体**A** 150 gを180秒間加熱すると25℃になり，288秒間加熱すると28℃になりました。また，20℃の液体**A** 250 gを180秒間加熱すると23℃になりました。

＜実験2＞

20℃の液体**B** 250 gを200秒間加熱すると25℃になりました。

＜実験3＞

20℃の液体**B** 300 gと20℃の液体**C** 120 gをそれぞれ別々に加熱したとき，25℃になるまでにかかった時間は同じでした。

問1　＜実験1＞の結果より，次の空欄①，②にあてはまる言葉を以下の(ア)～(ウ)からそれぞれ1つずつ選び，記号で答えなさい。

・加熱時間と温度上昇は(　①　)。

・液体の質量と温度上昇は(　②　)。

(ア)　比例する　　(イ)　反比例する　　(ウ)　無関係である

問2　液体**A** 100 gの温度を1℃上げるには，何秒間加熱する必要がありますか。

問3　20℃の液体**B**［　　　］gを192秒間加熱したところ，30℃になりました。［　　］に入る数字を答えなさい。

問4　次ページの図のように，容器(ア)～(ウ)に20℃の液体**A**～**C**をそれぞれ入れて，同時に加熱を始めました。

①　一番早く30℃になるのはどの容器ですか。(ア)～(ウ)から1つ選び，記号で答えなさい。

②　一番早く30℃になるものと一番遅く30℃になるものでは，加熱時間は何秒違いますか。

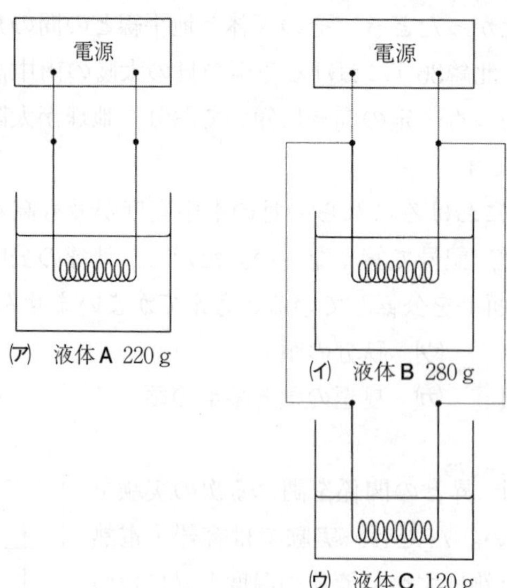

4 次の文章を読み，以下の**問1**～**問7**に答えなさい。

大気中の二酸化炭素濃度が400ppmを超え，温暖化が原因と考えられる気候変動や生態系への影響が心配されているなかで，二酸化炭素の排出量を削減するため，世界各国で様々な取り組みがなされています。特に熱源，動力源だけでなく，電力源としての様々なエネルギー資源の開発とその利用法の工夫がなされてきています。

発電方法にはいろいろな種類があります。たとえば石炭・石油・天然ガスを利用する火力発電や原子力発電，水力発電などの他に風力，地熱，太陽光など再生可能エネルギーを用いた発電方法もあり，それぞれ長所短所を持っています。

世界的にはヨーロッパを中心に脱原発・温暖化対策推進への動きもあり，再生可能エネルギーの利用が増えてきています。サウジアラビアが世界最大級の産油国であるにもかかわらず，再生可能エネルギーの開発に着手したことが大きな話題となりました。中国では近年の急速な経済発展に伴い，化石燃料だけでなく，再生可能エネルギーが積極的に導入されてきています。(1)日本ではいくつかの理由から，再生可能エネルギーの利用が進んでいるとはいえません。しかし地方都市や山間の集落などの遠隔地，島しょなどでは再生可能エネルギーが有効利用されるようになってきました。**グラフ1**は日本における電源種類別の発電量の推移を年度別に表したものです。

大規模な設備を持つ事業所が自家発電・蓄電設備を備えたり，(2)発電に際して発生した熱を様々な形で利用することでエネルギー利用効率を高め，ピーク需要に対する発電所の負荷を低減することができるようになってきました。こういった取り組みは結果的にエネルギーの有効利用につながります。また古くから行われてきた薪や家畜の糞を燃やして燃料とすることは，(3)「空気中にある二酸化炭素を生物が有機物とし，それらを利用することで，二酸化炭素が発生しても二酸化炭素の総量は変化しないので環境への負荷はない」という考え方に合致するものです。近年実用化が進んだトウモロコシやサトウキビ，藻類などから燃料を製造することもその方法の一つです。国内でも大規模酪農場などで家畜の糞尿からメタンガスを発生させ，農場内で発電に利用するなど，エネルギー資源を有効に活用できるようになってきています。

近年ハイブリッドカーや電気自動車が急速に普及しつつあります。また風力や太陽光を利用した輸送船なども開発されてきています。発電だけでなく，熱源や動力源としてエネルギー利用の効率化が進めば，温暖化対策を進める上で効果があると考えられています。

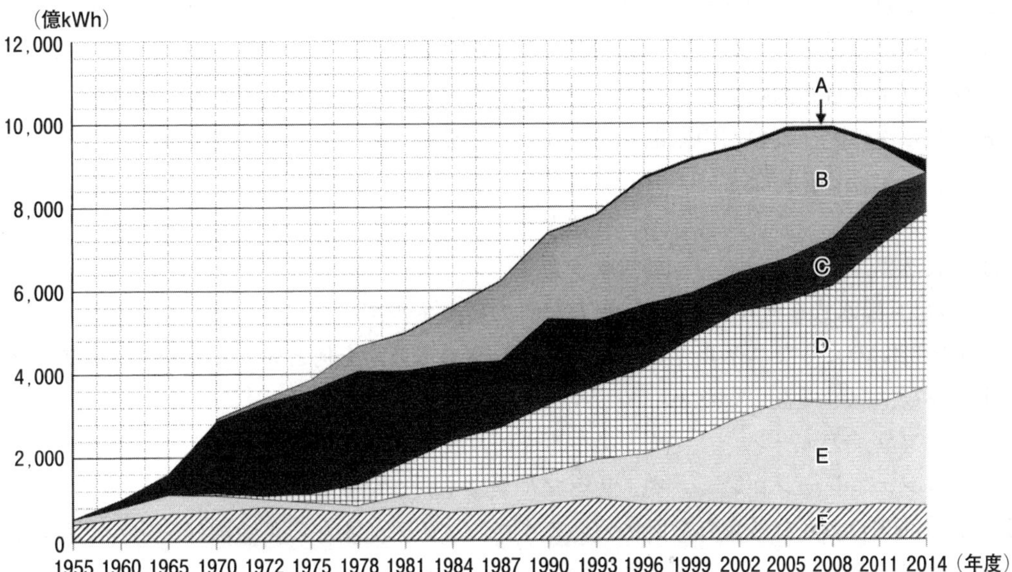

グラフ１　電源種別国内発電量の推移

経済産業省編「エネルギー白書2017」より作成

問１　次の(ア)～(オ)の文は，様々な発電方法・エネルギー資源の特徴について述べたものです。文の内容が正しいものをすべて選び，記号で答えなさい。

(ア)　石炭は可採年数が最も長く，コストも安いので世界的にも多く利用されている。

(イ)　太陽電池の生産に不可欠な高純度シリカの生産量が減少しており，太陽電池の製造費が上昇しているため，太陽光発電の発電コストも急激に上昇している。

(ウ)　地熱発電は山間部に作られることが多く，規模が大きくなるほど変電送電設備にコストがかかるため，発電所の規模が小さいほどコスト面で有利である。

(エ)　天然ガスによる発電は化石燃料の中でエネルギー変換効率が最も高く，排気ガスもクリーンで日本では近年積極的に導入されてきた。

(オ)　北米，中南米を中心にオイルシェールの新たな採掘精製方法が開発され，中東以外から安価な燃料が大量に日本へ輸入されるようになった。

問２　日本の再生可能エネルギーについて，2015年度における風力，地熱，太陽光による総発電量を多い順に並べるとどうなりますか。次の(ア)～(カ)から１つ選び，記号で答えなさい。

(ア)　風力　＞　地熱　＞　太陽光　　(イ)　風力　＞　太陽光　＞　地熱

(ウ)　地熱　＞　風力　＞　太陽光　　(エ)　地熱　＞　太陽光　＞　風力

(オ)　太陽光　＞　風力　＞　地熱　　(カ)　太陽光　＞　地熱　＞　風力

問３　下線部(1)について，日本国内で再生可能エネルギーの利用が進んでいない理由として正しいものを次の(ア)～(オ)から２つ選び，記号で答えなさい。

(ア)　再生可能エネルギーは火力発電や原子力発電に比べてコストが高く，大規模発電ができるようになって新規参入が増えてもコストダウンが見込めない。

(イ) 新規参入会社が発電した電力を送電設備を持つ電力各社が買い取って送電する際，買い取り価格と買い取り量に制限がある。

(ウ) 発電した電気の電圧が低く，利用できる世帯数が少ない。

(エ) 環境対策として割高(わりだか)な再生可能エネルギーを導入しても，企業(きぎょう)にメリットがない。

(オ) 自然環境によって発電量が左右されるため，安定した大規模電力供給(きょうきゅう)が難(むずか)しい。

問4 グラフ1は日本国内で様々な方法で得られた発電量の推移を表したものです。グラフのB，E，Fは次の(ア)～(カ)のどの発電方法で作られた発電量を表したものですか。それぞれ1つずつ選び，記号で答えなさい。

(ア) 石炭火力　(イ) 石油火力

(ウ) 天然ガス火力　(エ) 原子力

(オ) 水力(揚水式(ようすいしき)を含む)　(カ) 水力以外の新エネルギー

問5 下線部(2)のようなエネルギーの利用効率を高める技術を何といいますか。次の(ア)～(オ)から1つ選び，記号で答えなさい。

(ア) サプライチェーン　(イ) エネルギーリサイクル　(ウ) FIT

(エ) コジェネレーション　(オ) サーマルジェネレーション

問6 下線部(3)のような考え方を何といいますか。次の(ア)～(オ)から1つ選び，記号で答えなさい。

(ア) ゼロエミッション　(イ) カーボンニュートラル　(ウ) カーボンフリー

(エ) バイオフロー　(オ) エミッションフリー

問7 次の(ア)～(オ)の文について，正しいものを2つ選び，記号で答えなさい。

(ア) 電気自動車は大気中の二酸化炭素を全く増加させない究極のエコカーである。

(イ) 米国でトウモロコシからバイオエタノールを合成する方法が開発され，畜産(ちくさん)用飼料の価格が上昇するなど，大きな影響があった。

(ウ) 風力発電は低周波騒音(そうおん)による健康被害(ひがい)が頻発(ひんぱつ)しているため，世界的にも導入が進んでいない。

(エ) ハイブリッドカーや電気自動車は，充電池(じゅうでんち)のコストと寿命(じゅみょう)の短さが課題である。

(オ) バイオマスとは，無農薬で育てた植物を由来にしたエネルギー利用のことである。

イ どんなに優れた内容の科学教科書を作って懸命に教育を行っても、学ぶ側にその気持ちがなければ全く意味がない代物になってしまうという皮肉がこめられている。

ウ 物象の分野はどんなに大人が工夫しても子供には理解しづらいものであり、大人になってから取り組むべきものであるというあきらめがこめられている。

エ 文部省がどれほど内容の濃い科学教育をすすめても、近代化されていない社会に生きる国民にはつり合わないものであるという悲しみがこめられている。

オ 世の中の不思議を解決するために役立つ、新しい時代の科学的教育観に基づいた画期的なものであるという賞賛がこめられている。

問12 ――線**9**「少年の日の非科学的教育の影響」とあるが、筆者はどのように影響を受けたのか。その説明として最もふさわしいものを次の中から選び、記号で答えなさい。

ア 論理的ではない事象についても自然に受け入れるようになった。

イ 見失った伝統を取り戻すことが大事であると考えるようになった。

ウ 非科学的なものにも存在している論理性を受け入れるようになった。

エ 物事を考えるには根拠というものが必要であると考えるようになった。

オ 非科学的な事象こそ、実験することが重要であると考えるようになった。

問13 ――線**11**「海坊主や河童を退治してしまう～科学教育を阻害する」とあるが、どういうことを述べているのか。次の**1**～**3**の条件をすべて満たして説明しなさい。ただし、用語の使用する順番は問わない。

1 「科学的成果」「興味」「出発点」「絶対視」の四語をすべて用いること。

2 「○○ということ。」につながるように書くこと。

3 三十字以上三十五字以内（句読点などの記号も一字とする）でまとめること。

三 次の問いに答えなさい。

問1 次の①～③の□に漢字一字を入れ、下の（　）内の意味になるように慣用句を完成させなさい。

① 一□乱れず（秩序正しく整然としているさま）

② □白押し（大勢が集まっているさま）

③ 藪から□（突然で思いがけぬさま）

問2 次の①～⑦の文中にある――線のカタカナを漢字に直しなさい。ただし、送りがなが含まれるものは送りがなをひらがなで答えること。

① 罪人をサバク者が不正を行っては絶対にいけない。

② 天才は規則正しい生活をイトナムことができない。

③ 高齢者が生活しやすい社会の実現にツトメル政治家。

④ 悪天候のため、本日の大会開催をエンキします。

⑤ 中学校生活に向けてのジュンビはできていますか。

⑥ 旅行中にカイラン板がとなりの家から届いていた。

⑦ 彼は相手を思いやれるオンコウな性格の人間です。

問6　――線10「方は」とあるが、これはどの語に係るか。次の中から選び、記号で答えなさい。

ア　解決する　イ　考えられるし　ウ　採り上げられている
エ　属する　オ　多いようである

問7　――線1「人々はお正月には『殿様のところへ伺候する』習慣をずっと守っていた」とあるが、筆者はここで何を言おうとしているのか。その説明として最もふさわしいものを次の中から選び、記号で答えなさい。

ア　年に一度は殿様を中心として互いの結束を確認するように、共同体が信頼を基にして成立しているということ。
イ　忙しい時期に大人たちがこぞって権力者に頭を下げに行く習慣に、子供たちは違和感を覚えているということ。
ウ　自分たちの領主に対し尊敬の念を抱くとともに親近感を持つような、温かい関係が形成されているということ。
エ　時代の流れにのみこまれて没落した旧領主をいつまでも大事にする、義理人情に厚い土地柄であるということ。
オ　社会体制が変わって意味の無くなった因習を守りつづけるような古い体質が、町全体に残っているということ。

問8　――線2「簪をさした蛇」とあるが、「蛇」はなぜ「簪」をさしているのか。その説明である次の文の□に入るふさわしい内容を自分で考えて入れ、説明を完成させなさい。ただし、「非業」という言葉を必ず用いて指定された字数（句読点などの記号も一字とする）で答えること。

蛇は［（十五字以内）］生まれ変わりだから。

問9　――線3「そのような形のもの」とはどういうものか。最もふさわしいものを次の中から選び、記号で答えなさい。

ア　疑念をもたらしたもの　イ　実体験と結びついたもの
ウ　驚きをあたえるもの　エ　理論として完成されたもの
オ　野心を抱かせるもの

問10　――線4「そういう夢と老人の読経の声とがもつれ合って～ぼんやりと眼に見えて来るのであった」とあるが、筆者はここで何を言おうとしているのか。その説明として最もふさわしいものを次の中から選び、記号で答えなさい。

ア　仏教的な世界観と科学理論の二つが結びつき、これまでなかった宇宙創成理論を思いついたということ。
イ　因習を信じて疑わないように教わった科学知識を信じて、壮大な世界を思い描くようになったということ。
ウ　信仰を基盤とした共同体の中で初めて科学という世界に触れたことにより、老人たちの読むお経の本質がわかり始めたということ。
エ　因習と古い価値観に縛られている郷土の姿に気が付いて、いつの日か科学の世界で身を立てるという野心を抱き始めたということ。
オ　地域の伝統を重んじながらも科学理論にもあこがれてしまい、どちらを信じたらいいのかわからずに複雑な気持ちになっていたということ。

問11　――線6「文部省ご自慢の啓発的とかいう今日の物象の教科書」という表現から、筆者がここでこめた思いはどのようなものか。その説明として最もふさわしいものを次の中から選び、記号で答えなさい。

ア　科学を学ばせるために作ったすばらしい教科書という触れこみであるが、その教科書で学んでも科学への第一歩を踏み出すことはできないという批判がこめられている。

とが悪いと言うのではない。それもたいへん結構なことではあるが、それだけで、という意味は、その系統に属する各種の指導だけで、驚異感の方は C がつくと思っては不十分であろう。

近代の専門的な教育法のことは知らないが、私には自分の子供の頃の経験から考えて、思い切った非科学的な教育が、自然に対する驚異の念を深めるのに、案外役に立つのではないかという疑問がある。幼い日の夢は奔放であり荒唐でもあるが、そういう夢も余り早く消し止めることは考えものである。海坊主も河童も知らない子供は可哀想である。そしてそれは単に可哀想というだけではなく、余り早くから11海坊主や河童を退治してしまうことは、本当の意味での科学教育を阻害するのではないかとも思われるのである。

（中谷宇吉郎「簪を挿した蛇」より）

＊人跡未踏…人がまだ誰も踏み入れたことのないこと。

＊簪…髪飾り。女性の頭髪にさす装飾品。

＊講談…寄席演芸の一種。軍記・武勇伝・かたき討ちなどを、おもしろく調子をつけて読んで聞かせる話芸。

＊カント・ラプラスの星雲説…一七五五年にカントが唱え、一七九六年にラプラスが補説した、太陽系の起源についての説。

＊無機物…水・空気・鉱物および炭素をふくまないものからなる物質。

＊物象…旧制中学校の教科の一つ。物理・化学・鉱物学などを総合したもの。

＊ヘッケル…(一八三四～一九一九年)ドイツの生物学者。

＊鹿爪らしい…まじめくさって、堅苦しい感じがする。もったいぶっている。

＊精密科学…数学・物理学・化学など、量的に規定される科学の総称。

＊涵養…水が自然に染み込むように、無理をしないでゆっくりと養い育てること。

問1 A、C に入る最もふさわしい漢字一字を次の中からそれぞれ選び、記号で答えなさい。

ア 音　**イ** 波　**ウ** 敵　**エ** 片　**オ** 土　**カ** 足

問2 B に入る最もふさわしい言葉を次の中から選び、記号で答えなさい。

ア 見限る　**イ** 見くびる　**ウ** 見定める
エ 見付かる　**オ** 見逃す

問3 ①～③ に入る最もふさわしい言葉を次の中からそれぞれ選び、記号で答えなさい。

ア 強いて　**イ** やっと　**ウ** ただ
エ ずっと　**オ** やはり　**カ** 必ず

問4 ――線5「天邪鬼」、――線7「やきもき」の意味を次の中からそれぞれ選び、記号で答えなさい。

5「天邪鬼」

ア 目上の人に対してこびへつらう人
イ 自分の思い出を大切にしている人
ウ わざと人にさからう言動をする人
エ 論理的に物事を考えようとする人
オ 人間関係を重んじて生きている人

7「やきもき」

ア あれこれと気をもんで、いら立つさま
イ 緊張してこわばり、落ち着かないさま
ウ 自分よりも優れている人をねたむさま
エ やる気がありすぎて、くるおしいさま
オ てきぱき行動せず、時間を費やすさま

問5 ――線8「□□無稽」は「でたらめ」という意味の四字熟語である。この空らんに入る漢字を本文中からぬき出しなさい。

しい科学の知識を授けられれば、それは「断片的な科学知識」と「出来上がった理論の外面」だけであった。それらは西遊記と仏教寓話とで養われた荒唐な少年の日の夢に、ますます非科学の拍車をかけるような結果に陥ってしまった。科学者にでもなろうというのだったら、典型的な悪い教育を受けたものである。

ところがこの頃になって考えてみると、こういう少年の日の反科学的な教育が、自分のその後の科学にとって、そうひどく邪魔になったとは思われない。そういう5天邪鬼な考えをするから何時まで経っても一人前の科学者になれないのだと言われれば、それまでの話である。しかしあの当時に、現在の立派な科学普及書がふんだんに与えられ、6文部省ご自慢の啓発的とかいう今日の＊物象の教科書で理科を教わっていても、[①]偉い物理学者にはなれなかっただろうと思う。それよりも恐らく物理学などは専攻していなかったかもしれないという気もする。別に確固たる理由は無いが、[②]何となくそういう気がするだけである。[③]理由をつければ、大人が余り7やきもきすると、子供は興味を失ってしまうことが多いからである。

星雲の夢が再び蘇って来たのは、高等学校へはいってからである。＊ヘッケルの『宇宙の謎』の翻訳が出て、その一元論が我が国の読書界に紹介されたのが、ちょうど私たちが高等学校へ入学した頃であった。ヘッケルの進化論というのは、正しく私たちが小学校で聞かされた話を、少し＊鹿爪らしくしたようなものであった。そしてその最後のところは、物質と勢力との一元論に落ち着くというのであった。別に根拠のある説ではないが、物質不滅の法則と勢力不滅の法則とが自然界を貫く二つの根本原理である、その両者を総合したような宇宙一元論を心に描いてみるのが科学者の最後の夢である、という風な議論であったように憶えている。

もう二十五年以上も昔の話であるから、もちろん詳しいことは記憶にない。しかしヘッケルの本の最後の数節は、いろいろな科学的な言葉は使ってあったが、煎じつめたところは、物質と勢力との一致という夢を描いたもののようであった。物質と勢力との転換が、理論的にまた実験的に物理学の問題として確認されたのは、ずっと後のことである。ヘッケルの時代にはもちろんのこと、それを読んだ私たちの高等学校時代の頃でも、それは＊精密科学の立場から見れば、全くの8[　][　]無稽な空想にすぎなかった。

しかしこの本は、私には少年の日の夢を再び呼び返してくれたという意味で大切な本であった。今読み返してみたら、そういう意味に書いてあったものではないかもしれないが、熱中し易い高等学校時代の自分の頭に残された印象は、そのようなものであった。もし自分が勝手にそういう風に解釈して、興奮にほてる頬を輝かしながらこの本を読んだのであったならば、それは9少年の日の非科学的教育の影響によったものであろう。（中略）

科学の本質論にはここでは触れないことにしても、本当の科学というものは、自然に対する純真な驚異の念から出発すべきものである。不思議を解決するばかりが科学ではなく、平凡な世界の中に不思議を感ずることも科学の重要な要素であろう。不思議を解決する10方は、指導の方法も考えられるし、現在科学教育として採り上げられているいろいろな案は、結局この方に属するものが多いようである。ところが不思議を感じさせる方は、なかなかむずかしい。

物象の何年生だったかの教師用に、秋の山へ児童をつれて行くと、楓だの漆だのが美しく紅葉している、その葉の色の美しさを示して、自然界の美に驚嘆するように児童の情操を＊涵養せよというような意味の説明がある。しかし本当の驚異はなかなかそう手軽には感じさせられないものである。それに注文通りの秋の山など、そうざらに[B]ものでもない。もっとも紅葉の美しさに注意を向けさすこは押し寄せて来ていなかった。たしか六年生の頃に、初めて電灯がついたくらいで、徳川時代からずっとよどんでいた空気は、まだこの小さい旧い城下町の上を低く蔽っていた。旧藩主は町の一部に、別の御屋敷をもって、一年の半ばはそこに住んでおられた。そして**1**人々はお正月には「殿様のところへ伺候する」習慣をずっと守っていた。

小学校のすぐ後ろは、小さい山に続いていた。錦城山という山であった。この山には前田家の以前に、山口玄蕃とかいう豪族の城があったそうである。そしてその城が落城する時に、奥方や姫たちが、池に入るか崖から飛び降りるかして死んだというような伝説が残っていた。この小高い山は、その当時の子供たちの間には、全く＊人跡未踏の魔境であった。山は二段になっていて、頂上に本当の城の跡があるという話であったが、そこは恐ろしくて、とても子供たちの行ける場所ではなかった。私などは六年間の小学校生活中に、一度もその城跡までは登らなかった。そこには、**2**＊簪をさした蛇だの、両頭の蛇だのがいるという噂があった。もちろん一つ一つに落城の伝説がからまっていて、子供たちはだれもそれを疑わなかった。（中略）

ピアノなどというものは、名前も聞いたことがなかったし、理科の実験などももちろん無かった。仏教の盛んな土地だけに、町全体の雰囲気には近代の匂いが全く無く、科学などというものには、凡そ無縁の土地であった。子供たちは、大人の読み残した貸本の＊講談本を盗み読むくらいで、その当時あこがれの的であった『少年世界』や『日本少年』を毎月とっているなどという子供は、級に一人か二人という程度であった。それは遥かなる土地の文明の余光であって、年寄りたちがお説教できいてくる仏教の因果話と地獄極楽の絵とで培われた子供たちの頭には、幻惑的な閃光をもたらすものであった。

そういう中にあって、たしか五年生の時だったかと思うが、珍しい先生が新しくみえて、その先生が私たちの受け持ちとなった。そして理科の時間に、進化論の話と、＊カント・ラプラスの星雲説とを説明してくれたことがあった。その先生の進化論というのは、少し極端であって、人間からアメーバに遡って、そのアメーバが更に＊無機物から出来たというのであった。もっともそれは子供心にそういう風に受け取ってしまったのかもしれないが、とにかくそれは当時の私には驚愕に近いものであった。

そしてそれが星雲説になると、更に展開するのであった。遥かなる昔、まだ太陽も月も地球もなかった時代に、星雲が宇宙の片隅に渦を巻いていた。その渦がだんだん凝って固体になるというのであるが、そのガス状の星雲の前には、宇宙にはただ力だけが渦を巻いていたという話を聞かしてくれたように憶えている。これも幼い頃の夢であったのかもしれないが、私の頭に残った印象は、**3**そのような形のものであった。

学校から帰ると、よく夕飯前に、奥の暗い六畳の仏壇の間で、老人たちの御まいりの座につかされた。灯明の光がゆらぐ毎に、仏壇の中の仏様の光背が鈍く金色にゆれた。ぼんやりとその光に見入りながら、遠い遠い昔、まだ星雲すらも無かった頃の宇宙創成の日を頭の中に描いてみる癖がいつの間にかついた。本当に何物も無い虚空に、眼に見えない力の渦巻があって、その回る速さがだんだん速くなって行く。するとその中心のあたりからほの白くガス状の物質が生まれて来る。**4**そういう夢と老人の読経の声とがもつれ合って、いつの間にか、生まれたばかりの星雲の姿が、ぼんやりと眼に見えて来るのであった。

今の科学精神などという流儀から言えば、とんでもない教育を受けたものである。生活の中に科学をとり入れるようなことも、全く縁の無い話であった。そして学校では実物を完全に離れた文字だけの理科を教わり、家へ帰っては三国志と西遊記とに凝っていた。たまさか新

ウ　ミナの「大好き」という言葉は、他者の存在をあたたかく受け入れるものであり、投げやりになっていたアイの心を前向きに変えてくれたということ。

エ　ミナの「大好き」という言葉は、ミナがようやくアイをかけがえのない親友として認めたことを意味し、アイに大きな自信を与えてくれたということ。

オ　ミナの「大好き」という言葉は、悪い面も含めてアイのすべてを受け入れるという意味であり、アイが抱えてきた罪悪感をぬぐい去ってくれたということ。

問11　登場人物のミナについて、次のように考察した。次の文中の［A］～［E］に入る最もふさわしい言葉を後の語群からそれぞれ選び、記号で答えなさい。

　ミナは［A］を通してアイの心を解き明かす存在である。すなわち、自分の考えを少しずつ語っていくアイの言葉に耳をかたむけ、それらを整理し、より明確な言葉に変えてアイに示していく。そうしてアイは自分自身が何を考えていたのかを改めて［B］するのである。このプロセスを通して、ミナはさらにアイの内面を明らかにしていく。すなわち、アイは自らが養子であることから常に罪の意識を抱えて苦しんできた。そしてアイが今感じている幸せに［C］して、その苦しみは［D］していくのである。

　このようなアイの苦しみを理解したミナは、その苦しみの背後に、今なお悲劇に苦しんでいる人がいることに胸を痛めているアイの本当の気持ちも含まれていると指摘する。この痛みこそアイに［E］なものであり、大切にすべきものだとミナは語るのである。

［語群］

ア　解決　イ　議論　ウ　後悔　エ　固執　オ　固有
カ　自覚　キ　消滅　ク　説得　ケ　善良　コ　増大
サ　対話　シ　転化　ス　反発　セ　批評　ソ　比例

問12　本文の内容に合致するものを次の中から二つ選び、記号で答えなさい。

ア　アイが死んだ人の数を記録し続けるのは、その人々が受けた苦しみを平穏な日常の中で忘れないためである。

イ　アイは自分のことを考えてくれるミナの真剣さに感動し、二人の間をへだてる距離をもどかしく思っている。

ウ　アイはミナの真剣な態度に心を動かされ、これまで抱えてきた苦しみをはっきりと言葉にすることができた。

エ　ミナがアイを勇気づけている時にはすでにアイに対する怒りは消えており、ミナの瞳孔は震えていなかった。

オ　ミナにとって最も大切なことはアイがありのままに生きることであり、その行いの善し悪しは問題ではない。

カ　ミナはあえて厳しい口ぶりでアイを責めることによって、アイが抱えている罪の意識をやわらげようとした。

二

　次の文章を読んで、後の問いに答えなさい(作問の都合上一部表記を改めている)。

　石川県の西のはずれ、福井県との境近くに大聖寺という町がある。そこに錦城という小学校があって、その学校で私は六年間の小学校生活を終えた。たしか尋常六年の時に、明治天皇が崩御されたように記憶しているので、私の小学校時代は、明治の末期に当たるわけである。(中略)

　明治の末期と言っても、北陸の片田舎までは、まだ文明開化の［A］

ウ　真実を話すことにより、友情を失うかもしれないという恐怖
エ　誰にも言わずにいた自分の本心を友人の前でさらけ出す覚悟
オ　誰にも知られずにくり返してきた行為の中に秘められた意図

問4　Ⅰ、Ⅱに入れるのに最もふさわしい言葉をそれぞれ本文中から六字以内でぬき出しなさい。

問5　――線4「傲慢でおぞましかった」とアイが感じたのはどのような点からか。その説明として最もふさわしいものを次の中から選び、記号で答えなさい。

ア　震災が起きたことを悲劇に身を置く格好の機会だととらえており、さらには安全な場所から被害者の気分にひたろうとしていた点。
イ　震災が起きたことをわざとらしく悲しみ、世界で起きている悲劇をひとりで背負いこむことで自己満足にひたろうとしていた点。
ウ　被災者が何に苦しみ、どのような助けを求めているかを理解することができず、さらにはいら立っているようにも聞こえた点。
エ　被災者になったつもりが、実際は安全な場所から不幸な人々をながめ、その苦しみを観察しているように聞こえた点。
オ　被災者の本当の苦しみを理解しようともせず、さらには自分だけ安全な場所に逃げて被災者をあざ笑っているように聞こえた点。

問6　――線5「罪悪感」の内容を具体的に言い表した次の文の□に入る十五字以上二十字以内のふさわしい言葉を本文中からぬき出し、はじめと終わりの三字を答えなさい。

［　　　　　］になること。

問7　――線6「□を染めていない」の□に入る体の一部を表す漢字一字を答えなさい。

問8　Ⅲに入れるのに最もふさわしいものを次の中から選び、記号で答えなさい。

ア　感性　　イ　義務　　ウ　権利　　エ　資質　　オ　責任

問9　――線7「相対的に見たら、あんたのしてることは間違ってる」とあるが、ここでミナはどのようなことが言いたかったのか。その説明として最もふさわしいものを次の中から選び、記号で答えなさい。

ア　アイの行動自体が悪いわけではないが、誰の役にも立たなかった点では許されない行為だということ。
イ　アイの行動は実際に苦しむ被災者の気持ちを逆なでし、両親や友人の反感を招く行為だということ。
ウ　アイの行動は大した意味もなく、むやみに両親や友人を心配させただけの愚かな行為だということ。
エ　アイの行動は他者を見下したものであり、被災者のために祈る人々の心を否定する行為だということ。
オ　アイの行動は両親や友人への配慮に欠けており、彼らの優しさにつけこんだ裏切り行為だということ。

問10　――線8「その言葉は、美しい雨のようにアイの心を洗った」とはどういうことを表現しているか。その説明として最もふさわしいものを次の中から選び、記号で答えなさい。

ア　ミナの「大好き」という言葉は、アイの存在を無条件に認めるものであり、この世界に存在しているという実感をアイに取り戻してくれたということ。
イ　ミナの「大好き」という言葉は、震災によって深く傷ついたアイの心をいやすものであり、震災が起こる前の明るい気持ちを取り戻してくれたということ。

「うん。してた。」

「だめだよ。謝ったらだめ。アイがそこに無事でいてくれること、私は本当に嬉しいんだよ。その苦しみごと、アイがそこにいてくれたらそれでいいんだ、私は。分かる？」

「うん。」

「思う存分いなさい。そこに。」

「うん。」

ありがとうと、ごめんなさいを言ってはいけないのであれば、何を言えばいいのだろう。アイは言葉に困った。でも、先にミナが「それ」を言ってくれた。

「大好きだよ。」

アイもそうだった。ミナのことが大好きだった。だから言った。

「ミナ、私も大好き。」

8その言葉は、美しい雨のようにアイの心を洗った。ミナはアイの心に、忘れていた健やかさを戻してくれた。

「大好き。」

（西　加奈子『i』による）

＊阪神淡路大震災…一九九五年一月に兵庫県南部で発生した地震災害。
＊シリアの内戦…二〇一一年三月から始まったシリア内部での武力衝突。
＊9・11…二〇〇一年九月にアメリカ合衆国内で起きた同時多発テロ事件。
＊ハイチの地震…二〇一〇年一月にハイチ共和国で発生した地震災害。
＊エンパイアステートビル…アメリカ合衆国のニューヨーク市にある超高層ビル。

問1　――線**1**「あんなに強固でいられた」とあるが、アイはどういうことに「強固」であったのか。その説明として最もふさわしいものを次の中から選び、記号で答えなさい。

ア　自分の信念をつらぬいて、生まれて初めて両親や友人に反抗すること。
イ　被災した日本にあえて残ることで、地震に対する恐怖を克服すること。
ウ　震災直後の日本にとどまり、震災で被害にあった人々を支援すること。
エ　震災の当事者であり続けることにこだわり、被災した日本に残ること。
オ　両親や友人との連絡を断って、被災地に残った理由を秘密にすること。

問2　――線**2**「免れてきた」と感じるのは、アイが自分自身をどのような人間だととらえているからか。その説明として最もふさわしいものを次の中から選び、記号で答えなさい。

ア　生きる意志がなく、死者の気持ちにばかり興味を持ってきた人間
イ　運が良かったという以外に、とくに理由もなく生き残ってきた人間
ウ　幸運に恵まれたことを喜んで、他人の不幸を忘れてしまった人間
エ　他人を傷つけ、不幸にさせてしまった罪から逃れ続けてきた人間
オ　母国と呼べる国を持たないため、国民意識が弱まってしまった人間

問3　――線**3**「この沈黙の先にあるもの」の説明として最もふさわしいものを次の中から選び、記号で答えなさい。

ア　言葉にしなくても、互いの思いが通じ合う二人の新たな関係
イ　自分のことを真剣に考えてくれている友人を納得させる理由

アイはミナに責めてほしかった。甘えてんじゃない、矮小な自己満足を得るために、両親に心配をかけて、それで被災者にでもなったつもりなのか？

でも、ミナはアイを責めなかった。画面越しに、アイをはっきりと見すえた。きっとアイの目を見ているはずだったが、スカイプを通すとどうしても目が合っている感じがしなかった。

「あのね。でも、アイは起こったことに、胸を痛めているんでしょう？」

「え？」

「東日本で起こっていることに、そして世界中で起こっていることに、胸を痛めている。でしょう？」

「うん。」

それは本当だった。それだけは心から言えた。アイは東日本で起こっていることに、そして世界中で起こっていることに、胸を痛めていた。被災した人たちのことを思うと、そして悲劇に巻き込まれた人たちのことを思うと、胸が張り裂けそうだった。

「だからこそ思うんだよね、どうして私じゃないんだろうって。」

「うん。」

「その気持ちは恥じなくていいよ。恥じる必要なんてない。どうせ自分は被災者の気持ちが分からないんだって乱暴になるんじゃなくて、恥ずかしがりながらずっと胸を痛めていればいいんじゃないかな。よく分からないけど、その気持ちは大切だと思うんだ。何かに繋がる気持ちだと思うから。」

アイは両親に送ってもらっていた中の、少なくない金額を寄付していた。そうすることで少しでも**5**<u>罪悪感</u>から逃れたかったからだが、もちろんそれだけではなかった。苦しい思いをしている人のことを思うと苦しかった。何かせずにはいられなかった。自分の行動が誰の役にも立っていないかもしれないと思うことが苦しかった。そしてそうやって寄付した金が、自分が稼いだ、汗をかいて必死で稼いだ金ではなく、両親の金、潤沢にある両親の金であることが恥ずかしかった。

自分は何も傷ついていない。

自分は何にも**6**□を染めていない。

「こっちにいるとさ、至るところで日本の国旗を見るの。」

＊エンパイアステートビルが日本国旗の色に染められたのを、アイもニュースで見た。

「みんなが日本のために祈ってる。私も彼らも日本にいなかったし、地震の被害にも、原発の被害にも遭わなかった。でも、じゃあ私たちに祈る［Ⅲ］はないって、アイは思う？」

ミナはアイをじっと見ていた。目は合わなかったし、瞳孔はもう動いていなかったが、それはアイのことを思っている、まっすぐな視線だった。

「思わない。」

「誰かのことを思って苦しいのなら、どれだけ自分が非力でも苦しむべきだと、私は思う。その苦しみを、大切にすべきだって。」

アイはミナに会いたいと思った。心から。画面の向こうから、自分のことをこんなにも思ってくれている親友に、アイは会いたかった。

「**7**<u>相対的に見たら、あんたのしてることは間違ってる</u>。間違ってるのとは違うか、でもあんたの言うように傲慢だと思うし、私たちに心配をかけてる。分かるよね？　でも、今は相対なんて知らない。あんたは私の親友だから、それは絶対なんだよ。私はアイの気持ちを尊重する。分かりたいと思う。」

「ありがとう。」

「お礼なんて言わなくていい。その代わり、ごめんなさいも言わなくていいからね。あんた今、言おうとしてたでしょ？」

（中略）

「シリアから両親の元に来たことは、本当に幸せなことなんだと分かってる。でも、それ以上に……、なんだかずっと……、申し訳なかった。もちろん幸せ、本当に、私は幸せすぎるくらい幸せだよ。申し訳ないと思うことなんて傲慢だということも分かってる。でも、ずっと、誰かの幸せを不当に奪ったような気がしていて。」

「誰か？」

「そう。私の代わりに両親にもらわれるはずだったシリアの誰か。もしかしたら私がシリアに残っていたかもしれない。そしてその誰かが、私の両親の元で幸せに暮らしていたのかもしれない。私はその人の幸せを、もしかしたらその人の命も、奪ってしまったのかもしれない。」

「アイ。」

「ひどいこと言ってるのは分かってる。私は自分の環境に感謝すべきだし、幸せなことを幸せに思うべきだよね。」

「べき、ではないよ。感謝とか幸せって、努力して思うことではないんだよ。自然にそう思うことなんだから。アイがそう思えないのなら、無理に思うことない。」

「でも、本当に思うの、幸せだって。私は本当に幸せ。でも、幸せって思えば思うほど……。」

「苦しいのね？」

ぐ、と喉が鳴った。私は「苦しい」と言っていいのだろうか。いわれのない、「本当の苦しみ」を苦しんでいる人たちがいる世界で？

「苦しいって、言っていいんだよ。」

ミナは、まるでアイの胸のうちを見透かしているようだった。

「それってあんたの苦しみなんだから。それに嘘をつく必要なんてない。あんたは馬鹿じゃないから、そのことを私以外には言えないだろうって思う。そうだね、馬鹿じゃないどころか、賢すぎるんだ。」

「そんなことない。」

「正直になろう、アイ。あんたは［Ⅰ］。言い方を変えるね。［Ⅱ］。」

「……そう、だね。それはそう。」

「そしてもちろん、それがアイなんだから、考えすぎるのがあんたなんだから、それも変えなくていいと思う。」

ミナの瞳孔がわずかに動いていた。何かを真剣に考えているとき、人間の瞳孔が震えることを、アイはミナを見て知った。

「それで、地震が起こった国に残りたかったの？　安全な場所に逃げるのが嫌だったの？　ずっと免れてきたから。命が助かってきたから。」

ミナの言うことを聞いて、アイは大声で叫び出したくなった。確かにその通りだった。ずっと免れてきたと思っていた。

＊阪神淡路大震災を、＊シリアの内戦を、＊9・11を、＊ハイチの地震を、世界中の悲劇を、自分は免れてきた。免れ、そして生きてきた。肥え太り、誰にも自身のからだに触れられることなく、そして将来何かのために生きようとも思わず、両親の金で、両親の家で、ただのうのうと生きてきた。

今こそ自分が渦中にいるときだ、い続けるべきだ。アイはそう思ったのだ。

でも、人の声で聞くそれは、自分が思っていたよりも4<u>傲慢でおぞましかった</u>。東京の大きく頑丈な家に残ることで被災地の人たちの気持ちが分かるはずもなかったし、ましてや誰の命が助かるわけでもないのだ！

「あんたがどんな思いでいるか分かるよ、今。ものすごく恥ずかしいでしょう？」

「うん。」

今までずっと黙ってきたことを、こんな風にあっさり打ち明けることが出来る。自分はやはりまだおかしな興奮状態にあるのかもしれない。そう思ったが、止められなかった。ミナに聞いてほしかった。たったひとりの親友に。

「死んだ人の数？」

「そう。世界中で起こってる事故や事件や災害で死んだ人の数を、ノートにずっと書いてるの。」

「いつから？」

「……ノートは、２００５年からになってる。」

「えっと、高校のときか。もう私と会ってた？」

「うん。会ってた。」

「死者の数って、どんな風に？」

「起こった事件や災害の内容と一緒に、何人死んだって、シンプルだよ。」

「日記ではないのね？」

「うん、違う。」

「そっか。どうして？」

どうして、と聞いてくれる人は今までいなかった。何故ならノートのことは誰にも話していなかったからだ。でも、自分でも時々「どうして？」と思っていた。死者の数を書き続けること、その行為に私は何を求めているのだろう。

「……分からない。」

「そっか。」

アイは沈黙した。自身の３この沈黙の先にあるものを探した。ミナには正直でいたかった。ミナにだけは。

「……きっと、知っておきたいんだと思う。」

「知っておきたい？」

「うん。私がこうやって生きている間にも、世界ではたくさんの、本当にたくさんの人が死んでる。」

「うん。そうだね。」

「そのことを、きちんと知っておきたいのかもしれない。もちろん、すべての死んだ人を書くことは出来ないし、何人って書いている時点でまとめちゃってるんだけど。まとめるって、すごく……怖いけど……。」

ミナの唇がわずかに開いていた。真っ赤な舌と、紙のように白い歯がのぞいている。

「その死んだ人の中に自分が入っていないことが、免れてきたと思ってたということ？」

あ、と、声を出した。自分から言ったことなのに、ミナに言われて驚いた。自分は何を言っているのだろう？

「……うん、そうだね。そう。ずっと、免れてきたと思ってた。どうして私じゃなかったんだろうって。」

「うん。」

「どうして死んだ人が私じゃなくてその人たちだったんだろう。その人と私の違いは何なんだろうって。」

「うん。すごく難しいね。でも分かるよ。」

ミナが分かる、と言ってくれたことに勇気を得た。そして同時に「ミナには分からない」とも思った、強く。私は、何が言いたい？アイは自分が分からなかった。

「私、養子じゃない？　シリアから来て、アメリカ人の父と、日本人の母に引き取られた。」

「そうだね。」

「シリアで、きっと何らかの困難な状況にあった私を、誰かが選んでくれた。そうして、今の両親に出逢わせてくれた。裕福な両親に。」

二〇一八年度 早稲田大学系属早稲田実業学校中等部

【国　語】（六〇分）〈満点：一〇〇点〉

一　次の文章は、二〇一一年に起きた東日本大震災にまつわるものである。以下、大学生のアイとミナがスカイプ（インターネットを通じた映像会話）をしている場面が描かれている。アイは両親と離れ、ひとり東京で暮らしている。これを読んで、後の問いに答えなさい。

「ふう……。」

いつもなら、そろそろこの時間を終わりにする頃だった。でもミナは、まだそこにいた。伸びた髪を束ね直し、ペットボトルから水を飲んだ。

「洗濯物、いいの？」

「ああ。うん。」

何か言いたいことがあるのだろうか。アイがそう思ったのと同時に、ミナが口を開いた。

「ねえアイはさ。」

「うん。」

「なんで残ったの？」

「え？」

柔軟剤の香りがした。室内に風が吹いたのだ。窓を閉めていても、空気は常に動いている。最近気づいたことだった。

「アイのパパもママも、私だって海外にいて、いつだってこっちに来られたじゃん。」

きっとミナは、ずっとこのことを聞きたかったのだ。

「責めてるんじゃないからね。アイがそんな風に強く何かを決めることって珍しいから、何かあったのかと思って。」

珍しい、とミナは言ってくれているが、それはきっと初めてのことだった。ミナも驚いたに違いない。震災後繋がった電話で、ミナは両親と同じ熱量でアイに訴えたのだ。「そこを離れなさい」と。やがてアイのかたくなさに折れたが、それでもミナは連絡してくるたび、アイの心が変わらないか聞いてきた。

「何かあったの？　嫌なら言わなくていいけどさ。」

今なら聞いてもいいと思ったのだろう。確かに例のかたくなさは消えていた。アイ自身でさえ、あのときの自分に驚いているくらいだった。

どうして自分は、1あんなに強固でいられたのだろう。どうしてあんなに強く「ＮＯ」と言えたのだろう。

「いや、嫌じゃないけど……、説明しづらいんだ。」

「説明しづらい？　言ってみてよ。しつこいけど、嫌じゃなかったらね。」

ミナは、いつまででも待つ、という顔をしていた。そしてきっと、分からないことに対して分かったふりをしないだろう。ミナはそれだけで信頼に値する人に見えた。

「なんていうか……。」

「うん。」

「今まで私、ずっと2免れてきたと思ってたの。」

「免れてきた？」

「そう。あの、ね。軽蔑しないでほしいんだけど。」

「しないよ。約束する。」

「私、ずっと死んだ人の数を書いてるの。」

2018年度
早稲田大学系属早稲田実業学校中等部 ▶解説と解答

算数 (60分) ＜満点：100点＞

解答

1 (1) 30 (2) 39分間 (3) 70度 (4) 2通り　2 (1) 9 cm (2) $31.5cm^2$ (3) 解説の図⑥を参照のこと。　3 (1) $20cm^3$ (2) ① $31.5cm^2$ ② $39cm^3$　4 (1) 4回 (2) $1\frac{1}{3}$, $1\frac{2}{3}$, 4 (3) 144　5 (1) 9回 (2) 21回 (3) 41回

解説

1 逆算，仕事算，つるかめ算，角度，場合の数，和差算

(1) $1.675-\left(20\frac{1}{8}\div\square\times1\frac{1}{23}-\frac{2}{5}\right)=1.375$より，$20\frac{1}{8}\div\square\times1\frac{1}{23}-\frac{2}{5}=1.675-1.375=0.3$，$20\frac{1}{8}\div\square\times1\frac{1}{23}=0.3+\frac{2}{5}=\frac{3}{10}+\frac{4}{10}=\frac{7}{10}$，$20\frac{1}{8}\div\square=\frac{7}{10}\div1\frac{1}{23}=\frac{7}{10}\div\frac{24}{23}=\frac{7}{10}\times\frac{23}{24}=\frac{161}{240}$　よって，$\square=20\frac{1}{8}\div\frac{161}{240}=\frac{161}{8}\times\frac{240}{161}=30$

(2) A君だけでは，1時間＝60分，B君だけでは，1時間24分＝84分かかるので，この仕事全体の量を，60と84の最小公倍数の420とすると，1分あたり，A君だけでは，420÷60＝7，B君だけでは，420÷84＝5の仕事ができる。よって，最初の10分間2人で仕事をすると，(7＋5)×10＝120の仕事ができるから，残りの仕事の量は，420－120＝300になる。また，1時間4分＝64分なので，この仕事をA君だけでした時間とB君だけでした時間の合計は，64－10＝54(分)となる。54分間A君だけで仕事をしたとすると，できる仕事の量は，7×54＝378となり，実際よりも，378－300＝78多い。ここから，A君だけでする時間を1分減らし，B君だけでする時間を1分ふやすごとに，できる仕事の量は，7－5＝2ずつ減っていくので，B君だけで仕事をした時間は，78÷2＝39(分間)とわかる。

(3) 右の図で，同じ印(○，●)をつけた角の大きさはそれぞれ等しい。まず，三角形ARQに注目すると，○と●1個ずつの角の大きさの和は，180－55＝125(度)となるから，○と●2個ずつの角の大きさの和は，125×2＝250(度)である。したがって，㋑と㋒の角の大きさの和は，180×2－250＝110(度)なので，㋐の角度は，180－110＝70(度)と求められる。

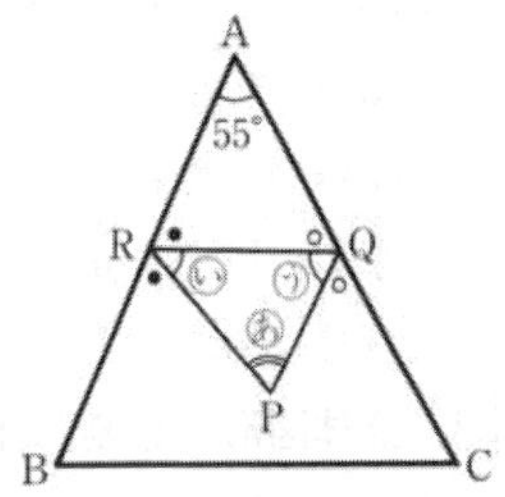

(4) 1から19までの連続した10個の奇数(きすう)の和は，1＋3＋5＋…＋19＝(1＋19)×10÷2＝100となる。よって，選んだ8個の数の和と，残りの2個の数の和の合計は100で，差は40だから，残りの2個の数の和は，(100－40)÷2＝30とわかる。このような2個の数は，(19，11)，(17，13)の2通りなので，8個の数の選び方も2通りとなる。

2 平面図形―長さ，面積，相似

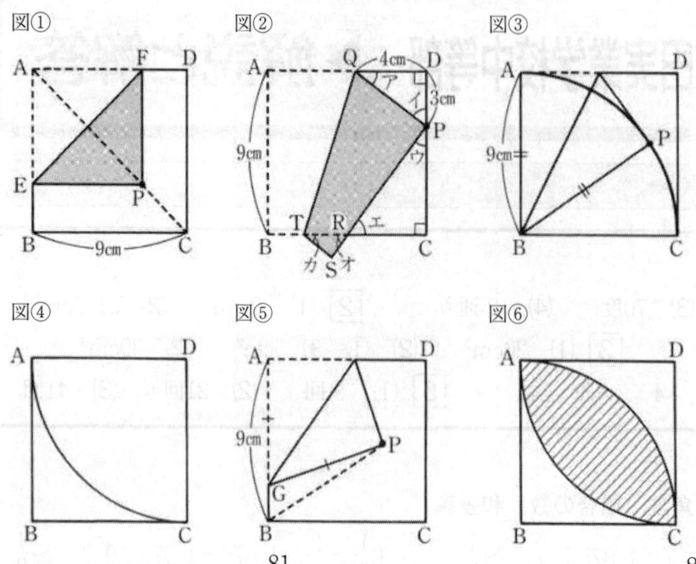

⑴　左の図①で，黒い図形と白い部分の面積の比が1：2で，黒い図形と三角形AEFは合同だから，正方形AEPFと白い部分の面積の比は，(1＋1)：2＝2：2＝1：1となる。よって，正方形AEPFの面積は正方形ABCDの面積の半分なので，$9\times9\div2=\frac{81}{2}$(cm²)になる。また，正方形の面積は，(対角線)×(対角線)÷2で求められるから，APの長さを□cmとすると，$□\times□\div2=\frac{81}{2}$(cm²)となる。したがって，$□\times□=\frac{81}{2}\times2=81$より，□＝9cmとわかる。

⑵　上の図②で，PQの長さはAQの長さと等しいので，9－4＝5(cm)である。また，角ア＋角イ＝180－90＝90(度)，角イ＋角ウ＝180－90＝90(度)より，角アと角ウは等しく，角イと角エも等しいから，直角三角形PDQとRCPは相似とわかる。よって，CP＝9－3＝6(cm)より，$PR=6\times\frac{5}{4}=7.5$(cm)，RS＝9－7.5＝1.5(cm)である。同様に，角エと角オ，角ウと角カがそれぞれ等しいから，$ST=1.5\times\frac{4}{3}=2$(cm)となる。したがって，黒い図形(台形PQTS)の面積は，(5＋2)×9÷2＝31.5(cm²)と求められる。

⑶　黒い図形が三角形になるのは，折り目の直線の両端(はし)が辺AB上と辺AD上にあるときである。まず，折り目の直線の端が頂点Bにある場合，上の図③のように，BPの長さはABの長さと等しく9cmで一定だから，点Pは頂点Bを中心とする半径9cmのおうぎ形の弧(こ)(太線部分)の上にくる。同じように考えると，折り目の直線の端が頂点Dにある場合，上の図④のように，点Pは頂点Dを中心とする半径9cmのおうぎ形の弧の上にくる。また，折り目の直線の端が頂点B(D)以外にある場合，上の図⑤のようになる。このとき，GPとGAの長さは等しいので，(BG＋GP)の長さは(BG＋GA)の長さに等しく9cmとなり，BPの長さは(BG＋GP)の長さよりも短いから，9cmよりも短くなる。以上より，黒い図形が三角形になるような点Pの動ける範囲(はんい)は図③と図④の弧にはさまれた部分なので，上の図⑥の斜線(しゃせん)部分となる。

3 立体図形―分割，体積，表面積

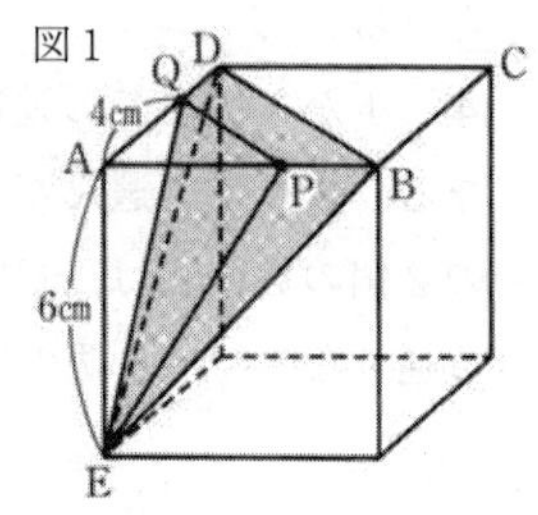

⑴　右の図1で，3点E，B，Dを通る平面で切ったときの切り口は三角形EBDになるから，立体アは三角すいEABDである。また，3点E，P，Qを通る平面で切ったときの切り口は三角形EPQになるので，立体ウは三角すいEABDから三角すいEAPQを切り取った立体となる。三角すいEABDの体積は，(6×6÷2)×6÷3＝36(cm³)，

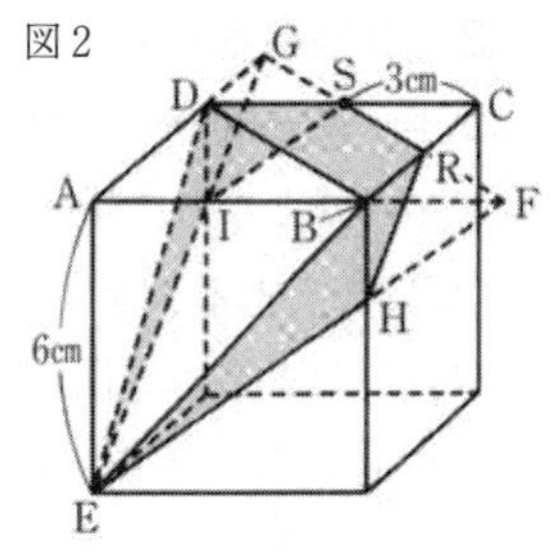

三角すいEAPQの体積は，$(4\times4\div2)\times6\div3=16(\text{cm}^3)$だから，立体ウの体積は，$36-16=20(\text{cm}^3)$と求められる。

(2) ① 右の図２のように，ABとSRをのばした直線が交わる点をF，ADとSRをのばした直線が交わる点をGとし，EとF，EとGを結んだ直線が立方体の辺と交わる点をそれぞれH，Iとすると，３点E，R，Sを通る平面で切ったときの切り口は五角形EHRSIになる。つまり，立体エは三角形EBDと五角形EHRSIにはさまれた部分の立体となる。その表面のうち赤色に塗られた部分は，三角形EBH，三角形BHR，四角形DBRS，三角形DIS，三角形EDIである。ここで，SCとBFが平行で，BR＝CR＝３cmより，三角形BRFと三角形CRSは合同になるから，BF＝CS＝３cmである。さらに，三角形AEFと三角形BHFは相似で，相似比は，$\text{AF}:\text{BF}=(6+3):3=9:3=3:1$なので，$\text{BH}=6\times\frac{1}{3}=2(\text{cm})$となる。よって，三角形EBHの面積は，$2\times6\div2=6(\text{cm}^2)$，三角形BHRの面積は，$2\times3\div2=3(\text{cm}^2)$となる。同様に考えると，三角形DISの面積は三角形BHRと等しく３cm²，三角形EDIの面積は三角形EBHと等しく６cm²である。そして，四角形DBRSの面積は，三角形CBDの面積から三角形CRSの面積をひいて，$6\times6\div2-3\times3\div2=18-4.5=13.5(\text{cm}^2)$になる。したがって，立体エで赤色に塗られた部分の面積の合計は，$3\times2+6\times2+13.5=31.5(\text{cm}^2)$と求められる。 ② 立体エの体積は，三角すいEAFGの体積から，三角すいFBHR，GDIS，立体アの体積をひけば求められる。$\text{AG}=\text{AF}=6+3=9(\text{cm})$より，三角すいEAFGの体積は，$(9\times9\div2)\times6\div3=81(\text{cm}^3)$である。また，三角すいFBHR(GDIS)の体積は，$3\times3\div3=3(\text{cm}^3)$で，立体アの体積は(1)より，36cm³である。よって，立体エの体積は，$81-3\times2-36=39(\text{cm}^3)$と求められる。

4 図形と規則

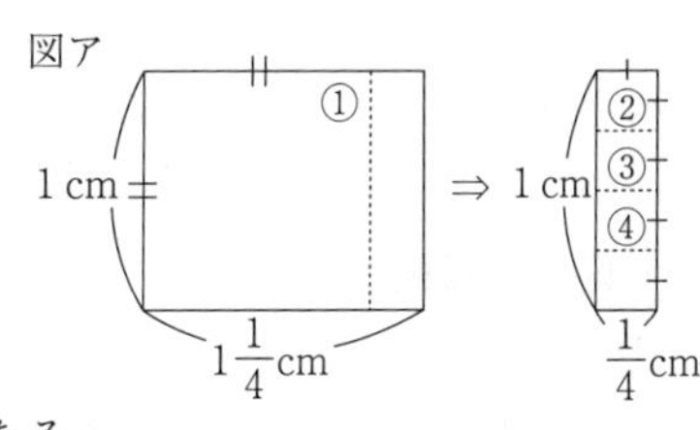

(1) ㋐が$1\frac{1}{4}$のとき，右の図アのように，１回目に縦に切ると，縦の長さが１cm，横の長さが，$1\frac{1}{4}-1=\frac{1}{4}(\text{cm})$の長方形が残る。残った長方形は，$1\div\frac{1}{4}=4$より，縦の長さが横の長さのちょうど４倍だから，あと３回横に切ると，残った紙が正方形になる。よって，切る回数は，$1+3=4$（回）となる。

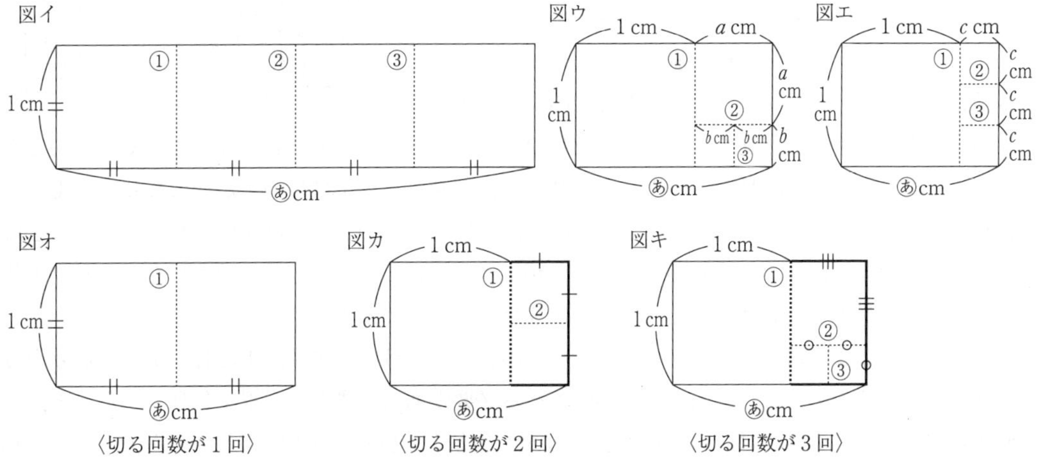

(2) 3回切るときの切り方は，縦→縦→縦，縦→縦→横，縦→横→縦，縦→横→横の4通りある。まず，縦→縦→縦と切って最後に正方形が残るのは，上の図イのような場合なので，㋐の値は，$1\times 4=4$となり，縦→縦→横と切って最後に正方形が残るのは，問題文中の例の場合だから，㋐の値は$2\frac{1}{2}$である。また，縦→横→縦と切って最後に正方形が残るのは，上の図ウのような場合である。このとき，2回目に切って残った長方形の横の長さを$a$cm，縦の長さを$b$cmとすると，$a:b=2:1$であり，aとbの和ははじめの長方形の縦の長さに等しく1cmなので，$a=1\times\frac{2}{2+1}=\frac{2}{3}$(cm)とわかる。よって，㋐の値は，$1+\frac{2}{3}=1\frac{2}{3}$となる。さらに，縦→横→横と切って最後に正方形が残るのは，上の図エのような場合で，cの長さは，$1\div 3=\frac{1}{3}$(cm)だから，㋐の値は，$1+\frac{1}{3}=1\frac{1}{3}$となる。したがって，切る回数が3回となる㋐の値は，$2\frac{1}{2}$を除くと，$1\frac{1}{3}$，$1\frac{2}{3}$，4である。

(3) 縦→横→縦→横→…と交互(こうご)に切るとき，切る回数が1回，2回，3回である長方形はそれぞれ上の図オ，図カ，図キのようになる。ここで，切る回数が2回の長方形を1回切って残った部分(太線で囲んだ部分)に注目すると，この部分をあと1回切ると作業が終わるので，この部分は切る回数が1回の長方形と相似な図形となっており，縦と横の長さの比は2：1となる。すると，はじめの長方形の縦と横の長さの比は，2：(2＋1)＝2：3とわかる。同様に考えると，切る回数が3回の長方形は，1回切って残った部分の縦と横の長さの比が，3：2なので，はじめの長方形の縦と横の長さの比は，3：(3＋2)＝3：5となる。また，それぞれの長方形の㋐の値は，横の比の数を縦の比の数で割ったものと等しいから，◇1＝$2\div 1=2$，◇2＝$3\div 2=\frac{3}{2}$，◇3＝$5\div 3=\frac{5}{3}$である。このようにして考えていくと，切る回数が4回～10回の長方形の縦と横の長さの比は，4回のとき，5：(5＋3)＝5：8，5回のとき，8：(8＋5)＝8：13，6回のとき，13：(13＋8)＝13：21，7回のとき，21：(21＋13)＝21：34，8回のとき，34：(34＋21)＝34：55，9回のとき，55：(55＋34)＝55：89，10回のとき，89：(89＋55)＝89：144となる。したがって，◇1×◇2×…×◇10＝$2\times\frac{3}{2}\times\frac{5}{3}\times\frac{8}{5}\times\frac{13}{8}\times\frac{21}{13}\times\frac{34}{21}\times\frac{55}{34}\times\frac{89}{55}\times\frac{144}{89}=144$と求められる。

5 図形と規則

(1) 右の図アのように，右・前・上の方向を決め，各段の立方体に①～④の番号をつける。白玉を，頂点Bをふくむ立方体まで最も少ない回数で移動させる方法として，ここでは，白玉を右→前→上の順に移動させる場合を考える。まず，たとえば，1段目の④，1段目の②の黒玉を計2回移動させると，1段目の②が空になり，白玉を右に移動させることができる。次に，1段目の③，1段目の④の黒玉を計2回移動させると，1段目の④が空になり，白玉を前に移動させることができる。さらに，2段目の②，2段目の④の黒玉を計2回移動させると，2段目の④が空になり，白玉を上に移動させることができる。よって，白玉を，頂点Bをふくむ立方体まで移動させる最も少ない回数は，(2＋1)×3＝9(回)とわかる。

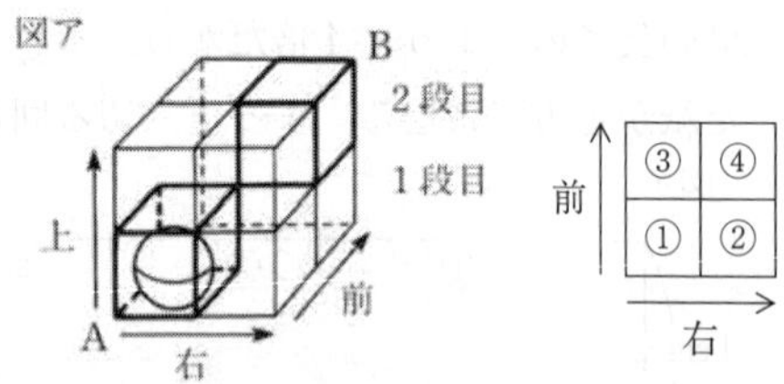

(2) 下の図イのように，各段の立方体に①～⑨の番号をつける。まず，1段目の①ととなり合う立方体を空にするためには，黒玉を5回移動させる必要がある。また，白玉を移動させたとき，その直後に空になっているのは，白玉が直前にあった立方体だから，下の図ウより，白玉を直前に移動

したのと同じ方向に移動させるとき，黒玉を４回移動させる必要があるが，異なる方向に移動させるときは，黒玉を２回移動させればよい。よって，白玉を２回続けて同じ方向に移動させることなく，右・前・上にだけ移動させていけば，最も少ない回数で移動させることができる。そのように移動させるには白玉を，たとえば，右→上→前→右→上→前と移動させればよい。このとき，白玉は計６回移動し，１回目の直前には黒玉を５回，それ以外の直前には黒玉を２回移動させることになる。よって，最も少ない回数は，５＋１＋(２＋１)×５＝21(回)となる。

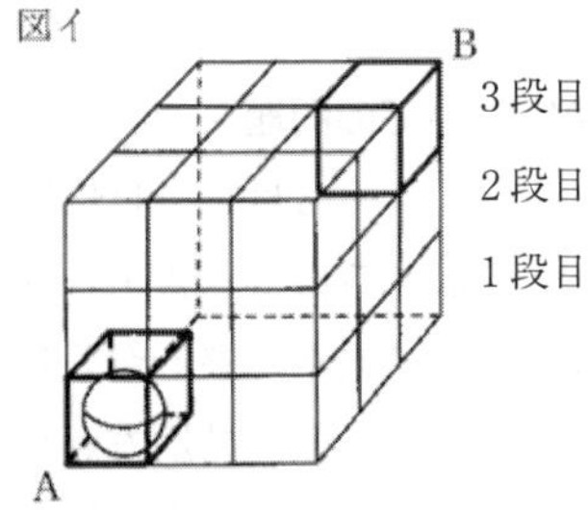

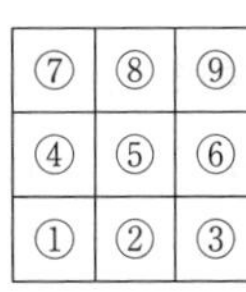

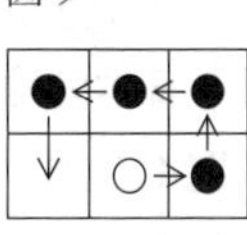

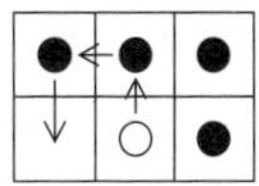

(3) 右の図エのように，各段の立方体に①～㉕の番号をつける。まず，１段目の①ととなり合う立方体を空にするために，黒玉を10回移動させる必要があり，その後は(2)と同様に，白玉を２回続けて同じ方向に移動させることなく，右・前・上にだけ移動させていけばよい。そのように移動させるには，たとえば，(2)で示したのと同じ方法で白玉を３段目の⑬まで移動させたあと，さらに，上→右→前→右→前と移動させればよい。このとき，白玉は計11回移動し，１回目の直前には黒玉を10回，それ以外の直前には黒玉を２回移動させることになる。よって，最も少ない回数は，10＋１＋(２＋１)×10＝41(回)となる。

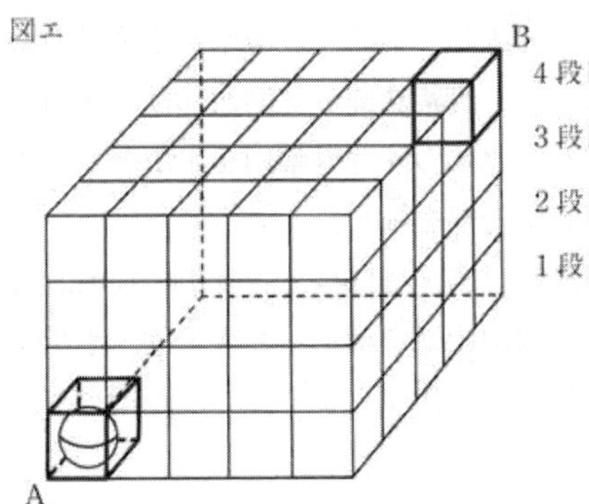

㉑	㉒	㉓	㉔	㉕
⑯	⑰	⑱	⑲	⑳
⑪	⑫	⑬	⑭	⑮
⑥	⑦	⑧	⑨	⑩
①	②	③	④	⑤

社会 (30分) ＜満点：50点＞

解答

Ⅰ **問１** ① Ｂ ② (例) 朝夕の電車の本数が多く，より早い時間に最終電車が来るから。 **問２** **坂東太郎**…オ **筑紫次郎**…イ **四国三郎**…エ **問３** エ **問４** Ｂ，遠洋(漁業) **問５** ① キャベツ ② ウ ③ イ **問６** イ **問７** ① ウ ② **１つめ**…(例) 渋滞がないので，輸送時間の計算がしやすい。 **２つめ**…(例) 二酸化炭素などの温室効果ガスの排出量を減らせる。 Ⅱ **問１** 黒曜石 **問２** ア **問３** 菅原道真 **問４** 明 **問５** エ **問６** 武家諸法度 **問７** 平戸 **問８** シャクシャイン **問９** (例) ペリーが浦賀に来航したこと。 **問10** 沖縄(島) Ⅲ **問１** 11月３日 **問２** ア **問３** イ，エ **問４** ① ウ，エ ② 安政の大獄 **問５** 小村寿太郎 **問６** 華族 **問７** ア，ウ，オ **問８** **ア** 戦争 **イ** 戦力 **ウ** 交戦権

解説

I 日本の地形，産業，発電，運輸についての問題

問1　①，②　4つの時刻表を見ると，A・BはC・Dに比べて7～9時台や17～19時台といった朝夕のラッシュ時の本数が多いことがわかるので，A・Bは平日の，C・Dは休日の時刻表だとわかる。また，A・Dの時刻表では24時まで電車が来るが，B・Cの時刻表は23時台で電車が終わっている。多くの人はヨシオ君と同じように，朝，品川方面行きの電車に乗って通勤・通学し，夕方～夜に横浜方面行きの電車に乗って帰宅するので，夜に横浜方面へ向かう乗客が多く，そのぶん遅くまで運行されている。よって，それぞれの時刻表は，Aが平日の横浜方面行き，Bが平日の品川方面行き，Cが休日の品川方面行き，Dが休日の横浜方面行きのものだと判断できる。

問2　**坂東太郎**…坂東太郎は利根川の別名。利根川は越後山脈の大水上山を水源とし，群馬県内を東流する吾妻川や，栃木県～茨城県内をおおむね南流する鬼怒川などの支流を集めながら，関東平野を北西から南東へ向かって流れ，下流で茨城県と千葉県の県境を形成して太平洋に注いでいる。よって，オがあてはまる。　**筑紫次郎**…筑紫次郎は筑後川の別名である。大分県西部の九重山を水源とする玖珠川と，熊本県北部の阿蘇外輪山を水源とする大山川は大分県北西部で合流し，福岡県内で筑後川となり，福岡県南部を弧を描くようにして西へと流れたのち，有明海に注ぐ。よって，イだとわかる。　**四国三郎**…四国三郎は，吉野川の別名。吉野川は，四国山地の瓶ヶ森を水源として高知県内を東に流れ，四国山地を横切って大歩危・小歩危という谷を形成したのち徳島県内を東へと流れ，徳島市で紀伊水道に注ぐ。よって，エが選べる。　なお，アは北上川，ウは四万十川の流路を描いたもの。

問3　アジは側線とよばれる感覚器が特徴となっているので，エがあてはまる。なお，アはイワシ，イはタイ，ウはヒラメ。

問4　マグロは暖流にすむ回遊魚で，日本に水揚げされるもののほとんどは遠洋漁業でとられたものである。遠洋漁業は基地となる港を遠くはなれ，大型漁船で長期間かけて行う漁業で，かつては日本の漁業の中心であった。しかし，1970年代後半に沿岸国が200カイリ水域を設定したことや，石油危機(オイルショック)の影響で燃料が急激に値上がりしたことによって漁獲量が減り，1990年代後半以降の年間の生産量は100万トンに満たない。なお，Aは沖合漁業，Cは沿岸漁業の生産量。

問5　①　神奈川県の三浦半島では春キャベツの栽培がさかんで，神奈川県のキャベツの生産量は，愛知・群馬・千葉・茨城の各県についで全国第5位である。統計資料は『日本国勢図会』2017／18年版による(以下同じ)。　②　キャベツは涼しい気候を好む作物で，冬から春にかけては，愛知県や千葉県，神奈川県など，近郊農業が行われる地域で栽培・出荷される。いっぽう，夏から秋にかけては群馬県嬬恋村のように涼しい気候の地域で高原野菜として栽培され，出荷される。

③　図3より，6月は関東地方の千葉県と茨城県からの入荷量が多い。また，図3と，7月に岩手県からの入荷量が多いことから，6月は関東地方から涼しい地域へと産地が切りかわる時期で，涼しい地域からの入荷量が増えるのは7月以降だと推測できる。よって，6月に入荷量が多いのは，関東地方にふくまれる東京都だと判断できる。

問6　風力発電は風の力で風車を回転させて電気をつくる方法で，多くは海から吹く風を利用するので，風車は沿岸部に設置される。なお，山間部に多いアは水力発電所，九州や東北の山間部に分布しているウは地熱発電所，臨海部に分布しているエは火力発電所にあてはまる。

問７　①　天然ガスは，輸送や保存に便利なように低温で圧縮し，液体にされる(液化天然ガス，LNG)。運搬には，圧力や低温に耐えられるよう，球形の特殊なタンクを備えた専用船が用いられるので，ウがあてはまる。なお，アは原油を輸送するタンカー，イはコンテナ船，エは自動車運搬船。　②　自動車だけではなく鉄道や船なども活用して貨物を運ぶ方法を「モーダルシフト」という。自動車輸送では渋滞に巻きこまれて配達に時間がかかることがあるが，鉄道や船の場合は渋滞がなく，配達にかかるおよその時間が計算しやすい。また，鉄道や船を利用すると，自動車だけで運ぶ場合に比べ，二酸化炭素などの温室効果ガスの排出量を減らすことができる。

Ⅱ　船を題材にした各時代の歴史的なことがらについての問題

問１　縄文時代には，使いみちに合った石材を求めて各地で交易が行われていた。このうち，「道具の素材となる石材」で，長野県和田峠や東京都神津島などで産出したのは，黒曜石である。ほかにも，ひすい(装飾品)やアスファルト(接着剤)，サヌカイト(石器)が，交易によって各地に広がった。

問２　ア　607年，遣隋使として隋(中国)に渡った小野妹子が持参した国書の内容に，隋の皇帝煬帝は立腹したが，その後も遣隋使の派遣は続いた。　イ　８世紀に入り，朝鮮半島の新羅との関係が悪化すると，遣唐使は種子島や奄美大島を経由する南路をとるようになったが，台湾は経由していない。　ウ　最初の遣隋大使となった小野妹子は男性である。　エ　小野妹子は，聖徳太子によって隋に派遣されている。　オ　鑑真は唐(中国)から日本へ渡った高僧である。

問３　894年，遣唐大使に任命された菅原道真は，唐がおとろえていることや航海上の危険を理由に，遣唐使の廃止を朝廷に進言して受け入れられた。道真は宇多天皇の信任も厚く，その後，右大臣にまでなったが，左大臣藤原時平のたくらみで北九州の大宰府に左遷され，２年後にその地で亡くなった。

問４　1404年，室町幕府の第３代将軍足利義満は，明(中国)が倭寇(日本の武装商人団・海賊)の取りしまりを幕府に求めてきたのをきっかけに，明と国交を開いて貿易を始めた。日明貿易では倭寇と区別するため，正式な貿易船に「勘合(符)」という合い札を持たせたことから，この貿易は勘合貿易ともよばれる。

問５　江戸時代初期に行われた朱印船貿易では，東南アジアがおもな渡航先となり，現在のフィリピンやベトナム，カンボジア，タイなどに日本町が形成された。よって，エがふさわしい。

問６　武家諸法度は江戸幕府が大名を統制するために制定した法令で，1615年，第２代将軍徳川秀忠のときに初めて出された。1635年，第３代将軍家光のときに拡大・強化され，参勤交代の制度，大船の建造禁止などが盛りこまれた。

問７　オランダ商館は，オランダのアジア貿易をになった東インド会社の日本における拠点として1609年，長崎県北部の平戸に置かれた。1639年に江戸幕府がポルトガル船の来航を禁止すると，1641年にオランダ商館は長崎港内の出島に移された。

問８　江戸時代には蝦夷地(北海道)南部を支配した松前藩がアイヌとの交易を独占したが，松前藩の不正な交易を不服としてアイヌの人々はしばしば反乱を起こした。その最大のものは1669年に起きた首長シャクシャインを指導者とした反乱(シャクシャインの乱)で，シャクシャインらは松前藩のはかりごとにあって講和の祝宴で殺害された。その後，幕府のアイヌ支配はいっそうきびしいものとなった。

問9　1853年6月，アメリカの東インド艦隊司令長官ペリーが軍艦4隻を率いて浦賀(神奈川県)に来航し，日本の開国を求めた。幕府が翌54年に返答することを約束したため，ペリーはいったん日本をはなれたが，その間に老中阿部正弘は品川沖に台場(砲台を備えた埋め立て地)を建造し，大船建造の禁止を解くなどして沿岸の防衛強化をはかった。

問10　太平洋戦争末期の1945年4月，アメリカ軍が沖縄島に上陸し，日本国内では唯一の地上戦が行われた。組織的な戦闘が終わった6月23日までに，沖縄島の人口約50万人のうち42万人が戦闘に巻きこまれ，うち12万人が亡くなった。

Ⅲ　日本国憲法の施行70周年にちなんだ問題

問1　日本国憲法は1946年11月3日に公布され，翌47年5月3日に施行された。公布日の11月3日は「文化の日」，施行日の5月3日は「憲法記念日」として，国民の祝日になっている。

問2　日本国憲法第11条は基本的人権を「侵すことのできない永久の権利」と規定し，だれもが生まれながらにして持つ権利であることを明記している。なお，イは社会権(生存権)で，基本的人権の1つとして認められている権利。ウは環境権で，日本国憲法に明確な規定はないが，近年主張されるようになった「新しい権利」の1つ。エは主権国家が持つ権利。

問3　憲法改正は日本国憲法第96条で規定されており，衆参各議院の総議員の3分の2以上の賛成をもって国会が発議(国民に提案)し，その後満18歳以上の国民を有権者とする国民投票が行われ，有効投票の過半数が賛成であれば憲法改正は承認され，天皇が国民の名で公布する。ただし，1947年の施行以降，2017年までに憲法改正の発議が行われたことは1度もない。

問4　①　ア　1858年に結ばれた日米修好通商条約における開港地として正しい。横浜港開港後，下田港(静岡県)は閉鎖された。　イ　日米修好通商条約で，日本はアメリカに領事裁判権(治外法権)を認めた。　ウ　大老井伊直弼は朝廷の許可なく条約に調印したため，幕府を非難する声が高まった。　エ　1854年に結ばれた日米和親条約の内容である。　②　井伊直弼は通商条約や将軍の後つぎをめぐって対立する勢力を弾圧するため，安政の大獄を行った。徳川(一橋)慶喜は謹慎，吉田松陰や橋本左内は死刑とされるなど多くの反対派が処分されたが，1860年，これを不満に思った水戸藩(茨城県)の浪士らによって，井伊直弼は暗殺された(桜田門外の変)。

問5　1894年，外務大臣の陸奥宗光はイギリスとの交渉で領事裁判権の撤廃に成功した。その後，1904～05年の日露戦争でロシアに勝利して日本の国際的地位が向上していたこともあり，1911年には外務大臣の小村寿太郎がアメリカとの交渉によって関税自主権を回復させることに成功した。

問6　明治時代には，それまで士農工商で分けられていた身分制度が撤廃され，公卿(公家)や諸侯(大名)は華族，一般武士は士族，農工商の身分だった人は平民とされた(四民平等)。

問7　アメリカ，フランス，韓国(大韓民国)の元首は大統領で，国民の選挙によって選出される。イギリスは立憲君主制の国で，2018年2月現在，エリザベス女王が元首。ブータンは王制の国で，国王が元首。

問8　平和主義を規定した日本国憲法第9条は，1項で「日本国民は，正義と秩序を基調とする国際平和を誠実に希求し，国権の発動たる戦争と，武力による威嚇又は武力の行使は，国際紛争を解決する手段としては，永久にこれを放棄する」とし，続く2項では「前項の目的を達するため，陸海空軍その他の戦力は，これを保持しない。国の交戦権は，これを認めない」としている。

理　科　(30分)　<満点：50点>

解　答

1 **問1**　(オ)　**問2**　(イ), (カ)　**問3**　(例)　溶液にとけていた二酸化炭素がオオカナダモの光合成に使われて，アルカリ性にもどったから。　2 **問1**　30.6度　**問2**　①　(エ)　②　(ア)　3 **問1**　①　(ア)　②　(イ)　**問2**　24秒　**問3**　120　**問4**　①　(イ)　②　80秒　4 **問1**　(ア), (エ)　**問2**　(オ)　**問3**　(イ), (オ)　**問4**　**B**　(エ)　**E**　(ア)　**F**　(オ)　**問5**　(エ)　**問6**　(イ)　**問7**　(イ), (エ)

解　説

1 オオカナダモの光合成の実験についての問題

問1　BTB溶液は，酸性で黄色，中性で緑色，アルカリ性で青色を示す指示薬である。

問2　オオカナダモは，水と水にとけている二酸化炭素を使って光合成を行い，でんぷんをつくり出し，酸素を発生させる。酸素はものが燃えるのを助け，空気よりわずかに重い。二酸化マンガンに過酸化水素水を加えると，過酸化水素水にとけている過酸化水素が分解して酸素が発生する。よって，(イ)と(カ)があてはまる。なお，(ア)と(オ)は水素，(エ)と(キ)は二酸化炭素の性質や製法になる。

問3　はじめBTB溶液は青色で，アルカリ性になるように調整してある。そこに息を吹き込むことで呼気に含まれる二酸化炭素が水にとけて酸性になり，ガラスびんAの溶液は黄色になる。その後，オオカナダモの光合成により二酸化炭素が減少すると，酸性にした溶液は中性となり，その後アルカリ性にもどる。

2 太陽と月の南中高度についての問題

問1　春分・秋分の日の南中高度は赤道で90度となり，緯度が1度高くなるごとに南中高度は1度ずつ低くなっていくため，北緯36度の地点での春分・秋分の日の南中高度は，90−(観測地の緯度)＝90−36＝54(度)と求めることができる。公転面と地軸がなす角度が66.6度のとき，冬至の日の地軸は公転面に垂直に立てた線から，90−66.6＝23.4(度)だけ太陽と反対側に傾く。よって，冬至の日の南中高度は，春分・秋分の日の南中高度より23.4度低くなり，54−23.4＝30.6(度)となる。

問2　①　地球と月が同じ平面を公転しているとすると，太陽の南中高度が最も低くなる冬至の日の頃は，太陽と反対方向にある満月は地軸の北極側が満月側に傾いているので，南中高度が最も高くなる。　②　地軸の北極側が上弦の月側に傾いている頃に，上弦の月の南中高度が最も高くなると考えられる。図1でそのようになるのは，奥側に位置する地球の右横に月が位置しているときで，このことから春分の日の頃に上弦の月の南中高度が最も高くなることがわかる。

3 加熱時間と液体の温度上昇についての問題

問1　実験1で，液体A150gを，288÷180＝1.6(倍)の時間加熱すると，上昇温度が，(28−20)÷(25−20)＝1.6(倍)になるので，加熱時間と温度上昇は比例する。また，液体A150gを180秒間加熱すると上昇温度が5℃，液体250gを180秒間加熱すると上昇温度が，23−20＝3(℃)となることから，液体の質量(重さ)と上昇温度は，150×5＝750，250×3＝750より，積が一定で反比例することがわかる。

問2　液体A150gの温度を5℃上昇させるのに180秒かかるため，液体A100gの温度を1℃上げるには，$180\times\frac{100}{150}\times\frac{1}{5}=24$(秒)加熱する必要がある。

問3　20℃の液体B250gの温度を，25－20＝5(℃)上昇させるのに200秒かかる。ここでは，液体Bを，30－20＝10(℃)上昇させるのに192秒かかっているので，液体Bの重さを□gとすると，$200\times\frac{□}{250}\times\frac{10}{5}=192$が成り立ち，$□=192\div\frac{8}{5}=120$(g)となる。

問4　図の装置で，液体Bと液体Cに入れた電熱線は並列につながれているので，どちらも液体Aに入れた電熱線と発熱量は同じになる。(ア)～(ウ)のそれぞれについて，液体の温度が20℃から30℃に10℃上昇させるのに必要な加熱時間を考える。(ア)の液体A220gの場合は，$180\times\frac{220}{150}\times\frac{10}{5}=528$(秒)，(イ)の液体B280gの場合は，$200\times\frac{280}{250}\times\frac{10}{5}=448$(秒)となる。また，(ウ)の液体C120gの場合は，実験3より，液体C120gを，25－20＝5(℃)上昇させるのにかかる時間が液体B300gを5℃上昇させるのにかかる時間と同じ，$200\times\frac{300}{250}=240$(秒)であることから，10℃上昇させるのにかかる時間は，$240\times\frac{10}{5}=480$(秒)である。したがって，一番早く30℃になるのは(イ)，一番遅く30℃になるのは(ア)で，その加熱時間の差は，528－448＝80(秒)とわかる。

4　発電方法と再生可能エネルギーについての問題

問1　(ア)　可採年数は今後何年間生産が可能かを示す指標になる値で，石炭は可採年数が153年と，石油(51年)や天然ガス(53年)の2倍以上で長い(2016年の値)。ウランは可採年数が90年以上といわれる(2015年の値)。石炭は全世界に広く存在し，コスト(費用)も安いので世界的にも多く利用されている。　(イ)　太陽光発電は，技術が進歩し，原料の増産が進んだため，近年では発電コストが低下している。　(ウ)　地熱発電に限らず，発電所の規模は大きい方が，発電所や変電送電設備の建設には費用がかかるものの，一度に多くの電気を送れる方が効率的なので，長い目で見てコスト面で有利となる。　(エ)　天然ガスはメタンを主成分としたガスで発熱量が高く，二酸化炭素の排(はい)出(しゅつ)量が石油や石炭より少ないため，日本では近年積極的に導入している。　(オ)　シェール(けつ岩)の層に含まれるオイルやガスは，従来の石油や天然ガスに代わるエネルギーの1つとして期待されていて，アメリカ合衆国など世界の国々で開発が進められているが，大量には日本へ輸入されていない。

問2　2015年度の年間発電量のうち，太陽光は3.3%，風力は0.5%，地熱は0.2%である。

問3　太陽光や風力などの再生可能エネルギーは，発電量が自然環境によって左右され，安定した供給が難しいという短所がある。また，新規参入会社が発電した電力を電力会社が買い取って送電する際，買い取り価格と買い取り量に制限が設けられている。これらのことなどが再生可能エネルギーの利用の拡大をさまたげていると考えられる。

問4　Bは，2011年から急激に発電量が減少している。これは，2011年3月11日に起きた東日本大震災(しんさい)後，発電割合がほぼゼロになった原子力発電である。この原子力による発電量の減少をおぎなうように，Dの天然ガス火力発電が増え，次にEの石炭火力発電の量が増えている。1955年から発電量がほとんど変わらないFは，水力発電となる。なお，Aは発電量がわずかずつ増えている水力以外の新エネルギー発電，Cは1973年に起きた第1次オイルショック以降，この発電への依存が減少している石油火力発電である。

問5　電力と発電時に発生した熱を同時に利用するシステムをコジェネレーションという。電気と熱のエネルギーをむだなく利用できれば，燃料が持っているエネルギーを効率よく利用できる。

問6　下線部(3)のような考え方をカーボンニュートラルという。この考え方では，石油などの化石燃料を燃焼する場合と異なり，植物や動物を原料とするものを燃料として燃やした場合，発生した二酸化炭素は地球温暖化には影響しないことになる。

問7　トウモロコシなどからバイオエタノールを合成する技術が開発されたことで，畜産飼料用として栽培されていたトウモロコシなどの価格が上昇し，畜産品の価格も上昇したり，トウモロコシなどの栽培への切りかえが起きたことで他の農産物の収穫量が減少したりして，2006年から2008年にかけて大きな影響が出た。よって，(イ)は正しい。また，ハイブリッドカーも電気自動車も充電池を必要とするが，充電池は価格が高く，使える期間も決して長くないところが欠点といえ，改善の余地がある。このことから，(エ)も正しい。

国　語　(60分)＜満点：100点＞

解　答

一 **問1**　エ　**問2**　イ　**問3**　オ　**問4**　Ⅰ　賢すぎるんだ　Ⅱ　考えすぎる
問5　ア　**問6**　誰かの～うな気　**問7**　手　**問8**　ウ　**問9**　ウ　**問10**　オ
問11　A　サ　B　カ　C　ソ　D　コ　E　オ　**問12**　イ，オ　二 **問1**　A　イ　C　エ　**問2**　エ　**問3**　①　オ　②　ウ　③　ア　**問4**　5　ウ　7　ア
問5　荒唐　**問6**　イ　**問7**　オ　**問8**　(例)　非業の死をとげた奥方や姫たちの
問9　ウ　**問10**　イ　**問11**　ア　**問12**　ア　**問13**　(例)　科学的成果の絶対視は自然への驚異を出発点とする科学への興味を失わせる(ということ。)　三 **問1**　①　糸　②　目　③　棒　**問2**　下記を参照のこと。

●漢字の書き取り

三 **問2**　①　裁く　②　営む　③　努める　④　延期　⑤　準備　⑥　回覧　⑦　温厚

解　説

一 **出典は西加奈子の『ｉ』による。**現在の幸せな暮らしに罪悪感を持っていたアイは周囲の説得にもかかわらず，震災の渦中にある東京に住み続けている。

問1　アイは，震災の影響を心配した両親やミナが東京を離れるようにすすめても，かたくなに受け入れなかったのである。本文の後半から，アイが東京を離れなかったのは，「今こそ自分が渦中にいるときだ，い続けるべきだ」と感じていたからだとわかるので，エが最もふさわしい。

問2　アイの話を聞いたミナはこの後，「その死んだ人の中に自分が入っていないことが，免れてきたと思ってたということ？」と聞いている。アイは，事故や事件や災害で毎日多くの人が死んでいるのに自分は生きていることについて，「どうして私じゃなかったんだろう」「その人と私の違いは何なんだろう」と悩み，特別な理由もないまま生き残っている自分を後ろめたく思っているのである。

問3　アイが「沈黙」したのは，「死者の数を書き続ける」理由をミナに聞かれて，わからなかったからである。つまり，「沈黙の先」には，うまく言葉にできなかった自分の意図(なぜ死者の数を

書き続けてきたのか)がかくれているはずだと考えられる。

問4　I　直前でアイについて言った，「賢すぎるんだ」という言葉をくり返している。　Ⅱ　この後，ミナが「それがアイなんだから，考えすぎるのがあんたなんだから」と言っていることに注目する。すぐ前に「言い方を変えるね」とあるように，「賢すぎる」を「考えすぎる」と言いかえたのだと読み取れる。

問5　前後の部分に手がかりがある。自分が「幸せ」に生きていることに居心地の悪さを感じていたアイにとって，震災の「渦中」にある東京に「い続ける」ことは「悲劇」の側に身を置く格好の機会だった。しかし，「東京の大きく頑丈な家」にいても被災者の気持ちがわかるはずもなかったし，「誰の命が助かるわけでもない」。自分は安全な場所にいて被害者の気分にひたっているだけだと気づいて，ぼう線4のように感じたのである。

問6　「罪悪感」は，悪いことをしたという気持ち。ここでは，自分が選ばれて「幸せ」になったために，選ばれなかった誰かを不幸にしているのではないかと思うアイの気持ちを表している。(中略)の後に，「誰かの幸せを不当に奪ったような気がしていて」という表現がある。

問7　「手を染めていない」は，“かかわっていない”という意味。

問8　地震の当事者でない自分たちには，被災者のために祈る資格や能力はないのかと問いかけているのだから，「権利」が合う。

問9　「相対的」は，ほかとの関係の上で成り立つようす。直後の一文に注目する。「相対的」に見れば，アイが東京にとどまり続けることは被災者の役に立たず，大した意味がないうえ，ミナや両親に「心配をかけてる」だけの愚かな行為だとミナは言っている。

問10　ミナはアイに対して，「アイがそこに無事でいてくれること」が嬉しく，傲慢でも苦しくても「そこにいてくれたらそれでいい」と言っている。そんなミナの「大好き」という言葉は，アイの存在を無条件に受け入れるものである。さらに，「アイの心を洗った」とは，アイを苦しめていた「罪悪感」をきれいに洗い流したということだから，オが選べる。

問11　A　アイはミナとの会話を通して，自分の気持ちを整理し深めている。一つのテーマをめぐって意見を戦わせるのではなく，問いかけと答えをくり返す形になっているので，「議論」ではなく，「対話」にあたる。　B　ミナとの対話によって，アイは自分の考えを確認し，改めて意識している。　C，D　自分が「幸せ」だと思えば思うほど，アイの苦しみも大きくなっていくのだから，「幸せ」に「比例」して，苦しみが「増大」していくということになる。　E　ミナはアイの苦しみを「大切にすべき」だとして，「その苦しみごと，アイがそこにいてくれたらそれでいい」と言っている。アイの心の痛みはアイならではの「固有」のものであり，尊重されるべきだというのである。

問12　イ　本文の最後のほうに，「アイはミナに会いたいと思った」とある。アイは自分を思うミナの気持ちに感動しているが，スカイプを介した会話にもどかしさを感じ，直接会いたいと感じている。　オ　アイが東京に残っていることを，ミナは間違っていると思っている。しかし同時に，「私はアイの気持ちを尊重する。分かりたいと思う」「思う存分いなさい。そこに」とも言っており，行動の是非をこえて，自分の気持ちに正直に生きればいいとアイを力づけている。　ア　死者の苦しみを忘れないためではないので，合わない。　ウ　「はっきりと言葉にすることができた」がおかしい。問11でも見たように，アイは，自分の言葉足らずを補うミナの言葉によって，自分の苦しみを整理し確認している。　エ　ミナの瞳孔が震えていたのは，アイのことを「真剣に考えて」いたからであり，「アイに対する怒り」からではない。　カ　「あえて厳しい口ぶりでアイを責めることによって」がおかしい。アイの「罪悪感」を和らげたのは，行動の是非をこえてアイの存在を認め，尊重しようとするミナの友情である。

二　出典は中谷宇吉郎の「簪を挿した蛇」による。筆者自身が少年時代に受けた教育をふり返って，現在の科学的成果を重視するばかりの科学教育に疑問を投げかけている。

問1　**A**　「文明開化」の動きをたとえているので，「波」が合う。　**C**　「片がつく」は，始末がつくこと。

問2　“発見される”という意味の「見付かる」が入る。「注文通りの秋の山」など，どこにでも発見できるものではないというのである。

問3　①　“案の定”という意味の「やはり」がよい。今日の立派な教科書で教わっていても，やはり「偉い物理学者」にはなれなかっただろうというのである。　②　直前に「別に確固たる理由は無いが」とあるので，特別なことのないようすを表す「ただ」が合う。　③　確固たる理由は無いのだが，無理に理由をつけるとすればという文脈なので，“無理に”という意味の「強いて」があてはまる。

問4　**5**　人の言動にわざとさからう人。　**7**　どうなるかと気をもんで，いらいらすること。

問5　最後の段落などから「荒唐」(とりとめがないこと)をぬき出すと，「荒唐無稽」という熟語ができる。

問6　言葉の係り受けでは，直接つなげてみて意味のまとまる部分が答えになる。「不思議を解決する方は」→「考えられるし」となる。「不思議を解決する」という要素については，指導の方法も「考えられる」というのである。

問7　同じ段落の前半に注意する。この例を通して，町にはまだ「文明開化」の影響もなく，徳川時代の古い習慣や考え方が残っていたことを言おうとしている。

問8　「簪」は，女性の髪をかざる装飾品。豪族の城が落城する時に「奥方や姫たちが，池に入るか崖から飛び降りるかして死んだ」という伝説に注目する。「非業」は，思いがけない災難などによること。悲しい最期をとげた「奥方や姫たち」が生まれ変わって「蛇」になったと考えられていたのである。

問9　五年生であった筆者は，新しい先生の「進化論」に「驚愕」したが，「星雲説」にはさらに刺激的で強い印象を受けているので，ウが選べる。

問10　「老人の読経の声」は，因習や古い価値観を代表するものである。「御まいり」に加わり，昔ながらの生活になじみながら，学校で教わった「進化論」や「星雲説」を素直に信じて「宇宙創成」の空想をふくらませていたのだから，イがあてはまる。

問11　筆者は，今日の教科書に批判的な目を向けている。子供が科学に興味を持つには，「自然に対する純真な驚異の念」が出発点になるが，今日の近代的な立派な教科書ではそれが十分感じられないと考えているのである。したがって，アが合う。

問12　筆者は高等学校に入って，ヘッケルの本を「興奮にほてる頬を輝かしながら」読んだ。当時，「荒唐無稽な空想」にすぎないと言われていたその本を夢中になって読めたのは，少年時代の「非科学的教育」によって，「進化論」や「星雲説」など今からすれば論理的とは言えない内容でも，自然に受け入れて感動した経験があったからである。したがって，アがふさわしい。

問13 「海坊主や河童」は，科学の出発点である「自然に対する純真な驚異の念」を，子供たちに呼び覚ますよい材料になると筆者は考えている。科学的成果にこだわって，「海坊主や河童」の話は「非科学的」だと早くから否定してしまうと，子供たちは自然への「驚異の念」を持つことができず，科学に対して興味を失ってしまうというのである。

三 慣用句の完成，漢字の書き取り

問1 ① 「一糸乱れず」は，少しも乱れず，整っていること。 ② 「目白押し」は，多くの人が押し合うようにたくさん並ぶこと。 ③ 「藪から棒」は，だしぬけであるようす。

問2 ① 音読みは「サイ」で，「裁判」などの熟語がある。訓読みにはほかに「た(つ)」がある。 ② 音読みは「エイ」で，「経営」などの熟語がある。 ③ 音読みは「ド」で，「努力」などの熟語がある。 ④ 期日などをのばすこと。 ⑤ 前もって用意すること。 ⑥ 順々に回して読むこと。 ⑦ おだやかで優しいこと。

平成29年度　早稲田大学系属早稲田実業学校中等部

〔電　話〕（042）300－２１２１
〔所在地〕〒185-8505　東京都国分寺市本町１－２－１
〔交　通〕JR中央線・西武国分寺線・西武多摩湖線―「国分寺駅」徒歩７分

【算　数】（60分）〈満点：100点〉

1　次の各問いに答えなさい。

(1)　$\left(\square \times 0.1 - \dfrac{3}{2}\right) \div 4.5 + 6 = 7\dfrac{8}{9}$ の □ にあてはまる数を求めなさい。

(2)　男子が女子よりも12人多いクラスがあります。このクラスで算数のテストを行ったところ，クラスの平均点は6.7点，男子の平均点は６点，女子の平均点は８点でした。このクラスの人数を求めなさい。

(3)　下の図のような，正三角形ABCがあります。点Oは辺AB上，点Dは辺AC上にあり，ODとBCは平行です。点Oを中心とし，OBを半径とする円とBDとの交点をEとしたとき，OBとDEの長さが等しくなりました。㋐の角度を求めなさい。

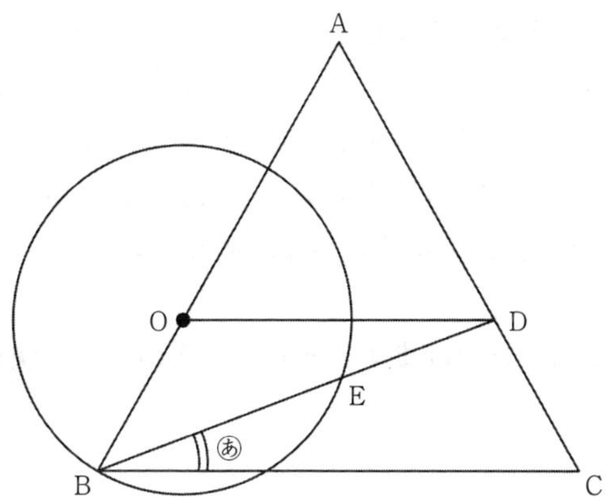

(4)　下の図のように，半径10cm，中心角90°のおうぎ形ABCと，BCを直径とする半円が重なっています。影（かげ）の部分の面積の合計を求めなさい。ただし，円周率は3.14とします。

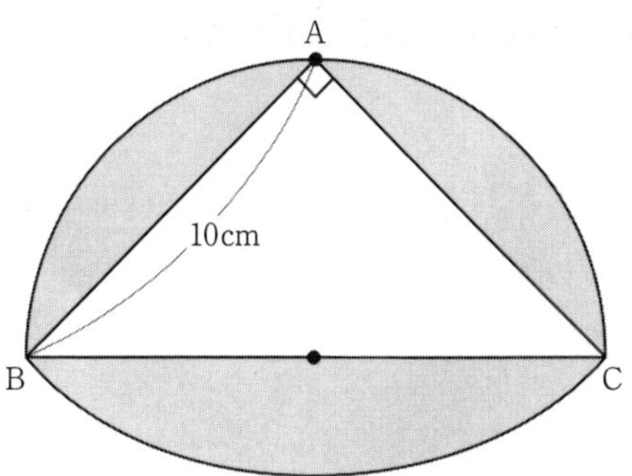

2 次の表は，各国の発電電力量と発電電力量に占める各電源の割合です。これを見て，次の各問いに答えなさい。ただし，整数でない数を答えとするときは，小数第2位を四捨五入し，小数第1位までを答えとしなさい。

各国の発電電力量と発電電力量に占める各電源の割合(2012年)

国名	発電電力量	発電電力量に占める各電源の割合(%)					
		石炭	石油	ガス	水力	原子力	その他
日本	10300	30	18	38	7	2	5
中国	50200	76	0	2	17	2	3
イタリア	3000	18	6	44	0	14	18
フランス	5600	4	1	4	10	76	5
イギリス	3600	ア	1	イ	1	ウ	10
アメリカ	42700	37	1	30	7	19	6

※ 表の元の資料は，経済産業省資源エネルギー庁発行「日本のエネルギー2014」による。
※ 発電電力量の単位は，億 kWh(億キロワット時)。
※ 各電源の割合(%)については元の資料と一部異なり，国ごとに一番大きい数を増減し，合計で100になるように調整している。
※ その他は，再生可能エネルギー(太陽光発電や風力発電など)である。

(1) イタリアの発電電力量に占める各電源の割合を帯グラフに表しなさい。定規を使わなくてもかまいません。

(2) フランスの原子力による発電電力量は，日本の原子力による発電電力量の何倍ですか。

(3) イギリスのガスによる発電電力量は，石炭による発電電力量の7割で，原子力による発電電力量よりも288億 kWh 多くなっています。表の イ にあてはまる数を求めなさい。

3 円周上に偶数個の点を等間隔でとり，その点に記号をつけます。そして，次の2つの**決まり**を守り，点同士を直線で結びます。

決まり
- すべての点から直線がそれぞれ1本のみ引かれている。
- 直線が円の内部で交わってはいけない。

このとき，点同士が直線で結ばれている状態が，全部で何通りあるのかを考えていきます。たとえば，点が2個のときは，次の1通りです。

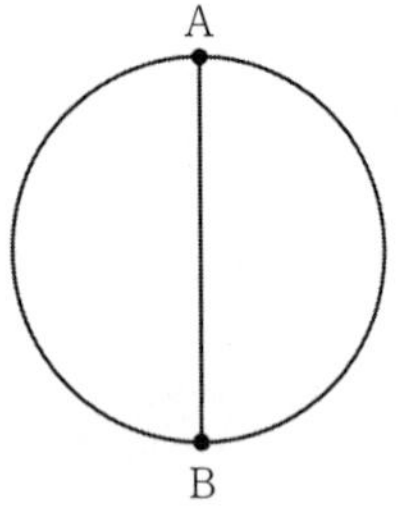

点が4個のときは，次の2通りです。

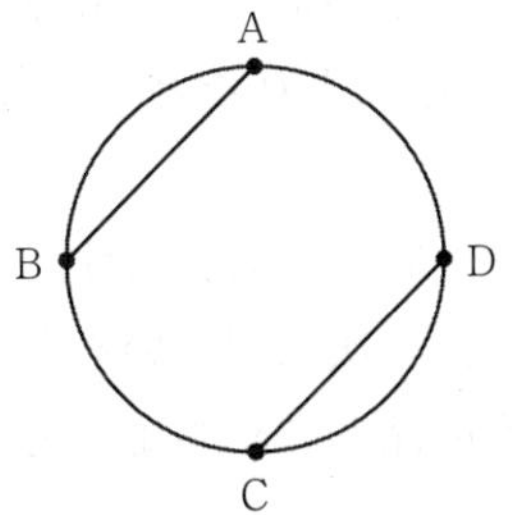

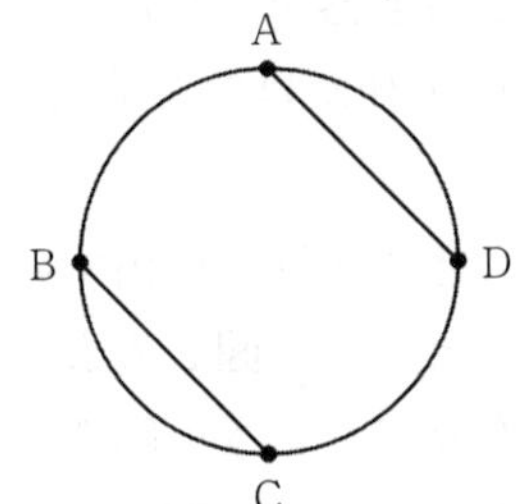

次の各問いに答えなさい。

(1) 点Aから引く直線に注目すると，点が6個のときは，次の3つの場合に分けられます。点が6個のときは，全部で何通りありますか。

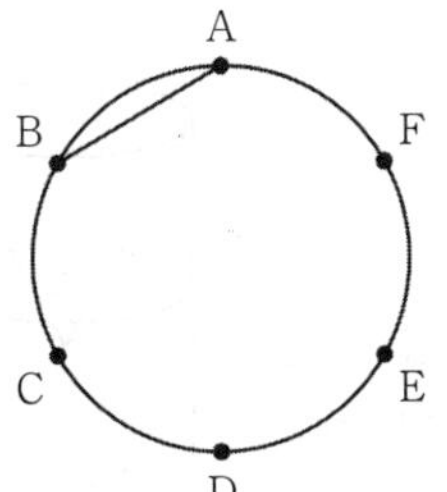

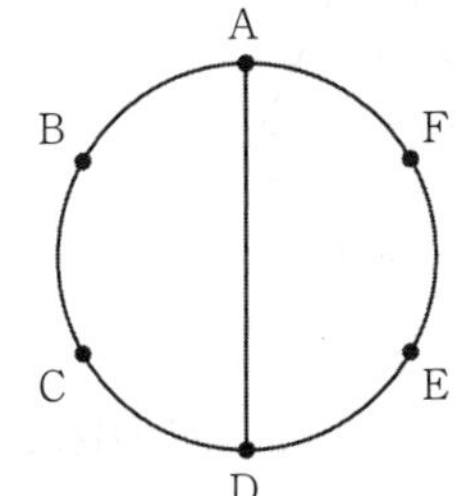

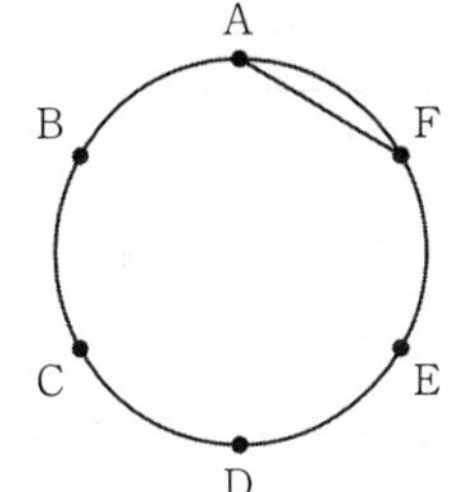

(2) 点が8個のときは，全部で何通りありますか。

(3) 点が12個のときは，全部で何通りありますか。

[必要なら，自由に使いなさい。]

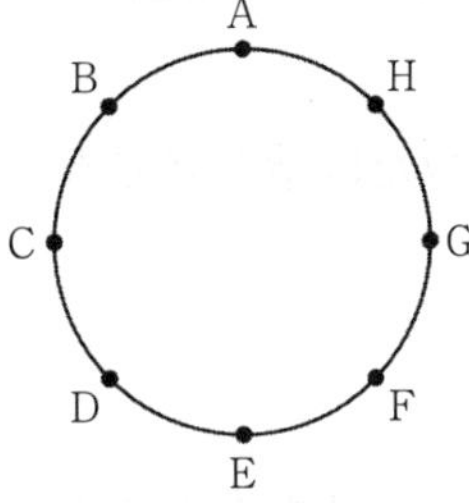

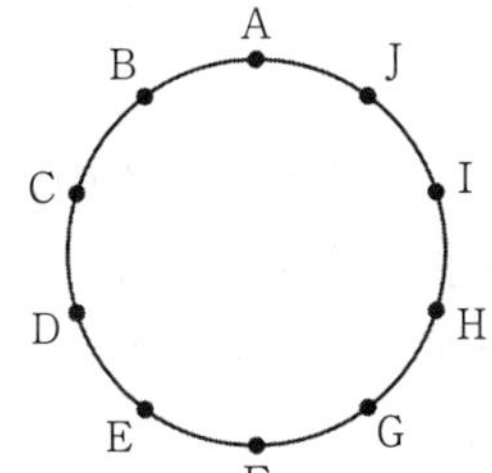

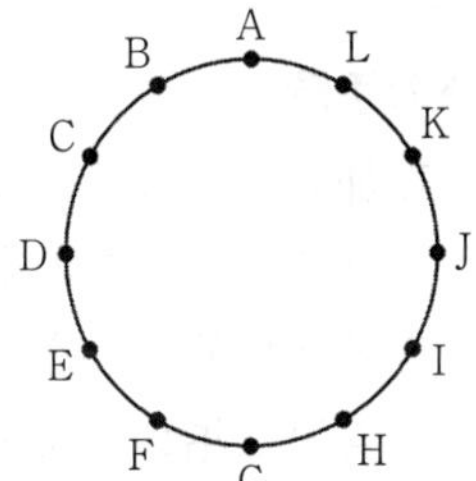

4 **図1**のように，円柱の容器を真横にして水を入れてから容器を立てたとき，水が入っている部分の高さを「水の深さ」と呼ぶことにします。容器の底面の半径が10cm，高さが30cmのとき，次の各問いに答えなさい。

ただし，円周率は3.14とします。

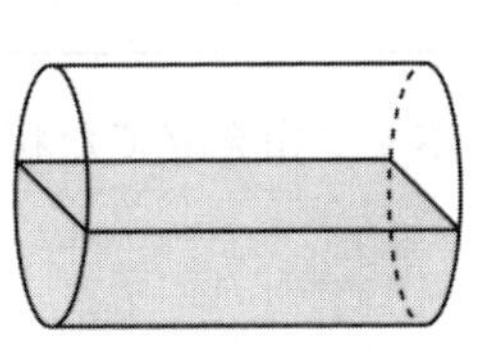

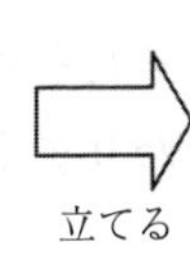

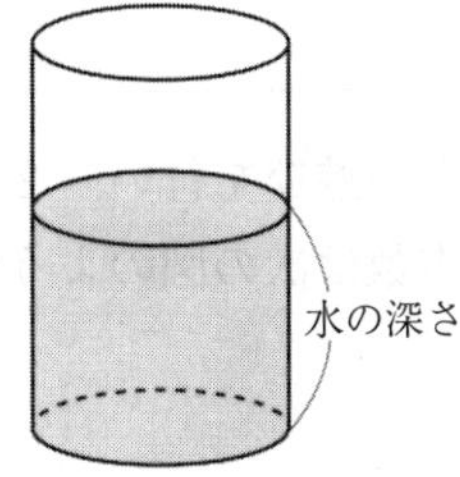

図1

(1) この容器を真横にして水を入れてから容器を立てたとき,「水の深さ」は20cmとなりました。同じ量の水を，高さを変えずに底面の半径だけを2倍にした円柱の容器に入れたとき,「水の深さ」は何cmですか。

(2) この容器の片側の底面に，底面の大きさが等しい円すいをとりつけた容器を考えます。この容器を真横にして半分だけ水を入れたところ，**図2**のようになりました。次に円すいをとりつけた方の底面が下にくるように容器を立てたとき，**図3**のように「水の深さ」がちょうど円すいの高さと等しくなりました。このとき,「水の深さ」は何cmですか。

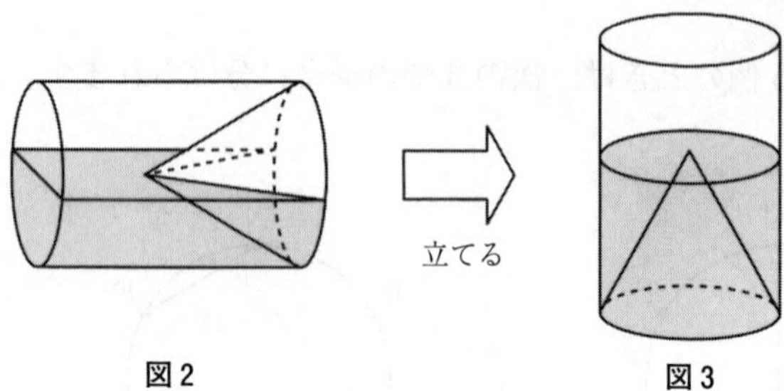

図2　**図3**

(3) **図2**の状態からさらに水を入れて，円すいをとりつけた方の底面が上にくるように容器を立てたとき，**図4**のようになり,「水の深さ」は18cmでした。この状態から上下を逆さまにして，円すいをとりつけた方の底面が下にくるように容器を立てたとき,「水の深さ」は何cmですか。

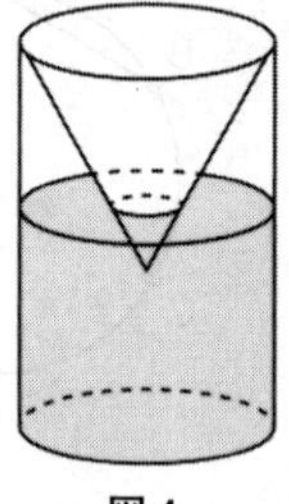

図4

5 2人以上の参加者(A君，B君，…)で，次のような遊びを行います。

遊びの手順

① 参加者はそれぞれ片手を出して，1本から4本のいずれかの本数だけ指を立てる。以下，立てている指の本数のことを指の本数という。

② A君は自分の手をB君の手にあてて，次のやりとりをする。

— A君は指の本数を変更(こう)しない。

— B君は自分の指の本数とA君の指の本数を足して，合計の本数だけ指を立てる。ただし，合計が5になった場合は指を立てずに0本とする。合計が6以上になった場合は，合計から5を引いた本数だけ指を立てる。

③ B君は自分の手を次の参加者の手にあてて，②と同様のやりとりをする。これを順番に行い，最後の参加者は自分の手をA君の手にあてて，②と同様のやりとりをして1周とする。

④ ②，③をくり返す。

たとえば，A君とB君の2人でこの遊びを行い，2人がそれぞれ2本ずつ指を立てた状態から始めて2周すると，2人の指の本数は次の図のように変わります。

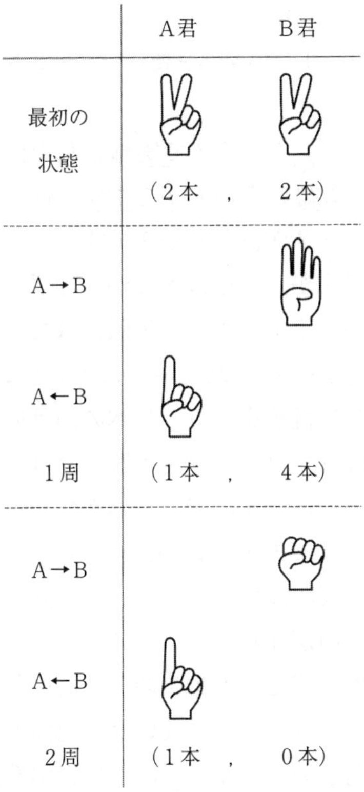

	A君	B君
最初の状態	(２本 ,	２本)
A→B		
A←B		
１周	(１本 ,	４本)
A→B		
A←B		
２周	(１本 ,	０本)

次の各問いに答えなさい。

(1) A君とB君の２人でこの遊びを行いました。２人がそれぞれ１本ずつ指を立てた状態から始めたとき，次の①，②に答えなさい。

① ３周したときのA君の指の本数は何本ですか。

② ２人の指の本数が，再び１本ずつの状態に初めてもどるのは，何周したときですか。

(2) A君，B君，C君の３人でこの遊びを行いました。A君の指の本数がa本，B君の指の本数がb本，C君の指の本数がc本である状態を(a，b，c)と表すことにします。このとき，次の①，②に答えなさい。

① (１，１，１)の状態から始めて，３周したときの状態を(a，b，c)の形で答えなさい。

② (１，３，１)の状態から始めて，２周したときの状態は(１，０，０)です。このように，２周したときのB君とC君の指の本数が，ともに０本になるような最初の状態は，(１，３，１)の他にどのような状態がありますか。(a，b，c)の形ですべて答えなさい。

【社　会】（30分）〈満点：50点〉

【注意】 解答は，とくに指示がない限り，漢字で書くべきところは，正しい漢字を使って答えなさい。

Ⅰ 次の文章を読んで，以下の問いに答えなさい。

昨年の2016年6月，世界中に衝撃が走りました。それは，A イギリスで実施された国民投票で，EUからの離脱に賛成する得票が，EU残留を希望する得票をわずかですが上回り，イギリスがEUから離脱することが決定的になったというニュースが流れたからです。ヨーロッパの経済や政治を統合しようとして1993年に発足したEUですが，今回はそこから加盟国が離脱する初めてのケースとなります。ただしこれは国民投票の結果ですので，実際にはまだ正式に離脱が決定したわけではありません。今後は慎重に手続きが進められていくことでしょう。

この離脱表明直後にイギリスの通貨である 1 ユーロは大幅に価値を下げ，日本の円は同時に 2 円高になりました。このようにイギリスのEU離脱の影響は，ヨーロッパの国々だけにとどまらないのです。世界の経済はそれぞれが密接に関係しあっていますので，日本を含む世界中の国々の経済が今後どのような影響を受けていくのかが心配されます。B 2016年5月に日本で開催された先進国首脳会議（サミット）はイギリスのEU離脱表明前でしたので，この話は議題にあがりませんでしたが，これからはイギリスの動向に世界中が注目していくことでしょう。

ところで日本経済は，2008年に起きた 3 オイルショックの影響で，不景気のどん底に落ち込んでしまいました。現在はその不景気から完全に抜け出すことはできていないとの判断から，C 安倍首相はサミットの直後に消費税の増税実施時期の延期を発表しました。実際に消費税が増税されるころ，日本経済はどのようになっているのでしょうか。

これから中学，高校，そして大学へと進んでいく君たちは，そこで有意義な時間を過して，やがては日本経済をけん引する一員になってもらいたいと思います。

問1 二重下線部**1**～**3**について，それが正しければ○を，間違っていれば正しい語句を答えなさい。

問2 下線部**A**について，次の問題に答えなさい。

① イギリスのEU離脱を主張する人々は，なぜそのように考えたのですか。その理由として正しくないものを次の**ア**～**エ**の中から1つ選び，記号で答えなさい。

ア．国外から移住してくる人々が安い賃金で働くことで，イギリス国民の失業率が高くなっていることに不満を持ったから。

イ．EUに加盟していることで，イギリス国内にあったEU加盟国以外の外国企業が，次々と母国に戻ってしまったことに不満を持ったから。

ウ．イギリスはEUに高い分担金を支払っているが，それらは財政的に苦しい国のために使われていて，イギリスのために使われていないことに不満を持ったから。

エ．EUが定めるいろいろな規則にしばられて，イギリス国内のことを自分たちで決められないことに対して不満を持ったから。

② EUの本部がある都市として正しいものを次の**ア**～**エ**の中から1つ選び，記号で答えなさい。

ア．スウェーデンのストックホルム　**イ**．スイスのジュネーブ

ウ．オランダのハーグ　**エ**．ベルギーのブリュッセル

問3　下線部**B**について，次の問題に答えなさい。

①　そのサミットは，開催された場所にちなんで何と呼ばれましたか。解答欄にあてはまるように漢字4字で答えなさい。

②　今回のサミットに集まったのは6か国(開催国日本とEUを除く)ですが，それに含まれない国を次の**ア**～**ク**の中から2つ選び，記号で答えなさい。

ア．カナダ　　**イ**．アメリカ　　**ウ**．オーストラリア　　**エ**．フランス
オ．イギリス　　**カ**．ドイツ　　**キ**．イタリア　　**ク**．ロシア

問4　下線部**C**について，次の問題に答えなさい。

①　次のグラフの**ア**～**エ**の中から消費税をあらわしているものを1つ選び，記号で答えなさい。

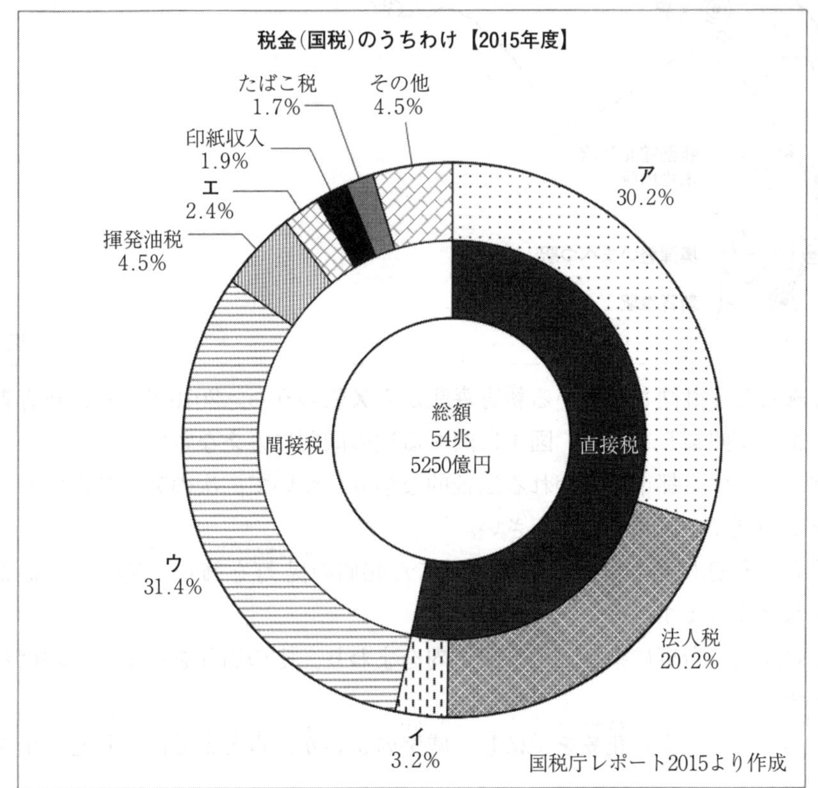

②　この発表で，消費税が10パーセントに引き上げられるのはいつに延期されましたか。次の**ア**～**エ**の中から正しいものを1つ選び，記号で答えなさい。

ア．2018年10月　　**イ**．2019年4月
ウ．2019年10月　　**エ**．2020年4月

Ⅱ　次の図や表をよく見て，以下の問いに答えなさい。

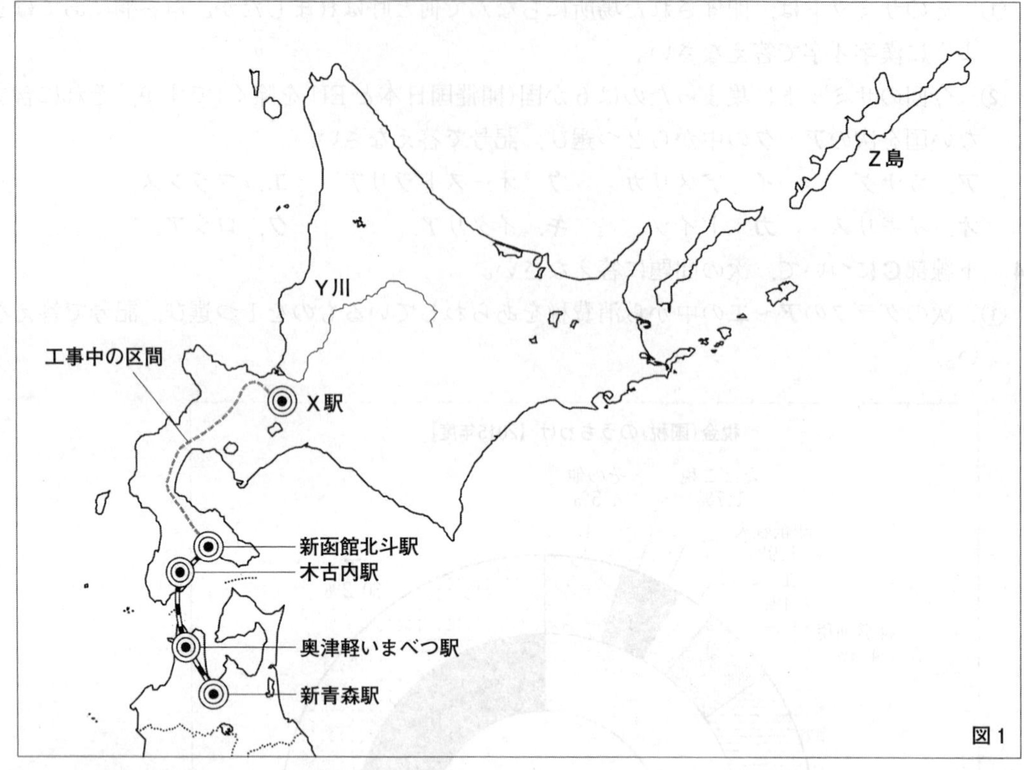

図1

問1　北海道新幹線として計画されている新青森駅から**X**駅のうち，2016年3月に新青森駅から新函館北斗駅までが開業しました。**図1**に関する次の問題に答えなさい。

①　新青森駅が位置する都市で行われる伝統的な祭りについて，次の**ア**～**エ**の中からあてはまるものを1つ選び，記号で答えなさい。

ア．竿燈全体を稲穂に見立て，米俵に見立てた46個の提灯を飾り，額や肩，腰などにのせて街をねり歩きます。

イ．人形型ねぶたを台車に乗せた山車が市内をまわり，その周りをハネトと呼ばれる人々が踊ります。

ウ．紅花をあしらった赤い花笠を手にし，威勢のよいかけ声と太鼓に合わせて街をねり歩きます。

エ．街中の多くの場所が色鮮やかな七夕飾りで埋めつくされます。

②　奥津軽いまべつ駅と木古内駅の間にみられる海底トンネルの名前を答えなさい。

③　新函館北斗駅は，有名な観光地である函館方面への列車の乗りつぎ駅として機能することが期待されています。**函館の地形図**について説明した次の**ア**～**エ**の中から正しいものを1つ選び，記号で答えなさい。

ア．函館山ロープウェイの麓の駅から山頂駅までの標高差はおよそ200～220mです。

イ．市役所からみて南東に啄木一族の墓があります。

ウ．大鼻岬の北側には棚田が広がっています。

エ．海岸沿いには漁港と灯台がみられます。

④　地形図の函館駅から卸売市場までを測ると３cmですが，実際の距離としてふさわしいものを，次の**ア**～**エ**の中から１つ選び，記号で答えなさい。

ア．500m　　**イ**．750m　　**ウ**．５km　　**エ**．7.5km

函館の地形図

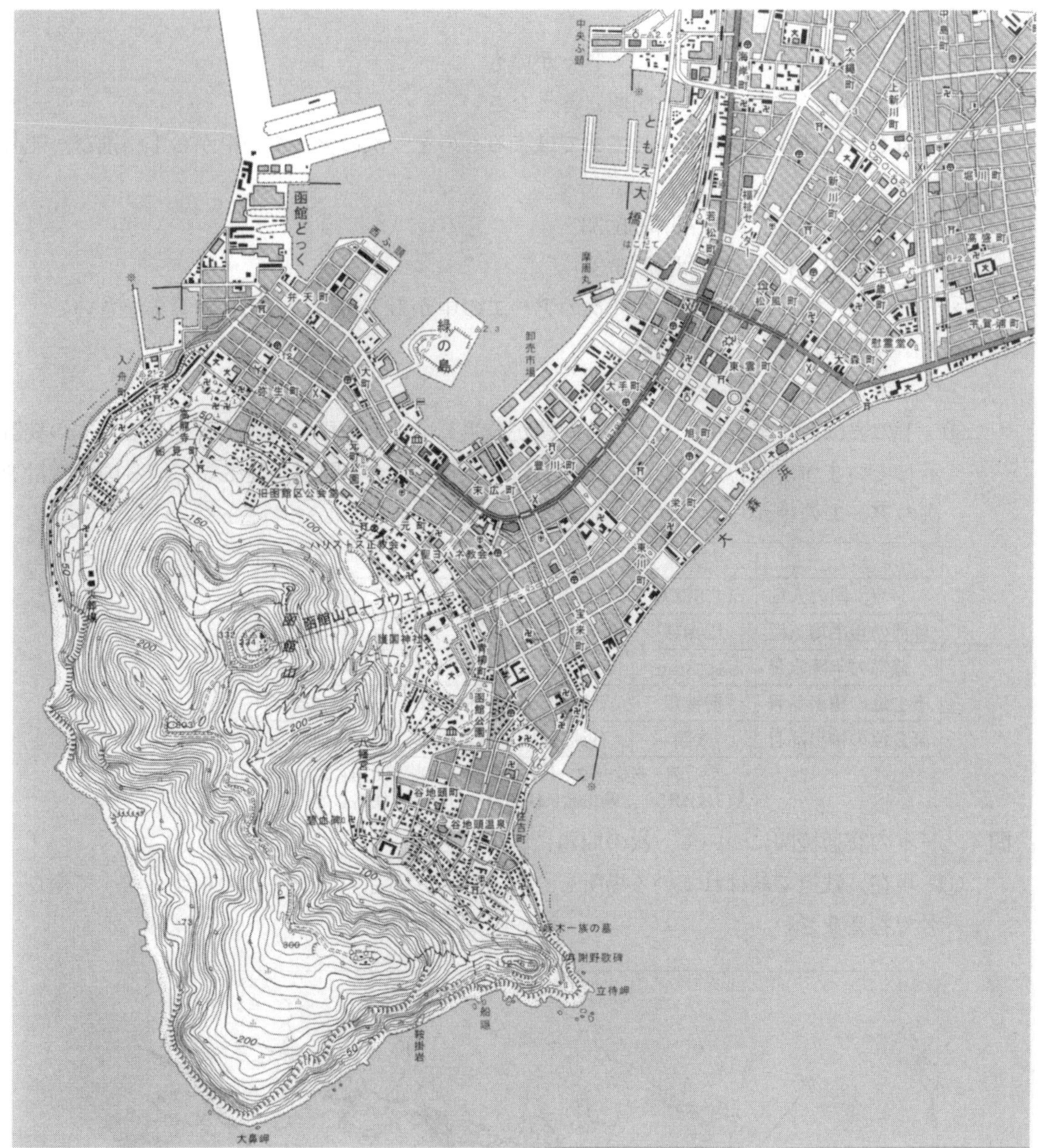

縮尺：２万５千分の１

〈編集部注：編集上の都合により原図の80％に縮小してあります。〉

問２　**図１**の北海道新幹線の最終駅にあたる**Ｘ**駅について，次の問題に答えなさい。

①　**Ｘ**駅の名前を答えなさい。

②　**Ｘ**駅が位置する平野は，この駅の北部を流れる**Ｙ**川によって大部分が形成されました。この平野の名前と主要作物の組み合わせとしてもっともふさわしいものを，次の**ア**～**カ**の中から１つ選び，記号で答えなさい。

ア．十勝平野一米

イ．石狩平野一酪農

ウ．釧路平野一酪農

エ．十勝平野―とうもろこし・じゃがいも

オ．石狩平野一米

カ．釧路平野―とうもろこし・じゃがいも

問3　日本の領土に関する，次の問題に答えなさい。

①　**図1**の**Z**島の北端(ほくたん)緯度としてあてはまるものを，次の**ア**～**エ**の中から１つ選び，記号で答えなさい。

ア．北緯30°33′　　**イ**．北緯35°33′

ウ．北緯40°33′　　**エ**．北緯45°33′

②　日本の西端(せいたん)に位置する島を，次の**ア**～**エ**の中から１つ選び，記号で答えなさい。

ア．与那国島　　**イ**．南鳥島

ウ．南大東島　　**エ**．沖ノ鳥島

③　下の表は，日本と領土をめぐる問題が発生している中国・韓国・ロシアと日本の統計を示しています。「竹島」について，日本と領土をめぐる問題が発生している国の統計を，次の**ア**～**エ**の中から１つ選び，記号で答えなさい。

	ア	イ	ウ	エ
国の人口	14.2億人	1.4億人	1.3億人	0.5億人
首都の年平均気温	12.9℃	5.8℃	16.3℃	12.6℃
首都の年降水量	534.3mm	706.5mm	1528.8mm	1429mm
第１位の輸出品目	機械類	原油	機械類	機械類
第２位の輸出品目	衣類	石油製品	自動車	自動車

「データブック オブ・ザ・ワールド2016」より作成
（人口は2015年，輸出品目は2014年の統計を使用している。）

問4　日本の交通機関について，次の問題に答えなさい。

①　現在，鉄道で結ばれている場所を，次の地図に示される**ア**～**エ**の中からすべて選び，記号で答えなさい。

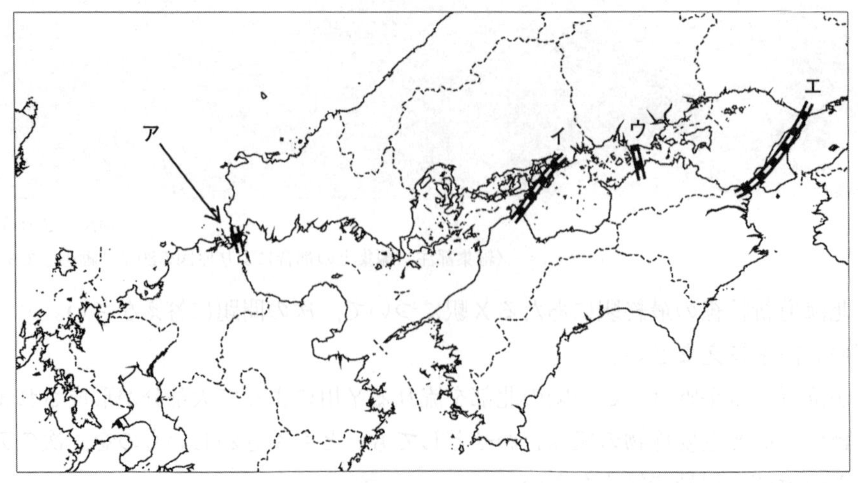

② **図2**は，人々が北海道へ行き来する時の交通機関とその人数を示しています。また，**図3**は日本国内を人々が移動する時の交通機関別構成比の変化を示しています。**図2・3**の**A**～**C**は，自動車，航空機，鉄道のどれかにあてはまります。**A**～**C**にあてはまるものを，次の**ア**～**ウ**を並べかえて記号で答えなさい。

ア．自動車　**イ**．航空機　**ウ**．鉄道

図2　北海道―北海道外間における輸送機関別の旅客(りょかく)輸送人員の変化

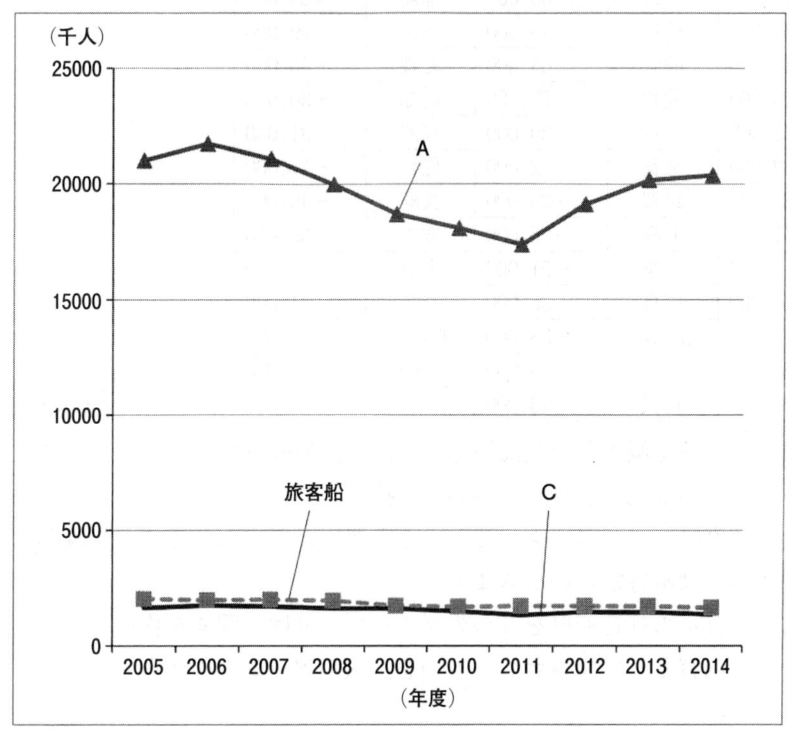

「北海道運輸局　北海道の運輸の動き(年報)平成26年版」より作成

図3　日本の旅客輸送の機関別構成比の変化

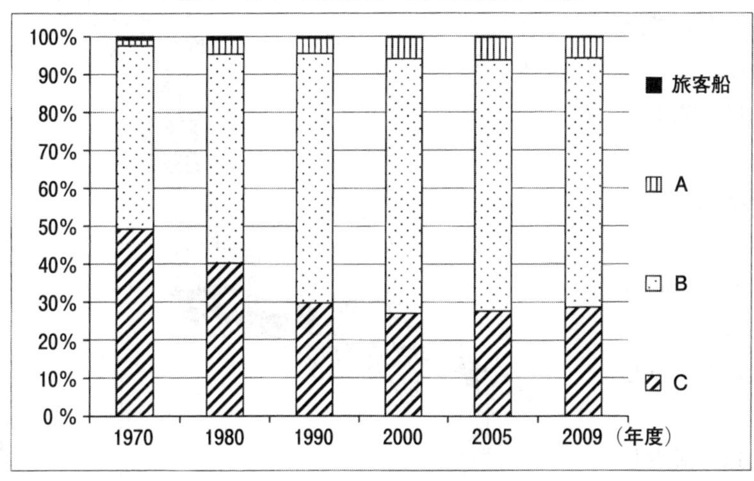

「データブック オブ・ザ・ワールド2016」より作成

問5　2010年から2015年の各都道府県の人口増減数を示す**表1**について，次の問題に答えなさい。

表1　2010年から2015年の各都道府県の人口増減数

都道府県	人口増減数(人)	都道府県	人口増減数(人)	都道府県	人口増減数(人)
北海道	−123,000	石川	−15,000	岡山	−23,000
青森	−65,000	福井	−19,000	広島	−16,000
岩手	−50,000	山梨	−28,000	山口	−46,000
宮城	−14,000	長野	−53,000	徳島	−29,000
秋田	−63,000	岐阜	−48,000	香川	−19,000
山形	−46,000	静岡	−64,000	愛媛	−46,000
福島	−115,000	愛知	73,000	高知	−36,000
茨城	−52,000	三重	−39,000	福岡	31,000
栃木	−33,000	滋賀	2,000	佐賀	−17,000
群馬	−35,000	京都	−26,000	長崎	−49,000
埼玉	67,000	大阪	−26,000	熊本	−30,000
千葉	8,000	兵庫	−51,000	大分	−30,000
東京	354,000	奈良	−36,000	宮崎	−31,000
神奈川	79,000	和歌山	−38,000	鹿児島	−57,000
新潟	−69,000	鳥取	−15,000	沖縄	41,000
富山	−26,000	島根	−23,000		

「日本国勢図会2016/17より作成」
（千人未満は四捨五入）

① **表1**で人口が一番多く減少した北海道ですが，北海道統計課によって，ここ数年の北海道の人口減少は少子高齢化の影響が大きいと指摘されています。それでは，2番目に人口減少数の多い都道府県について，もっとも大きな要因と考えられることを説明しなさい。ただし，少子高齢化は解答からのぞきます。

② **表1**をもとに，日本の都道府県を3つのグループに分け，**図4**を作成しました。3つのグループに分けた内容としてふさわしいものを，次の**ア**～**エ**の中から1つ選び，記号で答えなさい。

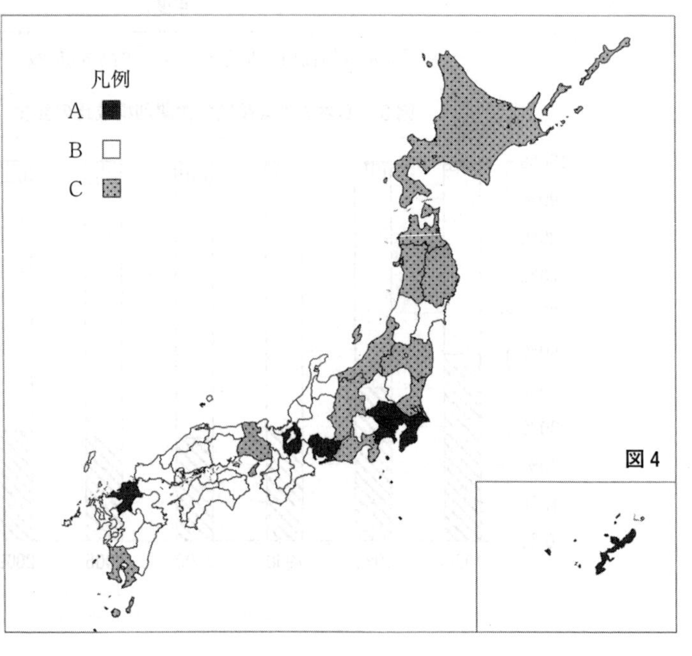

図4

ア．A　人口が増加している。
B　0～6万人未満減少している。
C　6万人以上減少している。

イ．A　人口が増加している。
B　0～5万人未満減少している。
C　5万人以上減少している。

ウ．A　6万人以上減少している。
B　0～6万人未満減少している。
C　人口が増加している。

エ．A　5万人以上減少している。
　　B　0～5万人未満減少している。
　　C　人口が増加している。

③　**表1**や**図4**から，今後もこのような状態が続くと，そこで生活している人々にどのような不都合(ふつごう)な問題が生じるでしょうか。人口の過疎化が進む地域と過密化が進む地域の問題点を，それぞれ解答欄にあうように答えなさい。

Ⅲ　東京の史跡(しせき)に関する次の文章を読んで，以下の問いに答えなさい。

2020年には，東京オリンピック・パラリンピックの開催が予定されています。東京は世界的な大都市で，なおかつ日本の政治や経済の中心であるため，国内や海外の各地から多くの人々が訪れます。日々進化をとげ，新たな文化の発信地である東京は，各時代の史跡が多く残り，様々な場所で歴史を感じることのできる都市でもあります。ここでは，近年のニュースなどで話題となった場所を中心に，東京の見所をいくつかたどっていくことにしましょう。

まずは東京の玄関口である東京駅と，その周辺から見ていくことにします。現在は国の重要文化財にも指定されている東京駅の駅舎は，日本銀行本店の設計などでも知られる辰野金吾(たつのきんご)によって設計されました。完成したのは<u>1 1914年</u>のことです。2014年には100周年を迎え，様々なイベントなどが開催されて話題を呼びました。東京駅の駅舎は，1945年の空襲(くうしゅう)によって屋根が焼け落ち，内装も大半が失われるなどしたため，戦後に修復工事が行われました。その結果，創建(そうけん)当初とは異なる形になっていた駅舎でしたが，2007年から復元工事が行われ，かつての姿を取り戻しました。また，この東京駅は，いくつかの歴史的な事件の現場となったことでも知られています。例えば，1921年に発生した首相の暗殺事件をあげることができます。丸の内南口改札を出ると，地面にはめ込まれた丸い印と，「原首相遭難(そうなん)現場」と書かれたプレートを見つけることができます。そこは，時の<u>2 内閣総理大臣であった原敬</u>が短刀を胸に突き刺され，暗殺された場所です。

では次に，東京駅を出て，周辺の見所を巡(めぐ)ってみましょう。駅から北西の方角へとしばらく歩くと，オフィスビルがたくさん立ち並ぶ中に，木が生(お)い茂(しげ)る場所を見つけることができます。そこは，<u>3 平将門</u>の首塚(くびづか)として知られています。平安時代，乱に敗れた将門の首は平安京でさらされていましたが，空に舞い上がって飛んでいったという言い伝えがあり，ここはその首が落ちたとされる場所です。この首塚からさらに西へ進むと，そこには広大な江戸城跡が広がっています。江戸城は太田道灌(おおたどうかん)によって1457年に築城されましたが，<u>4 豊臣秀吉</u>による小田原攻めの後，<u>5 徳川家康</u>が入城し，その後段階的に改修されて巨大な城となりました。現在は皇居(こうきょ)として利用されていますが，本丸・二の丸・三の丸部分は，皇居東御苑(ひがしぎょえん)として開放されているため，自由に見学することができます。桜田門をはじめ，江戸時代から残る建築もありますが，<u>6 天守(閣)は現存しません</u>。これは，1657年の明暦(めいれき)の大火で天守(閣)が焼失した際に，江戸市中の復興が優先され，その後再建されることがなかったためです。また，皇居外苑(がいえん)の一角には，著名な楠木正成の銅像もあります。二重橋(にじゅうばし)を正面に見すえるこの像は，楠木正成が<u>7 隠岐(おき)から戻った天皇</u>を迎えた時の姿をかたどったものとされています。これは，別子銅山開坑(べっしどうざんかいこう)200年記念事業として，住友家が1891年に※1東京美術学校に製作を依頼し，別子銅山の銅を用いて<u>8 高村光雲</u>などにより製作されたものです。

東京駅の完成100周年と同じ2014年には，JR 東日本により，品川駅と田町駅の間に山手線の30番目の新駅を2020年に暫定開業することが発表されました。この区間にも様々な史跡があり，新駅開業後はより足を運びやすくなるかもしれません。代表的なものとしては，「忠臣蔵」で知られる赤穂浪士たちの墓がある泉岳寺をあげることができます。赤穂浪士とは，18世紀の初頭，9この時の将軍により儒学を学問の中心においた文治政治が推進される中，主君のあだを討つために，吉良義央の屋敷に討ち入った人々のことです。境内には赤穂浪士ゆかりの品を所蔵している「赤穂義士記念館」もあり，現在も多くの人が参拝に訪れています。また，10新駅建設予定地の西側の台地には，縄文時代の遺跡も出土しています。例えば，伊皿子貝塚と呼ばれる貝塚が出土しています。この貝塚は，貝の種類が非常に多く，貝塚遺跡そのものはビル建設に伴い完全に破壊されてしまいましたが，保存された貝塚の断面が近くの公園に復元・展示されています。東京にある縄文時代の遺跡といえば，11大森貝塚が非常に有名ですが，他にも東京には縄文時代の人々の生活の様子を知ることができる遺跡があるのです。

そして，2016年には東京にとって喜ばしいニュースがありました。同年７月にトルコのイスタンブールで世界遺産委員会が開催され，12ル・コルビュジエによって設計され，1959年に完成した上野にある建物が，世界遺産に登録されたのです。この建物は，「20世紀を代表する近代建築の巨匠」と言われるル・コルビュジエによる日本で唯一の作品で，日本では初めてとなる他国との共同登録，そして東京23区内で初めての世界遺産となりました。この建物のある上野公園は，江戸幕府の３代将軍徳川家光が江戸城の※２鬼門を封じるためにこの地に建てた寛永寺の境内であった場所です。寛永寺は，13芝の増上寺と並ぶ将軍家の墓所として強い勢力を誇りましたが，14戊辰戦争で寛永寺に立てこもった旧幕府軍の彰義隊を新政府軍が包囲した，いわゆる上野戦争により大半が焼失して一帯は焼け野原と化しました。その後，オランダの医師ボードワンが，公園として残すよう日本政府に働きかけ，結果として1873年に日本初の公園に指定されました。その後，動物園や博物館などがつくられ，現在の上野公園の姿ができ上がっていったのです。

ここでは少ししかたどることができませんでしたが，東京には他にも多くの名所・旧跡があり，そこを訪れる人は，日本の歴史についての理解を深めることができます。2020年に向けて，より多くの人が東京を訪れることが予想されますが，こうした東京の魅力をこれまで以上に発信していくことが望まれるのではないでしょうか。

※１…現在の東京藝術大学

※２…北東の方角。鬼が出入りする不吉な方角とされた。

問１　下線部**１**について，この年の出来事を次の**ア**～**エ**の中から１つ選び，記号で答えなさい。

ア．ポーツマス条約調印　　**イ**．サラエボ事件

ウ．ベルサイユ条約調印　　**エ**．シベリア出兵開始

問２　下線部**２**の人物について述べたものとして正しくないものを，次の**ア**～**エ**の中から１つ選び，記号で答えなさい。

ア．戸籍上，華族や士族ではなく，「平民宰相」と呼ばれた。

イ．立憲政友会の総裁として，本格的な政党内閣を組織した。

ウ．普通選挙法を成立させ，満25歳以上のすべての男子に選挙権を与えた。

エ．米騒動の責任をとった寺内正毅にかわり，内閣総理大臣となった。

問3　下線部**3**の人物について述べた次の説明文の空欄(**A**)，(**B**)に入る語句もしくは人名を答えなさい。

> 平将門は一族との争いを繰り返す中で，国司とも対立するようになった。反乱を起こした将門は東国の国府を次々と攻め落とし，（　**A**　）と自ら名乗ったが，平貞盛や藤原秀郷ら東国の武士によって討たれた。同じ頃，（　**B**　）も瀬戸内海の海賊を率いて反乱を起こし，伊予(現在の愛媛県)の国府や大宰府などを攻め落とした。しかし，源経基らによって討たれた。

問4　下線部**4**の人物について述べた次の**ア**～**エ**の中から正しくないものを１つ選び，記号で答えなさい。

ア．石山本願寺のあとに壮大な城を築き，統一への拠点とした。
イ．太閤検地を行い，それまでまちまちであった米などの量をはかる「ます」を統一した。
ウ．京都に大仏をつくるという口実で刀狩を行い，百姓から武器を取り上げた。
エ．将軍の足利義昭を追放し，室町幕府をほろぼした。

問5　下線部**5**の人物がつくらせ，２代将軍徳川秀忠の名で1615年に出された，大名たちが守らなければいけないきまりを何と言うか答えなさい。

問6　下線部**6**について，天守(閣)の内，木造のものが現存し，なおかつ国宝に指定されているのは数件に限られています。次の**ア**～**エ**の中から，天守(閣)が国宝に指定されていないものを１つ選び，記号で答えなさい。

ア．名古屋城　　**イ**．姫路城
ウ．松本城　　**エ**．彦根城

問7　下線部**7**について，次の[史料]には，この天皇による政治が行われていた時の様子が書かれています。この天皇は誰か答えなさい。

> [史料]　このごろ都ではやっているのは，夜討，強盗やにせの天皇の文書，意味のないさわぎ，急に大名にのし上がった者，その反対に落ちぶれてしまった者，恩賞や領地が欲しくて戦で手がらをたてたとうそを言う者，おべっかを言う者，政治に口出しする僧，成り上がり者，能力のない役人がたくさんいる役所……

問8　下線部**8**の人物の作品を次の**ア**～**エ**の中から１つ選び，記号で答えなさい。

イ.

ウ.

エ.

問9　下線部9について，この将軍の政策を，次の**ア**～**エ**の中から1つ選び，記号で答えなさい。

ア．諸大名への参勤交代の義務付け　　**イ**．生類（しょうるい）あわれみの令

ウ．上米（あげまい）の制　　**エ**．寛政異学（かんせいいがく）の禁（きん）

問10　下線部10について，縄文時代には，気候の変動が発生して海岸線が内陸へと移動したことがわかっており，こうした遺跡も元は海に面していたと考えられます。海岸線が内陸へと移動した理由を，「気温」・「海面」という2語を必ず用いて簡潔に説明しなさい。

問11　下線部11について，この貝塚を1877年に発見したことで知られる人物の名前を答えなさい。

問12　下線部12の建物を次の**ア**～**エ**の中から1つ選び，記号で答えなさい。

ア．東京国立博物館　　**イ**．東京都立美術館

ウ．国立西洋美術館　　**エ**．国立科学博物館

問13　下線部13について，この寺院は浄土宗の寺院です。浄土宗をはじめとして，鎌倉時代には様々な仏教があたらしく興（おこ）りました。そうした仏教の宗派とその開祖，中心寺院の組み合わせとして正しいものを次の**ア**～**エ**の中から1つ選び，記号で答えなさい。

	宗派	開祖	寺院
ア	浄土真宗	一遍	清浄光寺（しょうじょうこうじ）
イ	日蓮宗	日蓮	西本願寺
ウ	臨済宗	法然	知恩院
エ	曹洞宗	道元	永平寺

問14　下線部14について，この戦争における出来事を，起きた順番に並べたものとして正しいものを次の**ア**～**エ**の中から1つ選び，記号で答えなさい。

ア．鳥羽・伏見の戦い→江戸城無血開城→会津若松城の落城→五稜郭（ごりょうかく）の戦い

イ．鳥羽・伏見の戦い→会津若松城の落城→五稜郭の戦い→江戸城無血開城

ウ．会津若松城の落城→鳥羽・伏見の戦い→五稜郭の戦い→江戸城無血開城

エ．会津若松城の落城→江戸城無血開城→鳥羽・伏見の戦い→五稜郭の戦い

【理　科】（30分）〈満点：50点〉

1　次のA君とB君の会話文を読み，後の**問1**～**問6**に答えなさい。

A君「昨日，博物館でおもしろいものをみてきたよ。」

B君「何をみてきたの？」

A君「生きものの形やはたらきからヒントを得て，いろいろな製品がつくられているんだ。例えば，ヤモリの足をまねたテープが開発されているのは知っている？」

B君「あー！　聞いたことある。壁や天井を自由に歩くヤモリの足裏の構造を真似してテープに応用したっていうやつでしょ。」

A君「そうそう。そんな感じで，生きものの形などから着想を得て，それらを人工的に再現して，いろいろな分野へ応用する研究を（　Ⅰ　）って呼ぶんだって。日本語では生物模倣と呼ぶらしいよ。」

B君「へぇー。その言葉は，はじめて聞いたなあ。ほかにはどんな製品があるの？」

A君「では，マジックテープってどんな生きものをヒントにつくられたと思う？　草むらに生えていて，洋服などにくっつきやすいやつ。」

B君「あっ，（　Ⅱ　）でしょ。そういえば，（　Ⅱ　）の実のトゲトゲはフックみたいに曲がっていて，マジックテープと同じだよね。でも，なんでこの植物の実は，いろいろなものにくっつきやすい形をしているんだろう？」

A君「それは，（　　　　Ⅲ　　　　）ためだよ。」

B君「すごいね。君はなんでも知っているな。ほかの生物模倣の技術も教えてよ。」

A君「では，過去のオリンピックでも使用された水着なんだけど，ある生きものの表皮を再現したんだって。どんな生きものか知っている？」

B君「それは知っているよ。サメだよね。水の抵抗を減らすはたらきがあるんでしょ。抵抗を減らすといえば，新幹線の先頭の車両でカモノハシのくちばしに似ているのなかったっけ。あれも生物模倣なの？」

A君「それは知らないけど，500系新幹線はカワセミのくちばしをモデルにしたっていう話を聞いたことがあるよ。その他にはタコの吸盤を真似てバスケットシューズがつくられたり，カタツムリの殻をヒントに汚れをはじくタイルが製造されたりしているね。最近では，クモの糸をバイオテクノロジーで人工合成して，世界で最も強い繊維がつくられているんだって。」

B君「バイオテクノロジーって生物の遺伝子としてはたらく（　Ⅳ　）を切り貼りするあれだよね。最新のテクノロジーがどんどん導入されているんだね。」

A君「そうだね。最近のバイオ分野の技術の進展はすごいよね。でもね，いま話したような生物の特徴は，生物が長い時間をかけて環境に適応して進化した結果なんだよ。生きものって奥が深いよね。」

問1　会話文中の（Ⅰ）にふさわしい語を，次の(ア)～(オ)の中から1つ選び，記号で答えなさい。

(ア)　テラフォーム　　　　(イ)　バイオマス

(ウ)　バイオミメティクス　(エ)　プロバイオティクス

(オ)　バイオハザード

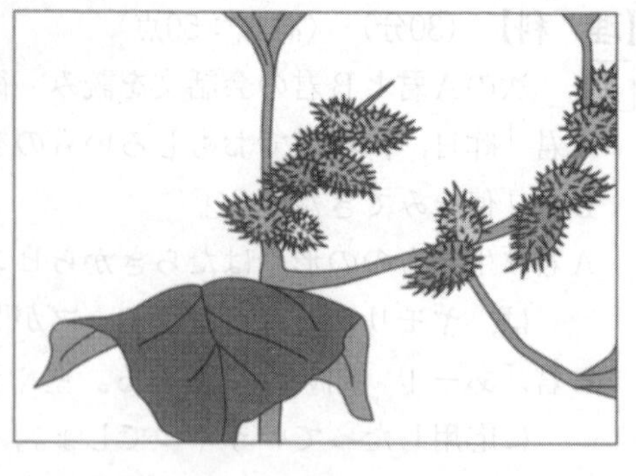

問2　右の図は，会話文中の(Ⅱ)の植物のスケッチです。この植物の名前をカタカナで答えなさい。

問3　会話文中の(Ⅲ)に最もふさわしい文を，15字以上25字以内で答えなさい。ただし，句読点も文字数に含(ふく)みます。

問4　会話文中の(Ⅳ)は，ほぼすべての地球上の生物が遺伝子としてもつ物質です。この物質を何といいますか。大文字のアルファベット3文字で答えなさい。

問5　会話文に登場するヤモリ，カモノハシ，カタツムリについて以下の問いに答えなさい。

①　次の文中の空らんにふさわしい語を，以下の(ア)～(キ)の中から選び，記号で答えなさい。

ヤモリやカモノハシは背骨(せぼね)をもつ生物なので，セキツイ動物に分類される。そのなかでもヤモリは(　**1**　)類であり，カモノハシは(　**2**　)類である。カモノハシは(　**2**　)類であるにも関わらず，子孫を増やす方法は(　**3**　)生である。一方，カタツムリは背骨をもたない無セキツイ動物で，そのなかでも軟体(なんたい)動物のなかまである。

(ア)　魚　　(イ)　両生　　(ウ)　ハ虫　　(エ)　鳥
(オ)　ホ乳(にゅう)　　(カ)　卵(らん)　　(キ)　胎(たい)

②　ヤモリとカタツムリのなかまを，次の(ア)～(カ)の中からそれぞれ2つずつ選び，記号で答えなさい。

(ア)　カナヘビ　　(イ)　アオダイショウ　　(ウ)　コウイカ
(エ)　ハクビシン　　(オ)　アカハライモリ　　(カ)　ジャノメアメフラシ

問6　会話文中の下線部について，生物は環境に対してより適応したものがより多くの子孫を残して進化する「自然選択(せんたく)」という考え方を示した学者は誰(だれ)ですか。次の(ア)～(オ)の中から1人選び，記号で答えなさい。

(ア)　ファーブル　　(イ)　メンデル　　(ウ)　ダーウィン
(エ)　パスツール　　(オ)　北里柴三郎(しばさぶろう)

2　光の屈折(くっせつ)や反射(はんしゃ)に関する次の文章を読み，後の**問1**～**問5**に答えなさい。

光がガラスや水などの透明(とうめい)な物質へ入っていくとき，屈折や反射が起こります。また，光は色によって屈折する角度(屈折角)が違(ちが)います。例えば，プリズムに赤い光(実線)や紫(むらさき)の光(点線)をあてると，**図1**のように進みます。

ここで，太陽光と虹(にじ)の関係について考えます。太陽光はいろいろな色の光が集まってできています。細いすき間(スリット)を通(とお)り抜(ぬ)けた太陽光をプリズムにあてると，光は分散して，後方にスクリーンを置けば，いろいろな色の光がスクリーンにうつります。雨上がりで太陽を背にしたとき，虹が見えることがあります。これは雨が原因で空気中にできた細かい球形の水滴(すいてき)に太陽光があたったとき，**図2**のように屈折，反射，屈折が起こり，分散した太陽光が地上の観測者に届(とど)くためです。ただし，**図2**では太陽光中の赤い光のみが実線で描(えが)かれています。また，赤い光が水滴へ入射(にゅうしゃ)する方向と水滴から出てくる方向とのなす角は約42°になります。

なお，すべての図において，紫の光の屈折のようすは実際よりも強調して描かれています。

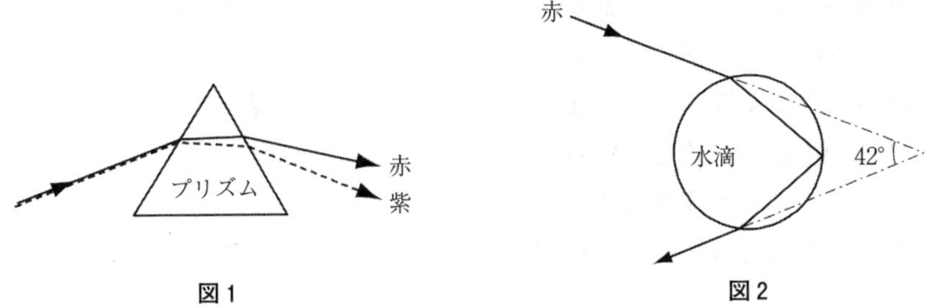

図1　　図2

問1　太陽光中の紫の光(点線)は，空気中の水滴にあたるとどのように進みますか。次の(ア)～(エ)の中から正しいものを1つ選び，記号で答えなさい。

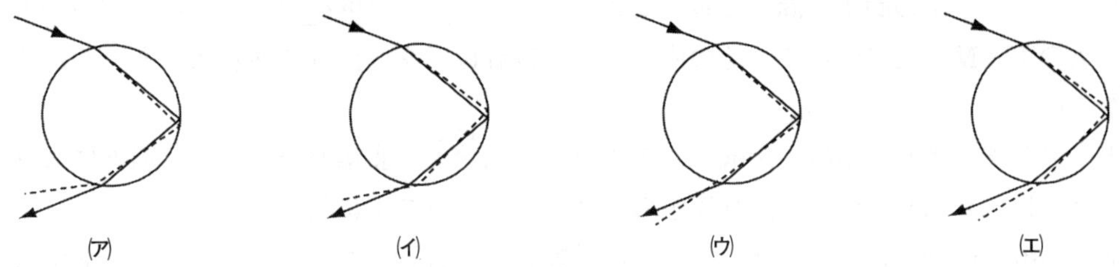

問2　太陽高度が24°のとき，地上からくっきりときれいな虹が見えました。この虹について，赤色の帯の最も高いところは，高度がいくらになりますか。次の(ア)～(オ)の中からいちばん近いものを1つ選び，記号で答えなさい。

(ア)　12°　　(イ)　18°

(ウ)　24°　　(エ)　42°

(オ)　66°

虹が同時に2本見えるときがあります。よく見えるはっきりとした虹を主虹(しゅにじ)，2本目の虹を副虹(ふくにじ)といいます。空気中の水滴に入った太陽光が**図3**のように水滴内で2回反射することが原因で，地上の観測者には副虹が見えます。ただし，**図3**では太陽光中の赤い光のみが実線で描かれています。また，赤い光が水滴へ入射する方向と水滴から出てくる方向とのなす角は約51°になります。

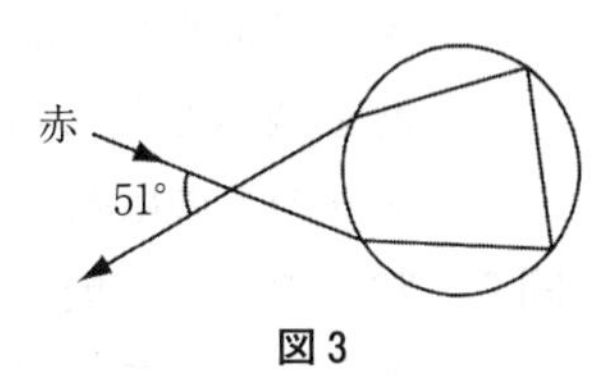

図3

問3　副虹が見えるとき，太陽光中の紫の光(点線)は，空気中の水滴にあたるとどのように進みますか。次の(ア)～(エ)の中から正しいものを1つ選び，記号で答えなさい。

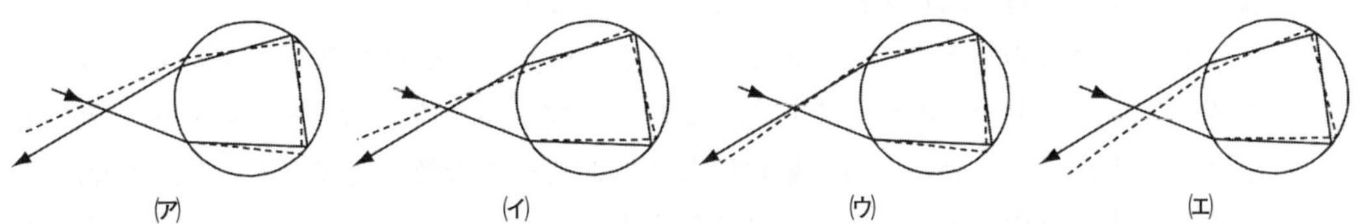

問4　副虹の見え方について，次の(ア)～(エ)の中から正しいものを1つ選び，記号で答えなさい。

(ア)　副虹は，内側が赤，外側が紫となり，主虹の内側にできる。

(イ)　副虹は，内側が赤，外側が紫となり，主虹の外側にできる。

(ウ)　副虹は，内側が紫，外側が赤となり，主虹の内側にできる。

(エ)　副虹は，内側が紫，外側が赤となり，主虹の外側にできる。

問5 ある日，地上の観測者Aから主虹と副虹が同時に見えました。次の(ア)～(エ)について，下線部の内容が誤っているものを1つ選び，記号で答えなさい。

(ア) 主虹と副虹にはさまれた空間(空)は，まわりの空よりも明るく見える。

(イ) 主虹と副虹の円弧の中心は一致している。

(ウ) 主虹の円弧の中心は，太陽と観測者Aをむすぶ直線上にある。

(エ) 観測者Aの上空を飛ぶ飛行機からは，真円(まん丸)の虹が見えることがある。

3 右の表は，食塩としょう酸カリウムが，それぞれの温度において，水100gに最大何gとけるかを表したものです。次の**問1**～**問3**に答えなさい。

	10℃	20℃	30℃	70℃
食塩	35.7	36	36.1	37.5
しょう酸カリウム	21	32	46	138

問1 次のⅠ～Ⅳの文について，その内容が正しければ○を，誤りであれば×を，それぞれ答えなさい。

Ⅰ アンモニア水，塩酸，炭酸水，アルコール水溶液，食塩水をそれぞれ別々にスライドガラスにとり熱していくと，食塩水のみスライドガラス上に何かが残った。

Ⅱ 塩酸を試験管にとり加熱した。この試験管の口付近に水でぬらした青色リトマス紙をかざすと，赤色に変わっていくのが見られた。同じようにして，試験管に水酸化ナトリウム水溶液をとり加熱するとき，この試験管の口付近に水でぬらした赤色リトマス紙をかざすと，青色に変わっていくのが見られた。

Ⅲ 食塩水をビーカーにとり，炭素ぼう2本を電極として電流を流した。このとき，＋極，－極ともに気体が発生した。また，＋極付近の溶液はアルカリ性となっていた。

Ⅳ 20℃の水100gを入れたビーカーを4つ準備し，それぞれ食塩を4g，12g，36g，48g入れてよくかき混ぜ，4つの食塩水を作った。これらを冷凍庫に入れて，こおり始める温度を調べたところ，食塩4gのものは約－2.4℃(氷点下2.4℃)，12gのものは約－7.2℃，36gのものは約－21℃，48gのものは約－29℃でこおり始めた。

問2 70℃のしょう酸カリウムほう和水溶液160gを準備し，温度を変えずに水50gを蒸発させたあと，10℃まで冷却すると，しょう酸カリウムの結しょうは全部で何g出ますか。次の(ア)～(エ)の中から最も近いものを1つ選び，記号で答えなさい。

(ア) 60g　(イ) 70g　(ウ) 80g　(エ) 90g

問3 次の文中の空らんにあてはまるものを，以下の(ア)～(ケ)の中から選び，それぞれ記号で答えなさい。なお，同じ記号を何回用いてもかまいません。

マグネシウムの粉と銅の粉を3.2gずつはかりとり，それぞれステンレス製の皿にのせ，ガスバーナーで十分に燃やしました。このときマグネシウム粉は明るい(①)色の光を出しながら燃えました。その一方，銅粉はとてもおだやかな燃え方でした。完全に燃やした後，皿の上に残った物質を見ると，マグネシウムの方は(②)色，銅の方は(③)色になっていました。また，それぞれの重さについて，マグネシウム粉が燃えた後の物質の重さをA，銅粉が燃えた後の物質の重さをBとすると，AとBには(④)という関係が見られます。

(ア) 青　(イ) 赤　(ウ) 白

(エ) 緑　(オ) 茶　(カ) 黒

(キ) $A<B$　(ク) $A=B$　(ケ) $A>B$

4 ある日の午後7時に，都内にある学校のグラウンドにおいて夜空を見上げたところ，南東の地平線より約60°の高さに，明るく白っぽい惑星Aと赤い惑星Bがならんで見えました。そのとき，西の地平線より約30°の高さには，月が見えました。次の**問1**～**問6**に答えなさい。

問1 惑星Aの衛星の1つが，水を噴き上げていることを，2016年9月にNASA(アメリカ航空宇宙局)が発表しました。惑星Aと惑星Bの名称を，次の(ア)～(オ)の中からそれぞれ1つずつ選び，記号で答えなさい。

(ア) 水星　(イ) 金星　(ウ) 火星　(エ) 木星　(オ) 土星

問2 **問1**の水を噴き上げていると発表された衛星の名称を，次の(ア)～(オ)の中から1つ選び，記号で答えなさい。

(ア) ガニメデ　(イ) タイタン　(ウ) カリスト

(エ) アリエル　(オ) エウロパ

問3 惑星Aと惑星Bの特徴を説明したものを，次の(ア)～(オ)の中からそれぞれ1つずつ選び，記号で答えなさい。

(ア) 表面は酸化鉄におおわれていて，地球よりも大きさは小さい。

(イ) 太陽系の惑星の中で最も大きく，大赤斑という巨大なうずが生じている。

(ウ) 小型の望遠鏡でも，はっきりと環(リング)を見ることができる。

(エ) 地球よりも内側を回っていて，大気は二酸化炭素を多く含む。

(オ) 太陽に一番近いところを回っているため，日の出前か日の入り後にしか見えない。

問4 惑星Aと惑星Bがならんで見えた理由を，次の(ア)～(オ)の中から1つ選び，記号で答えなさい。

(ア) 両惑星とも，地球より内側の公転軌道を回っているため。

(イ) 両惑星とも，重力が大きく，お互い引き合うため。

(ウ) 両惑星とも，公転軌道がほぼ同一平面上にあるため。

(エ) 両惑星とも，北極星の周りを地平線より下に沈まないように回っているため。

(オ) 両惑星とも，公転速度がほぼ等しいため。

問5 この日に見えた月の形を，次の(ア)～(オ)の中から1つ選び，記号で答えなさい。

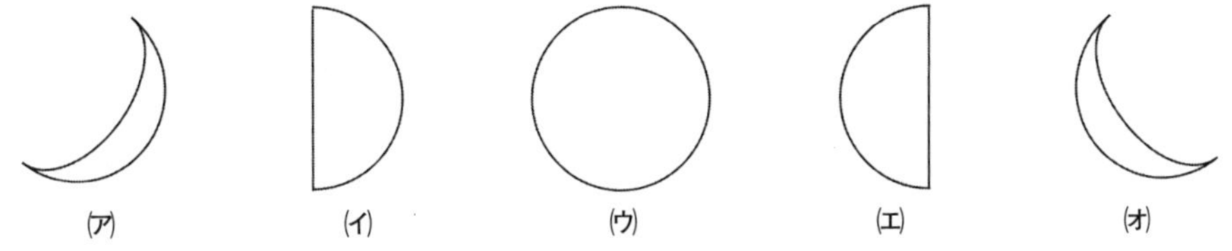

問6 この日の月が東の空から昇ってきた時刻を，次の(ア)～(オ)の中から1つ選び，記号で答えなさい。

(ア) 午前9時　(イ) 午前11時　(ウ) 午後1時

(エ) 午後3時　(オ) 午後5時

三　次の漢字の問題に答えなさい。

問1　次の□に適切な漢字一字を入れて、慣用句を完成させなさい。

① 一寸の□にも五分の魂(たましい)

② □に短したすきに長し

③ 魚心あれば□心あり

問2　――線部のカタカナを漢字に直しなさい。ただし、送り仮名の必要なものはひらがなで送り仮名をつけて答えること。

① 荒れた土地をタガヤス。

② 実力をハッキする。

③ 事態をシュウシュウする。

④ この文章は、カクチョウ高く優れている。

⑤ 来賓(ひん)にシャジをのべる。

⑥ お年寄りをウヤマウ。

⑦ 政務をツカサドル。

き始めているから。

エ　文明の発展が世界規模で進み異境も西洋も変わらない風景になっているから。

オ　アジアやアフリカの台頭で西洋の中に外部への敵対意識が芽生えてきたから。

問8　——線**4**「配慮の明かりが点灯している」とあるが、これと意味の上で異なる表現を本文中の═線**A**～**E**の中から一つ選び、記号で答えなさい。

問9　——線**5**「日本がおぼろげに見えてくる」とあるが、アマン・リゾーツと日本文化はどんなところが共通しているのか。その説明としてもっともふさわしいものを次の中から選び、記号で答えなさい。

ア　伝える情報をあえて制限するなど引き算の思想にもとづいて、顧客の欲望をあやつることを基本戦略にしているところ。

イ　顧客の動きを細かなところまでイメージし、どんな場面でも満足を与えられるようなしかけをこらそうとしているところ。

ウ　非日常を求めてやってくる顧客を満足させるために、日常を忘れさせるような不思議な体験をもたらす工夫をしているところ。

エ　顧客からの期待や要求に応えるために細部にこだわりを見せることで、空間にぴんと張りつめた緊張感が流れているところ。

オ　顧客から高い評価を得るために、同業の会社をよく研究してそれ以上のサービスを提供しようと努めているところ。

問10　——線**6**「自身の相対的価値をあらためて見つめ直す複眼の視点が今、求められている」とあるが、筆者はこれからの日本が何をすべきだと述べているのか。その説明としてもっともふさわしいものを次の中から選び、記号で答えなさい。

ア　目覚ましい発展を見せるアジア諸国の動向に目を配りつつ、他国に負けない経済成長を目指して利益優先の観光政策を考案していかなければならない。

イ　工業に代表されるモノづくり産業に集中するのではなく、文化という非物質的価値を活用することでアジアの経済大国の座を守っていかなければならない。

ウ　西洋に利用される一方だったアジアの歴史を見直し、観光産業を通して地理的にも心情的にも近い国々との関係を深めていかなければならない。

エ　過去の実績から自らを特別な国だと考えるのではなく、アジアの中で置かれている立場をはかりながら産業の方針を定めていかなければならない。

オ　アジアの経済大国という過去の立場は忘れて、発展しつつあるアジア諸国から観光によっていかに自国の利益を引き出すかを考えていかなければならない。

問11　本文全体から読み取れる筆者の主張を、次の三つの言葉をすべて用いて三十字以内でまとめなさい。ただし、句読点等の記号も一字として数える。また、指定された言葉を使用する順番は問わない。

美意識　　未来資源　　観光

句読点等の記号も一字として数える。

問2 A に当てはまる言葉を次の中から一つ選び、記号で答えなさい。

ア 自然の中での仕事を楽しみつつ顧客も満足させる
イ 多数の支持は求めず少数でも熱心な顧客を得る
ウ 時代の流れに合わせながら伝統も大事にする
エ 利益を確保しつつも理想郷の実現をめざす
オ 顧客の要望に広く応えることを何よりも優先する

問3 Ⅰ 、Ⅱ に当てはまる言葉を次の中から一つずつ選び、記号で答えなさい。

ア だから　イ あるいは　ウ ところで
エ それでも　オ やがて

問4 ――線a「おもむろに」、b「めくるめく」の本文中の意味としてもっともふさわしいものを後の中からそれぞれ選び、記号で答えなさい。

a「おもむろに」
ア 無意識に　イ ゆっくりと
ウ 期待とともに　エ こわごわと
オ 不意に

b「めくるめく」
ア うっとりする　イ いつまでも続く
ウ ぞっとする　エ 親密な
オ 想定外の

問5 ――線1「新たな潮流を生み出してきた」とあるが、アマン・リゾーツの考え方の説明としてもっともふさわしいものを次の中から選び、記号で答えなさい。

ア どんな土地であっても共通のサービスが提供できるシステムを築こうとしている。
イ リゾートホテルが目指してきた合理性を捨てて地域の特質を生かそうとしている。
ウ 西洋流のサービスは保ちながらそこに土地ごとの違い（ちが）を取り入れようとしている。
エ 西洋の合理性を徹底（てってい）することで異境に洗練されたシステムを広めようとしている。
オ 西洋流のサービスの中で顧客が各地域の文化を学べる環境を整えようとしている。

問6 ――線2「傲慢さと隣り合わせの愉楽」とある。「傲慢」とは「相手を見下している様子」という意味である。では、異境で西洋料理を楽しむことがなぜ「傲慢」と言えるのか。その理由を説明した次の文の □ に入る言葉を本文中から五字でぬき出しなさい。ただし、句読点等の記号も一字として数える。

西洋人には、自らの □ を疑う視点が欠けていたことを意味するから。

問7 ――線3「辺境に西洋文化を持ち込むリゾートに人々はもはや感動しない」について、以下の設問に答えなさい。

(1) こうした状況を表した表現を、本文中から五字以内でぬき出しなさい。ただし、句読点等の記号も一字として数える。

(2) 「感動しない」とあるが、その理由の説明としてもっともふさわしいものを次の中から選び、記号で答えなさい。

ア 西洋文明よりもはるかに優れた文化が世界中に存在することがわかったから。
イ 交通の発達で西洋にとって異境というほど遠い世界が存在しなくなったから。
ウ 地域ごとの文化的特色を味わうことの面白さに人々が気づ

のか。部屋に通される前に渡されるのはどんなホルダーがついたいかなる形状のキーであるか……。

エントランスからキーにたどり着くわずかの間にも、B微細な経験が無数に織り込まれていく。［Ⅰ］、手入れの行き届いた庭や小道を通って客は自分のヴィラへと進むわけだが、部屋にたどり着く行程にも当然のことながら夥しい経験の結節がある。部屋についた客は、一息つくと、aおもむろにキャビネットのドアを開け、上着をぬいでハンガーを取り出しそこにかけるだろう。［Ⅱ］冷蔵庫から冷えた飲み物を取り出して備え付けのタンブラーに注いで一口飲むかもしれない。その一瞬一瞬に何かがさりげなく待機していなくてはならない。ハンガーを手にした時、冷蔵庫を開けた瞬間、栓抜きを探す一瞬、そしてタンブラーの下に敷くコースターに目をとめた刹那に、もてなしの機会がある。

環境を生かした素晴らしい建築も、景観に溶け込む静かなプールの眺望や、bめくるめく食の饗応もスパ〈温泉施設〉の愉楽も、そのような緻密なサービスの積層の上に機能することによって、忘れられない印象として人々の心の底に落ちていくのである。

花を活けるというのは、空間に気を通わせるということである。空間とは壁に囲まれた容積のことではない。意識を配して、4配慮の明かりが点灯している場所のことである。何もないテーブルの上にぽつりと石を置くと、そこに特別な緊張が発生する。その緊張を介して人は「空間」にふと気をとめる。このように、施設の内に小さな蠟燭を灯すように、ぽつりぽつりと意識が灯されて空間になっていく。花を活けるというのはそういう行為である。造形そのものもさることながら、C心の配信が空間に生気を生み出すのである。

目を凝らしてアマンを観察するならば、その背後に5日本がおぼろげに見えてくる。かつて京都に滞在していたことのあるエイドリアン・ゼッカは、自身でも日本の旅館に影響を受けたことを語っている。花の配し方に限らず、サービスをさし出す間合い、あるいは庭や水を介して自然を呼び込む技術など、日本の一流旅館にみられるもてなしが、かたちを変えて備わっている。

アマンは二四ものホテルを世界中に展開するに至ったが、客室の総数はラスベガスの大型リゾートホテル一つ分にも満たない。それだけきめ細やかに、D経験のデザインが装着されているのだ。日本文化は幾度となく、世界の文脈にこれを生かそうとする国際人の目によって再発見されてきた。ゼッカもその一人だ。工業国を卒業し、E観光という柔らかな価値を差配していく領域へと、日本はゆるやかに産業をシフト〈移行〉しなくてはならない。アマン・リゾーツは、そのひとつの先行事例と見ることができる。

時代は今、アジアの台頭へと急速に動いている。リゾート産業を支える顧客も、徐々にアジア人の比率が高まることが予想される。アジアの人々は欧米人のように長い休暇をとらない。また自然に対する親しみ方も異なる。新たな状況の中で、リゾートホテルへの欲望を今後どのような方向に導くことができるだろうか。

長い間、アジア唯一の経済大国として独自の道を歩んできた日本ではあるが、アジア諸国の経済の台頭と活性によって、6自身の相対的価値をあらためて見つめ直す複眼の視点が今、求められている。日本のあのホテルに行ってみたか、と世界中でささやかれるような、そういうホテルの出現が待たれているはずである。

（原　研哉『日本のデザイン』による）

問1　本文を「主題が提示されている部分」（新しい観光ビジネスのあり方）と「具体例が展開されている部分」（アマン・リゾーツの取り組み）という視点から大きく二つに分けたとき、後半の段落はどこからはじまるか。はじめの五字をぬき出しなさい。ただし、フランス、仏領ポリネシア、インドネシア、インド、モロッコ、フィリピン、スリランカ、タイ、タークス・カイコス諸島、アメリカ合衆国、中国などに二四の小規模リゾートホテルを展開している。「アマン」とは平和を意味するサンスクリット語で、土地ごとのテーマを織り込んだ短い言葉を付加して各地のホテルの名称としている。ちなみに最初の「アマンプリ」は「平和な場所」という意。いずれも客室は、独立したヴィラ〈別荘〉を単位とし、五〇室以内と数は少なめで、その分だけ客室に関わる人員を数多く配している。

高級リゾートホテルの経営は、ワイナリー〈ワイン製造所〉の経営などと同様、［　A　］という、実業と芸術の境界にポイントがある。美と経済に精通していなければできない、針の穴をくぐるような、紙一重の感覚的な投機〈利益を得ようとする行い〉の連続技なのである。その成否は、宿泊に関係するあらゆる営みの一瞬一瞬に、非日常の喜びと充足をいかに鮮烈に表現し顧客に差し出せるかという点、そしてその結果として投資に見合う対価を喜んで顧客に支払ってもらえるかという点に尽きる。特色ある文化やしたたるような自然環境に触れる興奮を、どれだけ見事に収穫できるかが肝要なのだが、さらに言えば、そのサービスによって、顧客のリゾートに対する欲望のかたちそのものを変容させ、異境や異文化への興味を加速的に深めていくという、まさに欲望のエデュケーション〈教育〉がこのビジネスの本質でもある。

西洋人は、大航海時代や植民地時代の昔から、文明から遠く隔たった異境に、洗練を極めた居住や食事を持ち込んで楽しみたいという欲望を育んできた。サハラ砂漠や南米はアマゾンの流域、あるいは野生動物に満ちたケニアのマサイマラのような異界で、白いテーブルクロスのかかったダイニングテーブルに向かい、フォーマル〈公式的〉な制服に身を包んだ給仕にワインを注がれつつ最良の欧州料理を楽しむというような、2傲慢さと隣り合わせの愉楽を、文明の優位とともに肥大させてきたわけである。しかしこうした3辺境に西洋文化を持ち込むリゾートに人々はもはや感動しない。世界は文化の多様性に満ちており、それらの絶妙なる配合に敏感なアンテナを振り向ける人々が増えているからである。

エイドリアン・ゼッカは、かつては『LIFE』や『TIME』誌〈どちらも海外で発行されている雑誌〉などの極東支配人として仕事をしており、世界の富裕層のライフスタイルや嗜好を自身のビジネス感覚の中に織り込んできた人である。それだけに、西洋の限界とアジア文化の可能性に敏感であった。

ホテルの品質は、建築やインテリアに集約されるものではない。もちろんそれも重要だが、大事な点は他にある。それはまさに「経験のデザイン」とでも呼ぶべきものであり、Aホテルで過ごすあらゆる瞬間、あらゆる刹那をパイ皮のように積層させることで完成されていく「もてなしの織物」である。

ホテルの風評に触れる時が、人とホテルの最初の接触点だとすると、経験のデザインはそこから始まる。アマン・リゾーツは広告をしない。したがって宿泊客が発する感想や、丁寧な取材を行う雑誌などが未来の顧客にとっての情報ソース〈源〉となる。ホームページは最小限に作られており、ネット環境にわずかに開いた隙間のようだ。少量だがイメージを広げる余地のある風評や情報を糧に訪れた来場者は、期待で胸がはち切れそうになりながらホテルのエントランスに到着する。すでに経験のデザインがここに起動している。

どんな姿の従業員がいかなる物腰で対応し、客はどこに導かれ、どんな家具に腰を下ろすのか。そこに運ばれてくる飲み物はどんな器、どんな間合いで供され、何を予感させるものであるのか。チェックインはどんな雰囲気で進み、どんな書類にいかなるペンで何を書き込むている。

エ　担任の先生は、教訓的なことを一切口にせず、裁縫事件について多くを語らなかっただけに、裁縫事件よりも重く「私」の心を圧していたものの実体をつかもうと、再び事件を振り返っている。

オ　担任の先生が教訓的なことを一切口にせず、裁縫事件の動機や責任に触れなかったために、生徒は重苦しさから解き放たれ、「私」もまたこの度の件を忘れて、級友との別離の情に浸っている。

問12　この文章は、時間の経過に従って大きく三つに分けることができる。二段落目、三段落目の最初の五字をそれぞれ文中からぬき出して答えなさい。

問13　この文章の内容に合うものを次の中から二つ選び、記号で答えなさい。

ア　初めは軽い気持ちで白紙の件に同調したものの、陰謀の不安にかられる「私」であったが、計画が発覚した後も詳しいいきさつが明確にされないまま事件は風化し、何事もなく終業の日を迎えられたことを級友と共に喜んでいる。

イ　白紙の件を耳にしても真に受けなかった「私」であったが、生徒全員が加担せざるを得ない状況下に置かれ、決断を迫られる中、大半の生徒が「私」と同様に迷いながらも普段どおりに解答したことで、最悪の事態を免れている。

ウ　当初から周囲になじめない「私」であったが、白紙の件をきっかけに信仰に目覚め、祈祷の場に臨んで、生徒の各人が自らの身も心も神に委ね、自省する姿にはじめて接し、それまで抱いていた級友への不信感は消え去っている。

エ　白紙答案を出すことに軽い気持ちで同意したものの、加担の恐怖におののく「私」であったが、事件が発覚した際、生徒の各人が担任の先生の心中を察して、判断自省し、平穏な日常を取り戻そうとする姿勢に共感を覚えている。

オ　いきなり白紙答案を出すよう迫られ、内心反発していた「私」であったが、計画が学校側に発覚すると、生徒の大半が手のひらを返すように判断自省してしまい、この騒動の首謀者が特定されなかったことに、不満を抱いている。

カ　もともと勉強が手につかず、無気力な「私」ではあったが、白紙の件をきっかけに、先生と生徒が深いきずなで結ばれていることに感銘を受け、自らの愚かしさに恥じ入り、今後は学生道を保っていこうと決意を新たにしている。

二

次の文章を読んで、後の問いに答えなさい。なお注釈は〈　〉の中に記した。

日本の美意識が未来資源であるとするなら、それを観光という産業の中で具体的にどう生かすか。そのひとつの事例として参照してみたいのが、シンガポール育ちのインドネシア人エイドリアン・ゼッカが生み出したホテル群「アマン・リゾーツ」である。アマンは、西洋流のオペレーション〈作業〉を基本としながらも、一方ではその合理性を否定するアンチホテル〈反ホテル〉としての独自の運営哲学で、リゾートホテルの考え方に1新たな潮流を生み出してきた。その特徴は、ホテルが存在する土地の景観、風土、伝統、様式といったものを丁寧に活用し、文化の最上の収穫物のひとつとしてホテルを構想・運営しようとする姿勢である。

アマン・リゾーツの最初のホテルは一九八八年にタイのプーケット島にできた「アマンプリ」である。現在では、ブータン、カンボジア、にテストを受けているかを見張る役をやらされ、戸惑いを感じている。

ウ　みんなが白紙答案を出すものと決めてかかっていただけに、自分一人だけ裏切られたような気分にとらわれ、悔しさを感じている。

エ　みんなの背中を見渡せる位置に座ってしまったばかりに、鉛筆をとる級友の姿を目にしてしまい、言いしれない重圧を感じている。

オ　いきなり後ろの席に座らされ、みんなの動静を窺っていたが、何の心も汲めず、どうしたらいいのか分からず、不安を感じている。

問9　――線6「おもちゃのヤジロベエのような心の振り方」とは「私」のどのような「心」をたとえて言ったものか。その内容を説明したものとして、もっともふさわしいものを次の中から選び、記号で答えなさい。

ア　答案を書いたことは級友には裏切りだが、陰謀に加担しなかったのだから自分を裏切ってはいない。

イ　普段どおりに答案を書いてしまったが、どのみち点数は取れていないのだから裏切りにはならない。

ウ　周囲の反応を見て自分も答案を書いてしまったが、みんなも書いていたのだから裏切りにならない。

エ　白紙の不敵さから遁れようとしたが、一部の問題にしか答えていないのだから裏切りにはならない。

オ　みんな何か書いてはいたが、自分は誤った答えを書いたのだからどこにも裏切りは成立していない。

問10　――線7「ぽかあんとした顔」、――線8「きらきらした顔」はどのような思いが表情に表れたのか。次の中から適当なものをそれぞれ選び、記号で答えなさい。

ア　皆で揃って誤った答えを書くと決めたのに、正答を書いた生徒がいたことに驚きを隠せずにいる。

イ　皆が何か書き込んでいるのは分かっていたが、全員が得点できていることに驚きを隠せずにいる。

ウ　皆が一連の騒ぎに巻き込まれている中、狙いどおりに高得点をあげることができて満足している。

エ　騒ぎに惑わされず普段どおりに解答し、学生としての道を踏み外さなかったことに満足している。

オ　皆が一斉に白紙で出すつもりなのか案じていたが、計画通りにならなかったことで安心している。

カ　全くの白紙で出した生徒は一人もおらず、しかも皆が揃って同じ点数だったことに安心している。

問11　――線9「いつも聞きつけている言葉だのに、今日それが私にしみ透った」とあるが、このときの「私」の心情としてもっともふさわしいものを次の中から選び、記号で答えなさい。

ア　担任の先生は、裁縫事件のことにあえて触れず、教訓的なことも口にしなかっただけに、テストの時に見張り役を引き受けてしまった引け目が、依然として「私」の心に重くのしかかっている。

イ　担任の先生が裁縫事件のことに触れず、教訓的なことも一切口にしなかっただけに、この件で生じた生徒の負うべきものに、「私」もまた再度思いを巡らせ、自らの心に向き合おうとしている。

ウ　担任の先生が裁縫事件のことに触れず、教訓的なことも一切口にしないのは、多くの生徒がこの件についての責任を認めているからなのであり、「私」もその判断に従おうと考えを改めくのしかかってしまっている。

ウ　答案を白紙で出すという考えが、誰からともなくもり上りいつの間にか全級の決め事になってしまい、断りたくても断りようがなくなってしまっている。

エ　答案を白紙で突き出すという考えが全級をおおっているが、成績不振者からすれば何の影響もないので、騒ぎのなりゆきに無関心になってしまっている。

オ　裁縫の先生にはかねてから反感を抱いており、反抗したい気持ちはあったが、白紙答案を出す気にはなれず、むしろ先生に対して同情してしまっている。

問5　――線**3**「私はずるく逃げたかった」とあるが、この部分の説明として、もっともふさわしいものを次の中から選び、記号で答えなさい。

ア　自分に答えられる問題がテストに出てしまうと、答案を書くか、書かないのか、どちらかを選択しなければならなくなるから、自分にできない問題が出ることを願っている。

イ　自分の手に負えない問題がテストに出てしまった場合、零点を取ったとしても、白紙の答案を出すことを強いられた結果なのだと言い張れるから、親の追及から逃れられる。

ウ　自分に答えられる問題がテストに出てしまった場合、正解を書いたとしても大した点は取れないのだから、級友を裏切ることにはならず、普段どおりにテストを受けられる。

エ　自分の手に負えない問題がテストに出れば、そもそも答えられないのだから、級友を裏切るのか真面目に答えるのか、二者択一を迫られる板ばさみの状態からは逃れられる。

オ　自分に答えられる問題がテストに出ようと出まいと、白紙で出すか、出さないのかという選択は自由なのだから、正々堂々とテストを受ければ加担の恐怖からは逃れられる。

問6　――線**4**「ずるい心が方々で探りあっている」とあるが、この部分の説明として、もっともふさわしいものを次の中から選び、記号で答えなさい。

ア　全員一致で白紙答案を提出し抗議しようとまとまっている時に、自分だけぬけがけして高得点を取ろうとする不届き者がいないか互いに監視し合っている。

イ　生まれて初めての抗議行動を目前にひかえ、白紙答案を突き出すような荒っぽい真似を一律にやりぬくことができるのか、疑いの目を向け腰が引けている。

ウ　初めは冗談半分で白紙答案を出す方向で盛り上がってしまったが、試験開始に及んで、この抗議行動に正当な理由がないことに気づき良心がとがめている。

エ　全員で白紙答案を提出するという計画に同意しながらも、試験が始まると互いに相手の出方を窺い様子を見ながら自らの態度を決定していこうとしている。

オ　全級揃って白紙をもって答えるという合意がようやく成立し、テストの日を迎えたが、正義感にかられ裏切る者がいないかどうか互いに監視し合っている。

問7　[2]に当てはまる五字の言葉を文中からぬき出しなさい。

問8　――線**5**「言いようもない感覚が走った」の部分からうかがわれるのはどのようなことか。もっともふさわしいものを次の中から選び、記号で答えなさい。

ア　普段から勉強もしないで悠々と過ごしていただけに、テスト本番になって級友が見せる身のこなしに圧倒され、屈辱を感じている。

イ　背が高かったばかりに、後ろの席に陣取り、みんなが真面目はっと眼が走った。7ぽかあんとした顔と、8きらきらした顔とが、稲妻を浴びた縁台の一瞬間のように、まちまちに浮いていた。裏切ったのは誰だ、私はだまされた？――。

多分誰もがこの二つの思いにさらわれて、開けっ拡げな表情をさらしていたのだろう。そして先生の方はその間に、十分色んなことを観察できただろうが、それは知る由もない。だけど私には不思議だった。どこにも私と同じでない顔を見いだすことはできなかった。白紙答案の愚挙をあざ笑って堂々と学生道を保ったという誇りある顔がどこにあっただろう。どこに、これを利用して点稼ぎをやった、こすっ辛い顔があっただろう。

先生はあっさりと終わって、動機も責任も問われずに済んだ。あっさりと終わられただけに、クラス全体にはかえって無言の負うべきものが残された様に感じられ、クラス全体はとりも直さずめいめいが、静かに自分の心に向き合って判断自省するのが最も適した方法だと知っていた。責任者を挙げる気など誰にもないらしかった。それに、誰と誰が高点を取ったのかさえ探り合う時間もなく、今これからすぐ二か月の休暇となってしまうのだ。通信簿の代りという様に各科の答案紙が赤い採点をつけて返された。私の裁縫にはbあんのじょう、一問題だけに円がついていた。幾様もの試験の結果を重ねて、その一番上に重しの様に裁縫事件を載せ、私は帰途についた。みんなで一緒に歌った別れの讃美歌と、谷川先生の祈祷とは、裁縫事件よりもっと重く私を圧していた。「またあうひまで、かみのまもり、ながみをはなれざれ。」

＊汝が身である。私である。祈祷は長かったが、ちくりと刺す様な教訓的なことは一切言われず、無事に済んだ一学期を感謝し、相見ずに過ごす二か月を案じる、担任の先生の別離の情があふれていた。「ここにしばらく学校を離れ、家庭にあっては父母に仕え、兄弟に親しみ、人には愛をもって交わり、心身ともに健やかに、かつ楽しい休暇を送り得ます様、再びここに集まる日まで、願わくは一人一人の上に篤き御恵みを分かち給わらんことを。」

一人一人だ。私の上もだ。9いつも聞きつけている言葉だのに、今日それが私にしみ透った。

（幸田　文「白紙」）

注　二尺差…裁縫で使う物差し。

汝が身…なんじの身。あなたの身。

問1　――線a「もっとも」、b「あんのじょう」は、それぞれどのような意味で使われているか。後の中から適当なものを選び、記号で答えなさい。

a「もっとも」

ア　この上なく　　イ　さらに一層

ウ　とは言うものの　　エ　当然のことながら

b「あんのじょう」

ア　思いがけず　　イ　予想どおり

ウ　喜ばしいことに　　エ　悲しいことに

問2　[1]に当てはまる五字の言葉を文中からぬき出しなさい。

問3　――線1「首謀者」を言いかえている三字の言葉を文中からぬき出しなさい。

問4　――線2「混沌とした困却」の内容を説明したものとして、もっともふさわしいものを次の中から選び、記号で答えなさい。

ア　万事にそつのない裁縫の先生がなぜ不人気なのか理解に苦しんでいたが、裏切りの許されない空気もあり陰謀に加担せざるを得なくなってしまっている。

イ　勉強不足でテストを苦にしていた上に、裁縫の先生への抗議行動にいやおうなくかり出され、テストそのものがずしんと重

としても、ずるい心がひそかに窺わずにはいられない。と、私は同じ
4ずるい心が方々で探りあっているらしいのを知った。しかし誰も取り乱しているものはいず、私も脇から見れば静かだったろう。誰からも何も言われなかったから。

「お試験の用紙の揃っていない方はありませんね。」先生はぐいっと当たった。私は背が高いので後ろの方に席があり、組じゅうを背中から見渡すことのできる位置にいた。着席してから、はっと、ここにそういう権利が与えられていることを知った。みんなの顔は一つ残らず、まっすぐに黒板の方を向いていた。小さい先生は爪先立って問題を書いている。しまった、と思った。私に［ 2 ］があった。

　書き終ると先生は*二尺差で行を追いながら、ばか丁寧に問題を読んで聴かせ、それが済むと、さあどうぞと言うような様子で、教師用の椅子にちょこんと掛けた。どきどきする。しいんとしていた。私はみんなの行動を見張った。何人かが紙の上へ身を伏せた。
5言いようもない感覚が走った。続いて、ばらばらっとまた何人かが鉛筆をとった。みんなが身を伏せた。縦とも横とも分からず、丸太がどすんどすんと胸の上に重なってきたようで、苦しかった。しかたなく身をしおって鉛筆を持ってみる。が、みんな何を書いているんだろうか、勉強して来たんだろうか、見当がつかない。しばらくすると私は、また頭をもたげて見渡した。行儀よく背中が並んでいる。すぐ前の列の一番はじに、気だてでも動作もいつもおだやかで、よく太っている子が座っていたが、やっぱり身体を起していた。耳がいじらしく赤くなっていた。私に気づくと、にこっと笑ってよこした。何の心も汲めない、平生どおりの笑い方だったが、私はそれで救われた。自分のできる一つだけの問題には正しい答えを出し、後の分には考えのたどれるだけを書いたが、もとよりそれに点のないだろうことはよく分かっていた。白紙の不敵さからは遁れたが、みんなには裏切りであるが、点数から言えばほとんど同様である。試験前に狙ったつぼである。ずるさと正直さとの半分半分、
6おもちゃのヤジロベエのような心の振り方。

　裁縫室から引きあげて教室へ帰って来た。もう放課である。

「私あの問題分かってたの。でたらめ書くって案外難しいものね。」雀の感じのするよくできる子がそう言っている。

「みんな一生懸命に何か書いてるんでしょ。どうしたのかと思って私心配しちゃったわ。」鯨のような眼をした子がそう言うと、方々に同感が起った。

「ねえ、あなた、おうちへ何て言う？　私お母さんにどう言おうかしら。」唇の厚い子がしみじみと相談しかけているが、心配そうではない。裁縫の試験というものは、実習作物の点数と筆記試験の結果とを併せて平均したものであるから、あまりひどい実地でない限り白紙よりいくらかよくなる見込みがあったし、それに小学校と違って通信簿というものがなく、家庭へ直接には試験の結果が分からず、父母にはごまかしの利くことが分かっていたからである。若さは重苦しいものにいつまでもまとわれてはいないのだ。結果や先行きがどうなろうと、とにかく今が済んだことでみんな嬉しそうだった。全くの白紙を出した者はいないようだった。

　幾日も置かず夏休みが来、その日受け持ちの先生から注意や報告があった。聞かされるはずの一つは、みんながよく承知していた。

「それから、これは私もたいへんお話ししにくいことなんですが――」そら来た。私は自然下を向いた。

「お裁縫の先生は、問題は決して難しいものではないとおっしゃって私見せて頂いたんです。それが揃いも揃って、点がつけられない様な出来の悪さなんです。大部分が四十点、五十点、よくて六十点です。
a もっとも出来た人も二三人はあります。」

平成二十九年度 早稲田大学系属早稲田実業学校中等部

【国語】（六〇分）〈満点：一〇〇点〉

一 次の文章を読んで、後の問いに答えなさい。

「私」は小学校を卒業し、ミッション系の女学校に通っている。梅雨が過ぎ、一学期の期末テストが始まろうとしていたが、「私」は生真面目に勉強する周囲になじめないでいる。そんな折、裁縫（現在の家庭科）の時間をめぐって騒動が持ち上がる。

入学当初からクラス全体が裁縫の先生を好まなかった。少なくとも好く人は一人もいなかった。生徒に対する言葉づかいや態度にはそつがなかったし、ヒステリックでもなし、無理なつめこみ授業でもなし、［ 1 ］はなかった。外貌や服装も醜くなし、並みよりちょっと小柄だったが、それとて難になるはずはない。あえて言うなら、その非難の余地なく急所々々を上手にしてのけている心情を、生徒は嫌ったのであるらしい。これから女になって行こうとする最も敏感な年ごろが、四十何人一組にかたまっているのである。手落ちなく装われた授業の一皮下にある温かさも冷やかさも、無意識のうちにひとりで感得してしまう。何も言うところがない先生の状態だし、生徒側の感じているものは無意識で形のないものだし、しかし言葉の言い表しがたい壁がそこにたしかにあった。「私、裁縫のお時間、気が乗らないわ。」「なんだかねえ――」と。実際、なんだかと言うよりほかない、とりたてて言えない嫌さだった。生徒のそういうものは必ず先生の方へも響いて行かないはずはなく、三か月余の間には時に気持ち悪くさせられた子もあったりして、試験になると、とうとうそれが沸ってしまった。

テストには全級白紙をもって答える諜し合わせが、だれを1首謀者ともわからず、口頭伝達でひそひそと伝えられた。赤ん坊だと思って受け取ったら、それが大石だったという化け物話の恐ろしさに似て、耳うちを受けたときは、はあという軽さだったものが、前後を考えて来ると陰謀の不安と加担の恐怖がずしんと重くしこっていて、やっかいだなと気づく。同時に、全級揃ってというところに裏切りの許されていない用意もうかがわれ、にっちもさっちも行かない縛られ方である。どう考えても与えられているものは2混沌とした困却であった。私は試験を拒否しようとはしなかったが、あんな憂鬱な勉強ぶりには反感をもって、あるがままでいいのじゃないかと思っていた。白紙を突き出すようないかつい行動をするとは思いも及ばなかったが、理由のない反感を先生に持っていたことは確かである。私のように嫌いな学科には記憶も悪く、そのうえ普段は復習もしないでおっぽり放しにしているものは、試験勉強をしなければテストは零に決まっているようなものだった。白紙を出す気はなかったが、勉強しないで悠々としていれば、点数においては同じものが来るはずである。試験勉強をしなくても零点、みんなの意見にしたがって白紙でも零点、どっちでもいいはずだが、どっちもためらわれて不得心である。勉強することは誰からも抑制されたわけでもなく自由である。白紙の件は耳うちされた時にうんと言ってしまっている。もし仮に勉強しないでもできる問題が出たらどうするか。書くか。書かないか。どちらとも言えなかった。3私はずるく逃げたかった。だから、そんな問題は出っこないやと思い、どうか私にできない問題が出ますようにと、ばかばかしい望みをもち、だんだん一人で神経を傷めていった。

その日になって、いよいよその時間になった。人の動静を窺うまい

平成29年度
早稲田大学系属早稲田実業学校中等部

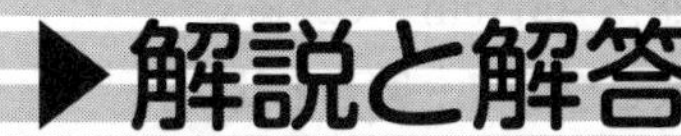

算　数　(60分)＜満点：100点＞

解　答

1 (1)　100　　(2)　40人　　(3)　20度　　(4)　57cm²　　**2** (1)　解説の図を参照のこと。(2)　20.7倍　　(3)　28　　**3** (1)　5通り　　(2)　14通り　　(3)　132通り　　**4** (1)　5cm　　(2)　18cm　　(3)　$23\frac{7}{9}$cm　　**5** (1)　①　1本　　②　10周　　(2)　①　(1，4，3)　　②　(2，1，2)，(3，4，3)，(4，2，4)

解　説

1 **逆算，平均とのべ，角度，面積**

(1)　$\left(□\times0.1-\frac{3}{2}\right)\div4.5+6=7\frac{8}{9}$より，$\left(□\times0.1-\frac{3}{2}\right)\div4.5=7\frac{8}{9}-6=1\frac{8}{9}$，$□\times0.1-\frac{3}{2}=1\frac{8}{9}\times4.5=\frac{17}{9}\times\frac{9}{2}=\frac{17}{2}$，$□\times0.1=\frac{17}{2}+\frac{3}{2}=\frac{20}{2}=10$　よって，$□=10\div0.1=100$

(2)　男子の人数を□人，女子の人数を○人として図に表すと，右のようになる。この図で，ア×□＝イ×○という関係がある。また，ア：イ＝(6.7－6)：(8－6.7)＝0.7：1.3＝7：13だから，7×□＝13×○より，□：○＝$\frac{1}{7}$：$\frac{1}{13}$＝13：7とわかる。この差が12人なので，1にあたる人数は，12÷(13－7)＝2(人)と求められる。よって，クラスの人数は，13＋7＝20にあたるから，2×20＝40(人)である。

6点　ア　6.7点　イ　8点
□人　○人

(3)　右の図で，OとEを結ぶと，OBとOEはどちらも円の半径で長さが等しいから，三角形EDOは二等辺三角形になる。よって，角EDOと角EODの大きさを○とすると，角OEBの大きさは○2つ分になる。また，三角形OBEも二等辺三角形だから，角OBEの大きさも○2つ分になる。さらに，ODとBCは平行なので，角DBCの大きさは角ODBの大きさと等しく○とわかる。したがって，角ABCの大きさは○3つ分となり，これが60度にあたるから，○1つ分の大きさ(＝角㋐の大きさ)は，60÷3＝20(度)と求められる。

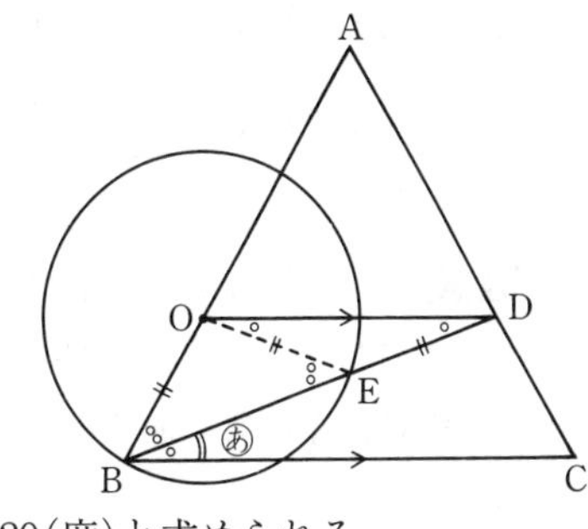

(4)　右の図で，半径10cm，中心角90度のおうぎ形の面積は，$10\times10\times3.14\times\frac{90}{360}=78.5$(cm²)であり，三角形ABCの面積は，10×10÷2＝50(cm²)なので，★の部分の面積は，78.5－50＝28.5(cm²)とわかる。また，BCを直径とする半円の半径を□cmとすると，ABを対角線とする正方形OADBの面積は，10×10÷2＝50(cm²)だから，□×□＝50となることがわかる。よって，BCを直径とする半円の面積は，$□\times□\times3.14\times\frac{1}{2}=50\times3.14\times\frac{1}{2}=78.5$(cm²)なので，☆の

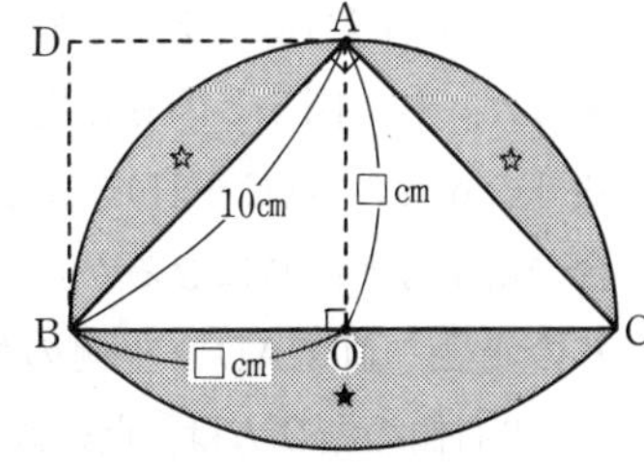

部分の面積の合計は，78.5－50＝28.5(cm^2)と求められる。したがって，影(かげ)の部分の面積は，28.5＋28.5＝57(cm^2)である。

2 表とグラフ―割合と比

(1) 右の図のように，割合が多い方から順に左から並べる。ただし，「その他」は右はしになるようにする。

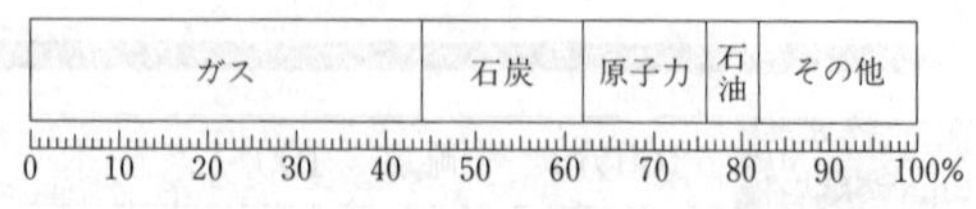

(2) フランスは全体が5600億kWhであり，そのうち原子力の割合が76％だから，フランスの原子力の量は，5600×0.76＝4256(億kWh)となる。また，日本は全体が10300億kWhであり，そのうち原子力の割合が２％なので，日本の原子力の量は，10300×0.02＝206(億kWh)となる。よって，フランスは日本の，4256÷206＝20.66…(倍)と求められる。これは，小数第２位を四捨五入すると20.7倍になる。

(3) ア，イ，ウの和は，100－(１＋１＋10)＝88(％)である。また，イとウの差(＝288億kWh)は全体の，288÷3600＝0.08，0.08×100＝８(％)にあたるから，アを①として図に表すと右のようになる。この図から，①＋0.7＋0.7＝2.4にあたる割合が，88＋８＝96(％)とわかるので，①にあたる割合は，96÷2.4＝40(％)と求められる。よって，イにあてはまる数は，40×0.7＝28(％)である。

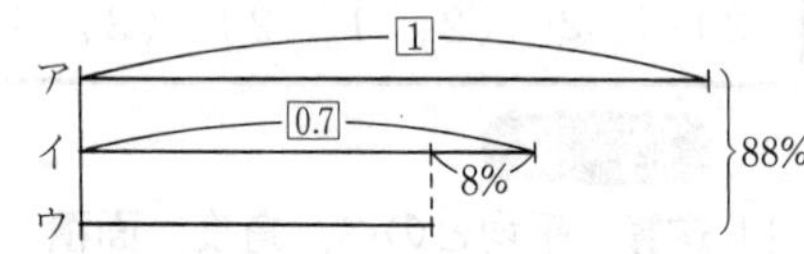

3 場合の数

(1) AとBを結ぶ場合は下の図１のように２通りあり，AとDを結ぶ場合は下の図２のように１通りあり，AとFを結ぶ場合は下の図３のように２通りある。よって，全部で，２＋１＋２＝５(通り)となる。

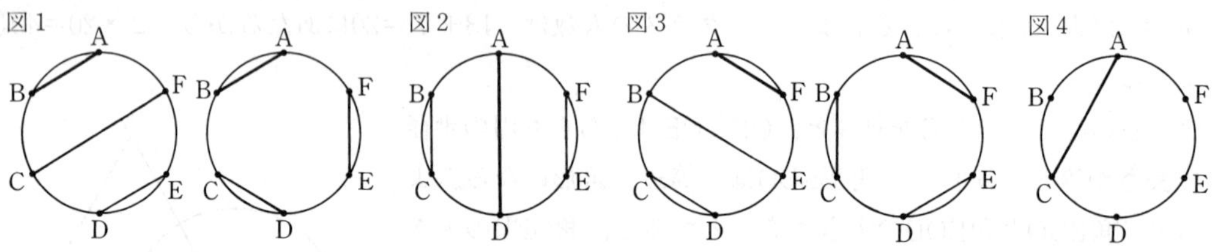

〔注意〕 上の図４のようにAとCを結ぶと，直線ACの左側と右側の点の個数がそれぞれ奇数(きすう)個になってしまうから，条件に合う結び方はできない。また，直線ABと直線AFは直線ADを軸(じく)として線対称な位置にあるので，図１と図３は同じ数になる。よって，図１と図２の場合だけを調べればよい。

(2) (1)の〔注意〕に気をつけてAから引く直線で場合分けをすると，右の図５と図６の場合が考えられる。図５の場合，残りの６個の点(C～H)の結び方は，点の個数が６個の場合の結び方と同じになるから，５通りとわかる。また，図６の場合，直線ADの左側の結び方は１通りあり，直線ADの右側の結び方は，点の個数が４個の場合の結び方と同じで２通りとなるから，１×２＝２(通り)と求められる。よって，これらと線対称な位置にあるものもふくめると，全部で，(５＋２)×

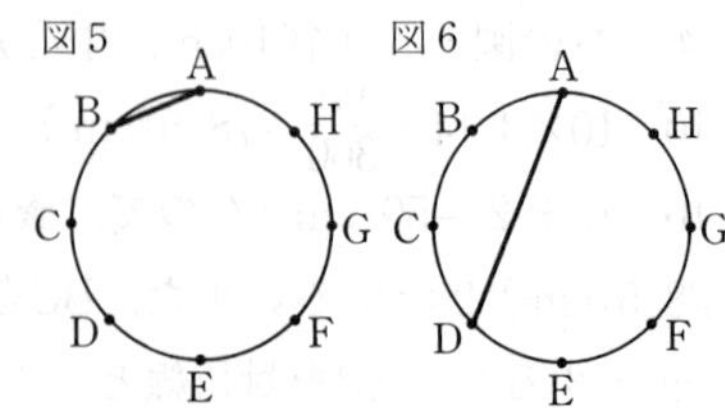

2＝14(通り)とわかる。

(3)　はじめに，点が10個の場合を求める。Aから引く直線で場合分けをすると下の図7～図9の場合があり，図7の場合，残りの8個の点の結び方は14通り，図8の場合，直線ADの左側の結び方が1通り，直線ADの右側の6個の点の結び方が5通りあるから，1×5＝5(通り)となる。また，図9の場合，直線AFの左側と右側の4個の点の結び方がそれぞれ2通りずつあるので，2×2＝4(通り)となる。図7と図8の場合は線対称な位置にあるものもあるから，全部で，(14＋5)×2＋4＝42(通り)と求められる。次に，点が12個の場合，Aから引く直線で場合分けをすると下の図10～図12の場合がある。図10の場合，残りの10個の点の結び方は42通り，図11の場合，直線ADの左側の結び方が1通り，直線ADの右側の8個の点の結び方が14通りあるので，1×14＝14(通り)となる。また，図12の場合，直線AFの左側の4個の点の結び方が2通り，直線AFの右側の6個の点の結び方が5通りあるから，2×5＝10(通り)となる。どの場合も線対称な位置にあるものがあるから，全部で，(42＋14＋10)×2＝132(通り)と求められる。

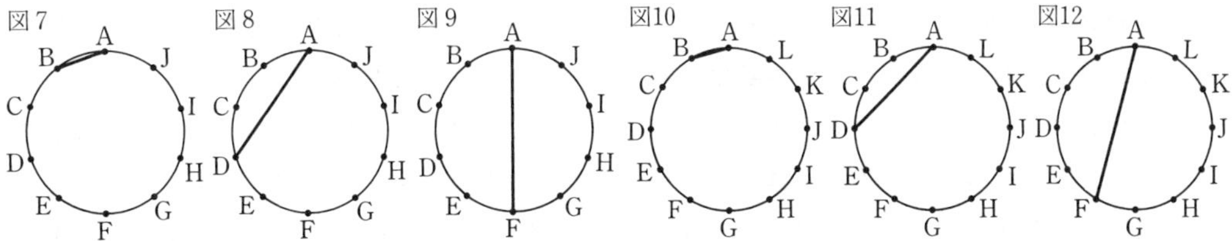

4 水の深さと体積

(1)　容器に入れた水の体積は，10×10×3.14×20＝2000×3.14(cm³)である。また，底面の半径を，10×2＝20(cm)にすると，底面積は，20×20×3.14＝400×3.14(cm²)になるから，水の深さは，(2000×3.14)÷(400×3.14)＝2000÷400＝5(cm)になる。

〔ほかの解き方〕　底面の半径を2倍にすると，底面積は，2×2＝4(倍)になる。また，水の体積が等しいとき，底面積と水の深さは反比例するので，底面積が4倍になると水の深さは$\frac{1}{4}$になる。よって，$20\times\frac{1}{4}$＝5(cm)と求めることができる。

(2)　右の図①のように水を入れたとき，水(影の部分)と空気(斜線の部分)の体積は等しくなる。また，円すいの体積は，底面積と高さが等しい円柱の体積の$\frac{1}{3}$だから，底面積と高さが等しい円柱と円すいの体積の比は，$1:\frac{1}{3}=3:1$である。よって，円すいの体積を1とすると，右上の図②の太線で囲んだ円柱の体積は3なので，水と空気の体積はそれぞれ，3－1＝2となる。したがって，容器の容積と太線で囲んだ円柱の体積の比は，(2＋3)：3＝5：3だから，図②のときの水の深さは，$30\times\frac{3}{5}$＝18(cm)と求められる。

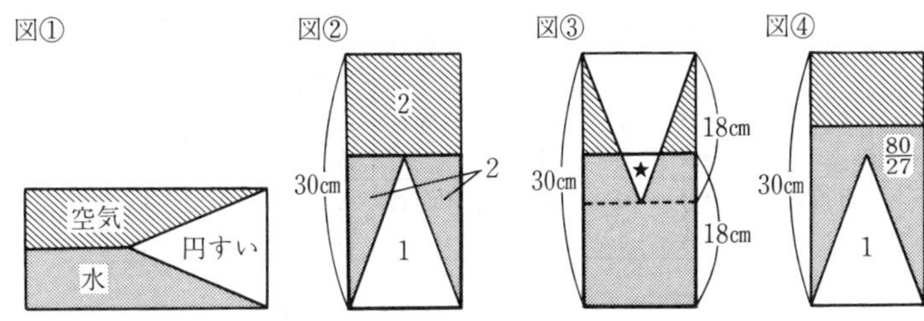

(3)　右上の図③で，★の部分の円すいの高さは，18＋18－30＝6(cm)である。これは円すい全体の高さの，$\frac{6}{18}=\frac{1}{3}$なので，★の部分の体積は円すい全体の体積の，$\frac{1}{3}\times\frac{1}{3}\times\frac{1}{3}=\frac{1}{27}$であり，$1\times\frac{1}{27}$

$=\frac{1}{27}$とわかる。また，図②と図③の太線で囲んだ部分の体積はどちらも3だから，図③の水の体積は，$3-\frac{1}{27}=\frac{80}{27}$と求められる。よって，上下を逆さまにすると上の図④のようになる。このとき，円すいと水の体積の合計は，$1+\frac{80}{27}=\frac{107}{27}$であり，これは容器の容積の，$\frac{107}{27}\div 5=\frac{107}{135}$にあたるので，このときの水の深さは，$30\times\frac{107}{135}=23\frac{7}{9}$(cm)とわかる。

5 調べ

(1) ① 下の表1のようになるから，3周したときのA君の本数は1本とわかる。 ② 表1から，再び1本ずつになるのは10周したときとわかる。

(2) ① 下の表2のようになるので，3周したときの状態は(1，4，3)である。 ② 下の表3のように，2周したときの状態を(2，0，0)として，終わりから順に考える。ここで，A→BのときにN変化する可能性があるのはB君だけだから，A君とC君の本数は変わらない。同様に，B→CのときにはA君とB君の本数は変わらず，C→AのときにはB君とC君の本数は変わらないので，表の‖の部分の本数はすべて等しくなる。よって，イのB君とC君はともに0本であり，イからアでC君がA君にやりとりした本数は0本だから，イのA君は2本となる。すると，ウのA君は2本，B君は0本であり，ウからイでB君がC君にやりとりした本数は0本なので，ウのC君は0本となる。したがって，エのA君は2本，C君は0本であり，エからウでA君がB君にやりとりした本数は2本だから，エのB君は，$0+5-2=3$(本)となる。同様に考えるとオ→カ→キのようになるので，最初の状態は(2，1，2)とわかる。同様にして2周したときの状態が(3，0，0)，(4，0，0)の場合を調べると，それぞれ下の表4，表5のようになる。全員の本数が0本になることはありえないから，(1，3，1)の他に，(2，1，2)，(3，4，3)，(4，2，4)の3つの

表1

		A君	B君
最初の状態		1	1
1周目	A→B	1	2
	B→A	3	2
2周目	A→B	3	0
	B→A	3	0
3周目	A→B	3	3
	B→A	1	3
4周目	A→B	1	4
	B→A	0	4
5周目	A→B	0	4
	B→A	4	4
6周目	A→B	4	3
	B→A	2	3
7周目	A→B	2	0
	B→A	2	0
8周目	A→B	2	2
	B→A	4	2
9周目	A→B	4	1
	B→A	0	1
10周目	A→B	0	1
	B→A	1	1

表2

		A君	B君	C君
最初の状態		1	1	1
1周目	A→B	1	2	1
	B→C	1	2	3
	C→A	4	2	3
2周目	A→B	4	1	3
	B→C	4	1	4
	C→A	3	1	4
3周目	A→B	3	4	4
	B→C	3	4	3
	C→A	1	4	3

表3

		A君	B君	C君	
最初の状態		2	1	2	キ
1周目	A→B	2	3	2	カ
	B→C	2	3	0	オ
	C→A	2	3	0	エ
2周目	A→B	2	0	0	ウ
	B→C	2	0	0	イ
	C→A	2	0	0	ア

表4

	A君	B君	C君
最初	3	4	3
A→B	3	2	3
B→C	3	2	0
C→A	3	2	0
A→B	3	0	0
B→C	3	0	0
C→A	3	0	0

表5

	A君	B君	C君
最初	4	2	4
A→B	4	1	4
B→C	4	1	0
C→A	4	1	0
A→B	4	0	0
B→C	4	0	0
C→A	4	0	0

場合が考えられる。

社 会 (30分) <満点：50点>

解 答

Ⅰ **問1** **1** ポンド **2** ○ **3** リーマンショック **問2** ① イ ② エ **問3** ① 伊勢志摩(サミット) ② ウ，ク **問4** ① ウ ② ウ **Ⅱ** **問1** ① イ ② 青函(トンネル) ③ エ ④ イ **問2** ① 札幌(駅) ② オ **問3** ① エ ② ア ③ エ **問4** ① ア，ウ ② **A** イ **B** ア **C** ウ **問5** ① (例) 原発事故(東日本大震災)により，移住や避難を強いられた人が多くいたこと。② イ ③ (例) (過疎化が進み)近くの商店がなくなり鉄道やバスの路線も廃止され，生活上の不便や困難が増える(という問題が生じる。)／(過密化が進み)交通の混雑や道路の渋滞，大気汚染や騒音といった公害問題が起こり，生活環境が悪化する(という問題が生じる。)
Ⅲ **問1** イ **問2** ウ **問3** **A** 新皇 **B** 藤原純友 **問4** エ **問5** 武家諸法度 **問6** ア **問7** 後醍醐(天皇) **問8** イ **問9** イ **問10** (例) 気温が上昇して地表をおおっていた雪や氷がとけ，海面が上昇したから。 **問11** モース **問12** ウ **問13** エ **問14** ア

解 説

Ⅰ 現代の世界と日本についての問題

問1 **1** ユーロはEU(ヨーロッパ連合)の統一通貨。2017年２月の時点で，EU加盟国28か国中19か国で使用されているが，イギリスはこれに参加せず，独自通貨であるポンドを使用している。 **2** 2016年６月にイギリスで行われた国民投票でEUからの離脱(りだつ)に賛成する票が過半数を占(し)め，今後のイギリスやヨーロッパの経済を不安視する見方が広がったことから，ポンドやユーロを売って，比較(ひかく)的安定しているとみられている円を買う動きが広がり，円高が進む結果となった。 **3** 2008年，アメリカの大手投資銀行リーマン・ブラザーズが経営破たんしたことをきっかけに，アメリカの金融(きんゆう)・経済が混乱に陥(おちい)り，その影響で世界経済が低迷し，日本をふくむ多くの国が深刻な不景気となった。「リーマンショック」とよばれるこの混乱の影響は，現在も続いている。

問2 ① EUの加盟国間では輸出入品に関税がかからず，有利な条件で貿易ができることから，イギリスにも多くの外国企業が進出している。イギリス国内では，EUから離脱すればイギリスに進出していた外国企業が撤退(てったい)し，イギリス人の雇用が減るとして，離脱に反対する声も多い。したがって，イが正しくない。 ② EUの本部はベルギーの首都ブリュッセルに置かれている。

問3 ① 2016年５月に三重県で行われたサミット(先進国首脳会議)は，「伊勢志摩(しま)サミット」とよばれる。 ② 2016年のサミットに参加したのは，G7とよばれるアメリカ，イギリス，フランス，ドイツ，イタリア，カナダ，日本の７か国。サミットはロシアが正式に参加した1998年以降は８か国で開かれていたが，2014年に起きたロシアのウクライナへの軍事介入(かいにゅう)とクリミア自治共和国の併合(へいごう)に抗議(こうぎ)して，同年にロシアのソチで開かれる予定であったサミットへの出席を各国が拒否。それ以降，サミットは再び７か国で開かれている。

問4　①　グラフ中のアは所得税，イは相続税，ウは消費税，エは酒税。租税には税を納める者と実際に負担する者が一致する直接税と，一致しない間接税がある。これまで国の歳入は直接税が中心で，中でも個人の収入に課せられる所得税と企業の収入に課せられる法人税が大きな割合を占めていたが，消費税の割合が1989年の導入以来，増加を続けており，近年は歳入の30％前後を占めるようになっている。　②　消費税の税率は1989年の導入時は３％であったが，1997年に５％に引き上げられ，2012年の法改正により，2014年４月から８％，2015年10月から10％とされることが決定された。そして，８％への引き上げは予定通り行われたが，政府は2014年11月，10％への引き上げを2017年４月からに延期することを発表。2016年６月には，引き上げを2019年10月へ再延期することを発表した。

Ⅱ　地図や統計資料などを用いた地理の問題

問1　①　新青森駅がある青森市で行われる伝統的な祭りは「ねぶた祭り」。毎年８月上旬に行われる祭りで，イがあてはまる。なお，アは秋田市の「竿灯祭り」，ウは山形市の「花笠祭り」，エは仙台市(宮城県)の「七夕祭り」である。　②　奥津軽いまべつ駅(青森県)と木古内駅(北海道)の間にある海底トンネルは青函トンネル。本州と北海道を結ぶ鉄道トンネルで，1988年に開通し，2016年３月からは北海道新幹線が通るようになった。　③　ア　２万５千分の１の地形図であるから，等高線は10m間隔で引かれている。函館山ロープウェイの麓の駅付近の標高は40m前後，函館山の頂上の標高は334mであるから，標高差は300m近くある。　イ　石川啄木は岩手県出身の歌人・詩人で，貧困の中，口語体の形式で生活を短歌によんだ。代表歌集に『一握の砂』『悲しき玩具』がある。「啄木一族の墓」とは歌人の石川啄木とその一族の墓で，啄木は26歳のとき東京で病死したが，函館(北海道)で死にたいという本人の遺志にもとづき，立待岬に近い現在の地に墓がつくられた。特に方位が示されていない場合は，ふつう上が北を示し，市役所(◎)からみて墓は南西に位置している。　ウ　大鼻岬の北側にみられる地図記号(ılı)は「荒地」である。　エ　海岸沿いに複数の灯台(☼)があり，「入船町」付近には漁港(⚓)がみられる。　④　実際の長さは，(地図上の長さ)×(縮尺の分母)で求められるから，３×25000＝75000(cm)より，750mとなる。

問2　①　北海道新幹線の最終駅は札幌(北海道)である(2031年開業予定)。札幌市は道庁所在地で，北海道の政治・経済・文化の中心地となっている。　②　札幌市が位置している石狩平野は，第二次世界大戦後，泥炭地の土地改良が進み，全国有数の稲作地帯となった。

問3　①　Ｚ島は択捉島で，わが国の北端に位置しており，島の北端緯度は北緯45°33'である。秋田県の大潟村(八郎潟干拓地)で北緯40°の緯線と東経140°の経線が交わっていることをおさえておくとよい。　②　日本の南端にあたるのは沖ノ鳥島(北緯20°25'，東京都)，西端にあたるのは与那国島(東経122°56'，沖縄県)，東端にあたるのは南鳥島(東経153°59'，東京都)である。　③　表中のアは人口が最も多いことから中国，イは首都の年平均気温が最も低いことからロシア，エは人口が最も少ないことから韓国とわかり，残るウが日本である。竹島は島根県隠岐諸島の北西に位置する島で，わが国固有の領土であるが，1952年から韓国が領有権を主張するようになり，警備隊を常駐させて占拠している。

問4　①　アの本州と九州を結ぶ関門海峡には，関門鉄道トンネルと関門国道トンネル，関門橋，新関門トンネルが通っている。イ～エは本州四国連絡橋で，ウの児島(岡山県)―坂出(香川県)ルートにある瀬戸大橋にはJR本四備讃線(瀬戸大橋線)と自動車道路が通っているが，イの尾道(広島県)

—今治(愛媛県)ルート(瀬戸内しまなみ海道)とエの神戸(兵庫県)—鳴門(徳島県)ルート(明石海峡大橋と大鳴門橋)に鉄道は通っていない。　② 図3のA～Cのうち，最も輸送量が多いBは自動車，1970年には輸送量の約50%を占めていたが，その後割合が減少したCは鉄道，残るAは航空機と判断できる。図2からわかるように，北海道—北海道外間における旅客輸送人員ではAの航空機が大きな割合を占めている。また，本州から北海道へ自動車だけで行くことはできないので，図2に「自動車」の数値は表されていないが，その場合はフェリーを利用することになるため，「旅客船」にそうした人員がふくまれていると考えられる。

問5　① 2番目に人口減少数が多い福島県の人口が減少したのは，2011年3月に起きた福島第一原子力発電所の事故(東日本大震災)により，県外への移住や避難を強いられた人々が多かったためと考えられる。　② 東京，埼玉，神奈川，愛知，福岡などがふくまれているAは人口が増加しているグループ，北海道，福島のほか青森，秋田などがふくまれているCは5万人以上減少しているグループ，残るBが0～5万人未満減少しているグループである。　③ 過疎化が進むと，商店街の衰退，医師や病院の不足，鉄道やバス路線の廃止といった問題が発生しやすくなり，生活上の困難が多くなるほか，消防団が編成できないなど地域共同体の維持が難しくなる。また，山林の手入れが行き届かなくなったり，耕作放棄地が増えたりすることで，土砂崩れなどの災害や野生動物に耕地を荒らされたりする被害も発生しやすくなる。一方，過密化が進む地域では，交通の混雑や道路の渋滞，大気汚染や騒音といった公害の発生などにより，生活環境の悪化が進む可能性が大きい。また，増加するごみの処理の問題も深刻である。

Ⅲ 東京にある史跡を題材とした歴史の問題

問1　1914年のできごとはサラエボ事件で，オーストリアの皇太子夫妻がバルカン半島のサラエボでセルビア人の青年に暗殺されたこの事件がきっかけとなり，第一次世界大戦が始まった。なお，アは1905年，ウは1919年，エは1918年のできごと。

問2　普通選挙法が成立し，満25歳以上のすべての男子に選挙権が与えられたのは，1925年の加藤高明内閣のときであるから，ウが正しくない。なお，原敬は普通選挙制に反対をとなえていた。

問3　10世紀前半，下総(茨城県南部と千葉県北東部)の猿島を根拠地として反乱を起こした平将門は，一時期関東地方の大半を支配し，「新皇」を名乗ったが，平貞盛や藤原秀郷らによっておさえられた。同じころ，伊予(愛媛県)の国府の役人であった藤原純友が瀬戸内海で反乱を起こし，大宰府(福岡県)を攻めるなどしたが，源経基らによって討たれた。

問4　1573年に将軍足利義昭を京都から追放し，室町幕府を滅ぼしたのは織田信長であるから，エが誤っている。

問5　武家諸法度は江戸幕府が大名を統制するために制定した法令で，1615年に第2代将軍徳川秀忠のときに初めて出された。1635年，第3代将軍家光のときに拡大・強化され，参勤交代の制度，大船の建造禁止などが盛りこまれた。

問6　江戸時代の天守閣がほぼそのまま残り，国宝に指定されているのは，松本城(長野県)，犬山城(愛知県)，彦根城(滋賀県)，姫路城(兵庫県)，松江城(島根県)の5つだけである。なお，名古屋城は1945年5月14日の空襲で焼失しており，現在の城は1959年に再建されたもの。

問7　後醍醐天皇は鎌倉時代末に2度の倒幕計画が失敗し，幕府によって隠岐(島根県)へ流されていたが，脱出して楠木正成や足利尊氏らの協力により鎌倉幕府を滅ぼし，1334年，建武の新政を始めた。史料は建武の新政開始後に京都の二条河原に掲げられていた「二条河原の落書」とよばれるもので，当時の社会のようすを風刺するとともに，後醍醐天皇による建武の新政を批判している。

問８　高村光雲は明治時代から大正時代にかけて活躍した彫刻家で，イの「老猿」はその代表作。上野公園内にある西郷隆盛像の作者としても知られる。なお，アは日光東照宮の回廊にある「眠り猫」で，左甚五郎の作とされる。ウは上野の国立西洋美術館の前庭にあるフランスの彫刻家オーギュスト・ロダンの「考える人」で，オリジナルの彫刻を拡大したブロンズ像である。エは東大寺南大門にある運慶・快慶ら慶派一門による「金剛力士像」。

問９　赤穂事件(赤穂浪士の討ち入り)は，赤穂藩(兵庫県)の浅野長矩(内匠頭)が吉良義央を江戸城中で切りつけたことで長矩は切腹・浅野家断絶となり，これに対し大石良雄(内蔵助)ら赤穂浪士が主君のかたきを討った事件(1701～02年)。第５代将軍徳川綱吉(在職1680～1709年)の時代に起きたできごとで，綱吉は「生類あわれみの令」とよばれる極端な動物愛護令を出したことで知られる。なお，アは第３代将軍徳川家光，ウは第８代将軍徳川吉宗，エは老中松平定信の政策。

問10　過去に何度かあった氷河期とよばれる寒冷な時代には，地表が雪や氷でおおわれ，水が海に流れないため海水面が下がり，日本列島がユーラシア大陸と陸続きになるほどになっていた。氷河期が終わると気温が上がり，地表をおおっていた雪や氷がとけ，水が川から海に流れこみ再び海水面が上昇した。縄文時代は最後の氷河期が終わった後の時代にあたり，海水面の上昇により各地で海が内陸に浸入したが，当時は現在よりも温暖であったため，海岸線も現在より奥にあった。

問11　大森貝塚(東京都)は，明治時代に貝などを研究するために来日したアメリカの動物学者モースが，1877年，大森付近を通る汽車の車窓から発見した縄文時代の遺跡で，これにより考古学という学問が日本で始まった。

問12　2016年７月，フランスの建築家ル・コルビュジエの７か国にわたる17の作品がユネスコ(国連教育科学文化機関)の世界文化遺産に登録された。彼の設計による上野の国立西洋美術館もその中にふくまれており，東京23区内で初めての世界遺産となった。

問13　アは「浄土真宗」が「時宗」の誤り。「浄土真宗」の開祖は「親鸞」。イは「西本願寺」が「久遠寺」の誤り。「西本願寺」は「浄土真宗」本願寺派の中心寺院。ウは「臨済宗」が「浄土宗」の誤り。「臨済宗」の開祖は「栄西」。

問14　薩摩藩(鹿児島県)や長州藩(山口県)を中心とする新政府軍と旧幕府軍との一連の戦いを，戊辰戦争(1868～69年)という。1868年１月の鳥羽・伏見(京都府)の戦いに始まり，４月に江戸城が無血開城し，８～９月の会津戦争(福島県)などを経て，翌69年５月の函館五稜郭の戦い(北海道)で旧幕府軍が降伏したことによって終結した。

理　科　(30分)＜満点：50点＞

解　答

1　**問１**　(ウ)　**問２**　オナモミ　**問３**　(例)　(それは，)動物の体にくっついて，遠くまで運ばれるようにする(ためだよ。)　**問４**　DNA　**問５**　①　**1**　(ウ)　**2**　(オ)　**3**　(カ)
②　**ヤモリ**…(ア)，(イ)　**カタツムリ**…(ウ)，(カ)　**問６**　(ウ)　**2**　**問１**　(ア)　**問２**　(イ)

問3　(エ)　問4　(イ)　問5　(ア)　[3] 問1　Ⅰ　○　Ⅱ　×　Ⅲ　×　Ⅳ　×
問2　(エ)　問3　①　(ウ)　②　(ウ)　③　(カ)　④　(ケ)　[4] 問1　惑星A…(エ)
惑星B…(ウ)　問2　(オ)　問3　惑星A…(イ)　惑星B…(ア)　問4　(ウ)　問5　(ア)
問6　(ア)

解　説

[1] 生物模倣についての問題

問1　生きものの形やはたらきなどからヒントを得てそれらを人工的に再現し，工業や医学などの分野に応用することをバイオミメティクスという。なお，テラフォーム（テラフォーミング）は地球以外の惑星をヒトが住めるような環境に改造すること，バイオマスは一般に生きものに由来する再生可能な資源やその利用のこと，プロバイオティクスはヒトの体内によいはたらきをしてくれる微生物のこと，バイオハザードはおもに病院や研究所から毒性や病原性をもった微生物が外部へもれ出したことで起こる災害のことをいう。

問2，問3　オナモミはキク科の植物で，夏から秋にかけて花が咲き，秋には図のスケッチのようなラグビーボール型の実がつく。実にはかぎ状に曲がったとげがたくさんあり，このとげで動物の毛にからみついてくっつくことで実が遠くまで運ばれ，広い範囲に子孫を残すことができる。

問4　遺伝子はDNA（デオキシリボ核酸）という物質によってできている。体をつくる細胞にはふつう核があり，核の中にこのDNAをふくむ染色体が存在している。

問5　①　ヤモリなどのハ虫類は，陸上に殻のある卵を産む。このように卵で子孫を残すことを卵生という。一方，ヒトなどのホ乳類はふつう，親と似た子を産んで子孫を残す胎生である。しかし，カモノハシはホ乳類であるが，卵を産んで子孫を残す。　②　ヤモリと同じハ虫類のなかまとして，トカゲのなかまのカナヘビと，ヘビのなかまのアオダイショウがあてはまる。また，カタツムリと同じ軟体動物には，イカのなかまのコウイカや，ウミウシなどと同じなかまのジャノメアメフラシがあてはまる。なお，ハクビシンはホ乳類，アカハライモリは両生類である。

問6　ダーウィンは，ある生物が進化していくとき，突然変異したものの中で環境により適応したものが多くの子孫を残して生き残るという自然選択説をとなえた。

[2] 光の反射や屈折についての問題

問1　図1より，光が空気中からプリズムの中に入るときやプリズムの中から空気中に出るときには，紫色の光の方が赤色の光より大きく屈折している。空気中と水滴中の間でも同様に屈折するため，(ア)が選べる。

問2　太陽高度が24度の場合，水滴から出た赤色の光の高度は，図2より右の図のように考えると，42－24＝18(度)と求められる。

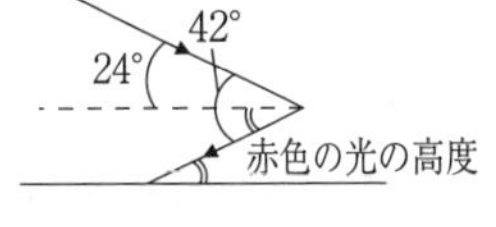

問3　問1で述べたように，物質の境界面を通るときには紫色の光の方が赤色の光より大きく屈折する。このように屈折しているのは(エ)である。

問4　主虹では，光は水滴を問1の(ア)のように進み，水滴から出た光は水平線とのなす角度が，赤色の光の方が紫色の光よりも大きくなる。これを観測者が見ると，角度の大きな赤色の光の方が上側（外側）に，角度の小さな紫色の光が下側（内側）になって見える。一方，副虹では，光は水滴を問3の(エ)のように進んで，水滴から出た光は水平線とのなす角度が，紫色の光の方が赤色の光よりも大きくなる。そのため，副虹では，外側に紫色の帯，内側に赤色の帯が見える。また，虹の高さ(高度)は問2と同じように考えると，主虹が{42－(太陽高度)}，副虹が{51－(太陽高度)}で求められるので，副虹の方が見える高度が高くなる。よって，副虹は主虹の外側にできる。

問5　主虹と副虹にはさまれた空間にある水滴において，主虹をつくる場合のように水滴内で1回反射して水滴から出てきた光は観測者の目よりも上側を進み，副虹をつくる場合のように水滴内で2回反射して水滴から出てきた光は観測者の目よりも下側を進むことになる。そのため，主虹と副虹にはさまれた空間は，そこにある水滴内で反射・屈折した光が観測者の目に届かないので，まわりの空よりも暗く見える。

3 もののとけ方についての問題

問1　Ⅰ　アンモニア水はアンモニア，塩酸は塩化水素，炭酸水は二酸化炭素がとけており，いずれもとけている物質が気体であるため，これらの水溶液(すいようえき)を加熱してもあとには何も残らない。また，アルコール水溶液は液体のアルコールがとけていて，加熱するとアルコールも蒸発するので，あとには何も残らない。一方，食塩水は固体の食塩がとけているので，加熱すると固体の食塩がスライドガラスに残る。　Ⅱ　塩酸を加熱すると，とけていた塩化水素が空気中に出ていき，水でぬらしたリトマス紙にとけて反応し，青色リトマス紙を赤くする。一方，水酸化ナトリウム水溶液は固体の水酸化ナトリウムがとけているため，これを加熱しても，水酸化ナトリウムは空気中に出ていかずに試験管の中に残り，リトマス紙の色を変化させない。　Ⅲ　食塩水に炭素ぼうを電極として電流を流すと，＋極側では塩素が発生し，－極側では水素が発生する。このとき，－極付近は水酸化ナトリウム水溶液となり，アルカリ性になる。　Ⅳ　食塩水のこおり始める温度は，食塩水の濃度(のうど)と関係していて，濃度が大きくなるほどこおり始める温度も下がる。表より，20℃の水100gに食塩は36gまでとける。そのため，20℃の水100gを入れたビーカーに食塩36g入れたものと食塩48g入れたものはどちらもほう和水溶液となっていて濃度が等しく，この2つの食塩水のこおり始める温度は同じになると考えられる。

問2　70℃の水100gにはしょう酸カリウムが138gまでとけることから，ほう和水溶液160gにはしょう酸カリウムが，$160\times\frac{138}{100+138}=92.7\cdots$より，約93gふくまれ，160－93＝67より，水が約67gふくまれている。ここで，水を50g蒸発させて10℃まで冷やすと，水はおよそ，67－50＝17(g)となり，しょう酸カリウムは，$21\times\frac{17}{100}=3.57$より，およそ4gまでしかとけなくなる。よって，しょう酸カリウムの結しょうはおよそ，93－4＝89(g)出てくることになる。

問3　マグネシウムはまぶしいくらいの白い光を出してはげしく燃え，燃やしたあとには白色の酸化マグネシウムが残る。銅は燃えると黒色の酸化銅になる。どちらの金属も燃やすと酸素が結びついて燃やしたあとの重さが燃やす前の重さよりも重くなるが，同じ重さのマグネシウムと銅を完全に燃やしたときに結びつく酸素の重さはマグネシウムの方が銅よりも多い。そのため，燃やしたあとの重さはマグネシウムの方が銅よりも重くなる(マグネシウムと酸素は3：2，銅と酸素は4：1で結びつく)。

4 太陽系の惑星や月についての問題

問1～問3　2016年9月，NASA(アメリカ航空宇宙局)はハッブル宇宙望遠鏡で，木星の衛星「エウロパ」をおおう氷の表面から，水と見られるものが高さ200kmまで噴(ふ)き上げていることを観測したと発表した。よって，惑星Aは木星である。木星は，太陽系の惑星の中で最も大きく，表面にはしま模様や大赤斑とよばれるうずが見られる。また，赤っぽく見える惑星Bは火星と考えられる。火星は，地表の岩石などに酸化鉄がふくまれているため，地球から観察すると赤っぽく見え，その大きさは地球より小さい。

問4　太陽系の惑星は公転軌道がほぼ同一平面上にある。また，木星と火星はどちらも地球よりも外側の軌道を回っている。そのため，午後7時などの夜間に木星と火星が同じ高さにならんで見えることがある。

問5　午後7時に西の地平線より約30度の高さに月が見えたので，午後6時には南西の空に見えたことになる。よって，この月は新月から上げんの月へ満ちていくと中の(ア)のような月と考えられる。

問6　月は，12時間ほどで東の地平線から昇り，南の空を通って，西の地平線に沈み，1時間に約15度ずつ動いて見える。午後7時に西の地平線から約30度の高さに見えた月は，西の地平線に，30÷15＝2（時間）後の午後9時ごろに沈むため，この月が東の空から昇ってきたのは午後9時の12時間前の午前9時ごろである。

国　語　（60分）＜満点：100点＞

解　答

一　**問1**　a　ウ　b　イ　**問2**　非難の余地　**問3**　責任者　**問4**　ウ　**問5**　ア　**問6**　エ　**問7**　できる問題　**問8**　エ　**問9**　イ　**問10**　7　イ　8　オ　**問11**　イ　**問12**　**二段落目**…その日にな／**三段落目**…幾日も置か　**問13**　イ，エ　二　**問1**　ホテルの風　**問2**　エ　**問3**　Ⅰ　オ　Ⅱ　イ　**問4**　a　イ　b　ア　**問5**　ウ　**問6**　文明の優位　**問7**　⑴　西洋の限界　⑵　ウ　**問8**　E　**問9**　イ　**問10**　エ　**問11**　（例）　未来資源である日本の美意識を観光産業に具体的に生かすべきだ。　三　**問1**　①　虫　②　帯　③　水　**問2**　下記を参照のこと。

●漢字の書き取り

三　**問2**　①　耕す　②　発揮　③　収拾　④　格調　⑤　謝辞　⑥　敬う　⑦　司る

解　説

一　**出典は幸田文の『草の花』所収の「白紙」による。**クラス全員で裁縫の試験のときに白紙答案を提出しようという取り決めができあがってしまい，「私」は白紙答案を出すべきかどうか思いなやむ。

問1　a　“そうは言うものの”という意味。前の言葉を受けながら，例外や条件などをつけ加える場合に用いる。　b　“思ったとおり”という意味。「案の定」と書く。

問2　裁縫の先生については，「生徒に対する言葉づかいや態度にはそつがなかったし，ヒステリックでもなし，無理なつめこみ授業でもなし」「外貌や服装も醜くなし，並みよりちょっと小柄だったが，それとて難になるはずはない」と前後に書かれている。つまり，二つ後の文にあるように，「非難の余地」のない先生だったということになる。

問3　「首謀者」は，あるたくらみやくわだてを，中心となって行おうとした人物。ここでは，クラス全員で裁縫の試験のときに「白紙」答案を出すことを主導した人物ということ。結局，クラスの誰も「白紙」答案は出さなかったということがわかった場面で，「責任者」をあげる気など誰にもないらしかったと，「首謀者」の責任を問うつもりなどなかったことが示されている。

問4　「テストには全級白紙をもって答える謀し合わせ」について，「耳うちを受けたときは，ははあという軽さ」で受け止めたのだが，「前後を考えて来ると陰謀の不安と加担の恐怖がずしんと重く～やっかいだなと気づく」と同時に，「全級揃ってというところに裏切りの許されていない用意もうかがわれ，にっちもさっちも行かない縛られ方」だと思ったのである。この状態を「混沌とした困却」と表現しているので，ウがふさわしい。「混沌」は，入りまじって区別がつかないようす。「困却」は，困りはてること。

問5　「私」は，裁縫はもともと「嫌いな学科」なのだから試験の前に「試験勉強をしなければテストは零に決まっているようなもの」，つまり，「白紙」を出すのと同じような結果になるはずだと考えている。問題は「仮に勉強しないでもできる問題が出たらどうするか」ということで，そのときは答えを書いて零点をまぬかれるか，答えを書かずにみんなとの約束を守るかの選択をせまられることになる。そのため，「勉強しないでもできる問題」は「出っこないや」と思い，「どうか私にできない問題が出ますようにと，ばかばかしい望み」を持って，書くか書かないかの選択がせまられないような状況になってほしいと思っていたのである。

問6　直前の一文に，「人の動静を窺うまいとしても，ずるい心がひそかに窺わずにはいられない」とある。はたしてほかの人は本当に「白紙」で答案を出すのだろうかと，みんなが気にかけて他人のようすを窺っていたのである。「白紙」で答案を出すという計画は，なんとなくそうしようという雰囲気の中で始まり，いつのまにか「にっちもさっちも行かない縛られ方」になってしまったということをおさえる。

問7　直前に「しまった，と思った」とあることに注目する。「私」は試験の前に，「勉強しないでもできる問題」は「出っこないや」と思い，「どうか私にできない問題が出ますようにと，ばかばかしい望み」を持っていたが，実際に試験が始まってみると，「私」に「できる問題」があったので，「しまった」と感じたのだと推測できる。

問8　「私は背が高いので後ろの方に席があり，組じゅうを背中から見渡すことのできる位置にいた」ために，結果として，「みんなの行動を見張」ることができた。そして，「何人かが紙の上へ身を伏せた」ようすを見て，「言いようもない感覚」をおぼえたということに注意する。「紙の上へ身を伏せ」るのは，解答を書いていることを意味し，「白紙」で答案を出すという約束を守っていないことになる。ただし，「が，みんな何を書いているんだろうか，勉強して来たんだろうか，見当がつかない」と後にあるとおり，みんなが本当に約束を破ったのかどうかについては確信が持てていない。

問9　すぐ前の「白紙の不敵さからは遁れたが，みんなには裏切りである。裏切りであるが，点数から言えばほとんど同様である」という表現を受けて，「ずるさと正直さとの半分半分」の「ヤジロベエ」のような心境だったと語っている。「白紙」答案ではなかったが，点数で言えばほとんど「白紙」で出すのと同じ，つまり，零点と「同様」の点数なのだから「裏切りにはならない」と考えているのである。

問10　受け持ちの先生から，裁縫の試験は「揃いも揃って，点がつけられない様な出来の悪さ」であったものの，みんなが得点していたことを知らされたときの生徒たちの反応である。　7　「ぽかあんとした顔」は，結果に対してあっけにとられている表情なので，イがあてはまる。　8　「きらきらした顔」は，結果に対して安心するような表情である。「大部分が四十点，五十点，よくて六十点」で，二三人は高得点だったと先生は言ったのだから，オが選べる。

問11　「いつも聞きつけている言葉」とは，「願わくは一人一人の上に篤き御恵みを分かち給わらんことを」という言葉を指す。この言葉の「一人一人の上に」という表現を強く実感しているのである。裁縫の試験での騒動を受けて，「クラス全体はとりも直さずめいめいが，静かに自分の心に向き合って判断自省するのが最も適した方法だと知っていた」と前にあることに注目する。「私」も今回の騒動をとおして，「自分の心に向き合って判断自省」しなければならないと強く感じているのだと考えられる。

問12　時間の流れに注意して，三つの場面に分ける。第一の場面では，裁縫の試験を前に，「テストには全級白紙をもって答える諜し合わせ」ができたときのことを語っている。「その日にな」で始まる第二の場面では，裁縫の試験があった当日のようすをえがいている。「幾日も置か」で始まる第三の場面では，夏休みが来て，試験の結果が全員に知らされたときのことを語っている。

問13　ア　「計画が発覚した後も～事件は風化し，何事もなく終業の日を迎えられたことを級友と共に喜んでいる」が合わない。「私」は今回の騒動に関して，「静かに自分の心に向き合って判断自省」しなければならないと，厳粛に受け止めている。　ウ　「白紙の件をきっかけに信仰に目覚め～生徒の各人が自らの身も心も神に委ね，自省する」といった内容は，本文に書かれていない。　オ　「私」は「白紙」答案を出すという「諜し合わせ」に「困却」したとあるが，「反発」と言えるほどの強い気持ちは読み取れない。また，騒動の責任者があげられなかったことに不満は抱いていない。　カ　「今後は学生道を保っていこうと決意を新たにしている」という内容は読み取れない。

二　**出典は原研哉の『日本のデザイン―美意識がつくる未来』による。**未来資源である日本の美意識を観光という産業の中でどのように生かすべきかを，「アマン・リゾーツ」というホテルグループの取り組みを紹介しながら解説している。

問1　本文の前半では，「アマン・リゾーツ」を例にあげながら，「高級リゾートホテルの経営」の成否は「非日常の喜びと充足をいかに鮮烈に表現し顧客に差し出せるかという点，そしてその結果として投資に見合う対価を喜んで顧客に支払ってもらえるかという点に尽きる」ことを示し，ホテルの品質において大事なのは「経験のデザイン」だと述べている。「ホテルの風」で始まる後半では，「アマン・リゾーツ」が取り入れている「経験のデザイン」を具体的に紹介している。

問2　「高級リゾートホテルの経営」の成否は，「非日常の喜びと充足をいかに鮮烈に表現し顧客に差し出せるかという点，そしてその結果として投資に見合う対価を喜んで顧客に支払ってもらえるかという点に尽きる」と筆者は述べている。顧客にとっての「理想郷」を，いかに「利益を確保」しながら実現していくかが重要だと言うのである。

問3　Ⅰ　「エントランスからキーにたどり着くわずかの間」のできごとを述べた後で，「手入れの行き届いた庭や小道を通って客は自分のヴィラへと進む」という次のできごとが示されている。よって，時間的な経過を表す「やがて」がよい。　Ⅱ　「部屋についた客」の行動について，二つの例が対比的に示されているので，同類のことがらを並べ立て，いろいろな場合があることを表す

「あるいは」が合う。

問4　a　ゆっくりと行動するようす。　b　本来は“めまいがする”という意味だが，そこから，あまりの素晴らしさにうっとりするようすを表すようになった表現。

問5　「アマン・リゾーツ」は，「西洋流のオペレーションを基本としながらも，一方ではその合理性を否定するアンチホテルとしての独自の運営哲学（てつがく）」を持つとすぐ前にある。「西洋流」の「合理性を否定する」という点は，「ホテルが存在する土地の景観，風土，伝統，様式といったものを丁寧（ていねい）に活用し，文化の最上の収穫（しゅうかく）物のひとつとしてホテルを構想・運営しようという姿勢」に表れていると言える。その一方で，サービスのあり方は「西洋流のオペレーションを基本」としているのだから，ウがふさわしい。

問6　「傲慢（ごうまん）さと隣（とな）り合わせの愉楽（ゆらく）」は，「文明から遠く隔（へだ）たった異境に，洗練を極めた居住や食事を持ち込（こ）んで楽しみたいという欲望」から生まれたものである。これが「傲慢」なのは，西洋人が自分たちの「文明の優位」を疑うことをしなかったからである。

問7　⑴，⑵　続く部分に注目する。「辺境に西洋文化を持ち込む」ことに人々が「もはや感動しない」のは，人々が「世界は文化の多様性に満ちて」いることに気づき，「それらの絶妙（ぜつみょう）なる配合」に意識を向け始めたからである。逆に言えば，西洋人自身が「優位」だと思いこんできた西洋文化には限界が見えてきたということでもあり，筆者はこれを「西洋の限界」と表現している。

問8　ぼう線4の「配慮（はいりょ）」は，ホテルで言えば，顧客のために表現される「非日常の喜びと充足」を表す。これはホテルの品質において重要な「経験のデザイン」とも通じており，A～Dは，ホテルで行われている「もてなし」を背景にした表現なので，似た意味になる。一方，Eの「柔（やわ）らかな価値」は，「工業国」と対比させて，「工業」と「観光」が次元の異なる産業であることを示すための表現である。

問9　「エントランスから～かたちを変えて備わっている」までの部分に注意する。ここでは，「アマン・リゾーツ」と「日本の旅館」の「もてなし」のかたちが述べられているが，両者に共通するのは，きめ細やかな心遣（づか）いによって顧客に満足してもらおうとしているところである。

問10　日本は長い間，「アジア唯一（ゆいいつ）の経済大国として独自の道を歩んできた」が，「アジア諸国の経済の台頭と活性」によって，日本の優位性はいまや弱まりつつある。こうした現状を考えれば，日本は自国だけを見て絶対的価値を考えるのではなく，「複眼の視点」で「相対的価値」を見直して，「工業」から「観光」へと「ゆるやかに産業をシフトしなくてはならない」のではないかというのである。

問11　筆者は本文の最初で，「日本の美意識が未来資源であるとするなら，それを観光という産業の中で具体的にどう生かすか」と問題提起をしている。そのうえで，「花の配し方に限らず，サービスをさし出す間合い，あるいは庭や水を介（かい）して自然を呼び込む技術など，日本の一流旅館にみられるもてなし」がかたちを変えて備わっている「アマン・リゾーツ」のことを具体的に紹介しながら，「日本のあのホテルに行ってみたか，と世界中でささやかれるような，そういうホテルの出現が待たれているはず」だと結んでいる。つまり，筆者は，「未来資源」である「日本の美意識」を「もてなし」という形で「観光という産業」に生かすべきだと主張しているのである。

三　慣用句の完成，漢字の書き取り

問1　①「一寸の虫にも五分の魂（たましい）」は，小さく弱い者にもそれ相応の意地があるのだから，あなどってはいけないということ。　②「帯に短したすきに長し」は，中途半端（ちゅうとはんぱ）で役に立たないことのたとえ。　③「魚心あれば水心あり」は，相手が好意を示せば，こちらも好意を示す気になるということ。

問2　①　音読みは「コウ」で，「農耕」などの熟語がある。　②　持っている力などを十分に出すこと。　③　混乱していた状態をおさめること。　④　文章などから感じられる品格や調子。　⑤　感謝や謝罪の言葉。　⑥　音読みは「ケイ」で，「尊敬」などの熟語がある。
⑦　音読みは「シ」で，「司会」などの熟語がある。

Dr.福井の 入試に勝つ！脳とからだのウルトラ科学

入試当日の朝食で，脳力をアップ！

朝食を食べない学生は，朝食をきちんと食べる学生に比べて成績が悪かった――という研究発表がある。まあ，ちょっと考えればわかると思うけど，朝食を食べないということは，車にガソリンを入れないで走らせようとするようなものだ。体がガス欠になった状態では，頭が十分に働くわけがない。入試当日の朝食はちゃんと食べよう！　朝食を食べた効果があらわれるように，試験開始の２時間以上前に食べるようにするとよい。

では，入試当日の朝食にふさわしいものは何か？

まず，脳の直接のエネルギー源はブドウ糖だけであるから，それを補給するためのご飯やパン，これは絶対に必要だ。また，砂糖や果物の糖分は吸収されやすく，効果が速くあらわれやすいので，パンにジャムをぬったり果物を食べたりするのもよいだろう。

次に，タンパク質。これは脳の温度を上げる作用がある。温度が低いままでは十分に働かないからね。タンパク質を多くふくむのは肉や魚，牛乳，卵，大豆などだが，ここでは大豆でできたとうふのみそ汁や納豆をオススメする。そして，記憶力がアップするDHAを多くふくんでいる青魚，つまりサバやイワシなども食べておきたい。

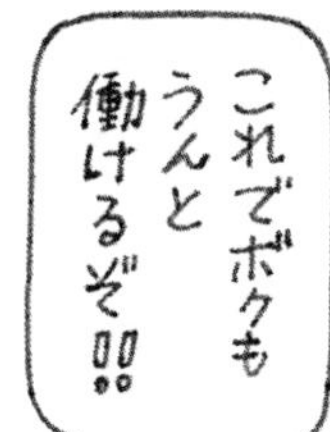

生野菜も忘れてはならない。その中にふくまれるビタミンBは，ブドウ糖を脳に吸収しやすくする働きを持つので，結果的に脳力アップにつながるんだ。

コーヒーや紅茶，緑茶は，カフェインという成分の作用で目覚めをうながすが，トイレが近くなってしまうので，飲みすぎに注意！　試験当日はひかえたほうがよいだろう。眠気を覚ましたいときはガムをかむといい。脳が刺激(しげき)されて活性化し，目が覚めるんだ。

Dr.福井(福井一成(ふくいかずしげ))…医学博士。開成中・高から東大・文Ⅱに入学後，再受験して翌年東大・理Ⅲに合格。同大医学部卒。さまざまな勉強法や脳科学に関する著書多数。

平成28年度　早稲田大学系属早稲田実業学校中等部

〔電　話〕(042) 300－２１２１
〔所在地〕〒185-8505　東京都国分寺市本町１－２－１
〔交　通〕JR中央線・西武国分寺線・西武多摩湖線－「国分寺駅」徒歩７分

【算　数】（60分）〈満点：100点〉

【注意】 比は，もっとも簡単な整数の比で答えなさい。

1　次の各問いに答えなさい。

(1)　$\left(1\frac{5}{12} \div 4.25 + \frac{3}{7}\right) \times 1.875 - 1\frac{1}{4}$ を計算しなさい。

(2)　下の図は正十角形です。㋐の角度を求めなさい。

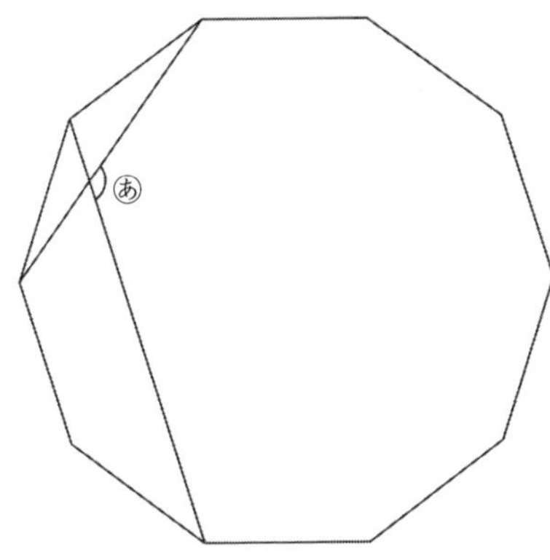

(3)　えんぴつとボールペンをクラスの生徒全員に配ります。えんぴつを１人６本ずつ配ると15本あまり，ボールペンを１人８本ずつ配ると２本不足します。ボールペンの本数がえんぴつの本数より31本多いとき，えんぴつは全部で何本ありますか。

(4)　トーナメント方式の野球大会に90校の中学校が参加します。このうち，52校が１回戦から，残りの中学校は２回戦から出場します。下の図はそのトーナメント表の一部分で，Ａ校とＢ校は１回戦から，Ｃ校は２回戦から出場することになりました。Ａ校は何勝すれば優勝できますか。

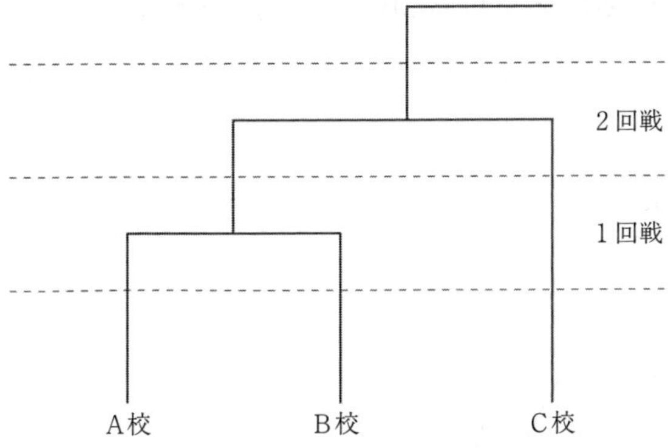

2　次の各問いに答えなさい。

(1)　ある分数は，$7\frac{1}{5}$ にかけても，$23\frac{1}{3}$ を割っても，$\frac{1}{42}$ で割っても整数となります。次の①，②に答えなさい。ただし，この分数はこれ以上約分できないものとします。

①　考えられる分数のうち，もっとも小さい分数を答えなさい。

②　考えられる分数のすべての和を答えなさい。

(2)　次の①，②に答えなさい。ただし，円周率は3.14とします。

①　直線 l を軸(じく)として，下の**図１**の影(かげ)のついた部分を１回転させてできる立体の体積を求めなさい。

②　直線 l を軸として，下の**図２**の影のついた部分を１回転させてできる立体の体積を求めなさい。

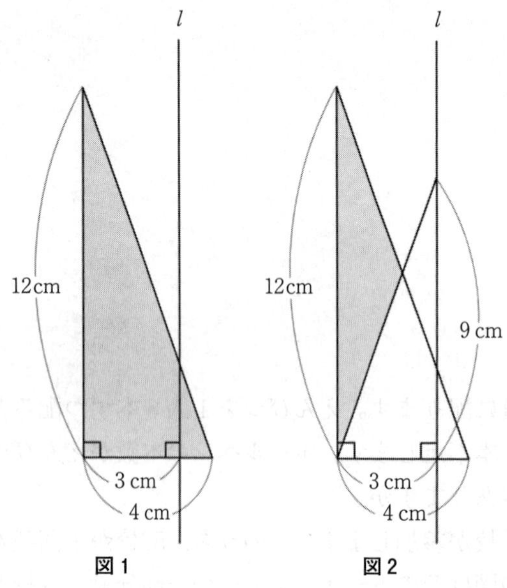

3　下の２つの図は，点Oを中心とし AB＝16cm を直径とする半円と，点Pを中心とし AD＝12cm を直径とする半円です。また，三角形ABCと三角形CBDは直角三角形です。

次の各問いに答えなさい。

(1)　**図１**において，辺BCの長さを求めなさい。

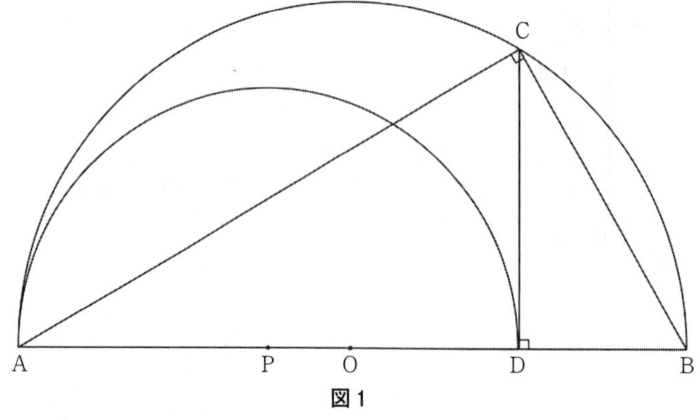

図１

(2)　**図2**において，三角形ADEと三角形AEFは直角三角形です。下の①，②に答えなさい。

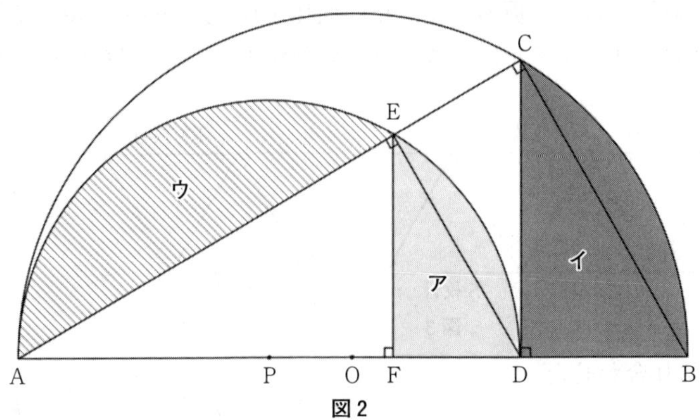

図2

①　薄（うす）い影（かげ）のついた**ア**の部分の面積と，濃（こ）い影のついた**イ**の部分の面積の比を求めなさい。

②　濃い影のついた**イ**の部分の面積と，斜線（しゃせん）のついた**ウ**の部分の面積の比を求めなさい。

4　ある牧場では，牛と羊が1頭ずつそれぞれ一定の量の草を毎日食べています。牛8頭が3日間で食べる草の量は，羊5頭が6日間で食べる草の量と同じです。このとき，次の各問いに答えなさい。

(1)　羊1頭が1日に食べる草の量は，牛1頭が1日に食べる草の量の何倍ですか。

(2)　この牧場には草が生えていて，もし牛のみを44頭放牧するとちょうど32日間ですべての草がなくなります。また，羊のみを61頭放牧するとちょうど20日間ですべての草がなくなります。

次の①，②に答えなさい。ただし，草は毎日一定の割合で生えてきます。

①　1日に生える草の量は，牛1頭が1日に食べる草の量の何倍ですか。

②　牛30頭と羊20頭を何日間か放牧した後，羊5頭を追加で放牧しました。すると，最初に牛と羊を放牧してからちょうど［　　　］日間ですべての草がなくなりました。［　　］に入るもっとも大きな整数を求めなさい。

5　同じ大きさの正三角形4つでできた立体を，正四面体といいます。各面に連続した4つの整数が1つずつ書いてある正四面体ABCDと，正四面体ABCDの面と同じ大きさの正三角形のタイルを貼（は）り合わせて作った**板**があります。

板のタイルの上におかれた正四面体を，右の**図1**のように底面のいずれかの辺を動かさずに転がしていきます。転がすときには，**板**と重なったタイルに，正四面体の底面の数字と同じ数字を書き込（こ）みます。このとき，次の各問いに答えなさい。ただし，最初と最後のタイルにも数字を書き込みます。

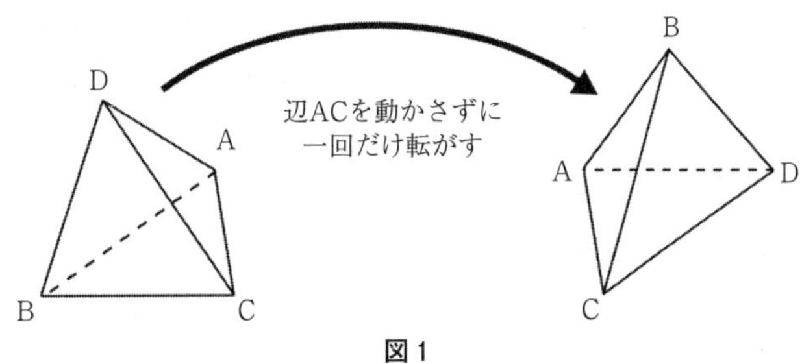

図1

(1)　各面に1，2，3，4の数字が1つずつ書いてある次ページの**図2**のような正四面体を使います。**板**の影（かげ）がついたタイルの上に，正四面体の面ABCが底面となり，頂点Bと点Oが重なるように正四面体をおきます。次の①，②に答えなさい。

① **図3**のようなタイル100枚を貼り合わせた**板**の上で，正四面体を100枚目のタイルまで転がします。このとき，99枚目と100枚目のタイルに書き込まれた数字をそれぞれ答えなさい。

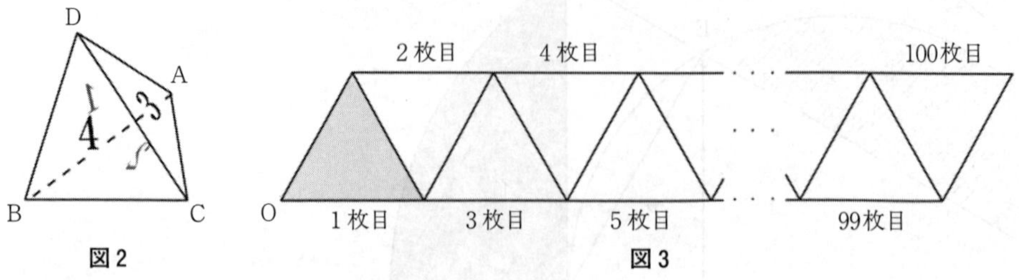

図2 **図3**

② **図4**のようなタイル18枚を貼り合わせた**板**の上で，正四面体を★印のタイルまで転がします。ただし，正四面体はできるだけ多くのタイルを通るように転がし，同じタイルは一度しか通ることができないものとします。

このとき，★印のタイルまでの行き方は全部で［ **ア** ］通りあって，どの行き方をしてもタイルに書き込まれたすべての数字の和は［ **イ** ］になります。**ア**と**イ**に入るもっとも適した数を求めなさい。

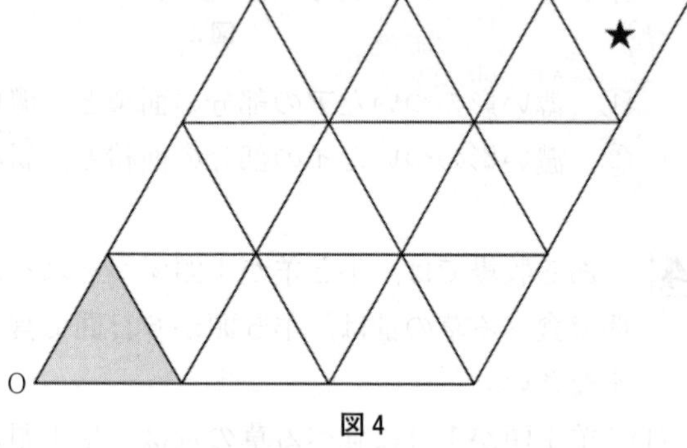

図4

(2) 各面に連続した4つの整数が1つずつ書いてある**図2**とは異なる正四面体ABCDと，**図5**のようなタイル18枚を貼り合わせた**板**を使います。**板**の影がついたタイルの上に，正四面体の面ABCが底面となり，頂点Bと点Oが重なるように正四面体をおき，★印のタイルまで転がします。ただし，正四面体はできるだけ多くのタイルを通るように転がし，同じタイルは一度しか通ることができないものとします。

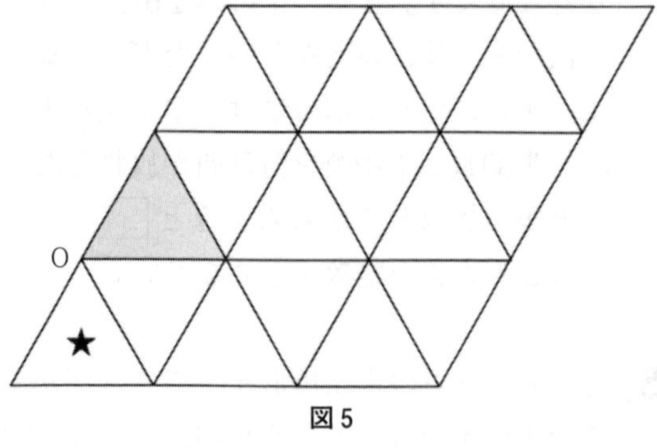

図5

このとき，タイルに書き込まれたすべての数字の和が128になりました。正四面体の面ABCに書いてある数字として，考えられるものをすべて求めなさい。

【社　会】（30分）〈満点：50点〉

【注意】 解答は，とくに指示がない限り，漢字で書くべきところは，正しい漢字を使って答えなさい。

Ⅰ 日本列島をとりまく災害と人々との歴史に関する次の文章を読んで，以下の問いに答えなさい。

2011年3月11日に発生した東日本大震災は，東北地方の沿岸部を中心に大きな被害をもたらしました。いくつかのプレートが沈み込む位置にある日本は，世界有数の地震国・火山国であり，これまでにも多くの地震や火山の噴火（ふんか）を経験してきました。しかし，数々の災害にあいながらも，列島の人々はたくましく生き抜いてきました。ここでは，そうした災害と人々との関わりを，たどっていきたいと思います。

今から２万５千年前の日本は，寒冷な気候に加え，各地で大規模な噴火が発生していました。その影響は 1 各地に特有な地層として残っています。１万年前になると地球の温暖化が進み，大陸から切り離されて現在の日本列島が生まれました。やがて大陸から稲作の技術が伝わると，人々の暮らしは狩猟（しゅりょう）と採集から稲作を中心とするものに変わっていきました。定住を前提とする農耕生活は，自然災害が最大の敵となります。日照（ひで）りや干ばつ，大水，虫害といったさまざまな要因が，収穫に大きな影響を与えたからです。712年に成立した 2『古事記』には，アマテラスの弟であるスサノオが出雲（いずも）国におもむいた際，ヤマタノオロチのいけにえにされそうになったクシナダ姫を救うため，その怪物と戦う話が出てきます。八つの頭と尾を持つ大蛇（だいじゃ）であるヤマタノオロチは，*鉄砲水や土砂災害の象徴と考えられ，スサノオはそれに立ち向かう人々の象徴とも考えられます。また，3 ヤマタノオロチの尾から出てきたとされる鉄製の剣は，その後神話の中で，開拓と支配域拡大の象徴として取り扱われていくことになりました。

６世紀に伝来した仏教が政権に取り入れられるようになると，仏教の力で国を守ろうとする考え方が強まりました。4 聖武天皇の願いによって造られた大仏は，その象徴でした。しかし，その願いもむなしく，時として自然は人をおそい，多くの被害をもたらしました。こうした状況に対して，朝廷は年号をかえたり，民の喜ぶ政治を行うことで対処しようとしました。例えば平安時代の承平（じょうへい）７年(937)年11月に起こった富士山の噴火や，翌８年４月に起こった紀伊国での地震によって年号が「天慶（てんぎょう）」と改められています。ただ皮肉なことに，5 このころ関東や瀬戸内海では大規模な内乱が発生し，朝廷はその対応にも追われることになりました。

浅間山は，現在でも活発な活動を続ける火山ですが，1108年，突然大噴火を起こし，周辺の地域に大きな被害をもたらしました。上野（こうづけ）国一帯は厚く火山灰におおわれて耕作が不可能となったため，朝廷はこの地域の税を免除し，人々の生活を守るようにつとめました。しかし，6 その結果，地域の有力者による土地の開発が進み，荘園と呼ばれる私有地が拡大することになりました。開発を担（にな）った有力者たちは，朝廷の支配力の低下とともに武装化し，やがて武士へと変化していきます。こうした武士たちの力を結集させたのが，源頼朝による鎌倉幕府の成立でした。源氏の将軍が途絶えた後，政権を担当した北条氏は法と裁判による政治を推（お）し進めていきました。中でも（ ① ）が1232年に制定した『御成敗式目（貞永式目）』は，その象徴でした。このころ，日本は寛喜（かんぎ）のききんと呼ばれる大規模なききんにおそわれていましたが，式目が制定された理由の一つに，このききんがあるとも言われています。また，鎌倉時代は，多くの宗教改革者たちが現れた時代でもありましたが，その背景には，こうしたききんなどの災害があったと考えられています。

室町時代になると農業技術の発展により，生産力に一定の向上が見られましたが，天候不順や虫害，天災などの影響により，ききんも頻発（ひんぱつ）しました。7 生活苦にあえいでいた庶（しょ）民たちは，将軍の代替（だいが）わりなどをねらって集団でたちあがり，幕府に要求をつきつけました。そうした中，1498年の秋，南海トラフを震源とする巨大地震が発生し，東海地方を中心に大きな被害をもたらしました。明応（めいおう）地震と呼ばれるこの地震に伴う津波によって，鎌倉では大仏をおおっていた大仏殿が流されたほか，浜名湖は，海と湖をへだてていた砂浜が流されて，現在見られるような姿になりました。やがて戦国時代になると，各大名は領国の拡大を目指して争うようになりました。そうした大名たちにとって，頭を悩ませたのが洪水の問題でした。この問題に立ち向かった大名の一人に，甲斐(かい)の(　②　)がいます。(　②　)は領内を流れる釜無(かまなし)川の水に対処するため，霞堤(かすみてい)と呼ばれる堤(つつみ)を築きました。こうした取り組みは，江戸時代になっても続けられました。

江戸時代に入ると，社会は安定し，三都を中心とする都市が発達しましたが，その一方で都市特有の災害と向き合うことになりました。その最たるものが火事でした。「火事とけんかは江戸の華(はな)」と言われるように，江戸は火事の多い都市として知られており，何度も多くの大火にあっています。8特に，1657年に起こった明暦(めいれき)の大火では江戸城天守閣が焼け落ち，大きな被害をもたらしました。

1707年，しばらく静かだった富士山が突然噴火し，関東一帯に多くの火山灰を降らせました。ふもとを流れる川には土砂がたまって水位が上昇し，洪水が発生して流域に大きな被害をもたらしました。また，1783年には再び浅間山が噴火し，降り積もった火山灰によって各地で土砂災害を発生させたほか，農作物の生育にも大きな影響を与えました。こうした災害に対して，幕府は各大名にその対応を指示し，年貢の減免や後世に伝えるための記録を残すなどの対策を行っています。また，9災害に伴うききんに対しても，平常時に基金を積み立てたり，食料を保存するための倉を設置するなど，さまざまな対応を行っています。

10 1854年3月，幕府との交渉のために来日したロシアのプチャーチンは，下田で東海沖を震源とする大地震に遭遇し，乗船であったディアナ号は津波のために大破してしまいました。江戸でも大きな被害が生じ，開国に対する人々の批判も重なり，この地震が幕府政治に対する天の怒りであるとする考え方も広がりました。

近代に入ると，外国の技術や知恵を借り，災害に対処しようとする考えが出てきます。明治初期の代表的な政治家として知られる薩摩藩出身の(　③　)は，各地で港や堤防を整備する計画をたてましたが，1878年，東京・紀尾井坂で不平士族のために暗殺されてしまいました。そうした中，1891年10月，岐阜県根尾(ねお)村を震源とする大規模な地震が発生し，岐阜県・愛知県の一帯に大きな被害をもたらしました。発生の9年後に発表された11『鉄道唱歌』にもこの地震が歌い込まれています。この地震によって名古屋城をはじめとする多くの建物が倒壊したため，地震に耐えうる建築物の研究が進んだほか，地震そのものへの研究も進みました。

時代は大正に入り，社会がようやく安定のきざしを見せ始めたころ，突如(とつじょ)として関東地方を大きな地震がおそいました。12関東大震災の発生です。東京・横浜では大きな被害が生じ，被災した家屋も多数にのぼりました。地震の発生時刻が昼時であったことも重なって，大規模な火災が発生したほか，うわさ話やデマが広まって，社会は一時騒然(そうぜん)としました。工場の生産もストップし，銀行は会社に貸したお金の回収が出来ず，苦しんでいました。13こうした状況をふまえ，政府は銀行に対し，特別にお金の貸し出しを行いましたが，貸していたお金をすべて回収することは出来ず，その影響は後の時代まで残り続けました。ただ，そのような状況にあっても，支援の輪は確実に広がっていきました。全焼した東京大学図書館の蔵書(ぞうしょ)を復活させるべく，国際連盟は図書復興援助を決議し，各国がそれに応じたほか，東京大学や早稲田大学の学生たちは町に出て積極的な救援活動を行い，震災ボランティア活動の先駆(さきが)けとなりました。こうした人々の協力は，その後の災害の中でも大きな力を発揮するようになりました。

＊鉄砲水：河川などの急激な出水，増水のこと。

問1　下線部**1**について，1946年，群馬県の岩宿で発見された石器は，この地域特有の火山灰からなる赤土層から見つかりました。この赤土層は，一般的に何と呼ばれているでしょうか。その名前を答えなさい。

問2　下線部**2**について，『古事記』を聞き著した人物の名前を答えなさい。

問3　下線部**3**について，伝説によるとこの剣は後にヤマトタケルの手に渡り，関東への遠征の際に使用されたと言われていますが，1968年に埼玉県のある古墳から見つかった鉄剣には，ヤマト政権との結びつきを想定させる言葉が刻まれていました。この鉄剣が発見された古墳の名前を答えなさい。

問4　下線部**4**について，次のア～エは，仏教が伝来したとされる538年から大仏が完成した752年までの間にあった出来事を説明したものです。これらをその出来事が起こった順に並べ替えたとき，3番目にくるものを記号で答えなさい。

ア．大宝律令がつくられた。

イ．第1回の遣唐使が派遣された。

ウ．三世一身法が出された。

エ．白村江の戦いが起こった。

問5　下線部**5**について，このとき発生した内乱と関わりの深い人物を次のア～ケの中から2つ選び，それぞれ記号で答えなさい。

ア．平清盛　イ．源義家　ウ．藤原定家　エ．平将門

オ．源頼信　カ．藤原純友　キ．平知盛　ク．源為朝

ケ．藤原不比等

問6　下線部**6**について，荘園に関する説明として正しくないものを，次のア～エの中から1つ選び，記号で答えなさい。

ア．開発者たちは国司などの追及を避けるために，土地を都の貴族や大寺院などに寄進した。

イ．荘園の中には国司の立ち入りをこばむ権利を得るところもあった。

ウ．荘園は開発された私有地なので，どの荘園であっても税を納める義務はなかった。

エ．豊臣秀吉によって行われた太閤検地によって，荘園は消滅した。

問7　下線部**7**について，次の史料は，室町時代に起こったある事件に関するものですが，文面の内容を参考にして，この事件の呼び名を当時の年号を入れて正しく答えなさい。

> 九月一日，天下の土民たちが立ち上がった。口々に徳政と叫びながら酒屋や土倉（どそう），寺院などを破壊し，色々なものを勝手に奪（うば）い取り，借金の証文（しょうもん）をことごとく破り捨てた。管領はこれを取り締まった。おおよそ国が滅びるきっかけは，こうしたことによるのであろう。日本という国が始まってからというもの，土民が立ち上がったというのは初めてのことだ。
>
> 『大乗院日記目録』より

問8　下線部**8**について，火事の多かった江戸では，火消しに代表される消防組織が作られましたが，町火消の仕組みを整備した江戸町奉行の名前を答えなさい。

問9　下線部**9**について，このような取り組みを行ったのは主にどの時期でしたか。下のア～エの中からふさわしいものを1つ選び，記号で答えなさい。

ア．徳川吉宗による享保の改革　イ．田沼意次による政治の時代
ウ．松平定信による寛政の改革　エ．水野忠邦による天保の改革

問10　下線部**10**について，この事故の影響により下田の港は閉鎖され，外国に開かれた港は，その後の条約を結ぶ際に，列国の希望もあって江戸に近い別の場所に移されることになりました。その地名を答えなさい。

問11　下線部**11**について，『鉄道唱歌』第一集一番は，次のような歌詞で始まります。歌詞中の空欄にあてはまる鉄道開設当時の始発駅であった駅名を答えなさい。

「汽笛一声(　　)を　はやわが汽車は離れたり　愛宕(あたご)の山に入りのこる　月を旅路の友として」

問12　下線部**12**について，関東大震災は，1923年9月1日に発生しましたが，次のア～エの出来事のうち，関東大震災後にあったものを1つ選び，記号で答えなさい。

ア．吉野作造が民本主義をとなえた。
イ．治安維持法が制定された。
ウ．官営八幡製鉄所が操業を開始した。
エ．全国水平社が結成された。

問13　下線部**13**について，震災で弱体化していた日本経済は，その後1929年に発生した世界恐慌にも巻き込まれることになりました。この世界恐慌は，ニューヨークで発生したある出来事をきっかけとして世界に広がったわけですが，その出来事とは何でしょうか。

問14　文章中の空欄(①)～(③)にあてはまる言葉を答えなさい。

Ⅱ　次の文章を読んで，以下の問いに答えなさい。

国会議員をはじめ，市区町村の議会の議員や都道府県知事などは，選挙で選ばれた国民の代表です。こうした選挙に参加して投票することのできる権利を「選挙権」と呼びます。

平成27年6月に，この選挙権年齢の引き下げが国会で決まりました。□は公布から1年後となり，1平成28年6月以降の選挙から適用される予定です。では今回どうして18歳以上に引き下げられたのでしょうか。

今回の選挙権年齢の引き下げのきっかけは，平成26年6月の「国民投票法」の改正です。2日本国憲法改正手続きを確定させる国民投票において，投票できる年齢が「満18歳以上」に引き下げられ，それと同時に，選挙権の年齢もできるだけ早く「満18歳以上」に引き下げることが約束されました。それが今回の改正に実を結んだということです。今回の改正は，日本の将来をになう若い世代の意見を政治にもっととり入れていくため，というねらいがあります。しかし実は世界をみると，すでに約9割の国や地域の選挙権年齢は18歳以上なのです。20歳以上の選挙権年齢を続けてきた日本も，やっと諸外国と足並みをそろえることになったと言えます。

そもそも日本で国民が選挙権を持つようになったのは，明治時代になってからでした。板垣退助たちによる自由民権運動の広がりを受け，国会開設の詔(みことのり)が出されて，国会の開設が約束されました。それを受けて，板垣退助は(A)，そして大隈重信は(B)と，それぞれ国会準備のために政党をつくりました。一方，政府も憲法制定の準備に取りかかると同時に，西欧の

制度にならって1885年に3内閣制度をつくりました。そして1889年に大日本帝国憲法が発布され，そのもとで1890年に日本で初めて国会議員を選ぶ選挙が行われました。ただし，選挙で一票を投じることができる有権者はお金持ちの男性に限られていて，有権者は全人口の1％にすぎませんでした。大正時代に入ると，民主主義の考え方が広まり，選挙制度について不公平だとの批判が強まりました。そして1925年に普通選挙法が公布され，「満25歳以上の男子」となりました。4その後も何度かの改正が行われ，今回ついに選挙権年齢18歳以上にまで選挙権が広がったのです。

一方，世界に目を向けると，すでに選挙権は18歳以上を実現していても，地震などの災害，民族や宗教をめぐる紛争，地球温暖化などの環境破壊で，生存権そのものが危機に直面している人々も多くいます。私たちは同じ地球の一員として，おたがいの権利を尊重して協力しあって暮らしていく必要があります。5そうした外国への援助や協力には国の政府が行うもののほかに，民間の援助団体の中にも国際的に活動を行っているものもあります。今回の選挙権年齢の引き下げを機に，私たちは，将来の日本をどうするのかをしっかりと考えると同時に，世界の中で私たちはどうあるべきなのかを考えていくことが大切です。

問1　文章中の空欄［　　］には以下の意味の言葉が入ります。あてはまる言葉を答えなさい。

「法令が現実に効力を発し，実施される状態にすること」

問2　下線部1で行われる可能性がある選挙のうち，誤っているものを次のア～ウの中から1つ選び，記号で答えなさい。

ア．衆議院議員総選挙のみ

イ．衆議院議員総選挙と参議院議員選挙

ウ．参議院議員選挙のみ

問3　文章中の空欄(A)・(B)に入れるのにふさわしい語句の組み合わせを，次のア～オの中から1つ選び，記号で答えなさい。

ア．A　立憲改進党　B　民主党

イ．A　民主党　B　憲政党

ウ．A　進歩党　B　憲政党

エ．A　自由党　B　立憲改進党

オ．A　自由党　B　進歩党

問4　下線部2について，以下の条文中の空欄(　)にふさわしいものを下のア～オの中から1つ選び，記号で答えなさい。

「日本国憲法第96条」

①　この憲法の改正は，各議院の(　　　　　)の賛成で，国会が，これを発議し，国民に提案してその承認を経なければならない。この承認には，特別の国民投票又は国会の定める選挙の際行はれる投票において，その過半数の賛成を必要とする。

②　憲法改正について前項の承認を経たときは，天皇は，国民の名で，この憲法と一体をなすものとして，直ちにこれを公布する。

ア．出席議員の過半数以上　　イ．出席議員の3分の2以上

ウ．出席議員の4分の3以上　　エ．総議員の過半数以上

オ．総議員の３分の２以上

問５　下線部**3**について，**表１**は現在の内閣の仕組みとその働きをまとめたものです。表中の空欄（**A**）・（**B**）にふさわしい省（行政機関）の名前をそれぞれ答えなさい。

表１　内閣の仕組みとおもな働き

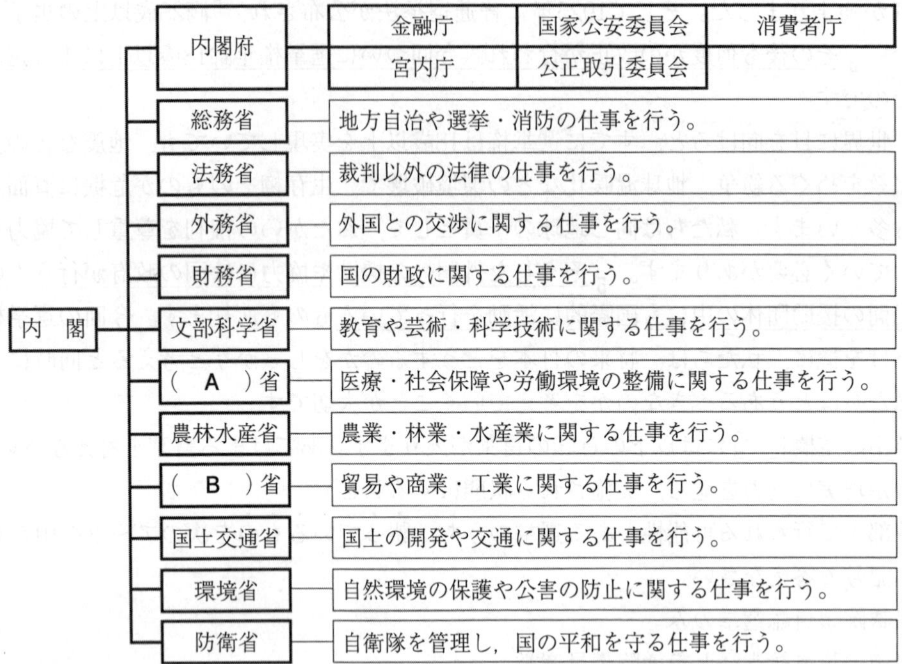

問６　下線部**4**について，**表２**は日本の選挙権年齢の移り変わりをまとめたものです。これを見て以下の①～③に答えなさい。

表２　日本の選挙権年齢の移り変わり

成立年	有権者の資格	投票方法
1889年	（　**A**　）	（**D**）投票
1900年	直接国税10円以上を納める満25歳以上の男子	秘密投票
1919年	（　**B**　）	秘密投票
1925年	満25歳以上の男子	秘密投票
（**C**）年	満20歳以上の男女	秘密投票

①　**表２**の中の空欄（**A**）と（**B**）に入れるのにふさわしい有権者の資格を，次のア～オの中からそれぞれ１つ選び，記号で答えなさい。

ア．直接国税50円以上を納める満30歳以上の男子

イ．直接国税15円以上を納める満30歳以上の男子

ウ．直接国税15円以上を納める満25歳以上の男子

エ．直接国税５円以上を納める満25歳以上の男子

オ．直接国税３円以上を納める満25歳以上の男子

②　**表２**の中の空欄（**C**）にふさわしい年を西暦で答えなさい。

③　**表２**の中の空欄（**D**）にふさわしい言葉を答えなさい。

問７　下線部**5**について，次の①と②の文章は何の説明ですか。下のア～オの中から最もふさわ

しいものをそれぞれ１つ選び，記号で答えなさい。

① 先進国の政府による，開発途上国への資金や技術の援助のこと。日本のこの援助額は年々増加していて，アメリカ合衆国とならぶ援助国になっている。

② 国際間で活動を行っている民間の援助団体のこと。人権や平和，環境などの問題に積極的に取り組んでいる。

ア．NGO　イ．NPT　ウ．ODA　エ．JAXA　オ．TPP

Ⅲ 次ページは，いずれも長野県とその周辺の地図です。地図の縮尺は，すべて同じです。これらを見て，次の問いに答えなさい。

問１ 県境はどのような条件の場所に引かれていますか。次のア～エの中から正しいものを１つ選び，記号で答えなさい。

ア．大きな川沿い　イ．小さな川沿い

ウ．高い山や山脈沿い　エ．五街道沿い

問２ 赤石山脈・木曽山脈・飛驒山脈は，地図中**Ａ～Ｅ**のどれにあたりますか。正しい組み合わせを次のア～カの中から１つ選び，記号で答えなさい。

	ア	イ	ウ	エ	オ	カ
赤石山脈	A	B	C	C	D	E
木曽山脈	B	C	D	B	C	D
飛驒山脈	C	A	E	A	B	B

問３ 2014年９月27日に突然大噴火をおこし，多数の登山者が犠牲となった山はどれですか。地図中**１～４**の中から１つ選び，番号で答えなさい。また，その山の名前を次のア～エの中から１つ選び，記号で答えなさい。

ア．浅間山　イ．八ヶ岳　ウ．御嶽山　エ．富士山

問４ 県内のおもな川**あ～う**を，源流から河口までの距離の長い順に並べなさい。

問５ 松本市や飯田市を流れる川は，それぞれどこへ流れていきますか。次のア～エの中からそれぞれ１つ選び，記号で答えなさい。

ア．駿河湾　イ．遠州灘　ウ．日本海　エ．伊勢湾

問６ 県内人口１～５位の都市すべてにあてはまる，分布条件はどれですか。次のア～オの中からすべて選び，記号で答えなさい。

ア．盆地　イ．川沿い　ウ．県境　エ．五街道沿い　オ．平野

問７ 長野市・松本市・塩尻市は，それぞれどのようなまちから成長した都市ですか。次のア～カの中から正しい組み合わせを１つ選び，記号で答えなさい。

	ア	イ	ウ	エ	オ	カ
長野市	城下町	門前町	宿場町	城下町	宿場町	門前町
松本市	門前町	宿場町	城下町	宿場町	門前町	城下町
塩尻市	宿場町	城下町	門前町	門前町	城下町	宿場町

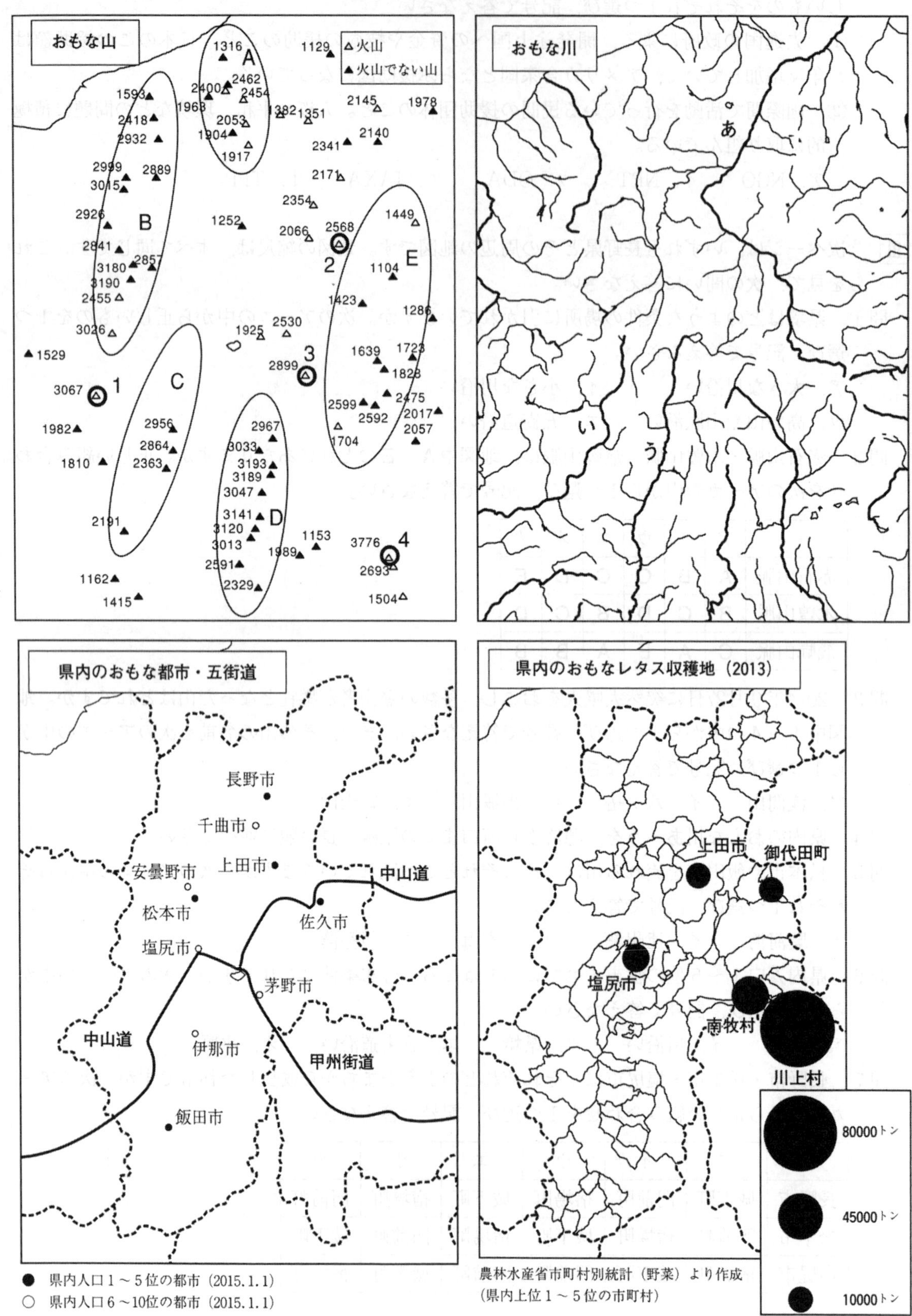

● 県内人口１～５位の都市（2015.1.1）
○ 県内人口６～10位の都市（2015.1.1）

農林水産省市町村別統計（野菜）より作成
（県内上位１～５位の市町村）

問8　「県内のおもなレタス収穫地」の地図を見て，なぜレタスの収穫地は東側に多いのか，自然的条件と社会的条件(自然的条件以外のもの)を１つずつ答えなさい。

問9　右の**表1**は上位5都道府県の県別りんごの収穫量，下の**図1・2**は青森県・長野県の農協が出荷したりんごの月別変化です。これらを見て，他県と比較し，長野県のりんご栽培の有利な点を簡単に説明しなさい。

表1　りんごの収穫量(2013)

	収穫量(トン)
青　森	412,000
長　野	155,300
山　形	46,500
岩　手	42,800
福　島	26,800

農林水産省統計　作況調査(果樹)より作成

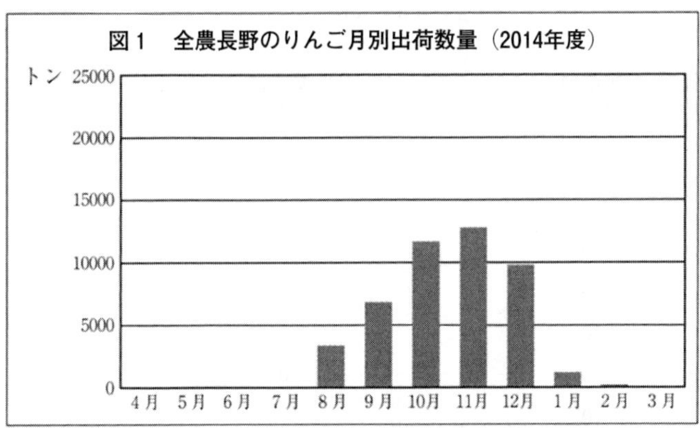

全国農業協同組合連合会長野県本部資料より作成

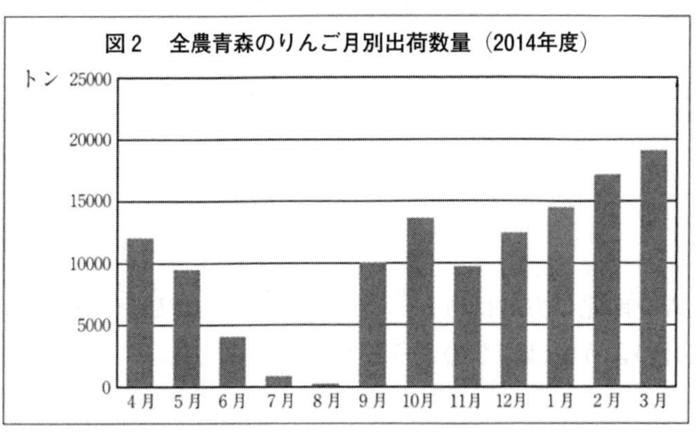

全国農業協同組合連合会青森県本部資料より作成

問10　右の**図3**は，長野県の工業出荷額の変化です。**A**にあてはまるものを次のア～オの中から１つ選び，記号で答えなさい。

ア．鉄鋼
イ．食品
ウ．化学
エ．電気・機械
オ．せんい

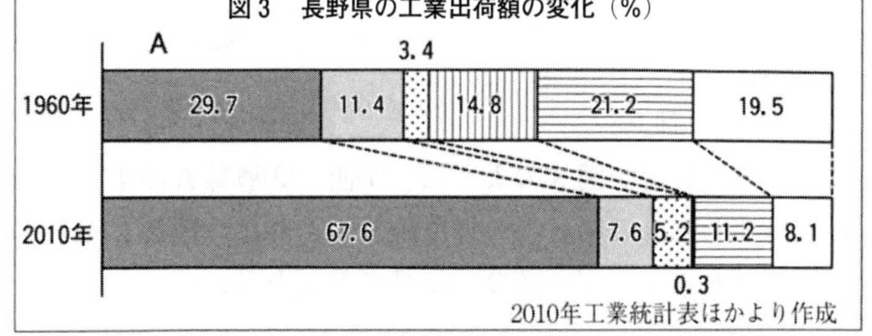

2010年工業統計表ほかより作成

問11　次ページのア～エの中から長野市の雨温図を１つ選び，記号で答えなさい。

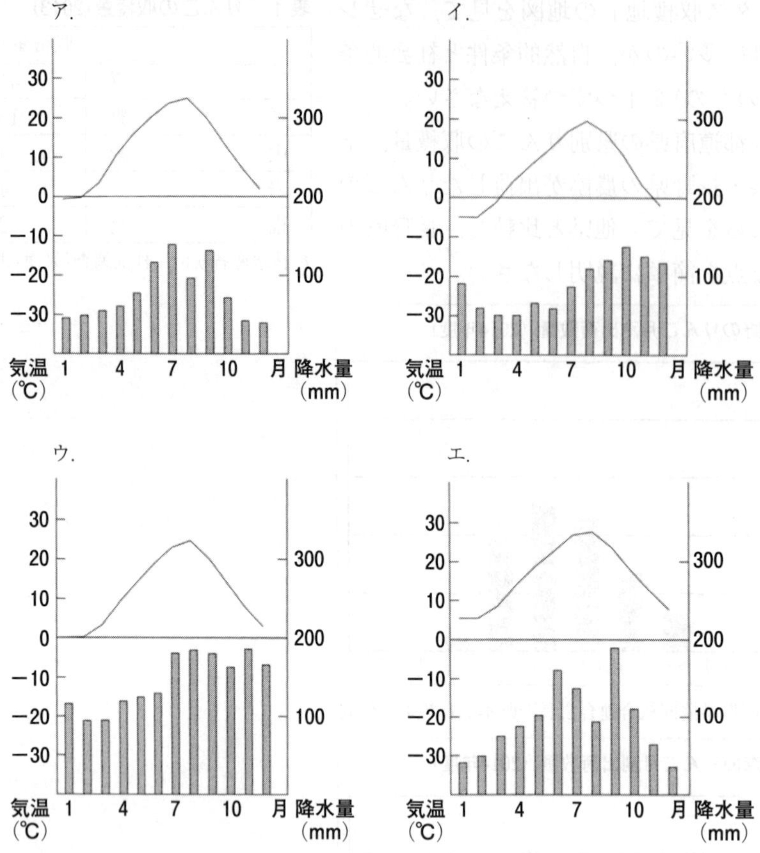

【理　科】（30分）〈満点：50点〉

1　次の問１～問６に答えなさい。

図１のように十分に長い導線**A**を南北の方向に置き，導線の真下に方位磁針（じしん）を置いて電流を流しました。そのときの方位磁針のようすは**図２**のようになっていました。

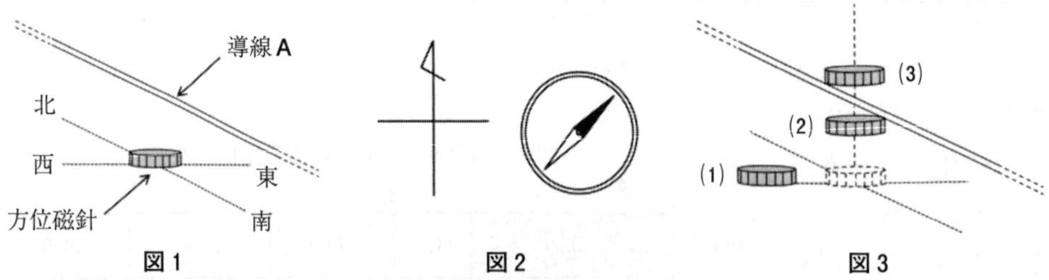

図１　　**図２**　　**図３**

問１　方位磁針を**図３**のように　⑴西　⑵導線**A**のすぐ下　⑶導線**A**のすぐ上　の方向に移動させました。このときの方位磁針のふれは，**図２**とくらべてそれぞれどうなりますか。次の(ア)～(ク)から１つずつ選び，記号で答えなさい。

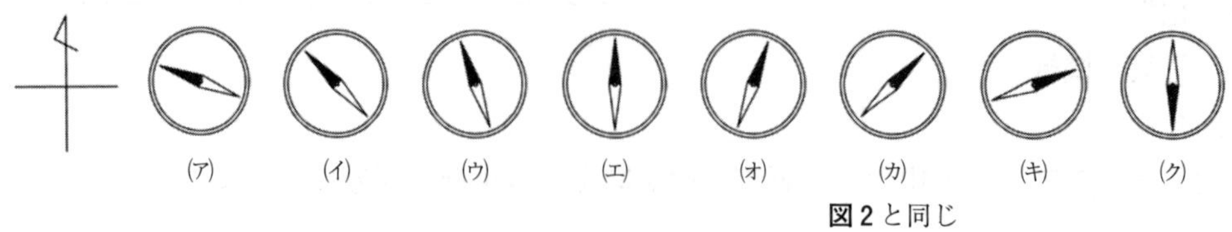

図4のようにコの字型の導線**B**を，磁石(じしゃく)の**N**極と**S**極ではさみました。導線**B**の両端(りょうたん)は電極**a**と電極**b**につるしてあります。電極に電流を流したところ，導線**B**は**図5**のように動きました。このように，(I)磁石の近くで導線に電流を流すと，磁石の磁界(じかい)と導線のまわりの磁界が影響(えいきょう)を及(およ)ぼしあい，導線は力を受けて動きます。磁力線(じりょくせん)の向きと電流の向きによって，導線が受ける力の向きは決まっていて，３つの向きの関係は**図6**のようにそれぞれが直交する向きになっています。

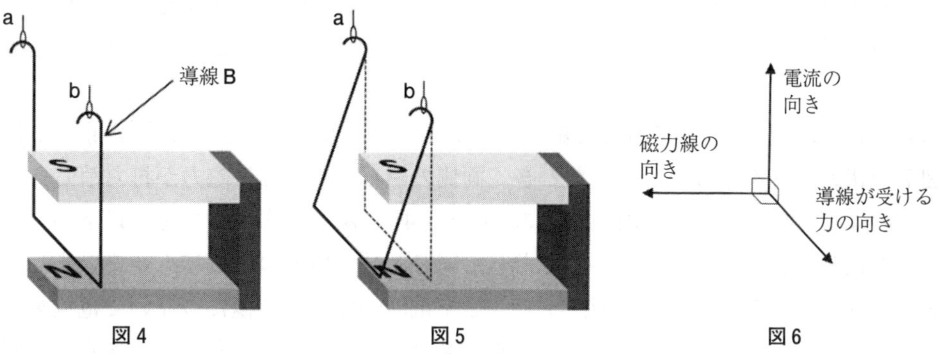

図4　**図5**　**図6**

問２　導線**B**が**図5**のようにふれるとき，電流は　(ア)**a**から**b**　(イ)**b**から**a**　のどちらに流れているか，記号で答えなさい。

問３　次の(ア)〜(エ)のように，同じかん電池と同じ豆電球を組み合わせたいろいろな回路を電極**a**と電極**b**につなぎ，導線**B**に電流を流しました。導線**B**のふれが小さいものから大きいものへと順番になるように記号で答えなさい。

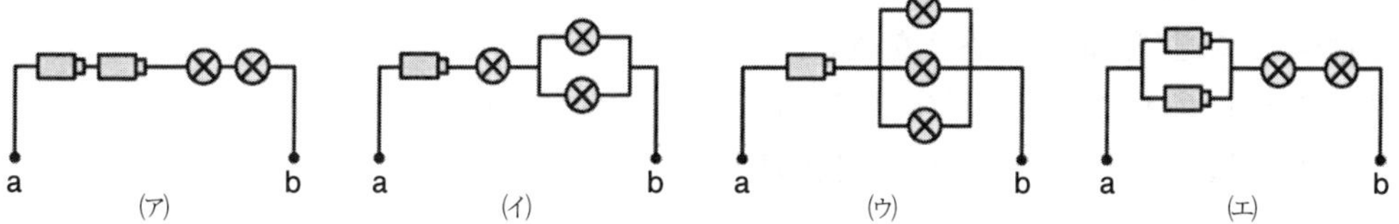

モーターは，前述の下線部(I)の力を利用しています。**図7**のように，導線を四角く曲げて作ったコイルを磁石の**N**極と**S**極ではさみました。**図7**では，コイルの**ABCD**で作られる面が地面と水平になっています。**P**から**Q**へと電流を流すと，コイルは**X**－**Y**を軸(じく)にして回転を始めます。

しかし，**図7**のままだと，コイルは連続して回転することができません。そこで，**図7**のコ

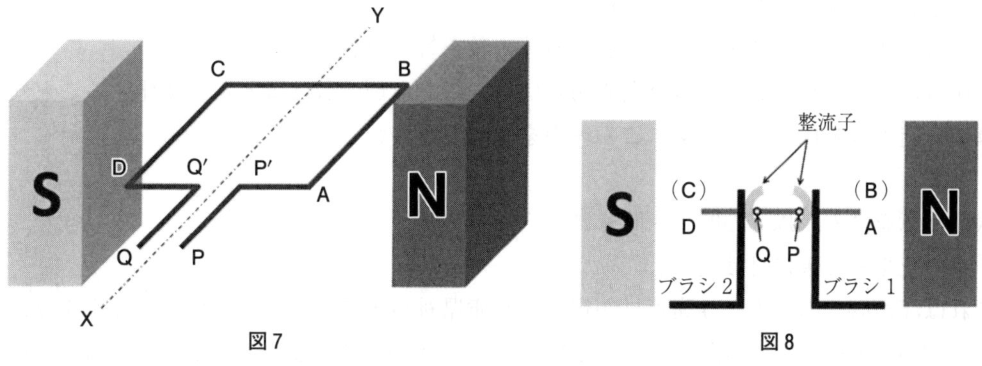

図7　**図8**

イルのPP′とQQ′の部分に整流子という円筒状の銅板を縦半分に切断したものを取り付けます。2つの整流子の間には隙間があり，接触しません。この整流子をブラシという電極ではさみ，コイルに電流を流します。**図8**は**図7**のコイルに整流子とブラシを取り付け，**X**から**Y**の方向に見たものです。

問4　**図7**の状態で，コイルが連続して回転できないのはなぜですか。次の(ア)〜(エ)から正しいものを1つ選び，記号で答えなさい。

(ア)　**図7**の状態から4分の1回転したとき，コイルを回転させる力がなくなるため。

(イ)　**図7**の状態から4分の1回転を超えた瞬間，コイルを回転させる力の向きが逆になるため。

(ウ)　**BC**の部分が磁界の向きに対して斜めになると，コイルを回転させる力が弱くなるため。

(エ)　**図7**の状態から4分の1回転したとき，両側の磁石から受ける磁力が打ち消しあうため。

問5　整流子のはたらきについて，次の文中の(**1**)〜(**4**)にあてはまるものを，以下の(ア)〜(キ)から1つずつ選び，記号で答えなさい。ただし，同じ記号を何度つかってもかまいません。

図8のブラシ1を電池のプラス極，ブラシ2を電池のマイナス極につないで電流を流すと，コイルには(　**1**　)の順に電流が流れ，コイルを**X**の方向から見たとき(　**2**　)まわりに回転する。コイルが4分の1回転を超えると，コイルには(　**3**　)の順に電流が流れる。これを繰り返し，コイルが(　**4**　)するごとに，コイルに流れる電流の向きを切りかえ，コイルにはたらく力の向きをかえる。

(ア)　**A→B→C→D**　　(イ)　**D→C→B→A**　　(ウ)　1回転　　(エ)　半回転

(オ)　4分の1回転　　(カ)　時計　　(キ)　反時計

問6　モーターと同じように，前述の下線部(I)の力を利用しているものはどれですか。次の(ア)〜(オ)から2つ選び，記号で答えなさい。

(ア)　アナログ式電流計　　(イ)　電磁石　　(ウ)　スピーカー

(エ)　発電機　　(オ)　IH調理器

2　次の文章を読み，以下の問1，問2に答えなさい。ただし問1については，以下に示す例のように位の大きい方から数えて3けた目を四捨五入して答えること。

例：123456→120000

血液は体重の約8％を占めており，体重45kgのA君の血液の量を3.6L($3600cm^3$)とします。そのA君の血液を調べたところ，血液1mm^3中に含まれる赤血球の数は500万個でした。また，ヒトの赤血球の寿命を120日とします。

問1　A君の体内で1日に壊されている赤血球の数を答えなさい。

問2　赤血球が壊されても，健康な人であれば体内の赤血球の数はほとんど変化することなく，ほぼ一定の数を保っています。この理由を説明しなさい。

3　次の文章を読み，以下の問1〜問4に答えなさい。

「菜の花や月は東に日は西に」

これは江戸時代の俳人，与謝蕪村が現在の兵庫県神戸市にある六甲山地の摩耶山を訪れた際に，「あたり一面に黄色く咲いている菜の花畑，その東の空には月が昇り始め，西の空には真っ赤な夕日が沈もうとしている」という情景を詠んだ俳句です。この句は現在の暦で1774年５月３日に詠まれましたが，蕪村はこの日に目の前で見た光景を詠んだのではなく，その10日くらい前に見た光景を思い出しながら詠んだのではないかといわれています。

問１　この句で詠まれた菜の花はアブラナだったといわれています。１つのアブラナの花の中に，がく，花びら，おしべ，めしべはそれぞれいくつあるか答えなさい。

問２　アブラナの花と実のつき方として正しいものを，次の(ア)〜(エ)から１つ選び，記号で答えなさい。

(ア)　花は茎の上の方から順に咲いていき，実も上の方から順にできていく。

(イ)　花は茎の下の方から順に咲いていき，実も下の方から順にできていく。

(ウ)　花は茎の上下に関係なく一斉に咲き，一斉に散ってしまう。その後，茎のあちこちに実ができる。

(エ)　花は茎の上下に関係なく代わる代わる咲くため，花と実が同時に茎のあちこちに見られる。

問３　蕪村がこの句を詠んだ1774年５月３日の月の形はどのようになっていると考えられますか。また，このときの月の出の時刻は，何時頃になりますか。次の(ア)〜(ク)から月の形を，(ケ)〜(ス)から月の出の時刻をそれぞれ１つずつ選び，記号で答えなさい。

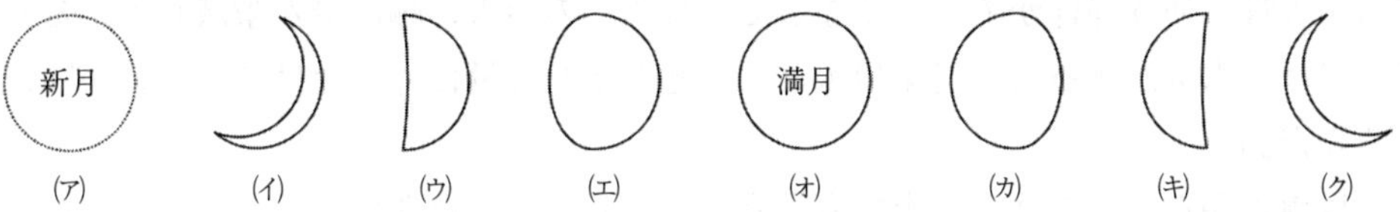

(ケ)　９時頃　　(コ)　13時頃　　(サ)　17時頃

(シ)　21時頃　　(ス)　真夜中の１時頃

問４　摩耶山から北北西に約35km 向かった北緯35度東経135度の地点(現在の兵庫県西脇市)における1774年５月３日の日の入りの時刻は18時49分であり，標高による日の入りの時刻への影響はないものとします。

①　同じ日の北緯35度東経140度の地点(現在の千葉県房総半島沖)における日の入りの時刻は何時何分ですか。

②　同じ日の北緯40度東経140度の地点(現在の秋田県大潟村)における日の入りの時刻は①の時刻と比べてどうなりますか。次の(ア)〜(ウ)から１つ選び，記号で答えなさい。

(ア)　①の時刻より早くなる。

(イ)　①の時刻と同じ。

(ウ)　①の時刻より遅くなる。

4　次の文章を読み，以下の問１〜問５に答えなさい。

生徒「寒い寒い！　先生，温暖化してるっていうけどウソだよ。東京で毎年のように雪が降ってるよ。」

先生「一年間の平均気温を見てみると，確実に温暖化してるんだよ。去年の夏も暑かったでしょう？」

生徒「そういえば確かに夏はとっても暑かったなあ。」

先生「温暖化は世界各地で確実に影響が出てきているんだけど，その影響には地域差があるんだよ。たとえばシベリアの永久凍土が少しずつとけ出しているのは知ってるかな？」

生徒「知ってる！ (A)なんとかっていうガスが出てきて，山火事が増えてるって新聞で読みました。」

先生「その通り。永久凍土がとけると中に封じ込められていたガスが放出されて，それに野火が引火して激しい山火事になることが多いんだよ。それがまた更に温暖化に拍車をかけているんだ。」

生徒「ふうん，そうなんだ。よその国のことかと思って気にしてなかったなあ。」

先生「温暖化は局地的な気候だけでなく，世界中でさまざまな分野に影響が出ているんだよ。たとえば日本は世界中から水を輸入しているって知ってるかい？」

生徒「コンビニでよくペットボトルで売ってる！」

先生「実は飲料としてではなく，間接的に膨大な量の水を輸入しているんだよ。」

生徒「ホント？　初めて聞くなあ。だって日本は水が豊富にあるってよくいわれてるのに。」

先生「日本は世界中からたくさんの農産物など食料を輸入しているよね。特に穀物や食肉などを生産するのには膨大な水が必要になるんだよ。だから食料を輸入することで間接的に水を輸入しているんだ。このような水を（　B　）というんだよ。最近オーストラリアでは干ばつが続いて水を大量に使う稲作ができなくなって，日本へのお米の輸出量が激減しているんだ。アメリカでは降水量が減って，農業用水として地下水を大量にくみ上げているのが問題になっているんだ。」

生徒「日本は海水から真水を作る技術でも世界トップレベルだと聞いたけど，それじゃだめなのかな？」

先生「飲み水としてはいいけれど，大量に農業用に確保するには大変なんだよ。(C)海水から真水を作るには大きく分けて２つの方法があるんだけれど，どちらも費用がかかるし廃棄物も出る。誰にでも簡便に使えるというわけでは無いんだ。世界中で見ると，日本のように水が豊富な国は少なくて，多くの国で安全な水を手に入れることが困難な状況にあるんだよ。ちなみに国際宇宙ステーションでは水をどうやって確保しているか知ってるかな？」

生徒「水をタンクに入れて地上から持って行くんじゃないんですか？」

先生「持って行く場合もあるけれど，大半は宇宙で作っているんだよ。ロケット燃料にも使われている（　D　）と（　E　）を反応させて電気を作るときに水ができるんだ。」

生徒「あ，それ（　F　）のことですね？　二酸化炭素を出さない究極の発電方法の一つだって聞いたことがあります。（　D　）は空気中にたくさんあるからいいけど，（　E　）は爆発しちゃうから，都内でも手に入るところがほとんど無いって聞いたけど。」

先生「そうなんだよ。地上では（　E　）を安全に蓄えたり使うのが難しいからね。でもさまざまな方法が開発されているんだよ。」

生徒「ふ～ん大変なんだなあ。でも水っていろんなところで使われていて，無くてはならないものなんですね。」

先生「その通り。だから大切にしなければいけないよ。」

問１　下線部(A)の可燃性のガスを含んだ氷を何といいますか。次の(ア)～(エ)から正しいものを１つ選び，記号で答えなさい。

(ア) LNG　(イ) シェール　(ウ) メタンハイドレート　(エ) CNG

問2　文中の(**B**)にあてはまる語句を，次の(ア)～(オ)から１つ選び，記号で答えなさい。

(ア) ナチュラルウォーター　(イ) 深層水　(ウ) ウォータートレーディング

(エ) バーチャルウォーター　(オ) ピュアウォーター

問3　下線部(**C**)で海水から真水を作る方法として正しいものを，次の(ア)～(カ)から２つ選び，記号で答えなさい。

(ア) 逆浸透法　(イ) マイクロフィルタリング　(ウ) 凍結乾燥法

(エ) 蒸発法　(オ) 凝集沈殿法　(カ) バイオレメディエーション

問4　文中の(**D**)と(**E**)にあてはまる物質名を答えなさい。また，それぞれの物質の性質として正しいものを次の(ア)～(オ)から１つずつ選び，記号で答えなさい。

(ア) すべての気体の中で最も軽い。

(イ) 雷によってオゾンに変化する。

(ウ) 不活性ガスとして食品の保存に用いられる。

(エ) 独特のにおいがあり，漂白作用がある。

(オ) 可燃性で，微生物のはたらきによって作り出される。

問5　文中の(**F**)にあてはまる発電方法を，次の(ア)～(オ)から１つ選び，記号で答えなさい。

(ア) コンバインドサイクル発電　(イ) 燃料電池　(ウ) バイナリー発電

(エ) 空気電池　(オ) NAS電池

した政策で今後の争いの種を残さなかったのは最善の方法だったということ。

問11 ――線5「万能のプログラムは存在しません」とあるが、その理由に当たる一文をこれ以降の本文中から三十五字以内で探し、はじめの五字をぬき出しなさい(句読点等の記号も一字とする)。

問12 ――線6「そういうもの」とあるが、その説明としてもっともふさわしいものを次の中から選び、記号で答えなさい。

ア 個々の機能を一定の目的に向けて動かすための仕組みこそ、主体の形成にとっては何より必要なものだということ。

イ 一つ一つの部分がどんなにすぐれていたとしても、それらを統一する核(かく)が欠けていれば主体としては不完全だということ。

ウ 機能が寄り集まれば中には劣(おと)ったものも存在するが、周りがカバーすることで主体の形成は可能になるということ。

エ 大切なのは全体のバランスや連携がとれていることであって、個々の機能や役割はまったく関係がないということ。

オ 個別の機能自体に大きな意味があるのではなく、それらが組み合わさってできる存在こそが重要なのだということ。

問13 本文全体をふまえて、次の文章の□に入る言葉を、本文中から漢字二字でぬき出しなさい。

良い学校の条件とは、[二字]性を備えた教授団を用意していることである。

問14 本文の内容をまとめたものとしてもっともふさわしいものを次の中から選び、記号で答えなさい。

ア 教育の内容を学校の理念や教師の能力に限定するのではなく、子どもが経験するあらゆることが教育になっていると考えるべきである。

イ 教育においては子どもが成長したという結果が重要なのであって、教師や学校が何をしてきたかという過程は問題ではない。

ウ 教育において大切なのは教える側の個人的能力ではなく、組織が教師たちそれぞれの適性に合った役割を与えることである。

エ 教育の内容を現代社会において意味あるものにするためには、子どもたちそれぞれの個性に応じたプログラムを用意しなければならない。

オ 教育においては教師たちの存在自体が意味を持つのであって、教える側の意図や方法が子どもの成長の決め手となるわけではない。

三

次の1〜10の文中にある――線のカタカナを漢字に直しなさい。また、――線の漢字の読みをひらがなで答えなさい。

1 布をオる機械。
2 危険をオカす。
3 判断を人にユダねる。
4 カイシンの出来ばえ。
5 イジョウ気象が続く。
6 豊かな表現力を育む。
7 タイムを縮める。
8 彼がチームの要だ。
9 必死の形相。
10 武者行列を見る。

ウ　知識も資格もない子どもたちが、適切な教育プログラムを用意できたということ。
エ　教える側の年齢や能力に関係なく、先生と生徒という関係が成立したということ。
オ　未熟な子どもだけの集団が、困難の中で学びへの意欲を失わなかったということ。

問8　――線2「『十五少年漂流記』を読んだことがありますか？」という言葉にはどのような意味がこめられているか。その説明としてもっともふさわしいものを次の中から選び、記号で答えなさい。
ア　教育というテーマをとらえ損ねていることに対する驚き。
イ　有名な文学作品が軽んじられていることに対する憤り。
ウ　教育の本質を見あやまっていることに対する皮肉。
エ　教育とは何かを考えようとしないことに対する失望。
オ　文学を教育に生かそうとしない現状に対する不満。

問9　――線3「どんなことがあっても教育をやめてはいけない」とあるが、その理由としてもっともふさわしいものを次の中から選び、記号で答えなさい。
ア　教育という大切な制度を保持できなければ、社会への信頼感は失われていくから。
イ　子どもたちの能力を高めることが、集団のさらなる発展へとつながっていくから。
ウ　教育で社会的な能力を身につけた人間が、集団の文化や制度の担い手となるから。
エ　未熟な人間を成熟させることは、これまで教育を受けてきた年長者の責務だから。
オ　だれもが教育を受けられることは、現代の国家としてもっとも基本的な条件だから。

問10　――線4「ナチスの判断はある意味正しいのです」について、以下の設問に答えなさい。
(1)　「ナチスの判断」とあるが、ナチスが学ぶことを許可しなかったのはなぜか。その理由を説明した次の文章の X 、 Y に入る言葉を、それぞれ指定された字数で本文中からぬき出しなさい。

ナチスの目的はユダヤ民族を抹殺することである。それがアウシュヴィッツ強制収容所という X・二字 の役割だ。もし子どもたちに学ぶことを認めれば、ユダヤ民族という Y・三字 が生き延びる可能性を残してしまうかもしれない。だから収容所は学ぶ機会を与えるわけにはいかないのである。

(2)　「ある意味正しいのです」とあるが、この表現の説明としてもっともふさわしいものを次の中から選び、記号で答えなさい。
ア　ナチスの行為自体は認められるものではないが、一つの民族を消し去るという目的を果たすためにはこの上ない方法だったということ。
イ　ユダヤ民族を消すという元々の目的には直結しないが、結果的にはこの民族を根絶する方法として最適のものになったということ。
ウ　子どもへの精神的苦痛は大きく許しがたいが、ナチスが直接的な暴力を伴わない方法を選んだところは評価できるということ。
エ　子どもに対する仕打ちとしては正しいとは言えないが、ユダヤ人からナチスへの抵抗の意志をうばう方法としては効果的だったということ。
オ　他民族を支配するのは決して正しいことではないが、徹底できるだけ多様な教師を並べておくということが、子どもたちの成熟を支援するという教育本来の事業にとっては最も簡単で、最も有効だということがわかります。

自分自身が一人で全部の教育機能を担える「完全な教師」になろうと望むのはまったく愚かなことです。「良い教師」になろうと望むことさえ、愚かなことです。「良い教師」などというものは単品では存在しないわけで、「良い教師」がありうるとしたら、他の教師たちと滑らかなコラボレーションが果たせるということ、突き詰めて言えば、「他の教師が決してしないようなことをする、他の教師が決して言わないようなことを言う」という「余人を以ては代え難い」教師であるということ以外にはありません。同意してくれる人は少ないかもしれませんが、僕はそう確信しています。

（内田 樹『最終講義 生き延びるための七講』による）

＊自余のこと…そのほかのこと。

＊コンスタント…いつも変わらないさま。

＊プロセス…物事が進む過程。

＊アウシュヴィッツ…第二次世界大戦中にナチスドイツが建設した施設。

問1 [A] に当てはまる言葉を次の中から一つ選び、記号で答えなさい。

ア その家族　イ 大人達　ウ 社会全体
エ 未来の子ども　オ 学校自体

問2 ――線a「未熟な子ども」と反対の意味を持つ表現を、本文中からそれぞれ七字以内で二つぬき出しなさい（句読点等の記号も一字とする）。

問3 ――線b「自負」、c「はかばかしい」の意味としてもっともふさわしいものを後の中からそれぞれ選び、記号で答えなさい。

b「自負」
ア 誇り　イ 利己心　ウ 期待
エ おごり　オ 幻想

c「はかばかしい」
ア ほほえましい　イ 予期したような
ウ おおげさな　エ 敬意のこもった
オ 初々しい

問4 [B] に当てはまる言葉を次の中から一つ選び、記号で答えなさい。

ア すぐれた教師にしかわかりません
イ 子ども自身が知っています
ウ 誰にも予測できません
エ 注意していれば気づけます
オ はじめから決められています

問5 [Ⅰ]、[Ⅱ] に当てはまる言葉を次の中から一つずつ選び、記号で答えなさい。

ア ところで　イ だから　ウ また
エ それでも　オ しかも

問6 本文を内容のうえで大きく二つに分けたとき、後半の段落はどこからはじまるか。はじめの五字をぬき出しなさい（句読点等の記号も一字とする）。

問7 ――線1「驚くべきこと」とあるが、何が「驚くべきこと」なのか。その説明としてもっともふさわしいものを次の中から選び、記号で答えなさい。

ア わずかな知識と記憶をもとにして、正規の教育以上の成果をあげたということ。
イ 子どもたちが自ら学校の必要性に気づき、母国の教育環境を再現したということ。

とっては、他のどんな非人道的な仕打ちにも増して非人道的なものだったとそのユダヤ人女性は書いていました。

僕は三十数年間教師をやってきました。その経験から確信を持って言えることは、子どもたちの成熟プロセスには大きなバラつきがあるということです。どういうきっかけで彼らの中にある潜在的な資質が開花するかは［B］。早熟の子どももいますし、晩熟の子どももいます。残念ながら、老衰死するまでついに成熟のきっかけをつかむことができなかった「子ども」もいます。それは生得的な能力そのものに質的な差があったというのではなく、成熟プロセスが起動するタイミングの「ずれ」の問題なのだと僕は思っています。

これ一つでどんな子どもも成熟するというような5万能のプログラムは存在しません。でも、それは少しも困ったことではありません。そのために教師「たち」がいるわけですから。

「教師」というのは大学の場合は教授団(faculty)として機能します。「ファカルティ」というのは集合名詞です。さまざまなタイプの教師たちが形成する集団、これが「教師団」なのです。「個人」ではなく「集団」です。「集団」の中にいる一人一人の先生たちは、もちろん専門も違うし教育理念も違う。教育方法も違う。理想としているものも違う。それで構わないのです。それぞれ教育について違う考えを持つ教師たちが集まって、「ファカルティ」という一つの多細胞生物を形成している。それが教育の主体です。個別の教師は実は教育の主体ではない。身体を形成する臓器や骨格と同じです。単一の臓器だけ取り出しても、それを「人間主体」であると呼ぶことはできない。それと同じです。さまざまな機能を分担する部分が寄り集まって、はじめて一個の人間主体が成立する。教育主体も6そういうものです。一人ではどうにもならない。他のたくさんの教師たちとの連携作業を通じてしか、教育という事業は果せない。

僕は教師としてはけっこう「腕がいい方」だというb自負はありました。学生たちの潜在可能性の開花を支援する手際は決して悪くなかったと思います。［I］、僕の教師としての生涯通算打率はまず二割台というところでしょう。五人に一人くらいが、僕の授業を聴いて、ある種の感化を受けて、知性的・感性的な成熟の階段を一歩のぼった。それくらいのパーセンテージです。目の前でバリバリと殻が剥離して、それまで幼い子どもだった学生が見る見るうちに知的な成長を遂げてゆくという劇的な光景にも何度か立ち合いました。それは教師として最も幸福な経験の一つだったと思います。でも、そんなことを間近に見たのは、三〇年教師をしていて、数回というくらいです。大人数の授業でも、少人数のゼミでも、僕の話をまっすぐに受け止めてくれるのは一〇人いて、二、三人です。あとの七、八人はcはかばかしい反応を示してくれない。そんなものだと思います。［II］、一〇人学生がいたらその一〇人全員が知的に成長するような教育プログラムを作って見せろと言われても無理な話なんです。一人の子どもの成熟のきっかけを与える「トリガー」は一人ずつ全部違う。どういうかたちの働きかけが有効なのか、教師には予測不能なのです。自分が言った言葉がきっかけになるかも知れない。机を並べていた友だちの一言がきっかけになるかも知れない。僕の教えている内容と、別の教師の教えている内容の「ずれ」がトリガーになるかも知れない。キャンパスを散歩していて、ふと聞こえてきた賛美歌がきっかけになるかも知れない。そんなの、わからないんです。

実際、僕がいくら働きかけても反応しなかった子どもが、別の先生の、別の言葉にはつよく反応するというケースを何度も見てきました。僕から見て「この先生はちょっと問題じゃないか……」と思えるような教師であっても、その先生がきっかけで知的成熟が始まるということだってあるのです。それを考えると、結局、子どもたちの前には、

二 次の文章を読んで、後の問いに答えなさい。

学校教育の受益者は教育を受ける子どもたち自身ではありません。誤解の多いことなので、繰り返し強調しますが、学校教育の受益者は本人ではなく、［ A ］なのです。われわれが学校教育を行う理由は、一言で言えば、われわれの共同体を維持するためです。集団として生き残るためです。次代の共同体を支えることのできる成熟した市民を育成するためです。＊自余のことは副次的なことにすぎません。五〇年後、一〇〇年後も、われわれの社会が維持されるためには、「まっとうな大人」を一定数＊コンスタントに輩出しなければならない。子どもばかりでは社会は保ちません。

ジュール・ヴェルヌの『十五少年漂流記』という小説があります。あらすじはみなさんもご存じだと思いますが、一五人の少年たちがニュージーランドから帆船で漂流して、無人島に漂着して、そこでサバイバルするという話です。子どもたちのうち最年長が一四歳で、最年少が八歳です。彼らが島内を探検して、住むところを見つけ、野菜を栽培したり、狩りをしたりして、食料も何とか確保できるようになった。そうやって衣食住の基本が安定したところで、年長の少年たちが「学校をつくろう」と言うんですね。「八歳、九歳の子どもたちが遊んでばかりいる。こんなことでは我々の集団を継続できない」というのです。それで年長者が先生になり、小さい子どもたちを相手に授業をするようになる。かろうじて残っていた何冊かの書物と、自分たちの記憶を頼りに授業をしたのですが、1驚くべきことはこの「学校」が「学校」としてきちんと機能したということです。教師と生徒の間の年齢差が五歳しかなくても、知識内容に見るべきほどの差がなくても、それでも学校は機能する。僕はここに学校教育の本質が集約的に語られていると思います。

学校教育について「教師の教育力がない」とか「教育学部を出なければ教員にすべきではない」とか「修士号を持っていない学生には教員資格を許すべきではない」などという議論をする人がいます。そういう話を聞くたびに、「2『十五少年漂流記』を読んだことがありますか？」と訊きたくなる。彼らの論が正しいなら、一四歳の子どもに九歳の子どもを教育できるはずがない。知識にそれほどの差があったわけでもない。でも、年長の子どもたちには年少の子どもたちにないものが一つだけあった。それが彼らの本質的な違いを形成していた。それは、年長の子どもたちは共同体が存続するためには「学校というものがなくてはすまされない」ということを知っていたけれど、小さい子どもたちはそのことを知らなかったということです。小さい子どもたちは親も教師もいない無人島で、愉快に遊んで暮らせることにすっかり満足していた。でも、年上の子たちは年少者たちを成熟に導かなければ生き延びられないと思った。年長者が気づいたのは、集団が存続するためには最も幼く、最も社会的能力の低い人たちを成熟の＊プロセスに乗せる必要があるということでした。そうしないと全員がいずれ共倒れになる。a未熟な子どもの成熟を支援するというのは、未熟な人間が成熟することによって彼らの個人利益が増大するからではありません。それが集団の存続の条件だからです。だから、3どんなことがあっても教育をやめてはいけない。

＊アウシュヴィッツで子ども時代を過ごしたユダヤ人の少女が戦後回想した中で、強制収容所では「学ぶ」ということが一切許されなかったと書いていました。収容所には学びの場を作ることが許されなかったのです。4ナチスの判断はある意味正しいのです。学校教育というのは「集団の存続」のためのものです。強制収容所は「ユダヤ民族の抹殺」をめざす装置ですから、そこにユダヤ人たちのための学校は決してあってはならぬものだったのです。子どもたちは年長者から集団の存続のための知恵を学ぶことを禁じられていた。これは子どもに

てもっともふさわしいものを次の中から選び、記号で答えなさい。

ア 「あの人」は、「僕」がまだ自分を必要としているために交流を求めてくるのだと気づいており、「僕」を精神的に自立させられなかった自身の能力のなさを思いつつ謝っているのだろうと感じている。

イ 「あの人」は、「僕」が就職を決めたことに対しては嬉しく思っているが、いまだに他人と対等な関係を結べずにいる「僕」が、刑務官という責任の重い仕事を務めることができるのか気がかりに思っているのだろうと感じている。

ウ 「あの人」は、「僕」が就職を決めたことを喜んではいるが、施設長を辞めてからも連絡を寄越しさまざまなことを報告してくれていたのに、自分の手元から完全に離れていってしまうことを残念に思っているのだろうと感じている。

エ 「あの人」は、「僕」が就職を決めて落ち着いているように見えるものの、心に問題を抱えているのは自分が東京に来てからも連絡を取っていることから明らかだと見ぬいており、これからも気にかけていくことを伝えようとしているのだろうと感じている。

オ 「あの人」は、「僕」が高校を卒業してもしばらく何もしていなかったのはまだ自分を頼っているからではないかと長く心配していたが、就職が決まりようやく精神的にも一人前となったことを喜んでいるのだろうと感じている。

問12 次の文章は、「僕」と「あの人」との関係について説明したものです。①～⑦に入るのにもっともふさわしい表現を、それぞれ文中から指定された字数でぬき出しなさい(句読点等の記号も一字とする)。また、□に入るのにもっともふさわしい表現を指定された字数で考えて答えなさい。

はじめは恐怖の対象であった「あの人」に命の大切さを教えられた「僕」は、その後、成長とともに色々な物事を教わっていく。その舞台は、学校ではなく（①・四字）であった。

クラスに馴染めず施設にばかりいた「僕」に、「あの人」はこの世界にどれだけ素晴らしいものがあるのかを教えた。「僕」はそれらに触れ、難解なものに出会うと、「あの人」に自分の意見を言うようになった。その際によく言われたのが、自分の（②・二字）や了見で判断するのではなく、作品によって自分の枠を広げることであった。「あの人」は（③・十三字）に触れ自身でも考えることによって、たとえ世界に意味がなかったとしても、その意味を自分でつくりだせることを伝えようとした。一方で、中学半ば過ぎからは年少の者たちに勉強を教えることによって、（④・四字）者に立場が移行しているのだと自覚を促されてもいた。こうして次第に二人の間には［二字］関係が築かれていき、「僕」は「あの人」と共に生きた自分に（⑤・四字）を持つようになり、「（⑥・七字）」と、自分の存在を受け入れる。

「僕」にとって「あの人」は尊敬する人であるとともに、乗り越えなければいけない存在でもあった。そこで、「僕」は「あの人」の言う「（⑦・五字）」た者たちに寄り添うべく刑務官という職業を選んだのである。

問13 「孤児」が主人公の文学作品を次の中から選び、記号で答えなさい。

ア 若草物語　　イ 八十日間世界一周
ウ あしながおじさん　　エ 最後の一葉
オ 王子とこじき

エ　おびえている「僕」にいきなり本質的なことを言ったとしてもすぐに聞き入れられることはないと考え、子供にでも身近に感じられる話題を初めに出すことで緊張をほぐし、次第に核心に近づいて「僕」に聞いてもらおうと考えたから。

オ　これまで愛情を注がれてこなかったために「僕」が自分の命の重みを感じられなくなっていると考え、現在生きていること自体に価値があるのだと伝えることができれば、この世の中に「僕」自身の居場所を見つけられると考えたから。

問7　――線5「あの人はそのまま部屋から出たが、歩く足音は聞こえなかった」とあるが、それはどういうことか。その説明としてもっともふさわしいものを次の中から選び、記号で答えなさい。

ア「あの人」に対する恐怖を解くことができず、「僕」の耳には何も聞こえてこなかったということ。

イ「あの人」が「僕」のいる部屋の様子をうかがって、外でずっと立っていたと「僕」が思ったということ。

ウ「あの人」の話の内容に強い衝撃を受け、放心状態の「僕」には何も聞こえなかったということ。

エ「あの人」が「僕」をそっとしておこうと、音も立てずに去って行ったのだと「僕」が思ったということ。

オ「あの人」の話の内容をほとんど理解できず、「僕」がしばらくの間考え込んでいたということ。

問8　――線6「あの人はそう言い、なぜか嬉しそうだった」のはなぜか。その理由としてもっともふさわしいものを次の中から選び、記号で答えなさい。

ア　ようやく自分の意見を受け入れ、冗談を交えながら「僕」が会話できるようになったから。

イ　図星をついたと思っている「僕」の得意げな態度が、無邪気で可愛らしかったから。

ウ　もっともらしい説明に引っかからず、「僕」が自分の好みでしかないことを言い当てたから。

エ　反発を示しながらも自分が言ったことを「僕」が受け止め、対話のきざしが見えたから。

オ　自分は可愛がっているつもりなのに、「僕」はからかわれていると思い込んでいるから。

問9　――線7「恵子は、不意に学校にいかなくなった」とあるが、その理由を「僕」はどう感じているか。もっともふさわしいものを次の中から選び、記号で答えなさい。

ア「あの人」を心配させまいといい子を演じていたが、いなくなってしまえばもう演技しなくてもよくなったからだと感じている。

イ　年下の者たちの勉強を見ており気が張っていたが、「あの人」がしばらくいなくてその疲れが出てしまったからだと感じている。

ウ　気持ちが安定しているように見えてはいたが、実際は「あの人」の支えがまだ必要な状態だったからだと感じている。

エ「あの人」の前では叱られないようにしていたが、実は好き勝手なことをしたいという気持ちを抱いていたからだと感じている。

オ「あの人」にはうまくやっていると見せていたが、本当はやりたくもない子供の世話をすることへの不満を発散したかったからだと感じている。

問10　□に入る語を本文中から二字でぬき出しなさい。

問11　――線8「あの時あの人は、帰り際の僕の肩を、何度も叩いた」とあるが、それを「僕」はどう感じているか。その説明とし

オ　大きすぎて実体が分からないさま

b　両成敗

ア　二人とも反省させること
イ　互いに負けを認めること
ウ　二人を仲直りさせること
エ　互いの言い分を聞くこと
オ　二人をともに罰すること

問2　A、Bに入る表現としてもっともふさわしいものを後の中からそれぞれ選び、記号で答えなさい。

A
ア　をついた　イ　にうかんだ　ウ　をあかした
エ　にかけた　オ　をならした

B
ア　遠慮がちに　イ　誇らしげに　ウ　疑わしげに
エ　卑屈そうに　オ　寂しげに

問3　――線1「食べたら何かに屈するような、そんな気がしてならなかった」のはなぜか。その理由としてもっともふさわしいものを次の中から選び、記号で答えなさい。

ア　今まで行ってきたいくつもの反抗が無意味なものになってしまうから。
イ　初めて見るホットケーキへの好奇心が抑えきれなくなってしまうから。
ウ　先ほどまでの思いがそれほど固いものではなかったことになってしまうから。
エ　これまでどうしようもなくひどい環境で成長してきたことが発覚してしまうから。
オ　どんなに大胆な行動を取っても大人の力にはかなわないことになってしまうから。

問4　――線2「難しい表情をつくりながら食べた」とはどういうことか。その説明としてもっともふさわしいものを次の中から選び、記号で答えなさい。

ア　警戒を解いてはいないということ。
イ　何の関心も持てないということ。
ウ　感謝の仕方が分からないということ。
エ　怒りが収まっていないということ。
オ　申し訳なく思っているということ。

問5　――線3「恐怖」とあるが、「僕」が感じている「恐怖」がもっともよく表れている動作を本文中から五字でぬき出しなさい(句読点等の記号も一字とする)。

問6　――線4「一つ話をするか」とあるが、なぜこのようなたとえ話をしようとしたのか。その理由としてもっともふさわしいものを次の中から選び、記号で答えなさい。

ア　親から捨てられたという思い込みをずっとぬぐいきれずにいる「僕」が自分の命を軽んじているのだと考え、奇跡とも言えるような極めて低い確率で生命そのものが発生したことを「僕」が知ることで、命の大切さを実感できると考えたから。
イ　まだ恐がっている「僕」にはこれから話すことがすぐに受け入れられない上に子供には難解すぎる内容だと考え、思いも寄らぬ例を出して好奇心をかき立てることで、「僕」に積極的に耳を傾けてもらおうと考えたから。
ウ　現実世界でつながりを持つものが何もないと「僕」が思っているので自分の存在を確かに感じることができないのだと考え、正しい人間の進化の過程を「僕」が学ぶことによって、自己の存在の意味をつかむことができると考えたから。

は、僕達によくそう言った。「考えることで、人間はどのようにでもなることができる。……世界に何の意味もなかったとしても、人間はその意味を、自分でつくりだすことができる」

卒業式の日、恵子は酷く泣いた。卒業証書が順番に渡される中で、あの人は、保護者席の中央で、［B］微笑んでいた。僕は、この日を最後に、あの人と離れなければならないことが恐かった。しかし、周りには、制服を着た同世代の人間達がいた。彼らに今後、見下されるようなことが、あってはならない。プライドの混ざった妙な意地の中で、僕は同級生達を見渡していた。

クラスメイト達とはあまり喋らずに、僕は恵子を残しあの人と帰った。通学路に咲き乱れた無数の桜は、ピンクというより、鮮やかな白に近かった。僕は、＊彼が最初に僕にくれた、あの三足の真新しい白い靴を思い出していた。「はき潰せばいい。靴はすり減らすためにある」あの時の靴の白は、この鮮やかな桜より鮮やかだと思った。

「僕は……」

そう言いながら、僕は泣けて仕方なかった。

「孤児でよかった」

「ん？」

「あなたに会えた」

あの人は、しばらく前から泣いていた。何度か頷き、ハンカチで目を拭くこともせず、ゆっくりと歩いた。僕の目線は、いつのまにか彼の顎の高さにまでなっていた。

あの人は東京に行き、僕達は手紙を書いた。彼が帰ってくる時に会ったが、僕は自身の［　］を悟られないように、彼には自分のよかったことだけを言い続けた。高校を卒業してしばらく経ち、＊刑務官になると言った時、あの人は喜んだ。8あの時あの人は、帰り際の僕の肩を、何度も叩いた。それは励ますには不自然で、まるで僕に少しでも触れていたいかのように、回数が多かった。

あの人は、小さい頃の僕がどうにかなりそうになる度に、何度も干渉し、終わりがなかった。

（中村文則『何もかも憂鬱な夜に』による）

＊施設…「僕」が暮らしている児童福祉施設。
＊混沌…ものが入り交じって区別がつかないさま。
＊海辺の記憶…「僕」のもっとも古い記憶で、今までにも何度も思い出している。
＊シェークスピア…英国の劇作家・詩人（一五六四～一六一六）。
＊カフカ…チェコ生まれの小説家（一八八三～一九二四）。
＊安部公房…小説家・劇作家（一九二四～一九九三）。
＊ビル・エヴァンス…米国のジャズピアノ奏者・作曲家（一九二九～一九八〇）。
＊黒澤明…映画監督（一九一〇～一九九八）。
＊フェリーニ…イタリアの映画監督（一九二〇～一九九三）。
＊彼が最初に僕にくれた、あの三足の真新しい白い靴…「僕」はよく歩いたのですぐに靴をすり減らし施設の職員に注意されたが、施設長はその職員を叱り、三足の運動靴を与えた。
＊刑務官…刑務所などの刑事施設に勤務する看守など。

問1 ――線a「漠然」、b「両成敗」の意味としてもっともふさわしいものを後の中からそれぞれ選び、記号で答えなさい。

a 漠然
ア 外形のみで中心に何もないさま
イ 大きな力が秘められているさま
ウ ぼんやりしてはっきりしないさま
エ 表に見えず分かりにくいさま

何も感じることができなかった。僕は、わからないと、首を振った。

「お前は、何もわからん」

彼はそう言うと、なぜか笑みを浮かべながら椅子に座った。

「ベートーヴェンも、バッハも知らない。＊シェークスピアを読んだこともなければ、＊カフカや＊安部公房の天才も知らない。＊ビル・エヴァンスのピアノも」

あの人は、タバコのパックを指で叩いた。

「＊黒澤明の映画も、＊フェリーニも観たことがない。京都の寺院も、ゴッホもピカソだってまだだろう」

彼はいつも、喋る時に僕の目を真っ直ぐに見た。

「お前は、まだ何も知らない。この世界に、どれだけ素晴らしいものがあるのかを。俺が言うものは、全部見ろ」

僕は、しかし納得がいかなかった。

「でもそれは……、施設長の好みじゃないか」

「お前は、本当にわかってない」

6あの人はそう言い、なぜか嬉しそうだった。施設には、図書館から借りたビデオや本が、いつも置かれていた。あの人がリストをつくり、子供達がそれを借りに行くのだった。

喧嘩をして呼び出された時も、あの人は僕は悪くないと学校に主張し、全てをb両成敗とするのはおかしいと言い、恵子が入所して暴れた時も、引っかかれながらも笑い、いつまでも恵子に喋り続けた。恵子が万引きした時は酷く叱り、僕の、身体をかきむしる癖をやめさせた。熱が出た時はうつりたくないと看病に来ず、風邪くらいで寝るなと笑いながら僕を叱った。

僕は、あの人がつくったリストに、順番に触れていった。難解なものに出会うと、あの人に自分の意見を言い、長く長く、その作品について喋った。「自分の好みや狭い了見で、作品を簡単に判断するな」とあの人は僕によく言った。「自分の判断で物語をくくるのではなく、自分の了見を、物語を使って広げる努力をした方がいい。そうでないと、自分の枠が広がらない」僕は時々、わかった振りをして、あの人に笑われることがあった。

中学が半ば過ぎた頃、僕や恵子は、入ってくる子供に勉強を教えなければならなくなった。恵子は子供にものを教えるのに長けていたが、僕はいつまでも慣れず、年齢からくる施設での立場の変化に、戸惑っていた。保護される側から、保護する側へと、段々と変わっていくようだった。僕と恵子が表面的に落ち着き、田舎ということで入所者も増えず、施設の中は平穏だった。この施設と関係の深い、東京の別の大きな施設の施設長が死に、あの人は時々、手伝いに出かけるようになった。東京の施設は入所者が増え続け、問題も多く、あの人はその施設の改善を期待されていた。往復の新幹線の料金は安くなく、彼はあまりレコードを買わなくなった。

あの人が施設を留守にすることが多くなると、7恵子は、不意に学校にいかなくなった。僕は恵子を大人びた口調で注意したが、彼女の気持ちはわかるような気がした。

僕は思春期に入り、自分の忘れかけていた［　　］が大きくなっていくのに気づいたが、それをあの人に隠した。あの人を必要とする子供は、僕達だけではなかった。あの人は、しかし僕と恵子の中学卒業まで、この施設にいることになった。あの人は帰ってくる度に僕と恵子を呼び出し、その日にあった出来事を語らせ、僕には主に映画と本の話を、恵子には絵画と音楽の話をした。

「自分以外の人間が考えたことを味わって、自分でも考えろ」あの人は驚き、ひょっとしたら、彼はずっと壁の向こうにいたのではないかと思った。ドアを塞ぐように立ったあの人の姿は、あまりにも大きく、力に溢れていた。僕はあの人の首の太さを恐れ、しっかりとした、広い肩幅を恐れた。僕はまだ小さい自分の手足を見、段ボールの側に、座りながら後ずさった。

「気分はどうだ」

あの人は、あの時そう言った。僕は何を言えばいいかわからず、段ボールの側で黙っていた。薄明かりに照らされたあの人の影は大きく、威圧感に満ちていた。静寂の中で、僕の微かな呼吸と、遠くから聞こえる何かのモーターの、震えるような回転音が響いていた。

「もう無理だぞ。ベランダは上れないようにしたから。……こういう眠れない夜は」

あの人は立ったまま、いつまでも座ろうとしなかった。知らない大人は、僕にとって、3恐怖の対象でしかなかった。僕は、自分が泣くのではないかと恐れ、半ズボンから出た太股を裂くようにかきながら、それに耐えた。

「4一つ話をするか。わからんかもしれんが」

あの人は立ったまま、タバコに火を付けた。喫茶店の時と同じ苦い臭いが、僕の鼻［A］。

「お前は……アメーバみたいだったんだ。わかりやすく言えば」

施設の外で、踏切の音が鳴り始めた。あの人の声は、響かないつくりの薄い壁の中で、内に籠もり、掠れていた。

「温度と水と、光とか……他にも色々なものが合わさって、何か、妙なものができた。生き物だ。でもこれは、途方もない確率で成り立っている。奇跡といっていい。何億年も前の」

僕は、ただ彼の大きい身体を見ていた。

「その命が分裂して、何かを生むようになって、魚、動物……わかるか？　そして、人間になった。何々時代、何々時代、を経て、今のお前に繋がったんだ。お前とその最初のアメーバは、一本の長い長い線で繋がってるんだ」

あの人はどこかにもたれることもなく、足を微かに広げたまま、いつまでも僕を見下ろしていた。

「これは凄まじい奇跡だ。アメーバとお前を繋ぐ何億年の線、その間には、無数の生き物と人間がいる。どこかでその線が途切れていたら、何かでその連続が切れていたら、今のお前はいない。いいか、よく聞け」

そう言うと、小さく息を吸った。

「現在というのは、どんな過去にも勝る。そのアメーバとお前を繋ぐ無数の生き物の連続は、その何億年の線という、途方もない奇跡の連続は、いいか？　全て、今のお前のためだけにあった、と考えていい」

遠くで、風に吹かれた薄い窓が、カタカタと鳴った。5あの人はそのまま部屋から出たが、歩く足音は聞こえなかった。

小学生の高学年になった頃、僕はクラスに馴染めず、ほとんどを施設の中で過ごした。あの人は、しかし学校へ行けとは言わなかった。施設長のオーディオルームの中で、僕は算数のドリルや、国語辞典を並べていた。そのオーディオルームは、あまりに汚く、狭かった。あの人がそう呼んでいるだけで、他の職員からは一般的に、物置部屋と呼ばれていた。

「これをどう思う？」

あの人は、僕にレコードを聞かせた。それは子供が聞くような音楽ではなく、クラシックや、ロックといった、ただ彼が好きなものばかりだった。あの時聞いたのは、今思えばベートーヴェンの、弦楽四重奏の十五番だった。ヴァイオリンやヴィオラやチェロの響きに、僕は

平成二十八年度
早稲田大学系属早稲田実業学校中等部

【国　語】（六〇分）〈満点：一〇〇点〉

一　次の文章を読んで、後の問いに答えなさい（問題の都合により省略した部分がある）。

「自殺と犯罪は、世界に負けることだから」

あの時、あの人は、僕の頭をつかんでそう言った。まだ小さかった僕の頭は、あの人の大きな手によって、簡単に押さえつけられていた。僕の死を止めたのは、あの人の、その腕の力だった。僕は、＊施設のベランダから、飛び降りようとしていた。

僕は、死のうとしたわけではないと言い訳をしながら、あの人の脇を抜け、転びながら、走って施設の門から外に出た。庭で遊んでいた他の子供達が、一斉に僕のことを見ていた。だが、あの人は僕に簡単に追いつき、僕の腕を強くつかんだ。

あの人は、他の子供の視線から僕を守るように、そのまま施設の外を僕と共に歩いた。「あんな柵よく上ったな」と言い、演技というよりも、本当に感心しているような表情をした。川の側を歩き、小高い丘を背にした、狭い道を歩き、幾分寂れかけた、商店街を歩いた。あの人は口の中で何かを呟き、それから声に出して、喫茶店にでも行くか、と僕に言った。他の子供に秘密にすると約束させられ、喫茶店の中に入った。

あの人はコーヒーを頼み、僕にはオレンジジュースと、ホットケーキを注文した。僕はそれまで、ホットケーキを見たことがなかった。食べろ、と言われたが、僕は黙っていた。1食べたら何かに屈するような、そんな気がしてならなかった。

しかし、目の前のホットケーキに、僕は囚われていた。あの人がトイレに行った時、僕はそれを急いで食べた。あの人がいない間に全て食べ、食器も下げればいいというか、そういうことを考えていた。だが、彼は途中で戻ってきた。さっきまで死のうとしていた子供がホットケーキを食べている姿に、彼は笑った。僕は怒りを覚え、食べるのをやめたが、あの人は「バターが、ほら」と言った。

「ホットケーキは、この四角いバターを伸ばして食べなければだめだ。これじゃ味がしない」

彼は、大きな手で、僕のホットケーキのバターを伸ばした。促されるまま食べると、さっきとは違う味がした。僕はそれを悟られないように、2難しい表情をつくりながら食べた。彼はコーヒーを飲みながら、ここのコーヒーは見事にまずいと言って笑った。

施設に戻り、他の子供から隠されるように、僕は小さな部屋に入れられた。その部屋には、ボールや、いくつかの段ボール、雑につくられた、小さな腹話術の人形があった。夜になり、僕は布団に入りながら、自分がベランダの柵を越えた時の、あの地面との距離を思い出していた。遠い空間を隔てた先に、巨大な地面があった。圧倒的な存在感を持ち、自分を待つように、確かにそれは存在していたのだった。その地面と自分との距離の空間は僕を圧倒し、自分にはわからない＊混沌をa漠然と感じて苦しく、恐ろしかったが、その中には確かな救いもあるように思えてならなかった。僕は、再び同じことをしようと考えていた。頭の中に＊海辺の記憶が浮かび、自分を圧迫するように、その記憶が浮かび、自分は恐怖を超えてあの地面に落ちなければならない、そうしなければならない人間であるという思いに、囚われていた。僕は、混乱を越えた疲労の中にあった。だが、その時突然、ドアが開いた。ノックもせずに、あの人がドアを開けたのだった。僕

平成28年度
早稲田大学系属早稲田実業学校中等部 ▶解説と解答

算 数 (60分) <満点：100点>

解 答

[1] (1) $\frac{5}{28}$ (2) 126度 (3) 159本 (4) 7勝 [2] (1) ① $\frac{5}{6}$ ② $46\frac{2}{3}$ (2) ① 254.34cm³ ② 175.84cm³ [3] (1) 8 cm (2) ① 9：16 ② 8：9 [4] (1) 0.8倍 (2) ① 36倍 ② 24 [5] (1) ① **99枚目**…4，**100枚目**…1 ② **ア**…2，**イ**…40 (2) 7，9，10

解 説

[1] 四則計算，角度，差集め算，条件の整理

(1) $\left(1\frac{5}{12}\div4.25+\frac{3}{7}\right)\times1.875-1\frac{1}{4}=\left(\frac{17}{12}\div4\frac{1}{4}+\frac{3}{7}\right)\times1\frac{7}{8}-\frac{5}{4}=\left(\frac{17}{12}\div\frac{17}{4}+\frac{3}{7}\right)\times\frac{15}{8}-\frac{5}{4}=\left(\frac{17}{12}\times\frac{4}{17}+\frac{3}{7}\right)\times\frac{15}{8}-\frac{5}{4}=\left(\frac{1}{3}+\frac{3}{7}\right)\times\frac{15}{8}-\frac{5}{4}=\left(\frac{7}{21}+\frac{9}{21}\right)\times\frac{15}{8}-\frac{5}{4}=\frac{16}{21}\times\frac{15}{8}-\frac{5}{4}=\frac{10}{7}-\frac{5}{4}=\frac{40}{28}-\frac{35}{28}=\frac{5}{28}$

(2) 右の図1で，ADとBCは平行だから，角㋐の大きさと角EBCの大きさは等しい。また，多角形の外角の和は360度なので，正十角形の1つの外角(角ABF)は，360÷10＝36(度)である。さらに，正十角形の1つの内角は，180－36＝144(度)であり，三角形ABEは二等辺三角形だから，角ABEの大きさは，(180－144)÷2＝18(度)とわかる。よって，角EBC(＝角㋐)の大きさは，144－18＝126(度)と求められる。

図1

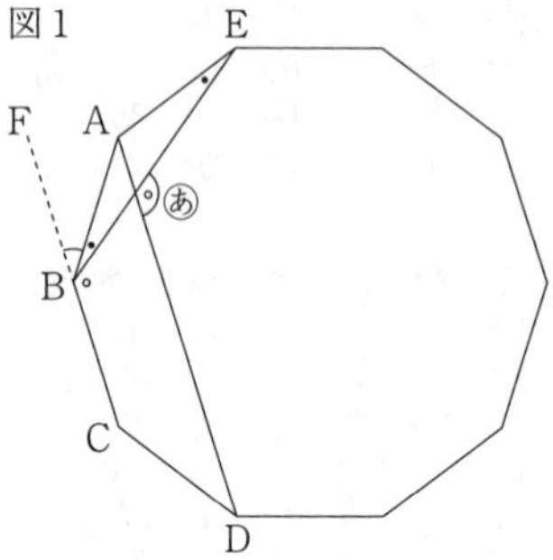

(3) えんぴつがあと31本あったとすると，えんぴつとボールペンの本数は同じになる。また，えんぴつを1人に6本ずつ配ると，あまる本数は31本増えて，15＋31＝46(本)になる。よって，右の図2のように表すことができるので，8－6＝2(本)の差が生徒の人数だけ集まったものが，46＋2＝48(本)とわかる。したがって，生徒の人数は，48÷2＝24(人)だから，ボールペンの本数は，8×24－2＝190(本)となり，実際のえんぴつの本数はこれよりも31本少ないので，190－31＝159(本)とわかる。

図2

えんぴつ	6本，	6本，	…，	6本➡46本あまる
ボールペン	8本，	8本，	…，	8本➡2本不足
差	2本，	2本，	…，	2本➡48本

(4) 52校が1回戦から出場するので，90－52＝38(校)が2回戦から出場することになる。また，1回戦から出場した52校のうち，52÷2＝26(校)が2回戦に進むので，2回戦を行うのは全部で，26＋38＝64(校)になる。よって，3回戦に進むのは，64÷2＝32(校)，4回戦に進むのは，32÷2＝16(校)，5回戦に進むのは，16÷2＝8(校)，6回戦に進むのは，8÷2＝4(校)，7回戦に進むのは，4÷2＝2(校)とわかる。これが決勝戦だから，1回戦から出場するA校が優勝するためには7勝する必要がある。

2 整数の性質，体積

$\frac{36}{5}\times\frac{B}{A}=$(整数)，$\frac{70}{3}\times\frac{A}{B}=$(整数)，$\frac{B}{A}\times 42=$(整数)

(1) ① 右の図で，求める分数を$\frac{B}{A}$とすると，$7\frac{1}{5}\times\frac{B}{A}=\frac{36}{5}\times\frac{B}{A}$が約分されて分母が1になるから，$A$は36の約数，$B$は5の倍数である。また，$23\frac{1}{3}\div\frac{B}{A}=\frac{70}{3}\times\frac{A}{B}$が約分されて分母が1になるので，$A$は3の倍数，$B$は70の約数である。さらに，$\frac{B}{A}\div\frac{1}{42}=\frac{B}{A}\times 42$が約分されて分母が1になるから，$A$は42の約数である。よって，____部分から，$A$は36と42の公約数，つまり6の約数の中の3の倍数なので，Aとして考えられる数は{3，6}となる。また，……部分から，Bは70の約数の中の5の倍数だから，Bとして考えられる数は{5，10，35，70}となる。$\frac{B}{A}$がもっとも小さくなるのは，Aがもっとも大きく，Bがもっとも小さい場合なので，もっとも小さい分数は$\frac{5}{6}$である。 ② 考えられる分数は$\left\{\frac{5}{3},\ \frac{10}{3},\ \frac{35}{3},\ \frac{70}{3},\ \frac{5}{6},\ \frac{35}{6}\right\}$である$\left(\frac{10}{6}\right.$と$\left.\frac{70}{6}\right.$は約分できるから，条件に合わない$\left.\right)$。よって，これらの和は，$\frac{5+10+35+70}{3}+\frac{5+35}{6}=\frac{120}{3}+\frac{40}{6}=40+6\frac{2}{3}=46\frac{2}{3}$となる。

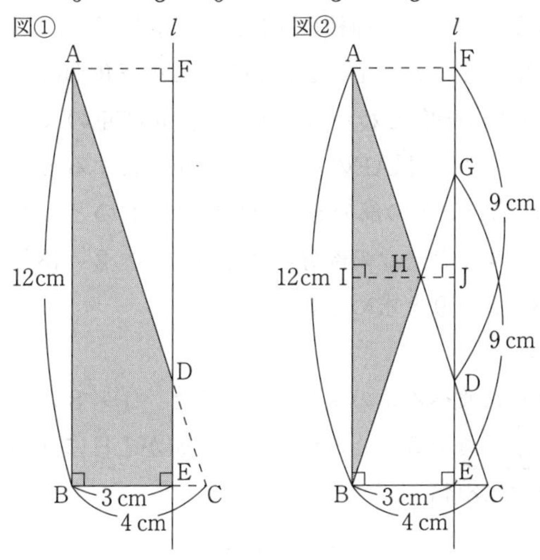

(2) ① 左の図①で，三角形DECを l を軸(じく)として折り返すと台形ABEDの中にふくまれるから，台形ABEDを1回転させてできる立体の体積を求めればよい。これは，長方形ABEFを1回転させてできる円柱から，三角形ADFを1回転させてできる円すいを取りのぞいたものである。また，三角形ADFと三角形CDEは相似であり，相似比は，3：(4－3)＝3：1なので，FDの長さは，$12\times\frac{3}{3+1}=9$ (cm)とわかる。よって，求める体積は，$3\times3\times3.14\times12-3\times3\times3.14\times9\times\frac{1}{3}=(108-27)\times3.14=81\times3.14=254.34$ (cm^3)となる。 ② 左の図②で，FDの長さとGEの長さは等しいから，長方形ABEFはIJを軸として線対称な図形であり，IはABの真ん中の点とわかる。よって，三角形AIHを1回転させてできる立体(㋐とする)の体積を求めて，それを2倍すればよい。また，立体㋐は，①で考えた立体から，五角形IBEDHを1回転させてできる立体(㋑とする)を取りのぞいたものである。さらに，立体㋑は，長方形IBEJを1回転させてできる円柱(㋒とする)から，三角形HDJを1回転させてできる円すい(㋓とする)を取りのぞいたものである。次に，IBの長さは，$12\div2=6$ (cm)なので，立体㋒の体積は，$3\times3\times3.14\times6=54\times3.14$ (cm^3)とわかる。また，DEの長さは，$12-9=3$ (cm)，DJの長さは，$6-3=3$ (cm)だから，三角形DECと三角形DJHは合同であり，HJの長さは，$4-3=1$ (cm)とわかる。したがって，立体㋓の体積は，$1\times1\times3.14\times3\times\frac{1}{3}=1\times3.14$ (cm^3)なので，立体㋑の体積は，$54\times3.14-1\times3.14=(54-1)\times3.14=53\times3.14$ (cm^3)となり，立体㋐の体積は，$81\times3.14-53\times3.14=(81-53)\times3.14=28\times3.14$ (cm^3)と求められる。これを2倍すると，$28\times3.14\times2=56\times3.14=175.84$ (cm^3)となる。

3 平面図形—長さ，面積，相似

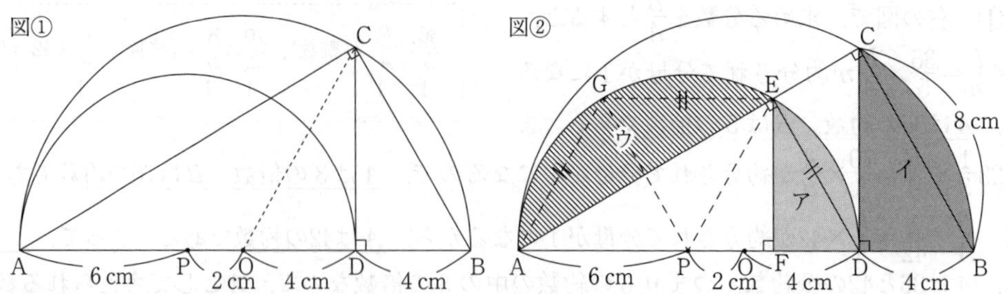

(1) 上の図①で，2つの半円の半径はそれぞれ，16÷2＝8(cm)，12÷2＝6(cm)だから，POの長さは，8－6＝2(cm)，ODの長さは，6－2＝4(cm)，DBの長さは，8－4＝4(cm)である。三角形CDOと三角形CDBは合同なので，OCとBCの長さは等しい。また，OCは大きい半円の半径だから，長さは8cmである。よって，BCの長さも8cmとなる。

(2) ① 上の図②で，角DEAと角BCAの大きさが等しいので，DEとBCは平行である。よって，三角形ADEと三角形ABCは相似だから，アの部分とイの部分も相似になる。このとき，相似比は，AD：AB＝(16－4)：16＝3：4なので，アの部分とイの部分の面積の比は，(3×3)：(4×4)＝9：16とわかる。 ② 三角形CDBで，DB：BC＝4：8＝1：2だから，この三角形は正三角形を半分にした形の三角形であり，角DBCの大きさは60度とわかる。よって，角FDEの大きさも60度なので，三角形PDEは正三角形になる。したがって，弧AEの真ん中の点をGとすると，三角形PEGと三角形PGAも正三角形になるから，ウの部分はアの部分を2つ合わせたものとわかる。そこで，アの部分の面積を9，イの部分の面積を16とすると，ウの部分の面積は，9×2＝18となるので，イの部分とウの部分の面積の比は，16：18＝8：9と求められる。

4 仕事算，ニュートン算

(1) 牛1頭が1日に食べる草の量を①，羊1頭が1日に食べる草の量を[1]とすると，①×8×3＝[1]×5×6より，㉔＝[30]となる。よって，①：[1]＝$\frac{1}{24}$：$\frac{1}{30}$＝5：4だから，羊1頭が1日に食べる草の量は，牛1頭が1日に食べる草の量の，4÷5＝0.8(倍)とわかる。

(2) ① 牛1頭が1日に食べる草の量を5，羊1頭が1日に食べる草の量を4とする。牛44頭を放牧するとき，32日間で，5×44×32＝7040の草を食べて草がなくなり，羊61頭を放牧するとき，20日間で，4×61×20＝4880の草を食べて草がなくなるので，右上の図1のように表すことができる。よって，32－20＝12(日間)で生える量が，7040－4880＝2160にあたるから，1日に生える量は，2160÷12＝180と求められる。したがって，1日に生える量は，牛1頭が1日に食べる量の，180÷5＝36(倍)である。 ② ①より，はじめの量は，7040－180×32＝1280とわかる。また，牛30頭と羊20頭を放牧すると，草の量は1日あたり，5×30＋4×20－180＝50の割合で減り，羊5頭を追加すると，1日に減る量は，4×5＝20増えて，50＋20＝70となる。よって，牛30頭と羊20頭を放牧した日数をa日間，羊5頭を追加してから草がなくなるまでの日数をb日間とすると，50×a＋70×b＝1280と表すことができる。これを簡単にすると，5×

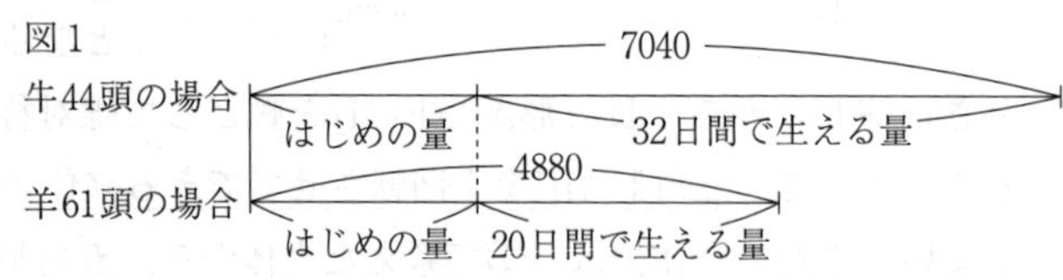

図2

（上段の矢印：−7，−7）

a	20	13	6
b	4	9	14

（下段の矢印：+5，+5）

$a+7\times b=128$となり，あてはまる(a，b)の組は，上の図2のように3通りあることがわかる。求めるのはaとbの和が最大になる日数なので，$20+4=24$(日間)である。

5 周期算，調べ

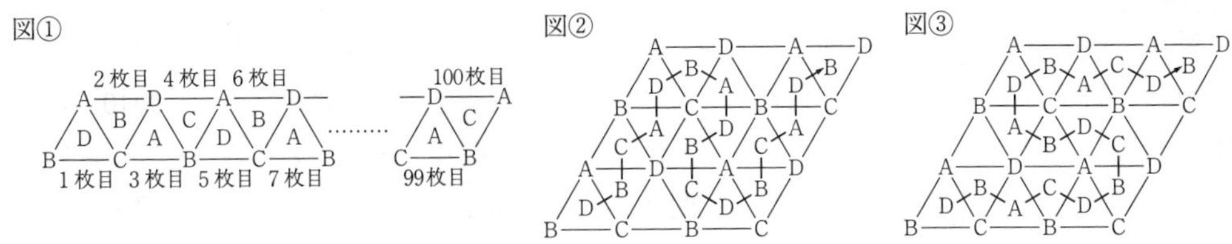

(1) ① 上の図①のように，真上から見える頂点の記号を書き入れる。すると，1枚目と5枚目のおき方が同じになるから，4枚を周期として同じおき方がくり返されることになる。$100\div4=25$より，100枚目までにはちょうど25周期あるので，99枚目は3枚目，100枚目は4枚目と同じになる。よって，99枚目は頂点Aが中央に見えている(面DCBが底面になっている)から，タイルに書き込まれた数字は4であり，100枚目は頂点Cが中央に見えている(面DBAが底面になっている)ので，タイルに書き込まれた数字は1とわかる。 ② 転がし方は上の図②と図③の2通り(…ア)ある。どちらの場合も，中央に見えている頂点は，Aが3個，Bが5個，Cが3個，Dが5個だから，タイルに書き込まれた数字は，4が3個，3が5個，1が3個，2が5個となる。よって，これらの和は，$4\times3+3\times5+1\times3+2\times5=40$(…イ)と求められる。

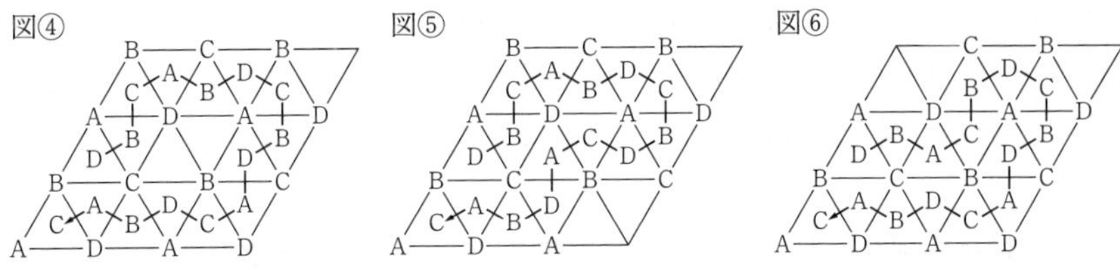

(2) 転がし方は上の図④～図⑥の3通りあり，どの場合も，中央に見えている頂点は，Aだけが3個であり，B，C，Dはいずれも4個である。よって，タイルに書き込まれた数字は，面BCDに書いてある数字だけは3個であり，他の3面に書いてある数字は4個になる。次に，正四面体の各面に書かれた整数は連続しているので，小さい方から順に，□，□＋1，□＋2，□＋3と表すことができる。もし，□だけが3個書き込まれたとすると，右の表①の15個の数の和が128になるから，□15個分が，$128-(1\times4+2\times4+3\times4)=104$となる。ところが，これは15で割り切れないので，あてはまらない。同様に，□＋1だけが3個書き込まれたとすると右の表②のようになり，□15個分が，$128-(1\times3+2\times4+3\times4)=105$となる。したがって，$□=105\div15=7$だから，正四面体の面に書いてあるのは，{7，8，9，10}とわかる。このうち，タイルに3個書き込まれる数字(□＋1にあたる数字)は8であり，これは面BCDと決まるので，面ABCに書いてあるのは{7，9，10}のいずれかである。

表①

□	□＋1	□＋2	□＋3
□	□＋1	□＋2	□＋3
□	□＋1	□＋2	□＋3
	□＋1	□＋2	□＋3

表②

□	□＋1	□＋2	□＋3
□	□＋1	□＋2	□＋3
□	□＋1	□＋2	□＋3
□		□＋2	□＋3

〔注意〕 同様にして，□＋2が3個の場合と□＋3が3個の場合も調べると，あてはまらないことがわかる。

社　会　(30分)＜満点：50点＞

解　答

I　**問1**　関東ローム(層)　**問2**　太安万侶　**問3**　稲荷山(古墳)　**問4**　ア　**問5**　エ，カ　**問6**　ウ　**問7**　正長の土一揆　**問8**　大岡忠相　**問9**　ウ　**問10**　横浜　**問11**　新橋　**問12**　イ　**問13**　(例)　株価の暴落　**問14**　①　北条泰時　②　武田信玄　③　大久保利通　II　**問1**　施行　**問2**　ア　**問3**　エ　**問4**　オ　**問5**　**A**　厚生労働(省)　**B**　経済産業(省)　**問6**　①　**A**　ウ　**B**　オ　②　1945　③　記名　**問7**　①　ウ　②　ア　III　**問1**　ウ　**問2**　オ　**問3**　1，ウ　**問4**　あ，い，う　**問5**　**松本市**…ウ　**飯田市**…イ　**問6**　ア，イ　**問7**　カ　**問8**　**自然的条件**…(例)　標高が高く，夏でもすずしいこと　**社会的条件**…(例)　大消費地である首都圏に近いこと　**問9**　(例)　青森県産のものが本格的に出荷されない８～12月を中心に出荷できる点。　**問10**　エ　**問11**　ア

解　説

I　自然災害を題材とした歴史の問題

問1　関東ローム層は，富士山(山梨県・静岡県)や箱根山(神奈川県・静岡県)，浅間山(群馬県・長野県)などの火山灰が堆積した赤褐色の地層で，関東平野を広くおおっている。1946年，相沢忠洋が群馬県の岩宿で，関東ローム層の中から黒曜石でできた打製石器を発見した。これをきっかけに，1949年から本格的な発掘調査が行われ，日本にも縄文時代以前の旧石器時代があったことが初めて確認された。

問2　『古事記』は稗田阿礼が暗記していた皇室にまつわる神話や伝承などを太安万侶が筆録したもので，712年に完成し，元明天皇に献上された。

問3　1968年に埼玉県の稲荷山古墳から鉄剣が出土し，その後に行われたＸ線検査で雄略天皇を指すと考えられる「ワカタケル大王」の名や，５世紀と推定される年代が刻まれていることがわかった。熊本県の江田船山古墳からも「ワカタケル大王」の名を刻んだ鉄刀が発見されたことから，５世紀にはヤマト政権の支配が九州地方から関東地方にまでおよんでいたと考えられている。

問4　アは701年，イは630年，ウは723年，エは663年に起こった出来事。

問5　承平５年にあたる935年，平将門は関東地方で反乱を起こし，一時は関東地方の大部分を支配して「新皇」と名のったが，940年に平貞盛や藤原秀郷らによって討たれた。天慶２年にあたる939年には，伊予国(愛媛県)の役人であった藤原純友が海賊を指揮して瀬戸内海沿岸を荒らし，大宰府(福岡県)を襲撃するなどしたが，小野好古や源経基らがこれを鎮圧した。これらの出来事は，当時の年号をとって承平・天慶の乱とも呼ばれる。

問6　荘園は平安時代に広がった貴族や寺院などの私有地であるが，当初は口分田と同じように租を納める義務があった。よって，ウが誤り。なお，平安時代後半になると，地方の豪族は開発した土地を都の有力な貴族や大寺院に寄進して国司の立ち入りや税の取り立てをこばみ，実質的な土地の支配者として力をふるうようになった。豊臣秀吉が行った太閤検地で，耕作者が土地の所有者であることが定められると，所有権が複雑な荘園制度は消滅した。

問7　史料は1428年に起きた正長の土一揆についての記録。正長の土一揆は近江(滋賀県)坂本の馬借が酒屋や土倉などの高利貸しをおそって借金の帳消し(徳政)を求めたことをきっかけに，近畿地方各地へと徳政を求める一揆が拡大したもので，わが国最初の大規模な土民(一般庶民)の一揆とされる。

問8　大岡忠相は1717年，江戸幕府の第８代将軍徳川吉宗によって江戸町奉行に登用されると，享保の改革の実務を担当し，町火消の仕組みの整備，小石川養生所の設置，公事方御定書の編さんなどにたずさわった。町火消の結成とともに火除地(避難場所)や広小路の整備，瓦屋根の奨励など，防火対策も進められた。

問9　寛政の改革を進めた松平定信は，江戸の各町に町費を節約させ，節約分の７割を積み立てておくよう命じた(七分積金)。また，囲米の制を定めて大名に米をたくわえさせるとともに，農村には社倉・義倉と呼ばれる倉に穀物をたくわえさせ，ききんへの備えとした。

問10　1854年，幕府は日米和親条約に調印して下田(静岡県)と函館(北海道)の２港を開き，アメリカ船に水や食料，燃料などを提供することを認めた。その後イギリス，ロシア，オランダとも同様の条約を結んだが，下田は同年に起きた地震と津波で大きな被害を受けたほか，陸路の交通路も不便であった。そのため，列国はより江戸に近い場所に港を開くことを要求し，1858年に結ばれた通商条約では，下田に代わって横浜(神奈川県)が開港されることとなった。通商条約では神奈川が開港地とされたが，幕府は東海道の宿場町で人の多い神奈川で外国人とのもめごとが起こるのを避けるため，当時は寒村だった横浜を実際の開港地とした。

問11　1872年，東京の新橋と開港地であった横浜の間で，わが国最初の鉄道が開通した。明治政府は，多くの物資や人を運ぶことのできる鉄道を近代化のために欠かせないものと位置づけ，路線を拡張させていった。

問12　治安維持法は，社会主義運動の取り締まりを目的として1925年に制定された。よって，イがあてはまる。なお，アについて，吉野作造が雑誌に発表した論文で民本主義を提唱したのは1916年。ウは1901年，エは1922年の出来事である。

問13　第一次世界大戦後，産業がめざましく発展したアメリカは世界経済の中心となっていたが，1929年10月24日，ニューヨークの株式市場で株価が大暴落したことをきっかけに，急速に不景気となった。影響は世界各国におよんで世界恐慌へと発展し，第二次世界大戦の一因となった。

問14　①　北条泰時は1221年の承久の乱で活躍した後，六波羅探題の初代長官を務め，1224年に鎌倉幕府の第３代執権となった。泰時が1232年に制定した御成敗式目(貞永式目)は御家人の権利・義務や土地の相続の基準などを示したもので，その後長く武家法の手本とされた。　②　甲斐(山梨県)を根拠地とした戦国大名は武田信玄。信玄は氾濫をくり返していた釜無川の治水に取り組み，霞堤と呼ばれる堤防を築いた。「信玄堤」と呼ばれるこの堤防は，現在も一部が残されている。③　薩摩藩(鹿児島県)出身の大久保利通は明治政府の中心として廃藩置県や地租改正，殖産興業政策を実施したが，1878年，東京・紀尾井坂で不平士族により暗殺された。

Ⅱ　選挙や日本の政治の仕組みについての問題

問1　制定・公布された法令は通常，法令の内容を知らせたり，関係する役所や企業などに準備をさせたりするため，一定期間を経た後に効力を発し，実施される。これを施行という。

問2　参議院議員の通常選挙は３年ごとに行われる。平成25年(2013年)７月に通常選挙が行われているので，その次の通常選挙は，平成28年(2016年)夏に行われることになる。また，衆議院議員総選挙は平成26(2014)年12月に行われたが，内閣は必要に応じて衆議院を解散することができるので，総選挙が行われる可能性はいつでもある。したがって，ここではアだけが誤りである。

問3　1881年，自由民権運動の広がりがおさえられなくなった政府は，10年後の国会開設を約束した。これを受けて同年，板垣退助らはフランス流の民主主義を唱え，自由党を結成した。また，翌82年，大隈重信らはイギリス流の議会政治を主張して立憲改進党を結成した。

問4　日本国憲法の改正は，各議院の総議員の３分の２以上の賛成により国会がこれを発議し，その後行われる国民投票で過半数の賛成が得られれば成立し，天皇が国民の名で公布する。

問5　医療・社会保障や労働環境の整備に関する仕事を行うのは厚生労働省。2001年の中央省庁再編の際，それまでの厚生省と労働省が統合されて発足した。貿易や商業・工業に関する仕事を行うのは経済産業省で，2001年の省庁再編の際，それまでの通商産業省から改称された。

問6　①，②　1890年に行われた第１回衆議院議員総選挙における有権者の資格は，直接国税15円以上を納める満25歳以上の男子で，有権者の全人口に占める割合は1.1％にすぎなかった。納税額による制限はその後，1900年に10円以上，1919年に３円以上へと引き下げられ，1925年成立の普通選挙法で満25歳以上のすべての男子に選挙権が認められたことで撤廃された。第二次世界大戦直後の1945年12月には衆議院議員選挙法が改正されて満20歳以上のすべての男女に選挙権が認められ，男女による普通選挙が実現した。　③　選挙制度の発足当時は，有権者が投票用紙に自分の住所・氏名を記し，印もおすという記名投票が行われていた。現在は「普通選挙」「平等選挙」「直接選挙」「秘密選挙」が，選挙の４原則とされている。

問7　①　ODA(政府開発援助)は，先進国が開発途上国の福祉の向上や経済発展のために行う資金や技術の援助のこと。日本の援助額は世界有数であったが，近年は国内経済の低迷を背景として減少しており，2014年における援助額はアメリカ・イギリス・ドイツ・フランスに次いで世界第５位となっている。統計資料は『日本国勢図会』2015／16年版による(以下同じ)。　②　NGO(非政府組織)は，平和や人権問題などについて国際的に活動する民間団体で，「赤十字社」「国境なき医師団」などが知られている。　なお，イは「核拡散防止条約」，エは日本の宇宙開発事業を担当している「宇宙航空研究開発機構」，オは「環太平洋経済連携協定」の略称。

Ⅲ 長野県の自然や産業についての問題

問1　「おもな山」の地図と「県内のおもな都市・五街道」の地図で示された県境を見比べると，県境と山がおおむね一致することがわかる。

問2　長野県の西部から南部には，日本アルプスに数えられる飛驒山脈(北アルプス・地図中Ｂ)，木曽山脈(中央アルプス・地図中Ｃ)，赤石山脈(南アルプス・地図中Ｄ)が連なっている。なお，地図中Ａは妙高山(新潟県・長野県)を中心とした妙高火山群など，Ｅは関東山地の一部とその西部が囲まれている。

問3　長野県と岐阜県の境に位置する御嶽山(地図中１)は古くから「木曽のおんたけさん」として親しまれ，信仰の対象ともなっていたが，2014年９月27日に起こった水蒸気噴火では死者・行方不明者が63人にのぼり，戦後最大の火山災害となった。

問4　「あ」の信濃川は，源流である千曲川の流れ出る関東山地の甲武信ケ岳から日本海まで約367kmを流れる，日本最長の河川である。「い」の木曽川は長野県中西部の鉢盛山を水源とし，三重県で伊勢湾へと流出する全長約227kmの川で，日本で８番目の長さをほこる。「う」の天竜川は長野県中央の諏訪湖を発しておおむね南へ流れ，太平洋に注ぐ全長約213kmの川である。

問５　松本市を流れる犀川は信濃川の支流で，長野盆地で千曲川と合流し，北上して信濃川と名を変え，新潟県中央部で日本海に注いでいる。飯田市を流れる天竜川は伊那谷を南下し，静岡県西部で遠州灘(太平洋)に注いでいる。

問６　長野県で人口が多い都市は，順に長野市(約38.6万人)，松本市(約24.3万人)，上田市(約16.1万人)，飯田市(約10.6万人)，佐久市(約10.0万人)となっており，それぞれ長野盆地，松本盆地，上田盆地，伊那盆地，佐久盆地に位置している。また，松本市は犀川沿い，上田市と佐久市は千曲川沿い，飯田市は天竜川沿いに位置し，長野市は千曲川と犀川の合流地点に位置している。なお，五街道沿いに位置するのは中山道沿いにある佐久市だけである。

問７　長野市は善光寺の門前町として，松本市は松本藩の城下町として，塩尻は中山道の宿場町として，それぞれ成長してきた。

問８　レタスの生産量が多い市町村のうち，川上村と南牧村は八ケ岳と関東山地にはさまれた地域に，御代田町と上田市は浅間山の近くに位置しており，松本盆地南部に位置する塩尻市も周囲を山に囲まれている。いずれの地域も標高が高く，夏でもすずしいという高原の気候を利用してレタスを栽培し，ほかの産地のものがあまり出回らない時期に出荷することができる。また，大消費地である首都圏に比較的近いことも，トラックでレタスを出荷するのに有利な条件だといえる。

問９　表１からわかるように，りんごの収穫量は青森県と長野県が全国でも第１位，第２位となっているが，図１，図２からは２つの県のりんごの出荷時期がややずれていることがわかる。長野県産のりんごがおもに出荷される８～12月は，青森県産のものが本格的に出荷される前の時期であることから，高い値段で売ることができると考えられる。

問10　長野県では第二次世界大戦前は，諏訪盆地を中心に製糸業などのせんい工業がさかんであったが，戦後はそれに代わって時計・カメラなどの精密機械工業が発達し，さらに1980年代以降は電子機器などの生産もさかんとなった。よって，エがあてはまる。

問11　長野市は中央高地の気候に属しており，夏と冬の気温の差が大きく，１年を通して降水量が少ない。また，冬の寒さがきびしく，１・２月の平均気温は０度前後になる。よって，アが選べる。なお，イは稚内(北海道)，ウは秋田(秋田県)，エは高松(香川県)の雨温図。

理　科　(30分) <満点：50点>

解　答

1 **問１** (1) (オ)　(2) (キ)　(3) (ア)　**問２** (ア)　**問３** (エ)，(イ)，(ア)，(ウ)　**問４** (イ)　**問５** 1 (ア)　2 (キ)　3 (イ)　4 (エ)　**問６** (ア)，(ウ)　**2** **問１** 150000000000個　**問２** (例)　１日に，壊される赤血球とほぼ同数の赤血球がつくられるから。　**3** **問１** がく…４　花びら…４　おしべ…６　めしべ…１　**問２** (イ)　**問３** 月の形…(キ)　月の出の時刻…(ス)　**問４** ① 18時29分　② (ウ)　**4** **問１** (ウ)　**問２** (エ)　**問３** (ア)，(エ)　**問４** D　物質名…酸素　性質…(イ)　E　物質名…水素　性質…(ア)

問5 (イ)

解説

1 電流と磁石についての問題

問1 図1では，導線Aに電流が北から南に向かって流れ，そのまわりにできた磁界(磁力がはたらく空間)が導線の下側では西から東向きになっているため，図2のように方位磁針のN極が東側にふれている。(1)のように方位磁針を導線Aの真下から西側にずらして置いても，同じように方位磁針のN極は東側にふれる。ただし，導線Aからの距離(きょり)が遠くなるとはたらく磁力が弱くなるため，ふれ方は図2より小さくなる。(2)のように方位磁針を導線Aに近づけた場合は，方位磁針にはたらく磁力が強くなるので，方位磁針が図2よりも大きくふれる。また，(3)のように方位磁針を導線Aのすぐ上に置くと，磁界の向きが東から西向きになり，方位磁針のN極は西側にふれ，北からのふれ幅(はば)が(2)と同じくらいになる。

問2 磁石の磁力線の向きはN極からS極の向きなので，図5では下から上に向いている。また，導線が受ける力の向きは右から左の向きである。図6の磁力線の向きと導線が受ける力の向きを図5にあてはめると，電流の向きは図の奥側から手前側に向かう向き，つまり，aからbの向きとわかる。

問3 回路に流れる電流の強さは，直列につないだかん電池の個数に比例し，並列つなぎでは変わらない。また，直列につないだ豆電球の個数に反比例し，並列につないだ豆電球の個数に比例する。かん電池1個に豆電球1個をつないだときに流れる電流の強さを1とすると，(ア)～(エ)にはそれぞれ1，$\frac{2}{3}$，3，$\frac{1}{2}$の強さの電流が流れる。(イ)は，並列に2個つないだ豆電球の部分を1個の2倍の電流を流すので$\frac{1}{2}$個の豆電球とみなし，全体では$1\frac{1}{2}$個の豆電球をつないだものと考えるとよい。導線Bに流れる電流の強さが強いほど，導線Bが受ける力の大きさは大きくなり，導線Bのふれも大きくなるので，ふれの小さいものから順に，(エ)，(イ)，(ア)，(ウ)となる。

問4 図7の状態でPからQへ電流を流すと，コイルのAB部分には上向き，CD部分には下向きの力が導線にはたらいて，コイルはXからYの方向を見て反時計まわりに回転する。ところが，4分の1回転を超(こ)えた瞬間(しゅんかん)に，導線が受ける力の向きが変わらないため，今度はコイルを時計まわりにまわそうとすることになる。つまり，コイルを回転させようとする力の向きが逆になる。そのため，図7から4分の1回転したところでおよそ静止した状態となり，コイルは連続して回転することができない。

問5 図8のブラシ1を電池のプラス極，ブラシ2を電池のマイナス極につなぐと，図7でA→B→C→Dの向きに電流が流れ，問4にのべたようにコイルは反時計まわりに回転する。コイルが4分の1回転を超えると，次にQ側の整流子がブラシ1に，P側の整流子がブラシ2にそれぞれふれて，電流がD→C→B→Aの向きに流れるようになる。すると，CD部分には上向きに，AB部分には下向きに力がはたらき，コイルは続いて反時計まわりに回転する。したがって，コイルは半回転するごとにそれぞれの整流子にふれるブラシが変わり，電流の向きがそのたびに変わるため，つねに同じ向きに回転させる力がはたらき続け，連続して回転することができる。

問6 電流計(アナログ式電流計)の内部には，コイルと磁石が入っていて，コイルには針(指針)が取りつけてあり，コイルに電流が流れると回転するようになっている。電流の強さによってコイルを回転させる力が変わり，指針の回転も変わる。また，スピーカーはコイルに流れる電流が変化し，まわりにある磁石によりコイルが動き，その振動がスピーカーの振動面に伝わって音が出るしくみになっている。なお，発電機はモーターとほぼ同じつくりであるが，モーターを回すのとは逆のしくみで電気を発生させる。電磁石は鉄心を入れたコイルに電流を流すと磁石になるだけであり，IH調理器はコイルにより磁界を発生させてナベに電流を生じさせ，それによって発熱させるしくみであり，コイルなどが動くものではない。

2　赤血球の数と寿命についての問題

問1　A君の体内にある血液中の赤血球の総数は，1 cm^3＝1000mm^{3}なので，(5000000×3600×1000)個である。この赤血球は120日後にすべて寿命をむかえて壊されるので，1日に壊される赤血球の数は，5000000×3600×1000÷120＝150000000000(個)，つまり1500億個と求められる。

問2　1日に壊される赤血球とほぼ同じ数の赤血球が毎日つくられるので，赤血球の総数はほぼ一定に保たれている。

3　アブラナの花，月や太陽の動きについての問題

問1　アブラナの花は，がくと花びらがそれぞれ4枚ずつあり，おしべが6本(そのうち4本が長く2本が短い)，めしべが1本ある。

問2　アブラナの花は茎の頂上部に集まってつくが，中心部には開花前のつぼみが並び，外側の方から花が開いていく。花が開く頃には同時に茎が伸びていて，開いた花は茎の頂上より下の方になり，その下の方の花から熟していき実ができる。

問3　この俳句に詠まれた月は，5月3日の10日くらい前に見られたもので，日の入りの頃(18時頃)に東から昇る満月である。月の出の時刻は，1日でおよそ，24÷30＝0.8(時間)，10日でおよそ，0.8×10＝8(時間)遅くなる。そのため，5月3日の月の出の時刻は真夜中の1時頃が選べる。また，下弦の月(左半分が光る半月)は真夜中0時頃に月の出をむかえることから，この日に見える月の形は下弦の月よりも少し欠けていると考えられる。

問4　①　北緯が同じで東経が1度ちがうと，日の出や日の入りの時刻が約4分ずれる。東経140度の地点は東経135度の地点より東にあり，日の出や日の入りの時刻は東経135度の地点より，4×(140－135)＝20(分)早くなる。したがって，北緯35度，東経140度の地点での日の入りの時刻は，18時49分より20分早い18時29分となる。　②　5月3日は春分の日と夏至の日の間の時期で，地球の北極側が太陽の方へかたむいている。そのため，北半球では緯度の高い地点ほど昼間の長さが長くなる。そして，同じ経度でも緯度が高い方が，日の出の時刻が早く，日の入りの時刻が遅い。

4　環境と資源についての問題

問1　永久凍土や深海の海底などにあり，温度が低く，高い圧力のもとで，メタンという燃える気体が水とともに固体になったものを，メタンハイドレートという。火をつけると燃えるため，「燃える氷」ともいわれる。

問2　バーチャルウォーターは，食料を輸入している国において，もしその食料を生産するとしたらどのくらいの水が必要かを推定したものである。

問3　逆浸透法では，海水に高い圧力をかけ，特別な膜を通して真水を得る。また，蒸発法では，海水を熱して蒸発させて，発生した水蒸気を再び冷やして真水にする。

問4　DとEは反応して水になることから，水素と酸素である。空気中にたくさんあるとのべられているDは，空気中に約21％ある酸素であり，Eは水素となる。酸素は雷などの放電(電気が空中を伝わる現象)によってオゾンという気体に変わる。水素はすべての気体の中で最も軽い気体である。

問5　燃料電池は，水素と酸素が結びついて水になるときに発生するエネルギーを電気として取り出すしくみになっている。二酸化炭素などを排出しないため，環境にやさしい発電法として注目されている。

国　語　(60分) ＜満点：100点＞

解　答

一 **問1**　a　ウ　b　オ　**問2**　A　ア　B　イ　**問3**　ウ　**問4**　エ　**問5**　後ずさった　**問6**　オ　**問7**　ウ　**問8**　エ　**問9**　ウ　**問10**　混乱　**問11**　ウ　**問12**　①　物置部屋　②　好み　③　自分以外の人間が考えたこと　④　保護する　⑤　プライド　⑥　孤児でよかった　⑦　世界に負け　**語句**…信頼　**問13**　ウ　二 **問1**　ウ　**問2**　成熟した市民／まっとうな大人　**問3**　b　ア　c　イ　**問4**　ウ　**問5**　Ⅰ　エ　Ⅱ　イ　**問6**　僕は三十数　**問7**　エ　**問8**　ウ　**問9**　ウ　**問10**　⑴　X　装置　Y　共同体　⑵　ア　**問11**　一人の子ど　**問12**　オ　**問13**　多様　**問14**　オ　三　1～5　下記を参照のこと。　6　はぐく(む)　7　ちぢ(める)　8　かなめ　9　ぎょうそう　10　むしゃ

●漢字の書き取り

三　1　織(る)　2　冒(す)　3　委(ねる)　4　会心　5　異常

解　説

一 **出典は中村文則の『何もかも憂鬱な夜に』による。**孤児として児童福祉施設で育った「僕」が，施設長である「あの人」の愛情溢れる指導のもとで成長していく姿が描かれている。

問1　a　はっきりと具体的に認識できない様子。　b　「成敗」は，罰を与えること。「両成敗」で，当事者である両方を同じように罰することを表す。

問2　A　「鼻をつく」は，刺激をともなうような臭いが強く感じられる様子。　B　さまざまな問題を起こしながらも「僕」と恵子が人間的に成長し，晴れて中学校の卒業の日をむかえた時の「あの人」の気持ちをとらえる。二人がりっぱに成長したことが「誇らし」かったものと推測できる。

問3　次の段落に，「さっきまで死のうとしていた子供がホットケーキを食べている姿に，彼は笑った」とあることに注目する。死を決意するほど深く絶望していたはずなのに，「目の前のホットケーキに，僕は囚われて」しまい，食べたいという気持ちが生じていることを押さえる。食べてしまえば，自分の決意などたいしたものではなかったと思われてしまいそうで，「あの人」の前では食べられなかったのである。

問4　ホットケーキを食べる姿を「あの人」に笑われた「僕」は「怒りを覚え，食べるのをやめた」が，「あの人」は「この四角いバターを伸ばして食べなければだめだ。これじゃ味がしない」

と言って，バターを伸ばして食べるように促した。そうして食べると「さっきとは違う味」がして，ホットケーキ本来のおいしさが感じられたのである。そのおいしさに対する驚きや嬉しさが表情に出ないように，「僕」がわざと「難しい表情」をしたのは，笑われたことに対する「怒り」が収まっていなかったからだと考えられる。同時に，死を決意していながら，ホットケーキに「囚われて」いる自分に対する「怒り」でもある。「あの人」に「促されるまま」に，「僕」はホットケーキを食べているので，アの「警戒を解いてはいない」は合わない。

問5　「動作」をとらえることに注意する。「ドアを塞ぐように立ったあの人の姿は，あまりにも大きく，力に溢れていた。僕はあの人の首の太さを恐れ，しっかりとした，広い肩幅を恐れた」と前にあるように，「あの人」は「僕」にとって「恐怖の対象」だった。そのため，あの人から逃げるように「後ずさった」のである。

問6　「あの人」が伝えたかった内容は，今の「僕」が存在するのは「最初のアメーバ」と「僕」を繋ぐ「無数の生き物の連続」，「その何億年の線という，途方もない奇跡の連続」があったからで，そういった「凄まじい奇跡」は全て今の「僕」のためだけにあったということである。今，この世界に「僕」が生きていることこそが「奇跡」だということを理解してほしかったのだから，オがふさわしい。

問7　「あの人」が，「僕」がこの世界に存在していることを「凄まじい奇跡」と話してくれたことを，「僕」がどのように感じたかを考える。これ以降，「あの人」に対して「僕」が少しずつ心を開いていったことに注目すれば，「あの人」が伝えてくれたことに「僕」が強い衝撃を受けたことがわかる。

問8　「あの人」は「僕」に対して，「お前は，まだ何も知らない。この世界に，どれだけ素晴らしいものがあるのかを。俺が言うものは，全部見ろ」と言い，さまざまな音楽や本，映画などに触れることをすすめている。「僕」はそれに対して「納得がいかなかった」ために，「でもそれは……，施設長の好みじゃないか」と反発する言葉を返している。「僕」が反発しながらも，反応をしてくれたことが嬉しかったのだと推測できるので，エがよい。

問9　「僕」と恵子は「あの人」との交流を深めていく中で「表面的に落ち着き」，「施設の中は平穏」になったと前にある。それなのに恵子が「不意に学校にいかなくなった」のは，「あの人」が「施設を留守にすることが多く」なったためである。「彼女の気持ちはわかるような気がした」と「僕」が感じていることに注目すると，「僕」や恵子が「落ち着き」を保つためには，まだ「あの人」の存在が必要だったことが読み取れる。

問10　すぐ前に「忘れかけていた」とあることから，「表面的に落ち着き」，「平穏」に過ごしている今の「僕」の状態になる以前の，死ぬことを強く意識していた頃の「僕」と関連した内容が入ることがわかる。本文の前半に「僕は，混乱を越えた疲労の中にあった」とあり，自殺を考えていた時は「混乱」した状態であったことがわかる。

問11　すぐ続けて「それは励ますには不自然で，まるで僕に少しでも触れていたいかのように」とあることに注目する。「刑務官になる」ということは，「僕」が一人の大人として社会にふみ出すことであり，児童福祉施設の施設長をしている「あの人」の世界から巣立つことでもある。「僕」が立派に成長し，自分のもとから巣立っていくことを喜びながらも，「僕」との別れを名残おしく思う気持ちが，「僕に少しでも触れていたいかのように」して「肩を，何度も叩いた」行動からうかがえる。

問12 ① 学校に行かなくなった「僕」が過ごしていたのは「施設長のオーディオルーム」の中であり，そこで「僕」は勉強をするだけでなく，施設長からさまざまなことを教わった。「施設長のオーディオルーム」は，他の職員からは一般的に「物置部屋」と呼ばれていたと書かれている。 ②「自分の好みや狭い了見で，作品を簡単に判断するな」と「あの人」は言っている。 ③「あの人」は「自分以外の人間が考えたことを味わって，自分でも考えろ」とよく言っていたのである。 ④ 入ってくる子供に勉強を教えるようになったのは「中学が半ば過ぎた頃」であり，その頃の状況については，「保護される側から，保護する側へと，段々と変わっていくようだった」とつづられている。 ⑤ 卒業式の場面に注目する。「僕」は周りにいる「同世代の人間達」に対して，「彼らに今後，見下されるようなことが，あってはならない」という思いを，「プライドの混ざった妙な意地」から感じている。 ⑥ 小さい頃は自分が孤児であることで「混乱」し，自分の存在を否定するかのように自殺まで考えていた「僕」が，「孤児でよかった」と自分の存在を認められるようになったことを押さえる。 ⑦「刑務官」は，注にもあるように，刑務所などの刑事施設に勤務し，犯罪者に接する職業である。本文の最初で，自殺をしかけた「僕」に対して，「あの人」が「自殺と犯罪は，世界に負けることだから」と言っていることに注目する。「あの人は，小さい頃の僕がどうにかなりそうになる度に，何度も干渉し」支えてくれた存在であり，「僕」もそれに応えるように「あの人がつくったリストに，順番に触れて」いき，成長していったことを押さえる。このような二人の関係を表す言葉として適切なのは，「信頼(関係)」である。

問13 『あしながおじさん』は，アメリカの女性作家ジーン・ウェブスターの作品。孤児院で育ったジュディという少女が，毎月手紙を書くことを条件に，ある資産家から大学へ進学するための奨学金を受け取る物語である。

二 **出典は内田樹の『最終講義—生き延びるための七講』による。**学校教育や教師のあり方について，筆者の考えをのべている。

問1 筆者はこの後，「学校教育を行う理由は，一言で言えば，われわれの共同体を維持するため」であり，「次代の共同体を支えることのできる成熟した市民を育成するため」だとのべている。「共同体」という社会を維持するために必要だと考えるのだから，受益者は「社会全体」となる。

問2 「未熟な子どもの成熟を支援する」ことが「学校教育」であり，「集団の存続の条件」だとのべていることに注目する。このことは，本文の最初にある「学校教育」についての説明と対応している。「学校教育」は，子どもたちに教育を受けさせることで，共同体や社会を維持していくために必要な「成熟した市民」「まっとうな大人」へと，子どもたちを成熟させていくものである。

問3 b 自分の仕事や能力などに自信があり，そのことを誇りに感じていること。 c 物事が思いどおりの方向に進む様子。ただし，「作業ははかばかしく進んでいるとは言えない」のように，後に打ち消しの言葉をともなって使われることが多い。

問4 「子どもたちの成熟プロセス」には「大きなバラつき」があり，その「潜在的な資質」もいつ開花するかわからないのだから，「誰にも予測でき」ないことだとするウが合う。

問5 Ⅰ 「教師としてはけっこう『腕がいい方』だという自負」があったとのべた後に，「教師としての生涯通算打率はまず二割台」と，あまり好成績ではなかったことを紹介している。期待に反することがらが後に続いているので，“そうであっても”という意味の「それでも」が入る。

Ⅱ　前の部分では，自分の体験を示しながら，「僕の話をまっすぐに受け止めてくれるのは一〇人いて，二，三人」であることを示している。後の部分では，「一〇人学生がいたらその一〇人全員が知的に成長するような教育プログラムを作って見せろと言われても無理な話」だとのべているので，前のことがらを理由・原因として，後にその結果を繋げるときに用いる「だから」がよい。

問6　本文の前半では，「学校教育」が共同体や社会を維持するために必要なものであるということを説明している。「僕は三十数年間教師をやってきました」という一文で始まる後半では，子どもたちの「潜在的な資質」を開花させるために，教師がどのような存在であるべきかについて考えをのべている。

問7　すぐ後に「この『学校』が『学校』としてきちんと機能した」とあるが，「この『学校』」とは，『十五少年漂流記』という小説の中で，「最年長が一四歳で，最年少が八歳」という一五人の少年たちが作った学校のことである。筆者は「この『学校』」について，「教師と生徒の間の年齢差が五歳しかなくても，知識内容に見るべきほどの差がなくても，それでも学校は機能する」とのべている。このような観点から「驚くべきことに」と感想をのべているのだから，エが合う。

問8　筆者が「『十五少年漂流記』を読んだことがありますか？」と訊きたくなる相手は，「学校教育について『教師の教育力がない』とか『教育学部を出なければ教員にすべきではない』とか『修士号を持っていない学生には教員資格を許すべきではない』などという議論をする人」である。『十五少年漂流記』の中では，教師としての資格も知識もない「年長者」の少年が「共同体が存続するため」に必要だと考えて「学校」を作ったのであり，そこには「学校教育の本質が集約的に語られている」と筆者はのべている。つまり，教師の質や資格にこだわった議論に対して皮肉的な見方をしているのだから，ウが選べる。

問9　筆者はすぐ前で，「未熟な子どもの成熟を支援する」というのは「集団の存続の条件」だからだと，その理由をのべている。本文の最初でも，学校教育を行うのは「次代の共同体を支えることのできる成熟した市民を育成するため」だとのべており，教育とは「未熟な子どもの成熟を支援」し，共同体を存続するために「担い手」を育てることだと読み取れるので，ウが当てはまる。

問10　⑴　**X**　二つ後の文で，「強制収容所は『ユダヤ民族の抹殺』をめざす装置」だとのべている。　**Y**　筆者はすぐ後で「学校教育というのは『集団の存続』のためのものです」とのべているが，これと同じ内容を本文の最初では，「共同体を維持するため」に「学校教育」が必要だと表現している。　⑵　ナチスの目的は「ユダヤ民族の抹殺」で，そのために「集団の存続」を目的とした「教育」を禁止したのである。それは，「学校教育」は「共同体を維持するため」に必要だという筆者の考えからすると，「ある意味正しい」やり方であったというのである。一方で，筆者がナチスの行為を認めているわけではないことが，「ある意味」という表現にこめられていることを押さえる。

問11　筆者は教師としての自分自身の体験をふまえて，「僕の話をまっすぐに受け止めてくれるのは一〇人いて，二，三人」だとのべ，「一〇人学生がいたらその一〇人全員が知的に成長するような教育プログラムを作って見せろと言われても無理な話」だとまとめている。そのうえで，全ての子どもが同時に成熟するようなプログラムができない理由として，「一人の子どもの成熟のきっかけを与える『トリガー』は一人ずつ全部違う」ことを示している。

問12　直前の部分で，「個別の教師」は「身体を形成する臓器や骨格」と同じだとたとえ，「単一の臓器だけ取り出しても，それを『人間主体』であると呼ぶことはできない」と説明している。さらに，「さまざまな機能を分担する部分が寄り集まって，はじめて一個の人間主体が成立する」のと同じように「教育主体」も成立するとのべているので，オがふさわしい。

問13　本文の中ほどで，「子どもたちの成熟プロセス」には「大きなバラつき」があり，「これ一つでどんな子どもも成熟するというような万能のプログラムは存在」しないとのべている。そのうえで，本文の最後の方では，「子どもたちの前には，できるだけ多様な教師を並べておくということ」が，子どもたちの成熟を支援するという教育本来の事業にとっては最も簡単で，最も有効だと主張している。

問14　ア　「子どもが経験するあらゆることが教育になっている」とはのべていない。　イ「教師や学校が何をしてきたかという過程は問題ではない」が合わない。筆者は，子どもの知的成熟のきっかけを用意するために，学校では「多様な教師を並べておく」ことが必要だとのべている。

ウ　「組織が教師たちそれぞれの適性に合った役割を与える」という内容はのべられていない。

エ　「子どもたちそれぞれの個性に応じたプログラムを用意しなければならない」がふさわしくない。筆者は，子どもたちにとって何が知的成熟のきっかけになるかはわからないとのべている。「個性に応じたプログラム」を作ったとしても，それが子どもたちの知的成熟のきっかけになるかどうかはわからないのである。

三　漢字の書き取りと読み

1　音読みは「ショク」「シキ」で，「織機」「組織」などの熟語がある。　**2**　音読みは「ボウ」で，「冒険」などの熟語がある。　**3**　音読みは「イ」で，「委員」などの熟語がある。　**4**　思いどおりの結果に満足すること。　**5**　正常ではないこと。　**6**　音読みは「イク」で，「育成」などの熟語がある。訓読みにはほかに「そだ(つ)」などがある。　**7**　音読みは「シュク」で，「縮図」などの熟語がある。　**8**　音読みは「ヨウ」で，「要点」などの熟語がある。訓読みにはほかに「い(る)」がある。　**9**　感情が強く表れた顔つき。　**10**　武士。特に，よろいやかぶとなどを身につけた武士。

2025年度用

■編集人 声の教育社・編集部
■発行所 株式会社 声の教育社

〒162-0814 東京都新宿区新小川町8-15
☎03-5261-5061(代) FAX03-5261-5062
https://www.koenokyoikusha.co.jp

よくある解答用紙のご質問

01

実物のサイズにできない

拡大率にしたがってコピーすると，「解答欄」が実物大になります。配点などを含むため，用紙は実物よりも大きくなることがあります。

02

A3用紙に収まらない

拡大率164％以上の解答用紙は実物のサイズ（「出題傾向＆対策」をご覧ください）が大きいために，Ａ３に収まらない場合があります。

03

拡大率が書かれていない

複数ページにわたる解答用紙は，いずれかのページに拡大率を記載しています。どこにも表記がない場合は，正確な拡大率が不明です。

04

１ページに２つある

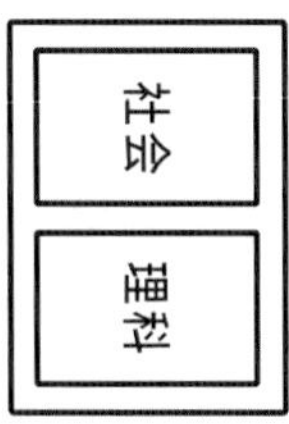

１ページに２つ解答用紙が掲載されている場合は，正確な拡大率が不明です。ほかの試験回の同じ教科をご参考になさってください。

早稲田実業学校中等部

【別冊】入試問題解答用紙編

解答用紙は本体からていねいに抜きとり、別冊としてご使用ください。

※　実際の解答欄の大きさで練習するには、指定の倍率で拡大コピーしてください。なお、ページの上下に小社作成の見出しや配点を記載しているため、コピー後の用紙サイズが実物の解答用紙と異なる場合があります。

●入試結果表

— は非公表

年　度	項　目	国　語	算　数	社　会	理　科	4科合計	合格者
2024（令和6）	配点(満点)	100	100	50	50	300	最高点 —
	合格者平均点	—	—	—	—	—	最低点
	受験者平均点	—	—	—	—	—	男　—
	キミの得点						女　—
2023（令和5）	配点(満点)	100	100	50	50	300	最高点 242
	合格者平均点	—	—	—	—	—	最低点
	受験者平均点	57.5	61.7	32.6	23.1	174.9	男　192
	キミの得点						女　202
2022（令和4）	配点(満点)	100	100	50	50	300	最高点 230
	合格者平均点	—	—	—	—	—	最低点
	受験者平均点	45.3	55.5	33.5	23.8	158.1	男　172
	キミの得点						女　185
2021（令和3）	配点(満点)	100	100	50	50	300	最高点 250
	合格者平均点	—	—	—	—	—	最低点
	受験者平均点	71.6	52.6	34.1	28.8	187.1	男　203
	キミの得点						女　208
2020（令和2）	配点(満点)	100	100	50	50	300	最高点 249
	合格者平均点	—	—	—	—	—	最低点
	受験者平均点	63.0	57.6	27.4	28.0	176.0	男　194
	キミの得点						女　214
2019（平成31）	配点(満点)	100	100	50	50	300	最高点 234
	合格者平均点	—	—	—	—	—	最低点
	受験者平均点	48.8	57.9	32.2	23.2	162.1	男　179
	キミの得点						女　198
2018（平成30）	配点(満点)	100	100	50	50	300	最高点 230
	合格者平均点	—	—	—	—	—	最低点
	受験者平均点	49.4	46.7	32.1	26.9	155.1	男　168
	キミの得点						女　181
平成29	配点(満点)	100	100	50	50	300	最高点 235
	合格者平均点	—	—	—	—	—	最低点
	受験者平均点	51.5	52.5	34.8	24.4	163.2	男　177
	キミの得点						女　190
平成28	配点(満点)	100	100	50	50	300	最高点 239
	合格者平均点	—	—	—	—	—	最低点
	受験者平均点	54.8	51.6	28.8	22.3	157.5	男　171
	キミの得点						女　185

※　表中のデータは学校公表のものです。ただし、4科合計は各教科の平均点を合計したものなので、目安としてご覧ください。

声の教育社

２０２４年度　早稲田実業学校中等部

算数解答用紙　No.１

番号		氏名		評点	／100

1

(1)	(2)	(3)	(4)
	通り	度	%

2

(1)

①

答え　回

②

答え　回

(2)	
①	②
カ所	カ所

２０２４年度　早稲田実業学校中等部

算数解答用紙　No.２

3

(1)	(2)	(3) ①
EP：PD＝　：	EQ：QP＝　：	RQ：RS＝　：

(3) ②

4

(1)	(2)	
(P君の速さ)：(Q君の速さ)＝　：	P君の速さ　毎分　m	Q君の速さ　毎分　m

(3)
分　秒後

5

(1) ①	(1) ②	(2)
	回	回

(3) ①	(3) ②
周	回

（注）この解答用紙は実物を縮小してあります。Ｂ５→Ａ３(163%)に拡大コピーすると、ほぼ実物大の解答欄になります。

〔算　数〕100点(推定配点)

1　各３点×４　2　各６点×４　3　(1)，(2)　各４点×２　(3)　各６点×２　4　(1)，(2)　各４点×３　(3)　６点　5　(1)　各４点×２　(2)，(3)　各６点×３

２０２４年度　早稲田実業学校中等部

社会解答用紙

番号		氏名		評点	／50

I

問1		問2	①	②
問3				
問4	①	②	問5	
問6		問7		
問8		問9	①	②
問10	①	②		
問11	→ → →			
問12				

II

問1					
問2					
問3	A　B	問4	気団	問5	
問6		問7		問8	

III

問1	①				
	②				
	③	④			
問2	①	②	③	④	⑤

（注）この解答用紙は実物を縮小してあります。Ｂ５→Ａ３（163%）に拡大コピーすると、ほぼ実物大の解答欄になります。

〔社　会〕50点（推定配点）

I　問１　２点＜完答＞　問２　各１点×２　問３　２点　問４，問５　各１点×３　問６，問７　各２点×２＜各々完答＞　問８，問９　各１点×３　問10～問12　各２点×４＜問11は完答＞　II　問１，問２　各２点×２　問３～問５　各１点×４　問６～問８　各２点×３＜問８は完答＞　III　問１　①　１点　②～④　各２点×３　問２　各１点×５

２０２４年度　早稲田実業学校中等部

理科解答用紙

番号		氏名		評点	／50

1

問１	cm	問２	
問３	答え　cm	問４	点

飛ぶ距離（平均値）（cm）
0
50
100
150
200
250
300
0 5 10 15 20 25 30 35 40
引っ張る長さ（cm）

2

問１		問２		問３	
問４					
問５					
問６					

3

問１								
問２	（１）							
	（２）							
問３	（１）							
	（２）	い		ろ		は		に
問４								

（注）この解答用紙は実物を縮小してあります。Ｂ５→Ａ３（163%）に拡大コピーすると、ほぼ実物大の解答欄になります。

〔理　科〕50点（推定配点）

1　各４点×４　2　問１，問２　各２点×２　問３〜問６　各３点×４<問３，問６は完答>　3　問１　２点　問２　各３点×２　問３　(1)　３点　(2)　い・ろ　２点<完答>　は・に　２点<完答>　問４　３点

２０２４年度　早稲田実業学校中等部

国語解答用紙

番号		氏名		評点	/100

一

問1　a　b　c

問2

問3　(1)　(2)

問4

問5　問6　問7　・　問8

二

問1　十五字以内

ので、資本を増やすことに貢献しない商品。

問2　商品の価値は　三十字以内　によって決まるものだから。

問3　生産活動の目的は、

A　十五字以内　から

B　十五字以内　へと変化したが、

C　十五字以内　できないので、

D　抜き出し　最初の五字　～　最後の五字　状況になったということ。

三

問1　①　②　③　④　⑤　⑥　⑦

問2　・

（注）この解答用紙は実物を縮小してあります。Ｂ５→Ａ３（163％）に拡大コピーすると、ほぼ実物大の解答欄になります。

〔国　語〕100点（推定配点）

一　問１　各３点×３　問２　５点　問３　(1)　４点　(2)　５点　問４～問８　各５点×５<問７は完答>

二　問１　６点　問２　７点　問３　A～C　各６点×３　D　５点　三　各２点×８<問２は完答>

２０２３年度　　早稲田実業学校中等部

算数解答用紙　No.１

番号		氏名		評点	／100

1

(1)	(2)
	個

(3)		(4)
平均値・最頻値・中央値 （ひとつだけ○で囲む）	回	cm^3

2

(1)

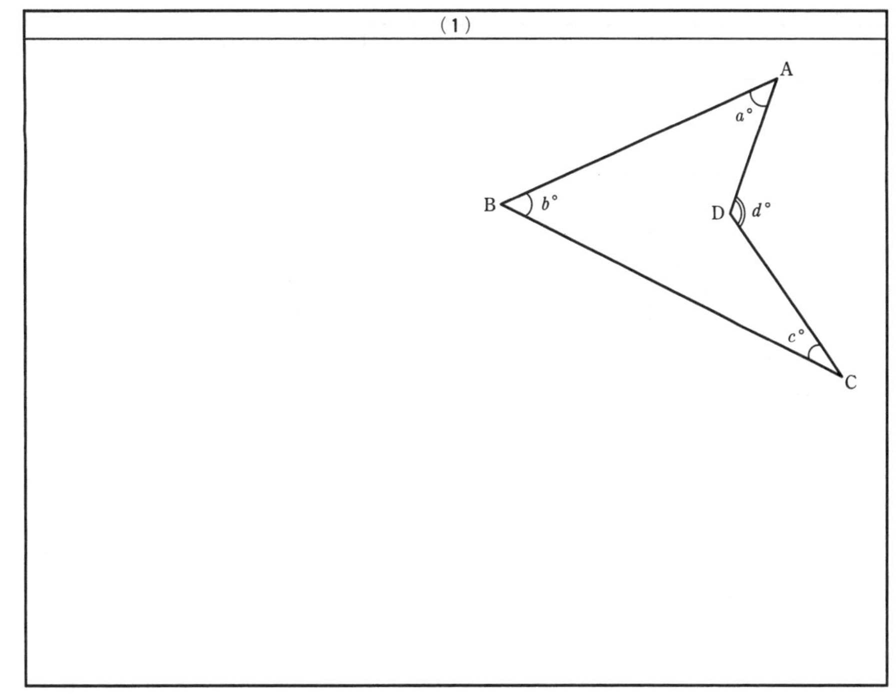

(2)	
①	②

3

(1)	(2)	(3)
AP : PO = ：	(小さい円の半径)：(大きい円の半径) = ：	cm^2

2023年度　　早稲田実業学校中等部

算数解答用紙　No.2

4

(1)	(2)

(3)
(●, ▲, ■) =

5

(1)	
ア	イ

(2)
ウ

(2)
説明

(3)
通り

(注) この解答用紙は実物を縮小してあります。B5→A3(163%)に拡大コピーすると、ほぼ実物大の解答欄になります。

〔算　数〕100点(推定配点)

1　各6点×4<(3)は完答>　2　(1)　6点　(2)　各4点×2　3, 4　各6点×6<4の(3)は完答>
5　(1)　各4点×2　(2), (3)　各6点×3

２０２３年度　早稲田実業学校中等部

社会解答用紙

番号		氏名		評点	／50

Ⅰ

問1		問2		問3	
問4		問5			
問6					
問7	①				
	②				
問8	①				
	②				
問9					
問10	①	②	③		

Ⅱ

問1	都市名	市	県名	県
問2	か所	問3		
問4	指名		任命	
問5	① 裁判	②	問6	人
問7				

Ⅲ

問1		問2	
問3		問4	
問5	1	2	
問6			
問7			
問8	→ → → →		
問9	1	2	3

（注）この解答用紙は実物を縮小してあります。175％拡大コピーをすると、ほぼ実物大の解答欄になります。

〔社　会〕50点(推定配点)

Ⅰ 問1～問5　各1点×5　問6　2点　問7　①　1点　②　2点　問8　①　1点　②　2点　問9，問10　各1点×4　Ⅱ　問1　各1点×2　問2，問3　各2点×2　問4　各1点×2　問5～問7　各2点×4　Ⅲ　問1，問2　各1点×2　問3，問4　各2点×2<問4は完答>　問5　各1点×2　問6～問8　各2点×3<問8は完答>　問9　各1点×3

2023年度　早稲田実業学校中等部

理科解答用紙

番号		氏名		評点	／50

1

問1		g	問2		
問3	(1)		(2)	(　　)を(　　)mL	
	(3)	g	(4)	mL	

2

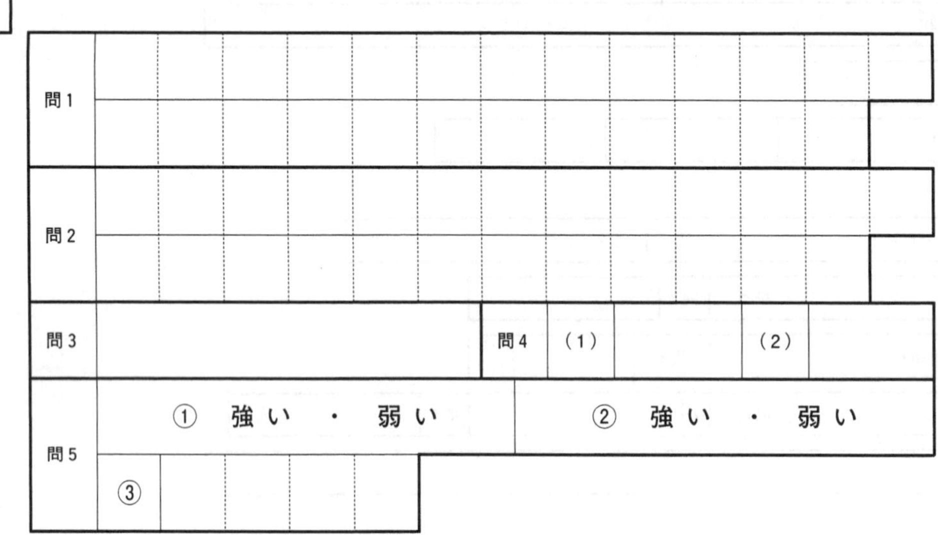

問1
問2
問3
問4 (1) (2)
問5
① 強い ・ 弱い
② 強い ・ 弱い
③

3

問1		問2	プレート
問3		問4	岩石名： 岩石の色：
問5		問6	

(注) この解答用紙は実物を縮小してあります。B5→A3(163%)に拡大コピーすると、ほぼ実物大の解答欄になります。

〔理　科〕50点(推定配点)

1 問1，問2　各2点×3<問2は完答>　問3　各3点×4<(2)は完答>　2 問1，問2　各3点×2　問3～問5　各2点×6　3 各2点×7<問5，問6は完答>

二〇二三年度　早稲田実業学校中等部

国語解答用紙

番号　　氏名　　評点　／100

一

問1　a　b　c　d

問2　Ⅰ　Ⅱ　①　②　③

問3　問4　問5

問6　①　②　③　〜　④　〜

問7　X　Y　問8

二

問1　「ココロ」は

A（三十字以内）　が、そのことを人間が理解できていないから。

人間は

B（三十字以内）　と思い込んでいるから。

問2　「概念」とは

A（十字以上十五字以内）　能力によって生み出され、

B（二十字以内）　ものである。それにも関わらず、

C（四十五字以内）　から「災厄」が引き起こされる。

三

問1　①　②

問2　①　②　③　④　⑤　⑥　⑦　⑧

（注）この解答用紙は実物を縮小してあります。B5→A3（163%）に拡大コピーすると、ほぼ実物大の解答欄になります。

〔国　語〕100点(推定配点)

一　問1　4点<完答>　問2　各3点×4　問3〜問5　各4点×3　問6，問7　各3点×6　問8　4点

二　問1　各6点×2　問2　A，B　各5点×2　C　8点　三　各2点×10

2022年度　早稲田実業学校中等部

算数解答用紙　No.1

番号		氏名		評点	／100

1

(1)	(2)	(3)	(4)
	円	cm²	通り

2

(1)		
①	②	
ア	イ	ウ

(2)

3

(1)	(2)		(3)		
	ア	イ	アメ	ガム	チョコレート
人			個	個	個

2022年度　　早稲田実業学校中等部

算数解答用紙　No. 2

4

(1)	(2)	(3)
個	個	個

5

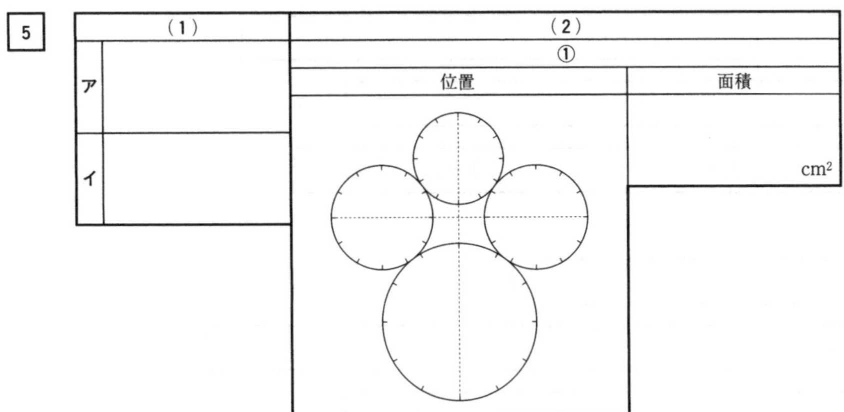

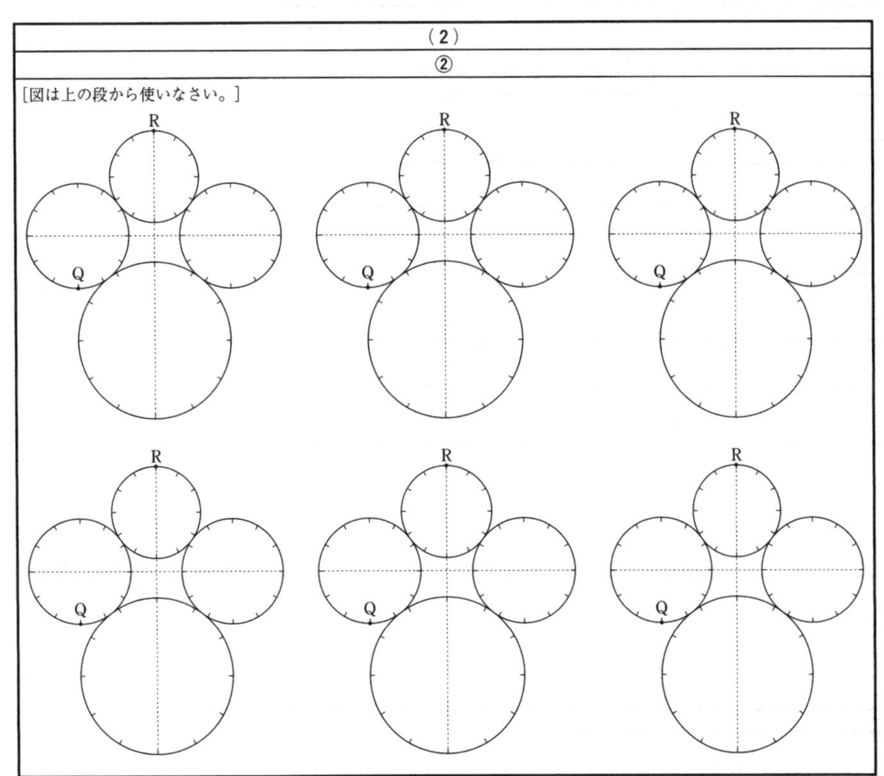

（注）この解答用紙は実物を縮小してあります。B５→A３（163%）に拡大コピーすると、ほぼ実物大の解答欄になります。

〔算　数〕100点（推定配点）

1　各５点×４　2　(1)　各５点×２＜②は完答＞　(2)　６点　3　(1)，(2)　各５点×３　(3)　６点＜完答＞　4　各５点×３＜(1)は完答＞　5　(1)　各５点×２　(2)　各６点×３＜②は完答＞

２０２２年度　早稲田実業学校中等部

社会解答用紙

番号		氏名		評点	／50

Ｉ

問1		問2	①		②	

問3		問4	

問5	① A	B	C	② 作品名

問6		問7	

問8	（　　　）と（　　　）を結びつけた。

II

問1	①		②	
	③			
	④			
	⑤		⑥	

問2	①		②	
	③			

III

問1	

問2	1	3	問3	2	4

問4	①	
	②	
	③	

問5		問6	

（注）この解答用紙は実物を縮小してあります。169％拡大コピーをすると、ほぼ実物大の解答欄になります。

〔社　会〕50点（推定配点）

Ｉ　問１　２点　問２　各１点×２　問３　２点　問４　各１点×２　問５～問８　各２点×５<問５の①は完答>　II　各２点×９<問１の①，問２の②は完答>　III　問１　２点　問２，問３　各１点×４　問４　４点　問５，問６　各２点×２

２０２２年度　早稲田実業学校中等部

理科解答用紙

番号		氏名	

評点	／50

1

問１	

問２		問３		問４	個

問５	

2

問１		問２	

問３	X		Y		問４	

問５		問６	

問７	

問８	①		②		③	

3

問１		問２		問３	

問４	答　kg

問５		問６		問７	

（注）この解答用紙は実物を縮小してあります。169％拡大コピーをすると、ほぼ実物大の解答欄になります。

〔理　科〕50点(推定配点)

1　問１，問２　各２点×２　問３～問５　各３点×３<問３，問５は完答>　2　問１～問６　各２点×６<問３，問５は完答>　問７　３点　問８　各２点×３　3　問１　３点<完答>　問２，問３　各２点×２<問２は完答>　問４　３点　問５～問７　各２点×３<問５，問７は完答>

二〇二二年度　早稲田実業学校中等部

国語解答用紙

番号　氏名　評点 /100

一

問1　問2　問3　問4

問5　問6　問7　問8

問9　①　②

二

問1

問2

問3　現代では世界の多くの地域に暮らす人々が、

に苦しんでいるということ。

問4　一般的には

A（三十字以内）

だと思われている。

しかしアラスカでは

B（四十字以内）

と考えられるから。

三

問1　①　②　③　④　⑤

問2　(1)　A　B　C　D　E　F　(2)

（注）この解答用紙は実物を縮小してあります。B5→B4（141%）に拡大コピーすると、ほぼ実物大の解答欄になります。

〔国　語〕100点(推定配点)

一　問1　4点　問2　5点　問3～問8　各4点×7　問9　各5点×2　二　問1　5点　問2～問4　各6点×4　三　各2点×12

２０２１年度　　早稲田実業学校中等部

算数解答用紙　No.1

番号		氏名		評点	／100

1

(1)	(2)	(3)	(4)
	回転	度	cm^3

2

(1)		(2)
①	②	
秒速　m	秒速　m	番目

3

(1)
%

(2)

答え	ア	イ

(3)

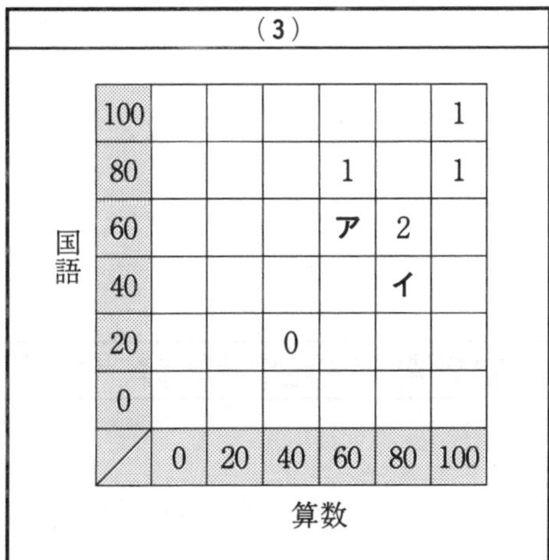

国語＼算数	0	20	40	60	80	100
100						1
80				1		1
60				ア	2	
40					イ	
20			0			
0						

2021年度　早稲田実業学校中等部

算数解答用紙　No.2

4

(1)		(2)
①	②	
◇3◇＝　　，◇4◇＝	◇10◇＝	通り

5

(1)	(2) ①	(2) ②
cm		cm

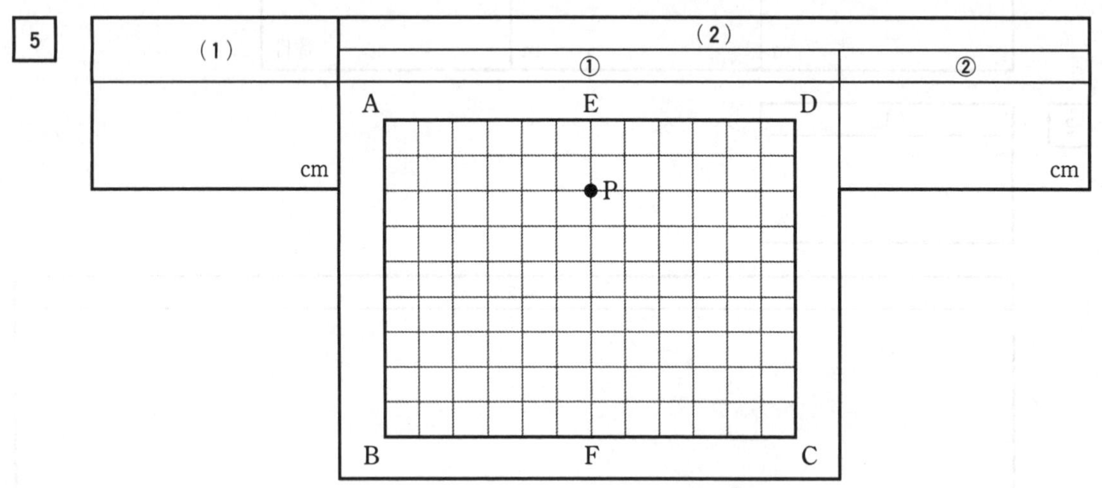

（注）この解答用紙は実物を縮小してあります。Ｂ５→Ｂ４（141％）に拡大コピーすると、ほぼ実物大の解答欄になります。

〔算　数〕100点(推定配点)

1～3　各６点×10<3の(2)は完答>　4　(1)　①　６点<完答>　②　７点　(2)　７点　5　(1)　６点　(2)　各７点×2

２０２１年度　　早稲田実業学校中等部

社会解答用紙

番号		氏名		評点	／50

I

問1		問2	

問3　①　　～　　歳　②

問4　①　②

問5　①　⇒　⇒　⇒　②

問6　①　A　B　C　D　②

II

問1		問2	

問3　金　銀　銅

問4

問5　①　目標　②　③　i　ii　iii

III

問1		問2	

問3　⇒　⇒　⇒

問4

問5

問6　①　②　③

問7

問8

問9

（注）この解答用紙は実物を縮小してあります。175％拡大コピーをすると、ほぼ実物大の解答欄になります。

〔社　会〕50点(推定配点)

I　問1，問2　各1点×2<問1は完答>　問3　①　1点　②　2点　問4，問5　各1点×5<問5の①は完答>　問6　①　各1点×4　②　2点　II　問1～問3　各1点×5　問4，問5　各2点×6　III　問1，問2　各1点×3　問3，問4　各2点×2<問3は完答>　問5，問6　各1点×4　問7～問9　各2点×3

２０２１年度　早稲田実業学校中等部

理科解答用紙

番号		氏名		評点	／50

1

問1		
問2	プレート	プレート
問3	①	
	②	
	③	
問4		問5

2

問1	〈1〉	〈2〉
問2	①	
	② メートルまで	③
問3		
問4		

3

〈Ⅰ〉

問1	カラット
問2	
問3	
問4	

問5

〈Ⅱ〉

（注）この解答用紙は実物を縮小してあります。167%拡大コピーをすると、ほぼ実物大の解答欄になります。

〔理　科〕50点(推定配点)

1 各２点×８　2 問１　各２点×２　問２　各３点×３<①は完答>　問３　４点　問４　３点　3 〈Ⅰ〉問１～問４　各２点×４　問５　３点　〈Ⅱ〉　３点

二〇二二年度　早稲田実業学校中等部

国語解答用紙

番号　氏名　評点 /100

一

問1 ① ② ③　問2　問3

問4 石田 次郎　問5 A B

問6　問7　問8

二

問1 地図があることで
A ため、
B ように感じられるから。

問2 「未来の見える」状況では
A
ことになってしまうが、「未来の見えない」状況では
B
ことができるから。

問3 筆者は を好ましいものとしてとらえている。
なぜなら、
A
ことで、
B
から。

三

問1 (1) (2) (3) ① ②

問2 ① ② ③ ④ ⑤

（注）この解答用紙は実物を縮小してあります。B５→A３（163%）に拡大コピーすると、ほぼ実物大の解答欄になります。

〔国　語〕100点(推定配点)

一 問1 各3点×3　問2 各2点×2　問3 5点　問4，問5 各2点×4　問6〜問8 各5点×3　二 問1，問2 各6点×4　問3 記号 5点　A，B 各6点×2　三 各2点×9<問1の(1)は完答>

2020年度　早稲田実業学校中等部

算数解答用紙　No. 1

番号		氏名	

評点	／100

1

(1)	(2)	(3)
	個	通り

(4)

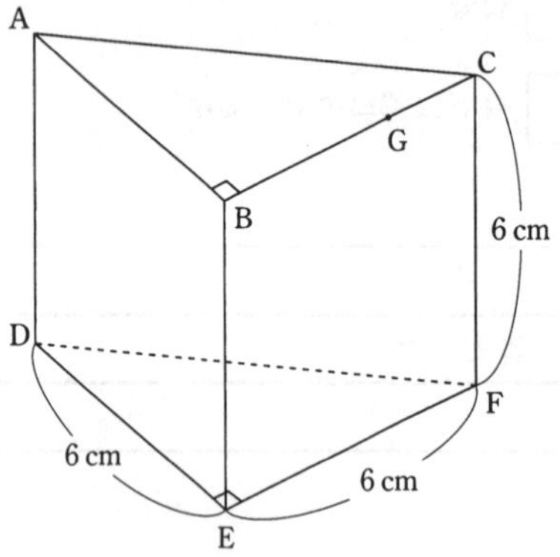

A
C
G
B
6 cm
D
F
6 cm
6 cm
E

答え　cm^3

2

(1)

①

答え　度

(1)	(2)	
②	①	②
時　分		番目

２０２０年度　　早稲田実業学校中等部

算数解答用紙　No.２

3

(1)	(2)	(3)
(太郎君の速さ):(次郎君の速さ)＝ ：	m	分　　秒後

4

(1)	(2)	(3)	
		ウ	エ

5

(1)		(2)	(3)
CD：CG＝ ：	CG：GA＝ ：	(三角形 ABC):(三角形 AFG)＝ ：	(三角形 ABC):(三角形 GHI)＝ ：

(注) この解答用紙は実物を縮小してあります。Ｂ４用紙に143%拡大コピーすると、ほぼ実物大で使用できます。(タイトルと配点表は含みません)

〔算　数〕100点(推定配点)

1, 2　各５点×８　3～5　各６点×10<4の(3)は完答>

２０２０年度　　早稲田実業学校中等部

社会解答用紙

番号		氏名	

評点	／50

Ｉ

問1															

問2	(1)	(2)

問3	

問4	①	②

問5	①　　　　の自由	②

問6	

II

問1		問2	

問3	①　　　　焼
	②

問4	

問5	1869年	1871年

問6		問7	①	②

問8		問9	

III

問1	①	②	問2	

問3	みかん	茶	うなぎ	わさび

問4	①	②

問5	

問6	①		②	

問7	

（注）この解答用紙は実物を縮小してあります。Ａ３用紙に167％拡大コピーすると、ほぼ実物大で使用できます。（タイトルと配点表は含みません）

〔社　会〕50点（推定配点）

Ｉ　問１　２点　問２　各１点×２　問３～問６　各２点×６＜問５の②は完答＞　II　問１，問２　各２点×２＜各々完答＞　問３　①　１点　②　２点　問４　２点　問５～問９　各１点×７＜問６は完答＞　III　問１　各１点×２　問２，問３　各２点×２＜問３は完答＞　問４　各１点×２　問５，問６　各２点×３＜問６は各々完答＞　問７　４点

2020年度　　早稲田実業学校中等部

理科解答用紙

番号		氏名		評点	／50

1

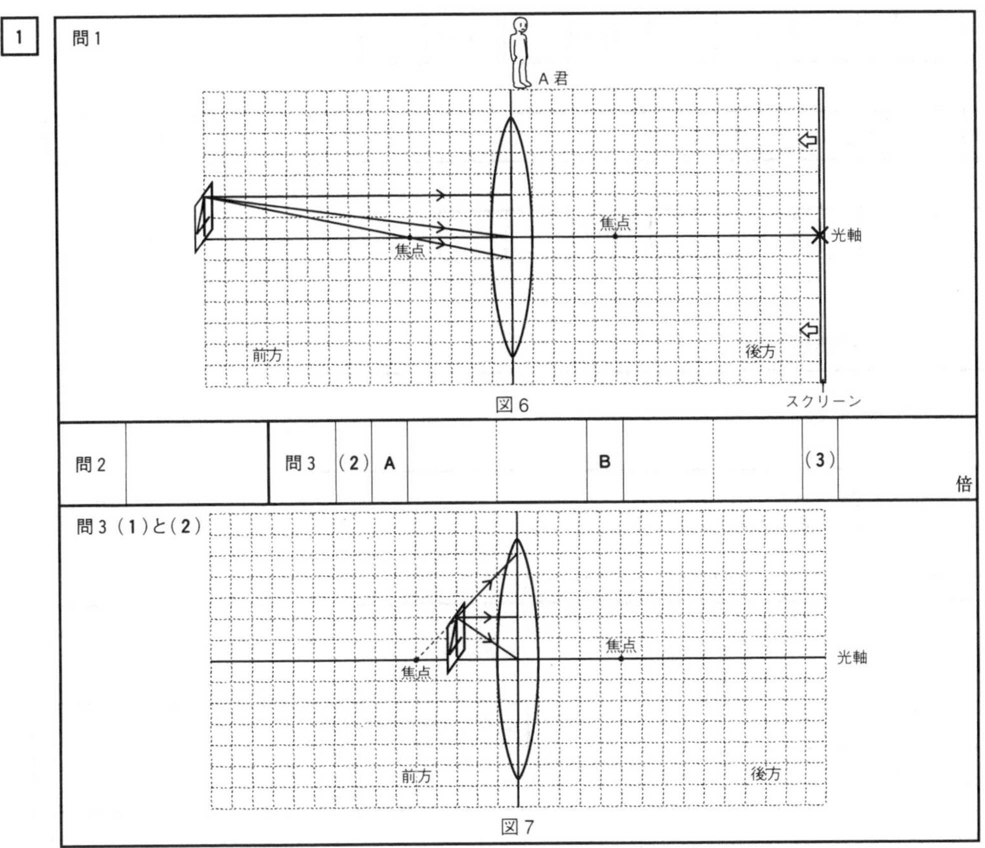

2

問1		問2	①	②
問3			③	④
問4				

3

問1		問2		問3	(c)	(d)	問4	
問5		問6		問7	番号	用途		

(注) この解答用紙は実物を縮小してあります。A３用紙に164%拡大コピーすると、ほぼ実物大で使用できます。(タイトルと配点表は含みません)

〔理　科〕50点(推定配点)

1 問１　３点＜完答＞　問２　２点　問３　(1)　２点＜完答＞　(2)　A，B　各２点×２　図　３点＜完答＞　(3)　２点　**2**　(1)～(3)　各２点×６　問４　４点　**3**　各２点×９

二〇二〇年度　早稲田実業学校中等部

国語解答用紙

番号　　氏名　　評点 /100

一

問1 A　B

問2

問3

問4

問5 ①　②　③　A　B

問6

問7

問8

問9

二

問1 オリンピックの現場では、

問2 オリンピック競技は

であるが、

ものにすぎない点。

問3 筆者は、観客が

三

問1 ①　②　③　④　⑤　⑥　⑦

問2 □→□→□→□→□

(注) この解答用紙は実物を縮小してあります。A３用紙に154%拡大コピーすると、ほぼ実物大で使用できます。(タイトルと配点表は含みません)

〔国　語〕100点(推定配点)

一　問1　各３点×2　問2～問4　各４点×3　問5　①～③　各４点×3　A・B　４点<完答>　問6～問9　各４点×5　二　問1　６点　問2　各５点×2　問3　12点　三　問1　各２点×7　問2　４点<完答>

２０１９年度　早稲田実業学校中等部

算数解答用紙

番号		氏名		評点	／100

1

(1)	(2)	(3)	(4)
	個	km	オ

2

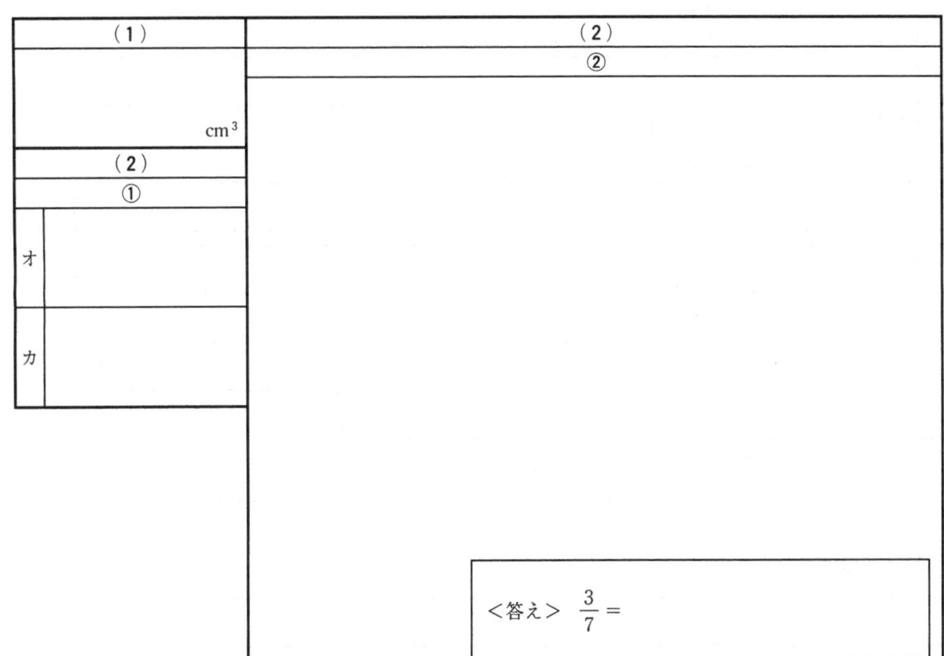

3

(1)	(2)	(3)
個	円	個

4

(1)	(2)	(3)
AR：RD＝ ：	倍	倍

5

(1)	(2)	(3)	(4)
度	度	倍	回

(注) この解答用紙は実物を縮小してあります。Ａ３用紙に152%拡大コピーすると、ほぼ実物大で使用できます。(タイトルと配点表は含みません)

〔算　数〕100点(推定配点)

1 各６点×4　2 (1) ６点　(2) 各５点×2<①は完答>　3～5 各６点×10

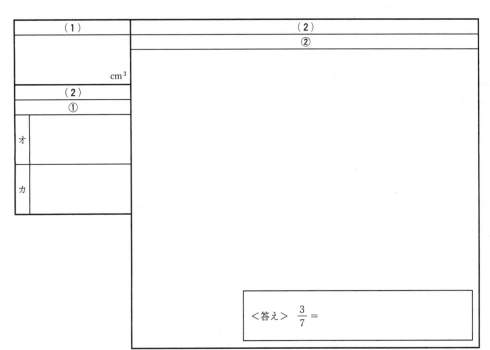

２０１９年度　　早稲田実業学校中等部

社会解答用紙

番号　　氏名　　評点　／50

Ⅰ

問1

問2

問3　問4

問5

問6　問7

問8　問9

問10

Ⅱ

問1　①　市　②　③　④　⑤

問2　①　②　生産者：　消費者：

Ⅲ

問1

問2　①　②　③

問3　A　B　※選んだ方の記号を○で囲みなさい

150

（注）この解答用紙は実物を縮小してあります。Ａ３用紙に156％拡大コピーすると、ほぼ実物大で使用できます。（タイトルと配点表は含みません）

〔社　会〕50点(推定配点)

Ⅰ　各２点×11＜問２は各２点×２＞　Ⅱ　問１　各２点×５　問２　①　各１点×２　②　各２点×２　Ⅲ　問１，問２　各２点×４　問３　４点

２０１９年度　早稲田実業学校中等部

理科解答用紙

番号		氏名		評点	／50

1

問 1		問 2	
問 3			
問 4		問 5 ①	g
問 5 ②	式	答	kg

2

問 1		問 2		問 3		問 4	

3

問 1		問 3	
問 2		問 4	
		問 5	

（注）この解答用紙は実物を縮小してあります。Ａ３用紙に152％拡大コピーすると、ほぼ実物大で使用できます。（タイトルと配点表は含みません）

〔理　科〕50点（推定配点）

1 問１〜問４　各３点×４　問５　①　３点　②　４点　2 各４点×４　3 各３点×５＜問１，問３は完答＞

二〇一九年度　早稲田実業学校中等部

国語解答用紙

番号　　氏名　　評点 /100

一
問1　問2　問3　問4
問5　A　B　C　D　問6　問7　〜
問8
問9　問10

二
問1　A　B　C　問2
問3　エチオピアにおける「名前」とは、
問4
問5

三
問1　①　②　③　④　⑤　⑥　⑦
問2　①　②　③

（注）この解答用紙は実物を縮小してあります。A3用紙に145%拡大コピーすると、ほぼ実物大で使用できます。（タイトルと配点表は含みません）

〔国　語〕100点(推定配点)

一　問1〜問4　各3点×4　問5　各2点×4　問6，問7　各3点×2　問8　6点　問9，問10　各3点×2　二　問1　各3点×3　問2　4点　問3，問4　各9点×2　問5　11点　三　各2点×10

２０１８年度　早稲田実業学校中等部

算数解答用紙

番号		氏名	

評点	／100

1

(1)	(2)	(3)	(4)
	分間	度	通り

2

(1)	(2)	(3)
cm	cm^2	A　D　B　C

3

(1)	(2)	
	①	②
cm^3	cm^2	cm^3

4

(1)	(2)	(3)
回		

5

(1)	(2)	(3)
回	回	回

(注) この解答用紙は実物を縮小してあります。Ｂ４用紙に128%拡大コピーすると、ほぼ実物大で使用できます。(タイトルと配点表は含みません)

〔算　数〕100点(推定配点)

1　各７点×4　2～5　各６点×12<4の(2)は完答>

２０１８年度　早稲田実業学校中等部

社会解答用紙

番号		氏名		評点	／50

I

問１	①	
	②	
問２	坂東太郎 / 筑紫次郎 / 四国三郎	問３
問４	記号 / 名前　漁業	
問５	① / ② / ③	
問６		
問７	①	
	②	1つめ
		2つめ

II

問１		問２			
問３		問４		問５	
問６		問７			
問８					
問９					
問10	島				

III

問１		問２		問３	
問４	①	②		問５	
問６		問７			
問８	ア	イ	ウ		

（注）この解答用紙は実物を縮小してあります。Ａ３用紙に154%拡大コピーすると、ほぼ実物大で使用できます。（タイトルと配点表は含みません）

〔社　会〕50点(推定配点)

I　問１　①　１点　②　２点　問２～問７　各１点×13　II　各２点×10　III　問１　２点　問２～問４　各１点×4<問３，問４の①は完答>　問５，問６　各２点×2　問７，問８　各１点×4<問７は完答>

２０１８年度　　早稲田実業学校中等部

理科解答用紙

番号		氏名		評点	／50

1

問 1		問 2		

問 3	(30) (50)

2

問 1		問 2	①		②	

3

問 1	①		②		問 2	秒

問 3		問 4	①		②	秒

4

問 1		問 2	

問 3			問 4	B		E		F	

問 5		問 6		問 7		

(注) この解答用紙は実物を縮小してあります。A３用紙に149%拡大コピーすると、ほぼ実物大で使用できます。(タイトルと配点表は含みません)

〔理　科〕50点(推定配点)

1 問１，問２　各３点×2<問２は完答>　問３　４点　2 各３点×3　3 問１　各２点×2　問２～問４　各３点×4　4 問１～問３　各２点×3<問１，問３は完答>　問４　各１点×3　問５～問７　各２点×3<問７は完答>

二〇一八年度　早稲田実業学校中等部

国語解答用紙

番号　　氏名　　評点 /100

一
問1　問2　問3
問4　Ⅰ　Ⅱ
問5
問6　〜
問7　問8　問9
問10
問11　A　B　C　D　E
問12　・

二
問1　A　C
問2
問3　①　②　③
問4　5　7
問5　問6　問7
問8
問9　問10　問11　問12
問13　30　ということ。

三
問1　①　②　③
問2　①　②　③　④　⑤　⑥　⑦

(注) この解答用紙は実物を縮小してあります。B4用紙に143%拡大コピーすると、ほぼ実物大で使用できます。(タイトルと配点表は含みません)

〔国　語〕100点(推定配点)

一　問1〜問3　各3点×3　問4　各2点×2　問5〜問10　各3点×6　問11　各1点×5　問12　各2点×2　二　問1，問2　各2点×3　問3　各1点×3　問4〜問6　各2点×4　問7　3点　問8　4点　問9〜問12　各3点×4　問13　4点　三　各2点×10

平成29年度　　早稲田実業学校中等部

算数解答用紙

番号		氏名		評点	／100

1

(1)	(2)	(3)	(4)
	人	度	cm²

2

(1)
0　10　20　30　40　50　60　70　80　90　100%

(2)	(3)
倍	

3

(1)	(2)	(3)
通り	通り	通り

4

(1)	(2)	(3)
cm	cm	cm

5

(1)	
①	②
本	周

(2)	
①	②

(注) この解答用紙は実物を縮小してあります。B４用紙に139%拡大コピーすると、ほぼ実物大で使用できます。(タイトルと配点表は含みません)

〔算　数〕100点(推定配点)

1～4　各６点×13　5　(1)　①　５点　②　６点　(2)　①　５点　(2)　６点＜完答＞

平成29年度　早稲田実業学校中等部

社会解答用紙

番号		氏名	

評点	／50

Ｉ

問1	1	2	3

問2	①	②

問3	① サミット	②

問4	①	②

II

問1	①	② トンネル	③	④

問2	① 駅	②	問3	①	②	③

問4	①	② A	B	C

問5
①　②
③ 過疎化が進み（　　）という問題が生じる。
過密化が進み（　　）という問題が生じる。

III

問1		問2	

問3	A	B	問4	

問5		問6	

問7	天皇	問8		問9	

問10	

問11	

問12		問13		問14	

（注）この解答用紙は実物を縮小してあります。A3用紙に152％拡大コピーすると、ほぼ実物大で使用できます。（タイトルと配点表は含みません）

〔社　会〕50点(推定配点)

Ｉ 問1　各2点×3　問2　各1点×2　問3　①　2点　②　各1点×2　問4　各1点×2　II 問1～問3　各1点×9　問4　各2点×2<各々完答>　問5　①　2点　②　1点　③　各2点×2　III 問1～問9　各1点×10　問10　2点　問11～問14　各1点×4

平成29年度　早稲田実業学校中等部

理科解答用紙

番号		氏名		評点	／50

1

問1		問2	
問3	それは，（15字）…（25字）ためだよ。		
問4		問5①	1　　2　　3
問5②	ヤモリ　　　カタツムリ	問6	

2

問1		問2		問3	
問4		問5			

3

問1	Ⅰ		Ⅱ		Ⅲ		Ⅳ	
問2								
問3	①		②		③		④	

4

問1	惑星A		惑星B		問2	
問3	惑星A		惑星B		問4	
問5		問6				

(注) この解答用紙は実物を縮小してあります。Ａ３用紙に152％拡大コピーすると、ほぼ実物大で使用できます。(タイトルと配点表は含みません)

〔理　科〕50点(推定配点)

1 問1～問4　各2点×4　問5　①　各2点×3　②　各1点×2<各々完答>　問6　2点　2 各2点×5　3 問1　各1点×4　問2　2点　問3　各1点×4　4 問1　各1点×2　問2　2点　問3　各1点×2　問4～問6　各2点×3

平成二十九年度　早稲田実業学校中等部

国語解答用紙

番号　　氏名　　評点 /100

一
問1 a b
問2
問3
問4
問5
問6
問7
問8
問9
問10 7 8
問11
問12 二段落目 三段落目
問13

二
問1
問2
問3 Ⅰ Ⅱ
問4 a b
問5
問6
問7 (1) (2)
問8
問9
問10
問11

三
問1 ① ② ③
問2 ① ② ③ ④ ⑤ ⑥ ⑦

(注) この解答用紙は実物を縮小してあります。A3用紙に145%拡大コピーすると、ほぼ実物大で使用できます。(タイトルと配点表は含みません)

〔国　語〕100点(推定配点)

一　問1　各2点×2　問2～問9　各3点×8　問10　各2点×2　問11　3点　問12, 問13　各2点×4　二　問1, 問2　各3点×2　問3, 問4　各2点×4　問5, 問6　各3点×2　問7　各2点×2　問8～問10　各3点×3　問11　4点　三　各2点×10

平成28年度　早稲田実業学校中等部

算数解答用紙

番号		氏名	

評点	／100

1

(1)	(2)	(3)	(4)
	度	本	勝

2

(1)		(2)	
①	②	①	②
		cm^3	cm^3

3

(1)	(2)	
	①	②
cm	ア：イ＝ ：	イ：ウ＝ ：

4

(1)	(2)	
	①	②
倍	倍	

5

(1)				(2)
①		②		
99枚目	100枚目	ア	イ	

（注）この解答用紙は実物を縮小してあります。B４用紙に130%拡大コピーすると、ほぼ実物大で使用できます。（タイトルと配点表は含みません）

〔算　数〕100点（推定配点）

1，2　各５点×８　3〜5　各６点×10<5の(1)の①，(2)は完答>

平成28年度　早稲田実業学校中等部

社会解答用紙

番号　氏名　評点 ／50

Ⅰ

問1　層　問2　問3　古墳

問4　問5　問6

問7　問8　問9

問10　問11　問12

問13

問14　①　②　③

Ⅱ

問1　問2　問3　問4

問5　A　省　B　省

問6　① A　B　②　③

問7　①　②

Ⅲ

問1　問2　問3　番号　記号　問4

問5　松本市　飯田市　問6　問7

問8　自然的条件　社会的条件

問9

問10　問11

（注）この解答用紙は実物を縮小してあります。Ｂ４用紙に141%拡大コピーすると、ほぼ実物大で使用できます。（タイトルと配点表は含みません）

〔社　会〕50点(推定配点)

Ⅰ　各1点×17　Ⅱ　問1～問4　各2点×4　問5～問7　各1点×8　Ⅲ　問1～問3　各1点×4　問4　2点＜完答＞　問5　各1点×2　問6　2点＜完答＞　問7，問8　各1点×3　問9　2点　問10，問11　各1点×2

平成28年度　　早稲田実業学校中等部

理科解答用紙

番号		氏名	

評点	／50

1

問1	（1）	（2）	（3）	問2	
問3	小		大	問4	
問5	1	2	3	4	
問6					

2

問1	京	兆	億	万	個
問2					

3

問1	がく：	花びら：	おしべ：	めしべ：
問2		問3	月の形	月の出の時刻
問4	①	時　分	②	

4

問1		問2		問3	
問4	D	物質名	性質	問5	
	E	物質名	性質		

（注）この解答用紙は実物を縮小してあります。Ａ３用紙に145％拡大コピーすると、ほぼ実物大で使用できます。（タイトルと配点表は含みません）

〔理　科〕50点（推定配点）

1　問1～問4　各２点×6＜問３は完答＞　問５　各１点×4　問６　２点＜完答＞　2～4　各２点×16＜3の問１，4の問３は完答＞

平成二十八年度　早稲田実業学校中等部

国語解答用紙

番号　氏名　評点 /100

一
問1 a b　問2 A B　問3
問4　問5　問6　問7
問8　問9　問10　問11
問12 ① ② ③ ④ ⑤ ⑥ ⑦
問13

二
問1　問2
問3 b c　問4　問5 Ⅰ Ⅱ
問6　問7　問8　問9
問10 (1) X Y (2)　問11
問12　問13　問14

三
1	る	2	す	3	ねる	4		5	
6	む	7	める	8		9		10	

（注）この解答用紙は実物を縮小してあります。B4用紙に139%拡大コピーすると、ほぼ実物大で使用できます。（タイトルと配点表は含みません）

〔国　語〕100点（推定配点）

一〜三　各2点×50<二の問2は完答>

Memo

Memo

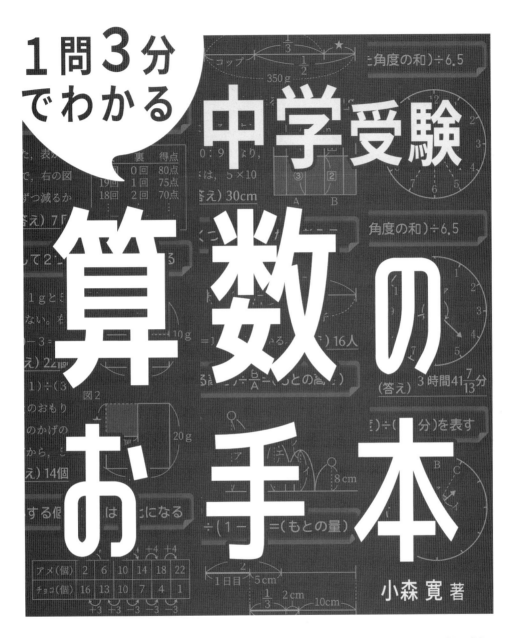